WBG WELT-
GESCHICHTE

Band IV

WBG WELT-GESCHICHTE

EINE GLOBALE GESCHICHTE VON DEN ANFÄNGEN BIS INS 21. JAHRHUNDERT

Herausgegeben von
Walter Demel, Johannes Fried, Ernst-Dieter Hehl,
Albrecht Jockenhövel, Gustav Adolf Lehmann,
Helwig Schmidt-Glintzer und Hans-Ulrich Thamer

In Verbindung mit der
Akademie der Wissenschaften und der Literatur, Mainz

WBG WELT-GESCHICHTE

EINE GLOBALE GESCHICHTE
VON DEN ANFÄNGEN BIS INS 21. JAHRHUNDERT

Band IV

Entdeckungen und neue Ordnungen
1200 bis 1800

Herausgegeben von
Walter Demel

Redaktion: Britta Henning, M.A.

Abbildungsnachweis:
S. 313 akg-images; S. 9, 282 Bildarchiv Preussischer Kulturbesitz;
S. 107, 283, 288, 289, 299, 305 picture-alliance; Karten: Peter Palm, Berlin.

Die Deutsche Nationalbibliothek verzeichnet diese Publikation
in der Deutschen Nationalbibliografie;
detaillierte bibliografische Daten sind im Internet über
http://dnb.d-nb.de abrufbar.

Das Werk ist in allen seinen Teilen urheberrechtlich geschützt.
Jede Verwertung ist ohne Zustimmung des Verlages unzulässig.
Das gilt insbesondere für Vervielfältigungen,
Übersetzungen, Mikroverfilmungen und die Einspeicherung in
und Verarbeitung durch elektronische Systeme.

© 2010 by WBG (Wissenschaftliche Buchgesellschaft), Darmstadt
Die Herausgabe des Werkes wurde durch die Vereinsmitglieder
der WBG ermöglicht.
Satz: SatzWeise, Föhren
Gedruckt auf säurefreiem und alterungsbeständigem Papier
Printed in Germany

Besuchen Sie uns im Internet: www.wbg-wissenverbindet.de

ISBN 978-3-534-20107-5
ISBN des Gesamtwerkes 978-3-534-20103-7

Inhaltsverzeichnis

Einleitung *(Walter Demel)* 1

Demographie, Technik und Wirtschaft — 9

Bevölkerung und Landnutzung *(Norbert Ortmayr)* 11
Die Weltbevölkerung 11
Die Landnutzung 15

Technischer Wandel *(Marcus Popplow, Reinhold Reith)* 29
Erfindungen und Techniktransfer 31
Architektur und Infrastruktur 34
Schießpulver und Feuerwaffen 44
Gewerbe und Handwerk 46
Ökologische Folgen technischer Entwicklungen 58
Technischer Wandel und technisches Wissen 59

Fernhandel und Entdeckungen *(Folker Reichert)* 62
Handel als Triebfeder und Ziel 63
Neue Welten 78
Umgekehrte Entdeckungsreisen? 96
Weltbild und Wissen 100

Herrschaft und politische Ideen — 107

„Weltpolitik" *(Walter Demel)* 109
Der Ausgangspunkt – Die Welt im 13. Jahrhundert 111
Stabilisierung nach der welthistorischen Zäsur (1200/1350 bis 1500) 113
Frühmoderne Globalisierung und politische Ordnungen (1500 bis 1750) . . . 131

Reichs- und Staatsbildungen *(Walter Demel)* 162
Die Begriffe „Reich", „Land" und „Staat" 162
Die Entwicklung von Staatlichkeit in Ländern und Reichen 173

Weltdeutungen und politische Ideen *(Ulrich Weiß)* 213
Christliches Weltbild und Politikverständnis im Mittelalter 213
„Moderne" Verschiebungen 220
Ein Blick auf den islamischen und den chinesischen Kulturkreis 249

Kultur, Religion und Sozialisation ………259

Renaissancen und kulturelle Entwicklungen *(Gerrit Walther)* 261
„Ein schönes Wort" 261
Die Renaissance in Europa 263
Die Renaissance im Weltkontext 279

Reformation und Konfessionalisierung in Europa *(Ute Lotz-Heumann)* ... 296
Religion und Politik in der europäischen Frühen Neuzeit 296
Spätmittelalter – Reform an Haupt und Gliedern? 300
Theologie der Reformatoren und der katholischen Reform 303
Die Reformation in ihrem Ursprungsland 304
Deutschland im konfessionellen Zeitalter 310
Reformation und konfessionelles Zeitalter jenseits der deutschen Länder ... 314

Religiöse Begegnungen und christliche Mission *(Johannes Meier)* 325
Rückkehr nach Afrika 326
Ausbreitung in Amerika 331
Begegnung mit Asien 358
Die Träger der christlichen Mission 377

Erziehung, Bildung und Wissenschaft *(Stefan Ehrenpreis)* 384
Allgemeine Erörterungen 384
Die europäischen Erziehungsideen und Bildungsinstitutionen 390
Die islamische Welt – Manuskripte und Medresen 408
Indien – Schauplatz konkurrierender Religionen 414
China – Tradition und Wandel 418
Japan – Weltwissen und Handwerke 422
Subsaharisches Afrika – Alterskohorten und Erziehungsrituale 425

Professionalisierung und Sozialstruktur *(Andreas Gestrich)* **429**
Arbeit und Beruf im Kontext religiöser Deutung von sozialer Ordnung **431**
Professionalisierung des Militärs **437**
Beamte und Juristen – Staatliche Verwaltung und Professionalisierung **444**
Handel, Luxus, Militär und die Professionalisierung im Handwerk **452**
Zwischen Handwerk und akademischer Profession – Die Ärzte **462**

Ausblick *(Walter Demel)* **473**

Literaturverzeichnis **477**

Chronologie **488**

Register **492**

Einleitung

Walter Demel

Entdeckungen charakterisieren den in diesem Band behandelten, freilich von „fließenden" Grenzen umrahmten Zeitraum in einem besonderen Maße. Dem deutschen Wort – wie vielen seiner Entsprechungen in anderen europäischen Sprachen – liegt die Vorstellung zugrunde, dass eine Sache zunächst nicht sichtbar, weil „bedeckt", gewesen sei und dann durch den Vorgang der „Entdeckung" mit einem Mal erkennbar vor Augen liege. Eine solche Erkenntnis, so die Idee, gehe normalerweise nicht mehr verloren. | Entdeckungen

Tatsächlich wissen die weitaus meisten Menschen der heutigen Welt, dass es einen Kontinent Amerika gibt, und auch wenn Kolumbus glaubte, in Ostasien gelandet zu sein, bildeten seine Fahrten doch die für diese Erkenntnis wesentliche Grundlage. Zwar waren auch die Wikinger, schon um das Jahr 1000, zum Beispiel auf Neufundland gelandet. Das blieb jedoch vergleichsweise folgenlos. Das Entscheidende ist also nicht, dass irgendein Seefahrer auf ein „neues" Land stößt, sondern dass dieses Ereignis zumindest mittelfristig das Leben vieler Menschen verändert: durch die Wandlung ihres „Weltbildes", aber noch mehr durch den Transfer von Krankheiten, Naturprodukten oder Kulturgütern aller Art. Gerade das 15./16. Jahrhundert führte, nach vorherigen Rückschlägen, zu einer Verdichtung und dauerhaften Verstetigung der Kontakte zwischen weit entfernten Weltgegenden und Kulturen. Das ermöglichte eine Ausweitung der gegenseitigen Kenntnisse, die nun über das hinausgingen, was frühere Reisende wie Ibn Battuta oder Marco Polo vermittelt hatten.

Außer durch die Ausweitung geographischer Kenntnisse und den interkulturellen Austausch veränderte sich das „Weltbild" durch neue wissenschaftliche Entdeckungen und Entwicklungen. Erfolgte eine grundlegende Neuordnung des Wissens im Westen erst im Zuge einer späteren „Wissensrevolution" (s. Band V), so entstanden doch schon in der hier betrachteten Epoche im politisch-gesellschaftlichen Bereich in vielen Weltgegenden neue Ordnungen und Strukturen. In Europa bildete sich ein Ständewesen aus, und an die Stelle des Universalismus von Kaisertum und Papsttum trat mehr und mehr ein System souveräner Staaten. Miteinander konkurrierend, begann ein Teil von ihnen Kolonien in aller Welt zu gründen und vernichtete dabei indigene Kulturen, vornehmlich in Amerika. Dagegen schottete eine zentrale Herrschaft Japan ab 1640 weitgehend von der Außenwelt ab, nachdem sie zuvor die inneren Kämpfe der kriegerischen Samurai beendet hatte. Im Reich der | Neue Ordnungen
Mitte blieben nach der Mongolenherrschaft konfuzianische Literatenbeamte die

staatstragende Elite. Aber an die Spitze der Gesellschaft traten ab 1644 ein Kaiserhaus und ein Adel mandschurischer Herkunft. In ähnlicher Weise herrschten seit 1206 diverse muslimische Dynastien und Eliten zentralasiatischer beziehungsweise persischer Herkunft und kultureller Prägung über große Teile Indiens sowie eine mehrheitlich hinduistische Bevölkerung – eine für das Mogulreich im 18. Jahrhundert zunehmend instabile Konstellation. In weiten Gebieten der nördlichen Hemisphäre förderte eine unter anderem klimabedingte Krise im 17. und frühen 18. Jahrhundert – zumindest vorübergehend – eine gewisse soziale Dynamik und stürzte weitere Reiche in wachsende Schwierigkeiten, die im Falle der Safawiden und der spanischen Habsburger ebenfalls zu einer Aufteilung ihrer Imperien führten. Erhalten blieben dagegen politische Gebilde, in denen die weltliche Herrschaft durch wiederbelebte oder neue Legitimationsformen schließlich erneut gefestigt werden konnte.

Demographie, Technik und Wirtschaft, die Gesamtheit der Menschen in ihrer ungleichmäßigen Verteilung über die Welt und die Erfüllung ihrer Lebensbedürfnisse durch Landwirtschaft, Gewerbe und Handel, bilden den ersten Themenkreis der folgenden Betrachtungen. Zunächst werden Bevölkerung und Landbau ins Auge gefasst.

Bevölkerung und Landbau — Der globale Bevölkerungsanstieg zwischen 1200 und 1800 wie auch die unterschiedliche Dichte der Weltbevölkerung, welche sich in China, Indien und der Westhälfte Europas konzentrierte, resultierten nämlich wesentlich aus einer Steigerung der landwirtschaftlichen Produktion in diesen Weltregionen, welche sich der Erschließung von Neuland, der Intensivierung der Bodennutzung und der Einführung neuer Nutzpflanzen verdankte.

Im landwirtschaftlichen wie im gewerblichen Bereich spielte der technische Wandel eine wichtige Rolle. Ausgehend vom einem weitgefassten Technikbegriff werden die Bedeutung des Techniktransfers und die Unterschiedlichkeit der Nutzung neuer Erfindungen etwa am Beispiel des Buchdrucks aufgezeigt – ein Medium, durch das Wissen, Ideen, aber auch politische und religiöse Propaganda viel schneller als früher verbreitet werden konnten. Ferner werden die Entwicklungen in den Bereichen Architektur (inklusive Brücken- und Festungsbau), Kanalbau (zu Bewässerungs- wie auch Transportzwecken), Landwegebau und Schifffahrt vorgestellt, ebenso die Verbesserungen der Transportmittel und Orientierungshilfen, die für den Land- beziehungsweise Seeverkehr gebraucht wurden. Nicht minder bedeutsam waren Ver-

Technischer Wandel — änderungen der Waffentechnik, die machtpolitisch enorme Wirkungen entfalteten. So waren die Reiche der Inkas und Azteken, die nicht einmal Eisen kannten, schnell dem Untergang geweiht – trotz ihrer Fertigkeiten auf dem Gebiet der Architektur oder der Zeitmessung. Neben Waffen stellten Handwerker aber zum Beispiel auch Luxusgüter, nicht selten Imitate von Überseeprodukten, her. Gerade in der Porzellan-, Uhren- oder Textilproduktion etablierten sich Manufakturen und Verlagsbeziehungen, die teilweise schon mit komplexen Maschinen arbeiteten. Dieser Trend lässt sich im Bergbau ebenfalls beobachten, der – unter anderem auf Grund seines hohen Holzverbrauchs – auch Beispiele für die teilweise bedenklichen ökologischen Folgen technischer Entwicklungen liefert. Nur auf wenigen der angesprochenen Gebiete besaß Europa vor 1800 gegenüber anderen Kulturen einen klaren Vorsprung! Doch begannen Europäer zu experimentieren und zu quantifizieren, und deshalb erschlossen sich in erster Linie ihnen durch nautische Geräte und Kartenprojektionen, Fernrohre und Mikroskope neue Welten.

Fernhandel und Entdeckungen wurden durch technische Neuerungen zwar erleichtert, motiviert wurden sie jedoch primär von ökonomischen Interessen. Gerade die Reduktion der kommerziellen Fernbeziehungen innerhalb Eurasiens auf dem Landweg im 14. Jahrhundert führte zu vermehrten Aktivitäten im Seehandel, von privater arabisch-indischer, vorübergehend auch von staatlich-chinesischer Seite, vor allem aber letztlich zu den Entdeckungsfahrten von Vasco da Gama und Kolumbus mit der langfristigen Folge eines europäisch dominierten weltweiten Überseehandels. Dessen Hauptträger waren ab ca. 1600 nicht mehr die Kronen Portugals beziehungsweise Spaniens, sondern die Überseekompanien der Niederlande, Englands und anderer konkurrierender Länder. Die Untersuchung zeigt, dass sich durch die Intensivierung der inter- und innerkontinentalen Menschen-, Waren- und Informationsströme bereits das Entstehen einer „Weltwirtschaft" abzeichnete. Dabei veränderte der – ungleichgewichtige – Austausch von Krankheitserregern wie auch von Nahrungs- und Genussmitteln den Alltag nicht nur der Eliten in vielen Teilen des Globus.

| Fernhandel und Entdeckungen

Von den für sie vorerst unattraktiv erscheinenden „neuen Welten" erkundeten die Europäer primär nur deren Küsten, gründeten dort zu Handelszwecken einige Stützpunkte und suchten ansonsten nach Meeresstraßen, um zu den reichen Gegenden der außereuropäischen Welt zu gelangen. Einige davon – wie Mexiko, Peru oder die Molukken/„Gewürzinseln" – wurden dann schnell erobert. Andere wie die Binnenreiche Indiens oder die ostasiatischen Staaten erwiesen sich dagegen als wehrhaft oder gar feindlich, so dass Kenntnisse über diese Räume nur schwer – und dementsprechend rudimentär und oft widersprüchlich – zu erhalten waren. Immerhin resultierte aus diesen vielfältigen interkulturellen Begegnungen nicht nur, aber besonders in Europa ein durch Texte, Karten und Bilder verbreiteter, anhaltender Wissenszuwachs. Ein Teil dieser neuen Informationen gelangte in breite Kreise, denn auf viele wirkte und wirkt Exotik faszinierend – egal, ob es dabei um fremde Menschen oder seltene beziehungsweise „kuriose" Gegenstände aus anderen Weltregionen geht.

Im Gegensatz zu den ephemeren chinesischen Übersee-Expeditionen wirkte sich die (west-)europäische Expansion auch in den Bereichen von Herrschaft und politischen Ideen aus, denen der zweite Teil des Buches gewidmet ist. Denn durch sie begann die zwischen Ländern und Reichen betriebene Außen- und Machtpolitik immer mehr den Charakter einer „Weltpolitik" im eigentlichen Wortsinn anzunehmen. Nach den Zerstörungen der mongolischen Invasionen entstanden ab ca. 1300 im kontinentalen Eurasien zwei neue, expandierende Reiche: das Moskauer sowie das Osmanische Reich. In der Tradition des Eroberers Timur gründeten die Moguln seit 1526 ein Imperium, das Teile Zentralasiens mit Indien verband. Während sich die Interessen Chinas nach 1368 fast ausschließlich auf Ostasien kon-

| „Weltpolitik"

zentrierten, weiteten diverse europäische Staaten ihre Macht auf außereuropäische Teile der Welt aus. Afrika, wo südlich der Sahara mehrere, allerdings meist nicht sehr langlebige Reiche entstanden, war davon wenig betroffen. Dafür unterwarf Spanien die noch relativ jungen Reiche der Azteken und Inkas – mit katastrophalen demographischen Folgen für die indigene Bevölkerung. In Mexiko oder Peru entstanden dennoch eher „Beherrschungskolonien" als regelrechte Siedlungskolonien, wie sie sich etwa in „Neu-England" – unter Verdrängung der „Ureinwohner" – herausbildeten. Ökonomisch gesehen beschränkten sich die Europäer in Amerika weitgehend auf die Ausbeutung von Bodenschätzen oder von Plantagen mit Hilfe importierter Sklaven. Im indopazifischen Raum legten sie eher Handelsstützpunkte an, denn hier stieß ihre Expansion eben an die Grenzen der ihnen machtmäßig meist zumindest ebenbürtigen asiatischen Länder und Reiche.

Was die Binnenstruktur insbesondere der Großreiche betrifft, so werden Faktoren in den Blick genommen, welche die Entwicklung von (frühmoderner) Staatlichkeit bestimmten: die Regelung der Thronfolge als ein Grundproblem aller Monarchien, staatsbegründende historische beziehungsweise religiöse Ideologien, Neuerungen im Militärwesen, die zum Aufstieg, aber auch zum Niedergang von Reichen führen konnten, der Aufbau bürokratischer Systeme sowie der Ausbau und die Struktur der

Reichs- und
Staatsbildungen

diplomatischen beziehungsweise kommerziellen Beziehungen. Aus diesen Faktoren erklären sich die Schwächen zentralasiatischer Steppenreiche, des locker strukturierten Mogulreichs oder Persiens ebenso wie der Zugewinn der europäischen Staaten inklusive Russlands an Macht, Stabilität und Konsistenz. Neue Funktionseliten – Militärs und Zivilbeamte – stiegen sozial auf und übten in allen Kulturen direkt oder indirekt Herrschaft aus. Trotz ihres Spezifikums eines Ständewesens im Sinne einer institutionalisierten politischen Mitsprache erreichten die europäischen Staaten jedoch hinsichtlich des Ausbaus von „innerer" Staatlichkeit erst im 18. Jahrhundert ein Niveau, welches das Osmanische Reich und vor allem China schon viel früher erlangt hatten.

Sich wandelnde Weltdeutungen und politische Ideen bildeten dazu den geistesgeschichtlichen Hintergrund. Als Ausgangspunkt im „lateinischen" Europa wird zunächst das normativ-theologische Politikverständnis des Mittelalters erläutert. Nach zahlreichen Streitigkeiten über das Verhältnis von geistlichem und weltlichem Bereich kam es letztlich zu einer „Terrainaufteilung", welche den weltlichen Herrschern immerhin eine religiöse Legitimation durch das „Gottesgnadentum" und mehr oder minder ausgedehnte landeskirchenherrliche Rechte garantierte. Gleichzeitig säkularisierte sich seit der Renaissance das philosophische Denken immer mehr, der Mensch als Individuum wurde ins Zentrum der Betrachtungen gestellt, der Begriff der „Staatsräson" zur Leitlinie der Politik erklärt. Aber neben diesen realistischen Ansatz trat ein

Weltdeutungen und
politische Ideen

utopischer: der Entwurf eines idealen Staates und einer idealen Gesellschaft. So setzte auf zwei parallelen Wegen eine revolutionäre Veränderung des Denkens ein: Die Moderne wurde erdacht. Ihre grundlegende Denkfigur bildete der Vertrag, den autonome Subjekte schließen. Doch die politischen

Konsequenzen, die verschiedene Staatstheoretiker daraus zogen, konnten zum Absolutismus, zum Liberalismus, aber auch zum demokratischen Totalismus führen. Verglichen mit dieser dynamischen Entwicklung des europäischen Staatsdenkens entwickelte sich die politische Philosophie in der islamischen Welt und in China eher kontinuierlich. Im Islam trat im Diskurs um die Frage des Verhältnisses von weltlicher und geistlicher Gewalt die orthodoxe Theologie, die mit dem religiösen Recht verbunden war, in den Vordergrund. Eine prinzipielle Trennung von weltlicher und geistlicher Sphäre setzte sich nicht durch. Obwohl Diskussionen über die Eigenschaften des „Idealherrschers" oft zur Rechtfertigung von Maßnahmen der tatsächlichen Machthaber dienten, nahmen immer mehr Theologen teilweise im sunnitischen, mehr noch im schiitischen Islam für sich in Anspruch, Vorgaben für die Politik liefern zu können. In China schrieben sich die neokonfuzianischen Literatenbeamten ein ähnliches Anrecht zu. Doch neben deren moralisch-normativen Prinzipien lief in China, ähnlich wie in Europa, eine Denktradition parallel, in deren Mittelpunkt die praktische Staatsklugheit stand.

Die Ausführungen dieses Beitrags weisen bereits eine große Nähe zum dritten Hauptteil der Darstellung auf, der Kultur, Religion und Sozialisation thematisiert. Anläufe zur bewussten Wiederbelebung einer als ideal empfundenen kulturellen Vergangenheit hat es in verschiedenen Kulturen zu verschiedenen Epochen der Menschheitsgeschichte gegeben. Unter diesen „Renaissancen" lag der europäischen Spielart der Gedanke der Neugestaltung der Kultur nach den Prinzipien der antiken Wissenschaften und Künste zugrunde. Die Renaissance entstand vor allem in der Welt der Städte Italiens, die durch Konkurrenz geprägt war. Hier galt es sich mit verschiedenen Mitteln zu behaupten, unter anderem indem man im Diskurs durch Klassikerzitate brillierte und die Hilfe des Himmels durch großzügige Stiftungen möglichst realistisch gestalteter Kunstwerke erlangte. Generell wandten sich die Humanisten den „Quellen" zu. In wachsender Erkenntnis einer historischen Tiefendimension und antiker „Idealmaße" entwickelten sie ein Bewusstsein für die Würde des individuellen Menschen wie auch einer größeren Herkunftsgemeinschaft, der „Nation". Durch Reisende strahlte diese Renaissancekultur in andere europäische Länder aus, gerade in Form mancher ihrer künstlerischen Leistungen oder deren antiker Vorbilder aber sogar bis ins Osmanische Reich und nach Persien. Denn gerade die muslimischen Herrscher Asiens konkurrierten ebenfalls untereinander nicht nur auf politischem, sondern auch auf kulturellem Gebiet, durch Prachtbauten und Kunstsammlungen. Auch sie ließen sich durch Geschichtsschreibung, Dichtung und Malerei „verewigen", ähnlich wie chinesische Kaiser, die sich als Mäzene des (Neo-)Konfuzianismus, der Wissenschaften und Künste betätigten. Doch unterschieden sich die asiatischen Renaissancen in manchen Zügen von der europäischen, versuchten vielleicht sogar, wie die europäischen Reformationen, eher eine religiös geprägte Tradition zu „reinigen" als selbstbewusst eine neue, tendenziell säkulare Kultur aufzubauen.

| Renaissancen und kulturelle Entwicklungen

Schon bis 1200 hatten sich alle Weltreligionen in verschiedene Richtungen aufgespalten, und dieser Prozess setzte sich danach fort: Im Islam wurden mystische (Sufi-)Orden (Ṣūfī) gegründet, doch im Iran etablierte sich schließlich eine zwölferschiitische Orthodoxie, die eine Art Klerus (Mudschtahidūn) zu bilden und Sufis zu verfolgen begann. In Europa dagegen mündete, nachdem um 1450 Unionsbemühungen zwischen römischer und orthodoxer Kirche gescheitert, Konziliarismus und diverse häretische Bewegungen unterdrückt worden waren, die Debatte um die Kirchenreform – ungewollt – in die neuerliche „Glaubensspaltung" der Reformation und Konfessionalisierung. Unter den komplexen politischen, sozialen und kulturellen Bedingungen des Reiches zerbrach die Einheit von Glauben und römischer Kirche. Mittelfristig gingen daraus unterschiedliche Theologien, Kirchentümer und teilweise auch Lebensformen hervor: der tridentinische, auf das Papsttum ausgerichtete Katholizismus, das in der Regel auf Landesebene organisierte Luthertum sowie der Calvinismus, dessen Anhänger, europaweit gesehen, eine gefährdete Minderheit darstellten und daher oft politisch und ökonomisch neue Wege suchten. Langfristig förderte die Existenz verschiedener Konfessionen eine Individualisierung, die zu einer vertieften Religiosität, zu bewusster Toleranz oder zu einer säkularisierten Einstellung führen konnte. Sie zeitigte aber auch machtpolitisch unterschiedliche Folgen. Zumindest im 16./17. Jahrhundert veranlassten religiöse Gegensätze nicht nur Zwangskonversionen, Pogrome oder Vertreibungen, sondern bildeten in ihrer Verquickung mit Konflikten zwischen monarchischen und ständischen Kräften auch die wichtigste Ursache militärischer Auseinandersetzungen zwischen und in europäischen Ländern und Reichen. Je nachdem, zu wessen Gunsten die Konfessionsfrage entschieden wurde, mochte es zu einer (mit Ausnahme Polens) meist absolutistischen frühmodernen Staats- und Nationsbildung kommen, konnten neue, selbständige politische Gebilde (Schweiz, Niederlande) entstehen oder aber ein letztlich multikonfessionelles, konstitutionell regiertes Reich, wie im Falle Großbritanniens.

Reformation und Konfessionalisierung

In Übersee gingen religiöse Begegnungen und christliche Mission vielfach Hand in Hand. Bis zum 13. Jahrhundert hatten sich die großen kulturprägenden Religionen, wenngleich nicht als einzige, in verschiedenen Weltgegenden dominant etabliert. Neue Religionen entstanden nur noch ausnahmsweise. Die hochmittelalterliche christliche Mission, die sich ebenso friedlicher wie (in Form der Kreuzzüge) gewaltsamer Mittel bediente, scheiterte – außer in Europa selbst – allerdings weitgehend. Eher expandierte noch der Islam, wie neben der muslimischen Eroberung des Byzantinischen Reiches vor allem dessen Ausbreitung im subsaharischen Afrika, in Süd- und Südostasien belegt. Auch diese erfolgte indes nur zum Teil auf militärischem, vielmehr zum Großteil auf friedlichem Wege, durch die Vermittlung reisender Sufimeister oder Kaufleute. Ebenso folgenreich war ab ca. 1500 die katholische Mission auf dem amerikanischen Doppelkontinent – ein Erfolg freilich, der durch die Conquista und das Massensterben der Indios teilweise erleichtert wurde, weil diese die einheimischen Religionen schwächten. Trotzdem mussten Missionare den „Kampf um die Herzen" der indigenen Bevölkerung (und

Religiöse Begegnungen und christliche Mission

auch der importierten schwarzen Sklaven, wobei sich partiell Synkretismen ausformten) erst für sich entscheiden, bevor man diese in die neu geschaffenen Diözesanstrukturen einbeziehen konnte. Von den meist protestantischen englischen Kolonien in Nordamerika gingen zunächst wenige missionarische Bestrebungen aus, eher noch, im 18. Jahrhundert, von Pietisten in der Karibik. Auch in Asien beherrschte nach 1500 das katholische Engagement das Feld. Ein dauerhaftes Ergebnis erzielte die katholische Mission – auch infolge interner Differenzen politischer und missionsstrategischer Art – in Asien aber letztlich doch nur regional, zumeist dort, wo Europäer Herrschaft ausübten, also etwa auf den Philippinen. Außerdem geriet sie nach 1750, insbesondere infolge der Aufhebung des Jesuitenordens, in eine Krise.

Seit langem machten sich religiöse Orden in verschiedenen Kulturen um die Sozialisation und die Weitergabe von Wissen verdient. Überall wurde Wissen natürlich auch durch die Familien, Gemeinden, im subsaharischen Afrika auch durch Generationeneinheiten und Geheimbünde in mündlicher Form vermittelt. An Erziehung, Bildung und Wissenschaft waren überregional aber in den von Schriftkulturen geprägten Weltgegenden verschiedene weltliche Instanzen ebenfalls beteiligt, etwa Berufsgenossenschaften oder von der Obrigkeit fundierte, sich jedoch teilweise selbst verwaltende Bildungsinstitutionen. Speziell hinsichtlich der (regional sehr unterschiedlich ausgeprägten) Lese- und Schreibfähigkeit, generell bezüglich ihrer Bildungsmöglichkeiten blieben Frauen und Mädchen indes benachteiligt. Doch prägten, wie der einschlägige Beitrag zeigt, Religion, Herkunft oder Staatsinteresse das Bildungswesen in den verschiedenen Kulturen in unterschiedlicher Weise. Im christlich-lateinischen Europa differenzierte sich die kirchlich-religiöse Prägung von Bildung und Ausbildung nach 1500 konfessionell aus und schwächte sich unter stärker staatlichen Vorzeichen schließlich ab. In den orthodoxen Klosterschulen blieb sie bis ins 18. Jahrhundert ebenso fast konkurrenzlos erhalten wie in der islamischen Welt, wo frühzeitig Elementar- und Gelehrtenschulen gestiftet worden waren. Anders als der hinduistische Bereich, wo Bildungsmöglichkeiten in aller Regel durch die herkunftsmäßige Zugehörigkeit zu einer Kaste bestimmt blieben, zeigte sich China mit seinem konfuzianischen Prüfungswesen deutlich „meritokratischer" strukturiert, auch wenn hier Bildung und Wissenschaft nur so weit gefördert wurden, wie sie dem Staatsinteresse dienten. Ähnlich wie Europa kannte China private und öffentliche Schulen, die langfristig immer mehr Kinder unterrichteten, sowie im 17./18. Jahrhundert pädagogische Debatten, die teilweise den Kanon des Unterrichtsstoffes erweiterten. Das chinesische Vorbild wirkte auch auf das japanische Bildungswesen, in dem im 17. Jahrhundert die Vermittlung kriegerischer Tugenden gegenüber der Verbreitung ziviler Kenntnisse an konfuzianischen wie an buddhistischen Schulen in den Hintergrund trat. Doch da das konfuzianische Prüfungswesen nie rezipiert wurde und das Land sich schließlich isolierte, verhärteten sich die sozialen Grenzen.

| Erziehung, Bildung und Wissenschaft

Wirkt somit die japanische Gesellschaft im 18. Jahrhundert bei aller inneren Dynamik äußerlich „versteinert", so zeichneten sich damals in der Westhälfte Europas immer deutlicher soziale Verschiebungen ab, die mit der zunehmend effizienten Organisation und Hochschätzung von Arbeit zusammenhingen. Professionalisierung und Sozialstruktur standen weltweit in einem gewissen Interdependenzverhältnis. Nach einer Untersuchung, inwieweit die großen Religionen überhaupt die Ausbildung eines Arbeitsethos – selbst in Bezug auf Handarbeit – beziehungsweise eines Profitdenkens förderten oder hemmten, werden Professionalisierungsprozesse in vier Bereichen näher analysiert: Militär, Jurisprudenz, Handwerk und Medizin. Während Chinas Offiziere auch ausbildungsmäßig Beamte waren, genossen Mamluken (aus Sklaven rekrutierte Elitekrieger), japanische oder europäische Ritter zwar ebenfalls eine spezielle Schulung, aber ihre Versorgung basierte auf feudalen Grundlagen. Stärker auf das Gemeinwohl ausgerichtet war das Berufsethos der Verwaltungs- und Gerichtsbeamten. Teilweise durchliefen sie eine spezielle, gehobene Ausbildung, studierten im lateinischen Europa wie im islamischen Raum hauptsächlich die geistlichen und weltlichen Rechte, während sie in China vor allem Kenntnisse der konfuzianischen Sozialphilosophie, aber durchaus auch gewisser administrativer Vorgänge nachweisen mussten. Im Handwerk lassen sich weltweit Zusammenschlüsse von Gewerbetreibenden nachweisen. Doch deren Formen unterschieden sich vor allem je nachdem, ob sie mit Verwandtschafts- oder Kastengruppen in Zusammenhang standen und inwieweit sie sich autonom organisierten oder von Seiten der Obrigkeit bestimmt wurden. Ärzte jedenfalls standen, besonders in China und Europa, zwischen Handwerk und akademischer Profession.

Ein Hinweis zur Schreibweise fremdsprachlicher, zum Beispiel indischer Namen: Üblich ist vielfach eine an der englischen Aussprache orientierte Transkription, zum Beispiel bei „Rajputen". Um eine möglichst adäquate Aussprache zu vermitteln, wurde jedoch bei der Erstnennung die dem Deutschen entsprechende Schreibweise – in diesem Fall „Rädschputen" – in Klammern gesetzt, sofern sie nicht (wie bei „Pandschab" statt „Punjab") ohnehin schon Eingang in den Duden gefunden hatte. Hinsichtlich diakritischer Zeichen (wie ā etc. für lange Vokale) suchte der Herausgeber einen Mittelweg zwischen einer wissenschaftlich korrekten und einer für den Nichtfachmann verständlichen und gut lesbaren Form zu gehen. Eine Hilfe für den Leser bieten ferner fünf Weltkarten (für die Jahre 1279, 1492, 1600, 1715 und 1783) auf den Seiten 114f., 132f., 194f., 356f. sowie 442f. Sie sollen der Orientierung in einem langen Zeitraum mit sich stark verändernden Grenzen der Länder und Reiche dienen und dazu beitragen zu illustrieren, wie Entdeckungen und neue Ordnungen die Grundlagen der Moderne legten.

Demographie, Technik und Wirtschaft

Mediterranes Rundschiff aus der Zeit des Kolumbus. Zeitgenössischer Holzschnitt.

Bevölkerung und Landnutzung

Norbert Ortmayr

Die Welt um 1800 unterschied sich in Vielem von der Welt um 1200: Die Bevölkerung war zahlreicher, die Städte waren größer und die Staaten kontrollierten mehr Land. Um 1200 lebten vermutlich um die 400 Millionen Menschen auf der Welt, 600 Jahre später waren es fast eine Milliarde. Um 1200 gab es drei Großstädte mit über 200.000 Einwohnern, um 1800 waren es schon 17. Auch die Staaten und Imperien waren größer und stabiler geworden; und sie hatten unzählige staatenlose politische Organisationsformen, wie Gruppen, Stämme und Häuptlingsreiche, an die Ränder der besiedelten Welt abgedrängt.

<small>Dreifaches Wachstum</small>

Es war ein dreifaches Wachstum, das die 600 Jahre unseres Untersuchungszeitraumes wie ein roter Faden durchzieht. Möglich wurde dieses Wachstum von Bevölkerung, Städten und Staaten, weil die Agrarökonomien der Welt insgesamt leistungsfähiger geworden waren. Nur dadurch gelang es, die wachsende Bevölkerung zu ernähren, die neuen und größeren Städte zu versorgen sowie die Beamten und Soldaten der gewachsenen Staatsapparate zu unterhalten. Letztendlich ruhte auch der beschleunigte technologische Wandel im Untersuchungszeitraum auf dieser vergrößerten landwirtschaftlichen Basis.

Rund um die Welt wurde neues Ackerland gewonnen oder vorhandenes Ackerland intensiver genutzt. Neue Ländereien wurden dem Meer abgerungen, Sümpfe trockengelegt, Wälder gerodet und Grasländer in Viehweiden und Getreidefelder verwandelt. Der „kolumbische Austausch" nach 1492 brachte die Haustiere der Alten Welt in die beiden Amerikas und ließ in den Prärien und Pampas der Neuen Welt riesige Viehherden mit Millionen von Rindern, Pferden und Schafen entstehen. Im Gegenzug gelangten die kalorienreichen indianischen Kulturpflanzen der Neuen Welt – wie Mais, Kartoffel, Süßkartoffel und Maniok – auf die Äcker der Bauern in Afrika, Asien und Europa und steigerten dort die Leistungskraft der einheimischen Landwirtschaft erheblich (s. S. 101 f.).

Die Weltbevölkerung

Vorangeschickt sei eine kurze Bemerkung zum Forschungsstand: Neuere Syntheseversuche zur Geschichte der Weltbevölkerung zwischen 1200 und 1800 gibt es nicht. Die letzten Versuche stammen aus den 1960/1970er Jahren. Seither wurde enorm viel

Demographie, Technik und Wirtschaft

Forschungsstand | an historisch-demographischer Detailforschung zu einzelnen Ländern und Weltregionen unternommen. Eine globale Synthese dieser regionalen Forschungen steht aber noch aus. 2001 wurde zwar in Florenz eine Konferenz zur Geschichte der Weltbevölkerung im vergangenen Jahrtausend abgehalten. Der im Anschluss daran geplante »Atlas of World Population in the Second Millennium« ist aber bisher noch nicht erschienen. Wir sind deshalb weiterhin auf die Studien aus den 1960er und 1970er Jahren angewiesen. Eine dieser Studien stammt von dem französischen Demographen Jean-Noël Biraben. Nach seiner Schätzung nahm die Weltbevölkerung zwischen 1200 und 1800 von 400 Millionen auf 954 Millionen zu, das heißt, sie vergrößerte sich im Untersuchungszeitraum um mehr als das Doppelte.

Das Wachstum verlief zunächst langsam und stetig, im 18. Jahrhundert dann aber deutlich beschleunigt. Nur einmal, im 14. Jahrhundert, schrumpfte die Weltbevölkerung als Ganzes. Hinter diesen Globaldaten verbergen sich nun aber beträchtliche regionale Unterschiede sowie völlig unterschiedliche demographische Entwicklungspfade. So war in China das Wachstum mehrere Male massiv eingebrochen – zunächst im 13. Jahrhundert im Zuge der Eroberung Nordchinas durch die Mongolen, ein weiteres Mal im 14. Jahrhundert im Zuge des Machtwechsels von der Yuan- auf die Ming-Dynastie sowie nochmals im 17. Jahrhundert während der Eroberung Chinas durch die Mandschu. Europa erlebte seinen massivsten demographischen Einbruch im Zusammenhang mit der Pestepidemie von 1347 bis 1351. Noch weit in den Schatten gestellt werden diese genannten demographischen Einbrüche von dem,

Demographische Einbrüche | was in den beiden Amerikas nach 1492 geschah. Innerhalb von nur einem Jahrhundert dürften hier 75 bis 90 Prozent der indianischen Bevölkerung ausgestorben sein. In einigen Regionen, wie zum Beispiel auf den Karibischen Inseln, wurde die autochthone Bevölkerung praktisch völlig ausgelöscht. Sicher ist, dass es sich dabei um eine der größten demographischen Tragödien der Weltgeschichte handelte. Relativ gesichert sind heute auch die Ursachen dieser Tragödie: Die Hauptursache waren die neuen Krankheiten, die aus der Alten Welt eingeschleppt wurden, wie Pocken, Masern, Typhus, Grippe oder Beulenpest. Die indianische Bevölkerung hatte gegen diese Krankheiten keine Immunstoffe und war ihnen schutzlos ausgeliefert. Das Auftreten von Seuchen war in der Weltgeschichte an und für sich nichts Neues. Das Besondere an den Seuchen in der Neuen Welt des 16. Jahrhunderts war das simultane Auftreten von mehreren Erregern gleichzeitig. Es führte zum demographischen Kollaps einer ganzen Weltregion.

Unsicher ist nach wie vor das präzise quantitative Ausmaß der Katastrophe, weil wir auf Grund fehlender Quellen die genaue Größe der indianischen Bevölkerung zur Kontaktzeit 1492 nicht kennen. Ältere Schätzungen variieren hier enorm, und zwar von weniger als 10 Millionen bis über 100 Millionen. Neuere Forschungen gehen von einer Kontaktbevölkerung im Jahre 1492 in der Größenordnung von um die 50 Millionen Menschen aus. Ein Jahrhundert später waren davon noch ca. 10 Millionen übrig geblieben. Der demographische Kollaps der indianischen Bevölkerung bremste zweifellos das Wachstum der Weltbevölkerung massiv. Trotzdem ging der globale

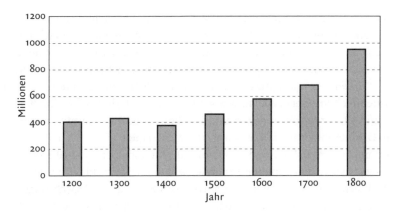

Die Weltbevölkerung 1200 bis 1800. Die Schätzung von Jean-Noël Biraben (1979).

Aufwärtstrend weiter, im 17. Jahrhundert zunächst noch langsam, im 18. Jahrhundert dann beschleunigt. Nach der Schätzung von Biraben wuchs die Weltbevölkerung zwischen 1700 und 1800 von 680 Millionen auf 954 Millionen an.

Die Weltbevölkerung war im Untersuchungszeitraum extrem ungleich verteilt. Einerseits gab es die drei „Dichte-Zentren" China, Indien und Europa, die zwischen 60 und 70 Prozent der Weltbevölkerung umfassten, obwohl sie zusammengenommen nur weniger als 10 Prozent der Landfläche der Erde ausmachten. Andererseits existierten die in ihrer Gesamtheit noch vergleichsweise dünn besiedelten Regionen in Australien, Ozeanien und den beiden Amerikas. Sie stellten weniger als 10 Prozent der Weltbevölkerung, besaßen aber ein enormes demographisches Entwicklungspotential, das zum Großteil erst im 19. und 20. Jahrhundert ausgeschöpft wurde. Die Gruppe mit mittlerer Bevölkerung umfasste zwischen einem Viertel und knapp einem Drittel der Weltbevölkerung.

<small>Verteilung der Weltbevölkerung</small>

Wie ist diese extrem ungleiche geographische Verteilung der Weltbevölkerung nun zu erklären? Wie kann verstehbar gemacht werden, dass allein China, Indien und Europa zwischen 60 und 70 Prozent der Weltbevölkerung beheimateten, obwohl sie weniger als 10 Prozent der Erdoberfläche umfassten? Wie immer ist auch hier keine einfache Antwort möglich: Viele Faktoren spielten eine Rolle. Die Geographie, der Naturraum, das Klima sind hier an erster Stelle zu nennen; und damit zusammenhängend natürlich das System der Landnutzung. Alle drei Dichte-Zentren wiesen Landnutzungssysteme mit relativ hoher Intensität auf. China (inkl. Japan) besaß von allen drei Regionen das intensivste Landnutzungssystem, Europa das am wenigsten intensive, Indien nahm eine Zwischenposition ein. In China war es insbesondere das System des Nassreisanbaus, das eine enorm hohe Landnutzungsintensität zuließ. Es hatte sich im Laufe des 1. Jahrtausends n. Chr. in Südchina ausgebreitet und besaß sein Zentrum im Deltagebiet des Jangtse. Von allen Agrarsystemen der Welt besaß es die höchste Landnutzungsintensität. Es ernährte die meisten Menschen pro Hektar

Ackerland, machte andererseits aber wegen seiner hohen Arbeitsintensität auch die höchste Zahl an landwirtschaftlichen Arbeitskräften notwenig. So konnten um 1620 im Jangtse-Delta pro Quadratkilometer landwirtschaftlicher Nutzfläche 689 Personen ernährt werden. In Japan waren es um 1600 581 Personen, um 1800 dann bereits 1010 Personen. Im Vergleich dazu konnten in Europa um 18. und frühen 19. Jahrhundert pro Quadratkilometer Nutzfläche nur zwischen ca. 100 und ca. 200 Personen ernährt werden. Indien nahm mit 269 bis 358 Personen pro einem Quadratkilometer (1600–1900) wieder eine Zwischenposition ein.

Verstehbar wird diese hohe Nutzungsintensität im Nassreisanbau Südchinas und Japans, wenn man sich folgende Besonderheiten der Kulturpflanze Reis sowie des Systems des Nassreisanbaus vor Augen hält: Reis zählt zu den Hochertragspflanzen. Jede Reispflanze kann mehrere Rispen tragen. Jede Rispe kann wiederum zwischen 400 und 500 Reiskörner produzieren. Das Verhältnis von Aussaat zur Ernte lag so immer in der Größenordnung von eins zu hundert. Das Wasser ist der wichtigste Faktor beim Anbau. Es liefert gewöhnlich alle für das Wachstum nötigen Nährstoffe, da sich im Wasserbeet Blaualgen sammeln, die sich mit Stickstoff anreichern und so

Nassreisanbau | die Fruchtbarkeit im Reisfeld sichern. Tierischer Dünger zur Wiederherstellung der Bodenfruchtbarkeit ist so vom Prinzip her nicht nötig. Großvieh spielt als Düngerlieferant in den Nassreissystemen keine beziehungsweise nur eine untergeordnete Rolle; und Großvieh ist auch als Zugvieh nicht oder nur in geringem Ausmaß notwendig, da die von einer Bauernfamilie bewirtschaftete Fläche auf Grund der hohen Landnutzungsintensität relativ klein ist. Das System des Nassreisanbaus besitzt eine Reihe von Intensivierungsmöglichkeiten. Dazu zählt die Technik des Verpflanzens, der Einsatz schneller reifender Reissorten, die mehrere Ernten pro Jahr ermöglichen, die Effizienzsteigerung im System der Wasserkontrolle sowie der Einsatz von menschlichen Fäkalien und Ölkuchen als zusätzliche Dünger.

Die Kontrastfolie zum Nassreisanbau bildet das nordwesteuropäische System der gemischten Landwirtschaft. Roggen, Gerste, Weizen und Hafer sind Kulturpflanzen mit relativ niedrigen Erträgen. Die Ähren dieser Getreidepflanzen tragen verhältnismäßig wenige Körner, gewöhnlich nur einige Dutzend, und jede Pflanze hat meistens

System der gemischten Landwirtschaft | auch nur eine Ähre. Das Verhältnis von Aussaat zur Ernte lag deshalb in Nordwesteuropa im Mittelalter im Bereich zwischen drei und vier, in der Frühen Neuzeit zwischen vier und zehn. Die Vegetationsperiode ist in Nordwesteuropa relativ kurz und erlaubt deshalb keine Mehrfachernten. Großvieh spielte eine zentrale Rolle in diesem Agrarsystem, und zwar einerseits als Zugvieh und andererseits als Hauptlieferant von Dünger. Tierischer Dünger war bis zur verstärkten Einführung Stickstoff bindender Leguminosen (Hülsenfrüchtler) im 18. Jahrhundert essentiell zur Wiederherstellung der Bodenfruchtbarkeit, genau wie die zeitliche Unterbrechung des Anbaus durch den Einsatz der Brache.

Eine Mittelposition zwischen dem hoch intensiven Landnutzungssystem Chinas und dem weniger intensiven nordwesteuropäischen Agrarsystem nahm Indien ein. Nassreisanbau hat in Indien zwar eine lange Tradition, wurde aber bis weit ins

20. Jahrhundert hinein viel weniger intensiv betrieben als in Südchina oder Japan. Reis wurde hier ausgesät und nicht verpflanzt. Künstliche Bewässerung war selten. Noch im Jahr 1901 wurden nur 2 Prozent der indischen Reisfläche künstlich bewässert, in China waren es hingegen um 1400 bereits ca. 30 Prozent der Ackerfläche. Indien hat weiterhin riesige Regionen mit sehr geringen Regenfällen. Ein beträchtlicher Teil der Bevölkerung lebt in tropischen Trockenzonen mit weniger als 770 mm an jährlichen Niederschlägen. Dort, wo ausreichend Regen fällt, ist dieser konzentriert auf die wenigen Monate mit Monsunregen. Der Monsun ist außerdem in hohem Maße variabel. Nicht selten bleibt er auch ganz aus. Hungersnöte auf Grund des Ausbleibens des Monsunregens sind ein fester Bestandteil der historischen Erfahrung Indiens. Die indischen Bauern behalfen sich deshalb in den trockenen Regionen mit dem Anbau von ertragsärmeren, dafür aber dürreresistenten Getreidesorten wie Sorghum und Hirse.

| Agrarsystem in Indien

Die Landnutzungssysteme außerhalb der drei genannten Dichte-Zentren wiesen ein hohes Maß an Vielfalt auf. Insgesamt waren es aber relativ extensive Formen der Landnutzung. Dazu zählte die Nomadenwirtschaft im Trockengürtel der Alten Welt (Zentralasien, große Teile von Westasien und Nordafrika) genauso wie die verschiedenen Formen von Brandrodung und Wanderfeldbau in Südostasien, Subsahara-Afrika und den beiden Amerikas. Nicht vergessen darf man in diesem Zusammenhang auch die unzähligen Jäger-Sammler-Kulturen. Um 1200 waren noch ganze Weltregionen von ihnen geprägt. Im Untersuchungszeitraum wurde ihr Lebensraum zwar immer kleiner; weltweit drängten aggressive landwirtschaftliche Frontiergesellschaften die Jäger-Sammler-Kulturen in immer peripherere Rückzugsregionen zurück. Trotzdem gab es auch um 1800 noch beträchtliche Lebensräume für diese Kulturen und zwar im äußersten Nordosten Asiens, in Rückzugsregionen Südostasiens, in Teilen von Subsahara-Afrika sowie im äußersten Norden und äußersten Süden des amerikanischen Doppelkontinents.

| Landnutzung außerhalb der drei Dichte-Zentren

Die Landnutzung

Der Ausgangspunkt unserer Überlegung war das dreifache Wachstum von Bevölkerung, Städten und Staaten, das zwischen 1200 und 1800 zu beobachten ist. Dieses Wachstum war unter anderem deshalb möglich geworden, weil gleichzeitig die weltweite Agrarproduktion beträchtlich gesteigert werden konnte. Aggregierte Daten zum globalen landwirtschaftlichen Output, wie sie seit dem späten 19. Jahrhundert zur Verfügung stehen, existieren für unseren Untersuchungszeitraum nicht. Sehr wohl stehen aber Schätzungen für einzelne Länder zur Verfügung. China dürfte hier wiederum das umfassendste Quellenmaterial besitzen. Auf Grund dieses Materials schätzte der Wirtschaftshistoriker Angus Maddison, dass sich Chinas Getreideproduktion zwischen 1400 und 1820 von 20,5 Millionen auf 108,5 Millionen Tonnen erhöhte. Für England hat Edward Anthony

| Steigerung der Agrarproduktion

Wrigley kürzlich eine Schätzung der Getreideproduktion und des Viehstandes zwischen 1300 und 1800 vorgelegt. Nach dieser Schätzung steigerte sich Englands Netto-Getreideproduktion zwischen 1300 und 1800 von 1,2 auf 3,5 Millionen Tonnen. Im selben Zeitraum nahm die Zahl der Pferde von ca. 510.000 auf etwa 1,2 Millionen zu, die Zahl der Rinder stieg von ca. 1,4 Millionen auf ca. 3,5 Millionen Stück.

Wie konnte es nun zu dieser Steigerung der Agrarproduktion unter den im Untersuchungszeitraum herrschenden vorindustriellen Bedingungen kommen? Der britische Agrargeograph David Grigg hat drei Wege identifiziert, die in vorindustriellen Gesellschaften eine Steigerung der Agrarproduktion möglich machten. Dies waren die Ausdehnung der landwirtschaftlichen Nutzfläche (Neulanderschließung und Kolonisation), die intensivere Bearbeitung der vorhandenen Nutzfläche sowie die Einführung neuer, ertragreicherer Nutzpflanzen. Im Untersuchungszeitraum haben alle drei Wege eine wichtige Rolle gespielt.

Neulanderschließung und Kolonisation

Die Ausdehnung der Agrarflächen war in vorindustriellen Gesellschaften der naheliegendste Weg der Steigerung der Agrarproduktion. Neulanderschließung und Kolonisation haben deshalb auch in allen uns bekannten Bauerngesellschaften eine lange Tradition. Neu an diesen Prozessen im Untersuchungszeitraum waren die Schnelligkeit der Kolonisierung, die Größe der erschlossenen Räume und die Zahl der in die Frontierräume einwandernden Menschen. Im Folgenden werden drei große Siedlungsexpansionen skizziert, die europäisch-atlantische Expansion, die Kolonisationsprozesse in China sowie die Erschließung des heutigen Bangladesch durch islamische Siedler aus Nordindien.

Kolonisation im europäisch-atlantischen Raum: Im hochmittelalterlichen Europa war die deutsche Ostsiedlung wahrscheinlich der dramatischste Kolonisationsprozess. Er brachte deutschsprachige Bauern in die slawisch besiedelten Räume östlich von Elbe und Saale. Die deutsche Ostsiedlung erstreckte sich über mehrere Jahrhunderte, sie erlebte ihren Höhepunkt aber zwischen ca. 1150 und ca. 1350. Im Laufe des 12. Jahrhunderts wurden Holstein, Mecklenburg und Brandenburg kolonisiert, im 13. Jahrhundert drangen deutsche Siedler nach Pommern, Schlesien und Nordmähren vor. Als letzte Region wurde Preußen besiedelt. Dieses Land wurde zwar schon seit dem frühen 13. Jahrhundert vom Deutschen Orden beherrscht, die Ansiedlung deutscher Bauern begann aber erst im späten 13. Jahrhundert, nachdem Aufstände der einheimischen slawischen Bevölkerung niedergeworfen worden waren.

Kolonisation im europäisch-atlantischen Raum

Die genaue Zahl der Kolonisten, die aus den altdeutschen Siedlungsgebieten ins östliche Mitteleuropa migrierten, ist nicht bekannt. Schätzungen gehen von rund 200.000 Migranten im 12. Jahrhundert und nochmals von etwa der gleichen Zahl im 13. Jahrhundert aus. Insgesamt wurde zwischen dem 12. und dem 14. Jahrhundert der deutschsprachige Siedlungs- und Sprachraum um mehr als ein Drittel erweitert.

Die deutsche Ostsiedlung war nicht der einzige Kolonisierungsvorgang im Hochmittelalter. Sie war vielmehr nur ein Teil eines viel umfassenderen Landerschließungsprozesses, der fast alle Länder Europas erfasste und überall zur Erweiterung der vorhandenen Agrarflächen führte. Nicht immer wurde bisher unkultiviertes Land kolonisiert. Im hochmittelalterlichen Spanien bestand ein Teil der Kolonisierung aus der Wiederbesiedlung von Räumen, die vorher im Zuge der Reconquista entvölkert worden waren; und nicht immer vollzog sich die Expansion auch nach außen, in kulturell fremde Frontierräume. Oft war es schlicht Binnenkolonisation, die zur Ausdehnung der Agrarfläche führte. Bereits bestehende Siedlungen und landwirtschaftliche Nutzflächen wurden durch die Rodung umliegender Wälder, durch die Trockenlegung von Sümpfen und Mooren oder durch den Bau von Deichen und Dämmen erweitert, um dem Meer Land abzuringen. In England wurden besonders im 13. und 14. Jahrhundert ausgedehnte Moorlandschaften in Cornwall und Devon urbar gemacht. Die Stadtkommunen Oberitaliens, vor allem jene in der Lombardei, in Venetien und in der Emilia-Romagna, regulierten in der zweiten Hälfte des 12. und im 13. Jahrhundert die Flüsse und legten die Sümpfe trocken. Ein weiterer Schauplatz der Neulandgewinnung befand sich in den Niederlanden: Hier hatte man bereits im 10. Jahrhundert mit dem Bau von Deichen begonnen, zunächst in Flandern und Zeeland, nach 1200 auch in Holland. Ortsnamen auf *-dijk* und *-dam* erinnern bis heute an den Entstehungskontext zahlreicher Siedlungen. | Neulandgewinnung

Mitte des 14. Jahrhunderts fand das Wachstum der Agrarflächen dann aber ein abruptes Ende; es hatte sich bereits seit Anfang des Jahrhunderts deutlich verlangsamt. Missernten, Viehseuchen und Hungersnöte waren die Ursache. 1347 erreichte schließlich die erste Pestwelle Europa. Weitere Pestwellen – wie jene von 1360/1361 und 1380/1383 – folgten. Sie stürzten Europa in eine demographische Katastrophe. Etwa ein Drittel der Bevölkerung fiel der verheerenden Seuche zum Opfer. Ganze Siedlungen wurden aufgegeben, die Agrarflächen schrumpften und Ackerland wurde in Viehweiden verwandelt. | Demographische Katastrophe

Mitte des 15. Jahrhunderts begann sich die Bevölkerung wieder langsam zu erholen, die Agrarflächen fingen wieder an zu wachsen. Erneut war es ein Wachstum nach innen und nach außen. Das Wachstum nach außen, in kulturell fremde Frontierräume, führte nun weit über Europa hinaus. Es wurde zunächst von Spanien und Portugal getragen; nach 1600 folgten Briten, Franzosen und Holländer. Das Vorspiel ereignete sich auf Madeira, den Azoren und den Kanarischen Inseln. 1402 begann die Eroberung der Kanaren, in den 1420er Jahren landeten die ersten portugiesischen Siedler auf Madeira, ca. zwei Jahrzehnte später auf den Azoren. 1492 erreichte Kolumbus schließlich die Karibischen Inseln, einige Jahre später auch das amerikanische Festland (s. Beitrag „Fernhandel und Entdeckungen"). Nach der Unterwerfung der indigenen Bevölkerung in der Neuen Welt standen den Europäern dort riesige Landreserven zur Verfügung. Einerseits gab es eine Fülle von unkultiviertem Land, andererseits wurden durch den demographischen Kollaps der indianischen Bevölkerung enorme Mengen an bereits kultivierten Agrarflächen frei. | Erholung der Bevölkerung

Diese Landflächen wurden von den Europäern nun Schritt für Schritt in Kultur genommen. Dazu bediente man sich einer Vielfalt von Agrarsystemen. Diese wiesen ganz unterschiedliche Intensitätsgrade in der Landnutzung auf. Einerseits wurden traditionelle Agrarsysteme aus der Alten in die Neue Welt transferiert – etwa das System der gemischten Landwirtschaft, das aus Europa nach Neu-England und in die mittelatlantischen Kolonien transferiert wurde. Andererseits entstanden auch neue Agrarsysteme in den amerikanischen Kolonien, wie die Plantagenwirtschaft und die Ranch-Ökonomie. Das System der Ranch-Ökonomie – im Deutschen etwas umständlich als extensive stationäre Weidewirtschaft bezeichnet – wurde zum prägenden Agrarsystem der amerikanischen Graslander. Dieses Agrarsystem hatte im südlichen Spanien des 12. und 13. Jahrhunderts seinen Ursprung. Zur vollen Entfaltung gelangte es aber erst in der Neuen Welt seit dem 16. Jahrhundert. Das Besondere dieses Agrarsystems in der Neuen Welt war dessen großbetriebliche Struktur, die extensive Art der Landnutzung in Form der Rinder- und Schafweidewirtschaft sowie die Orientierung der Produktion an Märkten, und zwar sowohl an regionalen wie auch an internationalen Märkten. Für diese Märkte wurden Fleisch, Wolle, Häute und Talg produziert. Die großen Weidewirtschaften der Neuen Welt entstanden in Mexiko, in den Llanos von Venezuela, im Sertão von Nordostbrasilien sowie in der Pampa von Argentinien und Uruguay.

[marginalie: Ranch-Ökonomie]

Neben diesen extensiv genutzten Agrarzonen entstanden ab der Mitte des 16. Jahrhunderts auch intensiv betriebene Ackerbauregionen, die zunächst Zucker, später auch Tabak, Reis, Kaffee, Kakao, Baumwolle und Indigo für den europäischen Markt erzeugten. Dazu schufen die europäischen Kolonisten ein völlig neues Agrarsystem: die Plantagenwirtschaft. Auch dieses Agrarsystem hatte seine Wurzeln in der Alten Welt, und zwar in den Zuckerrohr-Anbaugebieten des mediterranen Europas sowie von Madeira und den Kanaren. Auch dieses Agrarsystem gelangte erst in der Neuen Welt zu seiner vollen Entfaltung. Hier sollte es eine ganze Weltregion prägen, und zwar den Nordosten Brasiliens, die Küstenregion des nördlichen Südamerika, die gesamte karibische Inselwelt sowie den Südosten der heutigen USA. Dieser Raum wurde seit dem frühen 16. Jahrhundert in mehreren Etappen zu einer riesigen Plantagenexportregion umgebaut. Das bedeutete großbetriebliche Produktionsstrukturen, Erzeugung tropischer Agrargüter für den Export nach Europa und arbeitsintensive Nutzung des Ackerlandes mit Hunderttausenden von Zwangsarbeitern, die auf Sklavenmärkten in West- und Zentralafrika gekauft wurden. Insgesamt wurden nach den Berechnungen von Herbert Klein mehr als sieben Millionen Afrikaner bis 1800 in die Neue Welt gebracht. Die Zahl der europäischen Einwanderer in die Neue Welt zwischen 1492 und 1800 dürfte etwa zwischen ein und zwei Millionen Menschen betragen haben.

[marginalie: Plantagenwirtschaft]

Die Kolonisation der Agrarflächen, die sich die Europäer nach 1492 in den beiden Amerikas aneigneten, geschah bis Ende des 18. Jahrhunderts also nur mehr zu einem kleinen Teil durch europäische Siedler. Ein großer Teil der Arbeit von Urbarmachung und weiterer Nutzung wurde von Afrikanern und der überlebenden indianischen Bevölkerung sowie den sich formierenden Mestizen- und Mulatto-Populationen geleistet. In der Frühen Neuzeit wurde auf den amerikanischen Agrarflächen ein Produktionssystem aufgebaut, das alle Kontinente der Welt einschloss: Das Kapital kam aus Europa, ein Teil der Arbeitskräfte aus Afrika und ein Teil der angebauten Feldfrüchte aus Asien (Zuckerrohr, Reis etc.).

Ein beträchtlicher Teil der in der Neuen Welt erzeugten Agrarprodukte ging wieder nach Europa. Um 1770, am Vorabend der Amerikanischen Revolution, wurden in der Neuen Welt jedes Jahr ca. 200.000 Tonnen Zucker, ca. 60.000 Tonnen Kaffee, ca. 40.000 Tonnen Tabak, ca. 35.000 Tonnen Reis, weitere je ca. 35.000 Tonnen Weizen und Mais, ca. 8000 Tonnen Kakao, ca. 9000 Tonnen Baumwolle sowie hunderttausende Tierhäute für den Export erzeugt. Nicht alles davon wurde nach Europa exportiert. Ein Teil der Getreideexporte blieb in der Neuen Welt. Reis und Mais wurden vom nordamerikanischen Festland in die karibischen Plantagenkolonien exportiert, um dort die Sklaven zu ernähren, die wiederum Zucker und Kaffee für Europa erzeugten. Der Großteil der übrigen genannten Produkte ging aber nach Europa und ließ dort nicht nur neue Genussmittelkulturen entstehen, sondern leistete auch einen wichtigen Beitrag zur Kalorienversorgung der im 18. Jahrhundert rasch wachsenden europäischen Bevölkerung. | Export

Europa expandierte in der Frühen Neuzeit nicht nur nach Westen. Auch im Osten wurde weiter kolonisiert und neues Agrarland gewonnen. Diese Kolonisationsbewegung wurde vor allem von Russland getragen. 1480 wurde der Ural überschritten, rund ein Jahrhundert später begann die Eroberung Sibiriens. Gleichzeitig expandierte Russland nach Süden und Südosten. 1552 und 1554/1556 wurden die Khanate von Kasan und Astrachan an der Wolga erobert und für russische Siedler geöffnet. Im 17. und 18. Jahrhundert kamen mehr als zwei Millionen Siedler in die Waldsteppen und Steppen von Südrussland und der Ukraine. Im selben Zeitraum zogen auch ca. 400.000 Siedler nach Sibirien. | Expansion nach Osten

Neues Agrarland wurde in der Frühen Neuzeit auch durch Binnenkolonisation gewonnen. Wie in der hochmittelalterlichen Expansionsperiode wurden auch nun wieder Wälder gerodet, Sümpfe trockengelegt und Heiden urbar gemacht. In vielen Regionen Europas wurde Marschland kolonisiert. Allein in den Niederlanden wurden zwischen 1540 und 1815 189.396 Hektar landwirtschaftlicher Nutzfläche durch Eindeichungen und Trockenlegungen neu hinzugewonnen. Holländische Wasserbauingenieure und Handwerker waren damals als Experten der Entwässerung in ganz Europa gefragt. Sie finden sich bei der Urbarmachung im Raum entlang der Elbe genauso wie in Brandenburg, England, Frankreich und Italien. In Deutschland wurden im 18. Jahrhundert auch das Donaumoor in Bayern, einige Hochmoore in Hannover und Oldenburg sowie Feuchtgebiete an Oder und Warthe trockengelegt. Am Oderbruch bei Frankfurt konnten zwischen 1747 und 1753 56.000 Hektar neue landwirtschaftliche Nutzfläche dazugewonnen werden, in den Warthebrüchen waren es bis 1786 ca. 30.000 Hektar. In vielen Teilen Deutschlands fanden weiterhin auch Waldrodungen statt, obwohl umfangreiche landesweite Verbote die | Binnenkolonisation

Demographie, Technik und Wirtschaft

Waldbestände schützen sollten. Insgesamt schätzt man, dass in Deutschland zwischen 1500 und 1800 die landwirtschaftliche Nutzfläche um ca. 60 Prozent zunahm.

Kolonisationsprozesse in Asien: Die Expansion Europas nach Westen und nach Osten war ein dramatischer Kolonisationsprozess. Nicht weniger dramatisch waren auch die ungefähr zur selben Zeit ablaufenden Kolonisationsprozesse in Ost- und Südasien. Auch hier wurden Millionen von Hektar an neuen Agrarflächen kultiviert, auch hier machten sich Millionen von Kolonisten auf den Weg, und auch hier wurde nicht selten die indigene Bevölkerung marginalisiert beziehungsweise kulturell assimiliert.

Kolonisationsprozesse in Ost- und Südasien

Ca. 10 Millionen Chinesen migrierten im 17. und 18. Jahrhundert in die Region am oberen Jangtse – im Wesentlichen in die westchinesische Provinz Sichuan (Szechuan). Sie kultivierten dort Land, das im Zuge des Dynastiewechsels in den 1640er Jahren verwüstet worden war, beziehungsweise erschlossen neues Ackerland.

Ein beliebter Frontierraum für Chinesen war auch der Südwesten Chinas, also die Provinz Yunnan sowie kleinere Regionen in den angrenzenden Provinzen. Mindestens drei bis vier Millionen Han-Chinesen wanderten dort zwischen dem 13. und frühen 19. Jahrhundert ein. In der ersten Phase während des 13. bis 16. Jahrhunderts wurden ca. eine Million Soldaten und Agrarkolonisten von der chinesischen Regierung dorthin geschickt. Sie wurden mit Saatgut, Zugtieren und landwirtschaftlichem Werkzeug ausgestattet und auf Bauernhöfen angesiedelt. In der zweiten Periode zwischen ca. 1700 und ca. 1850 waren es hauptsächlich freie Migranten, die in den Südwesten kamen, dort Land erschlossen oder in den Bergwerken und Textilzentren Arbeit fanden. Diese Masseneinwanderung führte zu einem völligen Umbau im ethnosozialen Profil der Region. Um 1250 hatten wahrscheinlich drei Millionen Menschen im Südwesten gelebt. Darunter befanden sich damals noch ganz wenige Han-Chinesen. Der Großteil der Bevölkerung gehörte zu einer von etwa 30 verschiedenen ethnischen Gruppen. Bis 1600 erhöhte sich die Bevölkerung auf ca. fünf Millionen, ca. ein Drittel davon waren nun aber bereits Han-Chinesen. Um 1850 war der Südwesten dann in hohem Maße sinisiert. Circa zwei Drittel der 20 Millionen Menschen galten nun als Han-Chinesen.

Räume der Kolonisationsdramen

Ähnliche Kolonisationsdramen ließen sich über Zentralchina, über die Bergregionen im Süden des Jangtse, über Taiwan sowie über die Mandschurei erzählen. Auch diese Regionen wurden zu Schauplätzen der Erschließung neuer Agrarflächen, der Einwanderung chinesischer Kolonisten und des Transfers intensiver Agrartechniken aus Nord- und Südchina. Im gesamten chinesischen Raum konnte auf diese Art die Ackerfläche von 225.500 Quadratkilometer im Jahr 1400 auf 634.200 Quadratkilometer in den 1760er Jahren sowie weiter auf 816.000 Quadratkilometer 1873 erhöht werden.

Als weiterer Frontierraum in Asien wäre Ostbengalen, das heutige Bangladesch, zu nennen. Bangladesch zählt heute zu den am dichtesten besiedelten Ländern der Welt. Es ist ein dominant islamisches Land und mehrheitlich von indo-europäisch-sprechenden Bengalen bewohnt. Bis um 1600 war dies völlig anders. Damals war

Ostbengalen dünn besiedelt, größtenteils von tropischem Urwald bedeckt, und die Region als Ganzes war weder islamisiert noch hinduisiert. Ein großer Teil der Bevölkerung verehrte Naturgottheiten, betrieb Wanderfeldbau oder lebte in isolierten Gemeinschaften von Fischern. Die Region war unterentwickelt und von der Mogulherrschaft nur schwach kontrolliert. Die Beamten der Mogulherrscher betrachteten die Region deshalb auch als unzivilisierte Wildnis, die gezähmt werden musste – und dies geschah dann auch. 1602 verlegten die Moguln eines ihrer militärischen Hauptquartiere von Rajmahal in Westbengalen nach Dhaka, der heutigen Hauptstadt von Bangladesch. In den folgenden zwei Jahrzehnten wurde Ostbengalen voll in den Herrschaftsbereich der Moguln integriert. Die neu etablierte Mogulherrschaft schuf die nötige politische Stabilität für eine erfolgreiche bäuerliche Kolonisation. Bengalischsprechende Reisbauern begannen von Westen und Norden immer weiter nach Ostbengalen vorzudringen. Angeführt wurden sie von muslimischen Sufi-Meistern. Diese religiösen Anführer erhielten zunächst Landrechte in den Frontierregionen von den Beamten der Moguln oder von Hindu-Kaufleuten zugesprochen. Dann benutzten sie ihr religiöses Charisma und ihre organisatorischen Fähigkeiten, um die Neusiedler zu mobilisieren. Die neuen Ansiedlungen wurden um kleine ländliche Moscheen herum angelegt. Fast fünf Jahrzehnte lang wurde Urwald gerodet, wurden Bewässerungssysteme angelegt und mit intensivem Nassreisanbau begonnen. Das Land um die Moscheen wurde von Steuern befreit. Mitte des 17. Jahrhunderts war Ostbengalen von einer unterentwickelten Dschungelregion zu einer hochentwickelten Agrarregion geworden, die jedes Jahr enorme Überschüsse an Reis und *ghee* (indisches Butterschmalz) erzeugte, die in andere indische Regionen exportiert wurden. Diese Überschusslandwirtschaft bildete dann auch eine Grundlage für den Aufbau einer exportorientierten Baumwoll- und Seidenproduktion.

| | Das heutige Bangladesch als Frontierraum |

Intensivierung der Landnutzung

Die Ausdehnung landwirtschaftlichen Kulturlandes war ein möglicher Weg der Steigerung der Agrarproduktion. Ein anderer Weg bestand in der intensiveren Nutzung der bereits vorhandenen Agrarflächen. Dies konnte wiederum auf mehrfache Art und Weise geschehen. Eine Möglichkeit war die Reduzierung der Brache, eine weitere Möglichkeit war der Übergang zu Mehrfachernten und verbesserter Düngung, ein dritter Weg bestand in der Einführung von neuen, ertragreicheren Kulturpflanzen.

Die meisten traditionellen Agrarsysteme kannten die Brache, also das Unterbrechen des Anbaus für eine bestimmte Zeit. Dadurch wurde einerseits die Fruchtbarkeit des Bodens wiederhergestellt, andererseits konnte Unkraut entfernt und Pflanzenkrankheiten konnten besser kontrolliert werden. Die Dauer der Brachezeit variierte je nach Agrarsystem. In manchen außereuropäischen Systemen des Wanderfeldbaus konnte die Brachezeit bis zu 30 Jahre dauern. Dies erlaubte die völlige Regeneration der Walddecke und machte erneute Rodung am Ende der Brache nötig. Nahm die Bevölkerungsdichte in einer Region zu, so wurde es notwendig, die Brachezeit zu

Brachsysteme | reduzieren. Im mittelalterlichen Europa wurde zwischen der Hälfte und einem Drittel des Ackerlandes jeweils ein Jahr brach liegen gelassen. Seit dem 8. Jahrhundert breitete sich vom Kernraum des Karolingerreiches das System der Dreifelderwirtschaft langsam aus. Im 13. Jahrhundert hatte es sich in einem Großteil von Mittel-, West- und Nordeuropa durchgesetzt. Nur in Teilen Osteuropas sowie in Russland blieben weiterhin Systeme der Zweifelderwirtschaft prägend. Der Übergang zur Dreifelderwirtschaft bedeutete bereits einen wesentlichen Intensivierungsschub im System der Landnutzung. Der nächste Intensivierungsschub erfolgte, als man anfing, die Bracheflächen im System der Dreifelderwirtschaft Stück für Stück zu reduzieren und schließlich ganz aufzugeben. Dieser Prozess begann in Teilen von Flandern bereits im 13. und 14. Jahrhundert. Von dort breitete er sich in den übrigen Niederlanden aus. Im 17. Jahrhundert erreichte er schließlich Teile von England. Im frühen 19. Jahrhundert war der Bracheanteil am gesamten Ackerland in England auf ca. 10 Prozent abgesunken. Im Gebiet der heutigen Republik Österreich betrug er um 1830 noch ca. 15 Prozent, in Frankreich um 1850 noch ca. 20 Prozent.

Möglich wurde die Reduzierung der Brache unter anderem durch die Einführung neuer Futterpflanzen wie Klee oder Futterrüben. Klee besitzt die Fähigkeit, den Boden mit Stickstoff anzureichern. Dies allein verringerte die Notwendigkeit der Brache. Außerdem ist Klee ein wertvolles Viehfutter – sein Anbau erlaubte die Vergrößerung der Viehbestände. Dies erhöhte wiederum den Anfall an tierischem Dünger, der dann zur Wiederherstellung der Bodenfruchtbarkeit eingesetzt werden konnte.

Klee und Futterrüben | Auch die Einführung der Futterrüben leistete einen wichtigen Beitrag zur Reduzierung der Brache. Zum einen beschatten die Blätter dieser Pflanze den Boden und verdrängen damit die Dauerunkräuter, zum anderen wird gleichzeitig der Boden dem Regen weniger stark ausgesetzt. Dies führt wiederum dazu, dass weniger Stickstoff ausgewaschen wird. Natürlich bedeutet der Anbau von Futterrüben auf den früheren Brachfeldern eine Vermehrung der Viehbestände und damit eine Erhöhung der Düngermenge.

Der beschleunigte Rückgang der Brache seit der Mitte des 17. Jahrhunderts war ein Teil eines umfassenden Umbauprozesses in den europäischen Agrarökonomien, der in der Literatur als Agrarrevolution bezeichnet wird. Diese Agrarrevolution brachte nicht nur die Reduktion der Brache und den Aufstieg neuer Feldfrüchte, sondern auch neue Fruchtfolgen, eine enorme Ausweitung des Viehbestandes sowie insgesamt einen massiven Anstieg der gesamten Agrarproduktion. Dieser vollzog sich im Kontext einer enormen Nachfragesteigerung nach Agrarprodukten, die wiederum durch Bevölkerungswachstum, Urbanisierung und beginnende Industrialisierung ausgelöst wurde.

In den Nassreisanbauregionen von Südchina gab es um 1200 keine Brache mehr. Sie war auch nicht notwendig – die Bodenfruchtbarkeit ging im System des Nassreisanbaus durch kontinuierlichen Anbau nicht verloren. Die Ansammlung von Blaualgen in den bewässerten Feldern sorgte dafür, dass den Feldern ständig wieder neuer Stickstoff zugeführt wurde. Intensivierung war natürlich auch in diesem Agrarsystem

Bewässerte Reisfelder in einem chinesischen Agrartraktat »Xhoushi tongkao«, 1742.

möglich. Diese konnte auf mehrfache Weise erreicht werden: durch den Wechsel von jährlichen Ernten zu Doppel- und Dreifachernten, durch vermehrte Düngung, durch sorgfältigere Auswahl des Saatgutes sowie durch verbesserte Methoden der Wasserbewirtschaftung. Mehrfachernten von Reis waren in Südchina seit dem frühen 11. Jahrhundert möglich geworden. Damals hatte ein Kaiser aus der Nördlichen Song-Dynastie eine neue Reissorte aus Vietnam, den sogenannten Champa-Reis, in Südchina einführen lassen. Dieser Reis reifte in nur ca. 100 Tagen, nachdem er vom Reisbeet ins Feld verpflanzt wurde. Damit wurden nun erstmals zwei Reisernten pro Jahr möglich. Die älteren Reissorten hatten deutlich längere Reifezeiten gehabt und deshalb auch nur einmaliges Ernten pro Jahr erlaubt. Gleichzeitig mit dem neuen Champa-Reis ließ die chinesische Regierung auch Agrarpamphlete zirkulieren, welche den Bauern den richtigen Umgang mit der neuen Reissorte erklärten. Die Bauern begannen nun auch in Eigenregie selber frühreifende Reissorten zu züchten. Aus diesen Bemühungen waren bis ins 12. Jahrhundert neue Sorten entstanden, die in nur ca. 60 Tagen nach der Verpflanzung reiften.

| Mehrfachernten von Reis

Die Ausbreitung dieser neuen Reissorten war ein langfristiger Prozess. Am Ende der Südlichen Song-Dynastie (1270) wurden die frühreifenden Reissorten hauptsächlich in den Provinzen am Unterlauf des Jangtse sowie in den Küstenregionen von Fujian angebaut. Während der Zeit der Yuan- sowie der Ming-Dynastie breitete sich die neue Technik in den weniger entwickelten Regionen von Anhui und in den Ebenen des Gelben Flusses aus. Im 17. und 18. Jahrhundert setzte sich die Innovation dann schließlich auch in Zentralchina, in Sichuan sowie in den Frontierräumen von Süd- und Südwestchina durch.

Das Jangtse-Delta, die Region Jiangnan, zählt zu den fruchtbarsten Agrarregionen in ganz Ostasien. Die Region umfasst ca. 43.000 Quadratkilometer und ist damit etwa halb so groß wie Österreich. Um 1620 lebten ca. 20 Millionen Menschen in der Region, ca. 29.000 Quadratkilometer an Ackerfläche standen ihnen zur Verfügung.

Das Jangtse-Delta | Die vorhandenen Landreserven waren damit größtenteils aufgebraucht. Neues Ackerland konnte in den folgenden zwei Jahrhunderten nicht mehr dazu gewonnen werden. 95 Prozent der Ackerfläche wurde mit Nassreis bepflanzt. Auf 100 Hektar Ackerland kamen um 1620 also schon 689 Personen. Diese Region wies damit bereits eine sehr intensive Bodennutzung auf. Trotzdem konnte auch in den folgenden zwei Jahrhunderten die Landnutzungsintensität weiter gesteigert und damit eine wichtige Grundlage für das Anwachsen der Bevölkerung auf ca. 36 Millionen um 1850 gelegt werden.

Mehrere Innovationen waren dafür verantwortlich: Zum einen breitete sich das System der Mehrfachernten weiter aus, zum anderen wurde intensiver gedüngt. Zwei Formen von Dünger sind hier besonders erwähnenswert: menschliche Fäkalien aus den Städten der Region sowie importierter Sojakuchen aus der Mandschurei. Der Einsatz menschlicher Fäkalien als Dünger ist in der Region bereits für die Zeit der Song-Kaiser belegt. Eine weitere Verbreitung fand diese Düngerform aber erst im 17. und 18. Jahrhundert. Damals entwickelte sich in der Region ein hoch kommerziali-

Fäkalien und Sojakuchen als Dünger | sierter Handel mit menschlichen Fäkalien. Eigene Gruppen von Kaufleuten kontrollierten diesen Handel. Das Einsammeln der Fäkalien wurde zu einem wichtigen Tätigkeitsbereich der städtischen Arbeiterschaft. Das Urbanisierungsmuster im Jangtse-Delta förderte die Entwicklung dieser Düngerform. Zwischen dem 17. und 19. Jahrhundert wuchs im Jangtse-Delta vor allem die Zahl der Städte, weniger ihre Größe. Dadurch blieben die Transportwege für den Fäkalienhandel begrenzt. Trotzdem waren auf Grund der Transportkosten die Fäkalien für die Bauern in Stadtnähe natürlich billiger. In einem zeitgenössischen Agrarhandbuch heißt es deshalb auch, dass die Äcker in Stadtnähe auf Grund der geringeren Transportkosten für menschlichen Dünger ertragreicher waren.

Eine weitere wichtige Düngerform im Jangtse-Delta war Sojakuchen, der aus der Mandschurei importiert wurde. Sojakuchen entsteht als Überrest, wenn aus den Sojabohnen das Öl ausgepresst wird. Dieser Sojakuchen ist reich an Eiweiß und kann deshalb als wertvolles Tierfutter verwendet werden. Außerdem enthält er viel mehr Stickstoff als tierischer Dünger. Er entfaltet seine Wirkung im Acker auch viel schneller als normaler Dünger. Seit dem frühen 17. Jahrhundert wurde Sojakuchen auf den Reisfeldern des Jangtse-Deltas verwendet. Umstritten sind nach wie vor das genaue Ausmaß seiner Verwendung und die Höhe der aus der Mandschurei importierten Mengen. Umstritten ist deshalb auch, ob es gerechtfertig ist, im Falle des Jangtse-Deltas von einer Düngerrevolution zu sprechen. Fest steht aber, dass im 17. und

18. Jahrhundert ausgepresste Ölkuchen, sowohl aus Sojabohne, als auch aus Raps oder Sesam, eine weite Verbreitung auf den Reisfeldern in Jiangnan fanden.

Fassen wir kurz zusammen: Zwischen 1200 und 1800 wurden in vielen Weltregionen die Agrarflächen enorm ausgeweitet sowie existierende Agrarflächen intensiver genutzt. In Ost- und Südasien betraf diese Ausweitung vor allem Ackerland, in der Neuen Welt entstanden neben dem neuen Ackerland auch riesige Weideflächen. Die Expansion der Agrarflächen und die intensivere Nutzung bestehender Flächen waren keine linearen Prozesse. Neben Phasen der Expansion und Intensivierung gab es auch Phasen der Stagnation, der Rückentwicklung und der Extensivierung. In solchen Phasen der Rückentwicklung wurde Acker- in Weideland verwandelt oder Siedlungen wurden völlig aufgegeben. In Europa geschah dies während der Wüstungsprozesse des Spätmittelalters. Im Mittleren Osten wurden im Zuge der mongolischen Eroberungen Bauernäcker in Nomadenland umgewandelt. In der Literatur wird dieser Prozess als Beduinisierung bezeichnet. Er spielte vor allem im Iran und im Irak eine größere Rolle. Auch in vielen Regionen Nordchinas wurde während des 12. und 13. Jahrhunderts Bauernland in Nomadenland umgewandelt oder überhaupt aufgelassen. In der Neuen Welt waren die Prozesse der Rückbildung von Agrarflächen beziehungsweise des Übergangs von intensiven zu extensiven Landnutzungssystemen im Zuge der spanisch-portugiesischen Conquista wahrscheinlich am umfassendsten. Insgesamt kennzeichnet den Zeitraum von 1200 bis 1800 aber eine enorme Expansion der Agrarflächen sowie ein langfristiger Trend zu intensiverer Nutzung von bestehendem Kulturland.

| Zwischenfazit

Einführung neuer, ertragreicherer Nahrungspflanzen

Eine besondere Form der Intensivierung der Landnutzung stellt die Einführung neuer, ertragreicherer Nahrungspflanzen dar. Nahrungspflanzen unterscheiden sich sehr in Bezug auf die Kalorienerträge, die ihr Anbau pro Hektar Ackerfläche liefert. Getreide und Knollenpflanzen sind Stärkepflanzen. Sie stellen die beiden wichtigsten Typen der Nahrungspflanzen dar. Generell gilt, dass die aus der Neuen Welt stammenden Getreide und Knollenpflanzen (Mais, Kartoffel, Maniok, Süßkartoffel) höhere Kalorienerträge liefern als die Stärkepflanzen der Alten Welt. Es gibt dazu nur eine Ausnahme: den aus Asien stammenden Reis. Dieser liefert vergleichbar hohe Kalorienerträge wie die amerikanischen Stärkepflanzen. Nach 1492 wurden die Stärkepflanzen der Neuen Welt in einem riesigen Transferprozess in die Alte Welt transferiert. Dieser führte in der Alten Welt zu einer massiven Ausweitung des Nahrungsmittelspielraumes, der wiederum dann vor allem im 18. Jahrhundert in vielen Regionen der Alten Welt zu einer der wichtigsten Grundlagen für ein nachhaltiges Bevölkerungswachstum wurde. Besonders deutlich sichtbar ist dieser Zusammenhang im frühneuzeitlichen Europa und in China.

In Europa wurden Kartoffel und Mais die beiden wichtigsten Kulturpflanzenimporte aus der Neuen Welt. Der Mais breitete sich zunächst südlich der Alpen und

Pyrenäen aus, die Kartoffel nördlich davon. Als erster setzte sich Mais im Ackerbau einzelner europäischer Regionen durch. Aus der Zeit um 1520 stammen die ersten Zeugnisse seines Anbaus auf der Iberischen Halbinsel. Mais wurde damals am Guadalquivir, im Alentejo sowie um Coimbra geerntet. Von Spanien und Portugal gelangte der Mais dann nach Italien, zunächst nach Venetien, schließlich in die Lombardei. Ab 1670 nahm in diesem Raum die Maisproduktion stark zu, im 18. Jahrhundert überflügelte sie bereits die Weizenproduktion. In Süditalien blieb der Maisanbau unbedeutend. Wie auf der Iberischen Halbinsel formierten sich auch in Italien die Hauptanbaugebiete im Norden. Auch Südwestfrankreich und der Balkan wurden zu frühen maiserzeugenden Regionen Europas. Für das (heute zu Kroatien gehörige) Gebiet Požega gibt es erste Belege diesbezüglich aus dem Jahr 1611, für Bosnien aus der Zeit um 1660, für Serbien und das Banat um 1692. Im österreichischen Teil Serbiens wurden 1718 bereits 30,9 Prozent der Saatfläche mit Mais bebaut.

Mais

Nördlich von Alpen und Pyrenäen sollte die Kartoffel zu einem der wichtigsten Kulturpflanzenimporte aus Amerika werden. Ihr Aufstieg begann allerdings später als jener des Mais. Irland ist das klassische Beispiel für ein frühes Anbauzentrum. Leider gibt es wenige verlässliche Quellen über die genaue Chronologie der Ausbreitung der Kartoffelkultur. Auf Grund der unvollständigen Quellenlage ist auch umstritten, wann genau die Kartoffel zum Hauptnahrungsmittel für die Iren wurde: Die Meinungen variieren hier zwischen der Zeit um 1680, 1730, 1740 bis 1780 sowie nach 1780. Klar ist aber, dass 1845 in Irland ca. eine Million Hektar Ackerland mit Kartoffeln bebaut wurden, das waren ca. 31 bis 38 Prozent der gesamten Saatfläche. Zur selben Zeit war die Kartoffel für 40 Prozent der Bevölkerung das alleinige Nahrungsmittel, für den Rest ein bedeutender Nahrungsmittelanteil.

Kartoffel

Zwei weitere frühe Anbauzentren bildeten die Gebiete der südlichen und nördlichen Niederlande. Die Ausbreitung des feldmäßigen Kartoffelanbaus begann hier zwischen ca. 1670 und 1720. Von Westflandern breitete sich dieser über große Teile des heutigen Belgien aus. In den Vereinigten Provinzen, den heutigen Niederlanden, begann der Anbau etwas später, die Ausbreitung erfolgte dann aber schneller. Der früheste Beleg für einen bereits relativ großflächigen Anbau stammt aus dem Jahr 1697. Vom küstennahen Raum expandierte der Kartoffelanbau dann ins Landesinnere. Um 1800 war in keinem anderen europäischen Land – mit Ausnahme von Irland natürlich – der Kartoffelanbau so weit verbreitet wie im Raum des heutigen Belgien und der heutigen Niederlande. Auch in Zentraleuropa gab es frühe Anbauzentren, die Pfalz und das sächsische Vogtland zum Beispiel, der generelle Durchbruch der Kartoffel scheint aber erst im Zuge der Hunger- und Subsistenzkrise der frühen 1770er Jahre erfolgt zu sein. Nach 1800 beschleunigte sich dann die Ausbreitung des Kartoffelanbaus überall in Europa.

Frühe Anbauzentren

Der Aufstieg von Mais und Kartoffel zu wichtigen europäischen Nahrungspflanzen zählt heute schon zu den bekannten großen Erzählungen der europäischen Wirtschaftsgeschichte. Weniger bekannt ist, dass in etwa zur selben Zeit auch die europäische Reisproduktion einen massiven Aufschwung erlebte. Reis ist die einzige Stärkepflanze aus der Alten Welt, die vergleichbar hohe Kalorienerträge wie die Stärkepflanzen der Neuen Welt liefert. Ihre Ausbreitung in Europa besitzt deshalb hohe Relevanz für die europäische Bevölkerungs- und Agrargeschichte. Der Reistransfer von Asien nach Europa war zwar schon im Zuge der arabisch-islamischen Expansion des frühen Mittelalters erfolgt, sein Aufstieg zu einer quantitativ bedeutenden europäischen Feldfrucht begann aber erst in der Frühen Neuzeit. Das Gebiet von Valencia in Spanien und Oberitalien wurden damals zu wichtigen Reisanbauregionen. Die frühesten Belege zum Reisanbau in Oberitalien stammen aus der zweiten Hälfte des 15. Jahrhunderts, und zwar aus Verona. Ende des 15. Jahrhunderts ist der Reisanbau in der Lombardei belegt. In der ersten Hälfte des 16. Jahrhunderts breitete er sich in der Emilia-Romagna aus. Zur selben Zeit war Reis im Piemont bereits ein wichtiges Exportprodukt geworden. In den folgenden drei Jahrhunderten sollten dann die Lombardei, Piemont und Venetien zur wichtigsten Reisschüssel Europas werden.

<blockquote>Reistransfer von Asien nach Europa</blockquote>

Kein anderer der großen Agrarräume der Alten Welt übernahm die amerikanischen Stärkepflanzen so schnell wie China. Die Hauptrolle spielten in China Mais und Süßkartoffeln. Diese beiden amerikanischen Kulturpflanzen wurden vor allem für die Binnenkolonisation wichtig. China war im 17. Jahrhundert – bedingt durch den intensiven Nassreisanbau – bereits ein sehr dicht besiedeltes Land. Der Großteil der Chinesen wohnte aber in den Ebenen, dort, wo Nassreisanbau möglich war. Vieles deutet darauf hin, dass die trockenen Hügel- und Bergregionen von Nordchina und der Jangtse-Region um 1700 noch größtenteils unbesiedelt waren. Die amerikanischen Stärkepflanzen, vor allem der Mais und die Süßkartoffel, ermöglichten es nun den Chinesen seit der zweiten Hälfte des 17. Jahrhunderts, diese für den Anbau von Reis und anderen einheimischen Getreidesorten nicht geeigneten Gegenden zu besiedeln und landwirtschaftlich zu nutzen.

<blockquote>Nahrungspflanzen in China</blockquote>

Die Süßkartoffel wird erstmals in einigen Lokalgeschichten der im Südwesten Chinas gelegenen Provinz Yunnan in den 1560er/1570er Jahren erwähnt. Dies legt einen Transfer auf der Landroute über Indien und Burma nahe. Bereits in der zweiten Hälfte des 16. Jahrhunderts war die Süßkartoffel über den Seeweg in die Küstenregion von Fujian, im Südosten des Landes, eingeführt worden. In den südöstlichen Küstenprovinzen breitete sich ihr Anbau dann ebenfalls sehr rasch aus. In dieser Region war Reis immer knapp und die Menschen waren seit langem an zwei andere Knollenfrüchte, nämlich Yams und Taro, gewöhnt. Die Süßkartoffel hatte indes eine Reihe von Vorteilen für die chinesischen Bauern. Sie lieferte hohe Erträge, hatte einen angenehmeren Geschmack, war widerstandsfähig gegenüber Heuschrecken, weniger empfindlich gegenüber Dürre als die einheimische Yamswurzel und wuchs auch auf wenig fruchtbaren Böden. Damit stand sie in keinem Wettbewerb mit anderen einheimischen Nahrungspflanzen um gute Böden. Im 18. Jahrhundert breitete sich der Anbau der Süßkartoffel weiter in allen Jangtse-Inland-Provinzen aus, wobei Sichuan zum Hauptproduzenten wurde. Nach 1700 wurden auch die Bauern in Nordchina durch mehrere kaiserliche Edikte dazu aufgefordert, die Süßkartoffel großflächig anzubauen, um Hungersnöte abzuwehren.

Wie bei der Süßkartoffel, so folgte auch beim Mais der Transfer nach China sowohl über den Land- wie über den Seeweg. Bereits vor der Mitte des 16. Jahrhunderts wurde Mais im Südwesten Chinas sowie in einem Bezirk von Henan angebaut. Auch im Küstengebiet von Fujian und Zhejiang tauchte der Mais früh auf, er blieb aber unbedeutend, die Menschen bevorzugten hier Reis und Süßkartoffel. Bis um 1700 wurde Mais primär im Südwesten und in einigen verstreuten Bezirken an der Südostküste angebaut. Im 18. Jahrhundert wurde der Maisanbau schließlich in die Hügel- und Bergregion der Jangtse-Inland-Provinzen ausgeweitet. Einige Millionen Binnenmigranten fanden damals im Mais jene Schlüsselpflanze, die es ihnen erlaubte, diese Gegenden im Landesinneren neu zu erschließen und agrarisch zu nutzen. Ein Strom dieser Migranten wanderte bis Sichuan und Yunnan, ein anderer besiedelte den Einzugsbereich des Han-Flusses. Auch die Hügel- und Bergregionen entlang der anderen Nebenflüsse des Jangtse wurden damals in Maisfelder umgewandelt.

Zusammenfassung | Ausgangspunkt der Darstellung war das beträchtliche Wachstum von Bevölkerung, Städten und Staaten zwischen 1200 und 1800. Dieses dreifache Wachstum hatte zahlreiche Ursachen. Eine davon war die weltweite Steigerung der Agrarproduktion. Diese war wiederum durch eine Expansion der Agrarflächen, eine intensivere Nutzung der bereits vorhandenen Flächen sowie durch die Einführung neuer, leistungsstärkerer Nahrungspflanzen möglich geworden. In vielen Teilen der Welt wurde neues Acker- und Weideland gewonnen, die Brache reduziert, vermehrt und intensiver gedüngt, eine verbesserte Form der Bewässerung eingeführt oder zu Mehrfachernten übergegangen. Nach 1492 führte schließlich die zunehmende globale Vernetzung der Welt zu einem weltweiten Transfer von Kulturpflanzen. Alle von den Bauern der verschiedenen Weltregionen während mehrerer Jahrtausende gezüchteten Kulturpflanzen wurden nun erstmals wirklich global verfügbar. Das pflanzenkulturelle Know-how von Alter und Neuer Welt wurde damit gebündelt und stand weltweit nun immer mehr Bauern und Agrarproduzenten zur Verfügung. Dies bedeutete zum einen, dass mehr von den kalorienhaltigen Hochertragspflanzen zur Verfügung standen, zum anderen vergrößerte sich die Vielfalt, der Grad an Diversität im Kulturpflanzenbestand. Dies brachte wiederum ein höheres Maß an Risikoabsicherung. Insgesamt steigerte also der globale Transfer von Kulturpflanzen die Leistungskraft der weltweiten Agrarproduktion. Der Nahrungsmittelspielraum konnte so bedeutend vergrößert werden.

Technischer Wandel

Marcus Popplow, Reinhold Reith

In der Geschichte globaler technischer Entwicklungen kommt der Zeit zwischen 1200 und 1800 eine besondere Bedeutung zu. Agrarsysteme und gewerbliche Produktion waren gerade in verschiedenen Hochkulturen des eurasischen Raumes weit entwickelt. Verschiebungen solcher Zentren gewerblich-technischen Wissens sind vielfach mit der Metapher eines Pendels beschrieben worden: Vom arabischen Raum des 8./9. Jahrhunderts habe sich dieses mit dem Beginn der chinesischen Song-Dynastie (960–1279) für lange Zeit nach Ostasien verlagert und erst im 18./19. Jahrhundert zugunsten der europäischen Kernregionen ausgeschlagen. Dementsprechend war der Stand der europäischen Technik in der Metallurgie, dem Schiffbau oder dem Wasserbau lange Zeit weit weniger avanciert als beispielsweise in chinesischen Herrschaftsbereichen.

Vergleichende Überlegungen zu einzelnen Zweigen der chinesischen, japanischen, indischen, arabischen/osmanischen, europäischen, meso- oder nordamerikanischen Technikgeschichte im Zeitraum zwischen 1200 und 1800 finden sich bislang vornehmlich in der Debatte um die Ursachen, warum gerade Europa den Weg in die industrialisierte Moderne einschlug – in der deutschen Forschung mit dem Schlagwort des „europäischen Sonderwegs" bezeichnet. Umstritten ist, ob sich Faktoren, die diesen „Sonderweg" einläuteten, eher langfristig seit dem Hochmittelalter aufbauten, oder ob erst eine Konstellation weitgehend kontingenter Entwicklungen um 1800 Europa eine unerwartete Tür in die technisch-industrielle Moderne öffnete. | „Europäischer Sonderweg"?

Da der Industrialisierungsprozess jedoch immer maßgeblich über den verstärkten Einsatz neuer Technologien wie Textilmaschinen, Werkzeugmaschinen, neuer Verfahren in der Eisen- und Stahlherstellung oder der Dampfmaschine definiert wird, muss dem technikhistorischen Vergleich mit anderen Hochkulturen hier besondere Aufmerksamkeit gelten. Ältere Auffassungen, nach denen die „wissenschaftlich-rationale" Mentalität des frühneuzeitlichen Europa Grundlage seiner langfristigen technischen Erfolge im Industrialisierungsprozess gewesen sei, sind demgegenüber weitgehend zu den Akten gelegt. Während sich die Technikentwicklung in Europa vor 1800 praktisch nirgends der Umsetzung „wissenschaftlicher" Erkenntnisse verdankt, lassen sich gleichzeitig unzählige Beispiele für „rationales" technisches Handeln und spektakuläre Erfindungstätigkeit in anderen Hochkulturen anführen. | Vergleich mit anderen Hochkulturen

Demographie, Technik und Wirtschaft

Den folgenden Abschnitten liegt ein weitgefasster Technikbegriff zugrunde: Er umfasst Werkzeuge, Instrumente und Maschinen ebenso wie Verfahrensweisen im agrarischen beziehungsweise handwerklich-gewerblichen Bereich. Prinzipiell erstreckt er sich auch auf damit verbundene Produktinnovationen oder arbeitsorganisatorische Innovationen, die jedoch an dieser Stelle nur kursorisch behandelt werden können. Ein solches breites Verständnis grenzt sich damit von einem Technikbegriff ab, der spektakuläre technische Erfindungen als Maßstab intellektueller Höchstleistungen setzt und daraus kulturelle Überlegenheit abzuleiten sucht. Denn Auflistungen neuer Erfindungen zwischen 1200 und 1800 helfen nicht weiter, um ökonomische, soziale und kulturelle Konsequenzen solcher Neuerungen zu erkennen: Die neuere Forschung hat vielfach gezeigt, dass gerade Hochkulturen des eurasischen Kontinents neue Erfindungen in recht unterschiedlicher Weise nutzten – ein instruk-

Technikbegriff | tives Beispiel dafür ist der Buchdruck. Auch Phänomene wie die im Vergleich zu Europa weit höhere agrarische Produktivität ostasiatischer Regionen werden durch einen artefaktzentrierten Technikbegriff nicht abgedeckt. Wie im Beitrag „Bevölkerung und Landnutzung" gezeigt wurde, waren technische Hilfsmittel ohnehin nur in sehr beschränktem Maße für die Transformation von Agrarsystemen verantwortlich – neuartige Anbaupraktiken oder der Transfer von Nutzpflanzen aus anderen (Welt-)Regionen hatten oft weiterreichende Auswirkungen. Innovative Großprojekte im Bauwesen oder die Anlage von Bewässerungssystemen – für viele Hochkulturen von essentieller Bedeutung – verdanken sich ebenfalls nicht unbedingt neuen technischen Erfindungen. Auch die Produktivität des indischen Baumwollgewerbes um 1700, dessen ebenso hochwertige wie vielfältige Produkte in Europa ebenso begehrt waren wie in China, beruhte maßgeblich auf einem kleinteilig organisierten, effizienten Produktionssystem. Werden solche Phänomene durch die Fixierung auf herausragende Erfindungen übersehen, bleibt ein wesentliches Charakteristikum der Ökonomie vorindustrieller Hochkulturen im Dunkeln: die Vielfalt handwerklicher Produktionsprozesse, die sich in Zeiten agrarischer Überschüsse etablierte und auf deren Basis spektakuläre Erfindungen überhaupt erst gelingen konnten. Traditionelle Maßstäbe der europäischen Technikentwicklung wie eine positive Bewertung von Produktivitätssteigerungen, der Einsatz zeit- und arbeitssparender Geräte oder wachsende Betriebsgrößen sollten demnach gegenüber der Frage in den Hintergrund treten, welche Lebensqualität die in einer Kultur verbreiteten technischen Fertigkeiten und Verfahrensweisen unter spezifischen Umweltbedingungen ermöglichen.

Angesichts der aus technikhistorischer Sicht häufig noch defizitären Forschungslage muss sich die Darstellung im Folgenden darauf beschränken, exemplarisch Transformationen in unterschiedlichen Weltregionen zu skizzieren, die zwischen 1200 und 1800 durch neue technische Artefakte und Verfahrensweisen ausgelöst wurden. Dabei sei im Voraus an zwei grundlegende Zusammenhänge erinnert, die für technische Wandlungsprozesse in der Zeit zwischen 1200 und 1800 charakteristisch waren, aus der Perspektive der modernen Industriegesellschaften jedoch nur noch schwer nachvollziehbar sind: Zum einen basierten technische Leistungen in dieser Zeit zum allergrößten Teil auf nicht schriftlich niedergelegtem Erfahrungswissen und waren nicht durch wissenschaftliche Theoriebildung nach modernem Verständnis abgesichert. Zum anderen beruhte die Technik dieser Epoche praktisch vollständig auf Energiequellen wie menschlicher und tierischer Muskelkraft, der Verbrennungsenergie von Holz(kohle) sowie Wasser- und Windkraft. Die allen Kulturen gemeinsamen Grenzen dieses „solaren Systems" wurden erst im 19. Jahrhundert durch nun verstärkt genutzte fossile Energiequellen aufgehoben.

<small>Grenzen des „solaren Systems"</small>

Erfindungen und Techniktransfer

In der historischen Innovationsforschung sind Heroentheorien genialer Erfinder zugunsten der Untersuchung technischer „Entwicklungs-" oder „Wandlungsprozesse" aufgegeben worden. Unterschieden wird dabei zwischen grundlegenden Basisinnovationen und darauf folgenden Verbesserungsinnovationen. Nimmt man Phasen der Verdichtung solcher Innovationen in den Blick, markieren die Zeiten um 1200 und um 1800 für Europa weit deutlichere Einschnitte als für andere Hochkulturen. Das 12./13. Jahrhundert gilt mit der Einführung neuer Mühlentypen, der gotischen Bautechnik, dem großen Gegengewichtskatapult (Tribock), Armbrust, Spinnrad, dem mit Pedalen für die Fachbildung ausgestatteten horizontalen Webstuhl, der mechanischen Räderuhr, Kompass, Papier und Brille als technische Blütezeit. Die meisten dieser Innovationen gelangten aus dem Fernen und Nahen Osten in das mittelalterliche Europa und wurden dort weiterentwickelt beziehungsweise regionalen Gegebenheiten angepasst. Erst der Industrialisierungsprozess sollte in den Jahrzehnten um 1800 wieder mit einem derartigen, quantitativ noch weit ausgeprägteren Innovationsschub einhergehen: der Dampfmaschine im stationären Einsatz wie auch zu Transportzwecken (Eisenbahn und Dampfschiff), neuen Verfahrensweisen in der Eisen- und Stahlproduktion (Verkokung von Steinkohle, Puddeln und Walzen), der Nutzung von Spinnmaschinen und mechanischen Webstühlen, der Einführung zahlreicher neuer Werkzeugmaschinen und weiterem mehr. Als maßgeblicher Einschnitt gilt gleichzeitig der bereits angesprochene, von Großbritannien ausgehende Zugriff auf Kohlevorkommen, den „unterirdischen Wald", als Übergang zur umfassenden Nutzung nicht regenerierbarer Ressourcen.

<small>Technische Blütezeit in Europa</small>

Für China und das arabische Großreich kennzeichnet die Zeit um 1200 hingegen – zum Teil verursacht durch die mongolischen Eroberungen – eher das Abklingen von Phasen spektakulärer Basisinnovationen. China hatte während der Song-Dynastie (960–1279) weitreichende Entwicklungen in zahlreichen Technologien gemacht: Fortschritte im Agrarsektor und der Metallurgie ebenso wie Ansätze zur Massenproduktion mit arbeitsteiligen Prozessen im Textilsektor führten zu einem Anstieg der Pro-Kopf-Produktivität, der ähnlichen Werten im englischen Industrialisierungsprozess um Jahrhunderte zuvorkam. Die Ming-Dynastie (1368–1644), häufig als Phase der technologischen Stagnation oder gar des Niedergangs beschrieben, wird in der neueren Forschung mehr und mehr als Zeit der Konsolidierung einer hochentwickelten Landwirtschaft und gewerblicher Produktivität mit großen, staatlich organisierten Manufakturen beurteilt. Auch im arabischen Kulturraum gilt die Zeit zwischen dem 9. und dem 13. Jahrhundert als Blütezeit von Technik (Landwirtschaft, Automaten- und Uhrenbau) und Wissenschaft (Astronomie, Mathematik, Optik, Mechanik). Die Besetzung von Bagdad als politischem und kulturellem Zentrum durch die Mongolen 1258 bedeutete das Ende technischer Systeme wie der komplexen Bewässerungsanlagen im Zweistromland, auch wenn gewerblich-technische Aktivitäten in anderen Zentren wie Damaskus oder Kairo davon weniger betroffen waren. Auf dem Indischen Subkontinent ist die Zeit um 1200 ebenfalls nicht als Einschnitt zu verstehen. Während der hohe Stand des dortigen mathematischen und astronomischen Wissens unumstritten ist, ist über technische Wandlungsprozesse in den unruhigen Zeiten vor der Etablierung des Mogulreiches ab 1526 wenig bekannt.

China, Osmanisches Reich und Indien

Die Zeit um 1800 markiert dann aus technikhistorischer Sicht für China, das Osmanische Reich und Indien insofern einen Einschnitt, als diese Regionen sich in der Folge mehr und mehr – vielfach erzwungenermaßen – an europäischen Technologien ausrichteten. So erzwang beispielsweise die englische *East India Company* im 17./18. Jahrhundert den Einsatz europäischer Webstühle, um die indische Textilherstellung auf die Produktion standardisierter Tuche für die europäischen Exportmärkte umzustellen. Wie viel Spielraum dennoch weiterhin für autochtone Entwicklungen bestand und wie er genutzt wurde, ist vielfach noch nicht erforscht. Für die Hochkulturen in Meso- und Südamerika war dieser Einschnitt durch die Eroberungen der europäischen Kolonialmächte bereits im 16. Jahrhundert in weit schärferer Form erfolgt. Die im 15. Jahrhundert zur Großmacht aufgestiegenen Azteken im Gebiet des heutigen Mexiko wurden binnen weniger Jahre ebenso ausgelöscht wie das Reich der Inka in den Anden (s. S. 130–136).

Zu bedenken ist in diesem Kontext, dass die Tendenz, „Europa", „China" oder „Indien" zwischen 1200 und 1800 als monolithische Blöcke mit einer je einheitlichen Entwicklung zu sehen, nur eine heuristische Hilfskonstruktion sein kann. Präziser ist es zweifellos, die technische Entwicklung bestimmter Gewerberegionen zu analysieren, die sich in allen Hochkulturen auf Grund spezifischer naturräumlicher (Rohstoffe, Transportwege) und historischer Bedingungen herausbildeten. Für Europa ist beispielsweise an Oberitalien im Spätmittelalter, den oberdeutschen Raum im 14./15. Jahrhundert, Flandern und die Niederlande im 16. beziehungsweise 17. Jahrhundert sowie an England mit dem Beginn des Industrialisierungsprozesses im 18. Jahrhundert zu denken; für China unter anderem an das Zentrum der Porzellanherstellung Jingdezhen oder die Seidenverarbeitung in der Gegend um Suzhou und Hangzhou.

Gewerberegionen

Der Transfer von Technologien zwischen ökonomisch prosperierenden Regionen erfolgte zwischen 1200 und 1800 zumeist auf informellem Wege, ohne „Speichermedien" wie technische Literatur oder Ausbildungsinstitutionen für technische Experten. Insbesondere zwischen den durch Land- und Seewege eng vernetzten asiatischen Kulturen vermittelten Reisende, Kaufleute und Soldaten Informationen über anderswo gesehene Technologien über weite Strecken, zum Teil bis nach Afrika und Europa. Gerade die Phase der *Pax Mongolica* (s. dazu Band III) beförderte im 13./14. Jahrhundert den Wissenstransfer. Über die Handelswege, die den arabischen Raum mit Indien und dem Fernen Osten verbanden, verbreiteten sich beispielsweise Schießpulver und Feuerwaffen aus China innerhalb des gesamten eurasischen Kontinents. Auch kriegerische Auseinandersetzungen im engeren Sinne hatten für den Austausch technischen Wissens zentrale Bedeutung. Zu denken ist an die Migration von Soldaten und Söldnern ebenso wie an Vertreibungen der Zivilbevölkerung oder die Auswanderung von Glaubensflüchtlingen. Als klassisches Beispiel gelten die europäischen Kreuzzüge in das Heilige Land. Sie beschleunigten den Transfer der im arabischen Raum genutzten Waffen- und Belagerungstechnik nach Europa ebenso wie beispielsweise die Übernahme der Papierherstellung. Unabhängig davon waren ingenieurtechnische Experten in der Zivil- und Militärtechnik innerhalb einzelner Kulturen häufig zu Mobilität gezwungen, wenn Großprojekte an einem Ort vollendet waren. Auch spezialisierte Handwerker verbrachten ihr Berufsleben nicht unbedingt nur an einem Ort, teilweise war ihre Mobilität auch institutionalisiert, beispielsweise in Form der Gesellenwanderung im frühneuzeitlichen Europa.

| Austausch technischen Wissens

Obrigkeitliche Initiativen zur gezielten Streuung technischer Innovationen innerhalb eines Herrschaftsgebietes, insbesondere im agrarisch-gewerblichen Bereich, sind zunächst in Hochkulturen mit zentralen Verwaltungsinstitutionen wie China und dem Abbasidenreich belegt. In China suchten Verwaltungsbeamte vielfach Wissen um agrarische Innovationen in andere Provinzen zu verbreiten. Die Ming-Dynastie institutionalisierte die Zirkulation spezialisierter Handwerker zwischen staatlich betriebenen Textil- und Porzellanmanufakturen. Herrscher des arabischen Großreiches förderten systematisch den Transfer von Experten im Wasserbau, um das Funktionieren der ausgeklügelten Bewässerungssysteme in den semiariden Zonen um das Mittelmeer und im Nahen Osten zu sichern. In Europa verstärkte sich die Förderung bestimmter Technologien als Teil einer systematischen territorialen Wirtschaftspolitik erst im 18. Jahrhundert. Bis ins Mittelalter reichen allerdings Initiativen zurück, neue Gewerbe durch Spionage oder Abwerbung von Experten aus benachbarten Territorien in das eigene Land zu holen.

| Obrigkeitliche Initiativen

Der Blick auf solche Transferprozesse macht die oft überraschend breite Basis avancierter handwerklicher Fertigungsprozesse im eurasischen Raum verständlich. Technisches Wissen scheint hier zuweilen mühelos beinahe unüberwindbare sprachliche Grenzen unterlaufen zu haben. So besserten, trotz aller fertigungstechnischen Unterschiede, auf asiatischen Werften einheimische Handwerker vielfach Schiffe der europäischen Kolonialmächte aus. Nachdem im 16. Jahrhundert die ersten Gewehre

Demographie, Technik und Wirtschaft

Überwindung sprachlicher Grenzen — nach Japan gelangt waren, gelang es dort innerhalb kurzer Zeit, diese in großen Stückzahlen nachzubauen und auch die Technik der Schießpulverherstellung zu übernehmen. Entsprechende Fähigkeiten waren auch die Grundlage für die Erfüllung europäischer Designwünsche durch asiatische Produzenten. So arbeiteten indische Textilfabrikanten seit dem späten 17. Jahrhundert häufig mittels Musterbüchern für englische, holländische oder französische Auftraggeber, ebenso wie die chinesischen Porzellanfabriken im 18. Jahrhundert ausgefallene Vorgaben europäischer Kunden erfüllten.

Auf der anderen Seite standen dem erfolgreichen Transfer von Technologien durch Einzelpersonen oder kleine Gruppen zahlreiche Hürden entgegen. Gerade mit Blick auf die Zeit vor 1500 ist daher umstritten, ob tatsächlich alle zuerst im Fernen Osten belegten Erfindungen auf dem ein oder anderen Weg nach Europa diffundierten, oder ob sie dort zum Teil auch „nacherfunden" wurden. Beispielsweise könnte das (teil-)mechanisierte Spinnen mit Hilfe eines großen, als Schwungmasse genutzten Rades im späten 13. Jahrhundert aus der indischen Baumwollverarbeitung über den Nahen Osten nach Europa gelangt sein. Denkbar ist jedoch auch eine eigenständige Entwicklung im Rahmen des prosperierenden zentraleuropäischen Textilgewerbes selbst. Letztlich erforderten informelle wie dezidert gesteuerte Transferprozesse in

Hürden der Umsetzung — der Regel eine Anpassung technischer Gerätschaften und Verfahrensweisen an naturale, kulturelle und ökonomische Bedingungen der Zielregion. So erwiesen sich architektonische und städtebauliche Prinzipien Europas in den mittelamerikanischen Kolonien allein aus klimatischen Gründen vielfach als ungeeignet. Andere Hürden der Umsetzung waren abweichende Eigenschaften verfügbarer Rohstoffe ebenso wie fehlende Zuliefer- und Abnahmenetze oder transporttechnische Infrastrukturen.

Architektur und Infrastruktur

Architektur

In der Zivil- und Militärarchitektur können neue funktionale Bauformen ebenso als technische Entwicklungen gelten wie der Einsatz neuartiger Materialien oder Verfahrensinnovationen, welche die Bauabläufe rationalisierten. Von der Monumentalarchitektur früher Hochkulturen über den Kirchen- und Tempelbau bis zu Wohngebäuden, Straßen, Brücken und Wasserbauten kannten um 1200 unterschiedliche Weltregionen bereits eine unüberschaubare Vielfalt von material- und bautechnischen Lösungen, angepasst an die jeweiligen Umweltbedingungen oder die Verfügbarkeit spezifischer Materialien. Alle bedeutenderen Kulturen, vielleicht mit Ausnahme derjenigen der Mongolen, nutzten in der Folge große Gebäudekomplexe als politische und religiöse Zentren. Eindrucksvoll ist die rasche Akkumulation von bautechnischer Expertise in schnell wachsenden Machtzentren wie dem der Azteken: Die

Planung weitgehend neu angelegter Städte erfolgte hier nach einheitlichen Prinzipien für die zentralen Bauwerke.

Eher selten blieben in der Zeit zwischen 1200 und 1800 bautechnische Innovationen, die gegenüber der vorangehenden Zeit auf den ersten Blick erkennbare, breitenwirksame Standards setzten. Ein solcher Fall ist sicherlich die Kombination von Spitzbogen, Rippengewölbe und Strebepfeiler, welche auf Grund ihrer innovativen Statik den Bau der lichtdurchfluteten gotischen Kathedralen ermöglichte und sich damit deutlich von Prinzipien der romanischen Baukunst absetzte. Spitzbogen und Rippengewölbe hatten sich bereits im 9. Jahrhundert im islamischen Raum zu architektonischen Standardformen ausgebildet und wurden von dort aus um 1100 nach Zentraleuropa übernommen. Neue statische Lösungen sind in Europa auch im Bau großer Kuppeln von Kirchenbauten der Renaissance zu erkennen. | Kirchenbau

Immer wieder finden sich auch Standardisierungsprozesse einzelner Arbeitsschritte wie der Steinbearbeitung oder spezifische regionale Innovationen. So ermöglichen die aus dünnen Ziegeln konstruierten, schalenförmigen „katalanischen Gewölbe" seit dem Mittelalter durch schnelle Ausführbarkeit, minimalen Raumbedarf und reduzierten Materialverbrauch beeindruckende bauliche Lösungen. Bei der Ausstattung von Gebäuden sind insbesondere in Nordeuropa die Einführung von Glasfenstern und (Kachel-)Öfen als Ersatz für offene Kamine seit dem Spätmittelalter von Bedeutung. Sie breiteten sich in der Folgezeit von den Repräsentations- und Wohnbauten der Eliten in die Häuser bürgerlicher Schichten aus und zogen häufig eine neue Raumaufteilung der Wohnbereiche nach sich.

Eine besondere statische Herausforderung war in allen Kulturen seit jeher der Brückenbau. Hier findet sich von den indianischen Hochkulturen bis nach Japan eine große Vielfalt unterschiedlicher Lösungen. Regionale Bautraditionen nutzten nicht nur verschiedene Materialien (Pflanzenfasern, Holz, Stein), sondern orientierten sich stets auch an den intendierten Transportzwecken. Wo der Lastentransport – wie in den Anden – von vornherein auf Menschen und Lasttiere beschränkt war, mussten weit weniger Belastungen einkalkuliert werden als dort, wo Transporte mit Karren oder Wagen ermöglicht werden sollten. Wie in vielen anderen Bereichen auch zeigen chinesische Beispiele, dass scheinbar so logische europäische Entwicklungslinien der vorindustriellen Zeit keine globale Gültigkeit beanspruchen können. In Europa gelten beim Bau von steinernen Brücken flache Bögen als zentrale Innovation, die nach ersten Beispielen im Mittelalter und der Renaissance im 18. Jahrhundert weit größere Spannweiten ermöglichten als traditionelle Rundbögen. | Brückenbau

In China findet sich die Nutzung flacher Bögen mit großen Spannweiten allerdings vereinzelt bereits im 7. Jahrhundert. Eine Revolution im europäischen Brückenbau markieren im späten 18. Jahrhundert die ersten Eisenbrücken. Ihr Werkstoff ermöglichte völlig neue konstruktive und gestalterische Lösungen, sollte aber auch auf Grund mangelnder Erfahrungen im 19. Jahrhundert spektakuläre Einstürze mit sich bringen. Ohnehin eröffnete zu dieser Zeit die Verwendung von Eisen für die tragenden Teile von Bauwerken neue Möglichkeiten. Bis dahin hatte Eisen, sei es im Kathedralenbau oder schon früher im chinesischen Tempelbau, vornehmlich zur Festigung von Bauwerken durch Klammern oder Zuganker gedient; auch der Einsatz von Eisenketten für Hängebrücken ist in China bereits früh nachgewiesen.

Verteidigungsanlagen befestigter Plätze waren in allen Kulturen eine Antwort auf die jeweils verfügbare Angriffstechnik, sofern sich kriegerische Auseinandersetzungen nicht allein auf dem Schlachtfeld abspielten, sondern die Eroberung bewohnter Siedlungen oder militärischer Festungen einschlossen. Wallanlagen und Wassergräben vor den eigentlichen Mauern dienten zunächst der Abwehr feindlicher Heere, die mit vergleichsweise einfachen Hilfsmitteln wie Leitern, Rammböcken oder rollbaren Schutzhütten ausgestattet waren. Derartige burgenähnliche Anlagen finden sich in vielen Hochkulturen des eurasischen Raumes. So zeigten sich die europäischen Kreuzfahrerheere um 1200 von den steinernen Burgen der weiter entwickelten islamischen Baukunst im Nahen Osten beeindruckt. Für die Folgezeit ist es aus globaler Perspektive jedoch charakteristisch, dass nur die europäischen Territorien seit dem späten 15. Jahrhundert ein völlig neues System von geometrisch angelegten, raumgreifenden Festungsanlagen entwickelten. Sie reagierten damit auf die veränderten Bedingungen des Belagerungskrieges durch den Einsatz schwerer Artillerie: Die hohen Mauern typisch mittelalterlicher Verteidigungsanlagen konnten dem wiederholten Beschuss mit Kanonenkugeln nicht standhalten. Die bastionäre Form wurde so zwischen dem 16. und dem 18. Jahrhundert charakteristisch für die Topographie europäischer Städte und Festungswerke. Im Detail wurden diese mit erheblichem logistischem und finanziellem Aufwand umgesetzten Strukturen allerdings sehr unterschiedlich ausgestaltet – in Süd- und Mitteleuropa aus Stein, in den Niederlanden und benachbarten Regionen aus einer Kombination von Erdwällen und Wassergräben. Wie im Folgenden noch erläutert wird, fanden Feuerwaffen, ausgehend von China, im gesamten eurasischen Raum Verwendung, sei es in Form von Handfeuerwaffen, kleineren Raketen oder schwererer Artillerie. Jedoch differierten die militärischen Konstellationen ebenso wie die topographischen Gegebenheiten: Nur in Europa waren derart viele, mit vergleichbar starker Artillerie ausgestattete Machtzentren auf vergleichbar kleinem Raum versammelt, dass sich der Transport schwerer Artillerie technisch bewerkstelligen ließ und belagerte Städte damit massiv bedroht waren. In Asien befanden sich unter den Kriegsgegnern hingegen häufig nomadisierende Völker. Zudem standen Regenzeiten, Insellagen in Südostasien oder schlicht die erheblichen Entfernungen dem Transport schwerer Artillerie entgegen. Eine spezifisch neue Festungsarchitektur, wie sie in Zentraleuropa und ansatzweise im Osmanischen Reich realisiert wurde, war daher dort nicht zwingend notwendig; die spektakulärste mit Kanonen gesicherte Festungsanlage blieb so die im 15./16. Jahrhundert wiederaufgebaute und verstärkte „Chinesische Mauer".

Verteidigungsanlagen

Wasserbau

Bewässerungssysteme ermöglichten schon den frühen Hochkulturen des Zweistromlandes und Ägyptens die Herausbildung differenzierter Agrarstrukturen. Wie in Angkor im heutigen Kambodscha oder im Umfeld einiger Pyramiden Meso- und Südamerikas verstärkte zudem die Einbettung von Monumentalarchitektur in hydraulische Netzwerke deren Symbolgehalt. Der Aufbau solcher Netzwerke war auf Grund der Arbeitsintensität nur im Rahmen einer politischen Zentralmacht möglich. Aus Be- oder Entwässerungsmaßnahmen resultierende agrarische Überschüsse setzten in der Folge vielfältige kulturelle Prozesse und soziale Differenzierungsmechanismen in Gang. Gleichzeitig wurden solche Systeme zum Kristallisationspunkt technischer Kompetenzen. Planung und Durchführung, in geringerem Maße auch ihr Unterhalt, erforderten stets grundlegende Kenntnisse von Geometrie, Arithmetik und Vermessungstechnik. Diese wurden zum Teil über Jahrhunderte mündlich und durch Anschauung tradiert.

In China hatten Projekte im Wasserbau, nicht zuletzt auf Grund der höheren Bedeutung der Wasserwege für den Güter- und Personentransport, weit größere Dimensionen als in Europa. Das Netz schiffbarer Wasserwege und Kanäle im 12. Jahrhundert wird auf 50.000 Kilometer geschätzt. Der bereits um 600 angelegte, im 14./15. Jahrhundert durch Teilung kleinerer Flüsse, die Beseitigung von Stromschnellen, den Bau von Dämmen, Auffangbecken, Kanälen und Wehren ausgebaute Kaiserkanal verband schließlich mit einer Länge von über 1500 Kilometer mehrere Flussläufe zwischen Nord- und Südchina. Auf ihm wurden die in riesigen Mengen anfallenden Naturalsteuern in Form von Reis auf Tausenden von Booten von den fruchtbaren südlichen Provinzen sowohl nach Peking als auch zu den im Nordosten des Landes stationierten Grenztruppen transportiert. Seine Ufer wurden durch Pflanzung von Millionen Bäumen vor Erosion zu sichern gesucht. Auch darüber hinaus sind zahlreiche, zum Teil äußerst aufwendige Maßnahmen zum Ausbau gerade der schiffbaren Wasserwege im südlichen und südwestlichen China belegt. | Wasserbau in China

Grundlage des Anbaus von Nassreis in Südostasien waren hingegen ausgeklügelte, kleinteilige Netzwerke zur Wasserversorgung, die stets den topographischen und klimatischen Gegebenheiten angepasst sein mussten. Die Funktionsfähigkeit solcher Strukturen beruhte im Wesentlichen auf lokalen Zusammenschlüssen und Initiativen sowie entsprechend dezentralisierter Expertise. So wurden in den Monsungebieten des Indischen Subkontinents Reservoirs unterschiedlicher Typen und Größen geschaffen, um die Nutzung der Monsunregenfälle in die trockenere Jahreszeit auszudehnen. In Indien und Sri Lanka wurden diese Systeme zwischen dem 13. und dem 17. Jahrhundert vielfach stark erweitert, was stets die Lösung lokaler oder regionaler Machtfragen erforderte. Das vom 9. bis 15. Jahrhundert bestehende Reich von Angkor beruhte als damals größtes Machtzentrum Südostasiens auf dem ausgedehntesten künstlichen Bewässerungssystem der Region, das bis zu 167.000 Hektar Land im Umfeld des Mekong umfasste. Die Ausrichtung der Bauten | Bewässerungssysteme des Tempelkomplexes von Angkor ebenso wie andere Quellen belegen ein ausdifferenziertes Wissen in den Bereichen anwendungsorientierter Astronomie, Mathematik und Architektur. Mit dem Verlust der Kontrolle über dieses System im Zuge kriegerischer Auseinandersetzungen kollabierte das Königreich der Khmer, das durch eine hierarchisch aufgebaute Bürokratie ebenso gekennzeichnet war wie durch monumentale Bauwerke und ein umfassendes Wegenetz, binnen weniger Jahrzehnte.

In Japan ist die Steigerung der landwirtschaftlichen Produktion insbesondere in der Tokugawa-Zeit ebenfalls zum Teil auf perfektionierte Bewässerungssysteme zurückzuführen. Auf solchen basierten auch die landwirtschaftlichen Überschüsse des im 15. Jahrhundert aufgestiegenen, zentral verwalteten Aztekenreiches in Zentralmexiko. In den bergigen Regionen des Inkareiches sind kleinteiligere, aber nicht weniger differenzierte Systeme belegt: Bei der Neuanlage der Bergstadt Machu Picchu wurde im 15. Jahrhundert von vornherein ein entsprechendes System von Fließkanälen und Brunnen eingerichtet, das jahreszeitlich wechselnden Versorgungsmengen angepasst war.

Azteken

Im Vergleich zu Asien hatten die in Europa aufgebauten hydraulischen Netzwerke vergleichsweise bescheidene Dimensionen. Nach dem Untergang des Römischen Reiches mit seinen aufwendigen Wasserleitungen zur Versorgung urbaner Zentren entstanden sie erst im Spätmittelalter vor allem in der Poebene und in den Niederlanden. Kanal- und Deichbauten von eher begrenzten lokalen oder regionalen Dimensionen dienten der Gewinnung zusätzlicher Agrarflächen sowie verbesserter Transportwege. Ansonsten erforderten die in Europa für den dominierenden Getreideanbau in der Regel ausreichenden Niederschläge keine großräumigen hydraulischen Strukturen. Das Erbe der römischen Wasserbautechnik wurde eher in den arabischen Regionen um das Mittelmeer und im Zweistromland weitergeführt. Eine Besonderheit stellen dabei die Qanāts dar, unterirdische Wasserleitungen, die Grundwasser sammelten und zum Teil über erhebliche Entfernungen verteilten. Die bereits etablierten Bewässerungssysteme mussten hier nach 1200 nur noch im Detail optimiert werden, häufig ging dies Hand in Hand mit Experimenten und Transferprozessen zum Anbau standortgeeigneter Nutzpflanzen.

Qanāts

In all den genannten Systemen für die agrarische Wasserversorgung spielten arbeits- beziehungsweise wartungsintensive mechanische Hilfsmittel eine eher untergeordnete Rolle. Einfache Schöpfräder waren in China ebenso wie im arabischen Raum seit den Zeiten der europäischen Antike im Einsatz, hinzu kamen im arabischen Raum durch Menschen- oder Tierkraft betriebene Schöpfwerke wie der nach dem Gegengewichtsprinzip arbeitenden Schaduf, Eimerwerke oder archimedische Schrauben. Der Bau komplexerer mechanischer Anlagen lohnte sich beispielsweise für die städtische Wasserversorgung Europas und des Nahen Ostens. Neben den – in Syrien bis zu 20 Meter hohen – Schöpfrädern wurden dafür in Zentraleuropa seit dem 15. Jahrhundert vielfach wasserradgetriebene Pumpwerke genutzt. Die dafür erforderlichen erheblichen Investitionen wurden auch im zentraleuropäischen Bergbau aufgebracht. Im Harz oder in Sachsen entstanden im 16. Jahrhundert

Schöpfwerke

unter obrigkeitlicher Regie differenzierte Netzwerke zur Versorgung solcher sogenannten Wasserhaltungsmaschinen mit Antriebsenergie: Wasserläufe über Tage wurden so kanalisiert, dass sie nacheinander mehrere Pumpwerke antrieben, die zum Teil auch unter Tage in den Stollen standen, bevor das Wasser an einer geeigneten Stelle wieder aus dem Berg geleitet wurde. Die insgesamt wie saisonal begrenzte Verfügbarkeit der Wasserkraft führte ab dem 17. Jahrhundert zu einer intensiven Suche nach neuen Antriebsformen, als deren Konsequenz sich letztlich die Dampfmaschine etablieren sollte. In den Niederlanden wurden in den Jahrzehnten um 1600 vergleichbar komplexe Netzwerke windgetriebener Schöpfräder und archimedischer Schrauben zur Landgewinnung eingerichtet. Sie waren mit ebenfalls kommunal organisierten Deichbauarbeiten verbunden, insgesamt jedoch eher kleinteilig organisiert.

Binnentransport

Die Konsolidierung von Territorialherrschaften ging in der vorindustriellen Zeit häufig mit einem Ausbau der Landverkehrswege zur Güter- und Personenbeförderung einher; der Ausbau von Wegenetzen als Teil der Herrschaftsverdichtung lässt sich im Japan der Tokugawa-Zeit ebenso wie zwischen 1438 und 1532 im Inkareich erkennen. Zwar nutzten die Inka keine Zugtiere und Wagen, sie perfektionierten dennoch ein Tausende von Kilometern umfassendes Wegenetz für die Übermittlung von Gütern und Nachrichten mittels der Befestigung von Wegen, dem Bau von Brücken und der Anlage von Raststationen im Abstand von Tagesmärschen. Auch der Transport auf der Seidenstraße zwischen China und der Levanteküste beruhte praktisch ausschließlich auf je nach klimatischen Verhältnissen genutzten Lasttieren wie Dromedaren, Trampeltieren, Eseln, Maultieren und Yaks. Der Einsatz ausdauernder und leistungsstarker Dromedare und Trampeltiere von Nordafrika über den Nahen Osten bis Innerasien prägte den Transport im islamischen Raum. Er hatte schon zwischen dem 4. und 6. Jahrhundert zu einer spektakulären Verbesserung der Transportmöglichkeiten geführt und machte die Nutzung von Karren und Wagen über lange Strecken bis in die Moderne überflüssig.

Der ab dem 17. Jahrhundert kontinuierlich intensivierte Überlandverkehr per Kutsche blieb eine Besonderheit zentraleuropäischer Territorien. Grundlage dafür war seit 1500 der Aufbau eines Netzes von Poststationen, die zunächst nur von Postreitern bedient wurden. Dieses Postnetz unterschied sich von denen anderer Hochkulturen dadurch, dass es nicht nur administrativen und militärischen Zwecken diente, sondern sich bereits im 16. Jahrhundert auch der privaten und | Postwesen
wirtschaftlichen Korrespondenz öffnete und relativ rasch zum preiswerten Massenphänomen wurde. In diesem Rahmen erforderte der systematische Ausbau überregionaler Landstraßen für den Wagenverkehr ab dem 17. Jahrhundert staatliche Initiative oder langwierige Aushandlungsprozesse zur gemeinsamen Finanzierung durch lokale oder regionale Organe. Die aufwendigen Arbeiten umfassten im Idealfall

Demographie, Technik und Wirtschaft

einen schichtweise aufgebauten Straßenkörper, eine gleichmäßige Straßenoberfläche, Abflussgräben und Alleebäume. Auf der Basis solcher Eingriffe erhöhte sich die Geschwindigkeit der Postdienste erheblich, zugleich nahmen die Taktfrequenzen durch steigende Nachfrage kontinuierlich zu. An organisatorischen Stellschrauben wurde dabei ebenso gedreht wie an technischen, hinzu kam fallweise die Beseitigung von Verkehrshindernissen wie steilen Steigungen und engen Kurven sowie der Bau von Brücken. Idealtypisches Modell für ein derart durchorganisiertes, öffentlich zugängliches Transportsystem waren die in den Niederlanden bereits um die Mitte des 17. Jahrhunderts eingerichteten Bootsdienste *(trekvaart)*, für die zum Teil eigens Kanal- und Deichbauarbeiten vorgenommen worden waren. Von Pferden auf Leinpfaden gezogen – und damit weitgehend witterungsunabhängig – verbanden sie die urbanen Zentren mit großer Pünktlichkeit. Grundlegende Voraussetzung für den Aufbau solcher überregionalen Transportsysteme war die Sicherung der Grundversorgung der Bevölkerung mit Getreide, so dass Anbauflächen für die kostenintensive Haltung von im Vergleich zu Ochsen schnelleren und leistungsfähigeren Zugpferden frei wurden.

Bislang ungeklärt ist, warum die Beförderung per Kutsche für den männlichen Adel in Europa gegenüber dem standesgemäßen Reittier um 1600 überhaupt salonfähig und nach und nach mit Hilfe des Postwesens zum Massenphänomen wurde. Eine vergleichbare Entwicklung ist in keiner anderen Hochkultur zu erkennen. In China waren Wagen dem Transport von Würdenträgern vorbehalten, auch Sänften *Kutschen und Karren* kamen hier häufig zum Einsatz. Traditionelles Mittel für den Personenverkehr der unteren Schichten war demgegenüber die Schiebkarre, die nur schmale Wege und keine Zugtiere erforderte. Karren fanden vor allem im Norden und Westen Chinas Verwendung, wo entsprechende Zugtiere zur Verfügung standen, auch wenn die Versorgung mit Zugpferden immer prekär bleiben sollte. Das effiziente administrative Postsystem beruhte neben Reitern maßgeblich auch auf Läuferstafetten.

Im Süden Chinas stützten sich die Transportsysteme auf Grund der topographischen Gegebenheiten stets in stärkerem Maße auf den Wassertransport. Zu den auf schiffbaren Wasserwegen und den vielfach ausgebauten Kanälen transportierten Massengütern gehörten neben gewerblichen Produkten insbesondere große Mengen an Reis. Wie für die chinesische Ökonomie allgemein charakteristisch, wurden beim Ausbau der Infrastruktur zu Lande und zu Wasser obrigkeitliche Maßnahmen durch ein ausdifferenziertes Netzwerk privatwirtschaftlicher Initiativen ergänzt. Häufig er-
Wasserwege folgte die Beseitigung von Engpässen bei Verkehrswegen beispielsweise durch Stiftungen wohlhabender Anlieger. Der Bau von Kanälen als Transportwege stand auch auf der Agenda vieler europäischer Territorialherren. Bis auf Prestigeprojekte wie den im 17. Jahrhundert realisierten Canal du Midi in Südfrankreich als Verbindung zwischen Atlantik und Mittelmeer scheiterten solche Projekte jedoch meist an den erheblichen Kosten und technischen Schwierigkeiten. Die kleinteiligen, aber in ihrer Gesamtheit effektiven Flussbegradigungen und Kanalbauten im

England des 18. Jahrhunderts wurden auf der Basis von Genehmigungen des Parlaments letztlich in lokaler oder regionaler Trägerschaft realisiert. Zu ihrer Finanzierung etablierte sich gegen Ende des Jahrhunderts erstmals in größerem Stil das Modell der Aktiengesellschaft.

Seeschifffahrt

Im Zeitraum zwischen 1200 und 1800 intensivierte sich die Vernetzung der Weltkulturen insbesondere durch die Seeschifffahrt. Diesem Prozess lagen zahlreiche Innovationen im Schiffbau und der Navigation zugrunde. Berührungspunkte der Küstenschifffahrt im eurasischen Raum ermöglichten vielfältige Transferprozesse zwischen unterschiedlichen Traditionen des Schiffbaus. Einzelne Schiffe verkehrten vor den Zeiten der europäischen Expansion in der Regel nur innerhalb bestimmter geographisch und klimatisch definierter Gebiete, an deren Grenzen Waren umgeladen beziehungsweise weiterverkauft wurden (s. S. 69): In Europa stellten Ost- und Nordsee sowie die Atlantikküste und das Mittelmeer lange Zeit solche abgegrenzten Zonen dar, an der Levanteküste bestanden Kontakte mit der arabischen Seefahrt. In Asien verblieben Handelsschiffe in der Regel innerhalb der Grenzen des Arabischen Meeres, des Indischen Ozeans und des Gelben Meeres. Lange vor der Ankunft der Europäer bestanden hier dicht vernetzte Handelssysteme, als Massengüter wurden insbesondere Nahrungsmittel (Reis, Getreide), Textilien und Keramik befördert.

Um 1100 sicherte die Entwicklung seetüchtiger Dschunken China die Vorherrschaft im ostasiatischen Seehandel. Die staatliche Handelsflotte umfasste mehrere tausend mit Feuerwaffen und Kompass ausgerüstete Schiffe. Mit wegweisenden Elementen wie wasserdichten Schotten ausgestattet, waren sie die größten und leistungsfähigsten Schiffe der Zeit. Höhepunkte der chinesischen Hochseeschifffahrt waren die Entdeckungsfahrten unter Zheng He im gesamten asiatischen Raum, die zwischen 1405 und 1430 bis an die Küste Ostafrikas führten. Die häufig kolportierten, gigantischen Ausmaße der Schiffe seiner Flotte sind in jüngerer Zeit kritisch hinterfragt worden, als gesichert kann gelten, dass sie die im eurasischen Raum gängigen Dimensionen deutlich übertrafen. Die 1433 dekretierte Entscheidung, in Zukunft auf eine kaiserliche Flotte zu verzichten, bedeutete zwar nicht das Ende des chinesischen Seehandels im ostasiatischen Raum, allerdings gingen von solchen nun illegalen Aktivitäten keine weitreichenden Impulse mehr für den chinesischen Schiffbau aus. Doch nicht nur die chinesischen Schiffe, auch die größten Dhaus und andere Schiffe im arabisch-indischen Seehandel hatten um 1500 weit höhere Ladekapazität als die ersten portugiesischen Schiffe, die den Indischen Ozean befuhren. Die europäischen Kolonialmächte erreichten diese Dimensionen erst nach und nach ab dem 17. Jahrhundert mit neuen Konstruktionsformen wie der Galeone. Neue Schiffstypen wurden allerdings auch im innerasiatischen Handel entwickelt, beispielsweise im Kontext des expandierenden Seehandels des indischen Mogulreichs ab dem 16. Jahrhundert.

| Asiatische Hochseeschifffahrt |

Demographie, Technik und Wirtschaft

Wie bereits angedeutet, kam der Kompass – ausgehend von China – in der Seefahrt um 850 in Südostasien und im 11. Jahrhundert im Indischen Ozean zum Einsatz, in Europa ist seine Kenntnis im späten 12. Jahrhundert belegt. Da die Erstbelege für den arabischen Raum erst aus der Zeit um 1230 datieren und die dortige Benennung auf europäischer Terminologie basiert, war der europäische Kompass möglicherweise eine Parallelerfindung – magnetisierte Mineralien waren hier ebenso wie in China verfügbar. Doch bleibt auch eine Transmission aus dem Fernen Osten nach Europa denkbar. Um 1300 erleichterte der Kompass die Navigation im Mittelmeer wie auch entlang der Atlantikküste und ermöglichte zusätzliche Handelsfahrten in Jahreszeiten mit ungünstigen Windverhältnissen. Ab dem 16. Jahrhundert stellte die zunehmende Hochseeschifffahrt als Teil der europäischen Expansion neue Anforderungen: Kompass und Portolankarten reichten zur Positionsbestimmung nicht mehr aus, erforderlich wurden Techniken zur Beobachtung der Sternhöhen auf See ebenso wie eine Berücksichtigung der Abweichung des magnetischen vom geografischen Nordpol. Präzisere Navigationsinstrumente und neue Projektionsverfahren für kartographische Darstellungen verringerten in den folgenden Jahrhunderten die Risiken der Küsten- und Hochseeschifffahrt. Die Bestimmung des Längengrades auf See wurde erst ab den 1760er Jahren durch den Bau von Präzisionsuhrwerken möglich, die auch bei schwerer See die „mitgenommene" Normalzeit verlässlich anzeigten – über den Vergleich mit der durch astronomische Beobachtungen gewonnenen Ortszeit ließ sich nun auch der Längengrad bestimmen.

Navigationsinstrumente

In Europa spiegelten sich die unterschiedlichen politischen Einflusssphären in der Küstenschifffahrt auf Nord- und Ostsee auf der einen und dem Atlantik- und Mittelmeerraum auf der anderen Seite lange Zeit in deutlichen Unterschieden der jeweils verwendeten Schiffstypen: War die Kogge Teil des ökonomischen und politischen Erfolgs des Hanse-Städtebundes in der Ostseeregion, dominierte die mit Ruderern und Segeln ausgestattete Galeere demgegenüber den Mittelmeerhandel. Durch die zunehmende Überlappung dieser Handelsgebiete wurden seit dem 15. Jahrhundert Elemente der jeweiligen Schiffstypen wechselseitig übernommen. Im Mittelmeer setzte sich zu dieser Zeit die Karavelle als neuer Schiffstyp durch. Sie war vergleichsweise klein und mit einer Ladekapazität von bis zu 50 Tonnen kaum für den Transport großer Warenmengen geeignet, kam auf Grund ihrer Wendigkeit jedoch bei Entdeckungsfahrten wie denen von Christoph Kolumbus zum Einsatz. Karavellen wurden im Deutschen namengebend für die traditionell am Mittelmeer genutzte, im 15. Jahrhundert über die Portugiesen nach West- und Nordeuropa gelangte Kraweelbauweise, welche der Schifffahrt auf Nord- und Ostsee den Bau größerer und stabilerer Schiffe ermöglichte. Dabei wurden die Schiffsplanken nicht dachziegelartig übereinandergelegt, sondern nebeneinander auf einem vorgefertigten Gerüst befestigt. Den europäischen Asienhandel dominierten im 16. Jahrhundert die größeren, mit drei bis vier Masten ausgestatteten Karacken und Galeonen, deren Ladekapazität von anfänglich ca. 400 Tonnen auf mehr als das Doppelte anstieg und die über 100 Mann Besatzung sowie bis zu 400 Passagiere aufnehmen konnten.

Schiffstypen

„Neuheiten" aus europäischer Perspektive. Die gezeigten Technologien waren vielfach asiatischen Ursprungs. Im Uhrzeigersinn: Buchdruck, Kompass als Voraussetzung der Entdeckung Amerikas, alchemistische Apparaturen, Guaiakholz als Medizin gegen die Syphilis, Kanone und Schießpulver, Steigbügel, Seide, mechanische Räderuhr. Jan van der Straet, um 1580.

Verbesserungen der Manövrierbarkeit resultierten beispielsweise aus der Erhöhung der Zahl der Segel pro Mast und, seit etwa 1700, der Verbreitung des Steuerrades anstelle der Ruderpinne.

Insgesamt entwickelte sich die europäische Schiffbautechnik keineswegs einheitlich. So gab es erhebliche regionale Unterschiede in der Nutzung von Zeichnungen, Modellen und mathematischen Berechnungen im Bauprozess – galten beispielsweise Zeichnungen im englischen Schiffbau als unverzichtbar, spielten sie in den Niederlanden praktisch keine Rolle. Den markantesten Einschnitt für den Schiffbau sollten im 19. Jahrhundert die Dampfschifffahrt und die Ablösung hölzerner durch eiserne Schiffskörper darstellen, die zunächst im Überseehandel erfolgte. In einer langen Übergangsphase wurde jedoch die Besegelung trotz Nutzung der Dampfkraft beibehalten.

Die ökonomischen Potentiale, welche die Verwendung neuer Schiffstypen eröffneten, lassen sich an holländischen Beispielen aufzeigen: Beispielsweise ließen sich mit den im 15. Jahrhundert konstruierten, breiten holländischen Booten für die Heringsfischerei nicht nur größere Fangnetze einsetzen, der Fisch konnte auch gleich an Bord statt an Land eingesalzen werden. Dies ermöglichte eine längere Verweildauer auf See und trug damit zur Vorrangstellung der holländischen Fischer in der Nordsee bei. Die um 1600 entwickelte „Fleute", ein langgestrecktes, schnelles Frachtschiff, das mit einer kleinen Mannschaft gesegelt werden konnte, ermöglichte es, nicht nur einmal jährlich von den Niederlanden in die Ostsee zu fahren, sondern bis zu drei Mal.

Ökonomische Potentiale | Was das Bautempo anging, blieben die holländischen Werften im Schiffbau des 17. Jahrhunderts führend. Die weitverbreiteten, windgetriebenen Sägemühlen lieferten gleichförmigere Planken, als dies bei der Bearbeitung des Holzes mit der Axt möglich war, und reduzierten die Bauzeit gegenüber vergleichbaren englischen Schiffen. Der Aufbau großer Flotten für den Ostindienhandel beruhte nicht zuletzt darauf, dass mittels einer komplexen organisatorischen Struktur Bauholz aus den Waldgebieten um Main und Rhein, insbesondere dem Schwarzwald, bis nach Holland geflößt wurde. Dort zeitigte der Schiffbau zahlreiche weitere ökonomische Impulse, die von der Holzverarbeitung über das Leinwandgewerbe für die Segel und die Seilherstellung bis zur Herstellung von Navigationsinstrumenten, Seekarten und Schiffszwieback reichten.

Ab dem 16. Jahrhundert bauten die europäischen Werften neben Handelsschiffen auch mit zahlreichen Kanonen bestückte Kriegsschiffe, was konstruktive Veränderungen auf Grund der spezifischen Gewichtsverteilung erforderte. Neben der im Mittelmeer eingesetzten Flotte des Osmanischen Reiches waren auch chinesische Schiffe mit kleineren Kanonen ausgestattet. Zu Seeschlachten wie zwischen den in

Kriegsschiffe | Europa im Seekrieg engagierten Mächten – insbesondere England, den Niederlanden, Frankreich, Spanien und Portugal – kam es hier jedoch nicht, denn der innerasiatische Seehandel wurde traditionell nicht in kriegerische Auseinandersetzungen einbezogen. Gefahren drohten hier eher durch Piraten. Dort, wo die europäischen Mächte in Asien ihre Machtansprüche mit militärischen Mitteln durchsetzten, hatten ihre Schiffe auf Grund leistungsfähigerer Artillerie und im Seekrieg trainierter Mannschaften bald eindeutige Vorteile.

Schießpulver und Feuerwaffen

Ähnlich wie im Falle von Kompass und Buchdruck zeigt auch die Verbreitung der Technologie von Schießpulver und Feuerwaffen unterschiedliche Modalitäten des Transfers und der Nutzung neuer Technologien im eurasischen Raum. In China

China | diente das aus Schwefel, Salpeter und Holzkohle gefertigte Schießpulver nach seiner gewöhnlich auf das 9. Jahrhundert datierten Erfindung zunächst vor allem für Feuerwerke oder zur Beseitigung topographischer Hindernisse bei Verkehrswegen. Im Zuge der Auseinandersetzungen mit Grenzvölkern wurden dann verschiedene Typen kleinerer Sprengsätze genutzt, im 13. Jahrhundert größere Mörser, die nun auch Mauerwerk zum Einsturz bringen konnten. Zudem wurden erste Handfeuerwaffen entwickelt. Feuerwaffen kamen dementsprechend bei mongolisch-chinesischen Auseinandersetzungen zum Einsatz und gelangten mit den Mongolen weit in den Westen des eurasischen Kontinents.

Im islamischen Nordafrika und Spanien wurde Schießpulver in Mörsern möglicherweise bereits um 1300 genutzt, in Zentraleuropa tauchten vergleichbare Waffen, die kaum zielgenau schossen und eher abschreckende Wirkung hatten, in der ersten Hälfte des 14. Jahrhunderts auf. Für den europäischen Belagerungskrieg waren die Feuerwaffen nicht die ersten Beispiele schwerer Artillerie, die aus dem Nahen Osten übernommen wurden. Bereits die Kreuzfahrer hatten dort die aus China in den islamischen Kulturraum vermittelten Gegengewichtsschleudern kennen gelernt und nach Europa transferiert. Mit diesen sogenannten Triböcken konnten Geschosse von 50 bis 100 Kilogramm Gewicht mehrere hundert Meter weit geschleudert werden. Diese Gegengewichtsschleudern kamen erst im Zuge der Durchsetzung der Kanonen im 15./16. Jahrhundert außer Gebrauch, als sich die Distanz zwischen Angreifern und Verteidigern befestigter Plätze durch die größere Reichweite der Kanonenkugeln stark erhöhte. | Gegengewichtsschleudern

In Europa wurde die Herstellung von Kanonen und Handfeuerwaffen seit dem 16. Jahrhundert durch die unablässige militärische Konkurrenz der dortigen Territorien so vorangetrieben, dass sie den Feuerwaffen anderer Kulturen bald in technischer Hinsicht überlegen waren. Gleichzeitig sahen sich die Territorialherren durch die Perfektionierung schwerer Artillerie zum Aufbau völlig neuartiger Festungsanlagen gezwungen. Der Einsatz der Kanonen veränderte so nicht nur die Modalitäten des Belagerungskrieges. Die enormen Kosten von Feuerwaffen und Festungsanlagen belasteten auch in Friedenszeiten die Haushalte der sich in der Frühen Neuzeit konsolidierenden Territorialstaaten, auch wenn sich im 18. Jahrhundert zahlreiche Versuche der Rationalisierung von Arbeitsprozessen erkennen lassen. Zusammen mit dem Unterhalt der stark anwachsenden stehenden Heere förderten diese militärtechnischen Innovationen damit Tendenzen der politischen Zentralisierung. | Perfektionierung schwerer Artillerie

Seit dem 16. Jahrhundert wurden Feuerwaffen jedoch im gesamten eurasischen Raum hergestellt. Wenn auch die verwendeten Legierungen und die Qualität der Waffen differierten, zeigt auch dieses Beispiel die breite gemeinsame Basis technischer Fertigkeiten in der Metallgewinnung und -verarbeitung. Neben den zentraleuropäischen Staaten nutzte vor allem das Osmanische Reich Kanonen zur Herrschaftskonsolidierung (s. S. 190). Es verfügte zudem über eine mit Kanonen bestückte Flotte, wie sie bei der Schlacht von Lepanto 1571 zum Einsatz kam. Noch bei der Belagerung von Wien 1683 waren gerade die Mineure und Artilleristen des osmanischen Heeres gefürchtet. Im 15./16. Jahrhundert kontrollierten die „Schießpulver-Imperien" (Osmanisches Reich, Safawiden, Usbeken-Khanat und Mogulreich) große Teile West- und Zentralasiens zumindest teilweise auf der Basis der von ihnen | „Schießpulver-Imperien" genutzten Feuerwaffen. Während indische Herrscher große Mörser wie auch kleinere Hakenbüchsen zunächst aus Zentralasien übernommen hatten, wurden Gewehre und kleinere Kanonen für die Feldartillerie vielfach von europäischen Vorbildern beeinflusst. Stets resultierten im Übrigen aus der Diffusion von Handfeuerwaffen in breitere Bevölkerungsschichten innenpolitische Spannungen, die zum Teil durch staatliche Monopole auf die Produktion solcher Waffen zu vermeiden gesucht wurden.

Einen Sonderfall der kontinuierlichen Verbreitung von Feuerwaffen über den Globus stellt die japanische Geschichte im 17. und 18. Jahrhundert dar. Zunächst wurden hier ab der Mitte des 16. Jahrhunderts insbesondere Handfeuerwaffen produziert und beispielsweise im japanisch-koreanischen Krieg einige Jahrzehnte später eingesetzt. Während der anschließenden, weitgehenden Abschottung Japans gegen-

Japanische Feuerwaffen — über europäischen Einflüssen kamen Feuerwaffen innerhalb Japans außer Gebrauch. Dies liegt jedoch weniger, wie zuweilen behauptet, an einem „freiwilligen" Verzicht auf die neue Technologie zugunsten des traditionellen Kampfes mit dem Schwert. Vielmehr beruhte die innenpolitische Stabilität der Samurai in der Tokugawa-Zeit auf einer umfassenden Entwaffnung der eigenen Bevölkerung, so dass Unruhen mit traditionellen Waffen niedergeschlagen werden konnten.

Hinsichtlich der Auswirkungen der Feuerwaffen ist schließlich nicht nur ihr militärischer Einsatz zu bedenken, sondern beispielsweise auch die Verwendung von Handfeuerwaffen für die Jagd. Besonders eindrücklich ist das Beispiel der Indianer

Handfeuerwaffen für die Jagd — Nordamerikas, die im Laufe des 17. Jahrhunderts nach und nach auf ihre traditionellen Jagdwaffen zugunsten von Gewehren verzichteten. Da sie diese nicht selbst herstellen konnten, wurden sie vollständig von deren Handel abhängig, der in der Hand der europäischen Siedler lag. Gleichzeitig gingen die Bestände der gejagten Tiere durch die größere Treffsicherheit der Feuerwaffen vielfach zu Lasten regionaler Ökosysteme zurück.

Gewerbe und Handwerk

Viele Hochkulturen der Zeit zwischen 1200 und 1800 beherrschten komplexe und vielfältige technische Verfahrensweisen in Handwerk und Gewerbe. Textilherstellung, Eisenbearbeitung oder die Produktion von Glas und Keramik basierten häufig auf langen Traditionen. China und Europa erlebten im 16./17. Jahrhundert einen weiteren Schub der Ausdifferenzierung traditioneller Handwerke und ein Anwachsen lokaler und regionaler Märkte. Um 1800 überstieg die asiatische Gewerbeproduktion nach neueren Schätzungen quantitativ diejenige Europas weiterhin um das Zwei- bis Dreifache. Die zu dieser Zeit erreichte Warenvielfalt erstreckte sich dabei nicht nur

Güterkonsum — auf Luxuswaren; dies zeigen in beiden Kulturen beinahe gleichzeitig einsetzende Debatten um die moralische Legitimität des Güterkonsums durch breitere gesellschaftliche Schichten. Sprach der Soziologe und Volkswirt Werner Sombart noch eher dem Luxuskonsum besondere ökonomische Bedeutung zu und postulierte, die moderne Welt sei aus dem Geist der Verschwendung entstanden, gelten demgegenüber nunmehr *populuxe goods* wie Textilien, Porzellan, Kleinmöbel und andere Haushaltsgegenstände als maßgebliche Impulse für steigende Nachfrage in der vorindustriellen Zeit. Waren dabei asiatische Produkte wie Porzellan, Seiden- und Baumwollstoffe oder Rohwaren wie Tee in Europa sehr gefragt, konnten die europäischen Kaufleute bei ihren asiatischen Handelspartnern trotz aller Bemühungen kaum Interesse für europäische Produkte wecken. So bezahlten die europäischen Handelsmächte die begehrten chinesischen Luxus- und Konsumgüter mit großen Mengen an Silber meist südamerikanischer Herkunft. Nicht zuletzt auf Grund hoher europäischer Einfuhrzölle gingen allerdings ab etwa der Mitte des 18. Jahrhunderts die chinesischen und indischen Exporte insbesondere von Porzellan und Textilien zurück; nun wurden insbesondere Rohstoffe wie Rohseide oder Tee nach Europa verschifft.

Die vielfältigen technischen Wandlungsprozesse im vorindustriellen Handwerk können letztlich nur angemessen beurteilt werden, wenn der gesamte Produktionszyklus von den Rohstoffen über die Arbeitsorganisation bis zu den Herstellungsverfahren in den Blick genommen wird. In allen drei Bereichen waren technische Innovationen im weiteren Sinne möglich. Rohstoffe beispielsweise wurden einzusparen oder zu substituieren gesucht: Auf die Verknappung von Biberhaar reagierten französische Hutmacher in der zweiten Hälfte des 18. Jahrhunderts mit der sogenannten Quecksilberbeize: Hasen- und Kaninchenhaare wurden so aufbereitet, dass sie sich zu hochwertigen Hüten verarbeiten ließen. Arbeitsorganisatorische Innovationen zeigen sich vornehmlich in handwerklichen Großbetrieben, sei es im indischen Textilgewerbe, der chinesischen Porzellanherstellung oder europäischen Waffenmanufakturen. Innovationen in den Herstellungsprozessen sind im europäischen Handwerk beispielsweise an der Ausdifferenzierung verschiedener Werkzeuge und Geräte wie Schraubstock, Hobelbank oder Drehbank ablesbar. Im 17./18. Jahrhundert waren diese für die Fertigung wissenschaftlicher Präzisionsinstrumente wie Teleskope, Mikroskope und Messgeräte unerlässlich. Allerdings waren auch im arabischen Raum feinmechanische Fertigkeiten der Herstellung von Astrolabien und anderen Messinstrumenten bereits vor 1200 perfektioniert worden. Wie aussagekräftig Thesen sind, nach denen europäische Handwerker beispielsweise im Metallgewerbe der Frühen Neuzeit über ein ausdifferenzierteres Arsenal an Werkzeugen verfügten als ihre arabischen, indischen oder chinesischen Kollegen, bedarf noch einer genauen Überprüfung. Innovationen in diesem Bereich verdeutlichen jedoch, dass Korporationen wie die europäischen Zünfte entgegen häufigen Vorurteilen Neuerungen gegenüber nicht grundsätzlich abgeneigt waren: Sie beurteilten diese nur unter einer spezifischen Perspektive, nämlich der Frage, ob sie ihren Mitgliedern insgesamt zugute kommen würden oder ob sie deren gemeinsame ökonomische Basis bedrohten (s. S. 452–455).

| Innovationen

Buchdruck

Der Buchdruck ist nicht nur ein gutes Beispiel für die Komplexität handwerklicher Produktionsprozesse, er zeigt auch paradigmatisch, wie kulturelle Faktoren die Nutzungsweisen einer Erfindung in unterschiedlichen Kulturen prägen können. Der Blockdruck, vergleichbar dem europäischen Holzschnitt, wurde als grundlegendes Verfahren schon vor 600 in China praktiziert. Papier als preiswerter Träger, hier bereits seit dem 2. Jahrhundert verbreitet, erleichterte die Nutzung dieser Vervielfältigungstechnik. Aus einzelnen Blockdrucken zusammengefügte Bücher sind aus dem 9. Jahrhundert bekannt. Der Druck einzelner Schriftzeichen mit beweglichen Lettern ist im 11. Jahrhundert in China ebenso nachgewiesen wie um 1400 in Korea, wo nachweislich auch metallene Lettern verwendet wurden. Auf Grund der Vielzahl der chinesischen Schriftzeichen und hohen gestalterischen Ansprüchen an das fertige Produkt konnte sich dieses Verfahren jedoch nicht durchsetzen. Auf der Basis des Blockdrucks hergestellte Bücher wurden in China hingegen bereits um 1100 und dann verstärkt ab 1500 zum Massenprodukt. Auf den Markt kamen religiöse Texte ebenso wie administrative Handbücher und Enzyklopädien, heilkundliche Ratgeber, Romane oder landwirtschaftliche Traktate. Dabei beruhte der Buchdruck in China teils auf staatlicher Initiative, teils entwickelte er sich zu einem profitablen, privatwirtschaftlich organisierten Wirtschaftszweig. In vergleichbarer Weise verbreitete er sich auch in Japan und Korea.

Entwicklung in China

Inwiefern die europäische „Erfindung" des Drucks mit beweglichen, metallenen Lettern durch Johannes Gutenberg um 1450 von asiatischen Vorbildern inspiriert war, ist ungeklärt. Für einen Transfer des Wissens um den Blockdruck – in Europa bereits in den Jahrzehnten von Gutenberg praktiziert – bestand genügend Gelegenheit; auch Kunde von den koreanischen Metalllettern hätte zu Gutenberg gelangen können. Jedoch gab es in Europa auch Vorläufertechnologien, aus denen eine eigenständige Entwicklung möglich war: beispielsweise der in Gutenbergs Werkstatt praktizierte Guss von Metallspiegeln als Massenartikel, der Wallfahrern zum „Einfangen" des Scheines von Reliquien dienen sollte, oder die Anfertigung von Stempeln für Glocken oder Siegel. Das rasch in Europa verbreitete Verfahren Gutenbergs war dadurch charakterisiert, dass die Lettern mittels des unscheinbaren neuartigen Handgießinstruments aus einer eigens entwickelten Legierung schnell und in großer Zahl hergestellt werden konnten. Für den Druckprozess selbst nutzte man zudem von Beginn an die Druckerpresse, anstatt das Papier wie im Fernen Osten auf die hölzerne, mit Druckerfarbe versehene Vorlage aufzudrücken und „abzureiben". Jedoch wurden die fertig gesetzten Druckvorlagen kaum je aufbewahrt; in China hingegen wurden häufig auf alten Druckstöcken Jahrzehnte später neue Auflagen klassischer Werke produziert. Elemente der vielfältigen kulturellen Auswirkungen des Buchdrucks in Europa können hier nur in Schlagworten erwähnt werden: Die Ausdifferenzierung von Spezialliteratur zu unterschiedlichsten Themen gehört dazu ebenso wie die neuen Möglichkeiten der identi-

Johannes Gutenberg

Kulturelle Auswirkungen

schen Reproduktion von Abbildungen durch Holzschnitt und Kupferstich, Transformationen literarischer Stile und Themen oder die Entstehung kurzlebiger Produkte der Massenkommunikation wie Flugblätter und Zeitungen. All dies beeinflusste demnach die wissenschaftliche Praxis ebenso wie politische Auseinandersetzungen oder die Wahrnehmung der persönlichen Individualität – Phänomene, die bislang nicht systematisch mit vergleichbaren Analysen für das chinesische Druckwesen in Bezug gesetzt worden sind.

Wie stark jedoch die Nutzung des Buchdrucks nicht nur durch technische Details, sondern auch durch mentalitätshistorische Faktoren geprägt war, zeigt sich daran, dass er im Osmanischen Reich, obwohl grundsätzlich bekannt, bis weit in das 20. Jahrhundert keine Verbreitung fand. Dieses Verdikt betraf nicht die Vervielfältigung von Texten als solche. Die in China erfundene Papierherstellung war im arabischen Raum bereits um 800 übernommen worden und förderte eine ausdifferenzierte Manuskriptkultur, die Entstehung umfangreicher Bibliotheken, ein vielfältiges wissenschaftliches Schrifttum sowie entsprechende Korrespondenznetze innerhalb des arabischen Großreiches. Hingegen galt später bezüglich des Buchdrucks die Auffassung, dass das Abschreiben des Korans eine religiöse Handlung darstellte, die nicht durch mechanische Mittel zu ersetzen war. Während die Existenz expliziter Verbote des Buchdrucks durch die osmanischen Sultane um 1500 umstritten ist, blieb das Desinteresse an dieser Technologie bis ins 18. Jahrhundert erhalten.

| Keine Verbreitung im Osmanischen Reich

Imitationen von Produkten aus Übersee

Ein gerade aus globalhistorischer Perspektive interessanter Teilbereich der gewerblichen Produktion waren Versuche, aus Übersee importierte Luxuswaren in Europa selbst herzustellen. Wie bereits angemerkt, spielte der umgekehrte Weg auf Grund des geringen asiatischen Interesses an europäischen Produkten praktisch keine Rolle. Bemühungen der englischen Textilindustrie, die seit dem späten 17. Jahrhundert preisgünstig importierten, bedruckten indischen Baumwollstoffe (Kalikos) zu imitieren, gelten als einer der Auslöser des Industrialisierungsprozesses. Um ihnen gegenüber konkurrenzfähig zu bleiben, wurden die Herstellungskosten englischer Baumwolltextilien durch die Mechanisierung einzelner Arbeitsschritte zu reduzieren versucht. Die Mechanisierung des Spinnens und Webens erhielt daraus ebenso Impulse wie Techniken des Stoffdrucks und der Produktion leuchtender Textilfärbemittel. Als entsprechende Erfindungen im 18. Jahrhundert nach einer längeren, durch zahlreiche Patentanmeldungen gekennzeichneten Phase erfolgreich umgesetzt wurden, begannen die englischen Produzenten umgehend, den indischen Markt mit entsprechend verbilligten Produkten zu beliefern – was dort zu schweren Krisen des einheimischen Textilgewerbes führte.

| Textilgewerbe

Ein weiteres klassisches Beispiel ist die „Nacherfindung" des im 18. Jahrhundert selbst für die englische Mittelschicht erschwinglichen chinesischen Porzellans, das als Teil der Modeerscheinung des Teetrinkens nachgefragt wurde. An dieser Aufgabe scheiterten zahlreiche europäische Handwerker und Gelehrte, schufen dabei jedoch eigenständige Produkte wie das Delfter „Porzellan" und italienische Majolikas. Erst die Verwendung von Kaolin als feuerfestem Bestandteil und Alabaster, Kalkspat beziehungsweise Quarz als Flussmittel durch Johann Friedrich Böttger, der im Auftrag des sächsischen Kurfürsten arbeitete, führte 1708 zur erfolgreichen Herstellung von Hartporzellan. Im Falle des Porzellans – wie auch bei den sehr begehrten, lackierten Kleinmöbeln aus Japan – wurden in Europa nicht nur die Herstellungsprozesse zu imitieren gesucht, sondern auch Design und Ornamentik. Insofern Aspekte der Gestaltung im Gewerbe des 18. Jahrhunderts ohnehin an Bedeutung gewannen, wurden vielfach Zeichenschulen mit dem Ziel gegründet, bezüglich rascher Modewechsel nicht den Anschluss an andere Territorien zu verlieren.

<small>Porzellan</small>

In das Panorama solcher Maßnahmen gehören letztlich auch die ab dem 18. Jahrhundert zunehmend systematisch verfolgten Versuche, den kostspieligen Import von Rohstoffen aus Asien und der Neuen Welt durch den Anbau entsprechender Nutzpflanzen im eigenen Territorium oder den Einsatz gleichwertiger heimischer Ersatzstoffe zu vermeiden. Berühmt ist das Beispiel der Seidenraupe, die schon im Mittelalter nach Europa gelangt war. Obwohl der Anbau von Maulbeerbäumen, mit deren Blättern Seidenraupen ernährt werden, auch in Zentraleuropa gelang, entwickelte sich daraus trotz aller Bemühungen gerade des 18. Jahrhunderts nur in Oberitalien ein zeitweise profitabler Produktionszweig. Auch bei weniger spektakulären Produkten wie Pottasche, Hanf, Häuten oder Fellen blieben die Gewerbe zentraleuropäischer Territorien auf Importe aus peripheren Regionen angewiesen. Im 18. Jahrhundert wurde die Suche nach entsprechenden Ersatzstoffen zunehmend auf eine nach zeitgenössischem Verständnis wissenschaftliche Basis zu stellen gesucht: Mitglieder sogenannter Ökonomischer Sozietäten und Wissenschaftlicher Akademien, aber auch einzelne Gelehrte, die in botanischen Gärten arbeiteten, bemühten sich um die Akklimatisierung exotischer Pflanzen und prüften die Eignung einheimischer Substitute. Dem ab etwa 1800 erfolgreichen Ersatz von Rohrzucker durch Rübenzucker gingen beispielsweise jahrelange Versuche an der Berliner Akademie der Wissenschaften voraus. Bei der Suche nach zuckerhaltigen Rübenarten wurden mittelfristig, wie beispielsweise auch bei dem Versuch, Schafe mit der Wollqualität spanischer Merinos zu züchten, wichtige allgemeine Erkenntnisse über Praktiken der Züchtung und Kreuzung gewonnen.

<small>Akklimatisierung exotischer Pflanzen</small>

Komplexe Organisationsformen und Großbetriebe

Gewerbliche Großbetriebe gelten als wesentliches Kennzeichen des Industrialisierungsprozesses. Produkte an einem Ort in großen Stückzahlen und damit entsprechend kostengünstig herzustellen, erforderte eine zentrale organisatorische Struktur und beförderte den Einsatz neuer technischer Hilfsmittel ebenso wie die Herausbildung neuer Finanzierungsformen. Gleichzeitig unterschied sich der Arbeitsalltag durch strenge Kontrolle und festgesetzte Arbeitszeiten grundsätzlich von den Lebensrhythmen der Landwirtschaft oder der gewerblichen Heimarbeit. Traditionell kannten zahlreiche Hochkulturen die räumliche Konzentration hunderter oder tausender Arbeitskräfte vornehmlich in der Monumentalarchitektur oder dem Wasserbau, nicht aber in der gewerblichen Produktion. Zunächst waren in der Regel obrigkeitliche Organe die Träger solcher Großbetriebe, insbesondere in der seit der Song-Zeit in China zentral organisierten Eisen-, Salz-, Textil-, Keramik- und Papierherstellung. Um 1400 produzierten in der „Porzellanstadt" Jingdezhen Zehntausende von Arbeitern in arbeitsteilig organisierten Großbetrieben. Hohe Anforderungen stellten die immer wieder optimierten, sich bis zu 60 Meter hügelaufwärts erstreckenden Brennöfen, die mit einem ausgefeilten Mehrkammersystem mit unterschiedlichen Brenntemperaturen für verschiedene Sorten von Keramik und Porzellan arbeiteten. Aus Persien sind im 17. Jahrhundert ebenfalls zahlreiche Seiden-, Teppich- und Keramikmanufakturen bekannt. | Großbetriebe

In der Zeit vor 1800 blieb die Ausstattung solcher Großbetriebe mit Maschinen, die durch eine zentralisierte Energieversorgung wie Wasserräder oder Dampfmaschinen angetrieben wurden, die Ausnahme. In Europa lieferte der zehntausendfache Einsatz der Mühlentechnologie seit der Spätantike zwar einen wichtigen Beitrag für die Energieversorgung. Solche Maschinen waren jedoch kaum geeignet, komplexe Arbeitsschritte auszuführen, sondern dienten der Zerkleinerung von Rohstoffen (Bestandteile des Schießpulvers, Rinde für die Gerberei, Zerfasern von Lumpen für die Papierherstellung) oder der groben Bearbeitung von Halbfertigprodukten (Walken von Tuchen, Antrieb von Schmiedehämmern). | Maschinen

Bei gewerblichen Großbetrieben in der Zeit vor 1800 handelt es sich demnach um Manufakturen, in denen Arbeitsprozesse zwar kleinteilig aufgesplittet waren, jedoch weiterhin eine vergleichsweise hohe handwerkliche Expertise erforderten. Ein Schwerpunkt der in Europa im 18. Jahrhundert meist auf obrigkeitliche Initiative gegründeten Manufakturen lag auf dem bereits erwähnten Versuch der „einheimischen" Produktion von Luxusgütern aus Übersee wie Porzellan oder Seidenstoffen. Solche Manufakturen stellten dann in ökonomischer Hinsicht einen Sonderfall dar, wenn sie ausschließlich für staatliche Nachfrage produzierten, die hergestellten Waren also gar nicht auf dem Markt gehandelt wurden. Das war insbesondere im militärischen Bereich der Fall, zu denken ist an die Waffenproduktion im indischen Mogulreich oder in den europäischen Territorialstaaten ebenso wie an die staatlichen Werften, welche die Kriegsschiffe der europäischen Flotten bauten. In China bildeten sich allerdings im Umfeld staatlicher Textil- und Porzellanmanufakturen auch privatwirtschaftlich organisierte Großbetriebe heraus, die als Subunternehmer zu Zeiten der späten Ming-Dynastie erhebliche Anteile der Gesamtproduktion übernahmen. Ohnehin waren einzelne Gewerberegionen Chinas zu dieser Zeit vielfach von dezentralen, privatwirtschaftlich organisierten Strukturen geprägt. | Staatliche Nachfrage

In vielen Kulturen sind kleinteilige organisatorische Zwischenformen zu erkennen, welche die massenhafte Produktion von Gütern strukturierten, ohne zentrale

Betriebsstätten wie Manufakturen einzurichten und dafür erhebliche Mittel investieren zu müssen. Einen weit geringeren Einsatz an fixem Kapital erforderte, gerade in der Textilherstellung, das europäische Verlagswesen: Unternehmer lieferten hier meist familiären Kleinbetrieben die nötigen Rohstoffe und nahmen das nach vorgegebenen Standards gefertigte Endprodukt zu einem festgelegten Preis wieder ab. Über ähnliche, proto-kapitalistische Strukturen verfügten auch die Zentren der indischen Baumwollverarbeitung, wo in Heimarbeit mit hochgradiger regionaler Spezialisierung und Arbeitsteilung produziert wurde. In China übernahm eine breite Schicht von Unternehmer-Kaufleuten vergleichbare Funktionen im Gewerbe.

Eine Tendenz zu Großbetrieben zeigte sich vielfach im Bergbau. Abbau und Verarbeitung unterschiedlicher Mineralien und Erze erfolgte zunächst in allen Kulturen dezentral auf Grund lokaler Initiative. Der Aufwand für die Gewinnung und Verhüttung von Metallen legte allerdings zentralisierte Organisationsformen nahe, insbesondere wenn die Rechte am Bergbau in den Händen der Territorialherrschaft lagen. Doch auch in kleinteiliger Arbeitsweise waren beeindruckende Resultate möglich: Verfahren zur Härtung kleiner Mengen Eisens zu Stahl für Waffen und Gebrauchsgegenstände waren beispielsweise früh in Ostafrika, Indien und Sri Lanka bekannt; auch in Südamerika bestanden bereits vor der Ankunft der Europäer beeindruckende Kompetenzen der Gewinnung von Silber. Die erforderlichen hohen Temperaturen in den Schmelzöfen wurden jeweils durch ausgeklügelte Verfahren der Windzirkulation erreicht. Der von den Spaniern mit aller Härte vorangetriebene Bergbau in den Minen von Potosí (Bolivien) erreichte dann allerdings völlig neue quantitative Dimensionen.

Bergbau

Auch China kannte Techniken der Härtung von Roheisen zu Stahl bereits in der Han-Dynastie (206 v. Chr.–220 n. Chr.). Hier – und nicht erst in England zu Beginn der Industrialisierung – wurde für solche Prozesse auch erstmals Kohle anstelle der ansonsten üblichen Holzkohle als Brennstoff eingesetzt. Zwischen 800 und 1100 verzehnfachte sich die chinesische Eisenproduktion. Spitzenwerte von bis zu 125.000 Tonnen jährlich wurden in Gesamteuropa erst um 1700 erreicht. In den folgenden Jahrhunderten sank die Eisenproduktion in China jedoch aus bislang ungeklärten Ursachen um etwa die Hälfte – mögliche Ursachen wären Brennstoffknappheiten ebenso wie die Mongoleneinfälle –, blieb aber bis in die Moderne auf hohem Niveau. Die erzeugten Produkte umfassten bereits in der Song-Zeit neben Waffen eine breite Palette von Gerätschaften für den Alltagsgebrauch in der Landwirtschaft ebenso wie Kunstgegenstände.

Eisenproduktion

In Zentraleuropa wurde der Bergbau seit dem Spätmittelalter zum Leitsektor für die ökonomische Blütezeit nach dem Ende der Pestepidemien. Auch wenn er auf dem Kontinent – im Gegensatz zum englischen Bergbau der Frühindustrialisierung – unter obrigkeitlicher Regie erfolgte, wurden die einzelnen Arbeitsprozesse vielfach durch Subkontrakte an Kleinunternehmer vergeben. Als sogenannte Lehn- oder Gedinghauer stellten diese dann eigene Arbeitskräfte ein. Die staatlichen Verwaltungsorgane verfügten gerade zu Zeiten der großen Montankonjunktur, die von 1450 bis

1550/1560 reichte, noch längst nicht über das Fachpersonal, das die komplexen technischen Vorgänge hätte übersehen und anleiten können. Wie in diesem Zeitraum üblich, resultierten daher Innovationsprozesse „spontan" aus der Initiative einzelner technischer Experten und Unternehmer. Dies betraf die Grubenentwässerung mit Wasserhebemaschinen ebenso wie die Zufuhr von Frischluft in die Gruben durch mechanische Anlagen oder die Gewinnung der Erze durch den Einsatz von Schießpulver, letzteres allerdings erst gegen Mitte des 17. Jahrhunderts. Hinzu kamen Neuerungen ab dem 15. Jahrhundert in der Erzaufbereitung, zum Beispiel durch Wasch- und Pochwerke, die knappes Brennholz sparen halfen, die sogenannte Saigertechnik, mittels derer Silber oder Gold durch Zugabe von Blei aus den Erzen erschmolzen werden konnte, und schließlich die Eisenerzeugung im Hochofen. Um 1780 wurde in England Brennmaterial und Eisenerz in getrennten Kammern platziert und das Schmelzgut durch die Technik des Puddelns bearbeitet. Auf diesem Weg war es möglich, Holzkohle als Energielieferant in großem Stil durch Kohle beziehungsweise Koks zu ersetzen, was einen entscheidenden Impuls für den Aufstieg der Eisen- und Stahlindustrie im 19. Jahrhundert darstellte.

| Innovationsprozesse

Bis die Kohle mit der Eisenbahn auch auf dem Landweg über große Strecken kostengünstig zu transportieren war, blieb die Herausbildung energieintensiver Großgewerbe in der vorindustriellen Zeit eng an topographische Gegebenheiten gebunden: Holz konnte unter vertretbaren Kosten nur auf dem Wasserweg über weitere Strecken transportiert werden, sei es durch Trift, sei es mittels der Flößerei. So beruhte der Erfolg des schwedischen Eisengewerbes um 1700 auf den ausgiebigen Vorkommen hochwertiger Eisenerze in waldreichen Gegenden. Der Einsatz der Dampfmaschine zur Entwässerung englischer Bergwerke wiederum war in der Anfangszeit auf Grund des schlechten Wirkungsgrades nur dort rentabel, wo die Maschinen direkt „auf der Kohle" standen und somit kaum Transportkosten anfielen. In Frankreich und der Habsburgermonarchie hingegen lagen Eisenerz- und Kohlevorkommen vielfach geographisch so weit auseinander, dass die Eisenerzeugung länger auf der Basis von Holzkohle erfolgte als in England und die reichlich vorhandene Wasserkraft länger und intensiver genutzt wurde.

| Abhängigkeit von topographischen Gegebenheiten

Generell versuchte man auf den kostspieligen Verbrauch von Brennholz in großgewerblichen Produktionsstätten mit Technologien zu reagieren, die in Europa als „Holzsparkünste" bezeichnet wurden. Sie sollten den Verbrennungsprozess und die Führung der erzeugten Wärme durch spezielle Ofenkonstruktionen optimieren. Im großen Maßstab wurden im 16. Jahrhundert auch in der chinesischen wie in der europäischen Salzherstellung neue, gegenüber früheren Techniken brennholzsparende Verfahren erprobt. In China gelang die sukzessive Konzentration der Sole (Gradierung) in mehreren Bassins unter ausschließlicher Verwendung von Sonnenenergie. Im europäischen Salinenwesen konnte der Brennholzverbrauch bei der Gradierung durch neue Verfahren immerhin reduziert werden.

Maschinen in der gewerblichen Produktion

Traditionell gelten große oder besonders komplexe mechanische Gerätschaften als Indikator des Standes der Technik einer Kultur. Gleichzeitig gilt deren Konstruktion als besonderes Zeichen technischer Fertigkeiten, beispielsweise mit Blick auf die Uhren- und Automatentechnik. Die leistungsfähigsten mechanischen Anlagen der vorindustriellen Zeit waren die Wassermühle und von ihr abgeleitete Varianten. Wassermühlen mit vertikalem Wasserrad und einer Getriebeübersetzung zum Antrieb des Mühlsteins sind im Europa der Römerzeit ebenso belegt wie im Nahen Osten und in China. Neuere Forschungen haben gezeigt, dass sich die Nutzung von Wassermühlen in Europa seit der Spätantike beinahe kontinuierlich verdichtete. Dieser Prozess ist grundsätzlich darauf zurückzuführen, dass sich in Europa der Anbau von Weizen und Roggen als Brotgetreide etablierte. In China bestand auf Grund der Entwicklung zu einer „Reiskultur" kein Bedarf an einer derart umfassenden Nutzung der dort ebenso bekannten Mühlentechnik. Windmühlen mit vertikaler Achse sind im 7. Jahrhundert erstmals im Iran belegt und gelangten von dort nach China; in Europa verbreiteten sich Varianten mit Segeln an einer horizontalen Achse erst seit dem 12./13. Jahrhundert in Holland und England. Ihre Verbreitung gilt als Zeichen guter Agrarkonjunkturen, in denen sich solche kapitalintensiven Investitionen lohnten – insbesondere dort, wo geeignete Wasserläufe als Antrieb fehlten.

Mühlentechnik

Eine entscheidende Weiterentwicklung der Mühlentechnik führte zu den bereits erwähnten Varianten, die nicht nur dem Mahlen von Getreide dienten, sondern mittels unterschiedlicher Maschinenelemente andere einfache Prozesse verrichteten. In China waren wasserradgetriebene Blasebälge bereits um 1100 bekannt. Die damit erreichbaren Schmelztemperaturen waren mit für die erheblichen Produktionssteigerungen im Metallgewerbe und in der Porzellanherstellung verantwortlich. Im islamischen Großreich arbeiteten bereits um 1000 Stampf- und Papiermühlen im Gebiet des heutigen Irak/Iran. Nach 1200 wurden solche Varianten allerdings dort ebenso wie in China nur noch im Detail weiterentwickelt. In Europa hingegen verdichteten sich Versuche, mechanische Anlagen zu optimieren und ihnen neue Anwendungsfelder zu erschließen, seit dem 14. Jahrhundert – am weitestgehenden sind diese Ansätze in den Notizbüchern Leonardo da Vincis und vieler seiner Zeitgenossen dokumentiert.

Schon seit dem Mittelalter beruhte die Prosperität einzelner Gewerberegionen auf dem Einsatz solcher Maschinen, wie beispielsweise der wassergetriebenen Eisenhämmer im Metallgewerbe der Oberpfalz oder später der windgetriebenen Sägemühlen für den Schiffbau in der Region um Amsterdam. Große Potentiale eröffnete, wie bereits erwähnt, der Einsatz von Wasserhebeanlagen für die Trockenlegung von Stollen in den zentraleuropäischen Bergbauregionen. Sie beruhten ebenfalls auf der Mühlentechnik, nutzten jedoch zum Wasserschöpfen eine Vielfalt unterschiedlicher Verfahren von Eimerketten bis zu groß dimensionierten Pumpwerken. Hinzu kamen mechanische Anlagen wie Pochwerke

Wasserhebeanlagen und Pochwerke

Technischer Wandel

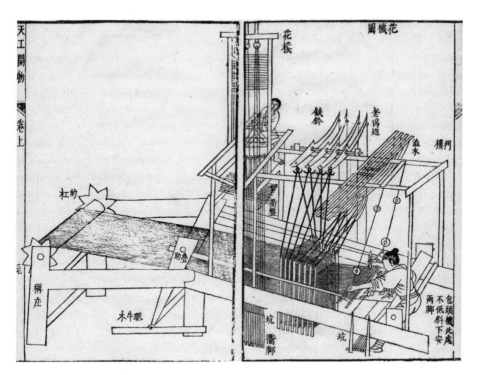

Komplexer chinesischer Zugwebstuhl zur Fertigung aufwendig gemusterter Seidenstoffe. »Tian gong kai wu«, 1637, Vorlage vermutlich 13. Jh.

zur Zerkleinerung der Erze und über Wasserkraft betriebene Blasebälge. Innovationen all solcher Maschinen lassen sich an einer fast kontinuierlichen Steigerung entsprechender Patentanmeldungen in vielen europäischen Territorien ablesen.

Maschinen mit komplexeren Funktionen als die bislang beschriebenen wurden zunächst vor allem im Textilgewerbe einzusetzen versucht. In China waren Webstühle mit Pedalen zur Musterbildung und das Spinnrad bereits seit der Han-Zeit verbreitet. Pedalgetriebene Seidenzwirnmühlen sind um 1100 belegt, komplexere Spinnmaschinen, die mehrere Spindeln gleichzeitig versorgten und zum Teil mit Wasserkraft betrieben wurden, im 13. Jahrhundert. Europa kannte alle diese Gerätschaften zum Teil erst Jahrhunderte später: Der mit Pedalen ausgestattete Horizontalwebstuhl ermöglichte im Hochmittelalter gegenüber dem traditionellen Vertikalwebstuhl eine Erhöhung der Qualität und Schnelligkeit der Tuchproduktion. Dies galt insbesondere für den im führenden flandrischen Textilgewerbe im 12. Jahrhundert verbreiteten Webstuhl, der von zwei Arbeitern bedient wurde und mit dem breitere Tuchbahnen produziert werden konnten. Eine erhebliche Beschleunigung und Qualitätsverbesserung des Spinnens wurde im 15. Jahrhundert durch die Flügelspindel erzielt, die ein gleichzeitiges Spinnen und Aufspulen und damit einen kontinuierlichen Spinnvorgang erlaubte.

> Maschinen im Textilgewerbe

Demographie, Technik und Wirtschaft

Der Bandwebstuhl, der im 17. Jahrhundert das gleichzeitige Weben mehrerer Schmuckbänder ermöglichte, und die zunächst primär für die Verarbeitung von Baumwolle, später auch von Wolle, in England eingesetzten Spinn- und Webmaschinen läuteten im ausgehenden 18. Jahrhundert den Beginn der Industrialisierung des Textilsektors in England ein. Die (Teil-)Mechanisierung gerade der Baumwollspinnerei durch vergleichsweise kleine Maschinen, deren Erfindung ganz auf handwerklichen Traditionen beruhte, hatte in den 1760/1770er Jahren zunächst eine Produktivitätssteigerung von Heimarbeit und von Kleinbetrieben im Auge: Das gilt für die *Spinning Jenny* ebenso wie für die *Mule* und die *Waterframe*. Erst in einem zweiten Schritt wurden verschiedene Textilmaschinen zu großtechnischen Systemen weiterentwickelt, die nur in einer zentralisierten Fabrik einsetzbar waren. Diese Anlagen wurden dann auch durch Wasserkraft und später Dampfmaschinen betrieben. Seit etwa 1780 ermöglichte ihr Einsatz Steigerungen der absoluten Produktionszahlen ebenso wie der Arbeitsproduktivität, der Betriebsgrößen und des Kapitaleinsatzes. Technische Wandlungsprozesse gingen dabei mit neuen arbeitsorganisatorischen Formen der Fabrikarbeit Hand in Hand, wobei die Arbeitsbedingungen nach heutigen Maßstäben in der Regel katastrophal waren und vielfach soziale Spannungen hervorriefen. Bereits um 1800 erbrachte die Nachfrage der Baumwollindustrie nach Kohle, Eisen und Maschinen kräftige Impulse für andere Gewerbezweige, mit zeitlichem Abstand gelang die schwierigere Mechanisierung der Bearbeitung von Wolle und Leinen.

Die globale Vernetzung dieser Entwicklung zeigt sich nicht nur daran, dass die Mechanisierung der Baumwollverarbeitung auch eine Reaktion auf die aus Indien importierten Stoffe darstellte. Der Rohstoff selbst, traditionell seit dem Spätmittelalter

Baumwolle | aus dem östlichen Mittelmeerraum nach Europa importiert, musste zunächst aus Südamerika, später dann aus den Vereinigten Staaten nach England gebracht werden. Um 1800 ermöglichte die Erfindung einer kleinen, unscheinbaren Maschine zur Trennung von Baumwollsamen und -fäden *(saw-gin)* einen erheblichen Anstieg der amerikanischen Baumwollproduktion.

Die in Europa im Laufe von Jahrhunderten akkumulierte Expertise im Bau großer mechanischer Anlagen war die Voraussetzung des Maschinenbaus in der Frühindustrialisierung; Gewerberegionen mit einer intensiven Nutzung der Wasserkraft entstanden häufig dort, wo schon seit langem zahlreiche Getreidemühlen betrieben wurden. Dies gilt letztlich auch für die Vereinigten Staaten: Die intensive Nutzung der Mühlentechnik, die ebenso aus Europa stammte wie die Tradition des Anbaus von Brotgetreide, gilt hier als einer der begünstigenden Faktoren für die Herausbildung einer fabrikmäßigen Massenproduktion von Gütern im 19. Jahrhundert. Auch wenn sie später zum Symbol der Industrialisierung wurde, hatte die mit fossilen Energie-

Vereinigte Staaten und Großbritannien | quellen betriebene Dampfmaschine im Vergleich zur Mühlentechnik in den Jahrzehnten vor 1800 quantitativ noch eine zu vernachlässigende Bedeutung. Die frühen Dampfpumpen nach dem Typ Newcomens (Thomas Newcomen, 1663–1729) entwässerten in der ersten Hälfte des 18. Jahrhunderts einzelne englische Kohlebergwerke. Trotz ihres schlechten Wirkungsgrades war der Einsatz auf Grund der geringen Kosten für den Brennstoff rentabel. Die Ende der 1760er Jahre entwickelten Dampfmaschinen von James Watt zeichneten sich durch einen verbesserten Wirkungsgrad und die Möglichkeit aus, Maschinen anzuschließen, für die keine Auf-und-ab-Bewegung, wie beim Pumpen von Wasser, sondern eine kreisförmige Bewegung erforderlich war – beispielsweise in der Textilindustrie. Um 1800 waren dennoch in Großbritannien erst einige hundert Dampfmaschinen in Betrieb. Wasserräder, auf Basis geometrischer Berechnungen optimiert, dominierten noch lange Zeit die Energieversorgung der entstehenden Fabriken. Erst im Laufe des 19. Jahrhunderts sollten die mit Kohle betriebenen Dampfmaschinen in Großbritannien und dann auch mit einigen Jahrzehnten Verzögerung auf dem europäischen Kontinent Energiepotentiale in völlig neuen Dimensionen bereitstellen.

Ganz andere Zwecke erfüllten Entwicklungen in der Feinmechanik. Die bedeutende Tradition arabischer Unterhaltungsautomaten und Wasseruhren, die zum Teil auf antiken Traditionen aufbaute, hatte sich bereits vor 1200 ausgebildet und wurde danach nicht mehr wesentlich weiterentwickelt. Auch in China sind Beispiele für mechanische Unterhaltungstechnik bereits in der Han-Zeit belegt. Einen Höhepunkt stellte später Su Sungs um 1090 in Kaifeng errichtete, mit einer ausgefeilten Regelungseinrichtung ausgestattete astronomische Monumentaluhr dar, | Feinmechanik die etwa 100 Jahre in Betrieb blieb. Die Expertise auf diesem Gebiet ging in der Folgezeit jedoch wieder verloren, Uhren und andere mechanische Instrumente waren die einzigen europäischen Gerätschaften, die den chinesische Kaiserhof zu Zeiten der Jesuitenmission im 17. Jahrhundert beeindruckten.

Während komplexe europäische Wasser- und Sanduhren des Mittelalters teilweise von arabischen Vorbildern beeinflusst waren, gilt die im späten 13. Jahrhundert vermutlich in einem englischen Kloster zunächst für astronomische Messungen erfundene mechanische Räderuhr als genuin europäisches Produkt. Das entscheidende technische Element war die neuartige Spindelhemmung. Sie teilte das Fallen der zum Antrieb genutzten Gewichte in gleichförmige Zeitintervalle ein. Die Uhrzeit wurde zunächst akustisch über Schlagwerke, einige Jahrzehnte später | Uhrzeit auch optisch über Ziffernblätter angezeigt. Turmuhren verbreiteten sich bereits im 14. Jahrhundert als Statussymbol zahlreicher europäischer Städte, bald darauf hielten astronomische Uhren mit Automatenfunktionen Eingang in viele Kirchen. Ab etwa 1500 wurde die Uhrentechnik als federgetriebene Taschenuhr miniaturisiert. Die Ausstattung von Uhrwerken mit einem Pendel und weitere feinmechanische Innovationen erhöhten im 17. Jahrhundert die Genauigkeit der Zeitmessung. Stand- und Taschenuhren wurden in der Zeit um 1800 zu typischen *populuxe goods* immer breiterer Schichten.

Ökologische Folgen technischer Entwicklungen

Selbst Kulturen, die technische Hilfsmittel nur in sehr begrenztem Maße nutzten, konnten ihren Lebensraum nachhaltig verändern. Entwaldung, Erosion und Bodendegradation bedrohten in allen Ackerbaugesellschaften lokale oder regionale Ökosysteme. Im Zuge der frühneuzeitlichen Bergbaukonjunktur wurden lokale Abholzungen in den europäischen Bergbaugebieten durch den Verbrauch für Schmelzhütten wie auch für Stützhölzer unter Tage zunehmend als gravierendes Problem gesehen. Ähnliches gilt im Umfeld von Salinen und anderen brennholzintensiven Gewerben. Jedoch resultierte auch der Holzexport auf dem Rhein nach Holland in Gegenden wie dem Schwarzwald gegen Ende des 18. Jahrhunderts in massiven Abholzungen. Die Entstehung einer systematischen Forstwirtschaft und -wissenschaft – die aus heutiger Sicht zuweilen problematische Strategien wie Fichten-Monokulturen verfolgte – war nicht zuletzt eine Antwort auf solche Probleme. Strukturell ähnliche Prozesse lassen sich auch in der Blütezeit der japanischen Wirtschaft nach 1600 erkennen, in deren Gefolge die agrarische Produktion durch Bewässerungssysteme ebenso einen Aufschwung nahm wie das urbane Bauwesen. Eine Hochkonjunktur im japanischen Bergbau klang nach einigen Jahrzehnten durch eine Erschöpfung der Lagerstätten und verfügbarer Brennholzbestände rasch wieder ab, auch hier wurde die Holzknappheit im Lauf des 18. Jahrhunderts durch eine Reihe administrativer Maßnahmen zu kompensieren gesucht. Im südwestlichen Indien oder der chinesischen Hunan-Provinz wurden Waldgebiete unter der Regie von Großgrundbesitzern beziehungsweise staatlichen Verwaltungsorganen nach dem 16. Jahrhundert ebenfalls intensiv bewirtschaftet. Große, zusammenhängende Waldflächen gingen so vielfach unter dem Druck wachsender Bevölkerungen und ausdifferenzierter gewerblicher Systeme verloren.

Massive Entwaldung

Luftverschmutzungen wurden hingegen nur im lokalen Rahmen wie den Verhüttungszentren im Bergbau registriert. Der weithin sichtbare Rauch und der nächtliche Feuerschein der Brennöfen der chinesischen Porzellanstadt Jingdezhen muss für die Zeitgenossen ähnlich beeindruckend gewesen sein wie Jahrhunderte später der Anblick der englischen Kohle- und Eisenreviere. Ein Sonderfall waren Luftverschmutzungen in englischen Städten des 18. Jahrhunderts, die als erste in großem Stil Steinkohle zum Hausbrand einsetzten. Auch gewerbliche Belastungen von Gewässern blieben in der vorindustriellen Zeit lokal begrenzt. In den europäischen Städten wurden verschmutzungsintensive Betriebe wie Gerbereien häufig dort angesiedelt, wo Wasserläufe eine Stadt verließen. Erhebliche Probleme bereiteten eher bakterielle Verunreinigungen durch in diesen Zeiten generell ungeklärte Abwässer privater Haushalte.

Luftverschmutzung

Seit dem 16. Jahrhundert sind, ausgehend vom europäischen Bunt- und Edelmetallbergbau, Verlagerungen umweltzerstörender Aktivitäten in andere Weltregionen zu erkennen: Quecksilber kam in der zweiten Hälfte des 16. Jahrhunderts in den von den Spaniern auf der Basis von Zwangsarbeit

Verlagerung umweltzerstörender Aktivitäten

der Indios ausgebeuteten Minen in Mexiko und den Anden zum Einsatz, um Silbererzvorkommen mit dem sogenannten kalten Amalgamierungsverfahren zu erschließen. Das Quecksilber wurde dabei zum Teil in den Anden selbst gefördert, zum Teil aus Europa importiert.

Neben massiver Entwaldung resultierten die weiträumigsten Eingriffe in Ökosysteme aus der Landwirtschaft. Flächenhafte Eingriffe innerhalb kurzer Zeiträume waren die Ausbreitung der Plantagenwirtschaft in der Karibik und Teilen Süd- und Nordamerikas oder auch die rasche Expansion des Baumwollanbaus im Süden der Vereinigten Staaten. Auch die eingangs beschriebenen Maßnahmen im Wasserbau prägten großflächig ganze Landschaften, beispielsweise durch den Nassreisanbau in China und Südostasien, Landgewinnungsmaßnahmen in den frühneuzeitlichen Niederlanden oder Bewässerungsmaßnahmen im arabischen Andalusien. | Landwirtschaft

Technischer Wandel und technisches Wissen

Wie bereits einleitend betont, beruhten technische Leistungen der vorindustriellen Zeit in allen Hochkulturen auf Erfahrungswissen. Dieses war höchstens ansatzweise schriftlich niedergelegt, wurde nicht in Ausbildungsinstitutionen mit einem festen Lehrplan gelehrt, sondern durch Anschauung vermittelt, und war nicht durch wissenschaftliche Theoriebildung nach modernem Verständnis abgesichert. Gewisse Ausnahmen stellen die technische Literatur der islamischen Hochkultur zwischen dem 8. und dem 13. Jahrhundert, vergleichbare Bestände aus China und insbesondere die umfangreiche technische Literatur Europas seit dem Spätmittelalter dar.

Dennoch lässt sich die klassische These eines europäischen Vorsprungs der Technikentwicklung durch den Aufstieg der modernen Naturwissenschaften für die Zeit bis ca. 1800 kaum halten. Zwar bestand in der Tat seit dem 16. Jahrhundert in Europa eine intensive Verschränkung von technischer Praxis und „wissenschaftlicher" Theoriebildung. Bis weit in das 19. Jahrhundert konnte jedoch bislang kaum eine technische Innovation als Ergebnis wissenschaftlicher Überlegungen identifiziert werden. Als „angewandte Wissenschaft" ist die europäische Technikentwicklung vor 1800 daher sicher nicht zu verstehen. | Europäischer Vorsprung durch „Wissenschaft"?

Auffällig bleibt demgegenüber, dass sich seit dem Ausgang des Mittelalters in Europa im Umfeld der Territorialherren „Innovationskulturen" verdichteten, die durch politische Konkurrenzverhältnisse befördert wurden und Erfindungen einen hohen Stellenwert zuschrieben. Diese Innovationskulturen umfassten administrativ-politische Elemente wie das Patentwesen seit seinen Anfängen im 15. Jahrhundert ebenso wie eine intensive Nutzung von Speichermedien wie Zeichnungen, Modellen und technischer Literatur. „Theoretische" – im Sinne von allgemeingültigen – Erklärungen technischer Phänomene genossen dabei hohes Prestige. Das gilt auch innerhalb des im 18. Jahrhundert immer dichteren Geflechts von | Innovationskulturen wissenschaftlichen Akademien und ökonomischen Sozietäten. In der Regel von der Obrigkeit gefördert, sollten gerade die ökonomischen Sozietäten praxisnahes Wissen generieren und damit den Agrarsektor ebenso wie Handwerk und Gewerbe eines Territoriums fördern. Eingebettet waren sie in dichte Kommunikationsnetzwerke, die sich über ganz Europa erstreckten. Zwar wirkten die Erkenntnisse der hier engagierten Gelehrten, Landbesitzer, Geistlichen und Verwaltungsbeamten nicht unmittelbar auf die technische Praxis des 18. Jahrhunderts ein. Sie spielten aber eine zentrale Vorreiterrolle für den Aufbau technisch-wissenschaftlicher Forschungs- und Ausbildungsinstitutionen ebenso wie für die zunehmende Popularisierung technisch-wissenschaftlicher Erkenntnisse.

Wie bereits angedeutet, handelt es sich bei den „Speichermedien" technischen Wissens als solchen nicht um eine exklusiv europäische Entwicklung, insofern technische Zeichnungen oder Traktate auch im arabischen Raum, China oder Japan belegt sind. Vielmehr führten die Vielfalt der einzelnen Elemente dieser Innovationskultur und ihre zunehmende Verdichtung im frühneuzeitlichen Europa mittelfristig zu einer bis dato unbekannten Akkumulation verschiedener Formen technischer Expertise. Komplexe technische Entwicklungen wie die Optimierung der Dampfmaschine für eine ökonomische Nutzung sind ohne derartige Kontexte nur schwer denkbar. Gleichzeitig regten Widersprüche zwischen unterschiedlichen Wissenstraditionen weitere Forschungen ebenso wie Standardisierungsprozesse technischen Wissens an, beispielsweise mit Blick auf die Ausbildung technischer Experten. Die Verstetigung technischer Innovationen im Europa des 19. Jahrhunderts, insbesondere in Bereichen wie der technischen Chemie oder der Elektrizität, ist letztlich nicht mehr ohne eine derartige Wissensbasis denkbar.

Warum es zu bestimmten Phasen zwischen 1200 und 1800 in unterschiedlichen Weltregionen zu einer Verdichtung technischer Innovationen kam, ist bislang nur unzureichend geklärt. Neben unterschiedlichen Wirtschaftsordnungen, politischen Rahmenbedingungen oder wissenshistorischen Entwicklungen werden auch impersonale Faktoren ins Spiel gebracht, insbesondere naturräumliche Bedingungen und

Ausblick | Klimaschwankungen. Allerdings sind gerade die ökonomischen Auswirkungen klimatischer Veränderungen in den Jahrhunderten vor dem Einsetzen der Industrialisierung im globalen Vergleich kaum bekannt. Dies betrifft insbesondere die als „Kleine Eiszeit" bezeichnete Phase, die zwischen etwa 1570 und 1730 durch eine Absenkung der jährlichen Durchschnittstemperatur die Lebensbedingungen in Mitteleuropa merklich beeinflusste.

Generell ist in Rechnung zu stellen, dass die technischen Entwicklungen aller Weltregionen im Zeitraum zwischen 1200 und 1800 immer im Rahmen der Möglichkeiten des solaren Energiesystems verliefen, insofern fossile Brennstoffe vor 1800 nur sporadisch zum Einsatz kamen. Kernelement solarer Energiesysteme aber sind Dezentralität, Schwankungen und begrenzte Speichermöglichkeiten von Energie: Menschliche Muskelkraft konnte vor allem durch den Einsatz von Arbeitstieren ergänzt werden, für deren Unterhalt standen jedoch nicht unbegrenzt Agrarflächen zur Verfügung. Energiequellen wie Wasser und Wind wurden mit Hilfe mechanischer Technik intensiv genutzt, trotz aller technischen Optimierungen konnten sie jedoch vor Ort nicht beliebig gesteigert werden. Vor den Zeiten der Eisenbahn determinierte angesichts hoher Transportkosten insbesondere für Massengüter auch die lokale Verfügbarkeit über Rohstoffe vielfach die Möglichkeiten gewerblicher Produktion.

Innerhalb solcher Grenzen waren jedoch, wie gesehen, vielfältige technische Entwicklungen möglich. Wie in Zeiten der chinesischen Song-Dynastie korrespondierten diese phasenweise mit ökonomischen Blütezeiten. Dass sich demnach das technische Niveau der Hochkulturen des solaren Zeitalters, trotz aller Schwankungen und geographischer Verschiebungen führender Zentren, lange Zeit auf einem vergleichbaren Niveau bewegte, wirft immer wieder neu die Frage auf, warum sich gerade in Europa technische Innovationsprozesse zum Ausgang der Frühen Neuzeit verstetigten. Vielfach sind dafür ökonomische und politische Rahmenbedingungen verantwortlich gemacht worden. So lassen sich gute Gründe dafür anführen, dass die territoriale Zersplitterung des frühneuzeitlichen Europa und die daraus resultierende, ständige Konkurrenz vergleichbar großer Staaten in der Militär- wie in der Ziviltechnik stärkere Impulse für die Herausbildung der beschriebenen Innovationskulturen mit sich brachte als die zentralistischen Strukturen des chinesischen Großreiches. Doch betont die neuere Forschung, dass auch das vorindustrielle China ein Konglomerat ökonomisch völlig unterschiedlich strukturierter Regionen darstellte, deren Wirtschaftsweise vielfach hoch kommerzialisiert war.

So gibt es in der Forschung auch eine Tendenz, den europäischen Sonderweg eher als „zufällige" Entwicklung denn als konsequente Fortführung frühneuzeitlicher Tendenzen zu interpretieren: Der ökonomische Aufschwung des frühneuzeitlichen Europa wäre demnach im 19. Jahrhundert aller Voraussicht nach – wie vorher in anderen Hochkulturen – in eine Phase der Stagnation und des Niedergangs übergegangen. Eine Kombination technischer und naturräumlicher Entwicklungen – Erfindung der Dampfmaschine, dicht beieinander liegende Kohle- und Eisenerzvorkommen und ein effizientes Transportsystem – öffneten Europa jedoch, ausgehend von England, eine unerwartete Tür, mit der im Laufe einiger Jahrzehnte die Beschränkungen des solaren Energiesystems erstmals verlassen werden konnten: Auf der Basis eines gemeinsamen Fundus an technischem Wissen übernahmen andere europäische Regionen und schließlich Nordamerika die entsprechenden Technologien und bauten sie rasch aus.

So attraktiv die Bildung von Kausalketten in diesem Zusammenhang bleiben mag: Die Debatte um den „europäischen Sonderweg" in der Entwicklung der modernen Technik sollte letztlich nicht den Blick für die Vielfalt der Entwicklung technischer Hilfsmittel und Verfahrensweisen in unterschiedlichen Weltregionen zwischen 1200 und 1800 verstellen. Komplexes technisches Handeln war in diesem Zeitraum offensichtlich im Rahmen sehr unterschiedlicher Wissenssysteme möglich. Zukünftige Forschungen werden aus dieser Perspektive technische Entwicklungen und ihre Folgen gerade in außereuropäischen Kulturen vielfach neu einordnen und bewerten müssen.

Fernhandel und Entdeckungen

Folker Reichert

Als im Mai 1498 ein kleines Geschwader unter dem Kommando des portugiesischen Edelmanns Vasco da Gama an der indischen Malabarküste vor Anker ging, war nach jahrzehntelangen Anstrengungen endlich der Seeweg nach Indien gefunden. Doch bei den Einheimischen hielt sich die Freude in Grenzen. Zwar wurden die Fremden mit Ehren empfangen, aber mit dem Herrscher von Calicut geriet man in Streit, die mitgebrachten Geschenke wurden als schäbig erachtet, und arabische Kaufleute, die dort lebten, fuhren die unerwünschte Konkurrenz an: „Hol dich der Teufel! Wer hat dich hierher gebracht?" Auf die Frage, was die Portugiesen in Indien wollten, lautete die denkwürdige Antwort: „Wir sind gekommen, um Christen und Gewürze zu suchen."

Die Geschichte, die von einem Mitglied der Mannschaft erzählt wird und somit glaubwürdig ist, bringt Grundzüge der europäischen Entdeckungsgeschichte auf den Punkt: Die Auffindung neuer Länder oder Inseln war selten dem puren Zufall zu verdanken. Oft ging der Entdeckung die Suche voraus, und was man fand, war zuvor schon vage bekannt und wurde nur wiederentdeckt. Jene Länder hatten ihre eigene Geschichte, ihre eigenen Traditionen, keinesfalls waren sie leer. Wer sie besuchte, sah sich mit indigenen Kulturen konfrontiert, und immer gab es Konkurrenten vor Ort. Die Entdeckung fremder Länder schließt immer den Kontakt und oft den Konflikt von Kulturen in sich ein.

Suche und Entdeckung

Pragmatische Motive dominierten, sei es, dass man (christliche) Bündnispartner suchte, sei es, dass man hochwertige Handelsgüter gegen die eigenen Waren eintauschen wollte. Vor allem die Aussicht auf Handelsgewinne, daneben diplomatische, dann auch missionarische Absichten waren die Triebkräfte, die das Reisen in ferne Weltgegenden, auf unbekannten See- und beschwerlichen Landwegen, motivierten. Entdeckungen um der Entdeckung willen, Erkundungen, um die Welt zu erforschen, blieben vorerst die Ausnahme. Geographische Kenntnisse wurden nicht in erster Linie erstrebt. Allerdings ergaben sie sich aus den Erfahrungen der Reisenden, nützten deren Nachfolgern und veränderten die Weltsicht ihrer Zeit. Sowohl die mittelalterlichen Kontakte zwischen Asien und Europa als auch die sogenannten großen Entdeckungen der Frühen Neuzeit bestätigen das Bild, das die beschriebene Episode vermittelt.

Handel als Triebfeder und Ziel

Asien und Europa im Mittelalter

Die drei Kontinente der Alten Welt, Asien, Afrika und Europa, wurden seit der Mitte des ersten vorchristlichen Jahrtausends von einem Netz trans- und interkontinentaler Verkehrswege überzogen. Der Handel auf ihnen war mannigfaltigen Störungen ausgesetzt, blieb aber im Großen und Ganzen über zwei Jahrtausende intakt. Afrika und Europa lagen an der westlichen Peripherie und waren durch Anschlussstraßen mit den asiatischen Warenströmen verbunden. Im Osten reichte der Hauptstrang bis Chang'an, Luoyang und dann Dadu (oder Khanbaliq, beim heutigen Peking) in China, dem kulturellen Gravitationszentrum des asiatischen Handels. Abzweigungen führten nach Burma, Bengalen und Tibet, nach Afghanistan, Indien und Südrussland, zum Kaukasus und zu den Hafenstädten am Persischen Golf. In Arabien und Osteuropa gingen sie in andere Verkehrsnetze über, die nach den dort bevorzugt transportierten Gütern bezeichnet werden (Weihrauchstraße, Pelzstraße, Bernsteinstraße).

| Netz trans- und interkontinentaler Verkehrswege

Der Karawanenverkehr hat lange Zeit das Bild des asiatischen Handels bestimmt. Aber ihr maritimes Gegenstück hatten die Landwege in der Überseeroute, die die arabischen mit den indischen Häfen verband und um Südostasien herum nach Südchina führte. Land- und Seeweg funktionierten wie zwei kommunizierende Röhren: War der Landweg unsicher oder blockiert, verlagerte sich der Handel auf das Meer; nahmen dort die Überfälle von Piraten oder andere Behinderungen überhand, kehrte man zur beschwerlichen, aber letztlich sichereren Überlandroute zurück. In friedlichen Zeiten musste man sich nicht festlegen, sondern konnte Land- und Seeweg gut miteinander kombinieren. Mehrere Kulturräume wurden auf diese Weise miteinander verbunden: der chinesische, der zentralasiatische, der südostasiatische, der indische, der arabische und schließlich der mediterran-europäische. Man kann von einem frühen Weltwirtschaftssystem sprechen, allerdings beschränkt auf hochwertige Luxusgüter und eine schmale Schicht wagender Kaufleute.

| Kombination von Land- und Seeweg

Der deutsche Geograph Ferdinand von Richthofen (1833–1905) nannte das innerasiatische Straßennetz „die Seidenstraße" und führte den bis heute gültigen Begriff ein. Doch er irrte in doppelter Hinsicht: Der Singular ist nicht berechtigt, und es hat auch keinen Sinn, nur von einem einzigen Handelsgut zu sprechen. Immerhin war Seide aus China das prominenteste Gut, so prominent, dass das arabische Wort für die über den südostchinesischen Hafen Quanzhou (Zaitun) exportierten Stoffe als „Satin" in die europäischen Sprachen einging und *seta catuya*, „Seide aus Cathay" (wie man Nordchina seit dem 13. Jahrhundert nannte), von den Dichtern besungen wurde: „Des Morgens erhebt sich meine Dame, die heller leuchtet als die Morgenröte, und sie kleidet sich in Seide aus Cathay" (Dino Compagni, An-

| „Die Seidenstraße"

Demographie, Technik und Wirtschaft

fang 14. Jh.). Doch daneben wurden auch Brokate und Taftstoffe, Gewürze und Medizinaldrogen (Zimt und Zimtblüten, Galgant, Pfeffer, Ingwer, Nelken und Muskatnuss, Kampfer und Medizinalrhabarber), Blutholz, Edelsteine, Moschus und Gummilack quer durch Asien bis nach Europa transportiert. Im Gegenzug kamen feine Leinenstoffe, Kamelottzeuge (aus Kamelhaar, Ziegenhaar oder Seide), Bernstein, Korallen und Kristallglas aus Murano nach Ostasien. Immer handelte es sich um Luxusgüter von geringem Gewicht, deren Verkauf hohe Gewinne versprach. Herkömmlich hatte Europa weniger als Asien zu bieten, und die Handelsbilanz war über Jahrhunderte hinweg defizitär.

So blieben die Zustände bis ins späte Mittelalter hinein. Der Handel auf den Seidenstraßen war immer riskant und beschwerlich, kam aber nie zum Erliegen, weil er so gewinnträchtig war. Immerhin gab es eine Infrastruktur, die jahrhundertelang funktionierte: Stapelplätze und Karawansereien auf der Landroute, sichere Häfen auf dem Seeweg, Dolmetscher, Versorgung und Informationen, wo man sie brauchte. Allerdings war der direkte Handel über weite Entfernungen nicht üblich. Die Waren wurden von einem Kaufmann an den anderen verkauft und kamen nur durch den Zwischenhandel an ihr Ziel. Auch der Gewinn verteilte sich auf entsprechend viele Köpfe. Erst seit der Mitte des 13. Jahrhunderts änderten sich die Verhältnisse fundamental, und es kam ein direkter, stetiger Handelskontakt zwischen den beiden Enden der eurasiatischen Landmasse zustande. Dafür gab es zwei Gründe: Der eine lag in der mongolischen Reichsbildung seit 1206, der andere hatte mit der dynamischen Wirtschaftsentwicklung in Europa zu tun.

Dschingis Khan hatte die Stämme östlich des Altai-Gebirges unter seiner Herrschaft vereinigt und in pausenlosen Feldzügen ein Reich zusammengerafft, das bei seinem Tod (1227) vom Chinesischen bis zum Kaspischen Meer, von Transoxanien bis Sibirien reichte. Seine Nachfolger fügten Eroberungen in China, Tibet, Osteuropa, Persien und Korea hinzu. Unter Kublai Khan (Khubilai, 1260–1294) wurde schließlich auch das südliche China und so das damalige Herz der chinesischen Zivilisation eingenommen (s. Beitrag „Nomaden zwischen Asien, Europa und dem Mittleren Osten" in Band III). Deren Reichtümer standen nun den Eroberern zur Verfügung. Halb Asien befand sich unter mongolischer Herrschaft, und die transkontinentalen Handelswege wurden fast auf ganzer Länge von einer einzigen Macht kontrolliert. Man muss die sogenannte *Pax Mongolica*, den Reichsfrieden unter mongolischer Herrschaft, nicht überbewerten. Denn es gab auch zentrifugale Tendenzen im Großreich der Mongolen, und der Handel stand in seiner Blüte, als die Konflikte zwischen den Teilreichen zunahmen. Aber bis 1368, bis zur Vertreibung der fremden Herren aus China, wurde zumindest theoretisch der Anspruch eines einheitlichen Großreiches unter einem einzigen Herrscher, dem Großkhan, aufrechterhalten. Nie zuvor lag es Kaufleuten so nahe, auf die Sicherheit der Straßen zu vertrauen und die weite Reise in den Fernen Osten auf sich zu nehmen.

Dschingis Khan und Kublai Khan

Dass fast ausschließlich Italiener dies taten, lag an der sogenannten „kommerziellen Revolution" (Robert S. Lopez) in Südeuropa. Man versteht darunter die Expansion des Handels im Mittelmeerraum, die mit der Gründung von kolonialen Stützpunkten, der Einrichtung überseeischer Kontore und der Erfindung neuer Kapitalanlageformen einherging. Die italienischen Seestädte, vor allem Genua und Venedig, hatten im Gefolge der Kreuzzüge den gesamten Levantehandel an sich gezogen, und Genuesen sowie Venezianer waren es auch, die von hier aus nach Osten ausgriffen, um das Geschäft auf der Seidenstraße nicht mehr zahlreichen Zwischenhändlern überlassen zu müssen, sondern in die eigenen Hände nehmen zu können. Die Brüder Niccolò und Maffeo Polo, die von ihrem Kontor in Konstantinopel nach Osten aufbrachen und sich bis Khanbaliq treiben ließen, waren Pioniere. Viele andere folgten ihnen nach. Manche reisten mehrfach hin und her, manche blieben Jahre im Osten, und manche kamen gar nicht mehr zurück, sei es, dass sie sich fest niederließen, sei es, dass sie verstarben. Einige von ihnen sind nur mit ihrem Namen bekannt, doch schon aus diesen spricht der Stolz, den sie über ihre weitausgreifende Tätigkeit empfanden. Einer nannte sich nach Cathay, ein anderer Ultramarino, der „Überseeische", und unter genuesischen Kaufleuten wurden mongolische Vornamen zeitweise modisch.

„Kommerzielle Revolution"

Ansonsten gaben sich die Kaufleute verschwiegen. Geschäftsgeheimnisse wollte man nicht ausplaudern. Nur aus internen Handbüchern (sogenannten *pratiche della mercatura*) geht hervor, was man bedenken, worauf man sich einstellen und welcher Tricks man sich bedienen musste, wollte man im innerasiatischen Fernhandel bestehen. Der Dolmetscher war wichtig, eine Frau nicht minder, vor allem wenn sie die für den Fernhandel wichtige kumanische Sprache beherrschte. Es half, wenn man sich einen Bart wachsen ließ und aussah wie ein Einheimischer, und in einer Gruppe von 60 Mann reiste man so sicher, „als wäre man zu Hause". Falls ein Kaufmann unterwegs starb, sollte sich ein anderer als sein Bruder ausgeben, damit nicht die ganze Fahrhabe dem örtlichen Herrscher verfiel. Vor Rechtsunsicherheit und Willkür wurde ausdrücklich gewarnt. Bestimmte Waren sollte man unterwegs verkaufen, in China musste man alles Hartgeld in wenig ansehnliche Geldscheine umtauschen.

Tricks im Fernhandel

Aus all dem gehen die Chancen und Risiken des mittelalterlichen Fernhandels in Asien hervor. Bis zur Mitte des 14. Jahrhunderts hielt die Konjunktur an. Durch zwei Grabsteine von 1342 und 1344 wissen wir, dass genuesische Kaufleute am unteren Jangtse (Yangzi) ein Kontor unterhielten. Die Mobilität des wagenden Kaufmanns kann eindrucksvoller nicht illustriert werden. Gleichzeitig sieht man, dass der europäische Handel in Asien immer nur ein Randphänomen darstellte. Die Präsenz arabischer Kaufleute in Quanzhou ist viel üppiger dokumentiert. Nach dem Wüten der Pest in Zentral- und Ostasien, vollends nach der Vertreibung der Mongolen aus China (1368) brach die Konjunktur ein. Ein Kaufmann aus Chioggia (bei Venedig) namens Niccolò de' Conti konnte sich nur mehr entlang der südlichen, der maritimen Verkehrswege, also in Arabien, Indien und Südostasien, bewegen. Sein abenteuerlicher Lebenslauf zeigt, wie schwer es einem Europäer geworden war, am interkontinentalen Fernhandel zu partizipieren.

Europäischer Handel in Asien als Randphänomen

Demographie, Technik und Wirtschaft

Die Geschichte der Entdeckungen seit dem 15. Jahrhundert.

Fernhandel und Entdeckungen

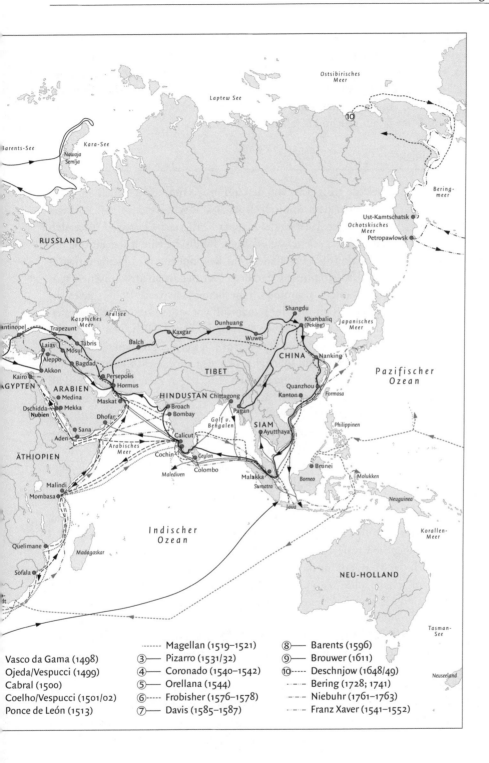

Demographie, Technik und Wirtschaft

Europa war keineswegs von den asiatischen Warenströmen abgeschnitten. Aber nach dem Untergang der mongolischen Macht musste es sich – wie zuvor – mit muslimischer Vermittlung bescheiden. Der Handel auf den nördlichen Routen verfiel, der Zugang zu den südlichen wurde von Osmanen (in Kleinasien) und Mamluken (in Syrien, Palästina, Ägypten) kontrolliert. Der direkte Kontakt zu den Produzenten von Seide und Gewürzen war im 15. Jahrhundert blockiert.

Portugal in Indien

Die Auflösung der Blockade ging nicht von den in Europa führenden Mächten, nicht von England, Frankreich oder dem römisch-deutschen Reich, sondern von Portugal und Spanien aus. Vor allem der Aufstieg des kleinen Königreichs Portugal zur ersten europäischen Kolonialmacht ist schwer zu erklären. Politische (die frühe Einung des Landes), militärisch-mentale (die Fortsetzung von Reconquista und Heidenkriegertum), ökonomische und demographische Faktoren (der Bedarf an afrikanischen Waren, Getreide vor allem) kamen zusammen. Eine bemerkenswerte Rolle spielte die

Aufstieg Portugals | Krone: Sie gab die Richtung der Expansion vor, organisierte den gesamten Prozess und behielt das Vorhaben stets in der Hand. Nicht von Beginn an war Indien das Ziel, und die „Akademie von Sagres", in der die portugiesischen Entdeckungsfahrten geplant worden sein sollen, hat sich als nationale Schimäre erwiesen. Doch indem Heinrich der Seefahrer seine eigenen ehrgeizigen Ziele verfolgte und als drittgeborener Königssohn ohne Aussicht auf die Thronfolge den Aufbau eines autonomen Herrschaftsraums auf dem Atlantik und entlang der nordwestafrikanischen Küste betrieb, sorgte er für die systematische Erweiterung des kommerziellen, geographischen und nautischen Wissens.

Nach Heinrichs Tod (1460) setzten die Könige Alfons (Afonso) V., Johann (João) II. und Manuel I. das Werk des Infanten fort. Pfefferküste, Elfenbeinküste, Goldküste und Sklavenküste wurden nacheinander für den portugiesischen Handel erschlossen. Die Namen stehen für die Güter, die man dort bekam. Zwar wurden private Geldgeber ermutigt, in den portugiesischen Afrika- und später Indienhandel zu investieren, aber die Krone vergab nur Lizenzen, beaufsichtigte den Warenverkehr und behielt sich das Monopol für die wichtigsten Handelsgüter vor. Insbesondere die spanische Konkurrenz sollte vom afrikanischen Markt ferngehalten werden. Denn auch das Königreich Kastilien beteiligte sich an den Kriegen gegen die Muslime, erteilte Privilegien für den Fischfang im Atlantik und erhob wie Portugal Ansprüche

Spanische Konkurrenz | auf die Kanarischen Inseln, die erst 1312 durch den Genuesen Lancelotto Malocello (wieder)entdeckt worden waren. Über ein Jahrhundert hinweg stritten Portugal und Kastilien um den Besitz des Archipels, und erst im Vertrag von Alcáçovas 1479 wurden die Interessensphären klar und deutlich definiert: Portugal verzichtete auf die Kanaren, dafür hielt sich Kastilien vom afrikanischen Festland südlich der Inseln fern. Seitdem konnte sich Portugal ungestört der Erschließung der südlichen Seewege widmen, und immer deutlicher geriet das Fernziel Indien in den Blick. Schon der Import von afrikanischem Gold, Elfenbein („weißem Gold") und Sklaven („schwarzem Gold") hatte Lissabon zu einer der reichsten Städte Europas gemacht. Doch der Handel mit Gewürzen schien noch viel lukrativer. In Westafrika konnte man pfefferähnliche Gewürze einkaufen, aber der wirkliche, der echte Pfeffer *(piper nigrum)* wuchs nur an der indischen Malabarküste.

Die wichtigsten Stationen auf dem Weg nach Indien waren das Cabo do Não („Kap Nichts"), das bis dahin als das Ende der Welt galt (1416), Kap Bojador, wo die Küstenschifffahrt endete und Angst und Schrecken die Seeleute ergriffen (Gil Eanes 1434), die Mündung des Kongo, bei der man sich der Südspitze Afrikas schon ganz nahe wähnte (Diogo Cão 1483), und schließlich das Kap der Guten Hoffnung, das Bartolomeu Dias 1488 erreichte. Sein ursprünglicher Name „Kap der Stürme" beschreibt die Widrigkeiten bei seiner ersten Umrundung. Die sofortige Umbenennung – vielleicht von König Johann persönlich verfügt – zeigt, welch hohe Erwartungen sich an den Erfolg knüpften. | Stationen auf dem Weg nach Indien

Die „gute Hoffnung" sollte sich als berechtigt erweisen. Als die ersten portugiesischen Schiffe in den Indischen Ozean einfuhren, erreichten sie die eigentliche Drehscheibe des überseeischen Handels in Asien. Drei einander überlappende Warenkreisläufe hatten an ihm Anteil: der arabische Handel, der von Ostafrika bis Westindien reichte, der indische, der auch Südostasien erfasste, und schließlich der chinesische, der die südostasiatische Inselwelt mit den östlichen Meeren verband. Fertigwaren aus China, Baumwollstoffe und Gewürze aus Indien und Hinterindien, Lebensmittel und Rohstoffe aus Arabien und Afrika wurden gegeneinander getauscht. Zentren des Handels waren die Häfen von Mogadischu und Kilwa in Ostafrika, Aden in Arabien, Hormus (Hormuz) am Persischen Golf, Cambay und Calicut in Indien sowie Malakka auf der Malaiischen Halbinsel. Dort wurden die Reichtümer Asiens gehandelt, und Portugal war die erste europäische Macht, die mit allen Mitteln darauf drängte, daran teilhaben zu können. | Zentren des Handels

Bartolomeu Dias musste den Versuch, Indien zu erreichen, aufgeben, weil Mannschaft und Offiziere die Strapazen nicht mehr ertragen wollten. Aber wenige Jahre später setzte Vasco da Gama mit drei Schiffen das Unternehmen seines Vorgängers fort, tastete sich an der ostafrikanischen Küste entlang nach Norden voran und wagte von Melinde (Malindi im heutigen Kenia) die Fahrt über das offene Meer, um schließlich vor der indischen Westküste zu ankern. Dabei half ihm ein indischer Moslem, der ihm das Geheimnis der Monsunwinde erklärte. | Erste portugiesische Indienflotte
Ohne einheimische Unterstützung hätte er sein Ziel nicht erreicht. Schon bei der Rückfahrt gab es Probleme, denn die portugiesischen Schiffe mussten vorzeitig aufbrechen und fanden keine günstigen Winde. Noch war Portugal ein Neuling in fremden Gewässern und fand sich nur mit Mühe zurecht.

Überhaupt hatte die erste portugiesische Indienflotte nur begrenzten Erfolg. Die arabische Konkurrenz wehrte sich, und der wirtschaftliche Ertrag war gering. Was man mitnahm, waren genauere Kenntnisse der Anfahrtswege sowie die Vermutung, dass nachhaltigere Erfolge eher mit Waffengewalt zu erzielen seien. Als zwei Jahre

Demographie, Technik und Wirtschaft

später eine deutlich größere Flotte im Indischen Ozean aufkreuzte, hatte sie Instruktionen dabei, mit aller Macht die arabischen Kaufleute zu verdrängen und die Warenströme auf die von Portugal kontrollierten Verkehrswege zu lenken. Portugal war fest entschlossen, den Handel in Südasien zu dominieren, und ging mit unerhörter Gewalt gegen alle Konkurrenten vor. Bis dahin hatten die Märkte auf rein privatrechtlicher Grundlage und weitgehend friedlich funktioniert. Portugal war der erste Akteur, der als Staat auftrat, die ihm zur Verfügung stehenden Machtmittel einsetzte und zielstrebig Krieg und Kommerz miteinander kombinierte. Handel wurde von den Portugiesen nie anders denn als bewaffneter Handel verstanden. Die Überlegenheit der europäischen Schiffe und vor allem der Geschütze bewirkten dabei entscheidende Vorteile.

Schon bei den Fahrten entlang der afrikanischen Küste waren mehr als mannshohe Wappenpfeiler mit einem Steinkreuz auf der Spitze *(padrão,* Pl. *padrões)* aufgestellt worden, um den Herrschaftsanspruch eines christlichen Reichs zu dokumentieren, und an den Brennpunkten des Handels entstanden Faktoreien, die sich zu Zentren einer kolonialen Verwaltung fortentwickeln sollten. Da man in Lissabon einsah, dass sich ein solch ehrgeiziges Unternehmen nicht von Portugal aus steuern ließ, wurde – in Gestalt eines Vizekönigs beziehungsweise eines Generalgouverneurs – ein Vertreter des Königs bestellt, der nur diesem unterstand. Der zweite Amtsinhaber, Afonso de Albuquerque, konnte die Besitzungen der Krone beträchtlich

Estado da Índia | erweitern und gilt als der eigentliche Begründer des „Estado da Índia", des portugiesischen Kolonialreichs im Indopazifik. Es reichte von den Stützpunkten in Afrika, am Persischen Golf und in Indien bis zu den Niederlassungen auf den Gewürzinseln, in Malakka, Makassar und Macau (Macao). Der Generalgouverneur/Vizekönig residierte in Goa und agierte weitgehend autonom, denn Lissabon lag in weiter Entfernung. Der Estado da Índia besaß eine eigene Verwaltungsstruktur und Beamtenhierarchie. Er finanzierte sich aus Zöllen, Steuern, Schutzgebühren und Tributen. Die Besteuerung des Seehandels trug das System.

Der Estado war aber niemals ein Staat. Er besaß keine Souveränität und so gut wie kein Territorium. Nur auf Ceylon, in Gujarat und bei Goa gab es Ansätze dazu. Der Estado da Índia bestand aus Stützpunkten an den Küsten, aus Flottenbasen und Festungen, aus befestigten und unbefestigten Faktoreien. Sein ganzer Zweck war die Aufrechterhaltung, Förderung und Kontrolle des Handels auf dem Indischen Ozean beziehungsweise die Abschöpfung der Handelsgewinne. Daran orientierte sich auch die Auswahl der Standorte: Von Hormus ließ sich der Verkehr im Persischen Golf beaufsichtigen; in Cochin hatte man Zugang zu indischem Pfeffer, in Colombo zu ceylonesischem Zimt; in Malakka kamen die Gewürze von den Gewürzinseln und die Exporte aus China zusammen. Alle anderen Europäer sollten den südasiatischen Märkten fernbleiben. Der Indische Ozean wurde in Lissabon als ein portugiesisches *mare clausum* („geschlossenes Meer") betrachtet.

Portugal hat seine Ziele nie wirklich erreicht. Ein längerfristiges Monopol auf Gewürze (wenn man überhaupt je daran dachte) war schon deshalb illusorisch, weil

die Menschen wie die Mittel dafür fehlten. Während des ganzen 16. Jahrhunderts sollen 200.000 Portugiesen ihr Glück im Estado da Índia versucht haben. Das ist nicht wenig, aber angesichts des riesigen Raums eine verschwindend geringe Zahl, ein Wassertropfen im Ozean sozusagen. Ein Teil von ihnen kam gar nicht ans Ziel. Denn Hochseeschifffahrt war in der Vormoderne immer ein Glücksspiel. | Gefahren der Seefahrt
Gerade die portugiesische Seefahrt hatte nicht nur heroische, sondern auch tragische Züge. Als *história trágico-marítima* wurden die Schicksale der Indienfahrer von der portugiesischen Geschichtsschreibung beschrieben. Man schätzt, dass vier Zehntel von ihnen früher oder später den Gefahren und Strapazen erlagen. Dass sich trotzdem so viele auf das Wagnis einließen, lag an den hohen Gewinnen, die der Handel mit Indien versprach. Er war ein Glücksspiel, das sich für die knappe Mehrheit rentierte.

Spanien in Amerika

Portugal und Spanien rivalisierten lange Zeit miteinander. Hier wie dort gab es ähnliche Voraussetzungen und ähnliche Ziele. Aber nachdem mit dem Vertrag von Alcáçovas ein erster Interessenabgleich stattgefunden hatte, gingen die beiden Länder verschiedene Wege. Portugal blieb bei der Südroute und drängte auf einen seit langem funktionierenden Markt, den es nie ausfüllen konnte, weil mehrere gleichwertige Konkurrenten im Spiel waren. Spanien (Kastilien und Aragón unter gemeinsamer Herrschaft) bekam ein paar Inseln und hielt nach weiteren Ausschau. Als sich schließlich in der Neuen Welt der Erfolg einstellte, gab es keine mächtigen Reiche, auf die man hätte Rücksicht nehmen müssen. Spanien errichtete deshalb kein Handelsimperium, das aus einer Kette von Stützpunkten bestand, sondern zielte von Anfang an auf Landnahme, Siedlung und entschlossene Umgestaltung der Verhältnisse, die man vorfand.

Schon auf den Kanaren wurden die Instrumente erprobt, die später in Amerika in viel größerem Umfang und mit noch tiefer greifenden Wirkungen zur Anwendung kommen sollten: Grund und Boden wurden an die neuen Herren verteilt; Plantagen entstanden, die ein einziges Exportgut (Zuckerrohr) produzierten; die einheimische Bevölkerung (berberische Guanchen) wurde unterworfen, versklavt oder durch afrikanische Sklaven ersetzt. Juristen und Theologen lieferten die theoretische Begründung und moralische Rechtfertigung für das alles. Auf den Kanaren entstand Spaniens erste überseeische Kolonie mit einer vom „Mutterland" | Die Kanaren
abhängigen Wirtschaftsstruktur. Da die dabei gewonnenen Erfahrungen bald auf die amerikanischen Kolonien übertragen werden konnten, hat man in der historischen Forschung die Inseln als „Laboratorium" (Charles Verlinden), „Exerzierboden" (Günther Hamann) oder auch „Alchemistenküche" (Felipe Fernández-Armesto), als Vorbild und Modell für die Eroberung und Kolonisierung der Neuen Welt bezeichnet.

Dass Spanien dazu Gelegenheit bekam, ergab sich allerdings nicht zwangsläufig, sondern ist eng mit der Person und der Leistung des Christoph Kolumbus verbunden. Ohne die Hartnäckigkeit, mit der er auf seinem visionären Projekt bestand, wäre manches anders verlaufen. Christoph Kolumbus (span. Cristóbal Colón, ital. Cristoforo Colombo) gehörte zu den vielen Italienern, die während des 15. Jahrhunderts im westlichen Mittelmeer und im sogenannten mediterranen Atlantik (dem Raum zwischen Gibraltar, Kanaren und Azoren) ihren Geschäften nachgingen, die Traditionen der italienischen Seestädte fortführten und deshalb an den frühen spanischen und portugiesischen Entdeckungsfahrten teilnahmen. In seiner Heimatstadt Genua hatte er Grundkenntnisse des Rechnens, der Buchhaltung und vielleicht auch des Kartenzeichnens erworben und sich dann nicht nur als Kaufmann, sondern auch als Seemann bewährt. Zeitweise war er sogar als Korsar unterwegs. Nautische Instrumente wie Kompass, Quadrant und Astrolab wurden ihm ebenso vertraut wie Regiomontans Ephemeriden (Tabellen zur Bestimmung der Gestirne), sprachliche Fertigkeiten wuchsen ihm in Portugal und Spanien zu. Sein geographischer Horizont reichte schließlich von Chios im östlichen über Tunis im westlichen Mittelmeer bis nach Irland im nördlichen und Elmina (im heutigen Ghana) im südlichen Atlantik. Alle diese Orte kannte er aus persönlichem Erleben, und aus der Beobachtung der Naturphänomene formte sich ihm die Vorstellung, dass man auch in westlicher Richtung bis nach Indien beziehungsweise Ostasien vordringen könne. Dass die Erde eine Scheibe sei, glaubte ohnehin kein halbwegs Gebildeter, nicht die Gelehrten und auch kein vernünftiger Seemann.

Christoph Kolumbus

Kolumbus machte sich darüber hinaus auch in der Theorie kundig, und er tat dies mit dem Eifer des Autodidakten, der eine Mission in sich verspürt. Er besaß mehrere Bücher, denen er Argumente für die Richtigkeit seiner Überlegungen entnahm. Besonders das Buch Marco Polos erwies sich als Fundgrube, da es sowohl Angaben zur Geographie als auch zur damaligen Ökonomie Ostasiens enthält. Damit ließ sich sowohl die Durchführbarkeit als auch der Nutzen der Westfahrt über den Atlantik begründen. In Portugal hatte Kolumbus mit seinen Vorschlägen keinen Erfolg, und auch in Spanien ließ man ihn sieben Jahre lang warten. Vor allem seine allzu optimistischen Berechnungen der geographischen Entfernungen konnten die Verantwortlichen nicht überzeugen. Aber endlich, nach hartnäckigem Antichambrieren, nach Eingaben, Rückschlägen und Spott, fand ein Kreis von Investoren zusammen, der für die Kosten des Unternehmens aufkam. Ziel war der gegenüberliegende Teil der eurasiatischen Landmasse, also nicht Indien im heutigen Verständnis, sondern Ostasien beziehungsweise jener Teil davon, der im Mittelalter als „Oberindien" *(India superior)* galt. Vom Reich des Großkhans der Mongolen und den Reichtümern Chinas konnte man bei Marco Polo einiges lesen, und Spanien wollte in diplomatische und Handelsbeziehungen mit Ostasien treten. Auch Japan (Marco Polos Zipangu) war – wegen seiner angeblichen Goldvorkommen – ein attraktives und – wegen seiner angeblichen Ferne von China und relativen Nähe zu Europa – ein praktisches Ziel.

Suche nach Investoren

Die Rechnung ging nicht auf. Der erhoffte Kontakt zum Großkhan kam nicht zustande, sein Reich wurde ein Trugbild. Nur im Namen, den der Admiral einem karibischen Stamm gab, „K(h)an(n)ibalen" (die „Leute des Khans"), blieb das Konzept des Kolumbus, nämlich im Westen den Osten zu finden, auf Dauer erhalten. Trotzdem hielt er zeit seines Lebens daran fest, Zipangu, das chinesische Festland und die Ausläufer eines größeren Indiens gefunden zu haben. Vier Reisen unternahm er in die Karibik, nach Haïti, Kuba, Puerto Rico und Jamaika, an mittel- und südamerikanische Küsten. Sie sollten alle dazu dienen, die Richtigkeit seiner geographischen Annahmen zu erweisen und die Reichtümer Asiens in Amerika zu finden. Das irdische Paradies, das herkömmlich im äußersten Osten Asiens vermutet wurde, „entdeckte" er nebenher am Orinoco. Doch die Indizien, die er hier und da vorfand, interpretierte er teils willkürlich, teils großzügig, und die Ausbeute an weltlichen Gütern war gering: etwas Gold, ein paar Perlen, etliche Nutzpflanzen und Gewürze, die man für die bekannten asiatischen halten konnte. | Vier Reisen

Trotz seiner unzutreffenden geographischen Annahmen und trotz seiner unzureichenden Ortskenntnisse erwies sich Kolumbus auf allen vier Reisen als hervorragender Seemann, der sich auf hoher See wie in seichten Küstengewässern zurechtfand, das Spiel der Winde deuten konnte und seine Mannschaft stets sicher an das betreffende Ziel brachte. Womit er sich nicht auskannte, war das administrative Geschäft. Er hatte sich nicht nur einen ordentlichen Anteil an den zu erwartenden Einnahmen und Handelsgewinnen, sondern auch das Amt eines Vizekönigs in den neuentdeckten Inseln und Ländern ausbedungen, ohne zu wissen, was auf ihn zukam. Er scheiterte desaströs. Denn auf die Nachricht vom Erfolg der ersten Überfahrt, von Kolumbus selbst in gedruckter Form publiziert, sammelte sich ein Heer von landlosen Adligen, Siedlern und Abenteurern, die im Westen, der der Osten sein sollte, ihr Glück machen wollten. Der damit verbundenen Probleme wurde der Entdecker nicht Herr. Die ersten Siedlungen entstanden und wuchsen zu Städten heran, die Rechtsverhältnisse mussten geklärt, die Gesetze zur Geltung gebracht werden. Doch die Autorität des Vizekönigs war nie unbestritten.

Mancher Spanier wurde enttäuscht, weil er die versprochenen Reichtümer nicht vorfand und der Handel in der Karibik nicht blühte. Aber Land schien zur Genüge vorhanden, und jede neue Entdeckung ging in Landnahme über. Aus landlosen Adligen wurden Konquistadoren, und aus der Herrschaft über unbekannte Inseln entwickelte sich ein Kolonialreich, das bald über die Karibik hinausgriff, vor der Eroberung der indianischen Imperien in Mexiko und Peru nicht zurückschreckte und schließlich ganz Mittel- und weite Teile Südamerikas umfasste. Dabei kamen die gleichen Methoden wie auf den Kanaren zur Anwendung: Umwandlung der Wälder in Zuckerplantagen (später auch Tabak, noch später Baumwolle), Unterwerfung und Versklavung der einheimischen Bevölkerung, schließlich Einfuhr von Sklaven aus Schwarzafrika, um die wenig belastbaren Indios zu ersetzen. Schon Kolumbus hatte diesen Gedanken erwogen. Den Waffen der Spanier hatten die Einheimischen nichts entgegenzusetzen, weil sie weder Eisen noch Schießpulver kannten. Fremde Tiere wie Pferde und Bluthunde versetzten sie in | Entwicklung eines Kolonialreichs

Angst und Schrecken, und neue Krankheiten, gegen die sie keine Abwehrkräfte besaßen, ließen sie in Scharen dahinsterben. Zu den frühesten Transferprozessen zwischen Amerika und Eurasien gehörte der Austausch von Bakterien und Mikroben, der unter den Indios ein anhaltendes Massensterben bewirkte. Man hat das als „ökologischen Imperialismus" (Alfred W. Crosby) bezeichnet.

Der Handel mit der Neuen Welt spielte zunächst keine bedeutende Rolle in der Alten. Das Wirtschaftsgebaren der neuen Herren lässt sich eher als ein Rauben und Plündern beschreiben. Immerhin stellte die mittel- und südamerikanische Plantagenwirtschaft Handelsgüter bereit, die in Europa ihren Markt fanden. Neben Zucker waren Koschenille (aus getrockneten Kermesschildläusen gewonnener Farbstoff), Indigo, Farbhölzer und Ähnliches mehr die wichtigsten Exportwaren. Gleichzeitig ent-

Sklavenhandel | wickelte sich der Sklavenhandel zwischen Afrika und Amerika zu einem immer einträglicheren Geschäft. Mindestens eine Million Menschen wurden zwischen 1520 und 1680 unter erbärmlichen und entwürdigenden Umständen von Afrika nach Amerika verfrachtet, jene nicht mitgerechnet, die den Transport nicht überstanden. Im 18. Jahrhundert nahmen die Zahlen exponentiell zu.

Außerdem fand sich nach Jahrzehnten der Suche endlich auch Edelmetall in großen Mengen. Aus dem Silberberg im (damals) peruanischen Potosí, 1545 entdeckt und dann unter barbarischen Bedingungen als Bergwerk genutzt, ging im 16. und 17. Jahrhundert das wichtigste Exportgut der spanischen Kolonien in Amerika her-

Edelmetall | vor. Spaniens Kriege in Europa wurden damit finanziert, ein anderer Teil floss über die Philippinen nach China und wurde zum Erwerb chinesischer Fertigwaren verwendet. Amerika war nun ein Teil der Weltwirtschaft und stand durch den Warenverkehr in enger Verbindung mit den anderen den Europäern bekannten Kontinenten. Obwohl China nach wie vor dominierte, nahmen Spanien und Portugal, das eine mit seinem Kolonialreich, das andere mit seinem System von Stützpunkten in Afrika und Asien, einen markanten Platz in der Weltwirtschaft ein. Für die nötige Abgrenzung der Einflussbereiche hatten mehrere päpstliche Bullen und durch die römische Kurie angeregte Vereinbarungen (am bekanntesten der Vertrag von Tordesillas 1494) gesorgt. Als die beiden Länder für einige Jahrzehnte in Personalunion regiert wurden und die Kolonialreiche wenn auch nicht vereinigt, so doch zusammengelegt waren (1580–1640), musste der Eindruck entstehen, dass unter spanischer Herrschaft die Sonne nicht untergehe und auf der Iberischen Halbinsel ein weltumspannendes Handelssystem reguliert werde.

VOC, EIC und andere Kompanien

Doch der Erfolg der iberischen Mächte in Übersee rief die Konkurrenz auf den Plan. Allerdings waren es keine Staaten, die Portugal und Spanien herausforderten und schließlich aus ihrer beherrschenden Stellung im Welthandel verdrängen sollten, sondern private Gesellschaften, die staatliche Förderung erhielten. Zielsetzungen, Funktionsweisen und die Bedeutung dieser Gesellschaften gehen am eindrucksvollsten aus der Geschichte der VOC, der „Vereinigten Ostindischen Kompanie", hervor. Sie entstand, als die Generalstaaten der Niederlande gegen das spanische Weltreich um ihre Unabhängigkeit kämpften. Die Bemühungen der Kaufleute, den spanisch-portugiesischen Monopolanspruch im Überseehandel zu durchbrechen, wurden auf einem neuen, überseeischen Schauplatz des Konflikts inszeniert. Dessen europäische und globale Aspekte waren ineinander verschränkt. Als im Westfälischen Frieden von 1648 die Unabhängigkeit der Niederlande völkerrechtlich anerkannt wurde, hatte sich die VOC als global agierendes Unternehmen etabliert. | „Vereinigte Ostindische Kompanie"

Es gab Vorläufer, sogenannte Vorkompanien. Mehrere Flotten fuhren gegen Ende des 16. Jahrhunderts von Amsterdam, Middelburg, Rotterdam oder anderen niederländischen Häfen auf die Weltmeere, um am Asienhandel zu partizipieren. Sie profitierten von den Erfahrungen, die niederländische Seeleute in spanischen oder portugiesischen Diensten hatten machen können, gingen zum Teil aber auch eigene Wege. Besonders spektakulär war der Versuch, eine nordöstliche Passage um Sibirien herum nach Ostasien und zu den Gewürzinseln zu erkunden. Da er scheiterte, blieb es bei den üblichen Routen, und die frühe Geschichte der VOC lief auf den permanenten Konflikt mit dem spanisch-portugiesischen Kolonialreich hinaus. | Vorkompanien

Auch die „Vorkompanien" waren Kompanien. Das bedeutet, dass mehrere Anteilseigner Kapital in die Gesellschaft und ihr Vorhaben einbrachten und sich am Ende den Gewinn teilten. Allerdings galt die Vereinbarung nur für dieses eine Unternehmen. In den Niederlanden entstand die Befürchtung, die vielen Kompanien könnten miteinander konkurrieren, die Märkte mit einem Überangebot von Gewürzen überschwemmen und so die Preise verderben. Die Generalstände erließen deshalb im Jahre 1602 einen Oktroi, der die bestehenden Gesellschaften zum Zusammenschluss zwang und 21 Jahre lang in Kraft bleiben sollte. Sein Zweck war die Bündelung aller Kräfte, die Konzentration des Indienhandels auf die Niederlande und durch die lange Laufzeit die Verstetigung des Unternehmens. Die Risiken des Tagesgeschäfts sollten dadurch reduziert werden. Indem die Gültigkeit der rechtlichen Vorgaben regelmäßig verlängert wurde, entstand eine staatlich privilegierte Handelsorganisation mit breiter Kapitalausstattung auf einem festen institutionellen Fundament. Die Verwaltung in den Niederlanden leiteten 17 „Herren", die sechs Kammern aus sechs Städten repräsentierten. Doch die Vertreter vor Ort konnten beziehungsweise mussten weitgehend selbständig agieren. Der Generalgouverneur residierte in seiner „Hauptstadt" Batavia (anstelle des Ortes Jakatra, heute Jakarta) und wurde durch den „Rat von Indien" unterstützt. In den Stützpunkten und Faktoreien wurden die Belange der VOC durch Gouverneure und Direktoren vertreten. Da die Nachrichtenübermittlung durch die weiten Kommunikationswege oft Monate dauern konnte, gingen deren Befugnisse in der täglichen Praxis sehr weit. Doch generell war die Verwaltung der VOC streng hierarchisch gegliedert. Sie handelte im Namen und Auftrag der Niederlande und hatte das Recht, Gouverneure zu bestim-

Demographie, Technik und Wirtschaft

men, Festungen zu errichten, Kriege zu führen und Verträge zu schließen. In Asien agierte sie so souverän wie in Europa ein Staat.

Gegen die ebenso kapitalstarke wie schlagkräftige und flexibel organisierte VOC hatte das überdehnte spanisch-portugiesische Kolonialreich keine Chance. Seine Stützpunkte um den Indischen Ozean herum wurden regelrecht überrollt. Die Portugiesen hatten sich in ein bestehendes Handelssystem eingenistet, jetzt schlüpften die Niederländer in deren Position. 1641 fiel Malakka, die Drehscheibe des Handels zwischen Indischem und Chinesischem Meer, 1656 Colombo auf Ceylon, 1663 Cochin in Indien an der Malabarküste. Außer Goa, Macau und einem Teil der Kleinen Sunda-Inseln blieb vom glorreichen Estado da Índia nichts übrig. 1669 wurde außerdem Makassar auf Sulawesi erobert. Die Kontrolle des Handels mit Gewürznelken, Muskatnüssen und Muskatblüten war nun gesichert, nachdem die VOC schon zu Beginn des 17. Jahrhunderts die Gewürzinseln Ambon (Amboina) und Banda eingenommen und alle Konkurrenten von dort vertrieben hatte. Ihr vornehmstes Ziel war damit erreicht.

Fall des Estado da Índia

Nach Norden, nach Ostasien hin, verebbte der niederländische Einfluss dagegen. In Japan konnte die VOC die Portugiesen so wie anderswo verdrängen und durfte sogar – seit 1641 – als einzige europäische Macht hier noch Handel treiben. Der Leiter der Faktorei und sein Personal wurden aber auf ein winziges Inselchen im Hafen von Nagasaki beschränkt und hatten auch sonst nicht viel zu bestellen. In China blieben die ausländischen Kaufleute ohnehin vor der Tür. In Kanton unterhielt die VOC seit 1729 eine Faktorei, war aber hier nur ein Akteur neben anderen. Der Versuch, sich auf Taiwan festzusetzen und dort ein koloniales Regime zu begründen, scheiterte nach wenigen Jahrzehnten. Die Ambitionen der VOC wurden durch die überlegene Kraft der ostasiatischen Reiche in die Schranken gewiesen. Der Schwerpunkt ihrer Aktivitäten lag daher immer und eindeutig auf den südostasiatischen Inseln und dem Handel mit Gewürzen.

Rückgang des niederländischen Einflusses in Ostasien

Der Erfolg der VOC machte allenthalben Eindruck und fand Nachahmer in mehreren europäischen Staaten. 1664 wurde in Frankreich die *Compagnie des Indes* gegründet, die 1719 in der *Compagnie perpétuelle des Indes* aufging und bis 1826 existierte. 1616, 1670 und 1732 entstanden nacheinander drei dänische Gesellschaften, die vor allem in Südindien, weniger in China und Südostasien, operierten. Die „Kompanie von Ostende" in den Österreichischen Niederlanden versuchte, sich in Bengalen und im Chinageschäft zu etablieren, was auch die erstmals 1731 privilegierte, dann mehrfach erneuerte schwedische Kompanie anstrebte. Sie alle folgten mehr oder weniger konsequent dem Beispiel der VOC und hatten auch – wenigstens zeitweise – einigen Erfolg damit.

Nachahmer

Doch wirklich vergleichbar, was ökonomischen Erfolg, Nachhaltigkeit und politische Bedeutung betrifft, war nur die EIC, die britische *East India Company*. Sie war sogar etwas älter als die VOC und hatte Vorläufer, deren Tätigkeit bis in die Mitte des 16. Jahrhunderts zurückreichte. Sie brauchte jedoch etwas länger, um sich im Asienhandel zu etablieren und gelangte auf den Höhepunkt ihrer Ent-

East India Company

wicklung, als jene zu stagnieren begann. Zeitweilig rivalisierten beide im Gewürzhandel miteinander. Aber als die VOC mit exzessiver Gewalt gegen die Konkurrenz vorging (beim sogenannten Amboina-Massaker 1623), zog sich die EIC aus Südostasien und dem Gewürzhandel zurück. Auch in Japan musste sie der VOC weichen. In Siam gab sie frühzeitig auf. Seitdem konzentrierte sie ihre Geschäfte auf Indien und China.

Mit der Erschließung neuer Märkte ging die Umorientierung auf andere Handelswaren einher. Statt der Gewürznelken und Muskatnüsse kamen nun indische Textilien, chinesisches Porzellan und chinesischer Tee in den Blick. Dem Handel mit Letzterem verdankte die EIC ihren Aufschwung im 18. Jahrhundert. Allerdings drang auch sie nicht auf den chinesischen Binnenmarkt vor, sondern blieb – wie die VOC – darauf beschränkt, im südchinesischen Kanton (Guangzhou) mit den dort ansässigen, staatlich konzessionierten Handelshäusern *(Hong)* unter strenger Aufsicht der chinesischen Behörden Waren zu tauschen. Immerhin hatte sie mit amerikanischem Silber, indischer Baumwolle und später Opium etwas zu bieten, was die Chinesen interessierte. Aber die überseeische Zentrale der EIC blieb immer in Indien. Dort entstanden drei *presidencies*, Madras, Kalkutta (Calcutta) und Bombay, von denen aus sie die südasiatischen Märkte durchdrang und gleichzeitig auf die indische Politik Einfluss zu nehmen begann. Alle drei Orte wurden | Drei presidencies
dadurch erst zu bedeutenden Metropolen, die EIC gewann Territorien dazu, führte Kriege um sie und legte so die Grundlagen für die spätere britische Kronkolonie.

Die Ostindienkompanien waren „hybride Institutionen", in denen sich öffentliche und private Funktionen auf unterschiedliche Weise verbanden (Jürgen Osterhammel). Sie traten als Zusammenschlüsse von Kaufleuten auf und dienten der Beschaffung von Kapital. Insofern kann man sie als frühe Aktiengesellschaften bezeichnen. Andererseits folgten sie staatlichen Initiativen und kamen ohne öffentliche Förderung nicht aus. Sie erhielten Privilegien, die sie über die Konkurrenten hinaushoben, und verblieben in unterschiedlicher Nähe zum Staat. In Frankreich war das Verhältnis sehr eng, in den Niederlanden etwas lockerer als in England. VOC und EIC agierten faktisch weitgehend autonom. Dennoch vertraten sie die Interessen ihrer Länder. Gegenüber dem Anspruch der iberischen Mächte, dank päpstlicher Privilegierung zum Handel in Übersee berechtigt zu sein und dieses Recht | Freiheit der Meere
mit niemandem teilen zu müssen, behaupteten die Kompanien den Standpunkt des Freihandels und beharrten auf der Freiheit der Meere – *mare liberum* statt *mare clausum*. Der Leidener Rechtsgelehrte Hugo Grotius (1583–1645) begründete den Standpunkt theoretisch, beschrieb die Freiheit der Meere als göttliche Einrichtung und stellte den freien Handel als Grundprinzip des Völkerrechts dar: „Jedes Volk kann ein anderes aufsuchen und mit ihm Geschäfte machen". Nur so habe die „Gemeinschaft des Menschengeschlechts" einen Sinn.

In Wirklichkeit ließen auch die Kaufleute-Kompanien nicht jedermann an ihren Privilegien teilhaben und waren bereit, einmal erschlossene Märkte mit allen Mitteln zu verteidigen – auch kriegerische zählten dazu. Handel und Krieg gehörten nach wie vor zueinander, und die Unterschiede zum bewaffneten Handel Spaniens und Portugals einerseits, zwischen den Kompanien andererseits waren allenfalls graduell. Nach wie vor richtete sich aller Augenmerk auf den süd- und südostasiatischen Handel, auf den Raum zwischen dem Kap der Guten Hoffnung und Kanton. Afrika blieb, sieht man einmal von dem um 1500 blühenden Goldhandel an der Guineaküste ab, bloße Durchgangsstation, allein für den Sklavenhandel von Belang, und Amerika spielte für die großen Kompanien nur eine Rolle am Rande oder wurde anderen Gesellschaften, etwa der Westindischen Kompanie, überlassen. Bezeichnend ist, dass die Niederlande in den Friedensverhandlungen von 1667 gegenüber England auf Neu-Amsterdam verzichteten, um die kleine, zu Banda gehörige Gewürzinsel Run zu behalten. Aus Neu-Amsterdam wurde später New York. Die amerikanische Ostküste und die dahinter liegenden Wälder und Savannen schienen weniger interessant als die Inseln im indischen Meer. Das immer noch viel größere Gewicht der asiatischen Wirtschaft spiegelte sich darin. Auch die Geschichte der europäischen Entdeckungen wurde zunächst durch die Erkenntnisse und Erfahrungen der Asienfahrer dominiert.

Neue Welten

Der Nahe Osten

Der Nahe Osten war für das mittelalterliche Europa ein vertrauter Raum, jedem Gebildeten durch die antike Geschichte und Geographie, jedem anderen durch die Heilige Schrift bekannt. Über den islamischen Anteil war man durch die (meistens polemische) Auseinandersetzung mit Mohammed und der von ihm gestifteten Religion wenigstens oberflächlich informiert. Die Kreuzzüge fügten dem literarischen Wissen etwas Empirie hinzu. Seitdem galt Jerusalem als die wirkliche Mitte der Welt. Aller Augen richteten sich auf sie. Sie lag außerhalb Europas, konnte aber mit einigem Aufwand erreicht werden, weil das Mamlukensultanat in Syrien und Ägypten den Zugang zu den heiligen Stätten des Christentums offen hielt. Zehntausende von Pilgern machten im 15. und frühen 16. Jahrhundert von der Möglichkeit Gebrauch, und die Wagemutigen unter ihnen ließen sich sogar zum Katharinenkloster auf dem Sinai, nach Kairo und Alexandria führen. Wenn sie ihre Erlebnisse in eine schriftliche Form brachten, wurden ihre Leser nicht nur mit der geistlichen Würde der biblischen Stätten, sondern auch mit den aktuellen Verhältnissen vertraut.

Dabei blieb der gesamte Nahe Osten ein feindlicher Raum. Wer ihn erkunden wollte, tat das am besten in Verkleidung oder – was auf das Gleiche hinauslaufen konnte – unter dem Schutz eines diplomatischen Status. Die zahlreichen Gesandtschaften zur Hohen Pforte berichteten immer auch über die inneren Zustände und kulturellen Verhältnisse im Osmanischen Reich (z. B. Hans Dernschwam 1553–1555, Ogier Ghislain de Busbecq 1554–1562), und genauso hielten es die Gesandten zu den Safawiden in Persien (z. B. Adam Olearius 1635–1639, Engelbert Kaempfer 1683–1688). Der Augsburger Leonhard Rauwolf verließ sich in Syrien und Mesopotamien auf französische Geleitbriefe (1573–1576), der Österreicher Georg Christoph Fernberger von Egenberg verkleidete sich in Persien als armenischer Kaufmann (1589–1591), der italienische Abenteurer Ludovico de Varthema tarnte sich als ägyptischer Mamluk, als er die verbotene Stadt Mekka besuchte und als erster Europäer den Jemen durchstreifte (1501–1508). Die Vorsichtsmaßnahmen illustrieren, wie gespannt das Verhältnis von Christen und Muslimen seit langer Zeit war. Carsten Niebuhr und den Teilnehmern der dänischen Arabien-Expedition von 1761 bis 1767 wurde daher verboten, mit den Einheimischen über religiöse und theologische Fragen zu diskutieren. Sobald sie es taten, entstanden Probleme. Niebuhr hielt sich an das Verbot und führte die Expedition, die die Kenntnis der Arabischen Halbinsel auf eine neue Grundlage stellen sollte, zu einem erfolgreichen Abschluss.

<small>Feindlicher Raum</small>

Indien und Südostasien

Indien galt um 1500 nicht nur als lohnendes, sondern auch als erreichbares Ziel. Denn man hatte schon einiges darüber gehört, und jedermann glaubte zu wissen, was er dort vorfinden würde. Schon Herodot hatte von den Eigenheiten des Landes gesprochen, und durch den Kriegszug Alexanders des Großen wurde es untrennbar mit dem griechischen, dann europäischen Welt- und Geschichtsbild verbunden. Seitdem galt es als die östlichste Weltgegend, gelegen beim Sonnenaufgang, gesegnet durch maßlosen Reichtum und ein günstiges Klima, bewohnt von ebenso gescheiten wie langlebigen Menschen. Außerdem wurde dem Land eine ganze Reihe wundersamer Erscheinungen *(mirabilia)* unterstellt, die zu begreifen nicht unmöglich schien, aber doch jedem Beobachter (bzw. Leser) schwer fiel. Es gebe dort seltsame Pflanzen, Einhörner, Elefanten und andere sagenhafte Tiere, wundertätige Steine, Sandmeere und aufwärts fließende Flüsse, vor allem aber jene Menschenrassen, deren merkwürdiges Äußeres oder seltsames Verhalten so sehr vom Gewohnten abwich, dass man sie am Besten als Ungeheuer *(monstra)* oder Wunderzeichen *(prodigia, portenta)* verstand: Schattenfüßler, Großohrige, Einäugige, Kopf-, Mund- oder Nasenlose, Pygmäen und Riesen, Hundsköpfige, Großlippler, Rückwärtsfüßler, Einmalgebärende und andere mehr. Von all dem konnte man bei antiken Autoren wie dem älteren Plinius oder Gaius Iulius Solinus lesen, und die mittelalterlichen Schriftsteller gaben deren Wissen – gerne auch mit einer christlichen Deutung verbunden – an ihre eigene Zeit weiter. Außerdem glaubte man an die Existenz eines christlichen Priesterkönigs, in dessen Reich es keine Armut, keinen Raub, keine Lüge und keinen Ehebruch, sondern materiellen Reichtum, gesunde Luft und ebenso gerechte wie effiziente Herrschaft gebe. Man kann die Legende vom Priester Johannes als hochmittelalterliche Form einer politischen Utopie verstehen. Niemand wusste genau, wo man jenes Reich suchen sollte; aber irgendwo zwischen Kaukasus, Himalaya, Indischem und östlichem Ozean musste es liegen. Diesen weiten, nicht leicht zu gliedernden Raum bezeichneten die mittelalterlichen Geographen als Indien.

<small>Europäische Sicht auf Indien</small>

Mittelalterliche Reisende, die in diese Weltgegend kamen, fragten auch immer wieder nach der Wirklichkeit der Wunder und zerbrachen sich den Kopf darüber, wie sich der Augenschein ihrer eigenen Erfahrung mit den Aussagen der literarischen Tradition in Einklang bringen lasse. Man muss sie nicht unbedingt als Entdeckungsreisende bezeichnen. Aber der eine oder andere zeigte eine Art wissenschaftlicher Neugier und verstand sich durchaus als Forscher. Das Ergebnis war freilich meistens enttäuschend, von Wundern keine Spur. Marco Polo und Giovanni de' Marignolli versuchten deshalb, die *mirabilia* rational zu erklären: Die Schattenfüßler seien Sonnenschirmträger, die Pygmäen nichts weiter als Affen. Das Einhorn entpuppte sich als Nashorn und ließ sich nicht einmal von Jungfrauen einfangen. Trotzdem blieben viele Dinge so wundersam, dass man am tradierten Indienbild festhalten konnte. Witwenverbrennung und andere Formen ritueller Selbsttötung, die asketische Lebensführung der Brahmanen und die bizarren Bilder der Götzen, das matrilineare Erbrecht im Süden und die Verehrung der Rinder allerorten, Nacktheit und religiöser „Wahn" – dies alles ließ erkennen, wie sehr die Lebensverhältnisse in Indien und die europäischen Maßstäbe voneinander abwichen. Indien blieb ein *alter mundus*, eine „andere Welt" (Jordanus Catalanus von Sévérac, um 1330).

<small>Wundersame Erscheinungen</small>

Immerhin zeichneten sich deren geographische Umrisse ab. Von Marco Polo konnte man lernen, dass es eine ununterbrochene Schiffsverbindung zwischen Ostasien und Südasien gab. Ptolemäus und die antike Geographie hatten das anders beurteilt, weil sie den Indischen Ozean als Binnenmeer ansahen. An der Koromandelküste im Osten und der Malabarküste im Westen fuhren alle Schiffe ein Stück weit entlang, und alle mussten um Kap Komorin weit im Süden herum. Große Inseln wie Ceylon, Sumatra und Java lagen auf dem Weg, und wer noch weiter nach Osten oder Norden vordrang, tauchte in die südostasiatische Inselwelt ein. Marco Polo sprach von 7448 Inseln und untertrieb dabei maßlos. Außerdem fiel ihm auf, dass man am Äquator den Polarstern aus den Augen verlor. So weit lagen Indien und Südostasien im Süden. Allerdings beschränkten sich die Kenntnisse der frühen europäischen Indienfahrer auf die Küsten. Sie waren Passanten, die es zum Reich des Großkhans im mongolischen China oder von da wieder heimwärts zog. Für das Hinterland interessierte sich kaum einer. Nur Niccolò de' Conti, Kaufmann aus Chioggia bei Venedig, machte eine rühmliche Ausnahme.

<small>Geographische Umrisse</small>

Dabei blieb es fürs Erste. Auch die portugiesischen Seefahrer tasteten sich an den Küsten entlang und suchten als erstes die bequemste Überfahrt von Afrika über den Indischen Ozean. Die Route, die man Vasco da Gama gezeigt hatte, war nur eine von mehreren Optionen. Schon die nächste Flotte unter Pedro Álvares Cabral setzte viel weiter nördlich an und kehrte ein gutes Stück weiter südlich zurück. Als dann die Niederländer aufkreuzten und sich auf Java niederließen, suchten sie eine Route, die an der portugiesischen Konkurrenz vorbei direkt nach Südostasien führte. Hendrik Brouwer fand endlich die beste Verbindung, als er in weiter Entfernung um das Kap der Guten Hoffnung herum, dann immer nach Osten, an Madagaskar und Mauritius vorbei, segelte und schließlich scharf nach Norden,

<small>Route des Hendrik Brouwer</small>

nach Java, abbog (1611). Die Route blieb lange Zeit eine seefahrerische Herausforderung, sie war strapaziös und gefährlich, und nicht wenige holländische Schiffe wurden weit nach Osten an die australische Küste verschlagen, wo sie havarierten. Aber sie war billiger und schneller als die nördliche Alternative und konnte außerdem das ganze Jahr über befahren werden, nicht nur im Halbjahresrhythmus der Monsune. Alle Argumente sprachen für sie.

Holländer und Portugiesen konkurrierten bei der Jagd nach den Gewürzen. Es kam also darauf an, die besten Märkte zu finden oder noch besser deren Anbau und Ernte aufzuspüren. In Calicut und den anderen Häfen an der Malabarküste konnte man zwar Pfeffer nahe beim Erzeuger einkaufen; aber dass man für die begehrten Gewürznelken und Muskatnüsse noch viel weiter nach Osten vordringen musste, wurde rasch klar. Man hörte von dem Emporium Malakka auf der Malaiischen Halbinsel sowie von den Banda-Inseln, wo die Muskatnüsse wuchsen, und von den Molukken, wo die Gewürznelken gediehen. Malakka wurde schon 1511 erobert, und der Eroberer, Generalgouverneur Albuquerque, schickte drei Schiffe aus, die das eigentliche und ultimative Ziel der portugiesischen Handels- und Eroberungsfahrten, die sagenhaften Gewürzinseln, aufsuchen sollten. | Jagd nach den Gewürzen

Das Unternehmen war nicht rundum erfolgreich: Der Leiter der Expedition, António de Abreu, kam wegen der widrigen Wetterverhältnisse nicht bis zu den Molukken, sondern nur nach Banda und Ambon. Ein Jahr später kehrte er indes nicht nur mit einer Ladung Muskatnüsse und -blüten, sondern auch mit genauen Karten und Zeichnungen der Route zurück. Eines der drei Schiffe ging verloren, doch der Kapitän, Francisco Serrão, erreichte mit einheimischen Verkehrsmitteln die Gewürzinsel Ternate und handelte dort günstige Einkaufsbedingungen aus. Denn die Nelken wuchsen in den Wäldern und kosteten – so ein portugiesischer Beamter – „fast gar nichts" (Duarte Barbosa). Schon 1514 und dann regelmäßig, Jahr für Jahr, trafen portugiesische Schiffe auf den Molukken ein. Die rasche, ja hektische Folge der Fahrten spricht für sich. Ein ganzes Jahrhundert funktionierte der Handel, bis Portugal von der VOC verdrängt wurde. Sie vor allem profitierte von den Kenntnissen, die die portugiesischen Seefahrer so mühsam erworben hatten, aber auf Dauer nicht für sich behalten konnten.

Portugal konzentrierte sich auf seine Stützpunkte und Häfen, die VOC auf die Inselwelt des späteren Indonesien. Das indische Binnenland dagegen blieb nach wie vor beiseite. Die ersten Übersichten und Kompendien, die während des 16. Jahrhunderts entstanden (Tomé Pires' »Suma Oriental«, Duarte Barbosas »Livro«, in gewisser Weise auch Ludovico de Varthemas Reisebericht, später Jan Huyghen van Linschotens »Itinerario«), gingen zwar mehr oder weniger ausführlich auf die Reiche Südindiens, des Dekkan-Hochlands und der Gangesebene, auf Vijayanagar, das Bahmani-Sultanat (Bahmaniden-Sultanat), Orissa, Bengalen und die Sultane von Delhi, ein, aber die Verfasser kannten aus eigenem Erleben nur die Küsten und bezogen ihr weiteres Wissen von einheimischen Informanten. Die indischen Landmächte, zumal das Reich der Großmogul, die seit 1526 den ganzen Norden beherrschten, betrach-

Demographie, Technik und Wirtschaft

teten die europäischen Seefahrer als unbedeutende Randfiguren und konnten sie lange auf Distanz halten. Die ersten europäischen Augenzeugen der Verhältnisse im Mogulreich waren auch keine Kaufleute oder Kolonialagenten, sondern Missionare und Abenteurer wie Ralph Fitch, der mit zwei anderen Engländern über Goa und den Dekkan ins Mogulreich reiste, sich einige Zeit am Hof Akbars des Großen in Fatehpur Sikri aufhielt und schließlich – nach einem einsamen Schlenker über Pegu (in Burma) – im April 1591, acht Jahre nach seiner Abreise, wieder in London eintraf. Immerhin ließ sich die bald darauf gegründete *East India Company* (EIC) durch Fitchs Erlebnisse dazu anregen, sich auch im innerindischen Handel zu engagieren. 1609 kam der erste Gesandte an den Mogulhof, um (erfolglose) Verhandlungen für die EIC zu führen. Der Kontakt wurde verstetigt, und die Berichte über diese und andere Reisen vermittelten ein genaueres Bild von den Lebensweisen, den Reichtümern und den geographischen Verhältnissen des indischen Festlands. Doch wirklich erfasst und vermessen wurde das ganze Land erst, als seit 1757 von Bengalen aus das britisch-indische Kolonialreich entstand.

Kontakte zum Mogulhof

Erst recht die Nachbarreiche und angrenzenden Gebiete blieben – von Europa aus gesehen – lange im Schatten. Afghanistan, das Herkunftsland der Mogulherrscher, im Mittelalter vom Hauptstrang der Seidenstraße durchzogen, wurde bestenfalls als Durchgangsstation betrachtet und in seiner kulturellen Eigenart erst begriffen, als die Kolonialmächte England und Russland sich – im 19. Jahrhundert – an ihm die Zähne ausbissen. Tibet, immerhin schon von Marco Polo und Odorico da Pordenone einigermaßen zutreffend charakterisiert, wurde seit 1627 gelegentlich von christlichen Missionaren (Jesuiten und Kapuzinern) betreten, machte es aber seinen Gästen nie leicht und wurde den Ruf eines Wunderlands nicht los. Auch der Besuch eines holländischen Kaufmanns, Samuel van der Putte, um 1730 konnte daran nichts ändern. Das Königreich Siam tauchte hier und da in den Kompendien des 16. Jahrhunderts auf und schickte sogar eine Gesandtschaft in die Niederlande (1608), eine andere nach Goa (1606). Bei der Hauptstadt Ayutthaya entstanden europäische Handelsniederlassungen und christliche Kirchen. Aber man machte nicht nur gute Erfahrungen miteinander, und das Verhältnis zu VOC und EIC blieb kühl. Zwischen 1680 und 1688 ging Siam eine kurze, heftige Liaison mit dem Frankreich Ludwigs XIV. ein. Um diese Zeit entstanden mehrere Beschreibungen des Landes, die Erkundungen gleichkamen – vor allem Simon de la Loubères »Description du royaume de Siam« sowie Engelbert Kaempfers Aufzeichnungen. Aber der Kontakt verfiel, und die Beteiligten hatten kein Interesse mehr füreinander. Auch Kambodscha war zeitweilig für Kaufleute und Missionare interessant. Der eine oder andere hatte sogar von den Ruinen der verlassenen Hauptstadt Angkor gehört. Aber so wie Angkor unter dichtem Dschungel verschwand, so verschwand das ganze Land bis zur Mitte des 19. Jahrhunderts aus dem Gesichtskreis der Europäer. Ohnehin lagen Siam und Kambodscha nicht an der Hauptroute des überseeischen Handels, sondern etwas abseits davon. Der Blick der europäischen Kaufleute war nicht auf die Märkte im Golf von Thailand, sondern auf Ostasien, auf China, gerichtet.

Handel im Golf von Thailand

Ostasien

Anders als Indien war Ostasien für die griechisch-römische Antike ein unbekannter Raum. Man rätselte über die Herkunft der seidenen Stoffe, unterstellte den „Serern" (den „Seidenleuten") besondere moralische Qualitäten und hatte auch schon etwas von „Sinern", also Chinesen, gehört. Aber über Gerüchte, Sagen und utopische Vorstellungen ging das alles nicht hinaus. Erst mit der mongolischen Reichsbildung und der gleichzeitigen Ausweitung des europäischen Handels bis nach China hatten nicht nur die Kaufleute, sondern auch deren Familienangehörige, Schutzbefohlene und Reisegefährten eine Chance, deutlich ihren Horizont zu erweitern. Auf einen Schlag trat ein ganzer Erdteil und ein Kulturraum von eigener Art in das Bewusstsein Europas. Man sprach von Cathay, wenn man Nord-, von Manzi, wenn man Südchina meinte, gewöhnte sich an die exotischsten Namen und füllte sie mit geographischem Sinn. Die Begriffe haben ihre je eigene Geschichte und entsprechen oft nicht den am Ort gebrauchten. Aber sie spiegeln den Zuwachs an Wissen, den die zahlreichen Reisen nach China bewirkten. Aus europäischer Sicht reicht die Entdeckung Ostasiens ins 13. Jahrhundert zurück.

Alle Reisenden erlebten das enorme politische, ökonomische und kulturelle Gefälle zwischen China und Europa. Das mongolische Großreich nahm den größten Teil Asiens und noch ein Stück von (Ost-)Europa ein. Der Großkhan in Khanbaliq beanspruchte die Oberhoheit über das alles. In Europa hielt man ihn – neben dem Mamlukensultan in Kairo und dem (fiktiven) Priesterkönig Johannes – für den reichsten und mächtigsten Herrscher der Erde. Der chinesische Teil seines Reiches schien an all dem Überfluss zu haben, was die europäische Kundschaft begehrte: Seide, Gewürze, Medizinaldrogen, Färbemittel usw. Wer die chinesischen Märkte bereiste, fuhr von einer Großstadt zur nächsten und wunderte sich über die unzähligen Menschen, die dort dicht gedrängt lebten. Zwar neigten die mittelalterlichen so wie alle Reisenden dazu, das, was sie sahen, mit dem, was sie von ihrer Heimat her kannten, die fremden Städte mit den eigenen, zu vergleichen. Aber in Wirklichkeit hielt keine der europäischen Städte den Vergleich mit den chinesischen aus. Bis zum Ende des 18. Jahrhunderts kamen Besucher aus Europa aus dem Staunen nicht heraus. Erst als das Reich der Mitte in seine größte ökonomische, politische und demographische Krise geriet und gleichzeitig in Europa die industriell-technische Revolution einsetzte, drehte sich das Verhältnis in sein Gegenteil um.

Gefälle zwischen China und Europa

Viele Reisende konnten von der bestürzenden Überlegenheit der chinesischen Zivilisation berichten. Marco Polo hat das wenn nicht am anschaulichsten, so doch am wirkungsvollsten getan. Allerdings sollte man ihn nicht als Kaufmann bezeichnen und daraus seine beeindruckend genauen Kenntnisse herleiten. Kaufleute waren nur seine Verwandten. Er selbst lebte als Höfling in Khanbaliq und diente dem Großkhan. Vielleicht kam er in dessen Auftrag nach Südwestchina und in das heutige Burma, ganz sicher kannte er den Norden mitsamt dem mongolischen Grasland, sicher auch den Süden, über den er am Ende seines Aufenthalts ausreiste. Alles ande-

Demographie, Technik und Wirtschaft

China in der Sicht Marco Polos

re erfuhr er durch Gewährsleute, bei denen er sich über die eigene Erfahrung hinaus kundig machte. Auch das gehört begrifflich und sachlich zu einer „Entdeckung". Nur so konnte er ein umfassendes, fast vollständiges, wenn auch bisweilen schematisches Bild von China, seinen Provinzen und Städten, seinen natürlichen und kulturellen Verhältnissen, entwerfen. Ihm jede eigene Ortskenntnis abzusprechen, wie dies immer wieder versucht wird, ist Unfug.

Marco Polo kannte sich gut mit der mongolischen Verwaltungsgliederung, mit mongolischen Sitten und der traditionellen mongolischen Religion aus. Denn er war enkulturierter Mongole am mongolischen Hof. Distanziert blieb sein Verhältnis zu den Chinesen, da sie im Reich Kublais als Untertanen dritter (Nordchinesen) oder gar vierter Klasse (Südchinesen) galten. Vieles fand er wirklich beeindruckend: die Größe der Städte, die Zahl der Brücken, die Menge der Waren. Anderes blieb ihm verschlossen; denn es fehlte ihm der Zugang. Ein Schleier der Wahrnehmung legte sich über seinen Blick, weil er die chinesische Zivilisation nur von außen und oben betrachten konnte. Bestanden andere Voraussetzungen, ergaben sich andere Perspektiven: Odo-

China in der Sicht Odoricos da Pordenone

rico da Pordenone, Franziskanermönch aus Udine, besuchte das Reich der Mitte nur eine Generation später. Er stand in niemandes Diensten, ließ sich treiben und lebte zeitweilig bei den Chinesen. Neugier, eigentlich eine Untugend für den Christen, aber eine Voraussetzung für den Wissenserwerb, war ihm nicht fremd. Er machte ähnliche, doch nicht die gleichen Erfahrungen wie Marco Polo. Auch ihn beeindruckten die Städte und Märkte, die meilenbreiten Flüsse Huanghe (Gelber Fluss) und Jangtse, ferner der Kaiserkanal, der den Norden mit dem Süden verband, sowie – nicht zuletzt – die Sitten der Leute. Sogar die künstlich verkleinerten Füße der Chinesinnen waren ihm einige Nachfragen wert. Marco Polo hatte davon geschwiegen. Odorico ließ sich alles erklären, schaute genau hin und machte so eine „Entdeckung", die seinem bekannteren Vorläufer entging.

Nach der Vertreibung der Mongolen und einem kurzen Intermezzo mit eigenen überseeischen Ambitionen (von denen noch zu sprechen sein wird) zog sich China zurück und erließ Gesetze, die den Seeverkehr wesentlich einschränken sollten. Zuwiderhandelnde wurden als Schmuggler betrachtet. China gab den Handel mit Südostasien nicht auf, aber für die Europäer wurde der Zugang zum Reich der Mitte erheblich erschwert. Das galt für Kaufleute, Diplomaten und Missionare gleichermaßen. Sie waren kein Bestandteil des traditionellen chinesischen Tributsystems, das den Kontakt mit der Außenwelt regulierte, und außerdem benahmen sie sich nicht zivilisiert. Das aggressive Vorgehen der Portugiesen in Süd- und Südostasien hatte sich herumgesprochen, und sie taten auch nichts, um den schlechten Eindruck im Umgang mit den chinesischen Behörden zu korrigieren.

1517 fuhren zwei portugiesische Schiffe den Perlfluss bei Kanton hinauf und verschreckten die Bevölkerung durch Salutschüsse. Immerhin wurde eine Gesandtschaft zum Kaiserhof in Peking (Beijing) vereinbart, die dort für Handelsbeziehungen werben sollte. Zu deren Leiter wurde Tomé Pires bestellt, Verfasser einer »Suma Oriental« und auch in Bezug auf China nicht unkundig: Als erster europäischer Autor beschrieb er den Gebrauch der Essstäbchen. Doch neuerliche Vorkommnisse in Kanton belasteten die Verhandlungen in Peking, und der Gesandte selbst ließ es am gehörigen Auftreten vor dem Kaiser fehlen. Die Fremden wurden schließlich ins Gefängnis geworfen, Pires überlebte die Gefangenschaft nicht. China hatte sich Respekt verschafft und die aufdringliche Seemacht in die Schranken gewiesen. Portugal sah ein, dass die bisher praktizierten Methoden hier nicht verfingen. Die Chinesen galten als gleichwertig, mithin als weiß. Die (unzutreffende) Vorstellung, dass sie gelb seien, kam erst dann zur allgemeinen Geltung, als Chinas Bedeutung seit 1800 dahinschwand.

Nur der Erwerb Macaus gelang den Portugiesen in der Folge. Die Europäer blieben für die nächsten 300 Jahre eine Randerscheinung in der chinesischen Welt. Entsprechend gering, oberflächlich und einseitig war ihre Kenntnis des riesigen Reichs. Nur auf drei Wegen ließ sich ihr Wissen erweitern: Seit 1601 bestand eine Niederlassung des Jesuitenordens in Peking, begründet durch Matteo Ricci (1552–1610) aus Macerata in Mittelitalien. Er und seine nicht weniger bedeutenden Nachfolger Adam Schall von Bell (1592–1666) und Ferdinand Verbiest (1641–1688) waren der festen Überzeugung, dass man zuerst den Kaiserhof und die Oberschicht, die konfuzianischen Literati, für den Glauben einnehmen müsse, um womöglich das chinesische Volk christianisieren zu können. Sie erlernten die Sprache, kleideten sich ähnlich wie chinesische Gelehrte, studierten die konfuzianischen Klassiker und befolgten eine ausgeklügelte Akkommodationsstrategie, um das Vertrauen und die Wertschätzung ihrer Umgebung zu gewinnen. Auch der Erwerb reichen landeskundlichen und geographischen Wissens gehörte dazu. Über ihr Vorgehen, ihre Erfolge und Kenntnisse legten sie und alle späteren Jesuitenmissionare in jährlichen Briefen an die Ordenszentrale Rechenschaft ab.

| Erweiterung des Wissens

| Der Jesuitenorden

Der Handel zwischen chinesischen und europäischen Kaufleuten konzentrierte sich seit dem frühen 18. Jahrhundert auf Kanton und wurde 1760 durch kaiserliches Dekret definitiv auf die Hafenstadt am Perlfluss beschränkt. Die europäischen Handelsgesellschaften unterhielten dort Faktoreien, auf chinesischer Seite stand ihnen eine kleine Zahl von Großkaufleuten gegenüber, die allein zum Handel mit den Fremden berechtigt waren und eifersüchtig über ihr Monopol wachten. Beide Seiten profitierten erheblich von den Geschäften und es entstand eine gewisse „Interessensolidarität" (Walter Demel) unter ihnen. Der regelmäßige Kontakt bewirkte auch Meinungen und Kenntnisse voneinander. Allerdings blieben diese räumlich beschränkt und wurden durch die häufigen Konflikte um Abgaben, Preise, Gebühren und angebliche Betrügereien geprägt.

| Der Handel

Nicht regelmäßig, aber auch nicht selten kamen politische Gesandtschaften aus Europa an den Kaiserhof in China. Sogar eine gewisse Routine im Umgang mit ihnen kann man erkennen. Die russischen Legationen durchreisten den nord- oder nordwestchinesischen Raum, die portugiesischen, niederländischen und englischen dagegen lernten nur den Osten und Südosten des Landes kennen. Die prominenteste war zweifellos die Macartney-Gesandtschaft von 1792 bis

| Politische Gesandtschaften

Demographie, Technik und Wirtschaft

1794. Ihr wurde auch deshalb so große Aufmerksamkeit zuteil, weil sie viele offene Fragen über das Innere und den gegenwärtigen Zustand des chinesischen Reiches zu beantworten schien.

Missionare, Kaufleute und Diplomaten erhielten und vermittelten kein einheitliches Bild, sondern widersprachen einander, zum Teil diametral. Die Jesuiten warben für ihren eigenen Standpunkt, wenn sie die chinesische Zivilisation priesen. Die Kanton-Kaufleute dagegen gaben ihre besonderen Erfahrungen wieder, wenn sie über undurchschaubare Geschäftspartner, ungerechtfertigte Zuschläge und Übervorteilung lamentierten. Die Diplomaten hätten ihnen Recht geben können, hatten aber vor allem die Pekinger Hofgesellschaft vor Augen. Jede Gruppe „entdeckte" ihr eigenes China. Die Gebildeten unter den Besuchern hatten ihren Marco Polo gelesen. Noch immer war sein Buch ein Referenzwerk der Chinaliteratur, ein landeskundlicher Entwurf, der nach wie vor zur Diskussion herausforderte. Man musste sich *Altes und neues Bild* fragen: Wo liegt Cathay? Ist Khanbaliq mit Peking identisch? Was ist Quinsai, Marco Polos Fabelstadt und Hauptstadt der südlichen Song-Dynastie? Nicht zuletzt: Warum sagte er gar nichts über Chinas Große Mauer, von der man sich sogar im äußersten Süden erzählte? Zunächst traten die neuen Ortsnamen neben die alten, die man von Marco Polo her kannte. Cathay und China schienen zwei verschiedene Länder zu sein. Doch allmählich wurden die scheinbar divergenten Informationen zur Übereinstimmung gebracht. Das neue Bild schob sich über das alte. Marco Polos Angaben wurden verglichen, abgeglichen und identifiziert, schließlich nur noch historisch betrachtet. Am Ende stand die Versöhnung der mittelalterlichen Tradition mit den neuen Empirien des 17. und 18. Jahrhunderts. Auch so kann Entdeckungsgeschichte aussehen.

Japan ist ein ähnlicher Fall. Auch darüber hatte Marco Polo als erster gesprochen, allerdings unter anderem Namen: Cipangu (Zipangu) heißt es bei ihm. Portugiesische Kaufleute entdeckten 1543 durch Zufall – weil ihr Schiff in ein Unwetter geriet – die Inseln. Wie in China stellte sich die Frage, wie sich die literarische Tradition mit dem *Japan aus Sicht* Augenschein vereinbaren ließe und was Marco Polo gemeint haben könn- *der Kaufleute* te, als er von goldenen Fußböden, goldenen Dächern und rot schimmernden Perlen schrieb. Vieles sprach dafür, Cipangu mit Japan zu identifizieren. Doch noch um 1640 fuhren niederländische Schiffe in den nördlichen Pazifik, um nach der sagenhaften Goldinsel zu suchen. Da die Suche keinen Erfolg hatte, gab man sich seitdem mit Japan zufrieden.

Den Kaufleuten folgten auch hier die Jesuiten. Was den einen der weltliche Gewinn, war den anderen die Ernte der Seelen, und keiner hatte Grund, sich zu beklagen. Francisco de Xavier (Franz Xaver), später der heilige „Apostel der Japaner", pries *Japan aus Sicht* die Sittsamkeit der Bevölkerung und lobte den Ernst der Proselyten. Es sei *der Jesuiten* das beste Volk, das man jemals gefunden habe. Die Ernte war reichlich: Dreißig Jahre später sollen 150.000 Japaner die Taufe empfangen haben und 200 Kirchen erbaut worden sein (s. S. 368–372). Da die Mission von Süden nach Norden voranschritt, stellte sich auch bei den geographischen Kenntnissen der Missionare ein süd-nördliches Gefälle ein: Auf Kyūshū kannten sie sich besser aus als auf Honshū, in Westen Honshūs besser als im Osten. Tōhoku (der Nordosten) wurde mühsam in den Umrissen erfasst, von Hokkaidō (damals Yezo oder Ezo geheißen) ganz zu schweigen. Doch über den hohen Norden wussten auch Japaner nicht gut Bescheid. Denn dort war Ainu-Land, mit dem japanischen Kaiserreich nur lose verbunden.

Der Erfolg der Jesuiten in Japan hatte mit den inneren Konflikten um die Mitte des 16. Jahrhunderts zu tun. Als diese abnahmen und ein kompaktes Reich entstand, war auch der Mission der Boden entzogen. Einflüsse aus dem Ausland galten jetzt als bedrohlich. Das Christentum wurde verboten, allen Fremden der Aufenthalt untersagt, der Handel mit ihnen auf die Insel Dejima (Deshima) bei Nagasaki reduziert. Nur die Bediensteten der VOC hatten noch Gelegenheit, Näheres über Japan in Erfahrung zu bringen. Drei von ihnen, die Deutschen Engelbert Kaempfer (1651–1716) und Philipp Franz von Siebold (1796–1866) sowie der Schwede Carl Peter Thunberg (1743–1828), gelten als die Erforscher des Landes in der Zeit seiner Abschließung. | Die VOC und Japan

Nicht zu vergessen ist Korea. Das kleine, aber geographisch und kulturell prominente Land zwischen Japan und China wurde und wird leicht übersehen. Es trug selbst dazu bei, indem es sich zeitweise noch verschlossener gab als seine Nachbarn. Zu den allerersten Europäern, die es nach Korea verschlug, gehörten der niederländische Seemann Hendrik Hamel und 35 seiner Gefährten. 13 Jahre wurden sie an verschiedenen Orten festgehalten (1653–1666), bevor acht von ihnen nach Japan entweichen konnten. Immerhin erhielten sie genügend Freiheiten, um einen recht positiven Eindruck von einem Land zu erhalten, das sich den konfuzianischen Traditionen verpflichtet wusste und die Selbstbescheidung des weisen Mannes zum sozialen Leitbild erhob. Wenn sich China auf den Standpunkt stellte: „Wir haben alles und brauchen nichts", so galt in Korea: „Wir haben nichts und brauchen nichts". Mehr als 200 Jahre, bis zum Ende des 19. Jahrhunderts, hielt Korea an seiner selbstgewählten Isolation fest und blieb fremden Blicken weitgehend verborgen. | Korea

Nordasien

Nordasien war im europäischen Mittelalter alles andere als ein attraktives Ziel. Man vermutete dort das Gefängnis der degenerierten Judenstämme Gog und Magog und rechnete mit deren Ausbruch in den Tagen der Apokalypse. Der verheerende Einfall der Mongolen im 13. Jahrhundert schien alle Befürchtungen zu bestätigen. Auch was Durchreisende wie Johannes de Plano Carpini (1245–1247) und Wilhelm von Rubruk (1253–1255) über endlose Steppen, eiskalte Winter und heftige Stürme erzählten, wirkte erschreckend. Marco Polo ließ sich den Nutzen der russischen Sauna erklären, aber auch für ihn war Sibirien ein „Land der Finsternis" *(la provence de oscurité)* und der Kälte. Niemand reiste gerne und freiwillig dorthin. | Sibirien

Demographie, Technik und Wirtschaft

Doch es gab gute Gründe, die Durch- oder besser Vorbeireise in Erwägung zu ziehen. Als im ganzen 16. Jahrhundert der Seeweg nach Ostasien von Portugal kontrolliert wurde, suchten Kaufleute in England und Holland nach Alternativen. Eine davon wäre die sogenannte Nordostpassage gewesen – eine Schiffsverbindung um Skandinavien herum, durch das nördliche Eismeer hindurch und schließlich in den östlichen, den Pazifischen Ozean hinein. Mehrere Gutachten wurden erstellt, die die Polarroute nach Cathay und zu den Gewürzinseln empfahlen. Sie basierten auf der Vorstellung eines offenen Polarmeers, in dem das Treibeis sich auf die Küstengewässer beschränke und während der Sommermonate dank intensiver Sonneneinstrahlung ein mildes Klima herrsche. Diese Vorstellung sollte sich als irrig erweisen. Alle Expeditionen, die von den Niederlanden zwischen 1584 und 1596 ausgeschickt wurden, scheiterten, besonders dramatisch jene, die Willem Barents nach Spitzbergen und Nowaja Semlja führte. Eines der beiden Schiffe wurde vom Packeis eingeschlossen, und man musste unter schwierigsten Bedingungen auf der Insel überwintern. Als man mit offenen Booten die Überfahrt zum Festland wagte, starb der Kapitän vor Entkräftung. Zwölf Überlebende konnten sich auf die Kola-Halbinsel retten. Nur russischen Seefahrern gelang es in der Folge, weiter nach Osten vorzudringen, und der Kosak Semjon Deschnjow (Semen Dežnev) fuhr als erster Europäer um den nordöstlichsten Zipfel Asiens, das später nach ihm benannte Kap Deschnjow (Kap Dežnev), herum (1648). Vitus Bering, Däne in russischen Diensten, erreichte von Süden her die Meeresstraße, die einmal seinen Namen erhalten sollte (1728). Die vollständige Nordostpassage – von Europa bis zum Nordpazifik – gelang allerdings erst Adolf Erik Nordenskiöld im Jahre 1878/1879.

Schwierigkeiten der Nordostpassage

Auch das Innere Sibiriens, der riesige Raum zwischen Ural und Kamtschatka (Kamčatka), wurde im 17. Jahrhundert, im Zuge der russischen Expansion und Kolonisation, erkundet. 1639, keine 60 Jahre nach Beginn der Eroberung, standen die ersten Kosaken am Ochotskischen Meer. Obwohl sie auf ihren Raub- und Beutezügen kreuz und quer durch Sibirien zogen, kann man nicht von einer bewussten Erfassung oder gar Erforschung des Raums sprechen. Das Land war erobert, aber wenig bekannt. Es sollte weitere hundert Jahre dauern, bis – 1733 – die soeben gegründete Akademie der Wissenschaften in Sankt Petersburg die „Große Nordische Expedition" ausschickte, um den ganzen nordasiatischen Raum für den Nutzen und die Interessen des russischen Staates zu erschließen. 3000 Personen waren daran beteiligt: Soldaten, Matrosen, Schiffsbaumeister, Handwerker, Dolmetscher, Maler, Kopisten sowie eine kleine Gruppe von (überwiegend deutschen) Wissenschaftlern, die Daten und Materialien zur Geographie, Ethnographie und Naturgeschichte Sibiriens sammeln sollten. Unter ihrer Anleitung trugen mehrere Geodäten Angaben über die Küsten zusammen und vermaßen den Raum. Schon nach wenigen Jahren hatten die Kosten des Unternehmens die Kalkulationen überschritten, 1743 wurde es für beendet erklärt. Es hatte nicht nur für die Entdeckung Alaskas, der Aleuten und der Kurilen gesorgt, sondern zudem die geographische Vielfalt und den natürlichen

Das Innere Sibiriens

Reichtum Sibiriens erwiesen. Das „Licht der Wissenschaft" hatte das einstige „Land der Finsternis" erfasst.

Afrika

Von Europa aus gesehen war Afrika schon immer „Dritte Welt". Mittelalterliche Weltkarten zeigen nebeneinander die drei Kontinente Europa, Asien und Afrika, letzteren allerdings als jenen Erdteil, in dem die Kinder Hams (Chams) ihre Zelte aufgeschlagen hätten. Hams Nachkommenschaft aber sei – so Genesis 9,25–27 – von seinem Vater Noah verflucht worden, den Kindern der beiden anderen Söhne Sem und Jafet zu dienen. Seit dem späten Mittelalter wurde die Versklavung schwarzer Menschen mit Noahs Fluch gerechtfertigt.

Afrika hatte somit in europäischer Sicht ein denkbar schlechtes Prestige. Über die transsaharischen Karawanenrouten gelangte zwar afrikanisches Gold in den Mittelmeerraum, und daran bestand auch Interesse. Doch nur ganz wenige Kaufleute unternahmen den Versuch, zu den Anfängen der Handelswege vorzudringen und die Herkunft des Goldes in Erfahrung zu bringen (Anselme d'Ysalguierde 1413, Antonio Malfante 1447, Benedetto Dei 1470). Die trostlose Wüstenlandschaft, die sich quer durch den Kontinent zieht, wirkte als natürliche Barriere. Machte man sich über den dahinter liegenden Raum Gedanken, drängten sich jene monströsen Gestalten ins Bild, die man von Indien her kannte, die man aber auch im Süden Afrikas vermuten durfte: Kopflose, Hundsköpfige, Großohren und andere mehr. Seit der Antike gab es den Wunsch, den Ursprung der jährlichen Überschwemmung Ägyptens zu erfahren. Doch sieht man einmal von einer erfolglosen Expedition in römischer Zeit ab, gab es bis zur Mitte des 18. Jahrhunderts keinen Versuch, die Quellen des Nils zu erforschen. Ein rheinischer Ritter namens Arnold von Harff will sie schon am Ende des 15. Jahrhunderts in den sogenannten Mondbergen entdeckt haben. Aber gerade diese Teile seiner abenteuerlichen Reisebeschreibung sind frei erfunden. Das Hörensagen ersetzte hier wie bei anderen Autoren, die etwas über Afrika schrieben, die Autopsie.

| Europas Bild von Afrika

Auch die portugiesischen Seefahrer begnügten sich mit dem Sklavenhandel an den Küsten (s. S. 137–139) und legten auf das Innere des Kontinents keinen Wert. Als sich immer deutlicher das Fernziel Indien abzeichnete, wurden die afrikanischen Häfen vollends zu Durchgangsstationen der indischen Fahrten. Oft wurden sie aus nautischen Gründen weiträumig umfahren. Nur die Küstenstriche wurden „entdeckt", die Umrisse des Kontinents kartographisch erfasst, die Bewohner der küstennahen Gegenden oberflächlich kontaktiert. Die Holländer, die seit dem 17. Jahrhundert die Portugiesen als dominierende Handels- und Seefahrernation ablösten, verhielten sich nicht anders. Nur einem Volk wurde ein gewisses Interesse entgegengebracht: dem Volk der Khoikhoi, im Volksmund (wegen ihrer angeblich ganz und gar unverständlichen Sprache) „Hottentotten", „Stotterer" genannt. Ausführliche Beschreibungen, detaillierte Beobachtungen und sogar eine

| Kaum Interesse an Afrika

"Monographie" (Peter Kolb 1719) wurden ihnen gewidmet. Denn die körperlichen Eigenheiten der Khoikhoi (rituell verstümmelte Finger, Hodenextirpation und die sogenannte Hottentottenschürze, Steatopygie [Fettsteiß] erst später), Essgewohnheiten (Tierdärme angeblich samt Inhalt), Kleidung und Schmuck (Felle, Nacktheit, aufgeblasene Rinder- und Schafsdärme als Hals- oder Armbänder) sowie das vermeintliche Fehlen jeglicher Religion beeindruckten alle Besucher und faszinierten sie bis zu einem gewissen Grad. Doch der Reiz des Exotischen, der aus ihren Kommentaren spricht, ging fast immer in Entrüstung über, und das „viehische", „säuische", „unflätige" Leben der „Hottentotten" stand in geradezu typologischem Kontrast zu den Reichtümern, die die Reisenden am Ziel ihrer Reise, in Indien, erhofften. Die Grenze zum Menschsein schien bei den „Hottentotten" überschritten, und die Berichte von ihnen bekräftigten, was man immer schon von Afrika hielt.

Die Khoikhoi bzw. „Hottentotten"

Nur an einer Stelle hellte sich das Bild etwas auf. Seit dem 15. Jahrhundert wurde das Reich des Priesterkönigs Johannes meistens nicht mehr in Indien, sondern im Nordosten Afrikas vermutet. Die vage Kenntnis eines christlichen Landes, gesichert durch mehrere Gesandtschaften, die bei der römischen Kurie eintrafen, hatte dazu den Anlass gegeben. Portugal wollte den Umstand für seine großräumigen Pläne ausnützen und schickte einen Kundschafter, der den gesamten Raum zwischen Ägypten, Mosambik (Moçambique) und Indien ausforschte und schließlich nach Äthiopien kam (Pero de Covilhã, 1487–1490). Er kehrte aber nicht nach Europa zurück, sondern wurde 30 Jahre später von einer portugiesischen Gesandtschaft am Hof des Negus gefunden. Der viel gelesene Bericht aus der Feder des Kaplans der Gesandtschaft handelt ausführlich von den Zuständen im Reich des „Priesters Johannes" und zeigt, wie zwei christliche Reiche einander auf Augenhöhe begegnen konnten. Der Kontakt hielt ein ganzes Jahrhundert, und Äthiopien war das einzige schwarzafrikanische Land, für das sich – wegen seines Christentums – das frühneuzeitliche Europa interessierte. Der ganze Rest des Kontinents lag in der Ferne, ohne reizvoll zu sein, und blieb lange Zeit im Schatten des Indienhandels, also im Dunkeln. Die eigentliche Erforschung Afrikas sollte erst im 19. Jahrhundert erfolgen.

Das Reich des Priesterkönigs Johannes

Die beiden Amerikas

„Amerika" und „Neue Welt" sind heute Synonyme, und die Auffindung zunächst der Karibischen Inseln, dann des Festlands dahinter gilt als Entdeckung im eigentlichen Sinn des Wortes. Dass schon 500 Jahre vorher wikingische Seefahrer von Grönland nach Neufundland fuhren und dort, in „Vinland", für eine Weile eine Siedlung unterhielten, spielt – weil alles so folgenlos blieb – zu Recht keine Rolle. Auf keinen anderen Erdteil scheint der Begriff der „Neuen Welt" so genau zu passen wie auf den amerikanischen Doppelkontinent. Doch das 16. Jahrhundert ging großzügiger mit dem Etikett um und legte sich geographisch nicht fest. Auch die Entdeckungen in Asien und Afrika konnte man als neue, andere, unbekannte Welten beschreiben.

Außerdem stand keineswegs fest, dass sich die amerikanischen Entdeckungen so grundsätzlich von den anderen unterschieden. Kolumbus bestand darauf, nicht an völlig unbekannte Küsten, sondern an die indischen, chinesischen, asiatischen gesegelt zu sein, also tatsächlich im Westen den Osten gefunden zu haben. Dafür gab es Indizien und Argumente, und nicht wenige Zeitgenossen ließen sich von den Kalkulationen des Entdeckers überzeugen. Deshalb wurden Namen und Bezeichnungen wie „Westindien", „Indios" und „Indianer" auf Amerika übertragen und blieben an ihm hängen. Auch hier mischte sich Vorwissen kräftig in die Wahrnehmung ein. Doch während europäische Entdeckungsgeschichte in Asien darauf hinauslief, ältere Traditionen mit neueren Erkenntnissen zu identifizieren, kam es in Amerika darauf an, neues Wissen von den ersten Gleichsetzungen zu lösen. Wie und in welchem Umfang das zu geschehen habe, war zunächst noch umstritten. Die Einsicht in die geographische und damit auch historische, ethnische, kulturelle Eigenständigkeit Amerikas war ein gedanklicher Prozess, der sich über längere Zeit hinzog und erst mit der Annahme einer Wasserstraße im Nordwesten, der „Straße von Anian" zwischen Sibirien und Alaska (1561), zum Abschluss kommen sollte.

Aus verschiedenen Gründen lag es nahe, zunächst nur den Verlauf der amerikanischen Küsten zu erkunden. Man hatte Städte, Häfen, Handel erwartet und nur Dörfer, Buchten, nackte, wenn auch „edle Wilde" gefunden. Die tropische Vegetation wirkte bezaubernd, aber der dichte Urwald im Hinterland nicht eben einladend. Man suchte die Durchfahrt, um zu jenen Orten weitersegeln zu können, bei denen die Reichtümer Asiens vermutet wurden. Kolumbus verbrachte mehrere Monate damit, die mittelamerikanische Küste zwischen Honduras und Panama abzusuchen, die Passage zum Ganges immer vor Augen (1502/1503). Doch der Erfolg wollte sich nicht einstellen. Entmutigt, von schlechtem Wetter zermürbt und durch die Einheimischen bedrängt, musste er aufgeben. Die letzte seiner vier Reisen in der Karibik war in jeder Hinsicht ein Desaster. | Die mittelamerikanische Küste

Weiter östlich, zwischen Maracaibo und der Mündung des Orinoco, hatte ein früherer Offizier des Kolumbus, Alonso de Ojeda, die Küste erkundet. Reichtümer gab es auch hier nicht; aber man belud die Schiffe mit Farbholz und glaubte, sich in Asien zu befinden. Trotzdem erhielt die Gegend einen neuen Namen: „Venezuela" („Klein-Venedig"), weil einige pittoreske Pfahlbauten dort standen. Den Einfall hatte ein Italiener, Amerigo Vespucci, der bei der Erforschung der südamerikanischen Küste eine gewisse Rolle spielte und schließlich dem ganzen Kontinent seinen Namen geben sollte. Er stammte aus Florenz und lebte als Bankkaufmann in Sevilla, bevor er 1499 nach Amerika ging. Seiner eigenen Aussage zufolge nahm er an vier Entdeckungsreisen teil. In Wirklichkeit waren es nur zwei, die eine unter Ojeda, die andere – nachdem er die Seiten gewechselt hatte – auf dem Schiff des portugiesischen Kommandanten Gonçalo Coelho. Denn die Flotte, die unter Pedro Álvares Cabral nach Indien fuhr, war durch Zufall auf den östlichsten Teil | Amerigo Vespucci

Demographie, Technik und Wirtschaft

Südamerikas gestoßen. Seitdem hatte Portugal dort Interessen und später eine Kolonie, das heutige Brasilien, benannt nach dem wertvollen Brasilholz, das man dort fand.

Coelho sollte die Ausdehnung und den Nutzen der neuen Besitzungen erkunden. Wie weit er kam, ist umstritten. Sicher erreichte er am Neujahrstag des Jahres 1502 jene weite Bucht, die seitdem den Namen „Rio de Janeiro" trägt. Alles Weitere wird durch Vespuccis Angaben vernebelt. Seine Rolle an Bord wird bescheiden gewesen sein. Doch in seinen publizierten Berichten stellte er sich ganz in den Mittelpunkt des Geschehens. Er verstand es, durch spektakuläre Details die Vorlieben seiner Leser zu bedienen und durch eine geschickte Vermarktung seiner Schriften, durch vollmundige Überschriften und attraktive Illustrationen, die öffentliche Aufmerksamkeit auf sich und seine angeblichen Erlebnisse zu ziehen. Vor allem seine Erzählungen von Nacktheit und Kannibalismus bei den Wilden wurden in Europa als Sensation aufgenommen. Da er behauptete, bis zum 50. Breitengrad nach Süden, also über den Río de la Plata hinaus fast bis nach Feuerland, vorgedrungen zu sein, beanspruchte er einen Platz in der amerikanischen Entdeckungsgeschichte, der ihm nicht zustand. Das Verdienst des Kolumbus wurde dadurch aus dem allgemeinen Bewusstsein verdrängt, und Vespucci trat an dessen Stelle. Die Geschichte seines Erfolgs ist ein Beispiel dafür, wie Marketing über Leistung triumphiert.

Weit weniger spektakulär fiel die Erforschung der nordamerikanischen Küsten aus. Hier gab es keinen Kolumbus, keinen Vespucci, kaum (edle oder unedle) Wilde, sondern nur weite Wälder, primitive Siedlungen und reiche Fischgründe. *Baccalaos*, „Kabeljau-Land", wurde Neufundland von seinen portugiesischen Entdeckern genannt. Es lohnte sich nicht, hier lange zu verweilen. Die Italiener Giovanni Caboto (1497) und Giovanni da Verraz(z)ano (1524, 1528), der Portugiese Gaspar Corte-Real (1500), der Spanier Esteban Gómez (1524/1525) und der Franzose Jacques Cartier (1534) – sie alle wollten nach Cathay in Ostasien und sahen sich durch die amerikanische Landmasse behindert. Deren Ausmaße wurden allmählich bewusst und die Küsten kartiert. Aber die Versuche, etwa über den Sankt-Lorenz-Strom die Durchfahrt zu finden, waren erfolglos, und das Interesse erlahmte. Nur in England und den Niederlanden blieb der Gedanke an die Nordwestpassage lebendig. Zahlreiche Expeditionen wurden bis zum Beginn des 17. Jahrhunderts ausgeschickt, um noch weiter nördlich den Küstenverlauf zu erkunden und dort endlich eine eisfreie Durchfahrt zu eruieren. So viel neues Land wurde dabei entdeckt, dass die Örtlichkeiten nach den Entdeckern benannt wurden: „Frobisher Strait" und „Frobisher Bay" nach Martin Frobisher (1576–1578), „Davis Strait" nach John Davis (1585–1587), „Hudson Strait" und „Hudson Bay" nach Henry Hudson (1610), „Baffin Bay" nach William Baffin (1616), „Foxe Basin" nach Luke Foxe (1631). Doch der eigentliche Zweck der Expeditionen wurde nicht erfüllt. Unüberwindlich schienen die natürlichen Hindernisse, die sich in den Weg stellten: die Kälte, das Packeis, die komplizierte Geographie. Noch im 19. Jahrhundert scheiterten Expeditionen tragisch (besonders John Franklin 1845–1848). Erst dem Norweger Roald Amundsen gelang das

Erforschung der nordamerikanischen Küsten

Kunststück (1903–1906) (s. Beitrag „Am Rand der Oikumene – Zur Urgeschichte uns fremder Menschen" in Band I).

Im Februar 1517 fuhren drei spanische Schiffe von Kuba nach Westen, um die gegenüberliegende Küste zu erkunden. Sie landeten bei der Halbinsel Yucatán und kamen mit der dort noch blühenden Maya-Kultur in Kontakt. Über deren Entwicklungsstand, über Gold, feste Häuser, Maisfelder und Kleidung aus Baumwolle wurden begeisterte Berichte nach Kuba geschrieben. Eine zweite Expedition im darauf folgenden Jahr bestätigte deren Tenor. Erstmals waren die Spanier mit einer indianischen Hochkultur in Berührung gekommen und sahen ihre Hoffnungen auf eine goldene Zukunft sich endlich erfüllen. Eine dritte Expedition unter Hernán Cortés sollte weitere Klarheit bringen; aber sein Ehrgeiz trieb ihn an, die Eroberung des Festlands auf eigene Faust zu versuchen. Ziel des Unternehmens waren jedoch nicht die Maya-Städte auf Yucatán, sondern das viel mächtigere Aztekenreich und dessen Hauptstadt Tenochtitlán auf dem mexikanischen Hochland. Deren Größe und Bedeutung hatten indianische Gewährsleute beschrieben. | *Die Halbinsel Yucatán*

Mit der Zerstörung des Aztekenreichs durch Cortés (1519–1521) ging die Erkundung der Inseln und Küsten in die Conquista, die Eroberung großer Teile des amerikanischen Kontinents, über. Der Erfolg des Unternehmens war sensationell, die Beute immens. Nur durch die Zerstörung des Inkareichs in Peru, wenige Jahre später von Francisco Pizarro inszeniert, wurde Cortés übertroffen. Beide Feldzüge wurden durch glückliche Umstände begünstigt, erwiesen die Überlegenheit der spanischen Waffen und erweiterten den geographischen Horizont der Eroberer beträchtlich. Als Vizekönigreiche Neu-Spanien und Peru gingen die neuen Besitzungen in das spanische Kolonialreich ein (s. S. 135, 198 f.). | *Neu-Spanien und Peru*

Von Mexiko und Peru aus wurden weitere Expeditionen organisiert. Cortés schickte Truppen nach Yucatán und auf den Isthmus bei den heutigen Staaten Honduras, Guatemala, Costa Rica, Nicaragua und El Salvador. Ein Ergebnis war die Unterwerfung der Maya-Fürstentümer, ein anderes die Feststellung, dass Yucatán keine Insel sei, wie man lange vermutet hatte. Nach Norden wurde die Pazifikküste bis in den Golf von Kalifornien erkundet. Cortés selbst nahm daran teil. Nach wie vor hoffte man, eine Passage durch die Landmasse zu finden und endlich die direkte Verbindung zwischen Europa und den Märkten Asiens zu entdecken. Einige Konquistadoren drangen in das Hinterland, zum Colorado River und zum Grand Canyon (García López de Cárdenas 1540) vor, in den Llano Estacado (Francisco Vásquez de Coronado 1540) oder die Ausläufer der Rocky Mountains (Juan de Oñate 1598–1608). Doch sie alle wurden durch die Unwirtlichkeit der Landschaften und die Bescheidenheit der Siedlungen enttäuscht. Der Südwesten der heutigen Vereinigten Staaten schied daher aus den Plänen der spanischen Kolonialpolitik aus. | *Der Südwesten der heutigen USA*

Auch die Eroberung Perus zog weitere Feldzüge nach sich. Denn mit Pizarros Handstreich gegen den Inka Atahualpa war das riesige Reich noch lange nicht unterworfen. Widerstandsnester hielten jahrzehntelang aus (am berühmtesten die Hochgebirgsfestung Machu Picchu). Erst recht die nördlichen und südlichen Provinzen blieben zunächst unbehelligt und unerforscht. Nur allmählich wurde den Spaniern bewusst, wie groß das Reich und wie bedeutend die Zivilisation war, die sie fast mühelos besiegt hatten. Sebastián de Belalcázar, Pedro de Alvarado und Diego de Almagro unterwarfen die nördlichen Reichsteile um Quito, Almagro und Pedro de Valdivia rückten nach Süden bis ins heutige Chile vor. Gonzalo Pizarro, Halbbruder des Konquistadors, überschritt von Quito aus die Anden und kam zum Quellgebiet des Amazonas, der damals noch Marañón hieß. Als die Expedition sich im Urwald verlief, führte einer der Offiziere, Francisco de Orellana, die sich auflösende Truppe zum Mündungsdelta und von dort bis zur Insel Cubagua im heutigen Venezuela. Krankheiten, Hitze, Hunger, Orientierungslosigkeit und feindselige Indiostämme setzten ihr zu (1541/1542).

Weitere Feldzüge

Sie alle trieb ein Motiv an: jener Hunger nach Gold, den ihre indianischen Opfer nur mit Verwunderung und Spott registrieren konnten. „Wie hungrige Schweine waren sie gierig nach Gold" – so kommentierte voller Verachtung ein Azteke das Verhalten der Spanier. Da die Gier nirgends Befriedigung fand, entstand der Mythos von „El Dorado", dem „vergoldeten Mann", der in einem Land Cundimarca lebe und täglich mit Öl eingerieben, dann mit Goldstaub bepudert werde. Jeden Abend fahre er zu einer Lagune, um sich den Staub vom Leibe zu waschen. Wie viel Wirklichkeit auch immer hinter der Erzählung gesteckt haben mag – der „vergoldete Mann" wurde zum Symbol für eine Sucht, der fast alle Konquistadoren verfielen. Schon Kolumbus, Cortés und Pizarro waren dem Lockruf des Goldes gefolgt; doch als die Legende in der Welt war, wurde die Gier zur Manie. Es gab kaum eine Landschaft in Südamerika, die nicht mit „El Dorado" in Verbindung gebracht wurde, und schließlich übertrug sich der Name von der Person auf die Geographie. „Eldorado" wurde zum irdischen (*per definitionem* nicht erreichbaren) Paradies.

Gier nach Gold

Überhaupt stellte sich Amerika als ein Tummelplatz der Mythen heraus. Erstens gab es einheimische, die – wie die vom Dorado – den Fremden erzählt wurden. Coronado folgte dem Gerücht von den Sieben Städten von Cibola und war maßlos enttäuscht, als er nur ein kleines, übervölkertes Dorf fand. Später hörte er von einer Fabelstadt Quivira; doch auch sie entpuppte sich als Schimäre. Den Informanten erschlug man. Zweitens glaubten die Europäer, sichere Indizien, wenn nicht sichtbare Beweise für die Existenz jener Wundervölker und wunderbaren Erscheinungen zu besitzen, die man gemeinhin in Indien vermutete. Schließlich meinten nicht Wenige, sich irgendwo in Asien zu befinden. Spuren von Giganten wurden auf Trinidad, Giganten selbst in Patagonien gesichtet, Kopflose in Guayana, Anthropophagen ohnehin überall. Juan Ponce de León fahndete auf Florida nach dem Jungbrunnen (1513), den der spätantike »Alexanderroman« in Indien lokalisiert hatte, und Orellanas Truppe wurde in Brasilien von streitbaren Frauen angegriffen, die man ohne Weiteres als asiatische Amazonen identifizierte. Der Fluss, bei dem das geschah, heißt seitdem Amazonas.

Tummelplatz der Mythen

Die Wunder sollten nie völlig verschwinden. Hatte man sie hier nicht gefunden, tauchten sie unvermutet woanders wieder auf. Die Konquistadoren machten dieselbe Erfahrung wie Enea Silvio Piccolomini (Papst Pius II., 1405–1464), als er an ganz anderem Ort einen ähnlichen Mythos enträtseln wollte: *didicimus miracula semper remotius fugere* – „wir haben gelernt, dass die Wunder immer weiter zurückweichen". Auch die Erforschung Amerikas blieb ein schwieriges Geschäft, zumal der Doppelkontinent in beiden Richtungen kein Ende nehmen wollte und zu vielfältigen Spekulationen geradezu einlud.

Südsee und Australien

Der Pazifische, der Stille Ozean kam im Weltbild der Antike und des Mittelalters nicht vor. Der Name unterschätzt seine Gewalt und wurde aus einer Augenblicksstimmung geboren. Die etwas ältere Bezeichnung „Südsee" *(Mar del Sur)* scheint angemessener, sagt aber nichts über deren Ausdehnung bis in den Norden unter dem Pol. Damit konnte vorerst niemand rechnen. Als der spanische Abenteurer Vasco Núñez de Balboa als erster Europäer den Pazifik vor sich sah (1513), vermutete er eine Vielzahl von Inseln in ihm. Tatsächlich besitzt kein anderer Ozean solche Mengen davon. Es sollte mehrere Jahrhunderte dauern, bis sie alle aufgespürt, geographisch verortet und (neu) benannt waren. Nur einen schwachen Begriff davon erhielt Ferdinand Magellan (port. Fernão de Magalhães, span. Fernán Magallanes), als er mit ursprünglich fünf Schiffen und 265 Mann Besatzung die Umrundung der Erde und darin eingeschlossen die Überfahrt über den Pazifik unternahm. Die Fahrt entlang der südamerikanischen Küste bis zum „Kap der 11.000 Jungfrauen" *(Cabo Vírgenes)* zog sich hin, die gefährliche Passage durch die von Magellan entdeckte und nach ihm benannte Meeresstraße dauerte sieben Wochen. Doch die größten Strapazen brachte die Weiterfahrt in zunächst nördlicher, dann nordwestlicher Richtung. Niemand rechnete mit 99 Tagen ununterbrochenen Segelns. Erst bei den Marianen stieß man auf Land und fand mit den Philippinen jene unendliche Vielzahl südostasiatischer Inseln, von denen Marco Polo gut zwei Jahrhundert früher erzählt hatte.

Über das geographische Verhältnis Amerikas zu Asien war damit noch gar nichts entschieden. Denn Magellan hatte den südlichen, nicht den nördlichen Pazifik durchquert. Aber obwohl er selbst auf Cebú von Einheimischen erschlagen wurde und am Ende nur 15 Mitglieder der ursprünglichen Mannschaft nach Spanien zurückkehrten, hatte sein Unternehmen den wirklichen – wenn auch damals nicht exakt messbaren – Umfang der Erde erwiesen und eine schiffbare Verbindung zwischen Amerika und Asien gefunden. Später kamen mehrere alternative Routen dazu, darunter auch eine, die von Mexiko ausging (Álvaro de Saavedra Cerón 1527). Der umgekehrte Weg dagegen blieb lange Zeit unklar. Erst 1565 gelang viel weiter nördlich – unter Ausnutzung der dort zuverlässig wehenden Westwinde – die Rückfahrt von den Philippinen nach Mittelamerika (Andrés de Urdaneta). Seitdem kam ein reger interkontinentaler Warenaustausch in Gang: Über Manila, das bis

| Verbindung zwischen Amerika und Asien

zur Mitte des 17. Jahrhunderts die Größe Wiens erreichte, wurden chinesische Waren nach Mexiko und von da nach Europa verschifft, im Gegenzug gelangte ein Teil des südamerikanischen Silbers nach China. Außerdem wurde deutlich, dass der Pazifische Ozean viel weiter nach Norden reichte, als man ursprünglich annahm. Der Gedanke an eine breite Landverbindung zwischen Nordamerika und Ostasien schwand zügig dahin. Es ist sicher kein Zufall, dass um die gleiche Zeit die „Straße von Anian" (die spätere Beringstraße) erdacht wurde, die in der Vorstellung der Europäer nunmehr die beiden Kontinente voneinander trennte.

Auch im Süden des Pazifischen Ozeans wurde zunächst eine kompakte Landmasse vermutet. Der Gedanke, dass sich dort vor allem Wasser und kein Gegengewicht zu Eurasien befinden könnte, schien wenig plausibel. Die Kartenmacher des 16. und 17. Jahrhunderts zeichneten daher regelmäßig eine *terra australis incognita* („unbekanntes Südland") rund um den Pol, teilweise mit Angaben, die noch von Marco Polo herstammten, teilweise mit neueren Informationen besetzt. Wieder einmal verbanden sich Hoffnungen auf reiche Goldfunde damit. Da es aber ein solches Goldland nicht gab, wurde es trotz angestrengter Bemühungen auch hier nicht ge-

Der Süden des Pazifiks | funden. Stattdessen tauchten immer neue Inselgruppen und schließlich auch die Umrisse des australischen Kontinents (zunächst Neu-Holland geheißen, weil die ersten Entdecker in Diensten der VOC standen) mitsamt den vorgelagerten Inseln Tasmanien, Neuseeland und Neuguinea aus dem Ozean auf. Dies alles schien jedoch so wenig Gewinn abzuwerfen, dass die VOC die Erkundungsfahrten um die Mitte des 17. Jahrhunderts einstellte. Auch ein neuerliches Wettrennen, das die Kolonialmächte England und Frankreich seit 1763 um die *terra australis* begannen, erwies sich bald als „Wettlauf um ein Phantom" (Eberhard Schmitt). Spätestens mit James Cooks großen Reisen im südlichen Pazifik (1768–1771, 1772–1775) wurde deutlich, dass es jenseits des australischen Festlands kein größeres gab und dass dieses selbst bestenfalls zur Sträflingskolonie taugte. Im Übrigen wurden Cooks Forschungsfahrten so sehr vom Geist der Aufklärung getragen und so sehr von wissenschaftlichem Ehrgeiz bestimmt, dass sie in einem anderen Zusammenhang behandelt werden sollten (s. Band V).

Umgekehrte Entdeckungsreisen?

Gab es nicht auch Entdeckungsreisen in umgekehrter Richtung? Reisen, die von Bewohnern Asiens, Afrikas, Amerikas oder der Südsee in vorkolonialer Zeit aus eigenem Antrieb unternommen wurden und nach Europa führten? Reisen, die das in ihren Heimatländern gültige Weltbild beeinflussen konnten? Der Gegenstand ist nicht oft behandelt worden und gehört nicht zum Kanon der entdeckungsgeschichtlichen Literatur. Im Hintergrund steht Max Webers Frage nach den Ursachen für die Dominanz Europas beziehungsweise der europäischen Lebensweise in der heutigen Welt. Zu ihrer Beantwortung kann die Behandlung der „umgekehrten Entdeckungsreisen" etwas beitragen. Die Zahl der Fälle ist bemerkenswert, ihr Aussagewert allerdings jeweils begrenzt. Fünf Beispiele mögen daher genügen.

Im Jahre 1278 machten sich zwei nestorianische Mönche aus der Nähe von Peking auf den langen und beschwerlichen Weg nach Jerusalem. Der eine, Rabban Sauma, war schon über 50 Jahre alt und von Geburt ein Uigure, der andere, Markos, stammte aus dem türkisch-mongolischen Volk der Önggüt und war Rabban Saumas Schüler. Von der Reise nach Jerusalem erhofften sie sich geistliche „Schätze". Sie kamen aber nie an ihr Ziel, sondern gerieten in die Wirren der nahöstlichen Politik. Markos wurde als Mar Jaballaha III. zum Katholikos der nestorianischen Kirche berufen, Rabban Sauma als Gesandter des Ilkhans Arghun an die europäischen Höfe geschickt, um ein Bündnis gegen die Mamluken zu arrangieren. 1287/1288 war er in Europa unterwegs, traf den byzantinischen Kaiser Andronikos II. in Konstantinopel, Philipp den Schönen von Frankreich in Paris, den englischen König Eduard I. in Bordeaux und Papst Nikolaus IV. in Rom. Er sah den feuerspeienden Ätna auf Sizilien, eine Seeschlacht in der Nähe von Neapel, ließ sich die Verfassung der Stadt Genua erklären und wurde durch die schiere Menge der Pariser Studenten (angeblich 30.000!) beeindruckt. Er musste den Kardinälen Rede und Antwort stehen, durfte eine Messe in Gegenwart des Papstes zelebrieren und staunte angesichts der Reliquien und Bauwerke in Rom. Über seine Erlebnisse verfasste er einen autobiographischen Bericht, der einem unbekannten Autor als Vorlage für eine Lebensbeschreibung diente. Da das Werk in gelehrtem Syrisch für die Zwecke der nestorianischen Kirche geschrieben war, diese aber bald darauf verfiel, geriet es bis zum ausgehenden 19. Jahrhundert vollständig in Vergessenheit.

Zwei nestorianische Mönche

Zwischen 1405 und 1433 fuhren sieben chinesische Großflotten in den Indischen Ozean ein. Kaiser Yongle (1403–1424) hatte ein gigantisches Schiffsbauprogramm aufgelegt, um den Suprematieanspruch des durch die Ming-Dynastie erneuerten chinesischen Reiches auch auf den Ozeanen zur Geltung zu bringen. Jede der Flotten bestand aus mehreren hundert Dschunken, war mit tausenden Matrosen, Soldaten, Bürokraten, Technikern usw. besetzt und mit „Feuerwaffen" (Kanonen? Minen? Wurfgeschosse?) bestückt. Besonders die sogenannten Schatzschiffe, Großtransporter von angeblich riesigen Ausmaßen, erregten Aufsehen. Doch weiß man wenig Konkretes über deren Größe (s. S. 41). Das Kommando hatte ein muslimischer Eunuch aus Südwestchina namens Zheng He, der zuvor in der Zivilverwaltung und am Kaiserhof gedient hatte. Weitere Hofeunuchen standen ihm zur Seite.

Sieben chinesische Großflotten

Nur rätseln kann man über die genauen Motive der kaiserlichen Regierung. Vielleicht spielten geostrategische Konzepte eine Rolle. Aber wahrscheinlich genügte es, im Indischen Ozean Flagge zu zeigen und die Interventionsfähigkeit der chinesischen Flotte zu demonstrieren. An verschiedenen Stellen griff sie tatsächlich ein. Ihr Aktionsradius reichte bis zum Horn von Afrika, Malindi an der ostafrikanischen Küste und Dschidda (Djidda) am Roten Meer. Bevorzugte Ziele aber waren Südostasien, die indische Westküste und Hormus am Eingang zum Persischen Golf. Die besuchten

Länder schickten willfährig Tributgesandtschaften nach China. Dass die chinesischen Schiffe um Afrika herum nach Amerika und Europa gefahren seien und in Italien die Renaissance angestoßen hätten, ist dagegen barer Unsinn. Die Erkundung der Welt war nicht ihre Aufgabe. Vielmehr verbanden sie mit den politischen Absichten ökonomische Ziele im Indischen Ozean. Zheng Hes Flotten nahmen den Handel mit Luxuswaren (chinesische Seide gegen indische Gewürze, tropische Hölzer, Medicinalia und exotische Tiere) in die eigene Hand. Wie später die Portugiesen legten sie Depots an den wichtigsten Verkehrsknotenpunkten an und trieben wie diese bewaffneten Handel.

Noch rätselhafter sind die Vorgänge, die zum Abbruch der Seefahrten führten. Nach Yongles Tod fand nur noch eine einzige (allerdings besonders ambitionierte) Expedition statt. Danach zog sich China ganz vom Indischen Ozean zurück. Vielleicht waren die (auch logistisch) anspruchsvollen Unternehmungen schlicht zu teuer, zu aufwendig, nicht rentabel genug, vielleicht spielten die Bedrohung aus dem Norden und die Verlegung der Hauptstadt von Nanking nach Peking die entscheidende Rolle. Hätte sich der Kaiserhof anders entschieden, wäre die Weltgeschichte womöglich anders verlaufen. So aber blieb Chinas maritimes Abenteuer nur eine glanzvolle Episode. Doch die Erinnerung blieb. Drei Teilnehmer – Ma Huan, Fei Xin und Gong Zhen – berichteten ausführlich über die Fahrten, und auch in den Reichsannalen schlugen sich deren Ergebnisse nieder. In Südindien erzählte man noch lange von den chinesischen Schiffen, und in China wurde Zheng He durch Dramen und Erzählungen zur literarischen Gestalt. In Malakka wird er bis auf den heutigen Tag quasi göttlich verehrt.

Als die Mission der Jesuiten in Japan so erfolgreich wie nirgendwo sonst war, lag es nahe, damit in Europa zu werben. Man brauchte Geld, neues Personal und Anerkennung für die Richtigkeit des eigenen Vorgehens. Gleichzeitig hofften die Jesuiten, durch eine Gesandtschaft nach Europa die Stellung des Christentums in Japan verbessern und neue Gläubige gewinnen zu können. Vier adelige Jugendliche im Alter von 13 bis 15 Jahren wurden ausgewählt, um mit kleinem Gefolge nach Europa zu fahren. Die Reise dauerte alles in allem acht Jahre, von 1582 bis 1590, und führte über Indien und Afrika nach Portugal und Spanien, von da nach Rom, Venedig und Mailand und auf ähnlichem Weg wieder zurück. Höhepunkte waren der Besuch bei Philipp II. in Madrid, der Empfang der Gesandten durch die römische Kurie und ihr triumphaler Einzug in Venedig. Die Japaner sollten den spanischen Königshof kennen lernen und die Kultur der Renaissance in Italien auf sich einwirken lassen. In Rom war der Eindruck am tiefsten. Sie hätten zu Hause darüber berichten sollen. Doch dazu kam es nicht mehr, weil in Japan bald Christenverfolgungen einsetzten und die Missionare in den Untergrund gingen. Zwar fuhren später noch einige japanische Christen nach Rom, aber die erhoffte Breitenwirkung blieb aus und der Kontakt zum katholischen Europa riss ab. Nur zwei Kartenwerke, die die Gesandten aus Padua mitgebracht hatten, übten einen gewissen Einfluss in Japan aus.

Vier japanische „Fürstensöhne"

Auch Chinesen kamen dank der Jesuitenmission nach Europa, sei es, um die

Werbung für die Mission zu unterstützen, sei es, um ihre Ausbildung fortzusetzen, sei es als Assistenten von Geistlichen, die zu Hause ihre chinesischen Studien fortsetzen wollten und dazu die Hilfe von Muttersprachlern brauchten. Michael (Michel) Shen Fuzong begleitete 1680 einen Jesuiten nach Paris, London und Oxford, Arcadio Huang kam 1702 nach Paris. Allerdings starb der eine auf dem Rückweg, der andere heiratete, fand Arbeit in der Königlichen Bibliothek und blieb bis zu seinem frühen Tod in Paris. Was sie unterwegs und in Europa erlebt hatten, kam niemandem in China zur Kenntnis. Erst Luigi Fan Shouyi kehrte 1720 in die Heimat zurück, nachdem er in Rom den Papst gesehen, danach Latein studiert und die Priesterweihe erhalten hatte. Über seine Erfahrungen und die Länder, in die er gekommen war, erstattete er mündlich und schriftlich am Kaiserhof in Peking Bericht. Da er über Kanton eingereist war, sprachen sich dort seine Erlebnisse herum. Ein anderer chinesischer Christ, ein einfacher Pförtner am Sitz der Propagandakongregation in Kanton mit Namen Johannes Hu, ließ sich davon anregen, wollte ebenfalls den Papst sehen und nutzte die Gelegenheit, mit einem heimreisenden Pater nach Europa zu fahren. Dort allerdings kam er mit den Verhältnissen nicht zurecht, fühlte sich einsam und isoliert und legte immer häufiger ein auffälliges Verhalten an den Tag. Schließlich verbrachte er zweieinhalb Jahre in der Irrenanstalt von Charenton nahe bei Paris. Nach seiner glücklichen Befreiung kehrte er 1726 nach Kanton zurück und beklagte sich lauthals über die schlechte Behandlung, die ihm in Europa zuteil geworden war. Wenn seine europäischen Erfahrungen überhaupt einen Eindruck in China hinterließen, dann war es kein guter.

Chinesen in Europa

James Cooks zweite Weltreise führte erneut nach Tahiti. Bei der Heimfahrt schloss sich der Mannschaft ein Einheimischer an, der es auf Tahiti nicht mehr aushielt. Er nannte sich Omai und glaubte, wegen seiner ungewöhnlich breiten Nasenflügel verspottet zu werden. Von einem Aufenthalt in England erhoffte er sich höheres Ansehen. Sein Wunsch war insofern überraschend, als man in Europa die erst vor wenigen Jahren entdeckte Insel für ein irdisches Paradies hielt, bewohnt von glückseligen „Menschen ohne Laster, ohne Vorurteile, ohne Bedürfnisse, ohne Zwist" (Philibert Commerçon, 1769). Dass es auch im Paradies Konflikte geben könnte, war der Allgemeinheit nicht bewusst. Omai war der erste Südsee-Insulaner in England und wurde als „edler Wilder" begeistert begrüßt. Das Südsee-Fieber grassierte, und Omai galt als lebendiges Beispiel für eine ideale Gesellschaft. Er wurde in den vornehmsten Kreisen herumgereicht, in populären Zeitschriften vorgestellt, von Joshua Reynolds und Nathaniel Dance porträtiert. Er erhielt eine Wohnung gestellt und von König Georg III. ein Schwert zum Geschenk. Wenn er sich galant gegenüber Damen benahm, wurde es mit besonderem Interesse vermerkt. Nach fast zwei Jahren kehrte Omai nach Hause zurück. Zum Abschied wurde er mit Geschenken überhäuft, und Cook baute ihm ein europäisches Haus auf Tahiti. Damit hätte er auf lange Zeit sein Renommee sichern können. Doch Omai verschleuderte seine Habe, legte sich falsche Freunde zu und verstarb schon nach wenigen Jahren. Am Ende war sein Erfolg in London dauerhafter als in der Südsee.

Der Südsee-Insulaner Omai

Die Beispiele zeigen, dass die „umgekehrten Entdeckungsreisen" sich mit den europäischen nicht gut vergleichen lassen. Selten handelte es sich um groß angelegte Unternehmungen, sondern in den meisten Fällen ergaben sie sich aus individuellen Initiativen und blieben auf einem beschränkten Niveau. Oft ging der Anstoß von Europa aus, und die außereuropäische Welt reagierte. Hu, Omai und die vier jungen Japaner wandelten in Spuren, die Reisende aus Europa gelegt hatten. Nähme man die erzwungenen Reisen hinzu, die vor allem von Bewohnern Amerikas und Afrikas ertragen werden mussten, die zahllosen Fälle von Menschenraub und Sklaverei, dann träte die Dominanz der Europäer noch deutlicher hervor.

<small>Beurteilung dieser Entdeckungsreisen</small>

Ganz selten kam dabei eine so beeindruckende „interkulturelle" Karriere wie die des Arabers al-Hasan ibn Muhammad Ahmad al-Wazzān alias Yuhanna al-Asad alias Johannes Leo Africanus, des Verfassers einer gelehrten Beschreibung Afrikas (1526), heraus. Die meisten Biographien verliefen vielmehr so wie die der „Hottentotten-Venus" Sarah (Saartjie) Baartman († 1816), die wegen ihres Fettsteißes in England und Frankreich als Kuriosität oder besser „wie ein wildes Tier" (Zachary Macaulay, 18./19. Jh.) zur Schau gestellt, also verschleppt, benutzt und gedemütigt wurde.

Selten wurden von Asien aus neue Märkte gesucht und die Wege zu ihnen systematisch erkundet. Allenfalls Zheng Hes Expeditionen zu Beginn des 15. Jahrhunderts kann man als eine bemerkenswerte Ausnahme betrachten. Doch ihr Ziel war nicht Europa, sondern der Raum zwischen Südostasien und Afrika. Europa blieb für China lange Zeit bestenfalls Peripherie. Das Reich der Mitte pflegte sein eigenes Handels- und Tributsystem und war ansonsten sich selbst genug. Ähnliches gilt für die islamische Welt, in der viel gereist wurde, deren Grenzen man aber selten und ungern überschritt. Warum sollte man das „Haus des Krieges" *(Dār al-ḥarb)* aufsuchen, wenn man im „Haus des Islams" *(Dār al-islām)* leben durfte?

Außerdem blieb Chinas überseeisches Engagement Episode und hatte langfristig keine Folgen. Erst recht die weniger spektakulären Unternehmungen Einzelner besaßen keine weitere Bedeutung. Die meisten „umgekehrten Entdeckungsreisen" wurden in den Ländern, von denen sie ausgingen, kaum wahrgenommen oder im Lauf der Zeit schlicht vergessen. Fasst man abschließend die Wirkungen der europäischen Entdeckungsfahrten des späten Mittelalters und der Frühen Neuzeit ins Auge, wird der Unterschied zu den gleichzeitigen Unternehmungen in der außereuropäischen Welt evident.

Weltbild und Wissen

Der Begriff der Entdeckung hat nur dann einen Sinn, wenn man darunter die dauerhafte Erweiterung des geographischen beziehungsweise ethnographischen Wissens in einer Gesellschaft versteht. Der Wissenszuwachs muss anhaltend sein und darf sich nicht auf einige wenige Individuen beschränken. Andernfalls war es nur ein Zufall ohne Bedeutung, und man sollte den Begriff nicht verwenden. Die Kaufleute, Seeleute und Konquistadoren hatten die authentische Anschauung, mit der sie mehr oder weniger intelligent umgingen. Alle anderen bedurften der Vermittler, um die Größe der Neuen Welten ermessen, deren Eigenart begreifen und deren Bedeutung für ihr Leben beurteilen zu können. Mehrere Medien, Menschen, Gegenstände, Texte und Bilder sowie Karten, wirkten daran mit, die Erfahrungen der Kaufleute, Seeleute und Konquistadoren im Weltbild der Europäer zu verankern.

Wer immer einen Menschen von anderer Hautfarbe und fremdartigem Aussehen, in exotische Gewänder gekleidet, eine unverständliche Sprache sprechend, einer unbekannten Religion anhängend und seltsamen Verhaltensnormen folgend, vor sich sieht, der ahnt, dass die Welt mehr oder weniger deutlich über den eigenen Kulturkreis hinausreicht. Sie mit den ihm vertrauten Begriffen auszumessen, bleibt ihm dabei unbenommen. Seit dem späten Mittelalter konnte man in Europa Angehörige völlig fremder, exotischer Völker in größerer Zahl sehen, nicht überall und auch nicht überall in ähnlicher Zahl, sondern vor allem im Mittelmeerraum und dort besonders an den Zentren des Handels mit der Levante, in Genua und Venedig. Kaufleute aus aller Herren Länder trafen hier zusammen, und in den Haushalten dienten Sklaven aus Afrika und der Tatarei. 3000 sollen es 1483 allein in Venedig gewesen sein – *domestici hostes*, „Feinde im Haus", wie Francesco Petrarca sie nannte. In Lissabon bekam man vorerst keine Asiaten, dafür umso mehr Schwarzafrikaner, Nordafrikaner und Guanchen von den Kanarischen Inseln zu sehen. Nach der Entdeckung der Neuen Welt kamen amerikanische Indianer hinzu. So gut wie jede Expedition brachte eine Anzahl lebendiger Exemplare nach Europa und führte sie dort dem Publikum vor. Denn an exotischen Menschen und deren seltsamen Lebensweisen war man immer interessiert. Bei einem Fest für Heinrich II. von Frankreich und seine Gemahlin Katharina von Medici wurden 50 brasilianische Tupinambá in einem Waldstück „ausgewildert", und der Landgraf von Hessen-Kassel unterhielt gut 200 Jahre später ein ganzes chinesisches Dorf. Die Völkerschauen des 19. Jahrhunderts setzten nur fort, was schon viel früher begonnen hatte. Wenn man so will, dienten sie wie ihre Vorläufer (einschließlich Sarah Baartman) der Belehrung und der Erbauung zugleich.

| „Exoten" in Europa

Auch über Gegenstände, meistens Waren, seltener Geschenke, wurden Kenntnisse und Meinungen über die Neuen Welten vermittelt. Asiatische Luxusgüter hatten in Europa immer ihren Markt, und durch die sich seit 1500 mehrenden Importe wurde die tradierte Vorstellung vom Reichtum des Ostens noch verstärkt. Hinzu kamen die amerikanischen Produkte, anfangs für asiatische gehalten, bald aber in ihrem besonderen Nutzen und Warenwert erkannt. Bekanntlich kamen schon mit der ersten Fahrt des Christoph Kolumbus Austauschprozesse in Gang, die sich auf verschiedene Lebensbereiche erstreckten: Bakterien und Krankheiten, Haus- und Nutztierhaltung, Zier- und Nahrungsmittelpflanzen.

| Exotische Gegenstände

Man kann den sogenannten kolumbischen Austausch (*Columbian exchange*) nur bedingt als symmetrisch bezeichnen: Amerika bekam Krankheiten wie Pocken,

Demographie, Technik und Wirtschaft

Masern, Diphtherie, Keuchhusten, Windpocken, Beulenpest, Malaria, Typhus, Cholera, Gelbfieber, Amöbenruhr, Grippe, Scharlach oder Mumps und hatte seinerseits nur die Syphilis zu bieten. Europa exportierte nützliche Tierarten wie Pferde, Rinder, Schweine, Ziegen, Schafe, Esel, Honigbienen, Katzen und Ratten und fand an amerikanischen Lamas und Grauhörnchen nur wenig, an Meerschweinchen und Truthähnen etwas mehr Gefallen. Ähnlich, nur umgekehrt einseitig fällt die Bilanz bei den Nutz-, Obst- und Gemüsepflanzen aus: Die Neue Welt stellte Bohnen, Kürbis, Mais, Maniok, Sonnenblumen, Tomaten und Kartoffeln (einschließlich der Süßkartoffel, die nur in Asien zum Zug kam), Paprika (Europa) und Chili (Asien), Ananas, Papaya, Vanille, Sisal und Kautschuk zur Verfügung und erhielt im Gegenzug vor allem Zuckerrohr, Reis, Weizen, Gerste, Hafer, Roggen und Bananen.

Trotz gewisser Ungleichgewichte stellte der „kolumbische Austausch" erstmals eine globale Alltagskultur her, in der sich Alte Welt und Neue Welt wechselseitig ergänzten. Besonders anschaulich geht dies aus der Geschichte der Genussmittel Kaffee, Tee, Schokolade und Tabak hervor. Kaffee wurde zuerst von Leonhard Rauwolf in Aleppo bemerkt, von den meisten europäischen Konsumenten aber zunächst eher als gesund denn als wohlschmeckend befunden. Vor allem mit der dunklen Farbe (Rauwolf: „wie Tinte so schwarz") tat man sich schwer. Über den Balkan verbreitete sich der Kaffeegenuss nach Mitteleuropa und von da über den Globus. Hauptanbaugebiete wurden Mittelamerika und Brasilien. Tee wurde lange Zeit nur in Ostasien getrunken, und die frühesten Chinareisenden – zum Beispiel Marco Polo – gingen nicht darauf ein. Erst seit dem 16. Jahrhundert wurden Teepulver oder Teeblätter von Besuchern erwähnt, insbesondere wegen der stimulierenden Wirkung. Die protestantischen Länder England und Holland zeigten sich interessierter als die katholischen. Die ersten europäischen Importe kamen aus Japan, vom 17. bis 19. Jahrhundert belieferte vor allem China den Markt, seit dem 19. Jahrhundert wird Tee in Indien und auf Ceylon hergestellt.

Der Genuss von Trinkschokolade wurde in Mittelamerika von Maya und Azteken kultiviert, von den dort ansässig gewordenen Spaniern übernommen und schließlich in deren Mutterland exportiert. Besonderen Erfolg hatte sie daneben in Frankreich und Italien. Der Anbau der Kakaobohnen beschränkt sich auf den Tropengürtel und ist seit dem späten 19. Jahrhundert in Westafrika besonders intensiv. Tabak dagegen kann fast überall angebaut werden und ist heute entsprechend weit verbreitet. Kolumbus ließ sich von karibischen Indios erzählen, die sich mit brennenden Kräutern beräucherten, und Bartolomé de Las Casas wusste dafür den indianischen Namen: *tabaco*. Durch spanische und englische Kolonisten gelangte der Konsum nach Europa. Im Übrigen hoben die frühesten Beobachter durchweg nur den gesundheitlichen Nutzen, die purgativen, den Verstand schärfenden und den Appetit zügelnden Effekte, und keineswegs die möglichen Schäden des Rauchens hervor.

Die Geschichte der ursprünglich überseeischen Genussmittel zeigt, wie zunächst regional begrenzte Produkte und Gewohnheiten durch Kulturkontakt diffundierten und sich schließlich weltweit etablierten. Auch Formen der Geselligkeit wurden dabei transferiert (Kaffeehaus), neue kreiert (Kaffeekränzchen, Teegesellschaft, Frühstückskaffee), die dazu passenden Accessoires (Porzellan) importiert. Anpassungsleistungen wie die Beimengung von Milch zum Kaffee, von Zucker zu Tee und Schokolade, schließlich auch die Fermentierung des Tees machten die exotischen Heißgetränke für den europäischen Gaumen attraktiver. Auf diese Weise blieben Tee, Kaffee und Kakao bis in die Gegenwart ein wesentlicher Bestandteil des weltweiten Handels, den die europäischen Entdeckungsfahrten des ausgehenden Mittelalters und der Frühen Neuzeit angestoßen hatten.

Doch nicht alle Importe aus Übersee waren für den Verbrauch gedacht. Manche besaßen weniger materiellen als ideellen, manche auch nur Seltenheitswert. Sie galten als Raritäten und Kuriositäten, sprachen also den Sinn für das Ungewöhnliche, Seltsame und Wunderbare an. Lebendes Großwild wie der Elefant Hanno, der 1514 bis 1516 den Papsthof entzückte, oder das Rhinozeros, das Albrecht Dürer porträtierte, gehörten ebenso dazu wie eine Unzahl von exotischen Importen, die den europäischen Betrachter mit der Mannigfaltigkeit der Neuen Welten konfrontierten: indische (Kokos-)Nüsse, chinesisches Porzellan, malaiische Dolche, japanische Schwerter, aztekische Mosaiken aus Kolibrifedern, Pfeil und Bogen von Indianern, chinesische Essstäbchen und Pinsel, japanisches Papier, Palmblatthandschriften, Gerätschaften aus Rhinzeroshorn oder Elfenbein, exotische Musikinstrumente und Muscheln, Proben von Gewürzen, Gifte und Gegengifte, präparierte Tiere, „Einhörner" (Zähne vom Narwal), Straußeneier, Lackarbeiten, Seidenmalereien, Buddhafiguren und andere „Abgötter". Dies alles (und noch viel mehr) gelangte als Mitbringsel, durch Kauf oder Schenkung in die zahlreichen Kunst- und Wunderkammern, die in ganz Europa von Kaisern, Königen, Fürsten, Klöstern, Städten, Universitäten oder auch Privatpersonen unterhalten wurden, nach Ambras (bei Innsbruck), Dresden, Kassel, Wolfenbüttel, Bologna, Amsterdam, Leiden, Gottorf, Stockholm, Kopenhagen, München, Halle, Oxford oder Sankt Petersburg, um nur einige herausgehobene Standorte zu nennen. Sammlungen dieser Art setzten einerseits fort, was mit dem mittelalterlichen Interesse an den *mirabilia mundi*, den „Wundern der Welt", begonnen hatte. Andererseits muss man sie als Vorläufer des modernen Museums betrachten. Denn sie dienten nicht nur der Repräsentation eines Fürsten oder der Geltungssucht eines Sammlers, sondern waren in Grenzen einer interessierten Öffentlichkeit zugänglich und sollten die Besucher belehren. Gerade die exotischen Stücke erfüllten solche Zwecke. Sie standen für eine Welt, die es dem Betrachter nicht leicht machte und trotzdem verstanden sein wollte. Außereuropa bot unendlich viele Lehrbeispiele und war deshalb in den europäischen Wunderkammern immer und unübersehbar präsent.

| Kunst- und Wunderkammern

Der gegenständlichen Unterrichtung trat die Information durch Texte und Bilder zur Seite. Die frühen Entdeckungen waren so sensationell, dass nicht nur Politiker, Kaufleute und Gelehrte, sondern auch die breite Öffentlichkeit sich für den Verlauf und die Ergebnisse interessierten. Durch kurz gefasste, leicht verständliche

Demographie, Technik und Wirtschaft

Beschreibungen wurde vor allem das allgemeine Publikum informiert. Das noch junge Medium des Buchdrucks kam der Verbreitung dieser Texte zugute und profitierte auch selbst von den „Schlagzeilen" aus den Neuen Welten. Holzschnitte, die dem Bedürfnis nach Anschaulichkeit Rechnung trugen, machten den Inhalt noch besser verständlich und den Gegenstand noch attraktiver, als er ohnehin war. Der Brief, den Kolumbus nach seiner ersten Rückkehr aus Amerika an seine Auftraggeber und Förderer schrieb und dann sogleich in den Druck gab, erlebte mehrere Auflagen und Übersetzungen, und noch erfolgreicher waren die Schriften Vespuccis, nicht zuletzt dank ihrer reißerischen Illustrationen. Einblattdrucke gaben das Geschehen in nochmals verkürzter Form wieder und bemühten sich, brandneue Nachrichten zu verbreiten. Solche »Neuen Zeytungen« behandelten beispielsweise die Erkundung Brasiliens (1514), die Eroberung Mexikos (1522) und Perus (1534) oder den spektakulären Auftritt der japanischen Gesandtschaft in Rom (1586).

Texte und Bilder

Näheren Aufschluss hätten die Berichte von Teilnehmern geben können. Doch nicht alle wurden sofort gedruckt. Das »Schiffstagebuch« des Kolumbus zum Beispiel und ebenso der »Roteiro« eines anonymen portugiesischen Seemanns, der am lebendigsten über Vasco da Gamas Fahrt nach Indien berichtet, blieben jahrhundertelang unter Verschluss. Aber auch wenn sie nur in kleinem Kreis zirkulierten, so blieben solche Texte doch informativ und dienten unter Umständen der Vorbereitung der nächstfolgenden Unternehmung. Die Jahresberichte der Jesuiten aus Japan und China wurden vor allem zu solchen Zwecken geschrieben. Gleichzeitig betrieb der Orden eine breit gestreute Publikationstätigkeit, die teilweise auf den einlaufenden Briefberichten basierte und in der Sammlung der »Lettres édifiantes et curieuses écrites des missions étrangères« (34 Bde., 1702–1776) und im »Welt-Bott« (Weltboten; 40 Teile in 5 Bänden, 1726–1761) ihren Höhepunkt hatte.

Die Anlage umfangreicher Textcorpora entsprach dem enzyklopädischen Zeitgeist des 18. Jahrhunderts. Doch Sammlungen geographisch-ethnographischen Charakters hatten eine lange Tradition. Sie reicht bis ins 14. Jahrhundert zurück, wurde aber durch den Schub an neuem Wissen im Entdeckungszeitalter kräftig stimuliert. Mit Francanzano da Montalboddos »Paesi novamente retrovati« von 1507 setzte eine lange Reihe von Reisesammlungen ein, die jeweils aufeinander aufbauten, deshalb immer größere Umfänge annahmen und jede für sich eine Bilanz über das zum Zeitpunkt der Kompilation gültige geographische Wissen zogen. Illustrationen unterstützten – allerdings in ganz unterschiedlichem Umfang – die Lektüre der Texte. Höhepunkte waren Giovanni Battista Ramusios »Navigationi et viaggi« (1550–1559), Richard Hakluyts »Principal Navigations, Voiages, Traffiques and Discoveries of the English Nation« (1589/1590–1600) und Samuel Purchas' »Hakluytus Posthumus or Purchas his Pilgrimes« (1625), übertroffen schließlich durch drei monumentale Unternehmungen in England, Frankreich und Deutschland: Thomas Astleys »New General Collection of Voyages and Travels« (4 Bde., 1745–1747), die »Histoire générale des voyages« des Abbé Prévost (20 Bde., 1746–1791) sowie Abraham Gotthelf Kästners »Allgemeine Historie der Reisen zu Wasser und zu Lande« (21 Bde., 1747–1774). Ein Abschluss der Publikation von Reiseberichten war damit noch keineswegs erreicht. Gesammelt wird im Grunde bis heute (insbesondere durch die *Hakluyt Society* in London). Doch wer im ausgehenden 18. Jahrhundert eine der drei großen Reisesammlungen besaß und die Lektüre nicht scheute, der hatte einen weiten Horizont, wusste über die Geschichte der geographischen Entdeckungen Bescheid und hatte fast die ganze Welt im Blick.

Karten, Einzelblätter, Atlanten und Globen, spiegeln das geographische Weltbild einer Epoche. Ein Vergleich des sogenannten »Katalanischen Weltatlas« von 1375 mit dem »Theatrum Orbis Terrarum«, das Abraham Ortelius seit 1570 in Antwerpen, sowie dem »Atlas Maior«, den Joan Blaeu 1662 in Amsterdam herausbrachte, macht deutlich, was sich in der Zwischenzeit getan hatte. Aus einer kompakten Oikumene, bestehend aus den Kontinenten Europa, Afrika und Asien, war ein zergliederter Globus geworden, auf dem der amerikanische Doppelkontinent und eine mächtige *terra australis incognita* mehr als die Hälfte des dargestellten Raums in Anspruch nahmen. Mehrere Projektions- und Darstellungsformen (Kartusche, Planiglobus, zwei Planigloben, Mercator- und Polarprojektion) wurden verwendet, um der neuen Fülle überhaupt Herr werden zu können. Das Heilige Land und Jerusalem | Kartenbild
lagen zwar immer noch irgendwo in der Mitte, waren aber kaum noch ausfindig zu machen, und Europa erschien schließlich auf bescheidene Ausmaße zusammengeschrumpft. Die mythischen Gestalten, Symbole und Völkerrepräsentanten, die früher die Darstellung der außereuropäischen Länder charakterisiert hatten, wurden an den Rand oder in den Rahmen des Kartenbildes versetzt. Im Zentrum dominierte die geographische Information. Sie wurde dadurch intensiviert, dass eine große und wachsende Zahl von Regionalkarten die Welt- und Kontinentalkarten ergänzte. Das Prinzip stammte aus der antiken, der ptolemäischen Geographie, die im frühen 15. Jahrhundert wiederbelebt und dann – in Form sogenannter *tabulae modernae* – auf die Darstellung besonders der Neuen Welt Amerika übertragen worden war. Der Wissenszuwachs, den die Entdeckungsfahrten bewirkt hatten, ist vor allem auf diesen detaillierten und immer weniger mit dekorativen Elementen ausgefüllten Karten zu erkennen.

Dass sowohl das »Theatrum Orbis Terrarum« als auch Blaeus »Atlas Maior« in den Niederlanden entstanden und zusammen mit anderen, ebenfalls in den Niederlanden hergestellten Kartenwerken das „Jahrhundert der Atlanten" (Leo Bagrow/Raleigh A. Skelton) repräsentieren, war kein Zufall, sondern hatte zunächst mit den Bindungen an Spanien, dann mit den überseeischen Interessen und Kenntnissen der VOC zu tun. Atlanten aus Antwerpen oder Amsterdam kosteten kleine Vermögen, besonders wenn sie koloriert waren. Aber sie waren allenthalben begehrt, wurden vielfach neu aufgelegt oder raubkopiert und wirkten beispielhaft für die Kartenproduktion an anderen Orten. Das Bild der Welt, das sie transportierten, gelangte an die europäischen Höfe, in die Bibliotheken und in die privaten Haushalte. Der Fernhandel, den die italienischen Seestädte angestoßen, die iberischen Mächte radikal ausgeweitet und die Handelskompanien fortgesetzt hatten, ließ die Welt größer, die Entfernungen kleiner erscheinen. Doch erst die Arbeit der Reisebeschreiber, Kompilatoren und Kartenmacher hat die Globalisierung der Märkte durch eine Globalisierung des Wissens komplettiert.

Herrschaft und politische Ideen

Das Taj Mahal in Agra (Uttar Pradesh, Indien). 1632 bis 1653 unter dem Mogulkaiser Shah Jahan (Dschahān) als Machtdemonstration und als Grabmal für seine Lieblingsfrau Mumtāz Mahal errichtet.

„Weltpolitik"
Walter Demel

Kulturen neigen zur Nabelschau. Aus chinesischer Sicht war das Reich der Mitte, als Reich der Kultur von einem patriarchalischen Herrscher mit Hilfe seiner Beamten regiert, lediglich von „halbzivilisierten" tributpflichtigen Völkern (wie Koreanern) beziehungsweise von fernen Barbaren umgeben. So wenigstens beschrieb es, im hier betrachteten Zeitraum, die systematisch durchgesetzte (neo-)konfuzianische Theorie. Damit stand der Kaiser, ausgestattet mit dem „Mandat des Himmels", im Zentrum des Weltganzen. Die Anlage der Verbotenen Stadt (1406/1420) als Symbol der kosmischen Harmonie spiegelte diesen Sachverhalt wider. Die islamische Kultur blickte dagegen stets auf das Zentrum „ihrer Welt", nach Mekka. Ihre Welt, das war das „Haus des Islam". Außerhalb davon gab es nur das „Haus des Krieges", das sich früher oder später zum Islam bekehren oder bekehrt werden würde (was keinen permanenten Dschihad erforderte) und für das sich die muslimischen Gelehrten im Allgemeinen recht wenig interessierten. Einen derartigen Bezugspunkt hatte das lateinische Europa spätestens seit dem Niedergang des kaiserlichen Universalismus und der konfessionellen Spaltung der „abendländischen" Christenheit nicht mehr. Aber seine schließlich errungene Führungsposition im technisch-naturwissenschaftlichen Bereich verlieh ihm ein neues Selbstbewusstsein, das den früheren Glauben an die prinzipielle Überlegenheit der eigenen Religion ablösen konnte. Mehr als je zuvor wurde Europa seit dem 18. Jahrhundert als Einheit wahrgenommen, mehr denn je fühlte es sich kulturell allen anderen Erdteilen überlegen. Trotz aller Entdeckungen und neuer Ordnungen hatte sich die Welt zwischen 1200/1500 und 1700/1800 also in einem Punkte nicht gewandelt: Die großen Kulturen waren noch nicht in einen derart intensiven Austausch getreten, dass sich ihre jeweiligen Weltbilder wesentlich verändert hätten.

| Selbstbezogenheit der Kulturen

Wenn die großen Kulturen nur teilweise beziehungsweise begrenzt miteinander in Kontakt standen, konnte es dann eine „weltpolitische" Dimension des Denkens und Handelns geben? Bis um 1500 existierte eine solche Dimension sicherlich nur in einem eingeschränkten Sinn, nämlich bezogen auf die „Alte Welt": Asien, Europa und (Nord-/Nordost-)Afrika. Aber in diesem Rahmen wurde tatsächlich schon „Weltpolitik" getrieben, etwa wenn mongolische Großkhane ihre Heere innerhalb von 20 Jahren gegen ein polnisch-deutsches Ritterheer wie auch gegen ägyptische Mamluken führten. Oder sie wurde jedenfalls erwogen, etwa indem die Auffindung des legendären „Priesterkönigs Johannes" dem lateinischen Europa dazu dienen soll-

Herrschaft und politische Ideen

te, sich mit dessen vermeintlichem mächtigen indisch-christlichen Reich zu verbünden, um von zwei Seiten her den Islam in die Zange zu nehmen und die heiligen Stätten der Christenheit zu befreien (s. S. 79, 90). So zählte die Suche nach diesem angeblich auch noch ungemein reichen Imperium, die übrigens bis ins 17. Jahrhundert fortgesetzt wurde, zu den Hauptmotiven der sogenannten (west-) europäischen Expansion. Deren wichtigste Ergebnisse, die Entdeckung Amerikas einerseits und eines Seewegs nach Indien andererseits, sorgten dann endgültig für die Möglichkeit weiträumiger, ja unter Umständen sogar weltumspannender Planungen und Aktionen. Man bedenke nur, über welche Städte ein Philipp II. als spanisch-portugiesischer König herrschte: Antwerpen – Mailand – Neapel – Sevilla – Lissabon – Luanda – Sofala – Goa – Malakka – Macau – Manila – Lima – Mexiko-Stadt – Santo Domingo – Salvador da Bahia. Kriege wie der Spanische Erbfolgekrieg oder der Siebenjährige Krieg waren Weltkriege, die auf mehreren Kontinenten gleichzeitig geführt wurden. Aber eine weltpolitische Perspektive blieb nicht auf den einen oder anderen europäischen Monarchen oder einen turkomongolischen Eroberer wie Timur (Tamerlan) beschränkt. So baten etwa die Sultane von Aceh (Ačeh) im 16. Jahrhundert, anscheinend sogar mehr als einmal, ihre osmanischen Kollegen in Istanbul um Waffenhilfe im Kampf gegen die Portugiesen. Diese wurde auch gewährt, denn es wird von türkischen Soldaten und Geschützgießern in diesem auf Sumatra gelegenen Sultanat berichtet. „Weltpolitik" meint also hier nicht nur wichtige politische Ereignisse „in aller Welt", sondern betont gerade auch die Bedeutung weitausgreifender Aktionen und Reaktionen im Bereich der Außenpolitik.

Die „weltpolitische" Dimension

In den folgenden Ausführungen geht es um diese Art von Außenpolitik, vor allem um Machtpolitik. Fokussiert werden daher vor allem Großreiche, Imperien, daneben innerhalb geographisch beziehungsweise kulturell definierter Räume (wie „Europa" oder „Südostasien") im Rahmen sich entwickelnder Staatensysteme auch die Beziehungen zwischen Ländern, deren innere Strukturen im folgenden Kapitel vergleichend behandelt werden. Allenfalls am Rande erwähnt werden Kulturen ohne übergeordnete politische Ordnungen, wie etwa jene der Eskimos. Dem liegt die Überlegung zugrunde, dass sich eine „politische Weltgeschichte" dem Schicksal möglichst vieler Menschen widmen muss. Zwar verdienen grundsätzlich alle die gleiche Achtung und Beachtung, aber die politischen Entscheidungen eines chinesischen Kaisers – zum Beispiel über Krieg oder Frieden – wirkten sich nun einmal auf viel mehr Menschen mittelbar oder unmittelbar aus, als es die Entscheidungen eines deutschen Königs (oder gar eines Clanhäuptlings der Pygmäen) taten. Das muss eine „Weltgeschichte" berücksichtigen, die sich möglichst wenig dem – ohnehin unvermeidlichen und auch nicht unberechtigten – Vorwurf einer eurozentrischen Sicht aussetzen will. Freilich darf die Geschichtswissenschaft nicht ausschließlich nach quantitativen Faktoren fragen, sondern etwa auch danach, wo Minderheiten Beiträge leisteten, die letztlich auch das Leben von Mehrheiten prägten. Dadurch werden Eroberervölker wie die Mandschu „wichtig", isolierte Länder, wie etwa das durchaus bevölkerungsreiche Japan in

Machtpolitik zwischen Ländern und Reichen

Faktoren „weltpolitischer" Betrachtungen

seiner weitgehenden Selbstisolation zwischen 1640 und 1853, treten dagegen hier in den Hintergrund. Das alles impliziert jedoch keinesfalls ein moralisches Urteil – und nirgends wird thematisiert, welche „Völker" mit ihrer politischen Ordnung „am glücklichsten" waren.

Schließlich bestimmen Niveau, Zielsetzung und Intensität der meist noch immer national orientierten Historiographien die Darstellung. Das Gleiche gilt für die Quellenlage – unterschiedlich ausgeprägt je nachdem, ob, wie in China oder Europa, Hofhistoriographen existierten oder es, wie im Inkareich, keine Schrift gab –, die begrenzten Sprach- und Literaturkenntnisse des Autors sowie dessen methodischer Zugang. Seine Rede von Aufstieg, Blüte, Niedergang und Zerfall von Reichen mag reichlich antiquiert erscheinen. Sie enthält in der Tat traditionelle Topoi, die allerdings schon durch die entsprechende Wahrnehmung vieler Zeitgenossen eine gewisse Berechtigung besitzen. Sicherlich: Manches, was aus einem bestimmten Gesichtspunkt als „Niedergang" erscheint, stellt sich aus einem anderen als bloßer | Begrifflichkeit
Strukturwandel dar, etwa als vielleicht sogar unumgängliche Dezentralisation von Macht. Ebenso problematisch wie derartige Begriffe erscheint die Einteilung nach „Weltregionen", egal ob damit Kontinente (wie „Afrika"), Teile davon (wie „Südostasien") oder etwa „Kulturkreise" (wie „die islamische Welt") angesprochen werden. Manch andere mögliche Perspektiven werden im Folgenden allenfalls angedeutet, die Begriffe jedoch jeweils so gewählt, dass die Machtfrage im Vordergrund steht. Andere Kategorien wären ebenfalls möglich und sinnvoll – und nicht weniger frag-würdig! Doch dürfen auch bei Machtfragen sozioökonomische und kulturelle Bedingungen ebenso wenig vergessen werden wie jene Einflüsse auf das menschliche Dasein, die noch nie an den Grenzen von Ländern oder irgendwann einmal definierten Erdteilen Halt machten, zum Beispiel Pandemien oder großklimatische Veränderungen.

Der Ausgangspunkt – Die Welt im 13. Jahrhundert

Wie sah die Welt im 13. Jahrhundert aus? Demographisch gesehen verteilte sich die Weltbevölkerung wahrscheinlich noch ungleicher als heute, weil unter den damaligen Bedingungen eine intensive Landwirtschaft, wie sie zum Beispiel in Afrika nur in wenigen Regionen, vor allem am Nil und am Niger, betrieben werden konnte, Voraussetzung für eine hohe Bevölkerungsdichte war (s. S. 13 f.). Schätzungen zufolge lebte daher in China und Indien ein noch etwas größerer Prozentsatz der Menschheit als derzeit, nämlich nahe 50 Prozent, im immer noch von vielen Wäldern bedeckten Europa dagegen höchstens um die 20 Prozent. Diese Verteilung sollte sich bis 1800 nicht wesentlich ändern. Obwohl am Anfang des 13. Jahrhunderts vermutlich nur ca. 400 Millionen Menschen auf der Welt lebten, scheint die Welt- | Demographie und
bevölkerung zwischen dem 11. Jahrhundert und dem „Mongolensturm" | Klimawandel
spürbar gewachsen zu sein. Neben Faktoren wie der Verbreitung des Räderpfluges in Europa dürfte dazu vor allem eine globale Klimaerwärmung beigetragen haben.

Herrschaft und politische Ideen

Etwa um 1300 setzte jedoch eine Abkühlung ein, die manche Klimaforscher von einer etwa 1570/1730 kulminierenden, bis ins 19. Jahrhundert nachwirkenden „Kleinen Eiszeit" sprechen lässt. In der Nähe der Pole und in den Hochgebirgen rückten die Gletscher vor, Seen froren häufiger beziehungsweise länger zu als früher. In den gemäßigten Breiten gab es vermehrt Jahre mit kühler und feuchter Witterung. Die subtropischen Zonen litten zunehmend unter Dürreperioden, das nordafrikanische Savannenland nach einer Erholungsphase von 1500 bis 1630 besonders 1680/1690 und 1738/1756. Die Nilhochwasser blieben immer wieder aus, Wüsten und Steppen gewannen an Boden.

Das hatte Folgen für die Siedlungsstrukturen. Der Ausdehnung der Sahara beziehungsweise der vorgelagerten Sahelzone um mehrere hundert Kilometer musste etwa die Nord-Süd-Migration kleiner Gruppen von Schwarzafrikanern intensivieren, eine der Grundkonstanten der afrikanischen Geschichte des letzten Jahrtausends, die wesentlich für die vorherrschende Dezentralisierung politischer Macht auf dem Kontinent verantwortlich sein dürfte. Auch im hohen Norden wurden die Lebensräume enger. Die um das Jahr 1000 gegründeten Siedlungen der Wikinger auf Grönland – ursprünglich „Grünland", nach dem Erscheinungsbild seiner Südspitze – und Neufundland wurden ebenso wie viele Höfe und Dörfer auf Island sowie in Norwegen aufgegeben, zumindest rissen die Kontakte zu der Außenwelt ab. Diese waren allerdings nie so ausgeprägt gewesen, dass die mittelalterlichen europäischen Gelehrten von Amerika mehr als einen Namen („Vinland") gehört hätten. Von den indigenen Bewohnern dieses Kontinents erfuhren sie anscheinend nie etwas.

Wandel von Siedlungsstrukturen

Überhaupt lebten viele Kulturen in diesen Jahrhunderten wahrscheinlich noch ganz unabhängig voneinander. Es ist zweifelhaft, ob sich etwa die Kulturen Mesoamerikas (Mayas, Tolteken etc.) und jene des nordwestlichen Südamerika (Muisca, Chimú usw.) gegenseitig beeinflussten. Ebenso isoliert vom „Rest der Welt" scheinen sich, trotz gewisser Wanderungsbewegungen, die Völker in Australien, Zentral- und Südafrika entwickelt zu haben. Lediglich in der Alten Welt existierten, von einigen Pazifikseefahrern abgesehen, weiträumige Kontakte kommerzieller, politischer, militärischer wie auch kultureller Art. Im Rahmen des mongolischen Weltreichs waren Fernreisen, auch wenn sie stets mühsam und langwierig blieben, sogar verhältnismäßig ungefährlich. Man denke nur an den Venezianer Marco Polo, der zwischen 1271 und 1295 weite Teile Asiens bereiste, wenn auch sicher nicht alle Orte, die dann Eingang in sein »Divisament dou monde« fanden – was man ohnehin mit „Weltbeschreibung" übersetzen und nicht als Reisebericht missverstehen sollte. Polo war aber nur einer von rund hundert namentlich bekannten Europäern, die sich in den Jahrzehnten um 1300 in China aufhielten. Kontaktzonen wie Unterägypten wirkten als Relaisstationen für den asiatisch-europäisch-nordafrikanischen Handel, die Iberische Halbinsel traditionell sogar als Umschlagplatz für naturwissenschaftliches, philosophisches und selbst religiöses Wissen – 1143 wurde in Toledo der Koran erstmals ins Lateinische übersetzt. Doch der Be-

Isolation und Kontakte von Kulturen

ginn von Reconquista und Kreuzzügen schon im 11. Jahrhundert zeigt, dass sich die Beziehungen zwischen Christentum und Islam zunehmend feindlich gestalteten. Das Zeitalter der Kreuzzüge in den Orient – nicht allerdings jener ins Baltikum – ging im 13. Jahrhundert im Wesentlichen zu Ende: 1291 fiel mit Akkon die letzte Bastion der Kreuzritter im Heiligen Land; die Levante kam unter ägyptische Herrschaft. Das Byzantinische Reich, 1204 von Kreuzfahrern erobert, ausgeplündert und in ein „Lateinisches Kaiserreich" verwandelt, wurde 1260 restauriert. Es erreichte freilich nie mehr seine frühere politische und kulturelle Größe.

Andere Teile der Alten Welt erlebten jedoch eine Blütezeit. Die Epoche von 1000/1050 bis 1250/1300 wird gerade von deutschen Historikern für die west- und mitteleuropäische Geschichte als „Hochmittelalter" bezeichnet und mit zahlreichen Burgen- und Städtegründungen, mächtigen Domen und scholastischer Philosophie in Verbindung gebracht. In China wurden damals unter der Song-Dynastie (960–1279) ebenfalls Städte und Märkte gegründet, große Kunstwerke geschaffen und die Grundfragen von Politik und Philosophie diskutiert (s. S. 256, 290 f.). Die Einführung von Beamtenprüfungen legte hier den Grundstein für ein bürokratisches Staatssystem, während in Europa die ersten Universitäten immerhin Ansätze zur Ausbildung eines professionellen Juristenstandes hervorbrachten, welcher das staatliche Leben späterer Zeiten mehr und mehr bestimmen sollte (s. S. 444–447). Die Ära der späten Abbasiden von Bagdad gilt ebenfalls als eine Hochblüte der (islamischen) Bildung und Kultur, wie auch, dank ausgeklügelter Bewässerungssysteme, der Wirtschaft Mesopotamiens. Diese Phase der Hochkonjunktur ging allerdings in allen genannten Fällen mehr oder minder abrupt zu Ende.

| Das Ende kultureller Blütezeiten

Stabilisierung nach der welthistorischen Zäsur (1200/1350 bis 1500)

Die politische Entwicklung nach dem „Mongolensturm"

Aus globalgeschichtlicher Sicht markieren das 13. und 14. Jahrhundert einen deutlichen Umbruch, jedenfalls für den größten Teil Eurasiens und das nördliche Afrika. Zwei „zentralasiatische" Faktoren waren dafür wesentlich verantwortlich: der „Mongolensturm" und der „Schwarze Tod". Aufstieg und Fall des mongolischen Weltreichs veränderten die politischen Verhältnisse. Die „Mongolen" (s. Band III, S. 192) zerstörten das Kiewer Reich (1240) ebenso wie das Kalifat von Bagdad (1258), und sie vereinten durch Dschingis Khans Enkel Kublai Khan China erneut (1279), freilich als Teilreich unter einer mongolischen Dynastie mit dem Namen Yuan. Erfolgreichen Widerstand vermochten ihnen allerdings die japanischen Shōgune, die verbündeten Fürsten von Dai Viêt (Annam) und Champa (Tschampa), die Sultane von Delhi und die ägyptischen Mamluken entgegenzusetzen, die – nicht ohne Glück – die Eroberung ihrer Länder verhindern konnten und deren jeweilige innenpolitische Position da-

Herrschaft und politische Ideen

Die Welt 1279.

"Weltpolitik"

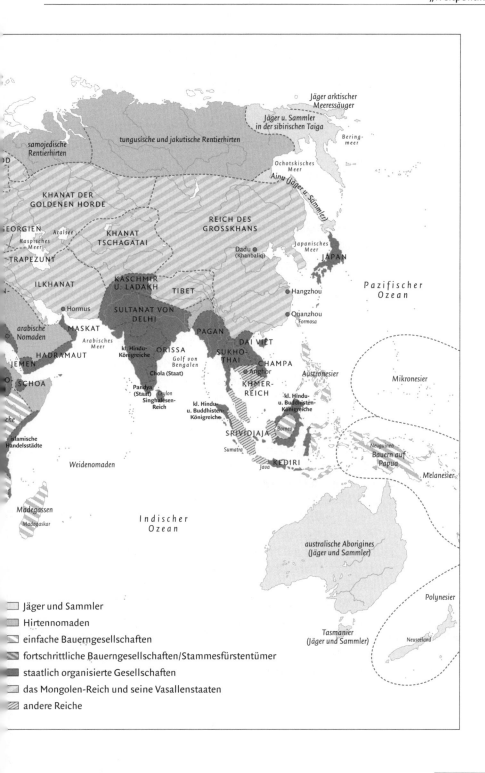

Herrschaft und politische Ideen

Das Schicksal des Mongolenreichs

durch erheblich gestärkt wurde. Auch eine mongolische Expedition gegen Java scheiterte. Dschingis Khan selbst hatte sein Erbe unter vier Söhne aufgeteilt. So entstanden neben dem chinesisch-ostmongolischen Yuan-Reich, welches die Kontrolle über Tibet verlor, das zentralasiatische Tschagatai-Reich, 1346 dauerhaft geteilt in Transoxanien und das östlich davon bis zum Tarimbecken reichende „Mogulistan", das persisch-mesopotamische Ilkhanat und das Khanat der Goldenen Horde, auch Kiptschak-Khanat genannt. Zunächst wurde immer noch ein Großkhan an die Spitze des Gesamtreichs gewählt, doch bald begann das Riesenreich endgültig zu zerfallen. Früh bekannten sich die Kiptschak-Khane zum Islam und handelten unabhängig vom Großkhan. Um 1300 folgten schließlich auch die Ilkhane, deren Reich jedoch schon 1335 zerfiel. Aus China wurde die mongolische Yuan-Dynastie 1368 vertrieben. Sie zog sich mit ihrem Anhang in ihre mongolische Heimat zurück, verzichtete allerdings nicht auf den Titel „Großkhan" und auch nicht auf den chinesischen Thron. Doch sie besaß weder eine funktionierende Verwaltung noch zuverlässige Truppen. Zudem wurde sie keineswegs von allen Mongolen als Herrscherfamilie anerkannt; insbesondere die westmongolischen Oiraten mit ihren vier Untergruppen (Dürbeten, Dsungaren, Choschuten, Torguten) bildeten eine eigene Traditionsgemeinschaft.

Die neue Ming-Dynastie stellte dagegen bis 1387 die Einheit Chinas als Großreich des Han-Volkes wieder her und war schon bald zu weitausgreifenden Expansionsbewegungen in der Lage. Unter Kaiser Chengzu (1402–1424; kanonisiert als Zhu Di, aber – wie fast alle Ming- und Qingkaiser – meist benannt nach seiner Regierungsdevise, in diesem Fall „Yongle" = immer währende Freude) begann Admiral Zheng He seit 1405, riesige Überseeflotten nach Indonesien, Indien und bis nach Ostafrika zu führen (s. S. 97 f.). Aus chinesischer Sicht blieben diese Expeditionen indes eine schon 1433 beendete Episode. Vorstöße gegen das Thai-Königreich Lan Na scheiterten, auch die schon unter Yongles Vorgänger eingeleitete Herrschaft über

China und seine Nachbarn

das nördliche Vietnam war nicht von Dauer. Dai Việt hatte gerade, partiell erfolgreich, seinen südlichen Nachbarn Champa attackiert. Aber der chinesischen Macht war es nicht gewachsen. Sinisierung und Ausbeutung riefen jedoch rasch breiten Widerstand hervor, der die Invasoren zum Abzug zwang. Die seit 1428 regierende einheimische Dynastie Le förderte dann aber doch jahrzehntelang wieder den Konfuzianismus anstelle des Buddhismus in ihrem Herrschaftsgebiet. In Korea machte der chinesische Einfluss noch größere Fortschritte. Die mit Hilfe der Ming etablierte Yi- beziehungsweise Joseon-Dynastie (Chosŏn, 1392–1910) vermochte nämlich das Land schnell zu einen. Noch sehr lange sollte Korea von China zumindest formell politisch abhängig und kulturell – durch den Konfuzianismus als neue Staatsreligion – stark geprägt bleiben, obwohl es eine Ständehierarchie und eine eigene Schrift entwickelte (s. auch zum Folgenden den Beitrag „Das mittlere und östliche Asien" in Band III).

Vor allem aber versuchte Yongle, der das einstige Zentrum der Yuan in „Peking" (Beijing, „nördliche Hauptstadt") umbenannte und anstelle der nun „Nanking"

(„südliche Hauptstadt") genannten Stadt zum Mittelpunkt des Ming-Reichs machte, nicht ohne Erfolg, die verschiedenen mongolischen Verbände gegeneinander auszuspielen. Aber selbst mehrere große Feldzüge trugen ihm nicht die umfassende Kontrolle über alle Mongolen ein. Vielmehr vermochte der Oiratenführer Esen seine Macht nicht nur Richtung Tschagatai-Khanat auszuweiten, sondern auch die chinesischen Grenzlande anzugreifen, 1449 sogar einen Nachfolger Yongles gefangen zu nehmen. Danach besiegte er auch noch den Großkhan und dehnte so seinen Einfluss vom heute kasachischen Ili-Gebiet bis in die Nähe der Grenzen Koreas aus. Peking vermochte er allerdings nicht einzunehmen, und nach seinem gewaltsamen Tod herrschte fast 20 Jahre lang im gesamten mongolischen Raum ein politisches Chaos. Spätestens seit 1480 beherrschte jedoch Großkhan Dayan für mehrere Jahrzehnte die Szene in den Steppengebieten. Er vereinigte erneut zahlreiche mongolische Stämme und bedrohte, von der heutigen Inneren Mongolei aus, die chinesische Grenze, seit 1517 auch mehrfach die Hauptstadt. Obwohl auch er letztlich zurückgeschlagen wurde, plünderten Mongolen noch 1550 die Vororte Pekings. [Mongolische Macht in der Steppe]

Neben „restaurierten" Imperien entstanden nach dem Ende der Mongolenherrschaft auch zwei ganz neue, höchst langlebige Reiche, nämlich Russland als Folge des Aufstiegs der Moskauer Fürsten und das Osmanische Reich, das von einem anatolischen Kleinfürstentum um Bursa seinen Ausgang nahm. Die russischen Fürstentümer standen allerdings, ähnlich wie unter anderem Georgien, spätestens bis 1480 noch unter der Botmäßigkeit der inzwischen islamisierten Goldenen Horde beziehungsweise deren direkter Nachfolgerin im 15. Jahrhundert, der Großen Horde, mit (Alt- bzw. Neu-)Sarai an der Wolga als bedeutender Hauptstadt, die weitreichende Handelsverbindungen zum Beispiel mit dem Mamlukenreich pflegte. Die Goldene Horde forderte Tribute und die Stellung von Soldaten von den russischen Fürsten und spielte sie gegeneinander aus, wobei sie allerdings den Moskauer seit 1339 praktisch als erblichen Großfürsten und damit als denjenigen anerkannte, der sämtliche russischen Tribute einzusammeln und abzuliefern hatte – ein riskantes, aber einträgliches Geschäft. Das Reich der Goldenen Horde trieb nicht zuletzt auch Sklavenhandel mit den Fürstentümern und unterstützte sie mitunter gegen die Expansion Litauens. Doch dieses frühzeitig von weiteren Erbteilungen betroffene mongolische Teilreich zerfiel wiederum – trotz einiger Erfolge wie der Einnahme Moskaus 1382, die dessen Sieg von 1380 revidierte –, seit es der „Schwarze Tod", Thronkämpfe und Niederlagen vor allem gegen Timur weiter geschwächt hatten. Daraus entstanden bis 1470 neue Khanate: das 1478 bis 1783 als osmanischer Vasallenstaat fungierende Krim-Khanat, welches 1502 das Restreich der Großen Horde auslöschte, Kasan – ein Zentrum der islamischen Kultur – und das ebenfalls für den Orienthandel wichtige Astrachan, (West-)Sibir („Weiße Horde") sowie das sich unter dem Druck der Russen und später der mongolischen Föderation der Kalmücken auflösende Khanat der nomadisierenden Nogaier am unteren Ural. Verschiedene Gruppen von Turkomongolen, die sich nach einem mächtigen Khan der [Khanate und russische Fürstentümer]

Herrschaft und politische Ideen

Goldenen Horde Usbeken nannten, kontrollierten um 1450 das Gebiet zwischen Ural und Altai, konnten sich dort aber nicht halten und zogen nach Süden. Verbände, die sich dem Usbeken-Khan und seinem Enkel, nach dem die Dynastie dann den Namen Schaibaniden erhielt, nicht angeschlossen hatten und im nördlichen Grasland verblieben, wurden Kasachen („Herumwandernde") genannt und bildeten ein eigenes Khanat.

Die Stellung des Kiptschak-Khanats war, wie bereits erwähnt, von Timur erschüttert worden. Dieser wollte das Imperium Dschingis Khans, von dem er mütterlicherseits abstammte, unter islamischen Vorzeichen wiedererrichten. Das Osmanenreich, das sich durch Kriege und Allianzen seit 1300 in Anatolien, aber bald auch westlich der Meerengen ausgebreitet hatte, wurde von ihm 1402 vorübergehend sogar auf die Hälfte seines Gebiets reduziert und drohte zu zerfallen. Doch die Osmanen erholten sich nach Bruderkriegen und Interregnum rasch wieder und eroberten 1453 Konstantinopel (1461 auch Trapezunt), wodurch das zuletzt auf die Stadt und einige griechische Gebiete beschränkte traditionsreiche Byzantinische Reich sein Ende fand. Schon gegen Ende des 14. Jahrhunderts hatte das türkische Heer auf der Balkanhalbinsel Serben und Bulgaren unterworfen. Ein Kreuzzug zu deren Gunsten hatte 1396 beim bulgarischen Nikopol(is) in einer Katastrophe geendet.

Osmanen und ihre Gegner

Weitere Kämpfe der teilweise von Genua unterstützten Osmanen folgten unter anderem mit Venezianern, die sich ab 1409 endgültig in Dalmatien festsetzten, Walachen und Moldawiern, die tributabhängig wurden, Bosniern und Albanern – auch Fürst Skanderbegs Gebiete wurden nach dessen Tod annektiert. Die Hauptlast der Verteidigung lag indes bei den ungarischen (Wahl-)Königen, zum Beispiel 1444 bei ihrer schweren Niederlage bei Warna. Diese zeichneten sich zwar schon infolge ihrer Herkunft durch „internationale" Vernetzungen aus. Kronunionen bestanden überdies zeitweise mit der neapolitanischen, der polnischen, der römisch-deutschen, vor allem aber 1420 bis 1516 (mit zwei Unterbrechungen) mit der böhmischen Krone. Aber gerade das bescherte Ungarn nicht nur – letztlich stets unzureichende – Hilfe, sondern auch neue Gegner, wie Matthias I. Corvinus angesichts einer habsburgisch-jagiellonischen Allianz erleben musste. Doch als 1521 Belgrad, die südliche Grenzfeste des ungarisch-kroatischen Reichs, fiel, schien das ganze „Abendland" bedroht.

Nordindien, Vorder- und Mittelasien brauchten viel länger als das Osmanenreich, um nach den großen Zerstörungen und Menschenverlusten der Invasionen wenigstens politisch wieder zu stabilen Verhältnissen zu gelangen. Nachdem schon Dschingis Khan Transoxanien und Chōrāsān (Khorassan), seine Nachfolger westlich davon gelegene persische Gebiete und Mesopotamien verwüstet hatten, wurden diese

Umkämpftes Vorder- und Mittelasien

Regionen seit ca. 1370 von Timur wiederum ausgeplündert, große Teile der Bevölkerung massakriert beziehungsweise deportiert. Ähnliches geschah in Syrien, Aserbaidschan, Georgien und im Reich der Goldenen Horde. Partiell auch, um dem erneuten osmanischen Druck auszuweichen, zogen jedoch bald nach Timurs Tod (1405) zwei türkmenische Stammeskonföderationen aus Anatolien nacheinander nach Osten. Während sich die Qara Qoyunlu (Kara Koyunlu, „Schwarze Hammel" – vielleicht so benannt nach ihrem Totemtier) Mesopotamiens und Aserbaidschans inklusive Täbris (Täbriz) bemächtigten, stellte ein Sohn Timurs im Ostteil des Reichs die Einheit zunächst wieder her. Nach seinem Tod (1447) zerfiel diese noch timuridische Reichshälfte aber wieder in die alten Länder. Transoxanien und Chōrāsan wurden 1501/1507 von den Usbeken erobert. Zentral- und Südpersien fiel bereits 1452 an die Qara Qoyunlu, die dann jedoch 1466/1469 von ihren Rivalen, den Aq Qoyunlu (Ak Koyunlu, „Weiße Hammel"), verdrängt wurden, die von Diyarbakır aus einige Zeit das gesamte persische Gebiet westlich Chōrāsans bis zum Golf regierten. Danach etablierten sich 1501, mit Hilfe eines Sufi-Ordens und einer dritten Welle von ihm beeinflusster türkischer Rückwanderer, der Kizilbasch, für gut 200 Jahre die schiitischen Safawiden im Iran und, abwechselnd mit ihren osmanischen Gegnern, bis 1639 auch in Mesopotamien.

Der grausame Eroberer Timur hatte 1398 auch das Delhi-Sultanat geplündert. Mit der 1206 erfolgten Gründung dieses Reichs (s. Beitrag „Der Indische Subkontinent" in Band III), das sich zunächst über das Indus- und Gangesgebiet erstreckte, hatte eine lange Periode der Beeinflussung Indiens durch politische und kulturelle Kräfte Vorder- und Mittelasiens begonnen. Ab 1298 hatte das Sultanat sich nicht nur mongolischer Einfälle erwehrt, sondern unter Ala ud-Din ('Ala ud-Dīn) beziehungsweise Muhammad bin Tughluq seine Macht bis 1334 fast auf den gesamten Subkontinent mit Ausnahme von dessen Südspitze, Orissa und dem 1315/1346 bis 1568 selbständigen Königreich Kaschmir ausgedehnt. Selbst das weit im Süden gelegene Madurai war 1311 geplündert und niedergebrannt worden. Der Versuch, die bisherigen Tributreiche regelrecht zu annektieren, hatte jedoch eine Gegenbewegung ausgelöst, die zur Gründung eines Sultanats von Bengalen (1338) sowie neuer Reiche im Süden führte. Auch die zunächst konsolidierte Herrschaft der Sultane in Nordindien begann sich schon zehn Jahre vor Timurs Einfall zu zersetzen. Danach regierten bis 1524 in Lahore und Multan, im Sind(h) gar bis 1591 Timuriden und nachfolgende Dynastien. In Gujarat (um 1400–1572), Malwa (1401–1531), Jaunpur (1394–1476) und K(h)andesh (1399–1599) – sprich: Gudscharāt, Mālwa, Dschaunpur, Chāndīsch – bestanden selbständige indomuslimische Sultanate. Erst ab 1489 vereinigte die 1526 von den Moguln abgelöste, paschtunische Lodi-Dynastie (Lōdhī-Dynastie) wieder einen Großteil Nordindiens zwischen Peschawar und Bihar. Außer den genannten Sultanaten blieben Westrajasthan mit Ajmer (Adschmēr), Gondwana (Gondama) und Bengalen sowie das 1483 aufgeteilte, hinduistisch regierte Königreich Nepal vorerst unabhängig.

| Indomuslimische Sultanate

Die Westhälfte Europas war von einer längeren Besetzung durch die pauschal als „Tataren" beziehungsweise sogar als „Tartaren" („der Hölle Entsprungenen") bezeichneten Eroberer vermutlich nur deshalb verschont geblieben, weil deren Heerführer im entscheidenden Jahr 1242, als sie bereits die Linie Breslau–Wiener Neustadt–Dubrovnik erreicht hatten, ihren Feldzug nach Westen abbrachen, um in Karakorum einen Nachfolger für den gerade verstorbenen Großkhan zu wählen. Da-

Herrschaft und politische Ideen

nach verfolgten die Mongolen diese Expansionsrichtung nicht mehr weiter, möglicherweise auch, weil ihnen das geographisch näher liegende Mesopotamien sowie Ägypten lohnendere Beute zu sein schienen als die ihnen unbekannten Gebiete irgendwo im fernen Westen. So konnte sich das im 13. Jahrhundert entstandene Großfürstentum Litauen, seit 1386 unter katholischen Vorzeichen durch eine – freilich lange prekäre – Personalunion mit dem zuvor um Galizien vergrößerten Polen verbunden, bis 1399 über die weiten Tiefebenen des heutigen Weißrussland, große Teile der Ukraine und einen schmalen Streifen Westrusslands bis an die Grenzen Moskaus und des Krim-Khanats ausdehnen – Gebiete, die Polen-Litauen bis ins letzte Drittel des 18. Jahrhunderts großenteils behaupten sollte. Der „Sammlung der russischen Länder (bzw. Erde)" durch Moskau fielen dagegen bis 1533 die im Gebiet der Rus entstandenen übrigen Fürstentümer zum Opfer, namentlich sein Hauptkonkurrent Twer (1485) sowie die oligarchisch regierte, im manchem Venedig vergleichbare Stadtrepublik Groß-Nowgorod (1478), die bis zum Weißen Meer und zum Nordural

Machtkämpfe im Osten Europas — ein Tributregime errichtet hatte. Einen Großteil Preußens und Livlands kontrollierte zeitweise der Deutsche Orden, der allerdings im 15. Jahrhundert weite Gebiete verlor und 1466 unter polnische Lehenshoheit kam. Um die Ostseeherrschaft stritten derweil die in der Kalmarer Union von 1397 bis 1523 verbundenen skandinavischen Länder einerseits und andererseits die Hanse, ein im 13./14. Jahrhundert immer mehr Mitglieder umfassendes Bündnis von Handelsstädten.

Während das Reich nach dem Aussterben der Staufer in eine Krise geriet, konsolidierten die Könige von England und Frankreich ihre Position, fochten jedoch dann miteinander den verheerenden Hundertjährigen Krieg (1337–1453) aus, in dem das französische Königtum zeitweise große Territorialverluste erlitt, an dessen Ende jedoch England fast seinen gesamten Festlandsbesitz verlor. An diesem Konflikt beteiligte sich auch Burgund, das nicht nur die reichen Niederlande erwarb, sondern eine für andere Reiche vorbildliche Hofkultur entwickelte, aber nach seiner Niederlage gegen ein lothringisch-schweizerisches Bündnis (1477) aufgeteilt wurde. Eine noch stärkere kulturelle Ausstrahlung im damals reichlich chaotischen, von Armagnaken-, Hussiten-, „Rosen"- und anderen Kriegen erfüllten Europa besaß

Kriege in West- und Südeuropa — Italien. Es war aber schon lange unter verschiedene Fürsten und Republiken aufgeteilt, die sich bis 1464 ebenfalls mit wechselnden Erfolgen fast permanent bekämpften. Dagegen wanderte die Frontlinie auf der Iberischen Halbinsel immer mehr nach Süden. Das nordafrikanisch-andalusische Almohadenreich begann sich nämlich aufzulösen. Zunächst gingen bis 1230/1248 der Ostteil des Maghreb und Andalusien verloren. Davon profitierten auf der Halbinsel kurzfristig einige neue muslimische Emire, auf längere Zeit aber nur die Nasriden von Granada. Die übrigen Fürsten wurden nicht nur rasch zu Vasallen, sondern bald auch zu Opfern jener christlichen Könige von Portugal, Aragón und vor allem von Kastilien-León, die immer größere Teile des Südens okkupierten.

Freilich waren die Beziehungen zwischen dem muslimischen Maghreb und dem christlichen Südeuropa bis zum 16. Jahrhundert durchaus intensiv und keineswegs immer feindlich: Beispielsweise pflegte Aragón lange freundschaftliche Kontakte zu Marokko – nicht zuletzt im Sinne einer gemeinsamen Gegnerschaft gegenüber Kastilien. Durch die „spanische" Matrimonialunion von 1479 wurde diese Rivalität, die Granada bislang das Überleben garantiert hatte, jedoch abgebaut. 1492 erfolgte der Abschluss der Reconquista (span. „Rück-Eroberung") – ein nicht unproblematischer Begriff, da Muslime auf der Iberischen Halbinsel seit dem 8. Jahrhundert lebten und sich zwischenzeitlich wahrscheinlich die Mehrheit der andalusischen Bevölkerung zum Islam bekannt hatte! Jedenfalls war es symptomatisch, dass noch im selben Jahr Kolumbus Amerika entdeckte, die Eroberung Amerikas also sozusagen nahtlos an die Reconquista anschloss, nachdem schon im 15. Jahrhundert Ausgriffe nach Afrika erfolgt waren. Die Portugiesen hatten sich 1415 der nordafrikanischen Stadt Ceuta bemächtigt, eines der Endpunkte des lukrativen transsaharischen Karawanenhandels – weshalb dieses Jahr bis heute von manchen Historikern als Beginn der (west-)europäischen Expansion angesehen wird. Obwohl sie danach weitere Städte, diesmal an der Atlantikküste, sowie einige Inseln (Madeira, Azoren) okkupierten – die Kastilier taten dasselbe auf den Kanaren –, dachte dabei zumindest bis 1460 niemand an einen Seeweg nach Indien, sondern vielmehr an eine Herrschaft über Nordwestafrika. Denn auch dort verloren die Almohaden sukzessive ihre Macht. Die Herrschaft über die Städte und Täler des Maghreb teilten sich seit dem 13. Jahrhundert an deren Stelle drei Sultanate, regiert von Berbern, die verbündeten arabischen Nomaden als Gegenleistung für militärische Hilfe in bestimmten Gegenden ein Besteuerungsrecht einräumten. So beherrschten die Hafsiden von Tunis aus das Umland und das benachbarte Tripolitanien, die Abdalwädiden (Zijaniden) von Tlemcen aus den nordwestalgerischen Bereich, die Meriniden (Mariniden; 1465/1476 abgelöst von den Watt[a]siden) von Fes aus Marokko. Diese drei Königreiche rivalisierten häufig miteinander, waren innerlich wenig stabil, dabei von arabischen Nomaden und Berbern aus den Gebirgen einerseits und zunehmend von christlichen Flotten andererseits bedroht. Zudem scheinen sich ihre agrarischen Ressourcen erschöpft zu haben, was langfristig – trotz des immer wieder anschwellenden Zustroms muslimischer und jüdischer Zuwanderer aus Andalusien – ihre Bevölkerungszahl begrenzte. Auf Dauer konnte dieser Zustrom nicht einmal die Menschenverluste ausgleichen, die ein nichtmenschlicher Feind verursachte. Denn wenn der weithin berühmte Historiker und Geschichtsphilosoph Ibn Chaldun (Khaldun) aus Tunis von einer „neuen Welt" sprach, so vor allem auch deshalb, weil die „alte" um 1350 von einer Katastrophe getroffen worden war, der ein Großteil der Bewohner nicht nur der islamischen, sondern auch der übrigen Welt zum Opfer fiel, inklusive seiner eigenen Eltern.

| Iberer und Maghrebiner

Die Folgen des „Schwarzen Todes"

Seit etwa 1300 häuften sich in vielen Gebieten Eurasiens, wahrscheinlich klimabedingt, die Krisenerscheinungen. Zunehmend traten Missernten auf, die zum Beispiel

Herrschaft und politische Ideen

europaweit in den Jahren 1315 bis 1322 zu Hungersnöten führten, die zahlreiche Opfer forderten und auch die Resistenz der Überlebenden gegen Epidemien schwächten, die nun ebenfalls vermehrt auftraten. In dauerhafter Erinnerung blieb der – erst viel später so genannte – „Schwarze Tod". Diese Pandemie wurde von Zeitgenossen als „Pest" bezeichnet (lat. *pestis, pestilentia* = Seuche). Dass es sich tatsächlich im heutigen medizinischen Sinn um eine Pest (Beulen- bzw. Lungenpest) handelte, wird zwar überwiegend angenommen, doch auch andere Krankheiten, insbesondere ein hämorrhagisches Fieber, werden als mögliche Auslöser des massenhaften Sterbens genannt. Als Ursprungsgebiet dieser „Pest" kommen jedenfalls vor allem zwei Gebiete in Frage: die Region Yunnan/Burma und die zentralasiatische Steppe. Der im Zeichen der *Pax Mongolica* intensivierte Verkehr innerhalb des mongolischen Riesenreichs (s. S. 64), vor allem aber die Truppenbewegungen dürften wesentlich zur Ausbreitung der Seuche beigetragen haben. Nördlich des mittleren Jangtse tauchte sie möglicherweise – die Quellenlage ist unsicher – schon seit den 1320er Jahren auf, 1345/1346 an verschiedenen chinesischen Küstenorten, in den 1350er Jahren wütete sie dann nahezu landesweit. In China sank die Bevölkerungszahl von 80 bis 100 auf ca. 65 Millionen – was sicherlich neben Inflation und Naturkatastrophen zu den sozioökonomischen Unruhen beitrug, die letztlich zum Dynastiewechsel führten. Das bis dahin blühende Reich der Goldenen Horde wurde schwer getroffen. Als dessen Armee den genuesischen Stützpunkt Caffa (heute Feodossija) auf der Krim belagerte, soll die Krankheit auf die Verteidiger übertragen worden sein. Auf italienischen Schiffen gelangte sie via Konstantinopel ins Mittelmeer und erreichte im Winter 1347/1348 sowohl Genua und Marseille (und damit die Westhälfte des europäischen Kontinents) als auch Alexandria (und damit Nordafrika). Hier wie dort führte sie zu einer gigantischen demographischen Katastrophe mit dementsprechend schwerwiegenden ökonomischen und kulturellen Folgen. Offenbar erfolgte die Ansteckung nämlich nicht nur durch tierische Überträger, wie den Biss eines Rattenflohs oder einer Kleiderlaus, sondern ebenso durch Tröpfcheninfektion, also auch von Mensch zu Mensch. Jedenfalls breitete sich die Pandemie mit erschreckender Schnelligkeit aus und führte oft schon nach kurzer Ansteckungszeit zum Tod. In Kairo, um 1300 nach dem chinesischen Hangzhou vielleicht die größte Stadt der Welt, soll sie auf ihrem Höhepunkt 1348/1349 über 200.000 der mehrheitlich auf 450.000 bis 600.000 geschätzten Einwohner das Leben gekostet haben, also vielleicht 40 Prozent. Die Bevölkerung ganz Ägyptens von mindestens 4,5 Millionen sank dramatisch, und die sich nun anbahnende Wirtschaftskrise und weitere Seuchenzüge sorgten dafür, dass Napoleon 1798 maximal auf drei bis vier Millionen Einwohner stieß! In Europa, das zuvor vielleicht 75 Millionen Einwohner zählte, waren die Folgen kaum weniger schrecklich: Die höchsten Schätzungen belaufen sich ebenfalls auf 40 Prozent Menschenverluste, meist spricht man von etwa einem Drittel, mindestens aber von einem Fünftel, freilich mit großen regionalen Unterschieden.

Das hatte tiefgreifende soziale, ökonomische und kulturelle Konsequenzen – wir können sie etwa in Giovanni Boccaccios »Decameron(e)« nachlesen, in dem eingangs

Ausbreitung der „Pest"

die Auswirkungen des „Schwarzen Todes" in Florenz geschildert werden. Freundschaften und Familien lösten sich aus Angst vor Ansteckung auf. Die Suche nach einem Sündenbock führte verbreitet zu Pogromen – was viele mitteleuropäische Juden veranlasste, sich in das sicherere und von der Seuche verhältnismäßig wenig erfasste Großfürstentum Litauen zu flüchten. Autoritäten wie Ärzte und Geistliche erwiesen sich als machtlos. Die Versorgung brach zusammen, kurzfristig stiegen die Preise, Subsistenzwirtschaft dominierte wieder mehr als zuvor, wo Handel und Gewerbe einen bemerkenswerten Aufschwung erlebt hatten, städtische Unruhen und Bauernaufstände häuften sich. Betuchte Bürger flohen aufs Land, weil sie den „Pesthauch" der Leichen fürchteten, Arme aus der Umgebung drängten in die Stadt, weil sie nur dort auf die milden Gaben von Wohlfahrtseinrichtungen hoffen durften. Die längerfristige geistige „Aufarbeitung" des Schreckens scheint Gelehrte und Künstler danach verstärkt auf die Wiederbelebung rationaler und ästhetischer Konzepte der Antike (Humanismus, Renaissance) beziehungsweise auf ein abstrakteres Denken (Nominalismus) verwiesen zu haben. Landesherren setzten auf höhere Bildung, um qualifizierte, professionelle Kräfte für Kirche und Verwaltung zu gewinnen, und gründeten Universitäten. Besonders viele nichtgelehrte Menschen, die den „Schwarzen Tod" als eine Strafe Gottes für ihre Sünden interpretierten, zeigten demgegenüber eine geradezu exzessive Bußfertigkeit: Die zunehmende Häufigkeit von Geißlerzügen war eine Folge davon – in Ägypten breitete sich entsprechend eine mystisch gefärbte islamische Volksfrömmigkeit aus. Das allgemeine Bewusstsein, jederzeit sterben zu können, findet sich in den zahlreichen spätmittelalterlichen Totentänzen bildhaft ausgedrückt. Es lebte jedoch noch bis in die Barockzeit fort: Skelette von Heiligen oder Knochenmänner mit Sanduhren verwiesen den Kirchenbesucher regelmäßig auf die Vergänglichkeit seines Daseins. Das ist verständlich, wenn man bedenkt, wann sich die Pest aus Europa tatsächlich zurückzog: England, insbesondere London, erlebte die letzte Pestkatastrophe 1665/1666, im südfranzösischen Marseille wütete sie letztmalig 1720/1721, in Moskau 1789/1791, in manchen Regionen des Balkan, aber etwa auch Chinas noch länger. Dabei war die Pest freilich nicht die einzig gefährliche Epidemie.

Immerhin wurde in Europa – für Russland, das aber trotz mancherlei kommerzieller und gelegentlich diplomatischer Kontakte politisch und weitgehend auch kulturell gesehen vor dem 18. Jahrhundert kaum zu Europa zu zählen ist, liegen freilich nicht einmal Schätzungen vor – der Bevölkerungsstand von 1346 gegen Ende des 15. Jahrhunderts im Allgemeinen wieder erreicht. Doch bis dahin hatte der zwischenzeitliche Menschenmangel die Kulturlandschaft ebenso wie die soziale Hierarchie gründlich verändert. In weiten Teilen Europas kam es im Spätmittelalter zu sogenannten Wüstungen: Grenzertragsböden wurden aufgegeben, Gras, Buschwerk und schließlich der Wald eroberten sich zurück, was einst im Zuge der demographischen Expansion mühsam gerodet und kultiviert worden war. In Ostmitteleuropa kam die sogenannte deutsche Ostsiedlung – einer dieser vielen bisherigen Kolonisationsvorgänge – weitgehend zum Erliegen. Aber größer denn je waren nun die Möglichkeiten,

Folgen der „Pest" in Europa

Auswirkungen des Menschenmangels

einem sozialen Druck durch Flucht auszuweichen. Das Villikationssystem löste sich daher endgültig auf. Dessen Basiseinheit war eine „Villa", das Landhaus eines adeligen Herrn, das in mehr oder minder großer Entfernung umgeben war von den einzelnen Hütten seiner leibeigenen Bauern. An die Stelle dieses Systems trat nun das Dorf: eine geschlossene Siedlung von Bauern, die persönlich frei, aber vor allem zu Abgaben, nur in geringerem Maße auch zu Fronen, verpflichtet waren. Diese leisteten sie gegenüber ihrem Grundherrn, der in vielen Regionen nun oftmals gar nicht mehr am Ort lebte, sondern in eine Stadt zog – die ostmitteleuropäische „Gutsherrschaft", auch „zweite Leibeigenschaft" genannt, entstand erst im 16./17. Jahrhundert. In den Städten nahmen manche Zünfte inzwischen Mitglieder auf, die sie vorher zurückgewiesen hätten. Nicht wenige Nachkommen von leibeigenen qualifizierten Dienstleuten vermochten sogar zu Patriziern oder Rittern und damit letztlich zu neuen Kleinadeligen aufzusteigen. Die gesellschaftliche Mobilität wuchs also, auch weil durch Epidemien und die häufigen Fehden und Kriege des Spätmittelalters zahlreiche alte Adelsgeschlechter aussterben. Mittelfristig verbesserten relativ hohe Löhne, niedrige Pachten und Getreidepreise die Aufstiegschancen sowie die wirtschaftliche und rechtliche Situation breiterer Schichten, nicht zuletzt in vielen Städten. In der Nordhälfte Italiens oder auch im Westen des Reichs lösten sich städtische Oligarchien von ihren bisherigen geistlichen Stadtherren. In den neuen Stadtrepubliken, die vielfach auch ein größeres Umland beherrschten, mussten sie sich, nach den sogenannten Zunftrevolutionen des 13. Jahrhunderts, allerdings teilweise die Macht mit den Vertretern der wichtigsten Handwerkerzünfte teilen. Der Anstieg der städtischen Arbeitskosten aber mag sogar, so ist gemutmaßt worden, die Mechanisierung bisheriger manueller Tätigkeiten begünstigt haben.

In Ägypten dagegen, wo die Menschen – durch die Wüste im Niltal eingezwängt – nicht ausweichen konnten, erhöhte sich der Druck des Staates und seiner Träger, die auf die gewohnte Höhe ihrer Abgaben nicht verzichten wollten. Unter den Mamluken, einer aus dem Sklavenstand seit 1250/1260 an die Macht gekommenen Militäraristokratie mit monarchischer Spitze, verloren die einst so angesehenen ägyptischen Großhändler, die Niederlassungen bis Südchina besessen hatten, an Bedeutung. Denn vorübergehend brachen infolge der Pest die Fernhandelsverbindungen weitgehend zusammen. Was blieb oder wiederbelebt werden konnte, eignete sich großenteils der Staat an, denn die Mamluken setzten seit der Mitte des 14. Jahrhunderts zunehmend Monopole in Kraft, nicht nur hinsichtlich der Produktion und des Exports von Zu-

Staatsmonopole in Ägypten

cker – eines begehrten Guts nicht nur in der islamischen Welt –, sondern auch in Bezug auf die Güter, die Ägypten aus dem indopazifischen Raum bezog: Gewürze, Seide und andere Luxuswaren. Aus Konkurrenzangst achteten sie auch streng darauf, dass keine Europäer bis zum Roten Meer oder gar zum Indischen Ozean vordrangen. Das glückte dementsprechend sehr wenigen. Deren Informationen wurden in Europa dann aber auch sehnsüchtig erwartet (s. S. 65, 68, 90). Während die „Seidenstraße", das Verkehrsnetz, auf dem auch die Pest nach Westen gekommen war, nie mehr ganz ihre frühere Blüte erlangte, vermochte sich durch diese Monopolpolitik Ägypten – und noch mehr dessen nunmehriger europäischer Haupthandelspartner Venedig – zu stabilisieren. Aber schließlich gelang es den Portugiesen, nach Vasco da Gamas zweiter Umsegelung Afrikas, Ägypten vorübergehend von der Warenzufuhr aus Indien abzuschneiden. Vielleicht versetzten die portugiesischen Expeditionen der freilich ebenso kostspieligen wie schwach verankerten Herrschaft von maximal ca. 10.000 Mamluken über Ägypten und die Levante damit ökonomisch den Todesstoß: 1506 gelangten erstmals keine Gewürze mehr nach Kairo, 1517 wurde die Stadt von osmanischen Truppen eingenommen. So fiel auch Ägypten an eines der neu entstandenen beziehungsweise restaurierten Großreiche, die ab ca. 1500 die machtpolitische Struktur weiter Teile der Alten Welt bestimmten.

Politische Entwicklungen in Schwarzafrika, Amerika und im indopazifischen Raum

Der Süden Indiens und große Teile Südostasiens, das dünn besiedelte Australien, Japan, das subsaharische Afrika und der amerikanische Kontinent wurden nicht von den Mongolen erobert und waren anscheinend auch nicht vom „Schwarzen Tod" betroffen. Dennoch erlebte Japan, spätestens nach einem gescheiterten Versuch seines Tennō zur Restauration der Kaisermacht, ab 1338 eine Periode der inneren Spaltung der Kaiserdynastie und des Landes. Diese endete zwar 1392, aber das neue Ashikaga-Shōgunat vermochte das Land nicht wirksam zu kontrollieren. Dies führte schnell wieder zu Machtkämpfen und mündete ab 1467 in eine über hundert Jahre andauernde Folge von inneren Kriegen, in denen sich diverse Fürsten (Daimyō) mit ihrem jeweiligen Gefolge aus dem sich ausbildenden Kriegerstand der Samurai mit größter Brutalität bekämpften. Viele ostafrikanische, süd- und südostasiatische Küstenregionen teilten sich im 14./15. Jahrhundert ebenfalls in eine Vielzahl kleiner Fürstentümer beziehungsweise Stadtstaaten, in denen sich zunehmend, beginnend bei Fürsten und Adeligen, mehr und mehr der Islam durchsetzte. Der Wunsch, Beziehungen zu den reichen und kultivierten muslimischen Händlern arabischer oder nordwestindischer Herkunft herzustellen oder auszubauen, dürfte dabei vielfach eine Rolle gespielt haben. In Ostafrika entfaltete sich, vom Hinterland sozio-kulturell getrennt, die Suaheli-Kultur (von arab. *sāḥil* = Küste), zu der neben Afrikanern auch Perser, Inder, auf Madagaskar auch „Indonesier" sowie nicht zuletzt Araber ihren Beitrag leisteten – letztere insbesondere in Form des Islam und der arabischen Schrift. Manche Stadtstaaten, namentlich Kilwa (im heutigen Tansania), das erwähnte Calicut oder das um 1400 vom letzten Fürsten des im Osten Sumatras gelegenen Srivi(d)jaya an der gleichnamigen Meeresstraße gegründete Malakka, erlangten rasch größte Bedeutung für den Seeverkehr im Indopazifik; ihr Schicksal hing aber auch ganz von der jeweiligen Handelskonjunktur ab. Im 15. Jahrhundert erkannte Malakka teilweise die Suzeränität des thailändischen Ayutthaya an, teilweise dehnte es seine eigene Oberhoheit auf dessen Kosten auf der Südhälfte der Malaiischen Halbinsel aus. Das im Inneren Ostjavas 1293 begründete multireligiöse,

| Politische Vielfalt im Indopazifik

Herrschaft und politische Ideen

aber von Hindu-Königen regierte Majapahit hatte zwar zeitweise ebenfalls einen erheblichen Einfluss auf dieses Gebiet sowie einen Großteil des indonesischen Archipels ausgeübt, etwa indem es das alte malaiisch-buddhistische Srivijaya endgültig ausgelöscht hatte. Sein eigentliches Herrschaftsgebiet war indes stets deutlich beschränkter geblieben, seine Oberhoheit über fernere Gebiete büßte es im 15. Jahrhundert ein, bald verlor es auch noch die Kontrolle über Teile Javas, die sich dem Islam zugewandt hatten. Mindestens ebenso locker geknüpft war das sogenannte Tonga-Reich im Pazifik.

Territoriale Expansionspolitik wurde eher von Monarchien betrieben, deren Zentren weiter im Binnenland lagen. Thaivölker und Burmesen, von der chinesischen Expansion nach Süden abgedrängt, hatten sich bis zum 13. Jahrhundert in ihren neuen Siedlungsgebieten fest etabliert und behandelten die von ihnen unterworfenen Völker, etwa die Mon, teilweise als „Untertanen zweiter Klasse", obwohl sie viel von ihnen übernahmen. Nachdem die Mongolen das burmesische Bagan (bzw. Pagan) 1287 erobert hatten, existierten, um nur die wichtigsten zu nennen, im kontinentalen Teil Südostasiens folgende politische Einheiten: erstens ein im südlichen Myanmar wieder errichtetes Fürstentum der Mon mit Namen Raman(y)adesa, die beiden erst im 13. Jahrhundert gegründeten Thai-Fürstentümer von zweitens Chiang Mai (Lan Na) und drittens Sukhothai, viertens weiter östlich der alte Khmer-Staat Angkor, fünftens an der Ostküste das Cham-Fürstentum Champa sowie nördlich anschließend sechstens das ebenfalls traditionsreiche (nord-)vietnamesische Dai Viêt. Sie alle führten mehr oder minder permanente Kriege gegen ihre jeweiligen Nachbarn. Ramanadesa verlegte nach einer Phase der Anarchie seine Hauptstadt 1369 in die Hafenstadt Pegu (Bago). Nördlich davon entstanden neue burmesische Staaten: 1347 das Königreich Taungu (Toungoo), 1364 dessen Rivale Ava.

„Staatsbildungen" im kontinentalen Südostasien

Das Thai-Fürstentum Ayutthaya, um 1349 am unteren Menam (Chao Phraya) gegründet, expandierte rasch. Es brachte nämlich bald das ältere Sukhothai unter seine Kontrolle, das es 1438 inkorporierte, es attackierte seit 1351 die Khmer und zerstörte 1431 Angkor. Dessen Verfall dürfte allerdings nicht nur mit den Massendeportationen durch die Invasoren zusammenhängen, sondern auch damit, dass die Böden in der Umgebung der Stadt ausgelaugt und die königlichen Finanzen infolge der gigantischen Bautätigkeit erschöpft waren. Das Zentrum Kambodschas, das von da an ebenso wie viele malaiische Fürstentümer an Ayutthaya Tribut zahlte, verlagerte sich jedenfalls nunmehr endgültig an den unteren Mekong. Das dadurch weiter nördlich entstandene Machtvakuum vermochten allerdings nicht die Thai von Ayutthaya, sondern die ihnen eng verwandten Laoten zu nutzen, die 1353, durch Vereinigung der Fürstentümer Vieng Chang (Vientiane) und Luang Prabang, ihr erstes Reich (Lan Chang [Lan Xang]) gegründet hatten. Dieses blieb zwar letztlich eine gegenüber Ayutthaya ebenfalls tributpflichtige Konföderation autonomer Länder, doch unter einem eigenen Monarchen. An der Ostküste des kontinentalen Südostasien bekriegten sich währenddessen mit wechselndem Erfolg Dai Viêt und Champa, wobei Dai Viêt, obwohl 1407 bis 1427 als „Annam" (wie schon über tausend Jahre lang bis 931) zu einem Teil des chinesischen Reichs degradiert, schließlich die Oberhand behielt und Champa 1471 zum größten Teil annektierte.

In Zentral- und Südindien waren es ebenfalls die Binnenzentren, welche die große Politik bestimmten. Schon 1334 hatte sich der Gouverneur von Madurai als Sultan von Ma'bar für unabhängig von Delhi erklärt. Es folgte im Süden 1346 die Gründung Vijayanagars und fast gleichzeitig, in Zentralindien, die des schiitisch regierten, kulturell von Persien beeinflussten Bahmani-Sultanats, das sich 1425 durch die Eroberung Warangals sogar bis an den Golf von Bengalen ausdehnte. Damit entstand ein Dreieckskonflikt um die Beherrschung Südostindiens zwischen dem Sultanat, Vijayanagar(a) und dem zweiten neuen großen Hindu-Königreich, nämlich Orissa, das sich um 1120 vom Raum Kalkutta bis zum Godavari-Strom ausdehnte, 1361 in eine kurzzeitige Tributabhängigkeit von Delhi geriet, aber nach 1450 im Küstenraum weiter nach Süden expandierte. Vijayanagar annektierte 1370 Ma'bar, nach 1400 auch die tamilische, einst für die C(h)ola-Dynastie (sprich: Tschola) zentrale Küstenregion, zerfiel aber um 1490. Nach Vijayanagars Wiedervereinigung schlug König Krishnadevaraya 1509 einen Angriff des Bahmani-Sultanats zurück und trug damit zu dessen endgültiger Aufspaltung in fünf Teile bei. Von den daraus entstandenen (teils schiitisch, teils sunnitisch geprägten und daher auch untereinander rivalisierenden) Nachfolgestaaten, Bidar, Ahmadnagar, Berār, Bijapur (Bidschāpur) und Golkonda, setzten jedoch besonders Bijapur (das 1619 Bidar eroberte) und Golkonda(-Hyderabad; als neue Hauptstadt 1591 in acht Kilometer Entfernung von der Festungsstadt Golkonda gegründet), die um 1600 ihre Blütezeit erlebten, den Konflikt mit den beiden Hindu-Reichen fort. Vijayanagars politisch-militärische Macht geriet nach einer 1565 verlorenen Schlacht gegen die nunmehr verbündeten Dekkan-Sultanate in Verfall. Drei Jahre später beendete der Sultan von Bengalen Orissas Selbständigkeit. Die Periode gelegentlicher hinduistisch-muslimischer außenpolitischer Arrangements war also zu Ende – und die Hindu-Reiche waren die Opfer.

| Indomuslimische und hinduistische Reiche

Auch in Schwarzafrika (s. auch Beitrag „Afrika südlich der Sahara – Aufstieg und Niedergang der Sakralstaaten" in Band III) bestanden oder bildeten sich größere, freilich ebenfalls nur selten sehr langlebige politische Einheiten. Das ab 1400 wohl von Krieger- und Jägergilden gegründete Kongo-Königreich, südlich des Unterlaufs des gleichnamigen Flusses gelegen, beruhte teilweise auf gemeinsamen kulturellen beziehungsweise ethnischen Grundlagen. Wie seine Nachbarn wurde es von Königen regiert, die dem Schmiedehandwerk entstammten. Im Bereich der Großen Seen wird mit Kitara (Bachwezi) ebenfalls ein erstes größeres Königreich – wenngleich nur archäologisch – fassbar, das aber nur ca. von 1450 bis 1500 bestanden haben dürfte. Wie seine größeren (Bunyoro, Buganda) und kleineren Nachfolger in diesem geografischen Raum stand es anscheinend schon vor dem Problem, einen Ausgleich zwischen dominierenden zugewanderten paranilotischen Hirtennomaden und alteingesessenen Ackerbau betreibenden Bantu zu finden – ein Gegensatz, der in Ruanda noch gegenwärtig zwischen Tutsi und Hutu

| Schwarzafrikanische Königreiche

Herrschaft und politische Ideen

fortlebt. Die alten christlichen Königreiche Nubiens, Nobatia/Makuria (Muqarra) und, weiter südlich, Alwa (Alodia), gingen infolge der Klimaverschlechterung und des Drucks von Seiten Ägyptens und der vordringenden arabisch-islamischen Nomaden bis 1500 zugrunde. Wohl im selben Zusammenhang verlegten die seit ca. 1270 regierenden (Neo-)Salomoniden – so genannt, weil sie sich auf den biblischen König Salomon zurückführten – das Zentrum des traditionsreichen Äthiopien nach Süden. Unter Kaiser Amda Seyon I. (bzw. Tsiyon; 1314–1344) expandierte das Reich auf Kosten zahlreicher muslimischer, aber auch „heidnischer" Nachbarn, die zu Tributzahlungen verpflichtet wurden, bis zum Roten Meer. Den Höhepunkt markiert die Regierung des Reichs- und Kirchenreformers Zara Yaqob (1434–1468), der unter anderem das Sultanat Adal (Harar) besiegte. Da die Verbindung zum koptischen Patriarchen im fernen Alexandria den Mamluken stets Pressionsmöglichkeiten bot, suchte man 1395 und 1450 durch Gesandte das Bündnis mit christlich-europäischen Ländern. Durchsetzt mit mehr oder minder autonomen, trotz mancher Missionsanstrengungen weiterhin nichtchristlichen Herrschaften, vermochte Äthiopien seine Tribut-„Staaten" jedoch um 1500, als der Druck muslimischer Nachbarn immer mehr wuchs, nur mehr noch durch ständige Feldzüge bei der Stange zu halten. An ihnen nahm der König mitsamt seinem riesigen Hofstaat, einer wandernden Zeltstadt, teil.

Andere, zunehmend islamisierte Reiche wurden im 13./14. Jahrhundert als durch Militär und dynastische Beziehungen verbundene Systeme in der als Sudan bezeichneten Savannenzone südlich der Sahara gegründet, indem sie sich auf das in diesem Raum neue militärische Instrument der Reitertruppen stützten. Bornu, schwerpunktmäßig südöstlich des Tschadsees gelegen, entstand, als sich die königliche Familie des älteren, nordwestlich des Sees befindlichen Kanem – auch religiös – gespalten und ein Teil von ihr ihre Residenz in den 1380er Jahren dorthin verlegte hatte. Es stieg im 15. Jahrhundert zum dauerhaften neuen Zentrum des zentralen Savannengebiets auf, indem seine Reiterkrieger mehr denn je Tribute in Form von Agrarprodukten und Sklaven in einem weiten Umkreis erpressten. Mitte des 16. Jahrhunderts vereinigte es

Kanem-Bornu und Mali | sich wieder mit Kanem. Das ab 1235 am oberen Niger gegründete Reich Mali dehnte im 14. Jahrhundert zumindest seine Tributherrschaft von Senegambien bis zum Aïr-Gebirge aus. Doch wurde seine wichtige Handelsstadt Timbuktu 1433 von Tuaregnomaden, später von Songhai (Gao) erobert, die sich, wie danach andere Vasallen, etwa die Wolof (Jolof) im heutigen Senegal oder die Mossi, von Mali gelöst hatten und nun das Machtvakuum am Nigerbogen ausfüllten. Gaos Herrscher Sonni Ali (1464–1492) und seine Nachfolger attackierten sogar, ohne freilich bleibende Resultate zu erzielen, sowohl die im oberen Volta-Bereich gegründete Mossi-Konföderation als auch manche der unter sich oft Krieg führenden Hausa-Stadtstaaten. Auf sein altes Kernland beschränkt, zerfiel Mali im 16. Jahrhundert endgültig, als sich von Norden her die nomadischen Fulbe in Senegambien ausbreiteten und Portugiesen von der Westküste ins Landesinnere vordrangen.

Das alte Tributreich von Groß-Zimbabwe, im Südosten Afrikas gelegen, gelangte um 1400 zu seinem größten Reichtum; man fand dort sogar zeitgenössisches chinesisches Porzellan! Irgendwann zwischen 1480 und 1550 wurde es jedoch, wohl infolge eines Zusammenspiels zwischen der Erschöpfung seiner Böden einerseits und des Drucks seitens eines vom Norden kommenden, erblichen „Herrn der durch Krieg unterworfenen Vasallen" *(mwene mutap(w)a)* andererseits, aufgegeben. Dessen Sohn erweiterte das Tributreich von Monomotapa, wie die gerade angekommenen Portugiesen unter Verballhornung des Herrschertitels das Reich nannten, in Richtung Sambesi, während im Süden die Dynastie Changamire unter der Oberhoheit des Mutapa-Reichs eine gewisse Autonomie gewann.

| Groß-Zimbabwe und das Mutapa-Reich

Kannten die großenteils im heutigen Nigeria liegenden Gebiete der Hausa und der Yoruba oder die ostafrikanische Küste seit langem Stadtstaaten, so wird, zumindest für einen Teil des hier betrachteten Zeitraums, ein Großteil des Kontinents – etwa das Waldland westlich des Volta und südlich des Nigerbogens oder die von Jägern und Sammlern bewohnten Trockengebiete von Namib und Kalahari beziehungsweise der Regenwälder Äquatorialafrikas – vor allem von „westlichen" Forschern doch gerne als „staatenlos" (bzw. als von „akephalen" Gesellschaften bewohnt) beschrieben. Das sind Gegenden, in denen einzelne Dörfer beziehungsweise ein Zusammenschluss mehrerer Dörfer die (übrigens meist sehr stabile) höchste politische Einheit darstellten. Sozial gesehen handelte es sich dabei regelmäßig um Clans, die einen gemeinsamen Vorfahren verehrten, in einem bestimmten – je nach den natürlichen Bedingungen größeren oder kleineren – Gebiet lebten und ein gewähltes Oberhaupt oder einen Patriarchen besaßen. Man sollte eine derart vergleichsweise „demokratische" Gleichheit der Mitglieder, zumindest der männlichen, nicht mit Primitivität gleichsetzen. Zudem mögen afrikanische Historiker durchaus Recht haben, die meinen, manche ihrer westlichen Kollegen unterschätzten die Bedeutung weiträumiger ritueller beziehungsweise magischer Beziehungen, idealisierten manchmal aber auch das „einfache Leben" von „Naturvölkern". Tatsächlich betrieb zum Beispiel im dicht besiedelten Biafra eine Händleroligarchie ein Orakel, das in der ganzen Region als Sprecher der höchsten Gottheit anerkannt war. Die Urteile dieses (kostenpflichtigen) Orakels wurden dann von Söldnern, die im Dienst der Kaufleute standen, vollstreckt – mit dem Ergebnis, dass aus dieser Gegend zwischen 1650 und 1800 rund eine Million Sklaven exportiert wurden! Auch ohne „Staat" ließ sich also Autorität ausüben, aber einen „Staat" im modernen Sinn – gekennzeichnet durch die Einheitlichkeit von Staatsgebiet, Staatsvolk und Staatsgewalt – gab es eben offenbar in weiten Teilen Afrikas, wo vermutlich teilweise der Sklavenfang die Bildung von „Staatlichkeit" verhinderte, selbst ansatzweise ebenso wenig wie in Australien, Sibirien oder in den meisten Gebieten des amerikanischen Kontinents.

| „Staatenlose" Regionen

Immerhin existierten auch in Amerika, trotz zahlreicher Migrationen, einige Kulturen mit großen urbanen Kernen. Die Mississippikultur, die im 11./12. Jahrhundert entstanden war, überschritt in der Folgezeit ihren Höhepunkt und war bis um 1500 schon weitgehend verschwunden. Die Mayastädte im Tiefland waren fast ausnahmslos im 10. bis 12. Jahrhundert untergegangen (s. auch Beitrag „Die Kulturen des Alten

Amerika" in Band I). Auf Yucatán dominierte allerdings Mayapán noch von 1221/1250 bis 1441, und im guatemaltekischen Hochland taten dies um 1450 die Quiché (K'ichee'). Danach zerfiel deren Herrschaft in mehr als ein Dutzend wenig bedeutender Fürstentümer, wie es sie weiter nördlich etwa auch bei den Mixteken gab. Die Muisca in Zentralkolumbien bildeten lediglich zwei lockere Konföderationen, von denen eine insofern Bedeutung gewinnen sollte, als sich ihr Anführer einmal im Jahr mit Goldstaub bedecken ließ, den er rituell in einem See abwusch – er wurde zum Ausgangspunkt des spanischen Traumes von „El Dorado". Erst im 15. Jahrhundert bildeten sich zwei Großreiche in der „Neuen Welt", denen jedoch manches fehlte, was in der „Alten" längst gang und gäbe war. Das Eisen, das Rad und eine regelrechte Viehzucht – abgesehen von der Haltung von Hunden, Truthähnen, Lamas und Alpakas – waren unbekannt oder jedenfalls ungebräuchlich. Während die Inkas nur bunte Knotenschnüre benutzten, mit denen man am ehesten noch numerische Informationen weitergeben konnte, besaßen Mayas und Azteken immerhin mehr beziehungsweise minder ausgefeilte Schriftsysteme.

Desintegration altamerikanischer Kulturen

Als sich nach langen Dürren die Bauernkulturen im Bereich des westlichen Grenzraumes zwischen den heutigen USA und Mexiko auflösten, waren die Azteken ins Hochtal von Mexiko gezogen und hatten dort, angeblich 1325, Tenochtitlán gegründet. Die Stadt blieb aber wenig bedeutend, bis sie 1434 Mitglied eines Dreistädtebundes wurde, den sie nach einigen Jahrzehnten dominierte. Gemeinsam war den drei Städten zum einen ihre agrarische Wirtschaftsweise, nämlich die äußerst ertragreiche Anlage „schwimmender Gärten" in den Seen des Hochtals von Mexiko, die freilich den Bau und den Unterhalt umfangreicher Deich- und Schleusenanlagen und damit eine Zentralisierung der politischen Macht voraussetzte. Zum andern hatten sie alle ein Interesse an den Produkten des Tieflandes, etwa Baumwolle, Kakaobohnen, Holz oder Federn. Deshalb dehnten die Azteken ihre Macht in Form einer Tributherrschaft bis an die Küsten aus. Dabei hatten die Unterworfenen neben Arbeitern und Soldaten vermutlich auch Opfer zu liefern, denn die Azteken sollen, auch wenn dafür Augenzeugenberichte fehlen, ihren Göttern das Wertvollste auf Erden, nämlich menschliche Herzen, dargebracht haben. Im Wesentlichen kam ihre bei den Eroberten reichlich unbeliebte Herrschaft nur dem weitgehend erblichen, privilegierten Kriegerstand zugute.

Das neue Reich der Azteken

Die Herrschaft der Inkas hatte sich bis 1438 auf ein relativ kleines Gebiet um Cusco (Cuzco) beschränkt. Danach expandierte sie rasch auf Kosten zahlreicher kleiner Fürstentümer, aber bis 1470 auch des Chimú-Reichs, das von seiner (mindestens?) rund 100.000 Einwohner zählenden Hauptstadt aus den Küstenstreifen nördlich des heutigen Lima beherrschte und dessen Bedeutung als Vorläuferreich für die Inkas erst durch neueste Grabungen deutlicher geworden ist. Privilegiert blieb die Bevölkerung des nunmehr zum prächtigen, heiligen Zentrum ausgebauten Cusco und von dessen Umgebung. Die übrigen Untertanen hatten Zwangsarbeit zu leisten und Tribute zu entrichten. Die Inkas wiesen dabei nach Dezimaleinheiten gegliederten Gruppen jeweils bestimmte Produktionsaufgaben sowie dauerhafte oder im

Wechsel zu leistende Dienste zu und monopolisierten die Verteilung der dabei gewonnenen Produkte. Darauf gründete sich die eine Säule ihrer Herrschaft, | Reichsbildung der Inkas
die man als geradezu „staatssozialistisch" bezeichnen könnte, hätte nicht
der zentrale Sonnenkult, neben dem die Kulte lokaler und regionaler Gottheiten weiterbestanden, die zweite Säule gebildet. Denn die letzten Inkaherrscher aus dem Geschlecht des mythischen Reichsgründers wurden als Söhne der Sonne wie übernatürliche Wesen verehrt. Das bewahrte das Reich allerdings nicht vor Thronfolgekonflikten.

Neben weiteren Gründen für den schnellen Zusammenbruch der beiden Reiche im Zuge der spanischen Eroberung Amerikas (s. S. 192) wird man bedenken müssen, dass sie verhältnismäßig sehr jung waren und damit von vielen Untertanen nicht als „traditionsgeheiligt" akzeptiert wurden. Während das Inkareich als Gegenleistung für die eingeforderten Abgaben und Arbeitsdienste immerhin gewisse „Sozialleistungen" bot (Nahrungshilfen für notleidende Provinzen, Straßenbau etc.), hatte das Aztekenreich ganz deutlich den Charakter eines Ausbeutungsregimes. Das heißt auch, dass es hier – von einer Vielzahl von Steuer- beziehungsweise Tributeintreibern abgesehen – keinen eingespielten bürokratischen Apparat gab, der dem Imperium innere Stabilität hätte verleihen können. Einen entscheidenden Beitrag zum Ruin beider Reiche aber lieferten zweifellos die Konquistadoren.

Frühmoderne Globalisierung und politische Ordnungen (1500 bis 1750)

Die westeuropäische Expansion und die Neue Welt

Man mag sich darüber streiten, wann die Globalisierung begonnen hat. Man findet dafür rund ein Dutzend allesamt gut begründeter zeitlicher Ansätze, angefangen spätestens von der Ausbreitung des Islam (ab 630) bis zur Verbreitung des Begriffs „Globalisierung" und zur Einführung des Internet in den 1990er Jahren. Daher sollte man Globalisierung besser als einen stufenförmigen Prozess mit gelegentlichen Rückschritten verstehen. Wenn hier für die westeuropäische Expansion der Begriff „frühmoderne Globalisierung" ins Spiel gebracht wird, so weniger deshalb, weil offenbar erstmals der in Lissabon tätige Nürnberger Martin Behaim 1492 das Wort „Globus" für seine Weltkugel verwendete – denn entgegen einer heute weitverbreiteten Meinung glaubten schon im Mittelalter fast alle gelehrten Autoren, die sich diesbezüglich äußerten, an die Kugelgestalt der Erde! Vielmehr wurde erstens infolge dieser Expansion erstmals die wahre Größe der Erde erkannt und durch Ferdinand Magellans beziehungsweise Juan Sebastián Elcanos Weltumsegelung (1519/1522) durchmessen – auch wenn die europäischen Karten weiterhin noch weite, unerforschte Räume im Inneren der meisten Erdteile sowie einen unbekannten Südkontinent zeigten. Zudem entstand zweitens, wie angedeutet, bereits mit der spanisch-

Herrschaft und politische Ideen

Die Welt 1492.

"Weltpolitik"

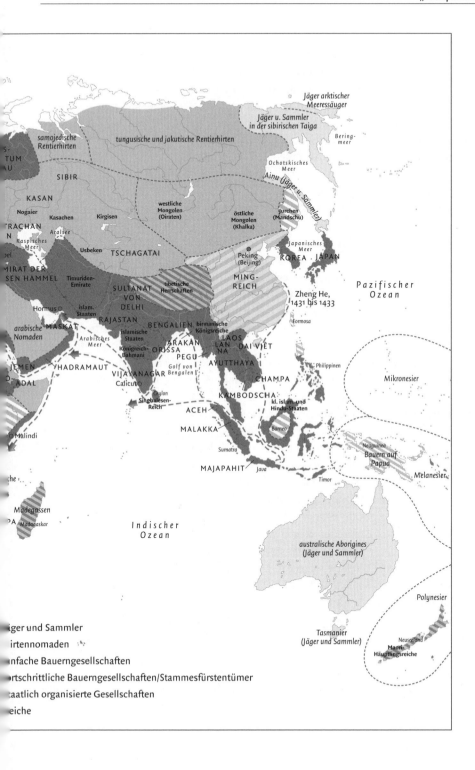

portugiesischen Kronunion von 1580 das erste weltumspannende Reich der Geschichte, mit Stützpunkten auf allen Kontinenten. Eine Ausnahme bildete lediglich das von Europäern spätestens 1606 erstmals gesichtete Australien, das aber kleiner ist als zum Beispiel Brasilien und von den wenigen Europäern, die seine Küsten erkundeten, als uninteressant eingeschätzt wurde. Obwohl das iberische Stützpunktnetz natürlich locker geknüpft war, bedeutete seine Existenz, dass beispielsweise chinesische Luxusgüter von Kanton beziehungsweise Macau entweder über Manila, Acapulco und Veracruz nach Sevilla gebracht wurden, oder aber über Malakka, Goa und das Kap der Guten Hoffnung nach Lissabon. Die 1622 vom Papst begründete *Congregatio de propaganda fide* plante entsprechend weltweite Missionsaktivitäten. Schließlich veränderte die Expansion, zumindest längerfristig gesehen, drittens die Grundlagen der menschlichen Ernährung und der demographischen Verhältnisse: Die Zahl der Ureinwohner Nordamerikas ging von grob geschätzt sechs bis acht Millionen zwischen 1492 und 1750 auf vielleicht eine Million zurück, diejenige Hispanoamerikas sank bis 1650 von schätzungsweise 35 bis 45, vielleicht 55 Millionen auf ca. vier Millionen, also auf grob zehn Prozent des Ausgangswertes, bei Unterschieden in den jeweiligen Großregionen zwischen zwei Prozent (Karibik) und 20 Prozent (in kontaktarmen Gebieten), wobei freilich die wachsende Zahl der Mestizen nicht vergessen werden sollte. Verursacht wurde dieses in der Geschichte der Menschheit beispiellose Massensterben in erster Linie durch diverse aus der Alten Welt eingeschleppte Krankheiten, gegen die Amerikaner keinerlei Immunstoffe besaßen. Jedoch begann sich in Amerika eine je nach Region unterschiedlich zusammengesetzte europäisch-amerikanisch-afrikanische Mischbevölkerung zu entwickeln, wobei „Mischlinge", wie auch in anderen Teilen der Welt, hier oft als Kulturvermittler wirkten. Umgekehrt wurden Europäer von der aus Amerika eingeschleppten Syphilis vergleichsweise weit weniger tödlich betroffen. Stattdessen profitierte Europa, ebenso wie China, von der Einführung amerikanischer Stärkepflanzen. Maniok, von den Portugiesen von Südamerika aus verbreitet, Hirse und Bananen, beide in Asien beheimatet, verbesserten auch die Ernährungsmöglichkeiten in afrikanischen Regenwaldgebieten (vgl. S. 25–28, 102). Verglichen damit blieben frühere Übersee-Expansionen, etwa der Wikinger (um 1000) oder der Chinesen (1405–1433) relativ folgenlos, blieben auch die im 15. Jahrhundert in Südostasien Handel treibenden und ihre Religion verbreitenden muslimischen Araber und Gujaratis in ihrer Wirkung begrenzt.

Bekanntlich gelangte Christoph Kolumbus im Dienst der spanischen Krone 1492 nach Amerika statt nach Indien, das auf dem Seeweg erst 1498 Vasco da Gama im Auftrag des portugiesischen Königs erreichte. „Indien" war für Europa freilich damals weniger ein geographischer als ein ökonomischer und kultureller Begriff: Er stand für den märchenhaften Reichtum, den man im Osten, außerhalb der bekannten christlich-islamischen Welt, anzutreffen hoffte. Die Renaissance des ptolemäischen Weltbildes um 1400 hatte dazu beigetragen, dass Marco Polos „Weltbeschreibung" ernst genommen wurde, und auch die schon ältere Idee, den „Osten im Westen zu suchen", lebte mit Kolumbus wieder auf. Der amerikanische Kontinent erschien, seit Spanier 1513 erstmals an den Pazifik gelangt waren, daher weniger eine erfreuliche Neuentdeckung zu sein als vielmehr eine unangenehme Barriere auf dem Weg zu den „Schätzen Indiens". Die bis ins 17. Jahrhundert andauernde Suche nach einer Nordost- oder Nordwestpassage (über Kanada bzw. Sibirien) endete indes erfolglos und vielfach tragisch.

Doch die Eroberung der beiden amerikanischen Großreiche bot den Spaniern einen Ausgleich für die enttäuschte Hoffnung auf einen direkten Seeweg zu den Reichtümern Indiens. Dabei waren die spanischen Eroberer keineswegs ganz auf sich allein gestellt. Als Hernán Cortés 1519 an der Stelle des anschließend von ihm gegründeten Veracruz an Land ging, waren die Azteken zunächst unsicher, ob es sich bei den hellhäutigen, auf merkwürdigen Tieren sitzenden Wesen nicht um einen zurückgekehrten Gott mit seinem Gefolge handeln könnte. Einige Zufälle erlaubten den Spaniern zudem, relativ rasch an Informationen über die Verhältnisse im Hochland von Mexiko zu gelangen. Aber neben einer Seuche, welche sie ungewollt eingeschleppt hatten, war wohl die Hilfe von Abertausenden von Tlaxcalteken – einem weitgehend autonomen Volk, das die militärische Macht der Spanier gegen die sie bedrohenden Azteken zu nutzen gedachte – ausschlaggebend dafür, | Eroberung von Tenochtitlán
dass die etwa 900 Spanier 1521 das auf einer Insel gelegene, von vielleicht 200.000 Menschen bewohnte Tenochtitlán erobern konnten. Unter dem Namen Mexiko-Stadt avancierte es danach zum Zentrum von „Neu-Spanien", das bald Richtung Süden, aber auch Westen ausgedehnt wurde, zum Beispiel auf Kosten der Tarasken (Purépecha), die den Azteken stets hatten widerstehen können.

Francisco Pizarro hatte ähnliches Glück. Als er mit einer kleinen Mannschaft an der peruanischen Küste landete, war das Inkareich zwischen den Halbbrüdern Huáscar und Atahual(l)pa gespalten. Bei ihrem Einzug in Cusco wurden die Spanier 1533 als vermeintliche Unterstützer Huáscars gefeiert, hatten sie doch Atahualpa in einem Überraschungscoup inmitten seiner Truppen gefangen genommen. Nachdem aber Huáscar auf Atahualpas Befehl und dieser auf Anordnung Pizarros ermor- | Das Ende des Inkareichs
det worden waren, kontrollierte der Eroberer bald den größten Teil des ehemaligen Inkareichs, wurde allerdings 1541 selbst ein Opfer der mörderischen Konkurrenzkämpfe zwischen den Konquistadoren. Ein Nachfolger des ins Gebirge abgedrängten neuen Inkakönigs wurde 1572 besiegt, ein späterer angeblicher Nachkomme als Aufstandsführer 1781 ebenfalls hingerichtet.

So gelangten die Spanier nicht nur an das „Gold der Inkas", das großenteils eingeschmolzen und zum Beispiel 1535 für die Finanzierung des Angriffs Karls V. auf Tunis verwendet wurde, sondern vor allem an Silberminen wie den ungemein ergiebigen, seit 1545 bis in die Gegenwart ausgebeuteten Berg bei Potosí. Diese neue, heute bolivianische Stadt entwickelte sich, auch dank der Zwangsarbeiter | Edelmetalle aus Amerika
aus den andinischen Hochlandprovinzen, rasch zur größten Stadt des gesamten spanischen Reichs. Während Portugal erst (und eigentlich nur) in der ersten Hälfte des 18. Jahrhunderts aus Brasilien auf Grund damaliger Gold- und Diaman-

tenfunde große Gewinne schöpfte, wäre die Großmachtpolitik Spaniens ohne die bis in die 1590er Jahre stetig wachsenden, danach allerdings besonders in den 1630er Jahren für mehrere Jahrzehnte abflauenden Silberströme aus Mexiko und Peru kaum möglich gewesen. Diese forcierten freilich im Heimatland selbst, dann aber auch sukzessive in ganz Europa und im Osmanischen Reich inflationäre Tendenzen. Allerdings blieb das Edelmetall nur zum Teil in Europa. Man hat geschätzt, dass bis 1800 rund 90.000 Tonnen Silber und Silberäquivalente von Amerika nach Europa importiert wurden, wovon jedoch mindestens ein Drittel, vielleicht sogar mehr als zwei Drittel vor allem zum Kauf asiatischer Waren (Gewürze, Textilien, Tee und Porzellan) wieder exportiert wurden.

Für Portugal war die Route nach Indien, wo der „echte" Pfeffer wuchs, sowie weiter bis zu den Molukken mit ihren Edelgewürzen (Nelken, Muskatnuss usw.) zunächst ein ungemein einträgliches Geschäft. Venedig, das bis dahin das östliche Mittelmeer beherrscht hatte, bekam nun Probleme, nicht nur wegen des Aufbaus einer osmanischen Seemacht, sondern auch, weil eben der Gewürznachschub zurückging. Da die Portugiesen ihr Fernhandelsmonopol mit Gewürzen jedoch nur einige Zeit aufrecht erhalten konnten, erholte sich die Markusrepublik allerdings von dem Schock. In einem eher gleitenden Niedergang entwickelte sich die Stadt zunehmend zu einer ökonomisch und sozial nur mehr wenig dynamischen Adelsrepublik.

Die im Vertrag von Tordesillas 1494 vereinbarte „Weltteilung" zwischen Spanien und Portugal soll Franz I. von Frankreich mit den Worten kommentiert haben, er würde gerne das Testament Adams sehen, um zu erfahren, wie der die Welt aufgeteilt habe. Nur unter massivem spanischen Druck verzichtet Frankreich nach 1544/1556 zeitweise weitgehend auf Überseefahrten, während England nie daran dachte, die iberischen Ansprüche zu achten. Beide entsandten daher mehrfach Expeditionen nach Nordamerika, doch erwies sich dieser Erdteil anfänglich als wenig attraktiv. Ab ca. 1600 entstanden zwar einige Stützpunkte verschiedener europäischer Staaten, aber fast nur im Nordosten der heutigen USA Siedlungskolonien, die anfangs oft nur mit Hilfe der Indigenen überlebten, doch bald im Zuge der Ausweitung ihrer produktiven Landwirtschaft mit ihnen in Konflikte gerieten (s. S. 353–355). Um 1700 lebten in Nordamerika keine 400.000 Europäer neben einer sicherlich noch größeren, aber weiterhin abnehmenden Zahl an „Indianern" – eine auch angesichts der unterschiedlichen Herkunft und Kulturen der „Ureinwohner" unsinnige Bezeichnung, die bekanntlich auf Kolumbus' Glauben, in „Indien" gelandet zu sein, zurückgeht. Erst im 18. Jahrhundert schwoll die Zuwanderung aus Europa im Nordteil der politisch und religiös immer noch recht autonomen englischen Kolonien und im Südteil der Import schwarzer Sklaven für die aufblühende Plantagenwirtschaft (Tabak, Baumwolle, Reis) spürbar an. Gleichzeitig suchte Frankreich sein Kolonialgebiet von der Region am Sankt-Lorenz-Strom über das Ohio-Tal und das Mississippi-Gebiet („Louisiana") bis an den Golf von Mexiko auszuweiten. Das führte im Raum des östlichen Texas zu Konflikten mit dem sich zu dieser Zeit seinerseits nach Norden ausdehnenden (Neu-)Spanien sowie im Bereich der Appala-

Europäische Machtpolitik in Übersee

chen zu Auseinandersetzungen mit Irokesen sowie englischen Kolonisten und endete 1763 damit, dass Frankreich seinen gesamten Kolonialbesitz auf dem nordamerikanischen Festland verlor.

In Mexiko und Peru waren bereits 1535 beziehungsweise 1541 im Zuge der Verdrängung der selbstherrlichen Konquistadoren spanische Vizekönigreiche mit einem regelrechten bürokratischen Apparat entstanden. Die Ausbreitung „Neuspaniens" in Richtung Nordamerika erfolgte jedoch fast so langsam wie die Ausdehnung des spanischen Herrschaftsbereichs im Südteil des Doppelkontinents. Oft waren Missionare in „Indianer"-Gebieten – abgesehen von vereinzelten Pionieren – die wenigen ersten Europäer. Erst ab 1680/1700 erfolgte im Raum zwischen Texas und Kalifornien, im Gegenzug zu englischen und vor allem französischen Ausdehnungsbestrebungen, die Anlage kleiner Forts. Das portugiesische Brasilien war zunächst ein von Edelholz (Brasilholz) und Zuckerexport lebender Küstenstreifen, der sich ebenfalls erst gegen 1700 vor allem entlang einiger Flussläufe weiter ins Landesinnere ausweitete. Unter diesen Umständen kam es, jedenfalls in Amerika, kaum zu Konflikten zwischen den iberischen Kolonialmächten, die im Übrigen dort auch kaum Militär stationiert hatten. Gerade in der Zeit der Kronunion (1580–1640), aber auch noch danach wurden allerdings die spanischen und portugiesischen Schiffe, Küstenstützpunkte und -städte immer wieder von Freibeutern bedroht, die aus iberischer Sicht allesamt Piraten, aus der Sicht ihrer Herkunftsländer jedoch teilweise im obrigkeitlichem Auftrag handelnde Seehelden waren, wie zum Beispiel Francis Drake oder Piet Heyn (Hein). Die Festsetzung der Niederländer im Norden Brasiliens (1629/1637–1654) blieb zwar eine Episode, am Nordostrand Südamerikas, im heutigen Belize sowie auf vielen Karibikinseln (nicht allerdings auf Kuba) setzten sich – neben einer nennenswerten Zahl von Schmugglern und „echten" Seeräubern – jedoch seit 1625 nach und nach nichtiberische Nationen fest, vor allem Niederländer, Engländer und Franzosen. Ökonomisch gesehen, waren die „Zuckerinseln" im 18. Jahrhundert eine Goldgrube. Dorthin wurde etwa die Hälfte der insgesamt vielleicht rund acht Millionen afrikanischen Sklaven verschifft, die in den Jahren 1500 bis 1800 Amerika lebend erreichten.

<small>Nichtiberische Nationen in Amerika</small>

Afrika und der Sklavenhandel

Ihren Ausgangspunkt nahmen diese Sklavenschiffe von den Küsten Westafrikas beziehungsweise, wenn sie nach Brasilien fuhren, meist von den portugiesischen Stützpunkten im heutigen Angola. Die Sklaverei hat fast weltweit eine lange Tradition, sie diente zum Beispiel als Strafe für Kriminelle oder – mitunter sogar in Form des Selbstverkaufs – als letztes Rettungsmittel in Notlagen. Sie wurde jedoch gerade in Schwarzafrika dadurch begünstigt, dass einerseits Muslime wie Christen die Versklavung von „Ungläubigen" beziehungsweise „Heiden" als legitim ansahen (was vor der Verbreitung des Christentums auch einen umfangreichen „europäischen" Handel mit Slawen ermöglicht hatte) und andererseits viele afrikanische Gesellschaften ein aus-

Herrschaft und politische Ideen

gedehntes „Recht an Personen", zum Beispiel von Älteren über Jüngere, kannten. Vor allem aber wurden bei Auseinandersetzungen zwischen verschiedenen Clans oder Königreichen regelmäßig Gefangene gemacht, die dann von den siegreichen Anführern mehrheitlich für eigene Zwecke, vor allem zu Haus- oder Verwaltungsdiensten und zur Bestellung ihrer Felder, nur relativ selten zum Beispiel in Minen eingesetzt wurden. Das war, als Alternative zur Tötung, auch aus europäischer Sicht legitim, zumal der Status dieser Kategorie Sklaven in der Regel günstiger war als in manch anderen Gegenden der Welt: Sie wurden nämlich als neue, wenngleich untergeordnete Mitglieder eines Clans nicht verkauft, verfügten über Besitz, unter Umständen sogar über eigene Sklaven, und zählten, jedenfalls im Falle der Elite der „königlichen Sklaven", in gewisser Weise sogar zur Führungsschicht. In Ostafrika und dem weit über den gleichnamigen heutigen Staat hinausreichenden Sudan aber verkaufte man schon zwischen 650 und 1500 sehr grob geschätzt über sieben Millionen schwarze Sklaven an meist muslimische Händler, die sie dann in die Suaheli-Städte beziehungsweise durch die Sahara in den Maghreb oder nach Ägypten führten – was natürlich sehr viele ebenso wenig überlebten wie die an vielen männlichen Sklaven vollzogene Kastration. Die Überlebenden wurden als Eunuchen, Konkubinen oder Soldaten, zur Haus- beziehungsweise Feldarbeit verwendet, im 15. Jahrhundert aber in steigender Zahl auch in das Osmanische Reich oder ins christliche Südeuropa weiterverkauft. Während der Import Genuas von Bulgaren und Slawen aus dem Osten, welcher der Stadt, ebenso wie etwa Barcelona, einen Bevölkerungsanteil von zehn Prozent (Haus-)Sklaven beschert hatte, gleichzeitig verfiel, stieg der Prozentsatz schwarzer Sklaven nun zum Beispiel in Lissabon auf eben diese Marke.

Unterschiedliche Schicksale der Sklaven

Die Plantagenwirtschaft wurde schon zu dieser Zeit, nicht zuletzt von den Venezianern, auf verschiedenen Inseln des östlichen Mittelmeers praktiziert. Die Iberer übernahmen diese Bewirtschaftungsmethode zur Zuckerproduktion etwa auf Madeira, von wo sie bald auf São Tomé und Príncipe, zwei Inseln vor der zentralafrikanischen Atlantikküste, sowie seit den 1540er Jahren auf Brasilien und, bis in die 1780er Jahre ansteigend, in die Karibik und den Südteil Nordamerikas ausstrahlte. Beteiligten sich besonders die Portugiesen auch selbst oder mit Hilfe einheimischer Söldner als Sklavenjäger, so lag diese Aufgabe in Afrika doch, anders als in Brasilien, wo die Sklavenjagd ebenfalls bedeutende Dimensionen erreichte, ganz überwiegend bei indigenen Clanführern und Königen. Als Zwischenhändler agierten in beiden Fällen häufig „Mischlinge", deren Kenntnis beider Seiten ihnen das Geschäft erleichterte. Was sich änderte, war die zahlenmäßige Dimension – denn auch der Export in die islamische Welt nahm vor allem im 18. Jahrhundert noch zu – und zum Teil auch die Härte der Sklaverei, da ein immer größerer Teil der Sklaven auf Plantagen unter unmenschlichen Bedingungen eingesetzt wurde. Profit machten die beteiligten Privatpersonen und Staaten, die miteinander konkurrierten, als Handelspartner aber aufeinander angewiesen waren – was die Europäer auch daran hinderte, afrikanische Reiche einfach auszulöschen. Denn Schwarzafrikaner verfüg-

Sklavenarbeit auf den Plantagen

ten über keine hochseetüchtigen Schiffe, Europäer aber scheiterten mit Vorstößen in das Innere Afrikas am extremen Klima sowie an Krankheiten wie Malaria oder Gelbfieber, gegen die Afrikaner vergleichsweise resistenter waren – noch 1790 lebten nur wenige Zehntausend Europäer neben ihren mindestens 60.000 Sklaven in Afrika, die weitaus meisten davon in der 1652 gegründeten, bald auf Kosten der Khoisan expandierenden Kapkolonie. Die Geschäftspartner behandelten sich dementsprechend anscheinend gegenseitig meist respektvoll – in beiderseitigem Interesse. Auf europäischer Seite wurden manche Sklavenhändler und vor allem Plantagenbesitzer reich, und die europäischen Staaten rivalisierten untereinander allein schon aus merkantilistischen Erwägungen um die billigen Arbeitskräfte. Bereits im 17. Jahrhundert waren Kriege zwischen den westeuropäischen Kolonialmächten, etwa zwischen England und den Niederlanden (1652/1654, 1665/1667, 1672/1674), zum großen Teil Handelskriege, die weltweit – bisweilen wo man sich per Schiff begegnete oder ein fremdes Fort plündern konnte – ausgefochten wurden. Seit ca. 1670 nahm der transatlantische Sklavenhandel stark zu. Es war daher kein Zufall, dass sich im Frieden von Utrecht (1713) Großbritannien für 30 Jahre das höchst einträgliche Monopol auf den Sklavenhandel im Atlantik *(asiento)* übertragen ließ. Auf afrikanischer Seite entstanden regelrechte Sklavenfängerstaaten wie Kaabu in Senegambien, bis 1537 eine Provinz Malis, oder, um 1700, das zentralistisch-absolutistische Dahomey an der Guineaküste, die mit wachsender Nachfrage ihre „Fanggebiete" immer weiter ins Landesinnere ausdehnten. Dabei kam ihnen zu Hilfe, dass Europäer zunehmend Schusswaffen an Afrikaner verkauften. Die innerafrikanischen Konflikte nahmen dementsprechend vermutlich quantitativ wie qualitativ zu. Bis gegen 1800 waren nur einige wenige, im Süden und ganz im Herzen des Kontinents liegende Regionen von diesem professionellen Sklavenfang kaum betroffen. Denn auch die dem Indischen Ozean zugewandte Seite des Erdteils exportierte Sklaven, wenn auch neben Gold und Elfenbein mehr als einen „Ausfuhrartikel" unter mehreren und (noch) nicht in derselben Größenordnung, wie es im Rahmen des Atlantikhandels geschah. | Sklavenfängerstaaten

Das bedeutet, dass sich bis zu dieser Zeit der westafrikanische Handel umgestellt hatte: Die Waldgebiete hatten traditionell Kolanüsse exportiert, bestimmte Regionen auch Gold. Ursprünglich waren diese Produkte, neben Sklaven, von den Handelsstädten des Sudan im Gegenzug zu Salzlieferungen aus den Abbaugebieten in der Sahara oder zu Textilprodukten nach Norden transportiert worden. Dann aber übernahmen europäische Schiffe einen wichtigen Teil dieses Handels auf dem kostengünstigen Seeweg, namentlich von der sogenannten Goldküste aus. Das scheint manche dieser Städte ökonomisch geschädigt oder gar ruiniert zu haben. Jedenfalls wurden die nordafrikanischen Staaten, die sich gleichfalls bislang als Zwischenhändler betätigt hatten, dadurch geschwächt. Nicht nur das Mamlukenreich ging unter: Abdalwādiden und Hafsiden scheiterten 1554 beziehungsweise 1574 mit ihrer Schaukelpolitik zwischen Spaniern und Türken; ihre maghrebinischen Länder wurden ebenfalls zu Bestandteilen des Osmanischen Reiches, obwohl Algier und Tunis bald wieder weitgehende Autonomie gewannen und | Umstellung des westafrikanischen Handels

Herrschaft und politische Ideen

faktisch Janitscharenoffiziere beziehungsweise reiche Korsarenkapitäne die regionalen Regenten bestimmten.

Das Hauptproblem Marokkos lag zunächst in der Eroberung seiner Häfen durch die Portugiesen. An der Spitze des antiportugiesischen Dschihad stellten sich jedoch nicht die regierenden Wattasiden, sondern die arabischen Saadier (Saʻdier), die nach einem längeren Bürgerkrieg 1548/1554 die Macht im Lande übernahmen. Ein folgender Thronstreit verführte daraufhin den jungen portugiesischen König Sebastian zu einer Invasion Marokkos auf Seiten eines der Prätendenten. Der in großen Teilen der islamischen Welt bejubelte Ausgang der „Schlacht der drei Könige" von 1578 hatte tatsächlich weitreichende Folgen. Mit dem Tod Sebastians war auch das Ende seiner Dynastie praktisch besiegelt; 1580 erbte Philipp II. die portugiesische Krone. Dafür konnten sich die Saadier nun vor Angriffen der Osmanen, mit denen sie 1552 in einem Waffenstillstand eine Grenzfestlegung vereinbart hatten, sicher fühlen. Sie entrissen nun sogar nicht nur den Iberern weitere Küstenforts, sondern wagten auch eine einmalige Militäraktion: Ein überwiegend aus Söldnern bestehendes Heer durchquerte unter großen Verlusten die Sahara, eroberte 1591 Timbuktu und zerstörte das zeitweise vom Senegal bis zum Hausaland ausgedehnte, aber von Thronkämpfen zerrissene Songhai-Reich, das letzte der westafrikanischen Großreiche mit seinem einst vielleicht an die 100.000 Einwohner zählenden Zentrum Gao. Die damit verbundene Hoffnung, den Transsaharaverkehr zu beleben, sollte sich freilich nicht erfüllen. Vielmehr verselbständigten sich die Truppen bald, das Nigergebiet aber erlebte einen politischen, wirtschaftlichen und kulturellen Niedergang. Auch Marokko zerfiel infolge von neuen Thronkämpfen, bis 1660 wiederum eine neue Dynastie, die auch heute noch regierenden Alawiden, das Land erneut vereinigte. Mulai Ismail (Mulaī Ismāʻil, 1672–1727) nahm den Europäern ihre alten und neuen Stützpunkte bis auf die drei derzeit noch bestehenden Exklaven ab und baute, auch zu diesem Zweck, eine angeblich aus 40.000 schwarzen Sklaven bestehende Truppe auf. Sklaven setzte er auch auf seinen Zuckerplantagen ein. Darüber hinaus exportierten muslimische Länder und Reiche von 1500 bis 1800 ca. vier Millionen Sklaven, davon eine Million nach Amerika. Doch da auch Muslime selbst unter den Opfern waren, proklamierte eine islamistische Bewegung ab ca. 1670 einen neuen Dschihad. Der vom heutigen Mauretanien ausgehende, von Fulbe getragene „Marabut-Krieg" führte zum Beispiel 1677 in F(o)uta Toro (südlich des unteren Senegal) zur ephemeren Machtübernahme durch ein religiöses Oberhaupt, in Fouta Djallon (Futa Dschalon, Mittelguinea) ab 1720 sogar zur Neubildung eines Königreichs. Aber ihren „revolutionären" Charakter verloren diese islamischen „Gottesstaaten" recht schnell: Statt gegen europäische Menschenhändler zu kämpfen, lieferten sie ihnen stattdessen mit der Zeit selbst zahlreiche „heidnische" Sklaven.

Die Antwort auf die Frage, welche demographischen und kulturellen Konsequenzen der Sklavenfang in den betroffenen Gebieten hatte, ist umstritten. Die potentiell Betroffenen lebten in täglicher Angst. Wenngleich auch eine Bauernföderation einmal einen Gegenangriff auf einen Sklavenfängerstaat wie Kano führen mochte, waren

Militärische Erfolge Marokkos

solche Attacken doch längerfristig chancenlos. Zudem standen einige der Hausastaaten ebenso wie die menschenarmen, weit östlich gelegenen Herrschaften Wadai und Darfur zeitweise unter der Tributherrschaft und damit unter dem Schutz des äußerst langlebigen Reichs von Kanem-Bornu. Unter demographischen Gesichtspunkten ist ferner zu beachten, dass in Afrika und im Nahen Osten eher weibliche Sklaven gefragt waren, nach Amerika aber eher Männer gelangten, was regional die Alters- und Geschlechterproportionen ungünstig gestaltet haben mag. Dass manche „staatenlose" Regionen, besonders wenn sie nicht fern der Küste lagen, nahezu entvölkert wurden, dürfte feststehen. Andererseits war gerade an der Guineaküste die Bevölkerung zunächst gewachsen. Seit dem 15./16. Jahrhundert konnte der dortige Regenwald nämlich dank der Einführung neuer Nahrungspflanzen dichter besiedelt werden. Ebenso wie weiter östlich waren bei den Akanvölkern kleine Königreiche entstanden, aus denen 1680/1710 die von einem gemeinsamen Oberhaupt regierte, sehr dauerhafte Konföderation der Aschanti (Asante) hervorging. Sie dehnte ihre Macht durch die Gewinnung von Tributgebieten fast im gesamten Raum des heutigen Ghana und darüber hinaus aus. Dabei nahm sie Verbindung zu den Niederländern auf, wobei sie an der Küste auf die Gegenwehr der von Briten unterstützten Fante stieß. Jedenfalls basierte auch dieses Reich wesentlich auf dem Sklavenhandel und der Einfuhr von Feuerwaffen. Seit der zweiten Hälfte des 18. Jahrhunderts gewann es, unter anderem durch die Einrichtung nichterblicher Ministerämter, zunehmend an Staatlichkeit.

| Folgen von Sklavenfang und -export

Auch die im Wesentlichen im heutigen Nigeria gelegenen Staaten Oyo und Benin existierten lange Zeit (Benin bis 1897!), ja sie erlebten eine wirtschaftliche und kulturelle Blüte. Denn seit dem 17. Jahrhundert waren beide einerseits selbst mit Kavallerie beziehungsweise Schusswaffen und eigenen Sklaven in großem Umfang am Sklavenfang und -handel beteiligt und andererseits noch in Lage, ihre eigenen Bevölkerungen zu schützen. Das weit ausstrahlende religiöse Zentrum des Yorubalandes war zwar stets Ife, als politisches Zentrum hatte sich jedoch seit ca. 1620 Oyo etabliert. Dank seines effektiven Militärapparats und seiner Handelsgewinne vermochte es 1748 sogar seinen südwestlich gelegenen Konkurrenten Dahomey tributpflichtig zu machen. Dann aber geriet es angesichts des nach Süden vordringenden Dschihad und der Angriffe der Fulbe in Verfall. Benin, wohl bereits ab 1440 von einer befestigten Stadt zu einem Königreich angewachsen, schränkte zur gleichen Zeit seinen Außenhandel ein und hatte mit inneren Problemen zu kämpfen. Bis dahin aber war es durch den Export von Palmöl, Pfeffer, Elfenbein und ebenfalls zunehmend von Sklaven sowie durch den Import von Metall und Waffen mächtig und reich geworden und hatte einen eigenständigen Stil in der Bronzekunst entwickelt.

| Oyo und Benin

All dies zeigt, dass der kulturelle Einfluss Europas auf Schwarzafrika ebenso wenig übermächtig war wie der politische. In den 1640er Jahren vertrieb eine Königin, welche die angolanischen Königreiche Ndongo und Matamba regierte, im Verein mit den Niederländern die Portugiesen beinahe aus Angola. Dabei war sie längst getauft und starb auch als Katholikin. Das Ndongo benachbarte Kongo-Königreich erwies sich

Herrschaft und politische Ideen

vor seinem Niedergang ab 1665, der wesentlich den portugiesischen Aktivitäten zuzuschreiben war, sogar insoweit als widerstandsfähig gegenüber dem von seinen eigenen Königen schon 1491/1506 eingeführten Christentum, als dieses umgebildet und an eigene religiöse Tradition angepasst wurde. Man wird die europäische Einwirkung also nicht überschätzen, die Lebensfähigkeit und Originalität der afrikanischen Kulturen nicht unterschätzen dürfen. Überdies mag durchaus zutreffen, dass Afrika von importierten Metallbarren und -waren, Waffen, Luxusartikeln und Geld (Kauris, Münzen) auch profitierte, dass die modernen amerikanischen Kulturen durch Afroamerikaner erheblich bereichert und die sozioökonomischen Entwicklungen in Europa und Nordamerika durch den Masseneinsatz billiger Arbeitskräfte beschleunigt wurden, möglicherweise sogar in Richtung Industrialisierung. Das alles ändert nichts daran, dass die „atlantische" Sklaverei nach heute geltenden Maßstäben ein von Europäern und Afrikanern gemeinsam begangenes gigantisches Verbrechen an Afrikanern war – eine Kehrseite der (nicht zuletzt technischen) Modernität. Abgesehen davon, dass auf zwei Sklaven, die nach Amerika gelangten, vielleicht fast ein Mensch kam, der den „Fang" und, sekundär, den Transport nicht überlebte – auch die Sklaven, die am Leben blieben, sowie ihre Angehörigen erlitten unermessliches Leid. Wie wenig ein Menschenleben galt, zeigt allein schon die Tatsache, dass sich die Zahl exportierter Sklaven nur grob abschätzen lässt, nämlich nicht nur, weil viele Dokumente verloren gingen oder (im 19. Jahrhundert aus Scham) vernichtet wurden, sondern auch, weil viele Sklavenhändler in „Stück" Sklaven rechneten. Das konnte ein gesunder, kräftiger Mann sein – aber eben auch zwei Kinder!

Gemeinsam begangenes Verbrechen an Afrikanern

Zentral- und Ostafrika waren am Sklavenhandel ebenfalls beteiligt, etwa das von den Changamire vor 1700 verselbständigte Rozwi-Reich zwischen Sambesi und Limpopo oder die Reiche der Lunda und der Luba. Letztere mögen recht alt sein, expandierten aber erst gegen beziehungsweise ab 1700, wobei sie auch einmal miteinander in Konflikt gerieten. Die Luba schufen sich ein lockeres Tributreich im Bereich der heute zaïrischen Südprovinz Katanga (Shaba). Die westlich benachbarten Lunda gründeten zwischen Nordostangola und Nordwestsambia mehrere Königreiche, von denen zwei größere, nämlich Yaka im kongolesisch-angolanischen Grenzraum und Kazembe am Mwerusee, eine weitgehende Autonomie gegenüber ihrem Kaiser erlangten, der im westlichen Katanga residierte. Sie pflegten über Zwischenhändler (wie das Königreich Kasanje) lebhafte Handelsbeziehungen mit den Portugiesen sowohl an der angolanischen Küste als auch im Raum Mosambik (Moçambique).

Reichsbildungen in Zentral- und Ostafrika

Obwohl auch das christliche Äthiopien „Heiden" in die islamische Welt verkaufte, geriet es ab 1500 unter den Druck eines kämpferischen Islam, der sich damals am Horn von Afrika durchgesetzt hatte und seinerseits den Handel zwischen Hochland und Küste kontrollieren wollte. Ein vom Sultanat Adal geführtes Bündnis erzielte große Gebietsgewinne und bereitete den Äthiopiern schwere Niederlagen. 1543 konnten diese mit portugiesischer Waffenhilfe das Dschihad-Heer vernichten. In den folgenden Jahrzehnten hatten freilich die beiden, nunmehr geschwächten Gegner mit den Oromo (Galla) zu kämpfen, einem zahlreichen, etwa 1550/1580 aus dem Süden einströmenden Nomadenvolk, das große Zerstörungen anrichtete. Ein weiterer Gegner Äthiopiens war das auf der Hochebene zwischen Weißem und Blauem Nil um 1500 gegründete Funj-Reich. Es war allerdings ein kompliziertes politisches Gebilde, bestehend aus einem von arabischen Nomaden dominierten, untergeordneten Nord- und einem von den Funj, schwarzafrikanischen, erst um 1550 islamisierten Rinderhirten, direkt regierten Südteil mit dem Zentrum Sannar (Sennar). Spannungen ermöglichten Äthiopien Anfang des 17. Jahrhunderts, sich in die Innenpolitik Funjs einzumischen. Doch als ein Kaiser, unter dem Einfluss portugiesischer Missionare, den Katholizismus zur Staatsreligion erklärte, löste das innenpolitische Unruhen aus (s. S. 331). Nach der Ausweisung der Jesuiten (1632) stabilisierte sich die Lage vorübergehend, auch infolge der Gründung Gonders (Gondars) als befestigter Hauptstadt. Aber Äthiopien isolierte sich, und die Kaiser entfernten sich immer mehr von ihren amharischen Eliten und gerieten in die Abhängigkeit von den nunmehr teils christlichen, teils muslimischen Omoro, die ab ca. 1700 die eigentliche Macht ausübten. Das Funj-Reich, obwohl mit seiner islamischen Mischbevölkerung Kern einer künftigen „sudanesischen Nation", zerfiel seit 1770 ebenfalls zunehmend. Ähnlich erging es dem Mutapa-Reich, das die Portugiesen ab ca. 1560 immer mehr kontrollierten (seit 1607 speziell auch die Minen) und 1629 seiner Selbständigkeit beraubten, ohne es allerdings zu vernichten. Sie wurden indes gegen Ende des 17. Jahrhunderts durch Rozwi (Butwa) vom Hochplateau vertrieben. Noch gehörte Schwarzafrika – mit Ausnahme einiger europäischer und arabischer Stützpunkte an den Küsten – den Schwarzafrikanern.

| Konflikte im östlichen Afrika

Konflikte in den machtpolitisch „vernetzten" Räumen Eurasiens ab ca. 1500

Machtpolitik im globalen Rahmen bedeutet die Beherrschung von Großräumen, die reich an Menschen und Ressourcen sind. Die Lößebenen am Gelben Fluss, das untere Jangtse- oder das mittlere Gangestal bildeten auch nach 1500 immer noch oder erneut die Kernprovinzen von Imperien. Andere hochproduktive, aber auch dazwischen liegende, strategisch oder kommerziell wichtige Regionen lagen dagegen im Grenzraum zwischen mehr oder minder bedeutenden Reichen und waren daher häufig umkämpft. Innerhalb des entstehenden europäischen Staatensystems waren dies – als noch praktisch unverbundene – Konfliktfelder erstens die Ostsee mit dem Baltikum, deren Beherrschung zwischen Dänemark, Schweden, Russland und Polen-Litauen umkämpft war, sowie zweitens die Gebiete von Norditalien über den burgundisch-rheinisch-lothringischen Raum bis nach Flandern, die im Hegemonialkampf zwischen den Dynastien Valois-Bourbon und Habsburg eine zentrale Rolle spielten. Zwischen den Habsburgern und den Osmanen ging es um die Kontrolle des Mittelmeers und seiner Küsten sowie Südosteuropas. Hier schaltete sich ab 1700 Russland ein, das dem Osmanenreich auch die Kontrolle eines

| Hegemonialkämpfe um wichtige Regionen

Herrschaft und politische Ideen

weiteren Binnenmeers der Alten Welt, des Schwarzen Meeres, streitig machte. Das Osmanische Reich seinerseits rang mit dem Safawidenreich um den armenisch-kurdischen Raum sowie das Zweistromland, Persien wiederum mit dem Mogulreich um den Südteil Afghanistans, nach 1700 mit Russland um Gebiete am Kaspischen Meer. Während der maximale Einflussbereich Chinas nach Westen und Süden durch hohe Gebirge begrenzt wurde, kam es im Norden immer wieder zu Auseinandersetzungen, zunächst mit mongolischen Fürsten, seit dem 17. Jahrhundert aber ebenfalls mit dem russischen Großreich. All diese Teile Eurasiens waren also machtpolitisch durch zwischenimperiale Konflikte mehr oder minder „vernetzt".

Politisch bestimmend blieben in diesem Raum auf einer eigenständigen Kultur basierende, traditionsreiche Staatsgebilde wie China sowie jüngere, die man als „Schießpulver-Reiche" bezeichnet hat, wie das Osmanische Reich, das Safawiden- und das Mogulreich. Denn ohne den Einsatz von Artillerie und Handfeuerwaffen wären sie schwerlich gegründet worden beziehungsweise erhalten geblieben. Ihre Trägerschichten bestanden dementsprechend zunächst einmal aus militärischen Eliten, die ethnisch und religiös keineswegs die Bevölkerungsmehrheit repräsentierten, ähnlich wie die ca. zwei Prozent Mandschu in China seit 1644, die indes ebenso Buddhisten waren wie die Mehrheit der Chinesen. Aber die Notwendigkeit, eine kulturell heterogene Bevölkerung zu regieren, zwang sie allesamt zur Heranziehung weiterer Kräfte, mitunter von Ausländern, vor allem aber von Einheimischen, zum Teil sogar, wenn diese anderen Glaubens waren. Ohne zumindest begrenzte Toleranz oder eine erfolgreiche innere Mission, wie sie die Safawiden betrieben, wurden derartige Reiche schnell instabil, erst recht, wenn sie zudem von außen bedroht wurden.

„Schießpulver-Reiche"

Das Osmanische Reich kämpfte bis 1639 allerdings eben nicht nur immer wieder gegen den Iran, wobei zum Beispiel 1555 Armenien auf Dauer geteilt wurde, sondern auch gegen die Zaiditen im Jemen, die 1635 ein selbständiges Imamat schufen, sowie in Südosteuropa und im Mittelmeer gegen verschiedene christliche Seerepubliken und Reiche, vor allem die der Habsburger. Denen fielen 1516 zunächst die Krone Spaniens, nach dem Tod König Ludwigs II. in der (ersten) „Türkenschlacht" in der Nähe des südungarischen Mohács (1526) auch noch die Kronen Böhmens und Ungarns zu. Trotz dieses habsburgischen Machtgewinns standen die Osmanen bereits 1529 erstmals vor Wien, mussten dann allerdings auf Grund von Nachschubproblemen abziehen. Das ungarische Reich wurde indes dreigeteilt. Nur der Westen und der Norden (die heutige Slowakei) wurden von da an habsburgisch regiert. Auf der Königsburg zu Buda saß dagegen seit 1541 ein osmanischer Provinzgouverneur; während das Fürstentum Siebenbürgen 1556 zum Vasallenstaat der Hohen Pforte wurde. „Türkische" Streifscharen, nicht zuletzt Bosnier, unternahmen weiterhin Plünderzüge nach Innerösterreich, auch wenn Regenerationsphasen und Waffenstillstände sich mit Jahren regelrechter Feldzüge abwechselten. Erst der Abschluss des „langen Türkenkriegs" (1593–1606) beendete die seit 1547 bestehende Tributverpflichtung Wiens mit einer Abschlusszahlung und stabilisierte

Osmanen und ihre christlichen Gegner

die Verhältnisse auf der Balkanhalbinsel. Im Mittelmeer, wo die Osmanen zunehmend die maghrebinischen Häfen kontrollierten, dauerten die Kriege auch nach der schweren Niederlage Venedigs (1538) an. Der im katholischen Europa viel gefeierte Seesieg, den Spanien, verschiedene italienische Staaten und die Malteserritter 1571 nach dem Verlust des venezianischen Zypern bei Lepanto am Golf von Patras erfochten, vernichtete die Seemacht der Osmanen nicht auf Dauer – 1669 nahmen sie der Markusrepublik auch noch Kreta ab.

Seit der Reformation hatten religiöse Konflikte die machtpolitischen Interessenunterschiede auch innerhalb des christlich regierten Europa verschärft. Nicht, dass sie alles überwogen hätten: Der bis 1756 fast ständig dominierende Hauptgegensatz war jener zwischen den katholischen Dynastien Valois beziehungsweise Bourbon, die in Frankreich – und letztere ab 1700 auch in Spanien und Teilen Italiens – regierten, auf der einen Seite und den Habsburgern auf der anderen. Von letzteren regierte nach der Abdankung Karls V. (1555) eine Linie als Landesherren unter anderem in Österreich, Böhmen und West-/Oberungarn sowie als Kaiser im Reich, die andere bis zu ihrem Aussterben im Jahre 1700 in Spanien sowie von 1580 bis 1640 auch in Portugal. Beide kooperierten eng mit einander, jedenfalls bis 1648.

Die Vereinigung so vieler Länder in habsburgischer Hand wirkte besonders auf die Länder Westeuropas bedrohlich, weil die iberischen Kronen aus ihren Kolonialreichen zeitweise gewaltige Einkünfte bezogen, mit denen sie ihre militärische Macht ausbauten. Zudem schickte sich der leitende Minister Philipps IV. ab 1623 an, die Privilegien der Reichsteile der „katholischen Monarchie", speziell jene der Kronen Aragóns und Portugals zu beschneiden. Das misslang allerdings, in beiden Ländern kam es zu Rebellionen. Portugal gelang es sogar, sich unter einer neuen Dynastie aus der Kronunion zu lösen und dabei noch das einzige größere staatliche Gebilde in Europa zu bleiben, an dessen Grenzen vom 13. Jahrhundert bis heute fast nicht verändert wurde. Aber selbst nach 1640/1648 beherrschten die spanischen Könige noch die südlichen Niederlande sowie unter anderem Mailand und Neapel-Sizilien, denn manche italienische Fürstentümer waren seit 1503/1559 in ihren Besitz gelangt. So ging damals in weiten Kreisen der europäischen Politik das Gespenst einer gegenreformatorischen Universalmonarchie um. Als sich der Protestantismus, vor allem in calvinistischer Form, in den Niederlanden verbreitete und Philipp II. durch eine zentralistische Politik die regionalen Eliten verprellte, begann daher 1566/1568 ein Krieg, der 1581 zur Unabhängigkeitserklärung der „Generalstaaten" führte. Die englische Hilfe für die protestantischen Glaubensbrüder kulminierte 1588 beim Angriff der spanischen Armada auf das Inselreich in einem Seesieg, der vielleicht weniger militärisch als psychologisch von ungeheurer Bedeutung war. Jedenfalls wurde weder England noch das von diesem seit ca. 1550 kontrollierte Irland erobert, und die zur See dominierenden nördlichen Niederlande vermochten sich im Verlauf des 1609 bis 1621 von einem Waffenstillstand unterbrochenen Krieges zu behaupten und 1648 ihre Unabhängigkeit endgültig durchzusetzen. Sie schieden damit, ebenso wie die Schweiz, auch formell aus dem

Konflikte zwischen christlichen Mächten

Herrschaft und politische Ideen

Reich aus, aus dem sie – wie Norditalien weitgehend bereits im Spätmittelalter – schon seit längerem herausgewachsen waren.

Frankreich griff in diesen Konflikt lange Zeit nicht ein. Nachdem seit 1494 seine Invasionen in Italien zu keinem bleibenden Erfolg geführt hatten, hatte es 1559 Spanien als dortige Hegemonialmacht anerkennen müssen. Wenig später geriet es in eine Abfolge blutiger, konfessionell und machtpolitisch bedingter Bürgerkriege, die sogenannten Hugenottenkriege, die endgültig erst um 1630 endeten. Frankreich war also *Frankreichs wechselvolle Außenpolitik* mit sich selbst beschäftigt und erlebte wenigstens bis 1598 eher spanische Eingriffe in seine Innenpolitik, als dass es zu einer machtvollen Außenpolitik in der Lage gewesen wäre. Immerhin wirkte die französische Politik danach verdeckt mit, als einige Vertreter muslimischer Gemeinden in Spanien angesichts ihrer Unterdrückung einen Aufstand anzetteln wollten. Dieser endete allerdings 1609/1614 mit der Vertreibung von fast 300.000 Moriscos von der Iberischen Halbinsel.

Gegen die Habsburger hatte schon der „allerchristlichste König" (*roi très-chrétien*, so sein offizieller Titel), Franz I. von Frankreich, seit den 1530er Jahren mit Sultan Süleyman II. (I.) zusammengearbeitet. Das trug dazu bei, dass Kaiser Karl V., trotz zahlreicher Siege in den Kriegen gegen beide Herrscher, letztlich ohne Erfolg blieb. Zudem musste er sich die Unterstützung der protestantischen Fürsten und *Machtpolitik und konfessionelle Problematik* Städte für seine „Türkenkriege" lange Zeit durch religionspolitische Stillhalteabkommen erkaufen, was für die Verbreitung der Reformation von entscheidender Bedeutung gewesen sein dürfte. Als er seine konfessionellen Gegner im Reich im Schmalkaldischen Krieg (1546/1547) endlich besiegt hatte, fiel ihm eine neue, wiederum mit Frankreich in Verbindung stehende protestantische Fürstenunion in den Rücken. So kam es im Reich zur Festschreibung des konfessionellen Status quo durch den Augsburger Religionsfrieden (1555).

Als im Dreißigjährigen Krieg, der 1618 als Verfassungs- und Konfessionskonflikt in Böhmen begann und bald den Charakter eines mitteleuropäischen Staatsbildungskrieges annahm, wiederum ein Kaiser seine Gegner im Reich, diesmal einschließlich des holsteinischen Herzogs und dänisch-norwegischen Königs, niederrang und sich daran machte, die Vormachtstellung des Katholizismus wieder herzustellen, griff ab 1630 das protestantische Schweden in den Krieg ein. Bald wurde es finanziell unterstützt von Frankreichs leitendem Minister, dem Kardinal Richelieu, der seit 1624 die Macht der Krone nach innen und außen erheblich gestärkt hatte. Ab 1635 trat Frankreich dann selbst als Gegner Habsburgs in den Krieg ein, den es gegenüber Spanien erst 1659 mit einem demütigenden Frieden beendete. Spanien war danach auf europäischer Ebene keine Großmacht mehr, das am Krieg unbeteiligte England, das von 1640 bis 1660 eine Phase verfassungspolitisch, religiös und auch sozial bedingter innerer Auseinandersetzungen bis hin zur Hinrichtung eines Königs und der Ausrufung einer kurzlebigen Republik durchmachte, war noch keine. In Mit- *Der Westfälische Frieden* teleuropa aber endete der Konflikt nach schweren Menschenverlusten und Verwüstungen im Westfälischen Frieden von 1648. Er brachte einige territoriale Veränderungen zugunsten der siegreichen Mächte Schweden und Frankreich, fand für die Konfessionsfrage eine weitgehend akzeptierte Lösung und stärkte die Stellung der Reichsstände gegenüber dem Kaiser, der dennoch, dank des Geschicks seines Chefdiplomaten, seine Macht in einem Umfang behaupten konnte, wie es nach seinen Niederlagen in der letzten Kriegsphase nicht zu erwarten gewesen war.

Unter diesen Umständen war es vermutlich ein großes Glück für die Wiener Habsburger, dass von 1606 bis 1663 an ihrer Südostfront einigermaßen Ruhe herrschte, weil die Osmanen mit inneren Problemen (Inflation, Thronstreitigkeiten, Aufständen) zu kämpfen hatten und, nach 1578/1590, erneut von 1602 bis 1639 in fast permanente, ruinöse Kriege mit den Safawiden verwickelt waren. Trotz seines Sieges von 1663 schloss Kaiser Leopold I. jedoch mit ihnen einen für ihn eigentlich ungünstigen Frieden, weil er seinerseits Unruhen in Ungarn bekämpfen und wieder seinen alten kontinentalen Gegner Frankreich fürchten musste, genauer: die Expansionspolitik Ludwigs XIV. Der wusste nicht nur das französische Territorium zum Beispiel um die Franche-Comté und das Roussillon zu vergrößern, sondern auch eine hegemoniale, schiedsrichterliche Stellung innerhalb Europas zu erringen. Wesentlich mit Hilfe Polens, dem die Osmanen nach mehreren kurzen Kriegen 1672 Podolien abgenommen hatten, und der Unterstützung vieler Reichsstände gelang es dem Kaiser jedoch 1683, den neuerlichen osmanischen Vorstoß auf Wien zu überstehen, ja bis 1699 fast ganz Ungarn zu erobern. | Habsburg im Zweifrontenkampf

Damals beteiligte sich erstmals wieder Russland an dem europäischen Kräftespiel. Das Zarenreich hatte im 16. Jahrhundert von Litauen einige Gebiete im Westen gewonnen sowie von 1558 bis 1583 erfolglos und mit ruinösen Folgen für seine eigenen Finanzen den Kampf um Livland aufgenommen. Spätestens nach der Zeit der „Wirren" (1598–1613), als sich Polen-Litauen, seit 1569 in Realunion verbunden und fortan oft einfach nur „Polen" genannt, und Schweden in die Moskauer Thronfolgefrage einmischen konnten, verlor es die meisten seiner Eroberungen wieder. Den Kampf um das Baltikum und die Ostseeherrschaft trugen nach dem Ausscheiden Russlands und dem Niedergang der Hanse nunmehr Dänemark, Polen und Schweden aus, wobei die beiden letzteren zudem seit 1592 aus dynastischen Gründen verfeindet waren. Aus diesem Ringen gingen im 17. Jahrhundert die schwedischen Wasa, die neben Finnland nun auch Livland nördlich der Düna kontrollierten, als Sieger hervor. Dem russischen Handel fehlte somit weiterhin ein direkter Zugang zur Ostsee, die von der schwedischen Krone und, mit ihr verbündet, von niederländischen Kaufleuten beherrscht wurde. | Kampf um Baltikum und Ostsee

Doch hatte Russland im Osten 1552/1556 die Khanate von Kasan und Astrachan erobert, und damit Gebiete, die niemals zur Rus gehört hatten. Die Khane der Krim, inzwischen Vasallen der Osmanen, blieben jedoch schon für sich ernstzunehmende Gegner Moskaus, die die Stadt 1571 größtenteils niederbrennen konnten. Mit Russlands neuen Eroberungen aber grenzten die Interessensphären Moskaus und Istanbuls spätestens in dem Augenblick direkt aneinander, als Kosaken – desertierte Tataren beziehungsweise ihren Gutsherren entlaufene ostslawische Bauern, die sich als

Herrschaft und politische Ideen

Jäger, Fischer und Wehrbauern im Grenzland („Ukraine") seit dem 15. Jahrhundert eine militärische Organisation gegeben hatten – von der Don-Region aus immer häufiger unter russischer Ägide die krimtatarischen Überfälle ihrerseits mit Beutezügen beantworteten. Lange Zeit bewegte sich die russische Expansion allerdings eher in Richtung Osten: Ein Kosakenführer, der 1581/1582 Teile des Khanats Sibir besetzt hatte, gilt als Symbolfigur der russischen Eroberung Sibiriens, die im Wesentlichen schon um 1640 endete. Das Land war freilich leichter zu erobern als zu kontrollieren. Da das Zarenreich nach einer demographischen Krise von 1560 bis 1620 lediglich etwa sieben Millionen Einwohner zählte, machte die russische Besiedelung nur sehr langsam Fortschritte. Zudem folgte seit 1654, massiv verstärkt seit ca. 1700 durch Zar Peter I. („den Großen"), auf die bis dahin vorherrschende politische, teilweise auch kulturelle „Orientalisierung" Russlands – man denke an die Architektur der Basilius-Kathedrale – (erneut) ein Prozess der forcierten „Verwestlichung". Politisch bedeutete das, dass Russland nun zum einen eben als Gegner Schwedens im Kampf um die Ostseemacht und zum anderen 1678/1681 erstmals unmittelbar als Gegner des Osmanischen Reichs in den europäischen Schwarzmeerregionen auftrat.

Ostexpansion des Zarenreichs

Beide Auseinandersetzungen waren miteinander verflochten, nicht zuletzt weil Peter I. für Russland, dem er durch die Monopolisierung des Handels zwischen Europa, Zentral- und Ostasien Weltgeltung verschaffen wollte, einen Zugang sowohl zur Ostsee als auch zum Schwarzen Meer erstrebte. Im Jahre 1696 eroberte er Asow (Asov) am Eingang des gleichnamigen Meeres. Gleichzeitig stand er in einem gegen Schwedens Ostseehegemonie gerichteten Bündnis mit Dänemark und August dem Starken, dem Kurfürsten von Sachsen und König von Polen-Litauen. Doch der Schwedenkönig Karl XII. vermochte sich anfangs nicht nur zu behaupten, sondern ging erfolgreich gegen August den Starken vor, konnte allerdings Polen-Litauen nicht vollständig kontrollieren. In den Polen unterstehenden Saporoger Kosaken fand er allerdings einen Verbündeten und wagte daher einen Vorstoß in die Ukraine, der indes 1709 in einer vernichtenden Niederlage endete. Für diese Kosaken und Polen-Litauen bedeutete dies, dass sie von nun an verstärkt unter russischen Druck gerieten. Karl XII. jedoch floh auf osmanisches Gebiet und konnte den Großwesir zu einem Kriegszug gegen den Zaren überreden, den dieser allerdings, abgesehen vom Verlust Asows, glücklich überstand. Danach kehrte Karl zwar in seine Heimat zurück, vermochte das Kriegsglück aber nicht mehr zu wenden: Peter bekam 1721 den größten Teil des Baltikums zugesprochen, nachdem er dort schon zuvor mit der nach seinem Namenspatron benannten neuen Hauptstadt Russlands ein „Fenster nach Europa" geschaffen hatte. Schweden schied damit aus dem Kreis der Großmächte, die mehr und mehr die zwischenstaatlichen Beziehungen innerhalb Europas beherrschten, aus. Österreich dagegen stärkte seine Position, indem es im osmanischen Krieg gegen den Kaiser und Venedig (1715–1718) weitere südosteuropäische Gebiete gewann und anfing, Balkanpolitik zu treiben. Der folgende „Türkenkrieg" Russlands und Österreichs (1736/1737–1739) brachte den Verbündeten

West- und Südexpansion Russlands

zwar zum Teil Verluste. Aber der Krieg Russlands gegen die Pforte von 1768 bis 1774 sowie der erneute Waffengang der beiden Alliierten von 1787 bis 1791/1792 bescherte dem Zarenreich, das schon 1783 das Krim-Khanat annektiert hatte, den Besitz des größten Teils der nördlichen Schwarzmeerküste und schwächte das Osmanische Reich wesentlich. Auf den Import von europäischem Kriegsmaterial angewiesen, konnte es nicht verhindern, dass sich seine westlichen und südlichen Provinzen mehr oder minder verselbständigten.

Auch in der Westhälfte Europas verschoben sich die Machtgewichte im 18. Jahrhundert erheblich. England, das 1688/1689 aus seiner Verfassungskrise als konstitutionelle Monarchie hervorging, Irland bald darauf seiner rigorosen Kontrolle unterwarf und 1707 mit Schottland eine Realunion abschloss, stieg mit seiner Navy und seiner *East India Company* (EIC) zur neuen dominierenden Seemacht auf, während die Generalstaaten, wie ihre eigene *Vereenigde Oost-Indische Compagnie* (VOC), einen schrittweisen Niedergang erlebten. Beide Mächte mischten auch maßgeblich im Spanischen Erbfolgekrieg mit. Mit dem Aussterben der spanischen Habsburger im Jahre 1700 stellte sich nämlich die Frage, wer Spanien samt seinen zahlreichen Nebenländern erben sollte, die Wiener Verwandten oder aber die wegen einer Ehe Ludwigs XIV. mit einer spanischen Prinzessin ebenfalls Ansprüche erhebenden französischen Bourbonen. Die Allianz Leopolds I. mit den durch Wilhelm III. von Oranien in Personalunion verbundenen Seemächten vernichtete die französische Hegemonialstellung in Europa, nicht jedoch Frankreichs Großmachtposition. Das hätte nämlich auf Grund des fortdauernden habsburgisch-bourbonischen Gegensatzes, insbesondere in Italien, gar nicht im Interesse Großbritanniens, des Hauptarchitekten der Friedensschlüsse von 1713/1715, gelegen. Diese bestätigten vielmehr einem Bourbonen den Besitz Spaniens samt Kolonien, sprachen ihm allerdings jedes Erbfolgerecht in Frankreich ab. Österreich erhielt die südlichen Niederlande und die Masse der ehemals spanischen Besitzungen in Italien. Großbritannien wurden mit Gibraltar und Menorca zwei Schlüsselstellungen zur Kontrolle des westlichen Mittelmeeres, dazu Teile des heutigen Kanada sowie Privilegien im Amerikahandel zugesprochen; es durfte sich als eigentlicher Sieger fühlen. Denn von nun an konnte es, wie die Kongressdiplomatie der 1720er Jahre zeigte, über das Gleichgewicht der Mächte auf dem Festland wachen und gleichzeitig um so ungestörter seine Übersee-Interessen verfolgen. Der Polnische Thronfolgekrieg (1733–1735/1738) blieb noch in seinen Dimensionen begrenzt und zeitigte als wichtigstes Ergebnis der herrschenden Gleichgewichts- und Kompensationspolitik, dass das Großherzogtum Toskana eine habsburgische Sekundogenitur wurde, Lothringen dagegen letztlich an Frankreich fiel. Doch mit dem Österreichischen Erbfolgekrieg (1740/1741–1748) bahnte sich auf dem Kontinent eine Neukonstellation an: Preußen stieg zur fünften, vorerst freilich schwächsten Großmacht in Europa auf. Als nach einer Atempause Friedrich II. mit Großbritannien einen eigentlich gegen die russischen Expansionstendenzen im Ostseeraum gerichteten Vertrag abschloss, verursachte das einen „Umsturz der Bündnisse": Im folgenden

| Machtverschiebungen in Westeuropa

| Neue Mächtekonstellation seit 1740/1756

Herrschaft und politische Ideen

Siebenjährigen Krieg (1756–1763) standen sich einerseits Preußen und Großbritannien, andererseits Österreich, Frankreich und Russland gegenüber. Dabei vermochte Preußen das schon 1740/1741 eroberte Schlesien zu behaupten. Einige Jahre später einigte es sich sogar mit Russland und Österreich auf eine erste Teilung Polen-Litauens, das nach zwei weiteren Teilungen 1795 völlig von der Landkarte verschwand. Frankreich büßte 1763 zugunsten Englands seine Kolonien auf dem nordamerikanischen Festland ein, nicht allerdings seine karibischen Zuckerinseln, die ihm wesentlich lukrativer zu sein schienen als etwa das vom Pelzhandel lebende Kanada. Aber auch seine Position in Indien, in dessen Süden ein Gouverneur der französischen Überseekompanie um 1750 ein ephemeres „Kolonialprotektorat" über 30 Millionen Einwohner ausübte – das war mehr als das Mutterland Frankreich besaß –, wurde mit dem Pariser Frieden von 1763 entscheidend geschwächt.

Zu diesem Zeitpunkt war das Mogulreich, das einige Jahrzehnte zuvor noch einen beträchtlichen Teil des südasiatischen Subkontinents umfasst hatte, nur noch ein Schatten einstiger Größe. Begründet hatte es der aus dem Ferghanatal stammende Timuride Babur. Von dort wurde er von den Usbeken vertrieben, besetzte 1504 Kabul und, als eine Art persischer Vasall, auch Samarkand, das er indes bald wieder zugunsten der Usbeken aufgeben musste. In den Jahren 1526/1527 eroberte er dann Nordindien – gegen eine angeblich zehnfache Übermacht des Sultans von Delhi und anschließend eine Rajputen-(Rādschputen-)Konföderation, also einen Verband hinduistischer Fürsten mit Schwerpunkt in Rajasthan. Der Erfolg währte allerdings nicht lange: Sein Sohn wurde von einem paschtunischen Rivalen, dem ersten Herrscher der mächtigen, aber kurzlebigen, weil am Ende zerstrittenen Sūrī-Dynastie, wieder aus Delhi vertrieben und zog mit seinen Anhängern lange unstet umher, bis er an den

Der Aufstieg der Moguln | Safawidenhof gelangte. Mit Hilfe persischer Truppen vermochte er schließlich 1555, kurz vor seinem Tod, auf den Thron zurückzukehren. Erst seinem Nachfolger Akbar I. gelang es, die Mogulherrschaft zu konsolidieren, indem er nicht alles auf die Rückgewinnung seiner zentralasiatischen Stammlande setzte, sondern stattdessen seine Stellung im Nordteil des Subkontinents sicherte und ausbaute. Nacheinander annektierte er Malwa, Ajmer, das handelspolitisch wichtige Gujarat, Bihar, Bengalen sowie schließlich – im Dekkan – Khandesh, Berār und den Nordteil von Ahmadnagar. Im Norden und Osten unterwarf er Kaschmir und Sindh, besiegte seinen in Kabul regierenden Halbbruder, brachte die Paschtunen weitgehend unter Kontrolle und spielte, von beiden Seiten umworben, Perser und Usbeken gegeneinander aus. Im Inneren begann sich die glanzvolle Kultur der Moguln mit ihrer imperialen Monumentalarchitektur zu entfalten, deren berühmtestes Beispiel das von Shah Jahan (Dschahān) erbaute Taj Mahal darstellt. Gerade dieser Enkel Akbars und erst recht dessen Urenkel Aurangzeb setzten indes auf weitere militärische Expansion. Sie richtete sich gegen den Nordosten – die Schlüsselstellung Kandahar wechselte mehrfach ihren Besitzer –, gegen Arakan und vor allem gegen das Hochland von Dekkan, wo sie äußerlich einen durchschlagenden Erfolg brachte: Shah Jahan unterwarf das restliche Ahmadnagar (1637), der brutal-nüchterne

Aurangzeb bis 1688 den im Westen des Hochlands von dem Marathenführer Shivaji gegründeten Hindustaat sowie mit Bijapur und dem reichen Golkonda-Hyderabad endgültig die letzten der ursprünglich fünf Dekkan-Sultanate, die sich zwischenzeitlich weit nach Süden ausgedehnt hatten. Damit beherrschte er fast den gesamten Subkontinent. Nur an der Südspitze konnten sich einige kleinere Fürstentümer dauerhaft halten, ebenso wie Kandy auf der Insel Ceylon, die ansonsten nicht mehr von den Portugiesen, sondern seit 1658 von den Holländern beherrscht wurde. Im Inneren des Mogulreichs herrschten jedoch immer chaotischere Zustände. Nach Aurangzebs Tod (1707) lag die Macht weniger bei den öfter wechselnden Kaisern als bei deren Wesiren. Der bedeutendste von ihnen, Nizam al-Mulk, kämpfte zunächst um die Reichseinheit, erwarb dann aber 1724 mit dem zentralindischen Hyderabad ebenso ein autonomes Fürstentum, wie dies etwa die Gouverneure (Nawabs) von Bengalen oder von Avadh (Oudh) am mittleren Ganges ebenfalls taten. Die hindustischen, von der indo-muslimischen Kultur kaum geprägten, 1708 bis 1749 von einem Enkel Shivajis regierten Marathen brachten große Teile vor allem der ländlichen Gebiete des Dekkan unter ihre Tributherrschaft, wobei sie sich zeitweise mit Hyderabad über ihre jeweiligen Expansionsgebiete einigten. Sie wurden jedoch 1761 nahe Delhi von der paschtunischen Abdālī- (bzw. Durrānī-)Föderation unter Ahmad Schah besiegt, und ihr Reich zerfiel ähnlich wie das Mogulreich. Langfristig nützte das zum Teil ökonomisch, vor allem aber politisch insbesondere den Briten. Immer wieder entstanden nämlich nun Rivalitäten, in welche britische, anfangs auch französische Kompanieangestellte hineingezogen wurden, beziehungsweise in die sie sich, etwa im Falle der Frage der Thronfolge in Hyderabad, nur allzu gerne einmischten.

| Innenpolitische Wirren im Mogulreich

Schon 1738 hatte eine persisch-afghanische Armee unter Nadir (Nādir) Schah die Region westlich des Indus besetzt. Im folgenden Jahr wurde Delhi geplündert und dabei der Pfauenthron und der Koh-i-Noor-Diamant nach Persien entführt. Damit versetzte dieser türkmenische Heerführer den Moguln einen weiteren schweren Schlag, wenngleich die inzwischen auf ein kleines Fürstentum um Delhi reduzierte Dynastie auch in Zukunft noch als Legitimationsinstanz für Herrschaftsansprüche (selbst der Briten!) in ihrem formal weiter bestehenden Reich – nur Mysore und ein Sikh-Fürstentum im Pandschab (Punjab) erklärten sich offiziell für unabhängig – herhalten sollte. Bereits zuvor hatte Nadir Schah die Safawiden auf dem persischen Thron abgelöst. Diese Dynastie hatte seit dem 16. Jahrhundert, umgeben von den sunnitischen Machtblöcken des Osmanischen Reichs, des Usbeken-Khanats und des Mogulreichs, mittels der Durchsetzung der Schia als Staatsreligion ein gewisses Gemeinschaftsbewusstsein geschaffen. Sie entwickelte dabei Ansätze zu einer Kooperation mit europäischen Mächten, die indes auch gegeneinander ausgespielt wurden. Die Portugiesen hatten sich 1515 die Hafenstadt Hormus (Hormuz) am Eingang zum Persischen Golf unterworfen, womit sie den persischen Überseehandel kontrollierten. Aber nachdem Schah Abbas ('Abbās) I. (1588–1629) mit Hilfe einer Flotte der EIC Hormus zerstört hatte, entwickelte sich die nun nach

| Kriege und Bündnisse Persiens

Herrschaft und politische Ideen

ihm benannte benachbarte Hafenstadt Bandar Abbas zu einem wichtigen Umschlagplatz im Asienhandel. Der Schah baute zudem seine neue Hauptstadt Isfahan (Isfahān) zu einer glanzvollen, „internationalen" Metropole aus. Im Osten setzte er sich, verbündet mit den Mogulen, gegen die Usbeken auf Dauer in den Besitz des größten Teils von Chōrāsan, im Westen eroberte er von den Osmanen das heutige Aserbaidschan und große Teile des Irak sowie Südostanatolien. Diese Gebiete mussten dem Sultan aber von Abbas' Nachfolger 1639 zurückgegeben werden, womit, abgesehen von einer Unterbrechung ab 1731, in etwa die bis 1914 bestehenden Grenzen festgelegt waren. Nun begann der Niedergang des Safawidenreichs, der ab 1722 dazu führte, dass die Osmanen dessen Westen, Russland die West- und Südküste des Kaspischen Meeres und eine weitere paschtunische Föderation, die Ghilzai, nicht nur Kandahar, sondern mit Hilfe von Hazaras und Belutschen für wenige Jahre sogar Isfahan besetzten und den Schah zur Abdankung zwangen. Zwar eroberte Nadir Schah fast alle verlorenen Gebiete inklusive autonom gewordener Provinzen wie Herat zurück und unternahm, wie erwähnt, sogar mehrfach Beutezüge nach Indien. Ursprünglich safawidischer Gefolgsmann, krönte er sich 1736 selbst. Dennoch erreichte er keine Stabilisierung des persischen Reichs. Denn für seine Untertanen machten sich die immensen Kosten seiner Kriegszüge vor allem durch Steuererhöhungen bemerkbar, und die von ihm verordnete Wiedereinführung der Sunna verschärfte den Widerstand gegen die Zentralgewalt. Nach seiner Ermordung 1747 wurden der Norden und Nordosten Persiens zum Zankapfel zahlreicher Militärführer. Die Dynastie Zand, mit Schiras (Shiraz) als blühendem Zentrum, vermochte Persien (ohne Chōrāsan) nur zwischen ca. 1760 und 1779 faktisch zu einigen und endete bald in neuen Machtkämpfen.

Während die Ostmongolen weiterhin Mongolisch sprachen, wurden die Westmongolen, von den Oiraten abgesehen, turkisiert und in diesem Zusammenhang auch sunnitisch islamisiert – die in der Steppe lebenden Kasachen freilich später und oberflächlicher als die ihnen verwandten Usbeken, die mit der Zeit in den alten Handelszentren Transoxaniens sesshaft wurden. Die Usbeken standen aber längst nicht mehr unter einer einheitlichen Herrschaft. Schon seit 1512 hatte sich nämlich der in Urgentsch und Chiwa angesiedelte Zweig der Schaibaniden-Dynastie keinem

Usbekische Khanate | Oberherrscher mehr untergeordnet, sich vielmehr 1595/1598 sogar mit den Persern gegen seine in Buchara beziehungsweise Samarkand regierenden Verwandten verbündet. Der Verlust fast ganz Chōrāsans, die Einfälle vor allem von Kasachen und schließlich auch Kalmücken sowie die kriegsbedingten Zerstörungen der Bewässerungsanlagen schwächten die Wirtschaft des Landes. Das Ferghanatal spaltete sich um 1710 als eigenes Khanat Kokand ab, und um 1740 besetzte Nadir Schah dank seiner Artillerie-Überlegenheit auch noch ziemlich problemlos die Hauptstädte Chiwa und Buchara der beiden etablierten usbekischen Khanate gleichen Namens, die freilich weiterhin bestehen blieben, während die Dynastie Nadir Schahs nur in Chōrāsan (bis 1796) fortexistierte.

Mochten Paschtunen beim Untergang des persischen wie auch des indischen Großreichs noch eine wichtige Rolle spielen, also noch punktuell „große Politik" treiben, hatten im 18. Jahrhundert die Steppenvölker Eurasiens fast jeden Einfluss verloren. Dafür gab es drei Gründe: Erstens konnten diese Nomaden, außer im Falle eines Verrats, ohne schwere Artillerie – über die sie nicht verfügten – keine befestigten, ihrerseits mit Feuerwaffen verteidigten Städte mehr erobern und damit größere Ackerbaugebiete kontrollieren. Zweitens profitierten sie kaum mehr vom Fernhandel, denn die „Seidenstraße", im 16. Jahrhundert wieder einigermaßen frequentiert, büßte danach ihre Rolle als Hauptader des eurasischen Fernhandels endgültig ein, je mehr europäische Seefahrer den Indopazifik befuhren. So waren die Nomaden nicht mehr in der Lage, über ihre stets durch Seuchen, extreme Kälte oder Dürre gefährdeten Herden hinaus Reichtum zu akkumulieren. Drittens entwickelten Russland und China eine solche Macht, dass sie immer mehr zentralasiatische Gebiete ihrer Kontrolle unterwerfen konnten. | Niedergang der Steppenreiche

Die Zeit der großen Steppenreiche ging also zu Ende. Mogulistan, schon 1462 geteilt, wurde nach 1555 endgültig eine Beute von Usbeken, Kasachen und Kirgisen – letztere ein Zusammenschluss von Turkstämmen, die sich im Westen von den Kasachen, im Osten von den Oiraten bedroht sahen. Die Khanate Buchara, Kokand, Kaxgar (Kaschgar) und Turpan (Turfan) teilten sich das Gebiet auf. Weiter östlich hatten innere Rivalitäten nach dem Tod Großkhan Dayans erneut zu einer verstärkten Aufspaltung der Mongolen geführt. Beispielsweise kämpften ostmongolische Chalcha (Khalk(h)a), die im Bereich der heutigen mongolischen Republik lebten, immer wieder gegen Oiraten, von denen die Torguten 1616/1632 an die untere Wolga abwanderten. Von dort griffen diese sogenannten Kalmücken russische Städte an, wurden später aber teils zu Vasallen, teils zu Alliierten der Zaren. Ein Großteil zog sich allerdings 1771 ins Ili-Gebiet zurück, während die restlichen in Südrussland verblieben. Andere Mongolenfürsten gewannen zeitweise Einfluss auf Tibet. Dieses Land war nach dem „Mongolensturm" in verschiedene Fürstentümer zerfallen. Die Fürsten suchten jeweils die Verbindung zu einzelnen der miteinander rivalisierenden mächtigen buddhistischen Orden, deren Klöster einen großen Teil des Landes kontrollierten. Nach dem Machtverfall ihrer bisherigen Protektoren bemühte sich die erst im 15. Jahrhundert formierte Lehrtradition der Gelupa beziehungsweise „Gelbmützen" in den 1570er Jahren um einen weiteren weltlichen Unterstützer. Umgekehrt hielt Altan Khan, ein Enkel Dayan Khans, Ausschau nach einer religiösen Legitimation für seinen Anspruch, in der Tradition mongolischer beziehungsweise buddhistischer „Weltherrscher" zu stehen. So ernannte er das Oberhaupt der Gelupa zum „Dalai Lama" („Ozean-Geistlicher", wahrscheinlich als Ausdruck für weltumspannende Autorität) und erhielt dafür den Titel „Religionskönig". Ob er deshalb intensiv für eine Verbreitung des tibetischen Buddhismus unter seinem Volk sorgte, ist umstritten – Verleihungen von Ehrentiteln waren damals nicht ungewöhnlich. Jedenfalls setzte sich der Lamaismus nach 1600 bei den Oiraten, danach auch bei anderen Mongolen zunehmend durch. Die tibetisch-mongolische Beziehung kulminierte schließlich darin, dass ein frommer Choschuten-Khan 1642 dem fünften Dalai Lama die höchste politische wie religiöse | Innermongolische Rivalitäten

Herrschaft und politische Ideen

Politisch-religiöse Lage Tibets

Autorität in Zentraltibet übertrug, daneben aber als König weiter regierte. Lhasa, an dessen Rand sich dieser Lama den höchst eindrucksvollen Potala-Palast bauen ließ, wurde für einige Jahrzehnte eine kosmopolitische Stadt, in die zum Beispiel armenische Händler Bernstein aus dem Baltikum lieferten. Mehrfache Vorstöße tibetischer Truppen, zum Teil im Verein mit Mongolen, gegen Bhutan, wo eine ähnliche monastische Herrschaft entstanden war, scheiterten jedoch, gegen Ladakh waren sie partiell erfolgreich. Doch gerieten beide Partner immer stärker unter den Einfluss der in China inzwischen regierenden Mandschu, wobei deren Interesse an Tibet sich hauptsächlich aus dessen geistigem Einfluss auf die Mongolen erklärt.

Die Ming-Kaiser hatten nämlich angesichts ihrer Niederlagen gegen die Mongolen und ihres permanenten Kampfes gegen die meist von Japanern geführten Piratenflotten, die ihre Küstenregionen plünderten, zunehmend eine Isolationspolitik verfolgt: Chinesen sollten China nicht verlassen, Fremde nicht einreisen dürfen. Das betraf auch die 1517 in Kanton gelandeten europäischen Seefahrer, die den Chinesen schon deshalb suspekt waren, weil sie ebenfalls Piraterie betrieben und als Konquistadoren sogar Malakka, das die Ming als Tributstaat betrachteten, erobert hatten. Die entsprechenden Verbote wurden mitunter etwas gelockert beziehungsweise für bestimmte periphere Handelsorte, wie das in den 1550er Jahren von Portugiesen gegründete Macau, sozusagen ausgesetzt, vielfach auch nicht streng überwacht. Sie galten aber jedenfalls prinzipiell spätestens von ca. 1520 bis 1685, danach erneut ab 1717/1719. Auf eine eigene Expansionspolitik verzichtete man nun. Doch all das schützte das Ming-Reich letztlich nicht vor einer inneren Desintegration. Ab ca. 1590 spitzte sich unter schwachen Kaisern der alte Konflikt zwischen Beamten und Hofeunuchen zu. Inzwischen hatte sich eine neue, zumindest ansatzweise kapitalistisch wirtschaftende Mittelschicht gebildet, die ebenso wie die Gelehrten ein immer größeres Selbstbewusstsein entwickelte. Die Kritik aus den Eliten, Umweltprobleme, die Belastung der Staatskasse durch die ca. 100.000 Angehörigen des kaiserlichen Haushalts, eine zunehmende Verarmung und soziale Degradierung zahlloser Bauern – und daraus folgende Rebellionen – sowie der ständige Druck auf die Nordgrenze, den auch der inzwischen vollendete Ausbau der Großen (Ming-)Mauer nur zu mildern vermochte, führten schließlich 1644 zum Sturz der Dynastie.

Isolation und Desintegration Ming-Chinas

Die Mandschu, ein ursprünglich Dschurdschen (Jurchen) genanntes tungusisches Volk, hatten im 12. Jahrhundert das nordchinesische Jin-Reich gegründet, das aber Dschingis Khan zum Opfer gefallen war. Seit den 1580er Jahren ordnete sich ein Anführer namens Nurhac(h)i nicht nur die kulturell teilweise sinisierten und durch Chinesen verstärkten Dschurdschen aus dem heutigen koreanisch-chinesischen Grenzgebiet unter, sondern auch verschiedene mongolische Stämme. 1616 wurde die Erneuerung des Jin-Reichs verkündet, 1636 Korea unterworfen, das danach bis ins 19. Jahrhundert ein Vasallenstaat des Mandschu-Reichs und fast nur für dieses zugänglich blieb. 1632 verjagte Nurhacis Nachfolger den letzten mongolischen

Großkhan und heiratete bald darauf dessen Witwe, was ihn, auch mit Hilfe eines Jadesiegels, in den Augen vieler Mongolenfürsten in die Tradition Dschingis Khans stellte. So proklamierte er 1636 seine Familie zur Dynastie „Qing" und erhob damit auch den Anspruch auf die Beherrschung Chinas, gegen dessen Nordostgrenze er weitere Vorstöße unternahm. Es waren jedoch aufständische Bauern, die 1644 als erste Peking eroberten und den letzten Ming-Kaiser in den Tod trieben. Daraufhin öffneten hohe chinesische Militärs den Mandschu die Tore der Großen Mauer und gaben ihnen den Weg nach Peking frei. Doch zeigte sich schnell, dass sich die Mandschu nicht einfach als Hilfstruppen verwenden ließen. Vielmehr besetzten sie ihrerseits die Hauptstadt, etablierten ihre eigene Dynastie als Kaiserhaus und eroberten nach und nach unter riesigen Verwüstungen das gesamte chinesische Reich. Kaiser Kangxi (1661–1722) unterwarf in Südchina unabhängig gewordene Generäle und gliederte 1683 erstmals sogar Taiwan an. Das hatte zuvor zum neuen See-Reich eines Ming-Loyalisten, der 1659 sogar Nanking geplündert hatte, bis dahin aber nie zum Reich der Mitte gehört. Nach langen Kämpfen besiegte Kangxi 1696 zudem beim nachmaligen Ulan-Bator die Dsungaren, die zuvor einerseits Ostturkestan, andererseits den noch unabhängigen Teil der Chalcha angegriffen hatten, der sich daraufhin Kangxi unterstellt hatte. [Eroberung Chinas durch die Mandschu]

Auch der Choschuten-Khan erkannte um diese Zeit mehr oder minder Kangxis Oberhoheit an. Dessen Rückendeckung ermöglichte es ihm, 1705 den – höchst ungeistlich lebenden – sechsten Dalai Lama verhaften zu lassen und die weltliche Macht in Tibet selbst zu übernehmen. Als die Dsungaren in den folgenden religiös-politischen Konflikt eingriffen und in Lhasa ein Terrorregime errichteten, wurden sie 1720 von einer Qing-Armee im Verein mit tibetischen Fürsten vertrieben, von denen einer anschließend als *Protégé* Kangxis König von Tibet wurde. Doch nach einem vorübergehenden Rückzug, der im Lande zu einem Bürgerkrieg führte, stationierte der neue Kaiser Yongzheng dauerhaft Truppen in Tibet, schuf durch die Übertragung des Westteils auf den Pantschen Lama ein Gegengewicht zur tibetischen Zentralregierung und unterstellte das östliche Tibet seiner direkteren Kontrolle. Als ein neuer König 1751 in einen tödlichen Konflikt mit den beiden kaiserlichen Residenten geriet, brachte der siebte Dalai Lama die Situation unter Kontrolle. Dafür wurde er von Peking als geistliches wie auch weltliches Oberhaupt Tibets anerkannt. Jedoch nahmen die neuen kaiserlichen Residenten, die überdies eine größere Zahl in Lhasa stationierter Truppen befehligten, von da an Anteil an den Regierungsgeschäften. [Wachsender chinesischer Einfluss in Tibet]

Die Dsungaren hatten sich inzwischen gegen eine russische Armee behauptet und Kirgisen sowie Kasachen attackiert beziehungsweise unterworfen, so dass sich die Kasachen schließlich unter russische Oberhoheit stellten. Jedoch wurden die inzwischen offiziell in Ölöten umbenannten Dsungaren in den 1750er Jahren samt den in Ostturkestan und der Ili-Region lebenden Mongolen, turkstämmigen Uiguren und anderen Ethnien endgültig von Kaiser Qianlong (1735–1796) unterworfen, womit das Qing-Reich, nunmehr ein wahres Vielvölkerreich, 1759 seine größte Ausdehnung

Herrschaft und politische Ideen

erlangte. Das ganze Gebiet wurde als „Neues Territorium" (Xinjiang) mit einem Sonderstatus dem Reich angegliedert. Schon 1689 und 1727 war, nach Konflikten, die Grenze zu Russland vom Amur bis zum Altaigebirge weitgehend festgelegt und ein regelmäßiger Handelsaustausch mit dem Zarenreich vereinbart worden. Trotz dieser auf zunächst gesunden Staatsfinanzen beruhenden Erfolge, die Qianlong während seiner langen Regierungszeit durch die Unterwerfung von Muslimen und Miao im Westteil seines Reichs komplettierte, hatten die Qing mit zunehmenden innen- und finanzpolitischen Problemen zu kämpfen, und zwar nicht nur wegen Qianlongs „Gleichschaltungspolitik" und der zunehmenden Korruption. Die Erweiterung beziehungsweise Intensivierung der Landwirtschaft hielt auf Dauer mit der wachsenden Bevölkerung nicht Schritt, sondern provozierte im Gegenteil eine ökologische Krise; Aufstände folgten. Gegen die reaktivierte religiöse Geheimsekte „Weißer Lotos" musste die Regierung seit 1795 sogar regelrechte innerchinesische Feldzüge führen. Andere kostspielige Militäraktionen fügten allerdings dem äußerlich gesehen immer mächtigeren Reich neben Korea und Ryūkyū weitere Tributstaaten hinzu: 1791 das 1775 wiedervereinigte Nepal sowie schon 1767 erneut Burma, dessen Macht zuvor gewachsen war. Noch schien das chinesische Reich von außen unangreifbar.

Größte Ausdehnung des Qing-Reichs

Machtpolitik im indopazifischen Raum ca. 1500 bis 1750

Anders als der größte Teil Eurasiens, der machtpolitisch weiträumig vernetzt war, wurden die machtpolitischen Konflikte im indopazifischen Raum (speziell: ostafrikanische Küstengebiete, Madagaskar, Südarabien, Südindien, Ceylon, Südostasien, Japan) eher „intern" ausgetragen. Nicht, dass es keine fremden Mitspieler europäischer Provenienz gegeben hätte. Zur See mochten diese – zunächst Portugiesen und im Bereich des Pazifiks auch Spanier, dann seit ca. 1600 Niederländer und, sozusagen in deren Kielwasser, Engländer, schließlich Franzosen und, wie in Amerika, in geringer Zahl Dänen und Schweden – waffentechnisch überlegen sein. Auf dem Land aber wussten die Anrainer des Indopazifik (eben nicht nur Ming und Moguln) anders als Inkas oder Azteken lange Zeit zu verhindern, dass Europäer vor der Mitte des 18. Jahrhunderts große Gebiete unter Umsturz der dortigen politischen Verhältnisse erobern konnten. Europäische Herrschaft beschränkte sich vielmehr auf einzelne kleine Regionen wie die Molukken beziehungsweise gar auf einzelne Stützpunkte. So gliederten sich die Europäer, letztlich im eigenen Interesse, frühzeitig in die bestehenden Handels- und Machtbeziehungen ein, wenngleich als ein neuartiger Faktor. Auch die Bemühungen katholischer Missionare führten in der Regel vorerst dauerhaft nur dort zu größeren Erfolgen, wo Europäer selbst Herrschaft ausübten, also etwa in der Umgebung des von den Portugiesen mit Hilfe Vijayanagars 1510 eroberten Goa. Dieses wurde bald die Hauptstadt ihres vizeköniglichen Stützpunktreichs im Indopazifik, zu dem auch die im 16. Jahrhundert besetzten Suaheli-Küstenstädte von Sofala über Kilwa bis Mombasa gehörten. Um 1700

Grenzen europäischen Einflusses

gerieten die Portugiesen jedoch immer mehr unter den Druck der neuen Seemacht im Arabischen Meer, nämlich von Oman, dem bedeutendsten der südarabischen Staatswesen, das 1729 ihre mächtigste Festung in Ostafrika, das Fort von Mombasa, endgültig zerstörte. Damit brach ihre Position nördlich des Kap Delgado zusammen; es blieb ihnen an der ostafrikanischen Küste nur das heutige Mosambik.

In Südostasien, wie Tibet ein Teil der Welt, in dem sich traditionell chinesische und indische Kultureinflüsse überschnitten, wurden auf dem Festland die häufigen Auseinandersetzungen, die bis heute in Aversionen besonders zwischen Burmesen und Thai fortwirken, fast gänzlich innerhalb der eigenen Weltregion geführt. Das gilt am wenigsten für das Königreich Arakan, das, 1431 an der Nordwestküste des heutigen Myanmar gegründet, im 16. Jahrhundert Teile Bengalens und Niederburmas beherrschte, sowie für dessen Nachbarn, das Shan-Königreich Ahom, das sich um 1550 auf Teile Assams erstreckte. Beide gerieten nämlich im 17. Jahrhundert mit dem Mogulreich in Konflikt und schließlich wegen innerer Probleme in Verfall. Taungu hingegen annektierte 1539 Pegu, 1555 auch noch seinen nördlich gelegenen burmesischen Rivalen Ava. Anschließend machte es diverse Schan- beziehungsweise Thai-Fürstentümer im Norden von sich abhängig, einschließlich Lan Na, das mit einer kurzen Unterbrechung, wenn auch zunehmend autonom, bis 1775 Teil eines relativ großen burmesischen Reichs blieb. Dieses eroberte 1569 vorübergehend sogar die siamesische Hauptstadt Ayutthaya, geriet danach allerdings in eine Krise. Sie wurde zwar bald nach 1600 überwunden, Angriffe von verschiedenen Seiten, unter anderem durch die seit 1740 vorübergehend wieder selbständigen Mon, bewirkten indessen schließlich das Ende der Taungu-Dynastie. Ab 1753 stellte ein burmesischer General die frühere Macht allerdings weitgehend wieder her: Pegu wurde 1757, das glänzende, bevölkerungsreiche Ayutthaya zehn Jahre später völlig zerstört, 1763 auch Chiang Mai, 1765 Luang Prabang, 1784 Arakan erobert. Jedoch blieben innerhalb Burmas die ethnischen Gegensätze die ganze Zeit über erhalten und trugen neben der durch die Verschlammung des Pegu-Flusses mitbedingte Verlegung der Hauptstadt nach Ava ins Landesinnere (1635) dazu bei, dass sich das Reich immer wieder phasenweise von der Außenwelt abschottete – ein Zustand, der nach dem Ende der britischen Kolonialherrschaft wiederhergestellt wurde. Zudem erleichterten die chinesischen Invasionen von 1765/1769 den Wiederaufstieg des alten siamesischen Gegners.

Ayutthaya war im 16. Jahrhundert das Ziel sowohl burmesischer als auch kambodschanischer Feld- beziehungsweise Raubzüge geworden. König Naresuan schlug jedoch die Burmesen 1593, dann brachte er Kambodscha unter seine Tributherrschaft, annektierte einen Großteil des Territoriums von Pegu und errang vorübergehend die Oberhoheit über Lan Na. Er bot China anlässlich des japanischen Angriffs auf Korea sogar Flottenunterstützung an und schloss einen Vertrag mit Philipp II. hinsichtlich der Philippinen. Nach 1610 blieb die Thronfolge in seinem Land jedoch stets prekär. Tauschte König Narai, beraten von einem griechischen Abenteurer als Minister, in den 1680er Jahren noch Gesandtschaften mit Ludwig XIV. aus, so bemühten sich – auch im Zusammenhang mit einem Dynastiewechsel – ab 1688 die führenden Kreise Siams, das Land aus den Konflikten zwischen den Europäern herauszuhalten. Ayutthaya schottete sich daher ebenfalls verstärkt nach Übersee hin ab, nicht aber gegenüber seinen Nachbarn. So wurde der kambodschanische Hof zum Austragungsort siamesischer und vietnamesischer Interessengegensätze. Nach den burmesischen Einfällen der 1760er Jahre begann das innerhalb weniger Jahre restaurierte Königreich Siam sogar, seine Macht rasch über Kambodscha, Lan Na und Teile Lan Changs auszuweiten.

Lan Chang hatte im 15. Jahrhundert zuerst auf vietnamesischer, dann auf chinesischer Seite gekämpft – was Dai Viêt 1478/1479 mit der Eroberung Luang Prabangs beantwortete. Um 1550 gelang es ihm für einige Jahre sogar, Erbansprüche auf Lan Na zu realisieren. Das aber löste einen Gegenschlag Burmas aus, durch den Laos 1574 unter dessen Oberhoheit und danach in eine Phase der Anarchie geriet. Unter Suli-

Laos zwischen Krieg und Frieden

gnavongsa erlebte das Reich jedoch im 17. Jahrhundert eine jahrzehntelange Ära der Prosperität und des Friedens, auch weil der König mit seinem vietnamesischen Nachbarn eine interessante und dauerhafte Grenzvereinbarung traf: Wer in Pfahlhäusern lebte, galt als laotischer Untertan, wessen Haus direkt auf dem Boden stand, als vietnamesischer. Doch nach seinem Tod zerfiel Laos ab 1707 infolge von Thronstreitigkeiten in seine drei Länder, nämlich die nunmehrigen, sich oft bekriegenden Königreiche Vieng Chang, Luang Prabang und, im Süden, Champasak.

Das stärkte die Position der Nachbarn, die immer wieder um Hilfe angerufen wurden, so etwa von Dai Viêt, das im 17. Jahrhundert auch von Kambodscha Tribut forderte. Doch war hier schon seit ca. 1500 die Macht vom Königshaus zunehmend auf zwei reiche einstige Händlerfamilien, die Trinh und die Nguyen, übergegangen. Wie Kambodscha kurz vor 1600 zeitweise auf iberische Berater und Soldaten setzte, scheute sich auch Dai Viêt nicht, Europäer für sich einzusetzen. Beispielsweise entwickelte der Jesuit Alexandre de Rhodes im 17. Jahrhundert die seit 1945 offizielle vietnamesische Schrift auf der Basis der lateinischen Buchstaben. Aber schon er wurde mehrfach ausgewiesen, und obwohl katholische Missionare nie systematisch verfolgt wurden, so erließen doch sowohl Trinh- wie Nguyen-Potentaten verschie-

Von Dai Viêt zu Vietnam

dentlich Predigtverbote, wie sie im Übrigen den Europäern auch Handelsbeschränkungen auferlegten. Ansonsten gingen sie verschiedene Wege, weil auch ihre militärischen Konflikte nichts an der Wiederbelebung der alten Grenze zwischen Dai Viêt und Champa änderten. Die Trinh und ihr Marionettenkaiser verlegten ihre Hauptstadt 1593 nach Hanoi, während die Nguyen ihre Position im Süden ausbauten. Das Mekong-Delta, ursprünglich ein Teil des Khmer-Reichs, wurde von ihnen kontrolliert und zunehmend mit Vietnamesen besiedelt, womit Kambodscha den Zugang zum Meer – und damit zum lukrativen Überseehandel – verlor. Schließlich transferierten die Nguyen ihre eigene Hauptstadt 1687 nach Huê, lösten sich ab 1702 endgültig von der nominellen Oberhoheit der Königsdynastie und traten nach dem Fall Ayutthayas sogar kurzzeitig die unumschränkte Herrschaft über Kambodscha an. Eine 1771 als Höhepunkt zahlreicher Bauernunruhen ausbrechende Revolte, die sich auch gegen die Trinh richtete, untergrub ihre Macht nur vorübergehend. Zunächst wurde im Bürgerkrieg von 1788/1789 sogar eine große Invasion der Qing zugunsten der Le zurückgeschlagen. Danach setzte sich, nicht zuletzt mit französischer Hilfe, der letzte Überlebende der Nguyen durch, rief sich 1802 zum Kaiser aus und erhob Huế zur Hauptstadt des nunmehr vereinigten, sogenannten Vietnam.

Früher und stärker als auf dem Festland machte sich der europäische Einfluss in der Inselwelt Südostasiens bemerkbar. Nachdem Majapahit untergegangen war, hatten die Portugiesen 1511 Malakka erobert und drangen anschließend bis zu den Molukken vor. Doch blieb die Kontrolle der Straße von Malakka umkämpft zwischen ihnen, dem vom Sohn des letzten Muslimfürsten von Malakka gegründeten Sultanat Johor und dem Sultanat Aceh, das nicht zuletzt durch die Flucht von Händlern aus Malakka in kurzer Zeit zum Herrn Nordsumatras aufstieg, im frühen 17. Jahrhundert seine Vorherrschaft auf die Malaiische Halbinsel ausdehnte, danach allerdings an Macht verlor. Indes suchten viele einheimische Handelsschiffe das zeitweilige portugiesische Gewürzmonopol zu unterlaufen, indem sie die Sundastraße der Malakkastraße vorzogen. Das Sultanat Demak, das an der nordjavanischen Küste das Erbe Majapahits antrat und auch die zunehmend wichtige Handelsstadt Banten (Bantam) regierte, bereitete den Portugiesen ebenfalls Probleme. Im Konflikt der beiden Molukken-Sultanate konnten diese zwar ein Fort auf Ternate gründen, die Spanier aber errichteten eines auf Tidore. Letzteres kontrollierte Südhalmahera und einige Küstenstreifen Neuguineas, sein Konkurrent einen Großteil der östlichen Inselwelt des heutigen Indonesien. Auf Grund des Vertrags von Saragossa (1529) überließ Spanien allerdings schließlich die Molukken dem Einfluss seines iberischen Rivalen und konzentrierte sich seit 1565 auf die Philippinen, die weitgehend katholisiert, aber großenteils nur indirekt, mittels einheimischer Kleinfürsten, regiert wurden, wobei Missionare eine zentrale Rolle spielten. Doch wurden die Portugiesen von den mit ihnen zuvor alliierten Sultanen schon 1574/1575 von Ternate vertrieben, und in der ersten Hälfte des 17. Jahrhunderts änderten sich die Machtverhältnisse im insularen Südostasien noch stärker. Die Holländer setzten sich auf Java fest, wo sie 1619 Batavia gründeten, und verdrängten die Portugiesen von den Molukken. Zwar eroberten die Spanier als Verbündete der Portugiesen 1606/1607 Tidore und einen Teil Ternates, aber die Holländer besetzten – mit Unterstützung aus den benachbarten Sultanaten Aceh und Johor – 1641 Malakka und nach langen Auseinandersetzungen 1669 auch das Sultanat Makassar, das Anfang des 17. Jahrhunderts seine Herrschaft über ganz Sulawesi und einen Großteil der ostindonesischen Inselwelt ausgedehnt hatte. Nunmehr hatten sie auf den Gewürzinseln freie Hand. Auf Java aber standen sie zwischen zwei bedeutenden indonesischen Reichen. Da war zum einen das nunmehr unabhängige Sultanat Banten, das Westjava und die Südspitze Sumatras (und damit die Sundastraße) kontrollierte, nachdem es das letzte mächtigere hinduistische Königreich auf Java, Pajajaran, 1579 vernichtet hatte – auf Bali und seinen östlichen Nachbarinseln sowie im östlichsten Teil Javas

Europäischer Einfluss auf Südostasiens Inseln

Wachsende Macht der Holländer

Herrschaft und politische Ideen

regierte weiterhin eine hinduistische Dynastie. Zum anderen beherrschte Mataram, das 1588 Demak besiegt und sich anschließend immer weiter ausgedehnt hatte, seit ca. 1650 ganz Zentral- und Ostjava. Doch gewannen die Holländer auf Grund ihrer merkantilen und waffentechnischen Dominanz auch auf Java immer mehr an Gewicht. Als 1674/1682 vor allem Küstenstädte gegen Matarams Herrschaft rebellierten, retteten die Holländer den Sultanen die Krone, machten sie aber zu ihren Vasallen und ließen sich Handelsmonopole und auch Gebiete abtreten. Wenig später erlitt der Herrscher von Banten dasselbe Schicksal. 1742/1746 fiel die Oberhoheit über fast ganz Nord- und Ostjava an die VOC, Mataram wurde 1755 in zwei Sultanate geteilt. Aus einem Netz von Handelsstützpunkten wurde mehr und mehr ein niederländisches Kolonialreich.

Auch in Japan übten die Europäer zeitweise einen nicht unbedeutenden Einfluss aus, nämlich solange die verschiedenen Fürsten miteinander kämpften und manche sich dabei um die europäischen Lieferanten moderner Waffen bemühten. Doch hier verlief die Entwicklung ganz anders. Der erste der drei „Einiger" Japans, Ōda Nobunaga, war wohl aus dem genannten Grund den Portugiesen und ihren Missionaren noch recht gewogen. Er war es, der die Macht sowohl verschiedener Rivalen als auch militärisch organisierter buddhistischer Sekten im Lande brach. Sein Nachfolger Toyotomi Hideyoshi verbot jedoch bereits das Christentum, bevor er sich schließlich zu einem Angriff auf Korea (1592/1598) entschloss, der freilich missglückte, denn mit Hilfe der Ming und neuartiger (bronze-)gepanzerter Kriegsschiffe wurde die Invasion zurückgeschlagen. Tokugawa Ieyasu aber vollendete in den Jahren 1600 bis 1615 die Einigung Japans unter einem neuen Shōgunat. Er ließ zudem einen Vasallenfürsten die Ryūkyū-Inseln kontrollieren und übertrug einem anderen die Insel Ezo (Hokkaidō), wo Japaner weiterhin mit den indigenen Ainu nicht immer nur friedlich verkehrten. In dieser Zeit tauchten die ersten Holländer und Engländer in Japan auf. Ieyasu spielte sie gegen die Iberer aus und leitete darüber hinaus eine heftige Verfolgung von christlichen Missionaren und Konvertiten ein. Als 1637/1638 auf Kyūshū ein großer Aufstand ausbrach, bei dem japanische Katholiken eine nicht unwichtige Rolle spielten, wurde diese Verfolgung flächendeckend institutionalisiert. Ab 1639/1640 durften von allen Europäern nur noch die bei der Niederschlagung des Aufstands behilflichen Holländer einen Stützpunkt behalten, nämlich auf der künstlichen Insel Dejima (Deshima) vor Nagasaki. Japans Überseeschifffahrt wurde fast völlig eingestellt, und seit 1640 durften nur noch wenige ausländische Händler das Land besuchen, und zwar unter strengen Auflagen. Seitdem entwickelten sich die meisten Samurai von Großbauern, Kriegern und Seefahrern zu urbanisierten Beamten und trieben damit einen „Verstaatlichungsprozess" voran, so dass es „nur" noch weiterer Modernisierungen, besonders im militärischen Bereich, bedurfte, damit Japan seit dem späten 19. Jahrhundert auf der Weltbühne mitspielte (s. die einschlägigen Beiträge in Band V und VI). Bis dahin aber war hier, wie in vielen anderen Regionen der Welt, der europäische Einfluss wenig wirksam oder gar prägend.

Einigung und Selbstisolation Japans

Vom 13. bis zur Mitte des 18. Jahrhunderts hatten sich zahlreiche politische Veränderungen ergeben, neue Reiche und Länder waren entstanden, andere untergegangen. Machtverschiebungen resultierten aus demographischen Einbrüchen infolge von Seuchen und Hungersnöten, aus neuen politisch-organisatorischen und nicht zuletzt waffentechnischen Errungenschaften (s. S. 185–196). Aber der mächtigste Mann der Welt war am Ende immer noch der Kaiser in Peking, der die ganzen Jahrhunderte hindurch stets über mehr als ein Fünftel der Weltbevölkerung geherrscht hatte. Sein Reich wurde, als Ganzes gesehen, an Reichtum, Lebens- und Bildungsstandard der Bevölkerung, Urbanität und Staatlichkeit bis ins 18. Jahrhundert hinein von keinem Teil der Welt übertroffen. Der kulturelle und politische Einfluss Chinas reichte sogar noch weit über das „Reich der Mitte" hinaus, das als politische Einheit im hier betrachteten Zeitraum höchstens um 1650 in Frage stand. Nur zweimal, um 1300 und um 1700, war dagegen Indien, mit Ausnahme des äußersten Südens, für wenige Jahrzehnte zu einer – außerhalb der hindustanischen Kerngebiete freilich stets fragilen und eher oberflächlichen – politischen Einheit gelangt. Um 1750 aber bestand es, wie in den meisten Epochen seiner Geschichte, aus einer ganzen Reihe mehr oder minder großer, rivalisierender Staaten. Wie das Reich der Moguln sollte auch das der Safawiden in Persien gerade einmal rund 200 Jahre bestehen. Langlebiger zeigten sich dagegen die beiden anderen neuen „Schießpulver-Reiche", nämlich Russland, mit seiner Ausdehnung Richtung Pazifik, Schwarzem Meer und Ostsee, sowie das Osmanische Reich, das neben dem Balkan und Anatolien auch den arabischen Raum weitgehend beherrschte. Der Zerfall der afrikanischen wie der amerikanischen Großreiche im 15./16. Jahrhundert hatte auch interne Gründe, doch spielte hierfür eine zumindest mitentscheidende Rolle die (west-)europäische Expansion, die zudem durch eingeschleppte Krankheiten, den atlantischen Sklavenhandel beziehungsweise die Sklavenhaltung gewaltige demographische und humanitäre Schäden verursachte. Dabei hat Europa selbst noch nie zu einer echten politischen Einheit gefunden. Die propagandistisch zugespitzten Warnungen vor einer „Universalmonarchie" Philipps II. oder auch Ludwigs XIV. sollten lediglich zeitweiligen hegemonialen Tendenzen Spaniens beziehungsweise Frankreichs frühzeitig entgegentreten. Nichtsdestotrotz beherrschten westeuropäische Monarchen beziehungsweise Kaufleute spätestens um 1750 den größten Teil Amerikas sowie Schlüsselpositionen in Afrika und Asien, die sie in der folgenden Epoche zu einer weiteren Expansion nutzen sollten.

> Bilanz: Machtverschiebungen bis ca. 1750

Reichs- und Staatsbildungen
Walter Demel

Die Begriffe „Reich", „Land" und „Staat"

Die Entstehung von „Reichen"

Was ist überhaupt ein „Reich"? Gerade im Deutschen ist dieser Begriff wenig klar, speziell in seiner Abgrenzung zu „Land": Warum heißt es Frankreich oder Österreich, aber Deutschland beziehungsweise England? Dass sprachlich gesehen auch ein noch so kleines „Königreich" als „Reich" erscheint, kompliziert die Situation zusätzlich. Näher kommt man dem hier Gemeinten, wenn man an das Heilige Römische Reich oder das englische beziehungsweise französische Wort *empire* denkt. Dann erscheint ein „Land" als eine politische Grundeinheit, im vormodernen Europa (d. h. vor ca. 1800) gekennzeichnet durch einen Landesherrn, Landstände, „Landeskinder", eine Landessprache, ein Landrecht, eine Landeskirche beziehungsweise Landesheilige. Ein „Reich" dagegen bestand, im Sinne einer „zusammengesetzten Monarchie", aus mehreren solchen „Ländern". Bei diesem in Europa häufigen Fall besaßen die jeweiligen Teile eines solchen Reichs regelmäßig nicht das gleiche politische Gewicht. So fiel Litauen gegenüber Polen bedeutungsmäßig zunehmend zurück. Finnland war gegenüber Schweden, Norwegen gegenüber Dänemark nicht ebenbürtig, wobei im dänischen Gesamtreich die beiden autonomen Herzogtümer Schleswig und Holstein noch eine Sonderrolle spielten. Ähnlich ausgeprägt war das Ungleichgewicht zwischen Kroatien und Ungarn, wobei freilich beide, nach der Befreiung von der osmanischen Herrschaft, unter die Hoheit der in Wien regierenden Habsburger gerieten. Diese regierten schon seit 1526 Oberungarn (Slowakei) sowie Böhmen, wo sie die ständische Opposition 1620/1627 ausschalteten. Irland bildete bereits vor 1500 zeit- und gebietsweise eine Semi-Kolonie Englands. Im Jahre 1690, nach der Niederschlagung diverser Aufstände, wurden die katholischen Iren endgültig zu Untertanen zweiter Klasse. Schottland, mit England seit 1707 in Realunion verbunden, durfte seitdem immerhin Abgeordnete ins nunmehr britische Parlament nach Westminster entsenden. Auch die Länder der Krone Aragóns vermochten zwar bis um dieselbe Zeit ihre Autonomie samt eigener Ständeversammlung zu wahren, erreichten aber ebenso wenig wie andere spanische Vizekönigreiche, zum Beispiel Neapel, die Macht Kastiliens.

| Politisches Ungleichgewicht bei Ländervereinigung

Dass ein Reich aus der Vereinigung mehrerer Länder hervorging, die damit zu

„Provinzen" wurden, bedeutete allerdings nicht automatisch, dass es politisch eine ausgeprägt föderative Struktur besaß – die Zaren setzten, indirekt in tatarischer und byzantinischer Tradition, stets auf Autokratie. Aber zumindest ein gewisses Identitätsbewusstsein in den einzelnen Ländern vermag ein Reich trotz aller Integrationsbemühungen nicht immer auszulöschen. Daher kann es im Fall einer Krise seiner zentralen Institutionen (Dynastie, Beamtenschaft und Militär) wieder zerfallen – oft zumindest partiell in seine ursprünglichen Bestandteile. Das war und ist insofern nicht unwahrscheinlich, weil alle Imperien unter einer mehr oder minder ausgeprägten Schwäche litten und zum Teil noch heute leiden, nämlich ihrer puren Größe und der ausgeprägt asymmetrischen Beziehung zwischen imperialem Zentrum und Peripherie. Gerade in Zeiten vormoderner Kommunikationsmittel war die Kontrolle der Peripherie stets ein äußerst schwieriges Unterfangen, das nur mit Hilfe loyaler Beamter und alteingesessener Eliten zu bewerkstelligen war. Liefen deren Interessen jenen der Zentrale zuwider, so mochten leicht ethnische, sprachliche, religiöse oder eben ältere politische Partikularismen wieder betont werden und eine zentrifugale Kraft entfalten. | Schwierige Kontrolle der Peripherie

Reiche, besonders Großreiche (Imperien), die im Folgenden im Mittelpunkt der Betrachtung stehen, entstanden durch Eroberungen und Erbschaften – Heiratsallianzen wirkten auch zwischen Eroberern und indigenen Eliten als „sozialer Kitt". Der Hunger nach Reichtum und Macht war dabei fast immer entscheidend. Meist ging es um die möglichst monopolartige Kontrolle von Handelswegen und/oder natürlichen Ressourcen wie Erzminen oder besonders fruchtbaren Gebieten. Es fragte sich nur erstens, ob die Initiative zur Expansion beim Monarchen oder bei „Privatleuten" oder in einer Kooperation zwischen beiden lag, zweitens, wie sich Macht und Reichtum, die es zu erwerben galt, im Endeffekt verteilen würden, und drittens, welche Konsequenzen dies für die Dauerhaftigkeit des Reichs haben sollte. Politische Macht, die zur Gründung von Ländern oder Reichen führen konnte, mochte in der hier betrachteten Epoche allerdings nicht nur von ambitionierten (Klein-)Fürsten oder Feldherren ausgeübt werden, sondern etwa auch von religiösen Orden. Während der „Jesuitenstaat" in Paraguay nie wirklich souverän war (vgl. S. 346 f., 381), beherrschte der Deutsche Orden bis 1525 Preußen und Teile des Baltikums. Die buddhistischen Ikko- beziehungsweise Tendai-Klöster kontrollierten im Japan des 15. und 16. Jahrhunderts weite Landstriche. Islamische Sufi-Orden (Sūfi-Orden) spielten eine wichtige politische Rolle, die Naqschbandi (Naqshbandiya) in Zentral- und Südasien, die Safawiy(y)a in Persien, wo sich ihr Ordensmeister, Ismail (Ismāʿil), 1501 sogar zum Schah aufschwang. „Weltumspannende" Reiche, freilich eher aus Stützpunkten als aus Ländern zusammengesetzt, wurden von Handelsgesellschaften wie der VOC (Niederländische Ostindien-Kompanie) oder der EIC (Englische Ostindien-Kompanie) errichtet (s. S. 74–78, 81 f.). Dabei verdankte sich die Bildung europäischer Kolonialreiche einer Kombination von „staatlichen" und privaten Initiativen. Im Fall des portugiesischen Seereichs ging der erste Impuls eindeutig von der Krone aus, genauer zunächst von dem nachgeborenen Prinzen Heinrich | Umstände von Reichsgründungen

"Staatliche" und private Initiativen

"dem Seefahrer", dessen womöglich einzige Seefahrt 1415 nach Ceuta geführt hatte. Er bediente sich dazu portugiesischer und italienischer Seeleute. Nach seinem Tod wurde die weitere Entdeckung und damit auch das Recht der Ausbeutung der Guineaküste dann auf zehn Jahre an einen Lissabonner Kaufmann verpachtet. König Johann II. übernahm das Unternehmen wieder in dynastische Regie und begründete damit den portugiesischen „Kronkapitalismus". Sein Nachfolger Manuel (Emmanuel) I. „der Glückliche" wurde damit reich und mächtig, wiewohl von seinem französischen Kollegen Franz I. als „königlicher Krämer" verspottet. Doch als nach einigen Jahrzehnten die Kosten für den Ausbau und die Verteidigung des Seeimperiums wuchsen, verpachtete die Krone das Pfeffermonopol an „internationale" Finanzkonsortien. An Auslagen und Gewinnen waren also letztlich die Krone wie auch Private beteiligt. Auch mochte der Arm der königlichen Macht vielleicht noch nach Goa reichen. Diese hätte aber zum Beispiel 1640, beim Zerbrechen der spanisch-portugiesischen Kronunion, nicht erzwingen können, dass die lokale Elite des an der äußersten Peripherie ihres Reichs gelegenen Macau ihr gegenüber treu blieb. Wenn Portugal im 17. Jahrhundert nur einen Teil seines Kolonialreichs – diesen dann allerdings weitgehend bis 1974 – behaupten konnte, so deshalb, weil die personellen und materiellen Ressourcen der feudal strukturierten Monarchie am Atlantik nicht ausreichten, um ihren Besitz zur Gänze gegen die frühkapitalistische Konkurrenz zu verteidigen.

Handelsimperien und „Mutterländer"

Denn bei den Reichen, welche die Ostindienkompanien Englands und der Niederlande seit Anfang des 17. Jahrhunderts aufbauten, handelte es sich bis in die Mitte des 18. Jahrhunderts um Handelsimperien, geleitet und betrieben von profitorientierten Kaufleuten. Diese aber griffen auch auf fremde Kapitalien, Seeleute und Soldaten zurück, stellten also in mancher Hinsicht „internationale Unternehmen" dar. Die Staatsmacht ihrer eigenen Länder war an ihrer Gründung und Entwicklung nur insoweit beteiligt, als sie die Konkurrenz begrenzte und Freibriefe ausstellte, die den Kompanien in den Überseegebieten weitreichende Rechte, sogar zur Kriegsführung, einräumten. Deren Vergabe beziehungsweise die immer wieder fälligen Verlängerungen ließen sie sich natürlich gut bezahlen. Selbst die Zentrale der Gesellschaft übte jedoch nur eine begrenzte Kontrolle über ihre Angestellten in der Ferne aus. Während die Kompanieleitungen in Amsterdam oder London regelmäßig vor militärischen Abenteuern warnten, die ihren Gesellschaften und deren Anteilseignern teuer zu stehen kommen konnten, trieben die Männer vor Ort solche Unternehmungen oftmals voran, wenn sie sich davon persönlichen Gewinn versprachen.

Sozioökonomische Motive lagen auch der Entstehung des spanischen „Weltreichs" zugrunde, das zunächst, wie das portugiesische, auf einer dynastischen Grundlage beruhte. Dank vieler, für ihn glücklicher genealogischer Zufälle erbte Karl V. 1516/1519 ein Konglomerat verschiedener europäischer Länder, in denen er jeweils eine sehr unterschiedliche Rechtsstellung besaß. Dass daraus ein Reich wurde, in dem die Sonne nicht unterging, verdankte er den Konquistadoren, die meist als nachgeborene oder illegitime Söhne von mehr oder minder kleinen Adeligen abstammten und als Ritter „für Gott und den König" kämpften – aber natürlich auch für sich selbst, um Ruhm sowie vor allem Gold zu gewinnen und letztlich in der Adelshierarchie aufzusteigen. Die Krone nutzte diese Ambitionen durch die Vergabe von Privilegien, setzte ihnen jedoch auch Grenzen. Sie nahm schon Kolumbus die ihm versprochene Erbwürde als Vizekönig über alle neuentdeckten Gebiete wieder ab, was angesichts von dessen administrativer Unfähigkeit freilich nicht ganz unverständlich erscheint. Später vereitelte sie die Bemühungen des Pizarro-Clans, sich in Peru ein eigenes Königreich aufzubauen. Von den Edelmetallreichtümern der Neuen Welt bekam die Krone grundsätzlich ein Fünftel, da sie an den Produktionskosten nicht direkt beteiligt war, faktisch allerdings viel mehr. Freilich hatte sie im 17. Jahrhundert mit rückläufigen Erträgen der Minen und (wie Portugal) mit steigenden Kosten für die Verteidigung ihrer Kolonien gegen die protestantischen Seemächte sowie mit den von Frankreich beziehungsweise England unterstützten Abspaltungstendenzen der Niederlande, Neapels, Portugals und Aragóns, also mit der mangelhaften politischen Integration selbst der europäischen Bestandteile ihres Imperiums, zu kämpfen. Von Amerika ging in diesem Zusammenhang außer dem portugiesischen Brasilien indes im Wesentlichen „nur" ein Großteil der – allerdings lukrativen – karibischen Inselwelt verloren. Dabei war „Spanisch-Amerika" zu Beginn ein kastilisches Imperium, das Aragonesen bis 1535 nicht einmal betreten durften! Was schon für Karl V. galt, galt eben auch für seine Nachkommen: Sie regierten eine Vielzahl von Ländern, die alle lediglich durch die Person ihres Landesherrn verbunden waren. Davon hatte sich Kastilien politisch zu einem Großreich ausgeweitet, für dessen Überseegebiete schon 1503 als zentrale Verwaltungsinstitution der Indienrat mit der für den gesamten Personen- und Güterverkehr in Amerika zuständigen *Casa de Contratación* und ab 1535 ein regelrechter hierarchischer Verwaltungsapparat eingerichtet worden waren, dessen unterste Verwaltungsebene in den „Indianer"-Gebieten aus indigenen „Gemeinderäten" *(Cabildos de Indios)* beziehungsweise aus einheimischen „Häuptlingen" bestand. Doch zu allen Zeiten erreichte ein Befehl des Königs einen entlegenen Ort in den Anden frühestens nach Monaten – und allein durch Einwände ließ sich seine Umsetzung um Jahre verzögern, wenn es überhaupt je zu einer Umsetzung kam.

| Entstehung des spanischen „Weltreichs"

Das russische Reich funktionierte teilweise nach einem ähnlichen Schema: In den von den Moskauer Großfürsten eroberten alten Gebieten der Rus wurden die bis dahin herrschenden Eliten schonungslos, primär durch Umsiedlung, entmachtet, ihre Territorien administrativ vollständig integriert. Dagegen blieb in den Khanaten diesseits von Ural und Kaukasus den Eliten, soweit sie nicht geflohen oder bei der Eroberung umgebracht worden waren, ihr Grundbesitz erhalten. Tatarische Adelige wurden sogar als Bojaren (Dienstadelige) betrachtet und entwickelten sich – obwohl Muslime – vielfach zu Grundherren zahlreicher christlicher Bauern. Die Eroberung Sibiriens schließlich wurde ursprünglich gar nicht von den Zaren selbst, sondern von einer privilegierten Unternehmerfamilie initiiert; teil-

| Russlands Expansion nach Sibirien

weise legitimierten die Zaren dann die Vorstöße der Kosaken nachträglich, teilweise ordneten sie diese allerdings auch an. Jedenfalls wünschte die Zentrale nur, dass aus dem Osten möglichst viele Tribute – vor allem Pelze (s. Beitrag „Die Globalisierung Europas" in Band V), deren Verkauf im 17. Jahrhundert rund zehn Prozent der Staatseinnahmen erbrachte, daneben Edelmetalle und Walrosszähne – geliefert würden. Sie ermahnte daher ihre dortigen Repräsentanten immer wieder, die Einheimischen gut zu behandeln, was diese freilich, ähnlich wie die spanischen Lokalbeamten und *Hacenderos* in Amerika, oft wenig bekümmerte, denn schon damals galt: Sibirien ist groß und Moskau weit weg. Aber der Krone ging es hier eben lediglich um Ausbeutung, nicht um eine regelrechte „staatliche" Herrschaft. Dafür setzte sie auf die Mitwirkung indigener Sippenvorstände, deren Stellung sie stärkte beziehungsweise – wie im Falle der Tungusen – sogar erst schuf.

Die Reiche der eurasischen Steppe entstanden dagegen weder als staatlich gestützte „Privatunternehmen" wie jene der Überseekompanien, noch als letztlich monarchische Gründungen mit Hilfe ambitionierter eigener Untertanen nach dem iberischen oder dem russischen Modell. Vielmehr erfolgte ihre „Gründung", oft von einer waffenkundigen Kerngruppe früherer Jäger und Schmiede ausgehend, auf einer ersten Stufe durch den Zulauf, den ein militärisch erfolgreicher, charismatischer Heerführer von Seiten anderer Nomaden fand – weil er nämlich Beute versprach. In einem zweiten Schritt eroberten die wachsenden, hochmobilen, ethnisch beziehungsweise sprachlich meist sehr heterogenen Reiterheere schon länger bestehende Länder und Reiche. Das gelang etwa Dschingis Khan oder Timur in erstaunlich kurzer Zeit. Diese Herrscher ließen oft diejenigen Menschen, die sie brauchen konnten, versklaven, deportieren oder in die Armee eingliedern, die übrigen, besonders wenn sie Widerstand geleistet hatten, großenteils umbringen. Sofern sie die von ihnen okkupierten, meist agrarisch strukturierten Gebiete nicht einfach plünderten und sich dann wieder zurückzogen, sie mehr oder minder in Weidegebiete verwandelten oder ein reines Tributregime schufen, errichteten sie eine Art „Militärfeudalismus": Die in der Regel fremde militärische Elite schöpfte den „Mehrwert" der Produktion, den die Eroberten leisteten, ab. Sie garantierte ihnen dafür weitgehenden Schutz vor (weiteren) willkürlichen Plünderungen und anderen in Kriegszeiten üblichen Übergriffen. Der dritte Schritt, der solchen Reichen überhaupt erst Stabilität verlieh, bestand in dem Aufbau neuer beziehungsweise der Übernahme bestehender administrativer Strukturen, insbesondere einer effizienten Steuerverwaltung und Justizorganisation. Auf einer solchen Basis beruhten die Reiche der Osmanen, Safawiden, Moguln, anfänglich auch der Qing, ebenso das südindische Vijayanagar. Andere Reiche wie das der Goldenen Horde, die diesen Schritt nicht taten, zerfielen.

Soziale Basis der Steppenreiche

Tributreiche, Zentral- und Ständestaaten

In weiten Teilen Amerikas lebten Jäger und Sammler beziehungsweise Ackerbauern, die sich – wie die Irokesen wohl um 1570 – allenfalls zu bestimmten kriegerischen

Zwecken zu Stammesverbänden zusammenschlossen, jedoch kaum „Staatlichkeit" entwickelten. Auch in Teilen Afrikas kam es, gerade in den Savannengebieten, des Öfteren zu einer Allianz verschiedener Dorfgruppen beziehungsweise Clans, die man als „Stamm" bezeichnen mag, wenn sich die Mitglieder tatsächlich oder fiktiv auf einen Stammvater beziehungsweise eine Stammmutter zurückführten. Diese Allianz unterstand dann einem „König" – von Europäern später zumeist „Häuptling" genannt. Seltener erfolgte eine dauerhaftere, je nach Lage eher freiwillige oder erzwungene Vereinigung derartiger Assoziationen unter einem „großen König" beziehungsweise „Kaiser" (als „König der Könige", z. B. äthiopisch *Negus Negest*), der dann aus fernen Gebieten Abgaben und Leistungen empfing, dort zum Teil eine Schiedsrichterrolle spielte und oft auch eine religiöse Funktion ausübte. Als derartige Tributreiche mit einem staatlichen Kernland – die militärische Interventionsreichweite war stets viel größer als die Reichweite der eigentlichen, administrativ organisierten Herrschaft – lassen sich zum Beispiel die Reiche der Luba und Lunda mit den guten Ackerböden, Salz- und Erzminen in ihrem zentralafrikanischen Ursprungsgebiet bezeichnen, ebenso etwa das Reich der Azteken. | Tributreiche mit staatlichem Kernland

Das Vielvölkerreich Mali beruhte gleichfalls auf einer diversifizierten ökonomischen Grundlage: Die Könige kontrollierten zumindest indirekt eine Reihe von Minen, erhoben Abgaben auf den Handelswegen und besteuerten die Landwirtschaft im fruchtbaren Nigergebiet. Auch geistig-religiös durch seine angesehenen islamischen Hochschulen in Djenné und Timbuktu von Bedeutung, erlebte Mali in der ersten Hälfte des 14. Jahrhunderts den Höhepunkt seiner Entwicklung. Als Kankan Mansa Musa (Mansa Kanku Musa; Mansa = „Kaiser") 1324 auf seiner Pilgerreise nach Mekka in Kairo ankam, hatte seine Karawane so viel Gold bei sich, dass der Goldpreis dort für längere Zeit abstürzte. Trotz dieser Herrschermacht behielten die einzelnen Clans weiterhin ihre Territorien und ihre eigenen Riten. So setzte sich das Reich aus einem engeren Verband, in dem Provinzgouverneure und andere Beamte den Willen des Herrschers durchsetzten, und aus weitgehend autonomen Bestandteilen zusammen, die nur Tribute entrichteten und gegebenenfalls Heeresfolge leisteten. Als sich die regierende Dynastie um 1360 spaltete, vermochte sie bald die Tribut-„Staaten", wie das einstige Tekrur (Takrur), das nachmalige Denanke-Königreich am Senegal, dazu nicht mehr zu zwingen, und diese Gebiete lösten sich vom Reich. | Basis und Struktur des Mali-Reichs

Politische Herrschaft kann, nach Max Weber, traditional, charismatisch oder rational begründet sein. Ein Charisma, oft auch Folge eines unbedingten Machtwillens, darf man bei Reichsgründern oder im Nachfolgekampf erfolgreichen Thronprätendenten unterstellen. Da der Kreis der Anwärter auf die Thronfolge jedoch regelmäßig auf die Mitglieder der regierenden Dynastie oder sogar in jedem Augenblick auf eine einzige Person beschränkt blieb, wirkte das traditionale Element fast in allen Fällen zumindest wesentlich mit. Untersucht man nämlich Länder und Reiche im hier betrachteten Zeitraum nach dem Kriterium ihrer „Staatsform" im aristotelischen Sinn, also zunächst nach der Zahl ihrer politischen | Legitimationsmöglichkeiten politischer Herrschaft

Herrschaft und politische Ideen

Entscheidungsträger, so stellt man schnell fest, dass jedenfalls die größeren beziehungsweise mächtigeren unter ihnen in keinem Fall Demokratien/Polykratien waren. Oberhalb der kommunalen Ebene existierten derartige „Herrschaften von vielen" – jedenfalls in Ansätzen und begrenzt auf Männer – nur in kleinen politischen Gebilden dünn besiedelter Gegenden wie den Schweizer Waldkantonen oder den Neuenglandkolonien. Die begrenzten Kommunikationsmöglichkeiten und das Problem der „Abkömmlichkeit" bei der Masse der Bevölkerung ließen dies anderswo vermutlich nicht zu. Nur gelegentlich findet man daher auch Wahlmonarchien, die im Prinzip ein rationales Element der Herrschaftsbegründung enthalten, beziehungsweise regelrechte Aristokratien/Oligarchien wie in den Hausastaaten oder im Königreich Benin, wo die sieben wahlberechtigten Adeligen ihren Kandidaten freilich aus der Herrschersippe küren mussten, im javanischen Banten (Bantam), in Polen-Litauen oder Venedig – auch die „Regenten" der niederländischen Republik waren lediglich eine bürgerliche Oligarchie mit aristokratischen Zügen. Viel häufiger lassen sich dagegen Erbmonarchien nachweisen, teils mit autokratischen, im Falle einzelner Herrscher „tyrannischen" Zügen (Russland, Osmanisches Reich, Mogulreich), teils solche, in denen die eigene Bürokratie (Korea, China), verfassungsrechtliche Vorgaben oder religiöse Traditionen dem Herrscher mehr oder minder große Beschränkungen auferlegten.

Derartige Überlieferungen spielten mitunter in Teilen Südostasiens eine Rolle, wogegen in anderen schon die Struktur mancher Sprachen eine gesellschaftliche Hierarchie nahelegte beziehungsweise ausdrückte. So kannte etwa das klassische Khmer keine Begriffe wie „du" oder „ich", Anreden wurden stets relational zum Rang des Gegenüber differenziert. Die erste siamesische Reichsgründung Sukhothai, die von großen, zum Teil vom eher asketisch-kontemplativen und daher autokratiekritischen Theravada-Buddhismus geprägten Kulturleistungen wie den „schreitenden Buddhas" begleitet war, kam zwar nicht ohne Gewalt aus, beruhte aber doch primär auf persönlichen Loyalitäts- und Tributbeziehungen zum stets „nahbaren" Herrscher. In den malaiischen Fürstentümern, aber etwa auch im indonesischen Mataram, pflegte man traditionell nicht ohne Konsultation der weitgehend autonomen Oberhäupter der Provinzen zu regieren. Dagegen konnte es in Ayutthaya oder im Khmer-Reich das Leben kosten, dem König, der in jedem Fall oberster Entscheidungsträger war, ins Gesicht zu blicken. Grausame Strafen und relativ hohe Steuern waren hier an der Tagesordnung. Auch der Außenhandel, der generell in Südostasien in der Hand der Herrscher oder der Aristokraten lag, war in Siam ganz als Monopol des Königs organisiert, dessen Schiffe unter anderem die Philippinen und die Ryūkyū-Inseln anliefen. Grundsätzlich gehörte ihm auch nicht nur das Land, sondern jede Erbschaft. Indes sorgte die Monarchie hier wie bei den Khmer auch dafür, dass für Notzeiten Getreidespeicher errichtet und die Bewässerungssysteme, die sich andernfalls zu Malariasümpfen entwickelten, in Stand gehalten wurden. Dazu war Zwangsarbeit erforderlich. Zumindest in Ayutthayas Kernprovinzen waren daher alle freien Männer grundsätzlich sechs Monate im Jahr zum Arbeits- oder Militärdienst

Herrscher in Südostasien

für den König verpflichtet, was von Beamten kontrolliert wurde. Setzten die Könige oft anfangs noch Blutsverwandte als Provinzgouverneure ein, begannen sie schon im 15. Jahrhundert mit dem Aufbau einer regelrechten Bürokratie. Frühzeitig betätigten sie sich in umfassender Weise als Gesetzgeber. Einen solchen Grad an Staatlichkeit erreichte kein anderes Land in Südostasien.

In Europa dagegen erfolgte die Staatsbildung nicht nur auf Grund herrscherlicher Initiativen, sondern nicht selten eher im Zusammenspiel von Monarchen und Ständen. Fast alle vormodernen europäischen Staaten waren in gewissem Maße „Ständestaaten", wobei die Wortgleichheit im Französischen von *État* (= „Staat") und *état* (= Stand) ebenso auf diese enge Verbindung hinweist wie etwa die Identität von *Staten general* im Sinne von „Generalstaaten", das heißt der Republik der Vereinigten Niederlande, mit „Generalständen". Das große innenpolitische Thema in Europa im hier betrachteten Zeitraum war daher das Verhältnis von monarchischer und ständischer Gewalt. | Europäische „Ständestaaten"

Die Großen eines Landes oder Reichs, ursprünglich vom Herrscher frei ausgewählt, um ihm „Rat und Hilfe" – meist eine Art rechtsgutachtliches Votum beziehungsweise militärische Unterstützung – zu leisten, begannen, sich praktisch europaweit – in England mit der berühmten »Magna Charta Libertatum« (1215) – korporativ als „Land-" oder „Reichsstände" zu organisieren. In jedem Fall ließen sich die Herrschaftsträger zweiter Klasse – Klerus, Adel und Städte, unter Umständen unter Wegfall der einen oder anderen Kurie oder auch, in Ostmitteleuropa, unter Teilung des Adels in eine Magnaten- und eine Ritterkurie – ihre alten Privilegien garantieren oder neue Vorrechte verleihen, zum Beispiel im Sinne politischer Mitsprache bei Landesangelegenheiten. Vom Monarchen einberufen, beschlossen sie mit dessen Zustimmung Gesetze, insbesondere Steuergesetze, da das Hausgut des Monarchen angesichts wachsender „Staatsaufgaben" immer weniger ausreiche, die „Staatsausgaben" zu decken. Sie bewilligten also den Herrschern in tendenziell immer kürzeren Abständen, schließlich regelmäßig, Steuern. Da es um Geld und Macht ging, war das Verhältnis zwischen Königen oder Fürsten einerseits | „Land-" und „Reichsstände" und Reichs- beziehungsweise Landständen andererseits selten ganz spannungsfrei, aber in vielen Fällen doch kooperativ. Indes kam es besonders nach 1560, zum Teil verschärft durch konfessionelle Gegensätze, in vielen Reichen und Ländern zu mehr oder minder heftigen Konfrontationen, wobei die Ergebnisse dieses Machtkampfes unterschiedlich ausfielen. Schon zuvor hatten die kastilischen Könige der Macht ihrer Ständeversammlung vor allem nach dem gescheiterten Aufstand der Comuneros von 1520/1522 Grenzen gesetzt. Dagegen hatten in einigen, aber – wie Florenz zeigt – nicht in allen italienischen Stadtstaaten städtische Oligarchien gegen fürstlich-dynastische Ansprüche die Oberhand behalten. Nun weigerten sich die nordniederländischen Stände 1581, ihren „tyrannischen" Herrscher weiterhin als König anzuerkennen, suchten einen neuen, fanden aber keinen geeigneten Träger der Krone und entwickelten sich daher ziemlich ungewollt zu einer von einer calvinistischen bürgerlichen Oligarchie regierten Republik, auch wenn Provinzstatthalter aus

Herrschaft und politische Ideen

dem Hause Oranien immer wieder monarchische Ambitionen an den Tag legen sollten. Stände mochten also so mächtig werden, dass sie ihren Monarchen absetzten, über die Thronfolge entschieden (England 1688, 1701) oder, wie noch 1719 in Schweden, überhaupt das Wahlkönigtum wieder einführten. Polen wurde spätestens nach 1650 zu einer Adelsrepublik mit monarchischer Spitze, wobei sich – wie zum Beispiel auch im Falle Neapels oder Mecklenburgs – zeigte, dass eine Übermacht von Ständen, die sich nur hinsichtlich der Verteidigung ihrer „Freiheiten" einig waren, die Ausbildung von „Staatlichkeit" doch zu hemmen vermochte. Dagegen wurde in Dänemark die ständische Mitregierung 1660/1665 total beseitigt. Schweden schwankte im 17./18. Jahrhundert mehrfach zwischen Phasen absolutistischer Prägung und solchen der „wahren (ständischen) Freiheit".

Die Schweiz bestand aus einem Konglomerat von Kantonen, von denen einige (z.B. die Fürstabtei Sankt Gallen) monarchisch, einige, wie Uri, von bäuerlichen Landsgemeinden, die größten und politisch mächtigsten aber, nämlich vor allem Bern und Zürich, von Stadtbürgern regiert wurden. Überwölbt wurde das Ganze von der Tagsatzung, einer Mischung aus Gesandtenkongress und Regierung (im Sinne eines Koordinationsorgans). Ein ähnlich komplexes politisches System stellte das Reich dar. Es vereinigte die monarchischen Elemente des König- beziehungsweise

Beispiele komplexer politischer Systeme

Kaisertums mit aristokratischen Komponenten, unter anderem in Form der Kurfürsten- und der Fürstenbank auf dem Reichstag, und enthielt sogar einige mehr oder minder demokratische Bausteine, nämlich die Reichsstädte, an deren Stadtregierung eben ein mehr oder – zumeist – minder großer Teil der Stadtbevölkerung Anteil hatte. Wenn der Staatstheoretiker Samuel Pufendorf das Reich als „einem Monstrum ähnlich" bezeichnete, so sollte dies nur bedeuten, dass es ein aus allen drei aristotelischen Staatsformen bestehendes „Mischwesen" war, was vor allem im 18. Jahrhundert vielfach als vorbildlich, nicht als „monströs" angesehen wurde. Doch spielte sich der Prozess der Staatsbildung nach 1648 im Reich, anders als in den meisten anderen europäischen „zusammengesetzten Monarchien", eher auf der Ebene der größeren Territorien (Österreich, Preußen etc.) als auf der des Reichs selbst ab.

Dagegen entwickelte sich Frankreich, nachdem die autonomen Fürstentümer bis zum 16. Jahrhundert an die Krone „zurückgefallen" und die Fronden 1653 eingedämmt waren, zu einer absolutistischen, wenngleich lediglich in begrenztem Umfang

Frühmoderne Staaten

zu einer wirklich zentralistischen Monarchie. In einigen Provinzen, in alten Ländern wie der Bretagne, wurden noch Ständeversammlungen einberufen, aber nach 1614/1615 nicht mehr auf der Gesamtstaatsebene – bis 1789! So drückte die auf hierarchische Ordnung bedachte Barockkultur in Frankreich nicht nur der Natur – im „französischen Garten" –, sondern auch den Eliten ihre Ordnung auf. Währenddessen wirkten in England nach einer Phase von Bürgerkriegen (1640–1660) und nach einem in der *Glorious Revolution* von 1688 endgültig gescheiterten Schritt in Richtung Absolutismus die Krone und das Parlament als Vertreter der Eliten politisch zusammen, auch hier nicht spannungsfrei, aber doch, ohne sich (wie in Polen) dauerhaft gegenseitig zu blockieren – eine Grundlage für die erstaunliche Machtexpansion Englands im 18. Jahrhundert. Frühmoderne Staatlichkeit konnte sich also nicht nur auf absolutistischer Basis entwickeln.

Außerhalb Europas (im engeren Sinne) sollten Stände zur Bewilligung von Steuern jedoch unbekannt bleiben. Selbst Russlands später sogenannte Bojarenduma war keine mehr oder minder regelmäßig einberufene Institution mit festen Mitgliedschaften, sondern lediglich ein vom Zaren ad hoc zusammengestellter Kreis von Beratern. Die im 15. Jahrhundert voll ausgebildete Rangplatzordnung signalisierte dem Herrscher, wen er für welche Dienststellungen ernennen sollte – ohne ihn aber damit wirklich zu binden. Die Moskauer „Reichsversammlungen" dienten, außer in den Jahren der „Wirren" (1598–1613) und während der Aufstände von 1648/1649, lediglich als Informations-, Mobilisierungs- beziehungsweise Akklamationsorgane der Regierung. Auch andere Formen autonomer politischer Korporationen lassen sich außerhalb Europas selten nachweisen. So kannte das Zarenreich bis ins 18. Jahrhundert keine kommunale Selbstverwaltung – sie fehlte selbst in Polen oder Ungarn weitgehend. Die dafür charakteristische Trias von Rathaus, Hauptkirche und zentralem Marktplatz findet sich daher weder in Russland noch im Orient noch etwa in Ostasien, wo Städte lediglich die untersten staatlichen Verwaltungseinheiten darstellten. Im Reich der Mitte – wie übrigens auch bei den spanischen Kolonialgründungen in Lateinamerika, wo ständische Gremien fehlten – dominierten planmäßig, weitgehend schachbrettartig angelegte Städte – ein Ausdruck obrigkeitlichen Gestaltungs- und Kontrollwillens. Die traditionelle orientalische Stadt bestand zwar aus mehreren, oft voneinander durch Mauern abgetrennten Stadtteilen, in denen die Angehörigen jeweils unterschiedlicher gewerblicher, ethnischer beziehungsweise religiöser Gruppen lebten. Aber sie besaß ebenso wenig einen großen zentralen Platz wie Peking (der Platz des Himmlischen Friedens ist eine kommunistische Neuschöpfung), sondern Stadtteil- und zum Teil am Stadtrand gelegene Spezialmärkte, etwa für den Kamelhandel, sowie einen Basar, topographisch gesehen ein Gewirr von oft gewundenen, manchmal unvermittelt endenden Gassen. Zur Demonstration politischer Opposition mochte der Basar schließen, aber als Ort für die Versammlung einer größeren Menschenmenge war er völlig ungeeignet. Dafür kam allenfalls der große Vorhof einer Moschee in Frage. Gegen Aufstände sicherten sich die Monarchen, wie auch in Europa oder in China, indessen dadurch, dass sie ihre am Rand oder auf einem Hügel über der Stadt liegenden Residenzen befestigen ließen oder zumindest zeitweise in einen „Sommerpalast" beziehungsweise überhaupt in eine außerhalb der Hauptstadt neu errichtete Hofanlage (wie Versailles oder Schönbrunn) zogen. In Istanbul bewohnten die Sultane seit den 1470er Jahren den Topkapı-Palast, der über der Stadt thronte und dessen zahlreiche Torwachen jeden Besucher genauestens kontrollierten.

Staaten mochten also durchaus unterschiedlich zentralisiert sein. Doch wäre in Abgrenzung zu einem „Staat" ein „Reich" definierbar als ein politisches Gebilde, das weniger durch einen bürokratischen Apparat als vielmehr durch Tributbeziehungen

Herrschaft und politische Ideen

zwischen den verschiedenen Reichsteilen beziehungsweise durch Loyalitätsbeziehungen zwischen Königtum und Reichselite(n) zusammengehalten wurde. Solche personalen Beziehungen konnten, wie unter anderem in Mali im Regelfall der angesprochenen Gouverneure, verwandtschaftlicher Natur sein. Sie konnten aber auch einer persönlichen Abhängigkeit zu verdanken sein, wie etwa im Fall der (freigelassenen) „Sultanssklaven" im Mamlukenreich. Oder sie resultierten, in vererbbarer Tradition, daraus, dass die regierende Dynastie ihren Aufstieg an die Reichsspitze einer Anzahl anderer Familien zu verdanken hatte, die zumindest zeitweise nach dem Herrscherhaus die zweite Ebene im Herrschaftsapparat bildeten, so zum Beispiel die erblichen türkmenischen Stammesführer im Safawidenreich. Möglich war natürlich auch eine Kombination derartiger Elemente innerhalb einer Reichselite.

„Vorstaatliche" personale Beziehungen

Eine „Staatlichkeit" im Sinne der deutschen Staatslehre des 19. Jahrhunderts mit festen Grenzen, einem bestimmten Kreis von Staatsbürgern und einem Gewaltmonopol der zentralen Institutionen gab es offensichtlich im hier behandelten Zeitraum nirgends in vollendeter Form. Sie existierte vorerst nur als „männliches Projekt" (Sylvia Schraut). Die damaligen Reiche stellten bestenfalls eine Vorstufe moderner Staaten dar. Allerdings existierten in vielen Teilen der Welt mehr oder minder ausgeprägte, freilich nicht linear ablaufende Prozesse in diese Richtung, so dass man hier von „Staatsbildung" beziehungsweise, im Ergebnis, von „vor-" beziehungsweise „frühmodernen Staaten" sprechen kann – aber eben nicht von „Staaten" im modernen Sinn (die heute ihre Funktionen zugunsten internationaler Institutionen teilweise wieder verlieren). Diese Einschränkung gilt auch für Europa, wo zum Beispiel in puncto Staatsgrenzen die 1659 im Pyrenäenvertrag vereinbarte Grenze zwischen Frankreich und Spanien erst rund 200 Jahre später vermessen und damit endgültig festgelegt wurde. Eine klare, von Menschenhand geschaffene Grenze über Hunderte von Kilometern existierte noch im 17. Jahrhundert weltweit nur in einem einzigen Fall: dem der weithin sichtbaren Ming-Mauer. Selbst China kannte jedoch keine „Staatsbürgerschaft" und konnte nicht verhindern, dass viele kaiserliche Untertanen – Ausreiseverbote hin oder her – für mehr oder minder lange Zeit nach Südostasien auswanderten. Ähnlich sieht es mit dem staatlichen Gewaltmonopol aus. Einen Anspruch auf jedenfalls nicht durch andere Menschen beschränkte Macht erhoben viele Herrscher auf der Welt. Aber die Möglichkeit, regelmäßig in allen, selbst entlegeneren Regionen seines Reichs seinen Willen durchzusetzen, hatte niemand – dazu mangelte es einfach an zuverlässigen obrigkeitlichen Amtsträgern. Dass 1789 die französische Regierung bei der Organisation der Wahlen zu den Generalständen Untergerichte anschrieb, die längst nicht mehr existierten, dafür jedoch bestehende vergaß, beweist, wie sehr sogar in diesem im europäischen Vergleich relativ stark zentralisierten Staat der Staatsspitze ein umfassender Überblick über die inneren Verhältnisse fehlte. Das hing nicht zuletzt damit zusammen, dass es selbst in Frankreich keine einheitliche Sprache gab. Auch wenn das Französische, die Sprache der Île-de-France und des Königs, als Amtssprache im 17./18.

Moderne Staatlichkeit?

Keine einheitliche Sprache

Jahrhundert endgültig in ganz Frankreich durchgesetzt wurde – ein Großteil der Bevölkerung konnte es nicht verstehen, geschweige denn sprechen. Andere Reiche hatten ähnliche Probleme. Im osmanischen Imperium wurde im 16. Jahrhundert immerhin die türkische Amtssprache gefördert, und China besaß seit langem eine solche in Form des Mandarin und eine entsprechende Zeichenschrift. Auch das Reich der Mitte mit seiner traditionsreichen Bürokratie kannte jedoch noch im 18. Jahrhundert Enklaven, in denen die Oberhäupter ethnischer Minderheiten – wenngleich oft mit einem kaiserlichen Titel versehen – den Ton angaben, die regulären kaiserlichen Beamten aber praktisch nichts zu sagen hatten. Dass unter solchen Umständen von einem wirklich einheitlichen Untertanenverband nicht die Rede sein kann, versteht sich von selbst.

Weniger anspruchsvoll als nach der „modernen" Definition bedeutet Staatlichkeit für die Vormoderne eine verfassungsmäßig formierte und relativ stabile, auf die Feststellung von Normen und deren Durchsetzung bezogene Herrschaft (Gehorsamserzwingung, Fürsorge besonders im Sinne von Schutz und Rechtssicherheit) gegenüber einer beträchtlichen Zahl nicht miteinander verwandter Menschen. Diese bedarf zum einen im Falle einer Monarchie einer möglichst klar geregelten Thronfolge. Da jede Herrschaft eine legitimatorische Ideologie braucht, gründet sich staatliche Herrschaft, die im Unterschied etwa zur Sippenherrschaft nicht auf einem Verwandtschaftsverhältnis im weiteren Sinne aufbauen kann, zum anderen auf einer historischen, oft quasi-patriarchalisch beziehungsweise patrimonial ausgestalteten Begründung der Staatsmacht und ihrer aktuellen höchsten Träger, etwa einer Dynastie. Damit verbunden ist in der Regel eine Staatsreligion, ein Staats- oder Herrscherkult. Vor- beziehungsweise frühmoderne Staaten benötigen ferner einen hierarchisch gegliederten Apparat von sowohl militärischen wie auch zivilen Amtsträgern, der regelmäßig den Willen der Staatsspitze auf den verschiedenen Ebenen bei den Mitgliedern des Staatsverbandes zur Durchsetzung bringt, insbesondere Abgaben erzwingt, die unter anderem wiederum der Versorgung von Staatsspitze und staatlichem Apparat dienen. Schließlich unterhalten sie diplomatische Beziehungen zu ihresgleichen, sie können auf Grund ungleicher Machtverhältnisse in Abhängigkeiten von einer auswärtigen Macht geraten (z. B. im Sinne von gelegentlichen Tributleistungen), bleiben dabei aber als eigenständige politische Einheiten erhalten. Staatlichkeit ist somit eine Entwicklungsmöglichkeit für Herrschaftsgebiete auf ganz unterschiedlichen Ebenen.

| Vor- bzw. frühmoderne Staatlichkeit

Die Entwicklung von Staatlichkeit in Ländern und Reichen

Die Thronfolge als Grundproblem der Stabilität von Monarchien

Weltliche Autorität – eher noch als geistlich-religiöse – galt weithin als vererblich. Jeder Sturz einer Dynastie löste damit erhebliche Legitimationsprobleme aus, soweit

Herrschaft und politische Ideen

man nicht, wie in China, das Faktum des Machtwechsels und das Einhalten gewisser ritueller Anforderungen beim Dynastiewechsel als Zeichen dafür deutete, dass das alte Kaiserhaus das „Mandat des Himmels" nun eben an einen Nachfolger habe abgeben müssen. Dann war es nämlich sekundär, ob dieser, wie der erste Ming-Kaiser, ein in einer Phase des Gleichgewichts der sozialen Kräfte emporgekommener Rebell aus einfachsten Verhältnissen oder, wie der erste Qing-Herrscher, in chinesischen Augen ein halber „Barbar" gewesen sein mochte. Das erklärt die gelegentlichen Dynastiewechsel in China oder zum Beispiel auch in Dai Viêt. Dagegen stellten in Japan zwar verschiedene Familien die Shōgune, die Kaiser aber, die spätestens seit 1338/1339 nicht mehr die eigentliche Macht, dafür jedoch die höchste kulturell-religiöse Autorität im Lande verkörperten, stammten seit den Anfangszeiten des Reichs aus ein und demselben Geschlecht. Jedenfalls die seit 1603 regierenden Tokugawa-Shōgune sorgten aber dafür, dass viele Tennōs eine Angehörige ihres Geschlechts heirateten, und trugen damit, nicht uneigennützig, zur Fortsetzung der kaiserlichen Dynastie bei. Denn das Aussterben einer Kaiser- oder Königsfamilie, wie 1598 der Moskauer Rurikiden (Rjurikiden), das sofort zu langjährigen „Wirren" führte, oder auch nur der viel häufigere Fall des Todes eines regierenden Monarchen beziehungsweise einer Monarchin warf natürlich ebenfalls die Frage nach der Thronfolge auf. Sie hatte besondere Bedeutung für die Dauerhaftigkeit eines „neuen" Reichs, das ein fähiger Herrscher mit viel Glück und Geschick gegründet haben mochte, indem er sich über andere Fürsten seinesgleichen erhob.

Legitimitätsprobleme bei Dynastiewechseln

Im Heiligen Römischen Reich, seit dem späten 15. Jahrhundert mit dem Zusatz „deutscher Nation", wählten gemäß der »Goldenen Bulle« von 1356 die Kurfürsten – zunächst sieben, später acht oder neun – den König beziehungsweise, seitdem man auf eine päpstliche Bestätigung oder gar Krönung glaubte verzichten zu können, den Kaiser. Bis dahin hatte es eine nicht unbegrenzte, aber auch nicht klar abgegrenzte Zahl von Königswählern gegeben. Zudem galt ursprünglich, dass der *maior et sanior pars*, also der größere und „einsichtigere" Teil der Wähler, die Entscheidung treffen sollte – wobei mit letzterem die geistlichen Fürsten gemeint waren, die gegenüber den adelig-weltlichen einen Vorrang beanspruchten. Die Stimmen wurden also nicht nur gezählt, sondern auch unterschiedlich gewichtet – was freilich, wenn es knapp wurde, regelmäßig zu Auseinandersetzungen, das heißt zu Doppelwahlen und Thronkämpfen, führte, zumal an einen „rechtmäßigen" König noch weitere Ansprüche gestellt wurden, wie dass er am richtigen Ort mit den echten Kroninsignien durch den dafür zuständigen Erzbischof gekrönt werden sollte. Die Einführung des Mehrheitsprinzips durch die »Goldene Bulle« änderte das Verfahren zugunsten einer Quantifizierung – ohne dass freilich die Kurfürsten noch auf längere Sicht die Rangfolge ihrer Stimmabgabe verändert oder das Bestreben aufgegeben hätten, möglichst einstimmig zu wählen. Denn schließlich entschied letzten Endes der Heilige Geist darüber, wer weltlicher Führer der Christenheit werden sollte. Auch das Kandidatenfeld war freilich nicht unbegrenzt: Ein Mitglied eines „königswürdigen" Geschlechts, also am besten einer Dynastie, welche die Krone schon einmal getragen

Königswahl und Mehrheitsprinzip

hatte, sollte es schon sein. Von 1438 bis zum Ende des Reichs 1806 wurden, mit einer einzigen Ausnahme, so auch nur Habsburger gewählt.

Die »Goldene Bulle« hatte aber noch eine weitere wichtige Neuregelung gebracht. Um zu verhindern, dass die Kurstimmen vermehrt würden oder dass um sie ein Streit ausbrechen könnte, bestimmte sie, dass die weltlichen Kurlande samt -stimme immer an den ältesten legitimen Sohn des jeweiligen Kurfürsten fallen sollten – die geistlichen Kurfürsten wurden von ihren Domkapiteln gewählt. Dieses Prinzip der Erbmonarchie samt Primogenitur galt zunehmend auch in anderen europäischen Reichen beziehungsweise Ländern, wenn auch zum Beispiel in Dänemark offiziell erst seit 1660/1665. In Polen und Litauen wurde indes nach der Realunion von 1569 und dem Aussterben der Jagiellonen 1572 das Wahlprinzip auf das Unionsreich übertragen, und wahlberechtigt waren sämtliche auf dem Wahlfeld bei Warschau anwesenden polnischen Adeligen – und das konnten schon einmal einige Tausend sein! So wurden die polnischen Königswahlen, vor allem im 18. Jahrhundert, immer mehr zu einem Spielfeld der europäischen Mächte, insbesondere der Nachbarn Russland, Österreich und Preußen, die nämlich die entscheidenden Königswähler, die Magnaten mit ihrer jeweils zahlreichen kleinadeligen Klientel, durch Versprechungen und Bestechungen auf die Seite ihres jeweiligen Kandidaten zu ziehen suchten. In anderen Teilen Europas hatten sich dagegen bis zum 18. Jahrhundert die Prinzipien der Erbmonarchie und Primogenitur so weit konsolidiert, dass niemand mehr die Thronfolge in Frage stellte, wenn ein rechtmäßiger ältester Sohn vorhanden war – (älteste) Töchter besaßen nur in einigen Monarchien wie England unbestritten ein Anrecht auf den Thron. Erbfolgekriege brachen dementsprechend nur noch aus, wenn eine Dynastie ausstarb oder aber die Thronfolge aus besonderen Gründen unklar war. Dass ein König vom eigenen Bruder vom Thron gestoßen werden könnte, war inzwischen kaum mehr denkbar – zum Beispiel scheute sich Friedrich II. von Preußen dementsprechend nicht, seinen beiden Brüdern militärische Kommandos anzuvertrauen.

Erbmonarchie und Primogenitur

Das sah in anderen Teilen der Welt ganz anders aus. Auch dort galt zwar regelmäßig das Prinzip, dass die Thronfolge möglichst innerhalb derselben Dynastie verbleiben sollte. In Russland wie in Westafrika ging sie jedoch ursprünglich auf den ältesten Bruder, nicht den ältesten Sohn des verstorbenen Monarchen über. Als dies im Falle Moskaus durch das Testament eines 1425 verstorbenen Großfürsten geändert wurde, führte das ebenso zu Konflikten wie in Westafrika, wo sich die patrilineare Erbfolge vielleicht im Zuge der Islamisierung verbreitete, welche jedenfalls patriarchalische Strukturen stärkte. Im Mamlukenreich schwankte man bis 1382 zwischen dem Familien- und dem Wahlprinzip. Das heißt, hier kam es oft dadurch zu Thronwechseln, dass der vom Sultan designierte Verwandte vom Anführer einer „Gegenpartei" unter den Mamlukenemiren ersetzt wurde.

Thronfolge außerhalb Europas

Unter mongolischen Völkern half eine Abstammung von Dschingis Khan noch Jahrhunderte später, um Herrschaft zu legitimieren. Selbst die mandschurische Qing-Dynastie in China führte sich – über Großkhan Dayan – auf den großen Eroberer

Herrschaft und politische Ideen

zurück. In Mittelasien spielte der unter anderem mit einer Dschingisidin verheiratete Timur für seine Nachkommen dieselbe Rolle. Beide Eroberer gelten heute in der Mongolei beziehungsweise in Usbekistan als Begründer der jeweiligen Nation! Noch bei den Moguln (= Mongolen!) war mit der Berufung auf ihren Stammvater Timur der mehr oder minder ausgeprägte Wunsch verbunden, dessen kurzlebiges Großreich, vor allem aber die inzwischen usbekischen Stammlande zurückzuerobern. In Gesellschaften, die unter extremen natürlichen Bedingungen leben, mögen Verwandt- und Schwägerschaft, die stets memorierte Abstammung von einem gemeinsamen großen Ahnen einerseits und die immer wieder erneuerte Allianzbildung zwischen bestimmten Clans mittels prinzipiell exogener Heiraten andererseits, am meisten Vertrauen im Überlebenskampf einflößen. Das könnte erklären, warum Steppenreiche zu allen Zeiten stark personen- beziehungsweise abstammungsbezogen organisiert waren und kaum Staatlichkeit im Sinne von bürokratischen Strukturen entwickelten. Hatte ein Eroberer fremde Stämme unterworfen, suchte er ihr Gemeinschaftsbewusstsein dadurch zu zerstören, dass er sie neu organisierte und an die Spitze der neuen Stammesformationen Personen seines Vertrauens, insbesondere eigene Verwandte, stellte.

Bedeutung der Abstammung

Bei türkischen und mongolischen Völkern besaß indes lange grundsätzlich jeder, der vom „Dynastiegründer" abstammte, ein Recht auf die Nachfolge. Das förderte die innere Instabilität im Osmanen-, Safawiden- und Mogulreich. Im Osmanischen Reich waren die Söhne des Sultans bis 1595 mit hohen Ämtern in den Provinzen betraut worden. Starb der Sultan, so setzte bisweilen ein Wettrennen in Richtung Hauptstadt ein: Wer sie zuerst erreichte, bestieg den Thron und hatte im anschließenden Kampf mit seinen Brüdern die größere Legitimation und die Ressourcen der Hauptstadt zur Verfügung. Um derartige innere Kriege, in die auch auswärtige Mächte eingreifen mochten, zu vermeiden, stützte sich Selim (Selīm) I., nachdem er 1512 seinen Vater gestürzt hatte, auf ein 1481 erlassenes Gesetz und ließ seine Brüder, Neffen und mehrere seiner Söhne umbringen, um seinem Lieblingssohn Süleyman den Weg zu ebnen. Er begründete damit eine Tradition eigener Art. Sultane pflegten einen großen, repräsentativen Harem zu haben und daher auch viele Söhne. So opferte Mehmed (Mehmet) III. (1566–1603) nicht weniger als 19 Brüder und Halbbrüder der Staatsräson. Danach wurden solche Morde allerdings seltener und 1617, endgültig 1687, wurde ein – fragiles – Seniorat eingeführt: Den Thron erbte das jeweils älteste Mitglied der Dynastie, die übrigen Anwärter lebten in einer Art lebenslänglichem Hausarrest, teilweise auf die sogenannten Prinzeninseln im Marmarameer verbannt – das christliche Äthiopien kannte zum selben Zweck einen gut bewachten „Berg der Könige". Das hatte allerdings den Nachteil, dass niemand, der auf den Thron gelangte, zu diesem Zeitpunkt über die geringste politische Erfahrung verfügte.

Osmanen: Wettrennen, Morde, Seniorat

Im Mogul- und Safawidenreich war es geradezu die Regel, dass Söhne, manchmal noch vor dem Tod ihres Vaters, um den Thron kämpften. Dabei kam es oft zur Blendung oder gar Ermordung nächster Verwandter, während deren Anhänger unter den Moguln bis 1712 meist unbehelligt blieben. Der erhebliche Konsum von Alkohol und Opium, vor allem aber eben die im globalen Vergleich extrem hohe Zahl an Intrigen und politischen Morden war eine Schwäche beider Höfe. Gemeinsam war ihnen nämlich neben der persisch geprägten Hofkultur eine stets prekäre Thronfolge, in die sich im persischen Falle zunächst die Kizilbasch-Emire einmischten. Schah Abbas ('Abbās) I., der seinen Vater abgesetzt und seine beiden überlebenden Brüder hatte blenden lassen, verbannte daher seine Nachkommen weitgehend in den Harem und ließ, aus Angst vor dem eigenen Sturz, dennoch mehrere von ihnen umbringen beziehungsweise ebenfalls blenden. Mulai Ismail (Mulāī Ismāʿīl), der 55 Jahre lang als mächtiger Sultan über Marokko herrschte, hatte ganz ähnliche Sorgen. Als er einige seiner angeblich Hunderten von Söhnen zu Provinzgouverneuren gemacht hatte, brachen bereits zu seinen Lebzeiten Thronkämpfe aus, weshalb der Vater alle Söhne, mit Ausnahme eines ganz loyalen, wieder absetzte. | Thronkämpfe in islamischen Reichen

In Ostasien und in den nichtislamischen Staaten Südostasiens entwickelte man für das Thronfolgeproblem eine etwas humanere Lösung als die, Prinzen umzubringen oder einzusperren. Hier wählte der regierende Monarch nicht selten seinen Nachfolger selbst. Verband er dies mit seiner eigenen Abdankung, wie im Falle mancher südostasiatischer Könige oder auch japanischer Shōgune, so konnte er als Autorität im Hintergrund für Kontinuität sorgen. Entschied er sich indes erst auf dem Totenbett für einen Nachfolger, durfte er keineswegs sicher sein, dass sich sein Auserwählter letztlich auch durchzusetzen vermochte. Denn der Monarch stand lediglich an der Spitze einer Hierarchie abgestufter Loyalitäten. Das bekam selbst im stark bürokratisch organisierten China der nachmalige Kaiser Yongle zu spüren, als er seinen Neffen, der als Sohn seines verstorbenen ältesten Bruders den Thron bestiegen hatte, nach einem mehrjährigen Bürgerkrieg stürzte. Ein Großteil der hohen Beamten verweigerte ihm nämlich die Gefolgschaft. Ähnlich wie schon sein Vater, der Dynastiegründer, vermochte Yongle erst durch umfangreiche, brutale Säuberungen seine Autorität durchzusetzen. Bei den Qing sollte der „Sohn des Himmels" unter seinen Söhnen den seiner Ansicht nach Fähigsten zum Thronfolger wählen. Die übrigen wussten, dass sie – bestens ausgestattet – in Zukunft ein Luxusleben ohne jegliche Regierungspflichten fern der Hauptstadt würden führen dürfen. Dennoch waren Thronfolgeprobleme nicht ausgeschlossen. So zögerte etwa der bedeutende Kaiser Kangxi, der mehr als 60 Jahre regierte (1661–1722), mit dieser Entscheidung, favorisierte aber offensichtlich einen seiner zahlreichen erwachsenen Söhne. Gegen Ende seines Lebens hatte er jedoch den Eindruck, dieser und ein anderer Sohn könnten ihre Ambitionen nicht zügeln und wollten ihn vom Thron stoßen. Er ließ sie einkerkern. Ob er dann aber testamentarisch seinen vierten Sohn tatsächlich zum Nachfolger bestimmte, wie dieser Yongzheng nach seiner Regierungsübernahme verkünden ließ, ist nicht gesichert. Jedenfalls gab es noch mindestens einen weiteren Bruder, der dies in Frage stellte und dafür in die Verbannung geschickt wurde. Den Namen seines eigenen, frühzeitig ernannten Nachfolgers ließ Yongzheng erst bei seinem Tod offenbaren. Obwohl Qianlong damit problemlos den Thron be- | Thronfolgeprobleme in China steigen konnte, war er, wie sein Vater, jedoch so vorsichtig, keine Mitglieder des Kaiserclans in wichtige Ämter zu berufen. Zudem forcierte er die Zensur und die Indoktrination seiner Untertanen.

Wenn die Thronfolge nicht klar geregelt oder die Regelungsprinzipien nicht allgemein akzeptiert waren, kam es regelmäßig zu Konflikten. Der Spanische Erbfolgekrieg brach aus, als sowohl französische Bourbonen als auch Wiener Habsburger nach dem Tod des letzten spanischen Habsburgers im Jahre 1700 Erbansprüche geltend machen konnten. Der Österreichische Erbfolgekrieg eskalierte, als verschiedene Mächte die zuvor von ihnen anerkannte Pragmatische Sanktion, welche die weibliche Erbfolge in der Habsburgermonarchie (durch Maria Theresia) ermöglicht hatte, im Nachhinein wieder verwarfen. Was für Österreich eine Neuerung war, kannten freilich einige andere europäische Reiche schon lange. Hier vermochten Frauen auch als Herrscherinnen weitgehend die Politik zu bestimmen, nicht nur, wie zum Beispiel Katharina von Medici, als Regentinnen für einen minderjährigen Sohn, und auch nicht nur, wie es Frauen bisweilen als dominanten Müttern beziehungsweise Ehefrauen oder als Mätressen eines Königs gelang. Doch um ihre persönliche Machtstellung zu bewahren, musste selbst die bedeutendste englische Monarchin, Elisabeth I., auf eine Heirat verzichten – sonst wäre nämlich ein Großteil ihrer Autorität auf ihren Gemahl übergegangen. Immerhin waren europäische Fürstentöchter an der dynastischen Herrschaftssicherung beteiligt, indem sie als einzig legitime Gattinnen für standesgemäße – und damit allein nachfolgeberechtigte – Nachkommen sorgten. In ostasiatischen oder muslimischen Reichen kam es fast nie vor, dass eine Frau offiziell an der Spitze stand – und die Mütter künftiger Herrscher waren oft Sklavinnen. Indirekt übte freilich auch außerhalb Europas manche Frau einen bedeutenden Einfluss aus, etwa die ehemalige ukrainische Sklavin und Hauptfrau Süleymans „des Prächtigen", Churrem, im Westen Roxelane genannt, oder die schöne und politisch hochbefähigte Nur Jahan, seit 1611 Gattin und bald faktisch Mitregentin des Mogulkaisers Jahangir (Dschahangir). Aber lediglich in manchen afrikanischen Reichen besaßen Frauen regelmäßig eine eigenständige Machtstellung, so bei den Aschanti, wo die „Königsmutter" (ursprünglich seine Schwester) den zweithöchsten Rang im Reiche einnahm. Im Regelfall war eine reibungslose Thronfolge am besten dadurch gesichert, dass ein Herrscher einen einzigen Sohn besaß, der ihm als erwachsener, erfahrener Mann nachfolgen konnte.

Frauen als Herrscherinnen

Andernfalls mochten Eliteeinheiten, speziell Leibwachen oder hauptstädtische Garnisonen, eingreifen. Sie waren ohnehin schwer zu kontrollieren, obwohl ihre Offiziere eigentlich die loyalsten gegenüber der Dynastie sein sollten. Dass sich einer ihrer Führer seinerseits zum Herrscher aufschwang, war indes kein auf das Mamlukenreich beschränkter Einzelfall. In den dreißigjährigen marokkanischen Thronstreit nach dem Tod Mulai Ismails mischten sich Teile des Sklavenheeres ein, das der Sultan zur Stärkung der Kronmacht gegenüber arabischen und berberischen Nomaden aufgebaut hatte. Nicht immer war die Herrscherfamilie an sich gefährdet. Aber Petersburger Garden oder insbesondere Janitscharen setzten

Eingreifen von Eliteeinheiten

Monarchen ab, mit denen sie aus irgendeinem Grunde unzufrieden waren, und hoben, nach entsprechenden Zusagen, einen ihnen genehmen Prinzen – oder im Falle der russischen Palastrevolutionen von 1725 bis 1762 auch Zarinnen – auf den Thron. Wichtig waren für die Stabilität eines Reichs vorderhand nur dynastische Kontinuität und eine transpersonale Ideologie: „Der König ist tot, es lebe der König", hieß es in Frankreich.

Staatsbegründende historische beziehungsweise religiöse Ideologien

Eine historische Begründung politischer Herrschaft bedarf zwar einer langen, möglichst kontinuierlichen Tradition, aber keiner besonderen Ausdifferenzierung, weil Traditionalismus eben bedeutet, das für gut zu halten, was althergebracht beziehungsweise „natürlich" erscheint. Dazu zählt in einer Vielzahl von Kulturen der Gedanke, den Herrscher als eine Art Vater einer großen Familie zu betrachten. In China wurde sogar jede Beziehung zwischen einem Befehlsgeber und einem Untergebenen als Vater-Sohn-Verhältnis interpretiert. Hongwu, der erste Ming-Kaiser, stellte seine Machtübernahme als Akt der Wiederherstellung einer rigorosen, aber eben traditionellen kosmischen Ordnung dar, setzte dabei auf die Bildungselite und die großen Grundbesitzer am Unterlauf des Jangtse – und stieß in diesen auf „Ordnung" bedachten Kreisen auf viel Gegenliebe für sein autoritäres Konzept. Dabei übertrug er zwar fast allen seiner zahlreichen Söhne die Aufgabe der Verteidigung bestimmter Reichsteile, untersagte ihnen aber die Übernahme ziviler Ämter. Während in Europa manche Dynasten, die sich als „Landesväter" stilisierten, noch ihr Erbe unter ihren Söhnen aufteilten, bevor sich das Prinzip der Primogenitur allgemein durchsetzte, betonte man im Reich der Mitte wieder das alte Ideal der „Einheit des Reiches", auch wenn diese Einheit historisch gesehen keineswegs zu allen Epochen verwirklicht worden war. In diesem Sinne suchten die Ming auch die Gesellschaft ihres Reichs einheitlich zu erfassen und hierarchisch zu strukturieren. | Patriarchalische Herrschaft

Bei der Ausbildung der Staats- und Gesellschaftsformen von Ländern und Reichen spielten religiöse Prägungen meist eine erhebliche Rolle. Die christliche Lehre enthält sowohl Elemente, die sich im hierarchischen Sinne auslegen ließen („Gebt dem Kaiser, was des Kaisers ist …"), als auch solche, die im egalitären Sinne gedeutet wurden („Als Adam grub und Eva spann, wo war denn da der Edelmann?"). Im lateinischen Europa standen beide in einem gewissen Gleichgewicht. Dementsprechend bestanden hier monarchische Strukturen, welche meist die „zentralstaatliche" Ebene prägten, erbliche Aristokratien, die auf dem flachen Lande als Grund- und Gerichtsherren herrschten, und in vielen Städten quasirepublikanische, partiell demokratische Verhältnisse nebeneinander. Religion und Staatsform hingen aber auch deshalb vielerorts zusammen, weil die Stärke einer „Staatsmacht" nicht zuletzt von ihrem Verhältnis zu geistlich-religiösen Autoritäten abhing. Öfter herrschten Könige als sogenannte „Ritualkönige". In Schwarzafrika war es nicht selten, dass sie im Geheimen aßen und tranken, ihre Schwestern heirateten, mit hoch- | Religion und Staatsform

Herrschaft und politische Ideen

rangigen, meist sehr „lebendig" gedachten Ahnengeistern kommunizierten und ihren Vasallen regelmäßig das „königliche Feuer" als Zeichen ihrer Oberhoheit überreichten. Andere Monarchen stellten sich mit unterschiedlicher Akzeptanz auf der Ebene ihrer eigenen Länder beziehungsweise Reiche oder auch darüber hinaus als Führer ihrer jeweiligen Religionsgemeinschaft dar, die Kaiser im lateinischen Europa zum Beispiel als weltliche „Führer der Christenheit". Wenn allerdings gerade die kaiserliche Propaganda bis ca. 1700 ein höchst finsteres Bild des „grausamen" Türken zeichnete – ohne dabei die Gräueltaten auch der eigenen Truppen oder die in Wirklichkeit ethnisch und zum Teil sogar religiös heterogene Zusammensetzung der osmanischen Verbände zu berücksichtigen –, so deshalb, weil die Habsburger zum Schutz ihres engeren Herrschaftsgebiets permanent große Summen benötigten. Nur durch ein Schreckbild konnten sie moralischen Druck auf die Reichsstände ausüben, sich finanziell, durch „Türkensteuern", und gelegentlich auch militärisch zu beteiligen.

Russland, so das Bild der älteren Geschichtsschreibung, ächzte bis 1480 unter dem „Tatarenjoch". Die tatarische (also nichtchristliche) Oberhoheit widerstrebte jedoch vielleicht weniger den Moskauer Herrschern – die ja im Konkurrenzkampf mit anderen russischen Fürsten teilweise davon profitierten –, als vor allem der russisch-orthodoxen Kirche. Diese hatte ihren Metropolitansitz aus dem immer wieder verwüsteten Kiew weg und schließlich 1325 nach Moskau verlegt und stützte seitdem die Moskauer Ansprüche. Beide Seiten waren aufeinander angewiesen und standen auf vielfache Weise in einem symbiotischen Verhältnis. Das entsprach byzantinischer Tradition. Die Kirche begründete die Stellung der Moskauer Herrscher als Verteidiger des wahren Glaubens und damit als legitime Großfürsten beziehungsweise (seit 1547 offiziell) als Zaren, das heißt Kaiser, gegenüber fremden Herrschern; in ihr wurde, um 1510, die Idee von Moskau als „drittem Rom" geboren. Die Monar-

Zarenmacht und Kirche | chen ihrerseits festigten die Position, letztlich die Autokephalie, der russisch-orthodoxen gegenüber erstens der römischen Kirche, zweitens dem wegen seiner 1439 proklamierten, letztlich aber nicht vollzogenen Kirchenunion mit Rom der Häresie verdächtigten griechischen Patriarchat sowie drittens gegenüber der litauisch-orthodoxen Kirche, die seit 1458 mit eigenem Metropoliten Kiew wieder zum Mittelpunkt der ostslawischen Gemeinden machen wollte, sich aber 1596 durch die Union mit Rom in den Augen der meisten Russen endgültig diskreditierte. Natürlich waren die Beziehungen zwischen Zarenmacht und russischer Kirche deshalb nicht spannungsfrei. So mochte einerseits ein Moskauer Monarch schon einmal „seinen" Metropoliten absetzen und sogar hinrichten lassen – schließlich fühlte sich selbst ein grausamer Herrscher wie Iwan IV. jederzeit als Vollstrecker des göttlichen Willens! Andererseits wurde 1613 der Sohn des Oberhaupts der russischen Orthodoxie zum ersten Romanow-Zaren gewählt – und sein Vater dominierte später jahrelang die russische Politik! Langfristig beherrschte freilich eher der „Staat" die Kirche als umgekehrt – was allein schon aus der weitgehenden Tolerierung animistischer und muslimischer Glaubensvorstellungen im Reich deutlich wird.

Ähnliches galt, unter umgekehrten Vorzeichen, für das Osmanische Reich. Zwar ließ nach späterer offizieller Darstellung Sultan Selim I. den letzten Nachkommen der Abbasiden aus dem 1517 eroberten Kairo nach Istanbul bringen und sich von ihm das Kalifat übertragen. Daher nahmen die Osmanen die Titel „Befehlshaber der Gläubigen" und „Nachfolger des Propheten als Beherrscher der Welt" an und durften sich zudem als „Diener der Heiligen Stätten" bezeichnen, da die Führer von Mekka und Medina sich ihnen nach dem Untergang der Mamluken unterstellt hatten. Doch glaubten die Sultane, deren Untertanen lange mehrheitlich Christen waren, dabei eher an ihre Berufung zur Weltherrschaft, als dass sie ständig Zwangsmissionierungen betrieben oder „Heilige Kriege" proklamiert hätten – was christliche Potentaten mit ihren „Heiligen Ligen" gelegentlich ebenfalls taten. Vielmehr pflegten sie, trotz einiger Einmischungen, recht gute Beziehungen zum orthodoxen Episkopat – wie man überhaupt für den größten Teil der osmanischen Zeit zum Beispiel Zyperns den Eindruck gewinnt, dass dort türkisch-griechische Eliten über eine ebensolche Mehrheit der einfachen Bevölkerung herrschten. Die griechisch-orthodoxe Kirche konnte generell zufrieden sein, auf politischer Seite nur mehr einen Ansprechpartner zu haben, gegenüber anderen christlichen Kirchen eine privilegierte Stellung einzunehmen und zudem ein Maß an Autonomie in kulturellen, administrativen und finanziellen Belangen zu genießen, das sie unter byzantinischer Herrschaft nicht gehabt hatte. Freilich unterlag sie Beschränkungen, zum Beispiel hinsichtlich des Baus neuer Kirchen, und insbesondere, wenn einzelne ihrer Würdenträger von der Staatsmacht der Illoyalität verdächtigt wurden. Außerdem mussten arbeitsfähige männliche Nichtmuslime – außer Geistlichen (!) – im Osmanischen Reich, wie auch sonst in der islamischen Welt (teilweise mit Ausnahme der indomuslimischen Reiche), eine regelmäßige, für den Fiskus sehr einträgliche Kopfsteuer zahlen. Das war aber eigentlich nur ein Äquivalent für die grundsätzliche Militärpflicht der Muslime. Überhaupt waren die Abgaben maßvoll, zudem geregelt, die Zahl der Fronen gering. Trotz Diskriminierungen, zum Beispiel bezüglich Amtsinhabe, Waffenbesitz, Kleidung oder Wahl des Wohnorts, und gelegentlicher Schikanen hatten Christen und Juden so etwas wie Inquisitionsgerichte nie zu befürchten. Die späteren Gegensätze, gerade auch auf dem Balkan, waren und sind jedenfalls das Resultat einer im 18. Jahrhundert zunehmenden „Türkisierung" der Spitzenpositionen (anstelle der „Knabenlese"; s. S. 204) sowie einer zunehmenden Nationalisierung des Denkens, welche die Motive und die Opfer der Eroberungszeit – und überhaupt aller (eigenen) „Eroberer" beziehungsweise „Freiheitskämpfer" – heroisierte und oftmals schamlos übertrieb. Trotzdem wurden noch damals Griechen aus dem Istanbuler Stadtteil Fener („Phanarioten") von den Sultanen in ihren Vasallenstaaten Moldau und Walachei als Fürsten installiert, und im Fernhandel dominierten, neben Italienern, noch eigene jüdische und christliche Untertanen!

Osmanen und christliche Kirchen

Den Titel „Kaiser der Welt" beanspruchten neben den Osmanen indes auch Safawiden und Moguln, das Kalifat außer Osmanen ab einem bestimmten Zeitpunkt auch die Sultane von Marokko und Kanem-Bornu. Manche Religions- und Rechtsgelehrte billigten nämlich jedem souveränen (d. h. im Freitagsgebet genannten und eigene

Herrschaft und politische Ideen

Münzen prägenden) sunnitischen Herrscher den Kalifentitel zu. Schließlich war dieser auch für die Innenpolitik von Bedeutung, wo die Gemeinschaft der Gelehrten auf Grund des Fehlens einer kirchlichen Organisation indes regelmäßig ein schwächeres Gegengewicht zur Staatsspitze darstellte, als dies die Stände in Europa zumindest bis ins 17. Jahrhundert zumeist taten. Zwar wurden diese Gelehrten mit der Zeit in die Hierarchien ihrer islamischen Reiche integriert, und speziell die Osmanen bauten ein hanafitisch geprägtes, hierarchisiertes Korps von Medreselehrern und Richtern auf und schufen das Amt eines Scheichülislam, eines obersten Gutachters in Fragen der Religion und des religiösen Rechts. Doch verbaten sich die Sultane im 16. Jahrhundert noch, dass sich dieser in ihre (nicht der Theorie nach, aber de facto „weltliche") Gesetzgebungsakte, etwa in Fragen der Militärlehen, einmischte. Erst langsam erreichte es der Scheichülislam, dass ihm jede wichtige Regierungsmaßnahme zur Beurteilung vorgelegt wurde. Wenn er ab 1618 öfter Sultane durch ein Rechtsgutachten absetzte, tat er dies indes nur als ein für Legitimitätsfragen zuständiger Teil der Machteliten. Grundsätzlich blieb es nicht ganz ohne Risiko, wenn ein Gelehrter ein von seinem Sultan erlassenes Gesetz als unvereinbar mit dem islamischen Recht und daher für ungültig erklärte – selbst wenn dieser nicht den Anspruch erhob, ein „Vertreter" des Propheten zu sein. Andererseits freilich suchten gerade in den maghrebinischen Ländern viele zentrifugale Kräfte politisch mitzumischen, nicht nur Dynastiemitglieder mit Ambitionen auf den Thron, feindliche Nomadenstämme oder unzufriedene Soldaten, zum Teil christliche Söldner, sondern auch religiöse Führer wie Scherifen – tatsächliche oder angebliche Nachkommen der Prophetenfamilie (z. B. die Saadier [Sa'dier]) – sowie Sufi-Meister, die (zumindest mit-) regieren, jedenfalls die malikitische Orthodoxie abschwächen wollten.

Politische Mitsprache islamischer Gelehrter

Bei den Safawiden aber stand ein schiitischer Sufi-Ordensmeister, der seine Abkunft auf Ali ('Alī), den Vetter, Schwiegersohn und Nachfolger Mohammeds zurückführte und wie ein Heiliger verehrt wurde, sogar selbst an der Spitze des Staates. Die Schia (Schī'a) war von Ismail zur Staatsreligion erklärt worden, obwohl dieser von ihrer Theologie höchstens eine verschwommene Vorstellung besaß. Ohne die Hilfe ins Land gerufener arabischer, moderat schiitischer Gelehrter, die langsame Hierarchisierung der Geistlichkeit und die Entwicklung einer bis heute gültigen Orthodoxie wäre die weitgehende Durchsetzung der Schia in der Bevölkerung wohl nicht möglich gewesen. Schon so waren die Widerstände erheblich, denn die Instrumentalisierung der Schia zu staatlichen Integrationszwecken verschärfte die innermuslimische Polarisierung. Das ist etwa daraus zu ersehen, dass Abbas I. sich gegenüber Christen und Juden in mancher Hinsicht toleranter zeigte als gegenüber Sunniten. Doch bald begann die Autorität des sich auch als potentielles Oppositionsorgan formierenden, von den zahlreichen religiösen Stiftungen der Safawiden gestärkten Gelehrtenstandes derjenigen der Herrscher im Volk den Rang abzulaufen. Die Theologie der Gelehrten untergrub schließlich den Anspruch der Safawiden auf ein sakrales Königtum.

Schia und Safawidenmacht

Die Moguln hatten stets mit dem Problem zu kämpfen, dass sie als Muslime über eine (außer im Sindh, Pandschab und seit Aurangzeb in Ostbengalen) mehrheitlich hinduistische Bevölkerung geboten. Mit Rücksicht auf den sozialen Frieden hatte Akbar I. 1564 die „Ungläubigensteuer" abgeschafft. Als Aurangzeb sie gut 100 Jahre später wieder einführte, waren Unruhen die Folge. Zudem hatten sich viele Bauern in den Ebenen von Indus und Ganges dem Sikhismus angeschlossen, von dem mehrere Anführer als Märtyrer galten, obwohl sie von den Moguln zum Teil eher aus politischen Gründen umgebracht worden waren. Als noch gefährlicher erwiesen sich die Marathen: Einer ihrer Anführer, Shivaji, hatte 1657 einen autonomen Staat im westlichen Hochland und an der Küste geschaffen und von hier aus nicht nur mehrfach Gebiete seines früheren Herrn, des Sultans von Bijapur, sondern unter anderem auch Sūrat, den wichtigsten Hafen des Mogulreiches, geplündert. 1674 hatte er sich gar zum unabhängigen Hindu-König gekrönt! Letztlich konnte Aurangzeb Shivajis Staat zerstören, aber nicht zuletzt infolge seiner wenig toleranten Politik bereiteten ihm die hinduistischen Rajputen und vor allem die Marathen mit ihren Festungen im nordwestlichen Hochland und der Guerillataktik ihrer leichten Reiterei weiterhin gewaltige Probleme. | Religiöse Gegner der Moguln

In Afrika dagegen wurden selbst muslimische Herrscher oft im Sinne des ursprünglichen Sakralkönigtums noch als „geheiligte Personen" betrachtet, so wie etwa die Könige Äthiopiens, des Mutapa- (Monomotapa-) oder des Kongo-Reichs. Wie fließend die Übergänge sein mochten, zeigt das Beispiel eines Songhai-Herrschers, der als „Zauberer-König" galt: Nachdem er sich intensiver dem Islam zugewandt und eine Pilgerreise nach Mekka unternommen hatte, wurde er der „Pilger-König" genannt, und seine segensreiche Aura strahlte nun mehr denn je auf Muslime wie Nichtmuslime gleichermaßen aus. Mit Hilfe derartiger Synkretismen suchten auch in anderen Teilen der Welt Monarchen ihre Stellung zu stärken. Unterhalb der zentralstaatlichen Ebene existierten im Mogulreich, den hierarchischen Prinzipien des auf dem Lande dominierenden Hinduismus entsprechend, oft Kleinkönige. Eine „heroische Kraft" als meist ererbtes Charisma sicherte ihnen die Loyalität der regionalen Bevölkerung und erlaubte ihnen, durch die Vergabe von Titeln, Land oder Pfründen Herrschaft auszuüben. Während die Reiche von Vijayanagar und Orissa vor ihrem Untergang in den 1560er Jahren noch versucht hatten, durch Ämtervergabe und reiche Stiftungen die Loyalität ihrer hinduistischen Eliten und Untertanen im Kampf gegen die benachbarten Sultane zu gewinnen, verlangte der Mogulkaiser Akbar I. wenige Jahre später, recht unislamisch, von seinen Untertanen die Proskynese und ließ sich von seinem Chronisten, engsten Berater und, wenn man so will, Chefideologen Abu 'l-Fazl als Mahdi beziehungsweise sogar als gottähnlich bezeichnen. Schließlich kreierte er sogar eine eigene Mischreligion; sie blieb jedoch, längerfristig gesehen, eine Randerscheinung. In Champa oder Angkor beziehungsweise Kambodscha dagegen galt der Monarch, hinduistischen Traditionen zufolge, tatsächlich als Widerspiegelung des göttlichen Dynastiegründers und damit als regelrechter Gottkönig. Die Einführung des Buddhismus mit seiner Lehre vom idealen „Weltenherrscher", die auch für manche Mongolenkhane eine große Bedeu- | Sakralität von Herrschern

Herrschaft und politische Ideen

tung besaß, verhinderte nicht die Beibehaltung hinduistischer Rituale bei der Krönung eines siamesischen Königs, der den Titel „Heiliger Buddha" trug und als Bodhisattva angesehen wurde – und teilweise noch wird! Die Macht eines solchen Königs beruhte vielmehr nicht zuletzt auf der Kombination zweier religiöser Traditionsstränge. Überdies wirkten hier manche als „Staats"-Heiligtümer verehrte Buddhafiguren politisch integrierend. Entsprechendes hatte der Islam nicht zu bieten. Die muslimischen Herrscher Südostasiens, hingen ohnehin teilweise einem eher mystisch gefärbten, relativ toleranten Islam an (s. S. 360–362). Viele von ihnen machten auch mit Christen Geschäfte und bekämpften nur deren aggressive Expansionsversuche sowie die Missionsbestrebungen, welche die Iberer, nicht allerdings die Holländer und Engländer, verfolgten.

Im Verhältnis von weltlicher und religiöser Autorität spielte schließlich noch eine Rolle, ob Priester einen (höchsten) Staatskult zelebrierten, oder ob dies der Monarch selbst tat, wie etwa der aztekische oder der chinesische Kaiser, deren Hauptaufgabe in der Vermittlung zwischen den – natürlich ganz unterschiedlich konzipierten – Sphären von „Himmel" und „Erde" lag. Damit musste nicht unbedingt große Macht verbunden sein: Der japanische Tennō war für den shintōistischen Staatskult zuständig, während der Shōgun, jedenfalls dem Anspruch nach, an der Spitze von Militär(adel) und Verwaltung stand. Doch selbst zwischenzeitliche Armut verhinderte nicht, dass der Tennō als eine Art religiös-nationale, kulturell-moralische Leitfigur für die Legitimation politischer Herrschaft von Bedeutung blieb. Im lateinischen Europa war im 10./11. Jahrhundert eine prinzipielle Unterscheidung zwischen weltlich-politischer und geistlich-religiöser Macht, im Sinne eines Dualismus zwischen Kaiser und Papst,

Weltliche und religiöse Autorität

üblich geworden. Nichtsdestoweniger praktizierten die Päpste in ihrem „Kirchenstaat" immer auch eine – wenngleich räumlich recht begrenzte – weltliche Herrschaft. Die weltlichen katholischen Monarchen dagegen gewannen, außer in Fragen der Dogmatik, wesentlichen Einfluss auf ihre Landeskirchen, zum Beispiel im Rahmen der gallikanischen Kirche von Frankreich. Darüber hinaus fand im Absolutismus die Lehre vom Gottesgnadentum Verbreitung. Protestantische Potentaten – wie der König von England in Gemeinschaft mit seinem Parlament – übten unter Umständen sogar noch eine weitergehende Landeskirchenherrschaft aus als katholische. Aber namentlich auch im katholischen Lateinamerika wirkten Staat und Kirche weitgehend Hand in Hand. Denn die Kirche unterstand hier dem königlichen Patronat, und die Könige entschieden letztlich, wer Bischof wurde. Christliche Orden widmeten sich der Indianermission, die sich zwar nur langsam in periphere Räume wie Paraguay, Araukanien oder den Südwesten der heutigen USA vorarbeitete, aber damit doch einer späteren weltlichen Herrschaft den Weg bahnte. Eine regelrechte Theokratie, wie sie etwa der Inkaherrscher in seinem Reich praktiziert hatte, entstand dadurch freilich nicht.

Neuerungen im Militärwesen als Ursache für den Aufstieg und Niedergang von Reichen

Selbst ein Gottkönig vermochte jedoch nicht alleine zu regieren; er bedurfte dazu einer gewissen Zahl militärischer und ziviler Amtsträger. Besonders wichtig war eine zuverlässige militärische Gefolgschaft in der Regel schon bei der Gründung von Reichen, die selten ohne gewaltsame Auseinandersetzungen abging. Dabei hatten die politischen Veränderungen seit dem 13. Jahrhundert in hohem Maße mit Neuerungen im Militärwesen zu tun, nämlich der Einführung beziehungsweise Weiterentwicklung von Kavallerie und von Feuerwaffen sowie mit der Professionalisierung und Disziplinierung der kämpfenden Truppen (s. S. 437–444).

Reiterheere waren in der eurasischen Steppe seit langem bekannt. Die Erfolge der Mongolen beruhten nicht zuletzt auf der Schnelligkeit und Genügsamkeit ihrer Pferde sowie unter anderem auf ihren raffinierten, standardisierten Gefechtstaktiken, zum Beispiel eine Flucht vorzutäuschen und dann, rückwärts gewandt, treffsicher zu schießen. Auch andere asiatische Reiche stellten Reitertruppen auf, mussten dazu allerdings stets Pferde importieren. China bezog Pferde etwa von seinen nördlichen Nachbarn, die nun ausgerechnet mit jenen mongolisch-turkstämmigen Völkerschaften identisch waren, die immer wieder seine Nordgrenze bedrohten. Man war also darauf angewiesen, dass die „Barbaren" untereinander uneins waren – was man zu schüren suchte – und dass diese zumindest zum Teil ihrerseits ein Interesse daran hatten, mit China in einen friedlichen Austausch zu treten. Generell war das Verhältnis zwischen Ackerbau- und Nomadenkulturen komplex. Im positiven – und normalen – Fall gestalteten sich diese Beziehungen so, wie sie für die in Resten bis in die Gegenwart erhalten gebliebene „Transhumanz", den Almauf- und -abtrieb etwa in den Pyrenäen oder im Apennin, beschrieben worden sind: Im Frühjahr und Sommer leben die Hirten auf ihren Hochweiden, die Bauern in den tiefer gelegenen, fruchtbaren Ebenen. Aber im Herbst ziehen die Nomaden mit ihren Herden ins Tal, um dort zu überwintern. Sie verkaufen ihre Fleisch- und Milchprodukte, Häute und Lederwaren und kaufen ihrerseits handwerkliche Erzeugnisse, nicht zuletzt Metallwaren, sowie Getreide und Viehfutter für den Winter. Ihre Schafe und Ziegen laufen auf den bereits abgeernteten Feldern herum, düngen sie und fressen die letzten Stoppeln. Eine symbiotische Beziehung also, doch eine, die selbst in guten Zeiten nicht frei von Spannungen ist, denn die beiden Seiten leben in verschiedenen Kulturen, was die Gefahr von Missverständnissen birgt. Im schlechteren Fall sind die ackerbauenden – und im Übrigen häufig geschichtsschreibenden und damit -prägenden – Völker in deren eigener Sicht friedliebende Menschen, die Nomaden dagegen wilde Barbaren, die manchmal unerwartet aus ihren Gebirgen herabsteigen oder aus ihren weiten Steppen wie ein Sturm über das fruchtbare Land hereinbrechen, morden und plündern, um dann meist ebenso schnell wieder zu verschwinden, wie sie gekommen sind. Aus der Perspektive der Hirtenvölker stellt sich das alles natürlich etwas anders dar. Von Natur ist der

<small>Bedeutung von Reiterheeren</small>

<small>Ackerbau- und Nomadenkulturen</small>

Herrschaft und politische Ideen

Mensch dazu angelegt, sowohl pflanzliche als auch tierische Nahrung zu sich zu nehmen. Wenn er auf etwas verzichten kann, dann eher auf Fleisch. Ackerbauern haben kein Problem damit, gelegentlich an Tierprodukte zu kommen. Sie können in ihren Reisfeldern Fische ansetzen, auf ihren Wiesen einige Schafe und Ziegen weiden lassen, dazu Geflügel, Schweine und etwas Zugvieh halten. Dagegen haben es die Nomadenvölker schwerer, pflanzliche Nahrung zu erhalten, wenngleich ihre Frauen natürlich essbare Pflanzen sammeln und vielleicht sogar, wenn die Herde länger an einem Ort weiden kann, ein wenig Anbau betreiben. Jedenfalls bleiben die Hirten eher auf die Ackerbauern angewiesen als umgekehrt, weshalb sie sich regelmäßig in größerer Zahl in nicht allzu großer Entfernung von den Ackerbaugebieten aufhalten. Als Alternative bietet sich ihnen nur die Kontrolle wichtiger Handelswege, in der Vergangenheit etwa eines Teils der „Seidenstraße" oder der Transsahararouten. Das erlaubte ihnen Geschäfte mit vielen Handelspartnern, womit sich ihr eigenes Verkaufsangebot erhöhte.

Nun aber mochte in den agrarischen Gebieten eine Missernte die Bauern davon abhalten, Überschüsse für den Verkauf zu produzieren, oder eine Viehseuche die Hirten, etwas als Gegenleistung für pflanzliche Lebensmittel oder andere Güter anbieten zu können. Dann mussten sich die Nomaden, um an Getreide zu kommen, eben gewaltsam nehmen, was sie zum Leben benötigten und was die Bauern aus für sie vielleicht unerfindlichen Gründen verweigerten. Die sprichwörtliche „Beutegier"

„Beutegier" der Nomadenvölker | der Nomadenvölker ist also mit unterschiedlichen Maßstäben zu messen. Sie konnte aus einer Notlage resultieren. Sie mochte aber auch das Resultat einer neuen, überlegenen Kriegstaktik oder Waffentechnik sein. Diese erlaubte dann den Ausbau des Militärs und dessen Unterhalt durch Beutezüge bei den Nachbarn. Wurden dann auch noch unterworfene Fremde zwangsrekrutiert, wuchs damit die zahlenmäßige Stärke der Militärs – aber auch deren Bedürfnisse, was weitere Beutezüge erforderte und damit eine enorme expansionistische Dynamik erzeugte. Diese stieß jedoch spätestens an ihre Grenze, wenn es nichts mehr zu plündern gab, die Beherrschung immer größerer Räume ständig schwieriger wurde und ein erfolgreicher Widerstand von Gegnern das ganze System unterminierte. Dann begann der Zerfall eines Nomadenreichs.

Die Kavallerie war das klassische Instrument der Expansion und damit einer Reichsgründung. Selbst Indien, dessen Umweltbedingungen für die Pferdezucht wenig geeignet sind, bezog Reittiere aus dem Norden, insbesondere auch aus Persien – und dies galt nicht nur für die muslimischen Sultanate (Akbar I. vermochte über 150.000 Kavalleristen aufzubieten!), sondern etwa auch für das Hindu-Reich Vijayanagar, das ganz Südindien seinen „Militärfeudalismus" aufprägte: Als Nayakas bezeichnete Kavallerieführer erhielten von ihrem König in den eroberten Gebieten ein Anrecht auf einen Teil der Nettoerträge von Landwirtschaft und Handel zugesprochen, leisteten ihm dafür Waffendienste und rekrutierten für ihn Truppen – oder schwangen sich eines Tages von „Militärgouverneuren" zu selbständigen Herrschern auf. Gerade in Indien vermochte ein erfolgreicher Offizier also Karriere zu machen, im Falle des Delhi-Sultanats sogar bis auf den Sultansthron. Auch die Mamluken waren, wie schon ihr Name besagt (arab. *mamlūk* = der in Besitz Genommene), formal freigelassene Militärsklaven meist turkstämmiger beziehungsweise später kaukasischer Herkunft. Sie waren über den Nahen Osten, nach 1258 bevorzugt durch die Genuesen über die Krim, nach Ägypten verkauft worden, hatten sich aber bis 1260 selbst der Regierung bemächtigt. Ihr Rekrutierungsmuster blieb jedoch erhalten: Weiterhin wurden neue Sklaven aus der eurasischen Steppe beziehungsweise der Kaukasusregion importiert, welche nach einer islamischen Erziehung und einer militärischen, insbesondere kavalleristische Ausbildung zur „Familie" des Sultans oder eines Emirs gehörten und so Karriere machen konnten – eine Chance, die selbst dem Sohn eines mamlukischen Vaters und einer ägyptischen Mutter grundsätzlich verschlossen blieb. | Von Kavalleristen zu Herrschern

In den nordafrikanischen Steppengebieten wurden, im 13. Jahrhundert wohl nach ägyptischem Vorbild, beginnend mit dem alten Sklavenhandels- und Hirtenstaat Kanem, ebenfalls Reitertruppen aufgestellt. Die Fürstentümer Kanem(-Bornu), Bagirmi, Wadai und Darfur waren allesamt „Produkte" des Fernhandels und gleichzeitig Herrschaften, die ihre Kavallerie nicht nur dazu benutzten, Nachbarn zu bekämpfen, sondern gezielt zum Sklavenfang in den mehr oder minder „staatenlosen" nichtmuslimischen Regionen einsetzten – die heutigen Dschandschawid (Janjaweed) im Sudan haben also eine lange Tradition! Berittene Kämpfer spielten auch schon in dem Krieg eine Rolle, der 1235 zur Gründung des Reichs Mali führte. Dessen erster Herrscher, Sundiata Keita, unterstellte sich die Kavallerie als persönliches Elitekorps. Die Pferde für die mit langen Lanzen und Säbeln bewaffneten Reiter mussten freilich anfangs mehrheitlich aus dem Senegalgebiet herbeigeschafft werden. Obwohl man danach auch im Nigertal Pferde züchtete, bedeutete es doch eine problematische Abhängigkeit für das Reich, als seine Kontrolle über Senegambien um 1500 verloren ging und es dann die Portugiesen übernahmen, Pferde für die Kavallerie Malis von dort einzuführen, zumal sie dafür Sklaven verlangten, zunächst acht pro Pferd, später 15! Dass sich Mali zur Zeit seiner größten Ausdehnung in einem breiten Streifen vom Nigerbogen bis zum Atlantik erstreckte, aber nicht viel weiter nach Norden als bis auf die Höhe von Timbuktu-Walata und nicht viel weiter nach Süden als in seine Ursprungsregion am oberen Niger reichte, dürfte ebenfalls aus den Erfordernissen der Kavallerie erklärbar sein. Pferde vermochten die Sahara kaum zu durchqueren, während sie in den unübersichtlichen Waldgebieten des Südens nur von begrenztem militärischem Nutzen waren und, besonders wegen der Tsetsefliege, auch nicht gehalten werden konnten. | Reitertruppen in Nordafrika

Die Osmanen zeigten sich bei ihrer Expansion besonders flexibel. Um Krieg zum Beispiel gegen die italienischen Seerepubliken führen zu können, setzten sie seit dem 15./16. Jahrhundert auf die Erfahrung griechischer, levantinischer und maghrebinischer Seefahrer und bis ca. 1650 auf die im Mittelmeer lange üblichen Galeeren, von denen sie 1570 mindestens 500 Stück (mit 150.000 Mann Besatzung) besaßen. In den gebirgigen Gegenden Anatoliens oder des Balkans verwendeten sie als zunächst

Herrschaft und politische Ideen

meist defensive Kernverbände ihrer Armee Infanteristen, etwa die schon vor 1500 mit Arkebusen ausgerüsteten Janitscharen, eine kasernierte, schwer bewaffnete, anfangs streng gedrillte, elitäre Truppe, die im Frieden auch Polizei- und Feuerwehrdienste verrichtete und später personell ausgeweitet wurde. Schließlich besaßen sie als Angriffswaffe sowohl mit Militärpfründen ausgestattete Panzerreiter als auch leichte Kavallerietruppen, darunter die unbesoldeten „Stürmer", die wie in den Anfängen des osmanischen Heeres als kundschaftende, brandschatzende und plündernde Streifscharen operierten und teilweise vom Verkauf ihrer Beute und Gefangenen lebten. Das Niveau der Bewaffnung mit Bögen, Schwertern, Säbeln, Streitkolben, früh mit Kanonen, später zum Teil auch mit Musketen, brauchte bis um 1600 keinen Vergleich zu scheuen. Mit dem Nachschub an Pferden hatte der Sultan nie Probleme. Dazu kam die rein zahlenmäßige Stärke des durch Zwangsleistungen der Untertanen relativ gut versorgten osmanischen Heeres: unter Süleyman II. (I.) rund 250.000 Mann, davon 50.000 fest besoldete, jederzeit einsatzbereite Angehörige der Zentraltruppen – soviel brachte damals ein europäischer Staat bei weitem noch nicht auf! Das alles, dazu eine sorgfältige Planung der Feldzüge, Ordnung in Logistik und Lagerleben sowie eine Kampfdisziplin in geschlossenen Formationen, welche die europäischen Militärs erst im 17. Jahrhundert erreichten, dürfte die lange Dauer der Erfolge der Osmanen erklären. Dass sie nicht noch größere Gebiete Europas eroberten, hing damit zusammen, dass die Sultane beziehungsweise Großwesire, die das Hauptkontingent anführten, regelmäßig Winterlager in Feindesland scheuten und damit die Reichweite ihrer Operationen begrenzt blieb.

Das osmanische Militär

Im lateinischen Europa waren Pferde, vor allem ausgebildete Streitrosse, aber auch die im Spätmittelalter zunehmend schweren Ritterrüstungen sehr teuer. Die Heere waren damals also – obwohl frühzeitig durchaus auch Knappen und Fußknechte zum Einsatz gelangten – klein. Außerdem agierten die Reiter schon auf Grund ihrer ritterlichen „Berufsethik" eher als Einzelkämpfer denn als geschlossener Verband. Das erwies sich im 14./15. Jahrhundert zunehmend als problematisch. Infanteristen mit Hellebarden (wie die Schweizer bei Morgarten 1315) oder mit immer längeren Spießen, aber auch Langbogenschützen (wie in der englisch-französischen Schlacht von Azincourt 1415) brachten angreifenden Ritterheeren schwere Niederlagen bei. Die kavalleristische Taktik musste sich aber auch deshalb ändern, weil immer mehr Feuerwaffen zum Einsatz gelangten. Letztlich sollte die Kavallerie, insbesondere in Form der Kürassiere, in der offenen Feldschlacht die Angriffswaffe par excellence bleiben, doch in festen Anfangsformationen und ausgerüstet nicht nur mit Hieb- und Stich-, sondern eben auch mit Feuerwaffen. Die Infanterie wurde ebenfalls zunehmend mit den neuen Waffen ausgerüstet. Bei Belagerungen, die viel häufiger waren als große Schlachten, kam es, um eine Stadt „sturmreif" zu schießen, ohnehin zunächst auf die Artillerie an – und auf Pioniere, die etwa Sprengsätze unter die Stadtmauern legten!

Heere im lateinischen Europa

Obwohl Artilleristen und Mineure trotz wachsender Bedeutung überall weiterhin als Truppengattungen zweiter Klasse galten, waren sie innerhalb wie außerhalb

Europas schon frühzeitig an wichtigen Siegen entscheidend beteiligt, sowohl zum Beispiel an der Eroberung der stärksten Festungen der Rajputen durch Kaiser Akbar (1567/1569) als auch an jener der von mächtigen Mauern umgebenen Stadt Kasan (1552) durch Iwan IV. Dieser Zar ermöglichte es, dass Tausende von Pferdehändlern der Nogaier-Horde in Moskau Zehntausende von Pferden verkauften. Ein Großteil davon dürfte an Bojaren gegangen sein, denn Iwan verpflichtete 1556 jeden Inhaber eines Dienst- oder Erbguts, je nach dessen Größe, zur Stellung einer bestimmten Anzahl ausgerüsteter Reiter. Sich selbst aber legte er eine aus Kavalleristen und ca. 3000 mit Schusswaffen ausgestatteten Strelitzen (= Schützen) bestehende Leibgarde zu. Außerdem sollte er bald autonome, ihm aber dienende Kosaken in Sibirien einsetzen. Mit Hilfe von deren Feuerwaffen, Booten und Pferden eroberten die Zaren die Weiten der sibirischen Waldlandes, der Taiga, innerhalb weniger Jahrzehnte und erreichten 1639 den Pazifik. Mit Ausnahme des für den russischen Persienhandel notwendigen Landstreifens an der unteren Wolga, der durch Festungen und Verhaue mehr schlecht als recht gegen Überfälle aus der Steppe gesichert wurde, vermochten die Zaren aber bis ins 18. Jahrhundert hinein trotz aller Pferdekäufe nicht, in die von den Reiternomaden der Kasachen und Mongolen beziehungsweise von den Reichen der Osmanen, Safawiden und Mandschu beherrschten südlicheren Gebiete vorzudringen. | Voraussetzungen der russischen Expansion

Bekanntlich haben die Chinesen das Pulver erfunden, jedenfalls als Erste. Sie nutzten es seit der Song-Zeit auch für Waffen (s. S. 44 f.). Die Schusswaffentechnik war freilich bis ca. 1500 in aller Welt noch wenig ausgereift: Beim Abfeuern einer Handfeuerwaffe, deren Reichweite maximal 50 Meter betrug, konnte der Schütze das Ziel nicht im Auge behalten, weil er mit dem Zündvorgang beschäftigt war. Kanonen waren entweder aus Bronze gefertigt – und damit sehr schwer, unbeweglich und teuer – oder aber aus Gusseisen und dann stark explosionsgefährdet – erst der englische Geschützguss des 16. Jahrhunderts lieferte recht stabile Geschütze. Wohl auch deshalb interessierten sich die mongolischen Eroberer anscheinend wenig für Artillerie und Handfeuerwaffen, wenngleich sich zur Zeit ihrer „Weltherrschaft" die Kenntnis der entsprechenden Technik verbreitete – die ältesten europäischen Feuerwaffen stammen aus dem frühen 14. Jahrhundert, für das indische Hochland ist deren Ersteinsatz (durch fremde Artilleristen) für das Jahr 1365 dokumentiert! Aber auch die Ming vertrauten offenbar mehr auf den Schutz ihrer Großen Mauer als auf den Einsatz von Kanonen. Jedenfalls waren die Geschütze, welche die ersten Europäer im 16. Jahrhundert in China zu Gesicht bekamen, den Berichten zufolge eher klein, oft veraltet sowie generell wenig verbreitet, insbesondere nicht auf Schiffen. Einzelne chinesische Riesenkanonen – die den Europäern anscheinend unbekannt blieben – waren dagegen offenbar wegen ihrer Unbeweglichkeit kaum für eine Feldschlacht geeignet. Auch die Nutzung des portugiesischen Macau als Waffenschmiede vermochte schließlich die Invasion der Mandschu nicht aufzuhalten. Nachdem sich diese 1644 mit ihrer neuen Qing-Dynastie in China etabliert hatten, versuchten sie ihrerseits, das europäischen Know-how zu nutzen: Jesuitenmissionare am | Schusswaffentechnik

Herrschaft und politische Ideen

Militärtechnisches Niveau in China

Pekinger Hof sahen sich daher genötigt, sich in die Geheimnisse der europäischen Geschützgießerei einzuarbeiten – für Geistliche eine etwas ungewöhnliche Beschäftigung. Aber wer sollte die Qing in ihrem großenteils von unzugänglichen Gebirgen umgebenen Reich überhaupt noch ernsthaft bedrohen? Sicherlich war das flache Land gegenüber Plünderungszügen von Steppennomaden oder Bergbewohnern, trotz der Anlage von Militärkolonien in den Grenzregionen, noch nicht unverwundbar. Auch galten die einfachen chinesischen Soldaten den Europäern im Unterschied zu den japanischen nicht gerade als tapfer, und die chinesischen Offiziere hatten traditionell eine stark literarische, das heißt eher militärtheoretische als -praktische Ausbildung durchlaufen. Doch die Qing verfügten über erfahrene chinesische Belagerungstechniker, mit ihren Mandschuren zumindest in den ersten Jahrzehnten über kampferprobte Offiziere und eine effiziente Militärorganisation in „Bannern", vor allem aber über eine hohe Mannschaftsstärke (im 18. Jahrhundert bis ca. 350.000 Mann), die zunächst jede qualitative waffentechnische Überlegenheit eines Gegners mehr als ausgleichen musste. Schon 1371 hatte China rund 208.000 Mann unter Waffen gehabt – und das war damals weniger gewesen als zur Zeit der Song oder der Yuan!

Europäisches Wettrüsten

Wenn ein chinesischer Beamter seinen Landsleuten erklären musste, dass *fo-lang-ki* – die chinesische Bezeichnung für Europäer, abgeleitet wahrscheinlich von „Franken" – ein Ausdruck für bestimmte Fremde, nicht für deren Schusswaffen sei, erkennt man indes, wie sehr die neuen europäischen Waffen gleichwohl beeindruckten. Die geographische Vielgestaltigkeit der Westhälfte Europas mag Großreichsbildungen erschwert haben. Jedenfalls bewirkte eine intensive Konkurrenzsituation zwischen diversen frühmodernen Staaten, dass deren ständige Kriege zu einem Wettrüsten und damit zu einer ziemlich kontinuierlichen, spürbaren Weiterentwicklung der Waffentechnik beitrugen.

Einsatz von Feuerwaffen im Orient

Das erste sogenannte *Gunpowder-Empire* war gleichwohl das Osmanische Reich: Schon bei der Eroberung des von dicken Mauern umgebenen Konstantinopel 1453 kam schweres Geschütz mitentscheidend zum Einsatz, darunter eine von einem ungarischen Kanonier bediente Riesenkanone. Die Artilleristentruppe unterstand im ganzen Reich direkt einem unmittelbar der Hohen Pforte verantwortlichen Befehlshaber. Die Aq Qoyunlu (Ak Koyunlu) und die Mamluken unterlagen den Osmanen in den folgenden Jahrzehnten nicht zuletzt deshalb so schnell, weil sie als stolze Kavalleristen Feuerwaffen verachteten. Aus den gleichen Gründen erlitten die auf die Kizilbasch gestützten Safawiden 1514 eine schwere Niederlage gegen Selim I. Das veranlasste Schah Ismail (Ismāʻil) I., sich auf diplomatische Anstrengungen und die Modernisierung seiner Armee zu konzentrieren. Mit Hilfe von Geschützen schlug sein Nachfolger 1528 die Usbeken, verlor allerdings 1534/1546 noch Mesopotamien an die Osmanen. Erst Abbas I. konnte die Verluste weitgehend rückgängig machen und dem Reich seine größte Ausdehnung geben. In Indien vermochte Babur dagegen in seinen Schlachten von 1526/1527 schon Feldartillerie und Reiterschützen einzusetzen – und wurde damit der erste Mogulkaiser.

Der Einsatz von Kriegselefanten – ein Symbol königlicher Macht – spielte in Indien und Südostasien zwar weiterhin eine Rolle, aber gegen Feuerwaffen kamen auch sie nicht an. Im Mogulreich wurde im 17. Jahrhundert der waffentechnische Fortschritt indes kaum mehr rezipiert. Weiterhin war die Armee überwiegend mit Pfeil und Bogen ausgerüstet, die Gewehre, soweit vorhanden, waren veraltet, die Schützen wurden nicht systematisch geschult. Das Reich zerfiel nach dem Tod Aurangzebs (1707) nicht zuletzt deshalb, weil der schwerfällige kaiserliche Militärapparat der Herausforderung durch die leichte Kavallerie der Marathen und durch Horden mit einfachen Schusswaffen ausgerüsteter Bauern nicht gewachsen war. Letztlich sollte gegenüber Kriegselefanten und Reiterei die bis dahin verachtete, aber kostengünstige, mit Handfeuerwaffen versehene Infanterie mit „europäischem Drill" die Schlachtfelder Indiens beherrschen.

Obwohl zum Beispiel das relativ kleine marokkanische Heer 1591 die um ein Vielfaches größere Armee Songhais schwerlich ohne Feuerwaffen besiegt hätte – über die diese Schwarzafrikaner damals noch nicht verfügten –, dürften langfristig die Europäer am meisten von der Verbreitung dieser Waffen profitiert haben. Als die Portugiesen im Indischen Ozean aufkreuzten, kannte man dort zwar einige auf Deck positionierte Kanonen, aber keine schwere Artillerie, mit der man aus Schiffsluken heraus hätte Breitseiten abfeuern können. Höchstwahrscheinlich damit vermochte zum Beispiel der erste portugiesische Vizekönig in Indien bei der Seeschlacht im Hafen von Diu (1509) die leicht gebauten und schlecht bemannten Schiffe der Ägypter und Gujaratis zu vernichten und damit eine Art Seeherrschaft über den Indischen Ozean zu begründen. Portugiesische und osmanische Arkebusiere standen sich 1543 als Hilfstruppen der Gegner auf dem äthiopischen Schlachtfeld gegenüber. Dass im selben Jahr drei in Seenot geratene portugiesische „Abenteurerhändler" (d. h. je nach Gelegenheit Kaufleute bzw. Piraten) als erste Europäer in Japan, nämlich auf der Insel Tanegashima, landeten, weiß man nicht zufällig aus einem Bericht über die Einführung von Schusswaffen – die nun Tanegashima genannt wurden – im Land der aufgehenden Sonne. Findige Japaner hatten nämlich sofort versucht, den Fremden einige Arkebusen abzukaufen und diese Art Gewehre nachzubauen, was ihnen, zunächst noch mit europäischer Hilfe, auch schon nach wenigen Jahren gelang! Denn bald waren europäische Waffenspezialisten in Japan tätig, darunter ein Ulmer Geschützgießer. So wurde hier schon 1575 eine erste große Schlacht (bei Nagashino) durch den Einsatz von Schusswaffen entschieden! Man darf annehmen, dass ohne diese neue Militärtechnik der Prozess der Einigung Japans wohl nicht so schnell zu seinem Ende gelangt wäre. Insbesondere seitdem Artillerie eingesetzt wurde, war das Ende der Selbständigkeit kleinerer Fürsten absehbar: Sie hatten einfach weder die Zeit noch vor allem das Geld, sich riesige, meterdicke Maueranlagen für ihre Burgen bauen zu lassen. Zudem ließ Hideyoshi durch „Schwertjagden" die bäuerliche Bevölkerung entwaffnen. Nach einer letzten Entscheidungsschlacht (1603), endgültig nach der Eroberung der Burg von Ōsaka (1615), besaßen die neuen Tokugawa-Shōgune keinen ernsthaften Rivalen mehr.

| Schusswaffen in Japan

Herrschaft und politische Ideen

Siam hatte zu dieser Zeit freundschaftliche Beziehungen zu Japan aufgenommen. Das führte nicht nur zur Verwendung der berühmten Samurai-Schwerter in der Thai-Armee, sondern auch zur Bildung einer japanischen Garde, welche indes gegen zwei Thai-Könige revoltierte. Auch in Südostasien aber hatte schon lange zuvor das Auftauchen der Portugiesen und ihrer Waffen dazu beigetragen, die Machtgewichte zu verändern: Als Taungu 1539 Pegu eroberte, geschah dies mit Unterstützung portugiesischer Artilleristen. Ayutthayas König setzte 120 portugiesische Söldner als Leibwache und als Instruktoren für den Gebrauch von Feuerwaffen ein. Obwohl Kanonen in Südostasien schon vor 1500 nicht unbekannt waren, stärkte es die Macht der Nguyen, als ihnen Portugiesen in der ersten Hälfte des 17. Jahrhunderts moderne Gießereien bauten. Mit Hilfe der neuen Waffen besiegten sie zum Beispiel 1643 ein holländisches Geschwader, das für ihre nordvietnamesischen Rivalen, die Trinh, focht. Generell galt bis ins 18. Jahrhundert: Die außer gegenüber den Osmanen bestehende qualitative Überlegenheit des europäischen Militärs – wozu nicht nur die Waffentechnik, sondern ebenso der oft überaus engagierte und später auch disziplinierte Kampfeinsatz zu rechnen ist – vermochte die quantitative Überlegenheit der Soldaten asiatischer Reiche keineswegs auszugleichen. Es war bis dahin völlig illusionär, wenn etwa einzelne Spanier meinten, ein asiatisches Großreich wie das der Ming problemlos erobern zu können. Vielmehr waren Chinesen, Japaner und andere Asiaten – freilich zum Beispiel nicht die Ambonesen – in der Lage, den Europäern ihre Handelsbedingungen zu diktieren.

Asiatische Mächte und neue Waffen

Wenn der Gouverneur der Philippinen und der Bischof von Manila in den 1580er Jahren in der Hoffnung auf Unterstützung durch japanische Christen für einen Angriff auf China plädierten, hatten sie natürlich das Beispiel der amerikanischen Großreiche vor Augen. Hier wirkten Kavallerie und Feuerwaffen – über die in Amerika niemand verfügte, da man hier weder Pferde noch Eisen kannte – in der Tat furchterregend, und sei es im letzteren Fall vielleicht eher durch den Geschützlärm als die anfänglich noch sehr ungenaue Treffsicherheit. Zweifellos trugen die beiden für sie neuen Waffensysteme entscheidend dazu bei, dass Azteken und Inkas schnell ihre Reiche verloren. Doch ist durchaus unklar, ob dies allein dadurch möglich wurde, zumal die Konquistadoren eher einem älteren Typ Heerführer entsprachen. Wenn Spanien im 16. Jahrhundert die führende, in mancher Hinsicht modernste Militärmacht Europas war, dann auch deshalb, weil es auf dem Alten Kontinent selbst schon frühzeitig ein „verstaatlichtes" Heer besaß und nicht auf private Kriegsunternehmer angewiesen war. Die Bildung der „Festungen auf Füßen", wie die riesigen quadratischen Haufen von Infanteristen *(Tercios)* genannt wurden, war mit einer Disziplinierung von Offizieren und Soldaten verbunden. Diese Entwicklung blieb nicht auf Spanien beschränkt. Die Oranische Heeresreform perfektionierte seit den 1580er Jahren den Drill zunächst in den Generalstaaten. Bald fanden sich Nachahmer, denn selbst das Führen langer Piken erforderte in dichter Formation exakte Bewegungen, erst recht das möglichst schnelle Nachladen einer Muskete! Was Drill und klare Befehlshierarchie bewirken konnten, zeigt der Ausgang der Schlacht

Kavallerie und Feuerwaffen in Amerika

von Plassey (1757), der den Grundstein der britischen Herrschaft über Bengalen – und damit letztlich über ganz Indien – legte: Die EIC-Truppe besiegte mit gut 3000 Mann, mehrheitlich Indern, und acht Kanonen den Nawab von Bengalen mit seinen Kriegselefanten, angeblich 49.000 Mann und 40 Kanonen mit französischen Kanonieren. Dessen Heer bestand nämlich zum Teil aus Kontingenten, deren Führer auf Grund einer Verschwörung ihre Soldaten teilweise gar nicht eingreifen, teilweise zu den Briten überlaufen ließen. Überdies war die Feuergeschwindigkeit der indischen Verbände weit geringer als jene der Kompanietruppen. | Europäischer Drill

Im Mogulreich wie in manch anderen, auch älteren muslimischen Reichen basierte die Versorgung der Heere auf dem angesprochenen „Militärfeudalismus": Verdiente Truppenführer wurden mit dem Ertrag von Grundbesitz ausgestattet, etwa mit den von der Regierung festgelegten Natural- und Geldlieferungen bestimmter Dörfer. Je höher der Rang des Pfründeninhabers war, desto höher waren seine Einkünfte. Diese dienten nicht nur seiner eigenen „rangmäßigen" Versorgung. Darüber hinaus musste er aus den Erträgen eine bestimmte Anzahl von Kavalleristen unterhalten und ausrüsten, welche die Regierung im Bedarfsfall anfordern konnte. Grundsätzlich waren die Militärpfründen an die Dienstleistung des jeweiligen Militärs gebunden: Degradierung oder Beförderung bewirkte also die Einweisung in eine andere Kategorie von Pfründen, der Tod des Inhabers führte automatisch zur Neuvergabe. Mächtige Herrscher wie im Mamlukenreich Sultan an-Nasir (an-Nāsir) (reg. 1293/1294, 1298–1308, 1309–1340), im Osmanischen Reich Mehmed II. („der Eroberer", 1451–1481) oder in Indien Akbar I. („der Große", 1556–1605) führten ein derartiges, jeweils ein wenig anders konzipiertes System in ihren jeweiligen Reichen ein oder reformierten wenigstens ein schon bestehendes System durch Neuvermessung beziehungsweise -verteilung der *iqta* (arab. *iqṭā'*) *timar* beziehungsweise *jagir* genannten Pfründen. Immer wieder zeigte sich nämlich die Tendenz, dass Pfründen nicht nur aktiv Dienenden zugute kamen, sondern auch „Pensionisten", ja dass sie mit Duldung der Regierung zu Erblehen wurden, was dem grundsätzlich meritokratischen Charakter des Systems widersprach. Zudem erfolgte vielfach dessen Ausdehnung auf höhere Zivilbeamte, was Traditionen des „Militärfeudalismus" zwar wahrte, die Größe beziehungsweise Menge der Militärpfründen aber natürlich verminderte. Um dem entgegenzuwirken und gleichzeitig die Vielzahl ihrer Berufssoldaten angemessen zu beschäftigen, gingen die Reiche auf Expansionskurs. Damit dehnten sie sich immer weiter, auch in langfristig nicht sonderlich ertragreiche Gebiete, aus – was vermehrt Truppen (zur Besatzung) als auch Beamte (zur Besteuerung) erforderte. Irgendwann reichten die in diesen Reichen produzierten beziehungsweise von der Steuer erfassbaren Güter nicht mehr aus, um den großen zivilen und militärischen Staatsapparat und die hohen Würdenträger, deren Ansprüche und Ambitionen mit den äußeren Erfolgen ins Immense stiegen, angemessen zu versorgen. Dann kollabierte das System, vor allem wenn es von einem militärisch zumindest ebenbürtigen Gegner an einer weiteren Expansion gehindert wurde. | „Militärfeudalismus" islamischer Reiche

In Europa verfügten alle größeren Staaten, freilich nicht das römisch-deutsche

Herrschaft und politische Ideen

Die Welt 1600.

Reichs- und Staatsbildungen

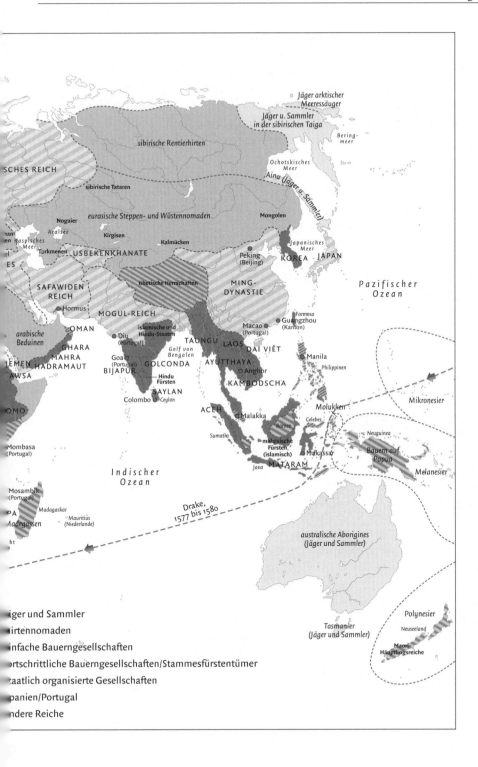

Herrschaft und politische Ideen

Reich, nach 1648/1660 über „stehende" Heere, das heißt, dass sie „ihre" Berufssoldaten nach einem Friedensschluss nicht mehr entließen. Außerdem erhöhten sie ihre Mannschaftsstärken gewaltig. Das Heer des französischen Königs umfasste um 1500 ca. 30.000, um 1650 vielleicht 80.000, um 1700 jedoch mehr als 300.000 Mann, zudem die Besatzung von ca. 117 modernen Linienschiffen (das Osmanische Reich besaß damals 28)! Daher durfte im 18. Jahrhundert als moderater Militäretat ein Anteil am staatlichen Gesamthaushalt gelten, der in Friedenszeiten nicht mehr als 30 Prozent, in den häufigen Kriegszeiten nicht über 50 Prozent betrug.

„Stehende" Heere in Europa

Doch basierte die Finanzierung der Truppen und selbst der meist adeligen Offiziere schon seit langem immer weniger auf (erblichen) Lehen, sondern vielmehr auf Abgaben der Untertanen: Der europäische Militärstaat gebar den Steuerstaat! Daraus folgte ebenfalls eine Aggressivität „nach außen" hin, also häufige innereuropäische, aber auch koloniale Expansionskriege. Die Stände aber, die fast überall seit dem 13./14. Jahrhundert die Steuern genehmigt und auch von ihren eigenen Untertanen eingetrieben hatten, wurden im 17./18. Jahrhundert von vielen Landesherren zu recht willfährigen Staatsorganen degradiert oder gar nicht mehr einberufen. Denn das Heer war in der Regel primär ein Instrument in der Hand des Monarchen, das sich auch innenpolitisch, also auch gegen eine ständische Opposition, einsetzen ließ. Denn aus selbständigen Kriegern waren inzwischen Soldaten (Söldner) geworden.

Der Aufbau bürokratischer Systeme

Ein weiteres wichtiges Moment des Staatsbildungsprozesses bestand in einem Ausbau der Beamtenschaft. Dabei handelte es sich in Europa nicht nur um monarchische, sondern auch – zahlenmäßig oft bedeutender – um ständische Amtsinhaber. Denn nicht nur die Steuerbewilligung, sondern auch die Steuererhebung und generell die Lokalverwaltung lagen vielfach noch lange in ständischer Hand. Erst der sogenannte „Absolutismus" drängte die Stände wenigstens auf der zentralstaatlichen Ebene zurück: Hofhaltung und Zentralbehörden konzentrierten sich in „festen" Hauptstädten, das monarchische, auf römisch-rechtlicher Grundlage beruhende Gesetzgebungsmonopol wurde häufig genutzt, ein zunehmend mannschaftsstarkes „stehendes Heer" aufgebaut und begonnen, durch die Ernennung von Kommissaren, Intendanten etc. und durch die Schaffung von Provinzial- und Kreisbehörden der ständischen Administration und der grund- beziehungsweise gutsherrlichen, aber auch der innerdörflichen Verwaltung Grenzen zu setzen.

Zurückdrängung der Stände

Auch die „fürstliche Dienerschaft" war indes nur rudimentär eine Bürokratie im heutigen Idealsinne: Ein persönlich freier, fachlich qualifizierter Bewerber erhält nach Erfüllung festgelegter Kriterien eine Stelle als „Staatsdiener" mit festen, rangmäßig gestuften Besoldungs- und Pensionsansprüchen in einer fixierten, transparenten Ämterhierarchie zugewiesen. Danach erfüllt er in seinem Amtszimmer hauptberuflich präzise umschriebene, von seinen Privatangelegenheiten strikt getrennte Aufgaben. Schließlich wird er nach Alter und Leistung befördert, gegebenenfalls aber auch disziplinarisch bestraft. Doch nur Großbritannien leistete sich noch gegen 1800, als es schon auf den Weltmeeren dominierte, außer einer ausgedehnten Finanzbürokratie kaum einen nennenswerten bürokratischen Apparat. Seine innere Verwaltung wurde nämlich, kostengünstig, von unbezahlten „Amateurbeamten" (wie Friedensrichtern) getragen, womit sich die Eliten, die zudem über das Parlament in Westminster politische Mitsprache ausübten, integriert fühlten. In allen anderen europäischen Staaten hatte das antike Römische Reich dagegen Modelle einer bürokratischen Herrschaft geliefert. Die Geistlichkeit der römischen Kirche, selbst einst eine Institution dieses Reichs, hatte administrative und hierarchisch-bürokratische Strukturen tradiert, auf denen mittelalterliche Herrscher aufbauen konnten. Das wieder rezipierte Römische Recht lieferte das Betätigungsfeld eines Juristenstandes, der sich in den fürstlichen und städtischen Verwaltungen immer mehr durchsetzte. Im 18. Jahrhundert hatte selbst ein Adeliger, der keine juristische (bzw. im Reich alternativ kameralistische) Ausbildung genossen hatte, nur noch wenige Chancen, hier eine Position zu erhalten. Noch waren die Beamtenschaften freilich personalschwach: Die nicht zu Unrecht als relativ effizient und wenig korrupt gerühmte friderizianische Bürokratie umfasste im Jahr 1786, samt Subalternen, höchstens 3000 „Staatsdiener" – bei immerhin rund 5,4 Millionen preußischen Untertanen! Auch verfügte Preußen, wie fast alle anderen europäischen Staaten – nur Frankreich bildete partiell eine Ausnahme –, noch nicht über eine klare Trennung zwischen den Kompetenzen verschiedener Departements. Einige reine Fachministerien, etwa für das Bergwerkswesen im gesamten Staat, wurden seit 1740 eingerichtet. Ansonsten aber war zum Beispiel das erste Departement nicht nur speziell für das Kriegswesen, sondern auch für die nordöstlichen Provinzen zuständig. Zudem erfolgte die eigentliche Einarbeitung in die Verwaltungstätigkeit hier wie andernorts noch durch *learning by doing* in einer untergeordneten und zunächst meist auch unbesoldeten Stelle. Immerhin durfte ein solcher „supernumerärer Rat" vielleicht schon – als letzter – im Ratskollegium mit abstimmen. Denn kollegiale Beratung und Abstimmung waren die Regel, auch wenn letztlich der Herrscher entschied.

Nur langsam wuchs der „Staat" aus patrimonialen Wurzeln heraus, entfernte man sich also von der Idee, er sei im Grunde nur der überdimensionierte Haushalt eines Monarchen. So spielten auch in Europa familiäre und landsmannschaftliche Beziehungen innerhalb der Ständeordnung noch lange eine wichtige Rolle. Vasallitäts- und Klientelbeziehungen, etwa zwischen einem hochadeligen Patron und seinem niederadeligen Gefolge, verbanden sogar über ständische Grenzen hinweg. Wo ein solcher persönlicher Verkehr möglich war, bedurfte es keiner Behörde. Aber die Entscheidungen eines Königs genügten schon im Mittelalter nicht mehr zur Bewältigung aller herrscherlichen Aufgaben. Routineangelegenheiten wurden daher fürstlichen Dienern übertragen, seit ca. 1500, zunächst in Spanien, auch verschiedenen Ratsgremien mit mehr oder minder klar umschriebenen Zuständigkeiten. Aus Hofämtern wie dem Hofrat, der Hofkanzlei, dem Hofgericht, der für die Finanzen zuständigen Hofkammer, dem Hofkriegsrat oder auch dem Hofmarschall entwickelten

Herrschaft und politische Ideen

Vom Patrimonial- zum bürokratischen Staat

sich häufig Staatsämter. Die Erblichkeit oder Käuflichkeit von Ämtern wurde allmählich zurückgedrängt, freilich je nach Amtskategorie und Land mit unterschiedlicher Intensität und Schnelligkeit – und auch keineswegs immer kontinuierlich: In Frankreich bildete sich seit ca. 1600 ein „Amtsadel" heraus, und so konnte der Aufklärer Montesquieu die Vizepräsidentschaft eines Obergerichts, die er von einem Onkel geerbt hatte, gewinnbringend verkaufen. Der Käufer eines solchen Amtes musste freilich regelmäßig über eine bestimmte Mindestqualifikation verfügen. Karriere machte aber fast nur derjenige, der „von oben" protegiert wurde. Einheitliche Ämter- und Besoldungshierarchien existierten ohnehin noch nicht: „Rat" mochte Amtsbezeichnung für einen fest besoldeten Beamten, aber auch Ehrentitel sein. „Minister" waren lange Zeit meist keine Behördenchefs, sondern vertraute Berater, unter Umständen „allmächtige" Günstlinge ihrer Monarchen (wie im 17. Jahrhundert z. B. Richelieu) oder deren spezielle Beauftragte. Immerhin entstanden, in Frankreich schon seit 1589, langsam Fachressorts mit zunehmend professionalisierten und hierarchisierten Beamten, wogegen die mit Hochadeligen auf Lebenszeit besetzten Kronämter in den Hintergrund traten oder verschwanden (vgl. S. 444–447).

Ihre partiell neuartigen administrativen Strukturen übertrugen die westeuropäischen Staaten teilweise auf ihre Kolonialreiche. Das galt zunächst für Spanien, das seinen Kolonialbesitz verwaltungstechnisch folgendermaßen einteilte: Zu „Neuspanien" gehörte neben dem mexikanischen Hochland – der semiaride Norden wurde allerdings administrativ kaum erfasst – der karibische Raum, der den Ausgangspunkt der spanischen Invasion dargestellt hatte, ferner die langsam erschlossenen südlicher gelegenen Gebiete (bis Costa Rica und inklusive Venezuela), schließlich seit 1564 auch die Philippinen. Das Vizekönigreich Peru umfasste das Andenhochland bis zum mittleren Chile samt dem parallelen Küstenstreifen sowie Panama als eigenen Ausgangspunkt des Verkehrs Richtung Europa. Als neues Vizekönigreich, bestehend aus den späteren Staaten Venezuela, Kolumbien, Panama und Ecuador, wurde 1739 Neu-Granada endgültig ausgegliedert, 1776 folgte Río de la Plata für das gleichnamige, erst spät besiedelte und an Peru angeschlossene Flussgebiet sowie das nachmalige Bolivien. Die in allen diesen Vizekönigreichen eingerichtete Verwaltungshierarchie mit ihren Vizekönigen, hohen Verwaltungs- und Gerichtshöfen *(Audiencias)* und Finanzbehörden an der Spitze erscheint auf den ersten Blick recht klar gegliedert und zukunftsträchtig – denn aus den Zuständigkeitsbezirken der *Audiencias* entwickelten sich im 19. Jahrhundert die meisten mittelamerikanischen Staaten. Doch herrschten beträchtliche Unterschiede zum Beispiel hinsichtlich der Belastungen der Untertanen in den „Kolonien" – was die amerikanischen Vizekönigreiche formal gar

Verwaltung der amerikanischen „Kolonien"

nicht waren, standen sie doch offiziell auf derselben Stufe wie etwa das Vizekönigreich Neapel. Politisch aber blieben sie in einer untergeordneten, „kolonialen" Stellung, weil selbst viele Verwaltungsdetails, etwa bei städtischen Bauvorhaben, nicht vor Ort, sondern in Spanien entschieden wurden. Ökonomisch hatten sie dem Mutterland zu dienen, das sich den größten Teil der Überschüsse an Rohprodukten (Plantagenerzeugnisse, Edelmetalle) aneignete, dagegen die Entwicklung von bestimmten weiterverarbeitenden Betrieben, etwa den Aufbau einer Seidenproduktion in Mexiko, behinderte, um die eigenen Gewerbe zu schützen beziehungsweise zu fördern. Ein direkter Handelsverkehr zwischen Mexiko und Peru wurde 1634 sogar gänzlich verboten. So verfestigte sich in Spanisch-Amerika eine gesellschaftliche Struktur, an deren Spitze eine herkunftsmäßig gespaltene Elite stand – denn viele der höchsten Beamten und Geistlichen sowie reiche Kaufleute kamen aus dem Mutterland, die *Hacenderos* hingegen waren Kreolen –, der eine weitgehend nach Helligkeit der Hautfarbe abgestufte Masse der Bevölkerung folgte. Doch bedeutete dies nicht, dass die kolonialen Produzenten an die Krone generell riesige Zahlungen hätten leisten müssen. Es waren, neben dem „königlichen Fünftel" an den Edelmetallfunden, viel eher die Fernkaufleute und die europäischen Konsumenten der „Kolonialwaren", welche durch ihre Abgaben die königlichen Kassen füllten. Die kreolischen und die als adelig anerkannten indigenen Eliten, mitunter durch Heiraten verbunden, besaßen zwar keine formelle Repräsentation, aber die Beamtenschaft kooperierte eher mit ihnen, als dass sie sie unterdrückte. Daher kam es vor 1780 auch selten zu größeren Aufständen, und die Zahl der königlichen Truppen in Amerika und damit die Kosten für das Militär waren entsprechend gering. Doch übten Geistliche und Milizen gewisse Kontrollfunktionen aus. Zudem war eben die Heterogenität der Kolonialbevölkerung groß. Noch mehr dürfte dies für Portugiesisch-Brasilien (1621–1772 administrativ geteilt in einen nördlichen Estado do Maranhão und einen südlichen Estado do Brasil) gelten, wo die ersten Jahrzehnte die Krone überhaupt nur Küstenstreifen (mit einer offenen Ausdehnung ins Landesinnere) an Lehensträger vergeben hatte. Die dortige koloniale Elite bestand daher zunächst fast durchweg aus „Zuckerbaronen", die durchaus Einfluss auf die lokale Politik und Rechtsprechung nahmen. Sie herrschten faktisch über eine breite Schicht von schwarzen Sklaven, Mulatten und Indios. Erst Gold- und Diamantenfunde ab 1686 führten zu verstärkten Interventionen der Krone, die nun erst neben dem alten „Indienhaus" eine Art Kolonialministerium errichtete. In Afrika und Asien verfügte Portugal überhaupt nur über ein Netz an Stützpunkten. Sie unterstanden im indopazifischen Raum praktisch von Anfang an dem Vizekönig (und seit 1558 kirchlich einem Erzbischof) von Goa. Doch besaß zum Beispiel der Stadtrat von Goa die Privilegien der Hauptstadt Lissabon und korrespondierte selbständig mit seinem König. Die niederländischen Eroberungen eines Teils dieser Stützpunkte im 17. Jahrhundert (u. a. Tidore, Malakka, Colombo) trugen indes dazu bei, dass das verbliebene portugiesische „See-Reich" weitgehend auf sich allein gestellt war, Krone und Mutterland bestenfalls wenig von ihm profitierten.

<small>Portugals See-Reich im Indopazifik</small>

Das vom 1608 gegründeten Québec ausgehende französische „Kanada" am Sankt-Lorenz-Strom machte lange ebenfalls einen recht „feudalen" Eindruck, denn die Krone vergab durch ihre Gouverneure weite Landstriche an Grundherren, die diese parzellierten und an Grundholden verliehen. Kolonisationsprojekte wurden auch von der katholischen Kirche sowie der 1627 von Richelieu eingerichteten *Com-*

Herrschaft und politische Ideen

pagnie de la Nouvelle France vorangetrieben. 1663 wurde Neu-Frankreich zur Kronkolonie erklärt und neu organisiert: Dem Marineministerium im Mutterland unterstand nun ein Generalrat als Obergericht und Gesetzgebungsinstanz (die Gesetzesinitiative aber lag bei der Krone!). Ihm gehörten unter anderem der für das – recht zahlreiche – Militär und die Außenbeziehungen zuständige Generalgouverneur, der für das Justiz-, Polizei- und Finanzwesen verantwortliche Intendant sowie der Bischof von Québec an. Viel wurde reglementiert, blieb aber oft nur auf dem Papier statt real zu wirken – besonders in Kanadas Ableger, dem neugegründeten Louisiana. Die französischen Karibikbesitzungen erhielten 1674 eine ähnliche Organisation wie Kanada; für sie interessierte sich die französische Krone seitdem am meisten. Während die 1664 geschaffene Westindienkompanie damit weitgehend zu einem reinen Wirtschaftsunternehmen degradiert wurde, konzentrierte sich ihr „ostindisches" Pendant beziehungsweise die aus der Vereinigung mehrerer Kompanien entstandene *Compagnie perpétuelle des Indes* (1718/1919) vornehmlich auf Kolonisationsprojekte im Indischen Ozean. Strukturiert waren sie alle ähnlich wie die VOC oder die EIC. Dort war indes der staatliche Einfluss geringer: Von London beziehungsweise Amsterdam aus wurden sie von „Direktorialräten" geleitet, in denen allerdings auch nicht nur die Anteilseigner vertreten waren. Ihnen unterstanden an den zentralen Orten in Übersee (General-)Gouverneure, in den einzelnen Faktoreien aber Leitungskräfte sowie einfache Handelsagenten, Soldaten usw. Nur die englischen Kolonien in Nordamerika waren anders – und uneinheitlich – organisiert. Beginnend 1607 in Jamestown/Virginia verdankten sie ihre Entstehung zwar teilweise ebenfalls Überseegesellschaften, doch genossen sie bis ca. 1700 ein hohes Maß an Autonomie, nicht zuletzt in religiösen Angelegenheiten, waren sie doch zum Teil von Dissenters beziehungsweise Katholiken gegründet worden. Auch als danach der Einfluss der Krone immer mehr wuchs, behielten sie ihre *assmblies*, waren also relativ demokratisch strukturiert – wenn man von der Existenz einer wachsenden Sklavenbevölkerung im Süden absieht.

Russland, das in seinem Kolonialreich Sibirien zum Teil ähnlich agierte wie die Iberer in Amerika, hatte gewisse Traditionen des Steuer-, Zoll- und Postwesens von den Mongolen übernommen. In Moskau entstanden seit dem 15. Jahrhundert meist ganz unsystematisch aus konkreten Arbeitsaufträgen heraus Zentralämter, die bis ins 18. Jahrhundert hinein ohne klare Kompetenzabgrenzungen nebeneinander existierten. Bis dahin gab es auch keinen rechtlich einheitlichen Adel, sondern lediglich verschiedene Gruppen unterschiedlich hochrangiger „Dienstleute", auf der höchsten Ebene die bis nach 1600 nicht über 2000 Bojaren, aus deren Reihen die Zaren ihre Berater von Fall zu Fall auszuwählen pflegten. Während Bojaren, seit 1556 selbst als Erbgutsinhaber zu Diensten verpflichtet, vornehmlich militärische Aufgaben erfüllten, versahen die aus der Unfreiheit aufgestiegenen, meist mit Geld entlohnten Sekretäre ausschließlich Zivildienste. Ihre Zahl stieg bis 1676 auf über 100, die der untergeordneten Schreiber auf fast 2000 in Moskau, etwa 1000 in der Provinz. Theoretisch waren weder Ämter noch Ränge erblich – auch nicht bei den Bojaren. Doch faktisch

Struktur der französischen Kolonien

Holländische und englische Kolonien

stammten die Diener der Zaren fast immer aus denselben Familien. Dort und in ihren Ämtern erwarben sie ihre Qualifikationen. Unterhalb der Zentrale unterstanden Gerichtsbarkeit und Steuereintreibung von der Verwaltungsreform Iwans III. bis 1556 oft hochkorrupten „Statthaltern" aus der Bojarenschaft, danach innerhalb der regionalen Elite gewählten Beamten beziehungsweise den Wojwoden, ursprünglich reinen Heerführern, die als mittlere Dienstleute eine Stadtverwaltung als Pfründe übertragen erhielten. Auf dem flachen Land existierten als unterste Verwaltungsebene lediglich die Gutsherrschaften mit Sklaven (Cholopen) sowie „weißen", das heißt steuerfreien, aber zu Abgaben und Fronen gegenüber ihren kirchlichen oder adeligen Herren verpflichteten Bauern, beziehungsweise die relativ autonomen, aber seit Iwan IV. kollektiv unter anderem für ihre Steuerleistung haftenden Landgemeinden. Auch diese „schwarzen" Bauern hatten jedoch auf den seit Iwan III. vermehrten Dienstgütern zunehmend Fronarbeit zu leisten. Da viele sich dem durch Flucht entzogen, lag es im Interesse aller Herrschaftsträger, wenn der Abzug 1497 erstmals eingeschränkt und die Schollenpflicht 1649 endgültig gesetzlich verankert wurde. Erst seit Peter I. wurde das ganze Verwaltungssystem dem „europäischen" angeglichen, die Leibeigenschaft 1767 jedoch sogar noch verschärft. Administration des russischen Reichs

Europäer aber hatten noch um 1700 den Eindruck, dass die traditionsreiche chinesische Bürokratie ihren eigenen Beamtenschaften an Effizienz weit überlegen sei (vgl. S. 449f.). Schon Hongwu war klug genug gewesen, an ältere chinesische Staatstraditionen wie das Prüfungswesen, die Hanlin-Akademie und die zentrale staatliche Studienanstalt, an der nun regelmäßig aus der Oberschicht stammende, gehorsame Staatsdiener herangebildet wurden, anzuknüpfen. Allerdings legte er auch den Grund für eine stark autokratische Stellung des Kaisertums, unter anderem indem er das traditionsreiche Kanzleramt abschaffte und eine erste Geheimpolizei schuf, eine bald in mehrere Dienste aufgespaltene Institution, die schon unter Yongle der Überwachung der gesamten Bevölkerung diente und allenfalls in der südeuropäischen Inquisition seit 1480 ein (indessen primär auf religiöse Konformität abzielendes) Pendant fand. Ebenfalls seit Yongle dienten Eunuchen am Hof und in wichtigen, sogar militärischen Ämtern als Gegengewicht gegen die konfuzianischen Literatenbeamten. Das führte unter den späteren Ming zu zahllosen Kämpfen verschiedenster Cliquen, in denen indes keineswegs immer einheitlich „Eunuchen" gegen „Beamte" standen. Dass Eunuchen, ebenso wie mächtige, aber über die „Welt" nur indirekt informierte Haremsdamen, nicht nur in der chinesischen Historiographie einen schlechten Ruf besitzen, dürfte allerdings nicht ausschließlich darauf zurückzuführen sein, dass nicht sie, sondern ihre Gegner Geschichtswerke verfassten. Denn die Literatenbeamten betrachteten sich, nicht ganz zu Unrecht, als „Männer von Verdienst". Chinesische Bürokratie

Zwar war auch die Zahl der Mandarine – sie lag bei maximal wenigen Zehntausend (ohne freilich die zunehmende Menge an Hilfskräften zu rechnen) – im Vergleich zur Zahl der Untertanen stets winzig, aber die Ernennung zum Beamten setzte im Regelfall keine hochrangige Geburt, sondern „nur" entsprechende Leistungen in

Herrschaft und politische Ideen

den Staatsprüfungen voraus. Freilich war der Weg dorthin kostspielig: Zum Beispiel finanzierte manche, in der Regel grundbesitzende Großfamilie erst einmal jahrelang das Studium bei einem Privatlehrer oder an einer der vermehrt gegründeten privaten Akademien, damit ein begabter Junge als Prüfling überhaupt Chancen hatte. Doch die Möglichkeiten sozialen Aufstiegs waren wohl deutlich größer als in Europa. Auch wenn man bezweifeln kann, ob die auf die konfuzianischen Klassiker ausgerichteten Prüfungen für alle Zweige des Staatsdienstes die ideale Vorbereitung darstellten und Patronage beziehungsweise Korruption im Prüfungswesen nicht zu unterschätzen sein dürften, so war ein meritokratischer Grundzug nicht zu übersehen: In China wurden erstmals Klausuren unter Wettbewerbsbedingungen geschrieben, wobei die Verfasser bis zum Abschluss der Korrekturen prinzipiell anonym blieben. Zumindest diejenigen, welche die beiden höheren der drei Ebenen des Prüfungssystems erfolgreich absolvierten, erhielten anschließend Ämter zugewiesen, allerdings grundsätzlich nicht in ihren Heimatprovinzen. Überhaupt sollten subtile Kontrollmechanismen Vetternwirtschaft und Korruption vermeiden helfen – angesichts der Machtfülle der einzelnen Mandarine und der Größe des Reichs freilich nur mit begrenztem Erfolg.

Prüfungswesen und sozialer Aufstieg

Immerhin wurde der Verwaltungsaufbau schon bis 1435 relativ klar hierarchisch organisiert. An der Spitze standen seit 1368 sechs nach Sachprinzipien gegliederte Ministerien: für die Beamtenschaft, die Finanzen, die Riten, das Kriegswesen, die Justiz sowie die öffentlichen Arbeiten. Beispielsweise war das Kriegsministerium, in vier Departements unterteilt, zuständig für die Planung militärischer Operationen, die Versorgung des Militärs, dessen Ausrüstung sowie die Besetzung der Offiziersstellen, das Ritenministerium für die Durchführung sämtlicher Feiern am Hofe und die Herstellung des Kalenders (und damit auch für astrologische Vorhersagen). Das Arbeitsministerium widmete sich der Organisation sämtlicher Dienstleistungen, zu denen zunächst pro bestimmter Ackerfläche je ein arbeitsfähiger Mann alle zehn Jahre ein Jahr lang abzustellen war. Die Arbeiten umfassten etwa die Herstellung von Waffen, die Beschaffung von Kohle, aber auch Tätigkeiten wie die eines Gefängniswärters, Postbediensteten oder Polizisten. Ab 1581 wurden im Zuge einer Steuerreform die Dienste für Ärmere allerdings durch Geldzahlungen ablösbar und die diversen Auflagen zusammengefasst. Zur Koordination und Anleitung der Ministerien diente das „Innere Kabinett" mit den engsten Beratern des Kaisers aus dem Kreis der Bürokratie, 1729 in seiner zentralen Rolle abgelöst durch einen Staatsrat. Daneben stand als weitere Zentralbehörde unter anderem noch das Zensorat mit 110 Zensoren, die selbst den Kaiser kritisieren durften. Einen mächtigen Eunuchen der Korruption anzuklagen oder gar eine politische Entscheidung des Kaisers oder dessen Lebensführung in Frage zu stellen, war freilich mit Risiko für Leib und Leben verbunden. Doch infolge der konfuzianischen Erziehung, die auch die Kaiser selbst genossen, waren derartige Vorstöße nicht ganz selten von Erfolg gekrönt. Die hauptsächliche Tätigkeit der Zensoren aber bestand darin, mittels oft geheimer Visitationen den gesamten Behördenapparat des Reichs zu überwachen.

Rationaler Verwaltungsaufbau in Ming-China

Die Verwaltung jeder der Provinzen wurde an drei von der Zentrale kontrollierte Oberbeamte übertragen. Ihnen unterstanden die Bezirksbeamten, die nicht nur richterliche Funktionen ausübten, sondern unter anderem für die ordnungsgemäße Ablieferung der Steuern in ihrem Distrikt hafteten – ein generelles System, das angesichts der sehr geringen Beamtengehälter Korruption geradezu provozierte. Gerade dies erklärt die nicht abreißende Folge von lokalen, regionalen oder sogar überregionalen Aufständen in den Provinzen. Die Basis der Verwaltung bildeten indessen die Nachbarschaften einer bestimmten Anzahl von Haushalten, wobei die in Rotation einander ablösenden wohlhabendsten Mitglieder als Vorsteher für die korrekte Steuerzahlung und generell die Ordnung in ihren „Gemeinden" die Verantwortung trugen.

Unter den Qing änderte sich dieses System im Wesentlichen nur insofern, als die Edikte nunmehr zweisprachig verfasst und die höheren Ämter doppelt besetzt wurden, nämlich jeweils mit einem Mandschu als einem Angehörigen einer segregierten, privilegierten Minderheit und einem Chinesen, der meist den überwiegenden Teil der Arbeit leistete. Alle Beamten durften sich jedoch direkt mit Eingaben an den Kaiser wenden. Allerdings musste nun jeder Chinese einen Zopf auf dem ansonsten kahlgeschorenen Kopf tragen – wobei einige lieber ihren Kopf als ihr Haar opferten. Auch zogen sich nicht wenige Beamte beim Dynastiewechsel ins Privatleben zurück. Die meisten aber verhielten sich pragmatisch: Man diente China, egal von wem es regiert wurde. Denn der Gedanke der Reichseinheit war stark ausgeprägt. Weit früher als die europäischen Staaten, wo es zwar seit dem 16. Jahrhundert eine Zensur, aber bis ca. 1750 keine systematische obrigkeitliche Pressepolitik gab, verfügte China zum Beispiel über eine zentrale, seit 1628 sogar gedruckte „Reichszeitung", in der offizielle Nachrichten und obrigkeitliche Verordnungen publiziert, freilich stets auch propagandistisch unterlegt wurden. | Veränderungen unter den Qing

Ein solches Instrument zur Lenkung von Beamten- und Untertanenschaft besaß das Osmanische Reich schon deshalb nicht, weil hier das Verbot des Buchdrucks erst 1727 aufgehoben wurde. Dabei war dieses Reich durchaus autokratisch strukturiert: Mehmed II. brach die Macht des alttürkischen Adels durch eine Art „Bodenreform" endgültig. Seitdem gehörte die Masse des Bodens zum staatlichen Domänenbesitz, von dem durch Kadis überwachte Steuerpächter die Abgaben einzogen. Der Sultan als absoluter Herr ernannte unmittelbar den Großwesir als engsten Vertrauten und quasi Stellvertreter sowie den Scheichülislam. Waren für religionsgesetzliche Fragen ursprünglich auch im Falle von Zivilisten die Heeresrichter zuständig gewesen, so mussten diese seit Süleyman II. (I.), der die Zentralisierung vorantrieb, Kompetenzen inklusive der Ernennung bestimmter Kadis (die nicht nur richterliche, sondern auch verschiedenste administrative Aufgaben wahrnahmen) dem Scheichülislam überlassen. Der Großwesir führte dagegen die politischen Alltagsgeschäfte und stand an der Spitze von schließlich meist vier Wesiren, die zusammen mit einigen weiteren hohen Würdenträgern den Reichsrat, das Beratungsgremium des Herrschers, bildeten. Dieser regelmäßig tagende, ab ca. 1650 vom Großwesir in den Schatten gestellte „Diwan" wirkte als oberstes Zivilgericht, behandelte | Verwaltungshierarchie des Osmanenreichs

Herrschaft und politische Ideen

zahlreiche Beschwerden von Untertanen – selbst Nichtmuslime konnten sich an ihn wenden – und empfing fremde Gesandte. Während ihm die Staatskanzlei zugeordnet war, unterstanden Staatsdomänen und die hochdifferenzierte Finanzverwaltung eigenen Leitern, den Defterdar (Defterdār). Da die Provinzverwaltung eine verkleinerte Kopie der Zentralverwaltung darstellte, verfügten auch die Gouverneure der einheitlich organisierten Großprovinzen beziehungsweise Provinzen über keinerlei Kompetenzen auf dem Finanzsektor. Vielmehr besorgten in den „Kernlanden" zunächst besoldete Zeitangestellte des Fiskus die Erhebung der zahlreichen Zölle, Gebühren und Steuern. Doch wurde seit dem „Langen Türkenkrieg" der Ämterkauf häufiger, die Steuerpacht erfolgte ab 1695 oft auf Lebenszeit. Überhaupt bestimmten seit dem 17. Jahrhundert zunehmend große „politische Haushalte" das Geschehen, sowohl in der Zentrale als auch in den Provinzen. Etwa in Ägypten hatten die heimischen Eliten schon nach 1574 gegenüber dem osmanischen Vizekönig an Macht gewonnen. Während die mitunter recht autonomen Gouverneure aus diesen Eliten beziehungsweise dem Militär rekrutiert wurden, waren die Leiter der untergeordneten Gerichtsbezirke und Kreise Theologen-Juristen, die nach dem Besuch einer einfachen Koranschule an einer islamischen Hochschule studiert hatten.

In dieser Hierarchie und auch im weitgehenden Fehlen einer staatlichen Lokalverwaltung – manche Dörfer hatten etwa weiterhin christliche Dorfschulen – spiegeln sich die militärische Entstehung und Prägung des Reichs wider. Auch wurden Karrieren vielfach auf Grund von Leistung, nicht von ethnischer und sozialer Herkunft gemacht, wenngleich Familien- beziehungsweise Klientelbeziehungen oft eine Rolle spielten. Dabei ist nicht zuletzt an die 1438 bis 1683 praktizierte „Knabenlese" zu denken, aus der ein großer Teil der militärischen und zivilen Führungskräfte hervorging: Körperlich und geistig positiv auffallende männliche Jugendliche wurden aus der unterworfenen christlichen Bevölkerung des Balkans meist unter Zwang, gelegentlich aber (wegen der Aufstiegschancen) auch auf freiwilliger Basis ausgewählt, von ihren Eltern getrennt und nach Anatolien gebracht. Dort mussten sie Türkisch lernen, einen mystischen Islam verinnerlichen und, formal als „Pfortensklaven", eine strenge Schulung im Sinne eines elitären Männerordens durchlaufen. Ähnliches hatten die Mamluken ja schon früher praktiziert. Die meisten wurden dann den Janitscharen zugeteilt, die Schönsten und Klügsten aber kamen in die Serailschule, die umfangreiche Kenntnisse und Fertigkeiten vermittelte. Daher waren bis 1623 unter 36 Großwesiren bekannter Herkunft nur fünf Türken zu finden – neben unter anderem je elf Südslawen und Albanern sowie sechs Griechen! Erst nach 1683, nach der Niederlage des albanischstämmigen Großwesirs Kara Mustafa vor Wien, rückten im Osmanischen Reich wieder mehr und mehr Türken in diese Spitzenposition ein. Freilich mochten selbst höchste Beamte, ebenso wie in Persien, Süd- oder Südostasien, von einem auf den anderen Tag entlassen und sogar hingerichtet werden. Aber auch wenn Haremsintrigen schon einmal einem Großwesir den Kopf kosten konnten – zur Zeit der „Weiberherrschaft" (1604–1656) amtierten 44 Großwesire –, waren Sultanshof (Serail) und Zentralregierung doch deutlich getrennt.

Karrierechancen und „Knabenlese"

Um ein Gegengewicht gegen seinen Adel, nämlich die Führer der türkmenischen Stämme, die ihm bei der Eroberung Persiens maßgeblich geholfen hatten, aufzubauen, verließ sich schon der erste Safawiden-Schah Ismail noch mehr als die Kara beziehungsweise Aq Qoyunlu auf bestimmte großgrundbesitzende iranische Adelsfamilien, die bereits seit Generationen die Spitzenämter der Reichsverwaltung besetzten. Das löste natürlich massive Ressentiments bei den Emiren aus. Doch unter anderem gestützt auf georgische und tscherkessische Gardetruppen, vermochte sich Ismails Sohn, trotz ständiger Kriege gegen Osmanen, Georgier, Usbeken und Moguln, innenpolitisch durchzusetzen. Nach seiner Ermordung 1576 herrschten indes Chaos und Mord zwischen den Eliten. Erst Abbas I. gelang es langsam, die Macht der Emire, die als Militärführer, Gouverneure und Latifundienbesitzer die Provinzen regierten, und damit den türkmenischen Tribalismus zu beseitigen. Er opferte dafür zunächst in einem Friedensschluss mit den Osmanen (1590) weite Gebiete seines Reichs, um freie Hand gegen die Usbeken, die Chōrāsān (Khorassan) besetzt hielten, sowie gegen seine inneren Gegner zu erhalten und anschließend doch wieder im Westen und Norden sein Territorium zu erweitern. Dabei vergrößerte er das Krongut beträchtlich, stützte sich aber gegenüber der Masse der Bevölkerung, nur selektiv gegenüber den Eliten, weiterhin auf seine Stellung als Führer der Zwölfer-Schia. Die von ihm geschaffenen Strukturen sollten sich als dauerhaft erweisen. | Safawiden und ihre Reichseliten

Um wie die Osmanen und Safawiden die Macht ihres Adels zu reduzieren, drängten die Moguln ihren turanidischen Adel, der mit ihnen nach Indien gekommen war, dadurch zurück, dass Akbar I. zunehmend andere Kräfte zur Regierung heranzog: emigrierte schiitische Perser, Usbeken, indische Sunniten und sogar hinduistische Rajputenfürsten. Das Mogulreich vermochte enorme Ressourcen zu mobilisieren, und es verfügte über eine einheitliche Verwaltungsstruktur und Verwaltungssprache, nämlich das Persische. Aber es war ein „Überlagerungsstaat", getragen von überwiegend muslimischen großstädtischen Eliten, vor allem im Finanz- und Rechnungswesen aber auch von hohen Hindu-Beamten. Auf dem Land jedoch, mit seinen vielfältigen Ausprägungen des Hinduismus, seinen Regionalsprachen und lokalen Kulten, stellten die hinduistischen „Grundherren" (Zamindars), das heißt privilegierte, aber seit Akbars äußerst einträglicher Steuerreform für die lokale Steuerleistung kollektiv haftende Großbauern, Steuerpächter beziehungsweise tributpflichtige Kleinkönige, die eigentliche Obrigkeit dar. Der indische Lokaladel war bei der Eroberung nämlich teilweise vernichtet, teilweise aber in das System integriert worden. Nach dem Vorbild der Lodi- (Lōdhī-) beziehungsweise der Sūrī-Dynastien trieb Akbar die Bürokratisierung voran, ohne die traditionellen Lokaleliten zu entmachten. Die Pfründen ließ er vorübergehend einziehen, vermessen und schließlich neu verteilen. Alle Ämter wurden nach einem ausgeklügelten Zahlensystem klassifiziert, das den Status beziehungsweise die Gehaltsgruppe sowie die Größe des zu stellenden Kavallerieregiments bezeichnete. Dieses meritokratisch ausgerichtete System verhinderte indes nicht, dass in der Folge die Selbstrekrutierung innerhalb dieses Beamtenadels und die Häufigkeit der Vererbung von Pfründen wie- | Elitenstrukturen unter den Moguln

Herrschaft und politische Ideen

der zunahmen. Überhaupt geriet das System aus dem Gleichgewicht, als Shah Jahan und Aurangzeb im Zusammenhang mit ihren kostspieligen Eroberungskriegen die Zahl der bepfründeten Amtsinhaber, vor allem durch neue Begünstigte aus dem Dekkan, nicht aber die Zahl der Pfründen stark vermehrten. Damit sanken nämlich die Einnahmen der einzelnen Pfründeninhaber. Zudem störte die tendenziell hindufeindliche Religionspolitik Aurangzebs die bis dahin leidlich funktionierende Kooperation der Zentrale mit ihren überwiegend hinduistischen Finanzbeamten und Zamindars, die sich als neue Gentry formierten und oft an die Spitze von Erhebungen traten beziehungsweise neue Schutzherren suchten. Da half es wenig, dass die führenden Militärs der Moguln in der Regel Muslime waren. Nach Aurangzebs Tod 1707 setzten sich diese Konflikte zwischen oppositionellen Kräften unterschiedlicher Bindung wie den Rajputen, den Sikhs oder den Marathen einerseits und der Zentralmacht andererseits fort. Thronkämpfe beziehungsweise erzwungene Thronwechsel, Hungersnöte und Epidemien zu Beginn des 18. Jahrhunderts ebenso wie Überfälle und Plünderungszüge verschärften die Situation. Die kaiserlichen Kassen leerten sich angesichts der Entwertung der (fixierten) Landsteuern, und die Loyalität der Reichselite wurde immer brüchiger, zumal gegenüber schwachen Herrschern. Freilich kann man den Zerfall des Mogulreichs auch als einen Prozess der staatlichen Verdichtung deuten. Die größeren „Nachfolgestaaten" Avadh (Oudh), Hyderabad (Haiderabad) oder Mysore (Maisur), in Maharashtra, Gujarat und Malwa auch die Marathen-„Konföderation" (ein Verband mächtiger Familien, der endgültig ab 1750 von einem erblichen, in Pune (Poona) residierenden Ersten Minister geführt wurde), weniger die politischen Systeme der rebellierenden Sikhs und Jats übertrafen nämlich das alte Reich hinsichtlich der Intensität, mit der sie politische Kontrolle ausübten und regionale ökonomische Ressourcen erschlossen.

Ayutthaya als der wahrscheinlich „fortschrittlichste" Staat Südostasiens hatte nicht, wie das Mogulreich, das Problem übergroßer Ausdehnung. Sein Staatsdienst war seit dem 15. Jahrhundert in einen militärischen und einen zivilen Zweig unterteilt, jeweils unter einem eigenen Chefminister. Außerdem stand noch eine Behörde zur Registrierung aller zu Staatsfronen verpflichteten Männer neben den beiden Hauptministerien, denen jedoch zumindest zeitweise auch regionale Zuständigkeiten über die Provinzen des Nordens beziehungsweise Südens zugewiesen wurden. Es herrschte also im Grunde die aus Europa bekannte Mischung aus Real- und Territorialkompetenzen. Jedes Hauptministerium gliederte sich seinerseits in Departements (etwa der zivile Bereich in die vier Ministerien für die Verwaltung der Hauptstadt, Palastangelegenheiten, die Landwirtschaft und die königlichen Finanzen), und diese wiederum jeweils für bestimmte Sachaufgaben in Unterabteilungen. Dabei verfügte das Land über eine Art „Amtsadel", der etwa bei einem Dynastiewechsel eine gewisse Kontinuität der Machtausübung garantierte. Allerdings fragmentierte es die staatliche Kontrolle, als die Könige seit ca. 1700 begannen, Prinzen durch eigene Ämter Zugriff auf Staatsfronen zu ermöglichen, um ein Gegengewicht gegen die Vorherrschaft der traditionellen Elite, speziell im Kriegsministeri-

„Amtsadel" und Fremde in Ayutthaya

um, zu schaffen. Demselben Zweck sollte es dienen, wenn sie sich nicht nur – teilweise aus Ausländern bestehende – Leibgarden schufen, sondern speziell im 17. Jahrhundert auch die zivilen Ministerposten zum Teil mit Fremden besetzten, insbesondere mit den Mitgliedern einer persischen Familie, im 18. Jahrhundert dann das Finanz- und Außenhandelsministerium mit Chinesen. Denn die im Schnitt loyalsten und tüchtigsten Stützen frühmoderner staatlicher Macht waren eben Männer, die nicht erblich und eigenberechtigt Herrschaftspositionen bekleideten, sondern ihren Aufstieg, außer der Gunst ihres Herrschers, nur ihren eigenen Erfahrungen und Leistungen verdankten. Dabei war es gleichgültig, ob sie für die innere Verwaltung des Landes oder für dessen Repräsentation nach außen zuständig waren.

Ausbau und Struktur der diplomatischen und kommerziellen Beziehungen

In Zentral-, Ost- und Südostasien, wo „Außenhandel" oft überwiegend Sache der Herrscher war, waren auch „Außenbeziehungen" meist eher kommerzieller als politischer Natur. Zu deren Pflege dienten vor allem Tributgesandtschaften, die insbesondere das Reich der Mitte empfing. Fremde Fürsten, in Wirklichkeit manchmal aber auch nur geschickte Händler, sandten eine Delegation nach Peking, die sich vor dem Kaiser niederwarf und ihm ihre Tribute brachte, im Falle der „Nordvölker" also vor allem Pferde und Tierprodukte (wie Felle, Leder- oder Filzwaren), im Falle der zwischen 1371 und 1419 über ein Dutzend kambodschanischen Gesandtschaften zum Beispiel Rhinozeroshörner, Elfenbein und seltene Gewürze. Das passte gut zur konfuzianischen Ideologie, nach der die Tugend und der Glanz des Himmelssohnes Potentaten aus den fernsten Weltgegenden anlockten, sich ihm zu unterwerfen. Als „Herr der Welt" konnte sich der Kaiser, salopp gesprochen, freilich nicht lumpen lassen. Dementsprechend ließ er die Gesandtschaftsmitglieder während ihres gesamten Aufenthalts nicht nur verköstigen. Seine Gegengeschenke, vor allem in Form von Seide, aber auch anderen Luxusprodukten, waren vielmehr nicht selten bei weitem mehr wert als die „Tributgaben", jedenfalls für deren Empfänger. Man kann das Ganze also auch als eine ritualisierte, verdeckte Form von Außenhandel bezeichnen, zumal die Delegationen manchmal aus vielen Mitgliedern bestanden, denen durchaus gestattet war, auch noch privaten Handel zu treiben. Das führte im 15. Jahrhundert dazu, dass mongolische Gesandtschaften derart oft und so personenstark auftraten, dass es sogar dem Ming-Hof zu viel wurde und er Einschränkungen verordnete. Dass sich diese „Tributbringer" dem Kaiser vielfach im politischen Sinne nicht wirklich unterwarfen, war natürlich auch den Chinesen klar. Private einheimische Kaufleute beteiligten sich immer wieder, teils legal, meist illegal, am Außenhandel. Ausländer aber unterlagen in China und in den größeren südostasiatischen Ländern regelmäßig erheblichen, in Japan seit 1640 extrem strengen Beschränkungen bezüglich Aufenthaltsort, Warenimport und -export sowie der Auswahl ihrer Handelspartner, welche entweder Beamte oder Kaufleute mit amtlicher Lizenz zu sein hatten.

Tributgesandtschaften als Außenhandel

Herrschaft und politische Ideen

Dagegen ließen die Moguln als aus Zentralasien stammende Eroberer den Überseehandel weitgehend unbehelligt, förderten ihn allerdings auch nicht. Während europäische Herrscher sich oft Geld borgen mussten, waren ihre Schatzkammern bis 1707 reich gefüllt. Auch die führenden Pfründeninhaber lebten in einem enormen Luxus. Der überwiegende Teil ihrer Einkünfte stammte aus der Besteuerung der Landwirtschaft, letztlich von der armen Masse der Bevölkerung. Als der Steuerdruck unter Aurangzeb noch wuchs, kam es zu Unruhen, obwohl die meisten Untertanen dem hinduistischen Glauben anhingen, der, anders als der Islam, von einer prinzipiellen sozialen Ungleichheit der Menschen ausgeht. Doch profitierten gleichzeitig reiche Bauern zusammen mit Angehörigen der städtischen Mittelklasse vom Wachstum der indischen Wirtschaft, die zumindest regional, an der Malabarküste oder in Bengalen, durch die europäische Nachfrage nach Gewürzen und ab ca. 1660 vor allem nach Baumwollwaren angekurbelt wurde. Obwohl zum Beispiel am Hof Aurangzebs diverse Gesandte eintrafen, kamen die indischen Herrscher anscheinend nicht auf die Idee, Handelsbeziehungen zum Aufbau diplomatischer Kontakte zu nutzen. Anders der persische Schah Abbas I.: Zu Ausländern, auch Europäern, unterhielt er gute Kontakte und empfing häufig Gesandte. Er schickte sogar selbst Gesandtschaften an den Kaiser nach Prag, den Papst nach Rom und den spanischen König nach Valladolid – natürlich, um das Vorgehen gegen die Osmanen zu koordinieren.

Moguln: Passivität bei Fernbeziehungen

Inwieweit südostasiatische Könige über ihre Weltregion hinaus religiöse, kommerzielle oder diplomatische Beziehungen pflegten, hing nicht zuletzt davon ab, wo sie residierten. Wählten sie für ihre Hofhaltung eine Stadt im Landesinneren ohne freien Zugang zum Meer oder besaßen sie nur eine solche (wie im Binnenland Laos), so bedeutete dies, dass sie sich eher abschotteten. Verfügte ihre Hauptstadt über einen ungehinderten Zugang zum Meer, wie etwa Ayutthaya, so waren die Außenkontakte des Monarchen – und damit auch des Landes – meist deutlicher ausgeprägt (s. S. 82 f.). Zu China beziehungsweise zum Indischen Subkontinent suchten südostasiatische Monarchen jedoch selbst bei schlechten Verkehrsverbindungen immer wieder Kontakt. Beispielsweise fuhren Gesandte nach Ceylon, um von dort religiöse Lehrer, Unterweisungen oder buddhistische Texte beziehungsweise Reliquien ins eigene Land zu holen. Nach Peking aber schickten verschiedene Könige Tributgesandtschaften und erhofften davon Sicherheit, wie Chinas Nachbar Lan Na, gegebenenfalls auch militärische beziehungsweise diplomatische Unterstützung, wie der Sultan von Malakka nach der Eroberung seiner Hauptstadt durch die Portugiesen. Oder sie suchten, wie die vietnamesischen Nguyen im 18. und frühen 19. Jahrhundert, eine kaiserliche Legitimation für ihre neuen Herrschaftsansprüche beziehungsweise Titel.

Kontakte der südostasiatischen Monarchen

Die japanischen Shōgune schickten, ebenso wie die chinesischen Kaiser, nur vereinzelt Gesandte ins Ausland – und vor 1862 niemals nach Europa. Etwa die sogenannte „Gesandtschaft der vier Fürstensöhne" nach Lissabon, Rom, Venedig usw. (um 1585) war lediglich ein von Jesuiten eingefädeltes, spektakuläres Propaganda-

Unternehmen, das deren Missionsarbeit fördern sollte (s. S. 98). Nach 1603 liefen die diplomatischen und kommerziellen Beziehungen Japans zu seinen unmittelbaren Nachbarn, den Ainu auf Hokkaidō sowie den Königreichen Korea und Ryūkyū, über fürstliche Vasallen der Tokugawa; der Handel mit China und der VOC wurde seit 1640 ausschließlich im Namen der Shōgune via Nagasaki abgewickelt. Umgekehrt trafen danach in Japan nur koreanische, ryūkyūanische und VOC-Gesandtschaften ein, in Peking aber allein aus Europa zwischen 1655 und 1795 je vier niederländische (VOC) beziehungsweise portugiesische und je drei päpstliche beziehungsweise russische, ferner eine britische. Allein Russland, der einzigen, als benachbartes Großreich für China gefährlich erscheinenden Macht, antwortete der Kaiserhof indessen 1729/ 1731 mit zwei diplomatischen Missionen. Anders als sonst in Asien konnten europäische Überseekompanien – Kaufleute standen aus konfuzianischer Sicht am Ende der gesellschaftlichen Hierarchie – niemals schriftliche Verträge erlangen, in denen der „Sohn des Himmels" ihnen weitreichende Handelsprivilegien erteilt hätte. Ohnedies waren die Beziehungen – für jene zu Russland und verschiedene asiatische Potentanten waren immerhin „Ministerien" zuständig, für diejenigen zu den übrigen Europäern hingegen nur zwei untergeordnete Behörden – stets schwierig. Das lag weniger an den Verständigungsproblemen: Nicht nur bei den portugiesischen oder päpstlichen Gesandtschaften, sondern etwa auch beim russisch-chinesischen Vertrag von Nertschinsk (1689) leisteten am Pekinger Hof als Astronomen, Maler etc. angestellte Jesuitenmissionare wertvolle Dolmetscher- und Vermittlerdienste. Vielmehr gingen Chinesen und Europäer von ganz unterschiedlichen Vorstellungen hinsichtlich der Gestaltung „richtiger" außenpolitischer Beziehungen aus: Die Chinesen betonten die Überlegenheit der Macht und Kultur ihres Kaisers. Daher verlangten sie von allen Gesandten grundsätzlich einen neunfachen „Kotau" sowie die Lieferung von Tributen. Allenfalls danach waren sie geneigt, fremde Wünsche wohlwollend in Erwägung zu ziehen. Die Gesandten sowohl des Zaren als auch der westeuropäischen Monarchen waren indessen darauf bedacht, jeden Anschein zu vermeiden, dass ihr Herr ein Vasall des chinesischen Kaisers sein könnte.

| China/Japan: begrenzte Außenkontakte |
| Unterschiedliche Vorstellungen von Außenpolitik |

Die Europäer hatten seit dem 15. Jahrhundert ihrerseits ein bestimmtes Zeremoniell sowie, besonders im 17. Jahrhundert, einen hierarchischen und zunehmend professionellen diplomatischen Apparat entwickelt. Seit dem Westfälischen Friedenskongress war nicht nur klar, wer in Europa überhaupt diplomatische Vertreter stellen konnte – dies war nun ein Zeichen von Souveränität beziehungsweise Landeshoheit –, sondern es galt grundsätzlich eine gewisse Gleichrangigkeit der Repräsentanten verschiedener Landesherren beziehungsweise ihrer Staaten, auch wenn etwa ein Botschafter des Kaisers ehrenhalber immer noch den Vortritt vor anderen Diplomaten beanspruchen durfte. Ein möglichst regelmäßiger diplomatischer Verkehr sollte bei Bedarf zu regelrechten Verhandlungen und letztlich zu einem Abschluss von beiderseits bindenden Verträgen politischer, militärischer oder kommerzieller Natur führen. Dabei traten zeremonielle Fragen im

| Struktur der europäischen Diplomatie |

Herrschaft und politische Ideen

18. Jahrhundert zunehmend in den Hintergrund, während nach der Überwindung französischer Hegemonialbestrebungen im Spanischen Erbfolgekrieg die Idee, die Diplomatie habe durch entsprechende Bündnisse und Kompensationsgeschäfte ein Gleichgewicht zwischen den damaligen Großmächten Frankreich, Großbritannien, Österreich, dann auch Russland und Preußen herzustellen, an Bedeutung gewann. Als in den 1730er Jahren in der Toskana die Medici ausstarben und Frankreich den Schwiegervater Ludwigs XV., den ehemaligen polnischen König Stanislaus (Stanisław) Leszczyński, nicht erneut bei der Königswahl durchsetzen konnte, verfiel man beispielsweise auf die Lösung, Stanislaus das Herzogtum Lothringen zu übertragen (das nach seinem Tod an Frankreich fallen sollte und auch fiel) und den lothringischen Herzog sowie Gemahl Maria Theresias dafür zum Großherzog der Toskana zu erheben.

Im nicht spannungsfreien Zusammenwirken von praktischer Diplomatie und normativer juristischer Wissenschaft entwickelte sich im 17./18. Jahrhundert das europäische „Völkerrecht" (s. S. 246–248). In dieses System von Zeremonialformen, Einrichtungen (wie ständiger diplomatischer Vertreter) und Prinzipien (wie deren Immunität) fügte sich zwar Russland seit Peter I. ein, es blieb aber unvereinbar etwa mit dem universalen Suzeränitätsanspruch Chinas. Denn in Asien bildeten eben vielfältig gestufte Tributär- und Vasallitätsverhältnisse den Normalfall: So zahlte etwa der Thaikönig Narai Tribute an China, trat aber gegenüber manchen seiner Nachbarkönige selbst als Tributempfänger auf. In Amerika mochten die Europäer anfangs die Existenz jeglicher Rechte von Eingeborenen leugnen. Erst langsam garantierten Schutzgesetze für Indianer – die möglichst (jedoch weitgehend erfolglos) auf Segregation hinausliefen – deren persönliche und später auch Besitzrechte. Aber stets beanspruchten die Europäer hier zumindest eine Oberhoheit über die indigenen Völker. In Afrika sahen sie sich dagegen zunächst veranlasst, Verträge auf der Basis der Gleichberechtigung zu schließen, und vermochten erst mit der Zeit, die außenpolitische Handlungsfreiheit mancher afrikanischer Herrscher zu beschränken. In Asien aber mussten sie sich lange ihrerseits in das dort bestehende System einfügen, und zwar, wenn nicht als Tributäre oder gar Vasallen, so doch häufig nicht als gleichberechtigte Vertragspartner, sondern bestenfalls als Empfänger einseitiger – und damit widerrufbarer – Privilegienbriefe, in denen ihnen, meist gegen Gebühren, Handelsrechte zugesichert wurden. Mit der Zeit gelang es ihnen jedoch, schwächere Herrscher in ihre Abhängigkeit zu bringen und stärkeren Handelsvorrechte abzutrotzen – was ihnen teilweise nicht schwerfiel, weil Osmanen oder Moguln den Fernhandel ohnehin nicht unbedingt als eines „Türken" würdig erachteten. Immerhin trieben die Europäer, weil es ihnen primär um Handelsgewinne und nicht um Herrschaft ging, ihre Ansprüche bis weit ins 18. Jahrhundert in Asien nur so weit, nach „asiatischer" Art einen fremden Machtverlust vertraglich in einen teilweisen Souveränitätsverzicht zu verwandeln statt fremde Gebiete oder gar einen ganzen Staat mit all seinen Rechten zu annektieren.

Ihr „Völkerrecht" aber vermochten sie vorerst auch noch in einer anderen Hin-

„Völkerrecht" und Tributsysteme

sicht nicht durchzusetzen. Hatten italienische Staaten schon im 15. Jahrhundert ständige diplomatische Vertretungen untereinander eingerichtet (s. S. 265), so dehnte sich diese Praxis um 1500 auf den zwischenstaatlichen Verkehr zwischen anderen europäischen Souveränen aus, und Venedig, gefolgt vom Frankreich Franz' I., übertrug sie sogar auf das Osmanische Reich. Die Pforte aber schickte zwar ihrerseits immer wieder einzelne Gesandte, darunter selten gebürtige Türken, in die Lagunenstadt, bisweilen zum Beispiel auch nach Wien (das umgekehrt zahlreiche Diplomaten entsandte), indes erst seit 1719 häufiger in andere christliche Hauptstädte. Um aktive Bündnispolitik zu betreiben, bequemte sie sich gar erst 1783 zur Stationierung von Residenten. Bis dahin hatten ihr zur Gewinnung von Informationen über nichtislamische Länder im Westen bisweilen sehr gut unterrichtete bezahlte Spitzel ausgereicht. Diese Scheu vor offiziellen diplomatischen Kontakten erklärt sich nicht nur aus der prinzipiellen Ablehnung einer gleichberechtigten Partnerschaft, sondern auch daraus, dass diese interkulturell stets eine heikle Sache waren: So freute sich Süleyman „der Prächtige" über den abgeschlagenen Kopf eines rebellischen Statthalters so sehr, dass er ihn als Zeichen seiner Freundschaft dem damaligen Dogen von Venedig schicken wollte – was die venezianischen Diplomaten nur mit Mühe zu verhindern wussten. Ebenso waren die holländischen Gesandten einmal gar nicht erbaut, als sie beim Festessen in Peking teilweise abgenagte Knochen auf ihren Tellern vorfanden – obwohl sie ahnten, dass es sich hierbei um die Reste eines kaiserlichen Mahles und damit um einen besonderen Gunstbeweis handelte. Unterschiedliche diplomatische Traditionen und völkerrechtliche Vorstellungen erschwerten so oft die Herstellung friedlicher Beziehungen zwischen Potentaten aus verschiedenartigen Kulturen – aber sie schlossen sie nicht aus! Umgekehrt mochte man sogar jeweilige Ansprüche zum Beispiel von muslimischen und christlichen Herrschern durch den Austausch diplomatischer Noten vor aller Welt zu bekräftigen suchen. So findet sich im diplomatischen Verkehr zwischen Mulai Ismail von Marokko und Ludwig XIV. von Frankreich die gegenseitige Bezeichnung als „Kaiser" – was im Falle des mächtigen marokkanischen Herrschers zweifellos vornehmlich die Gleichrangigkeit mit dem osmanischen Sultan, im Falle des „Sonnenkönigs" jene mit dem Kaiser in Wien dokumentieren sollte. Dass die ans Mittelmeer grenzenden islamischen Länder und Reiche trotzdem nicht als vollständig akzeptierte Mitglieder des „europäischen Staatensystems" gelten konnten, zeigt sich allerdings nicht nur daran, dass die französische Diplomatie einen Kaisertitel für ihren Monarchen innerhalb Europas nicht durchsetzen konnte. Vielmehr wurden selbst osmanische Vertreter vor dem 19. Jahrhundert nie zu europäischen Friedenskongressen eingeladen. Schließlich machte die Hohe Pforte, obwohl sie schon 1699 einen mit Hilfe neutraler Vermittler ausgehandelten, unbefristeten Frieden mit als gleichberechtigt anerkannten nichtislamischen Staaten (Österreich, Polen, Venedig) geschlossen hatte, ihrerseits noch 1787 klar, dass sie bisweilen anderen Prinzipien als denen des europäischen Völkerrechts huldigte, als sie nämlich den russischen Botschafter einkerkern ließ – offenbar war dies ihre Art einer Kriegserklärung. Die symbolischen Formen, in denen

| Unterschiedliche diplomatische Traditionen

Herrschaft und politische Ideen

außerhalb Europas Hierarchie und Macht ausgehandelt wurden, sind allerdings bislang wenig erforscht.

Als Länder lassen sich politische Gebilde definieren, die relativ einheitlich strukturiert sind, als Reiche solche, deren Macht zwar im Zentrum stark, an der meist weiten Peripherie jedoch schwach ausgeprägt ist. Die meisten Länder wie Reiche unterlagen vom 13./15. Jahrhundert an einem Prozess der Verdichtung von „Staatlichkeit". Wenn dieser eher auf der Länder- als auf der Reichsebene ablief, konnte dies letztlich zum Zerbrechen eines Reichs beitragen – wie im Falle des Mogulreichs im 18. oder des Heiligen Römischen Reichs Deutscher Nation und Dänemark-Norwegens im frühen 19. Jahrhundert. In jedem Fall war der Ausgang dieses Prozesses von verschiedenen Faktoren abhängig. Die zunehmende Durchsetzung der Unteilbarkeit von Ländern beziehungsweise Reichen unter dem Vorzeichen der Primogenitur sorgte in Europa (inklusive Russland) für eine wachsende politische Stabilität der frühmodernen Staaten, während insbesondere islamische Reiche an der Spitze von zahllosen Thronfolgekämpfen erschüttert wurden und bestenfalls eine reibungslose Thronfolge

Bilanz mit der politischen Unerfahrenheit jedes neuen Sultans erkauften. Überall wurde Herrschaft zwar historisch und religiös legitimiert, doch förderten manche Traditionen eher absolutistische, andere eher oligarchische Tendenzen. Vor allem außenpolitisch kam es global zu Machtverschiebungen durch die Einführung neuer militärischer Taktiken und Waffen. Deren Entwicklung und Verbreitung beruhte auf bestimmten kulturhistorischen Voraussetzungen (s. S. 44-46), erlaubte aber die Ausweitung der eigenen materiellen Ressourcen auf Kosten Anderer. Während bis ins 15. Jahrhundert der Einsatz der Kavallerie die Entstehung von Steppenreichen im nördlichen Asien und Westafrika begünstigte, kam die seither zunehmende Verwendung von Feuerwaffen eher der Staatsbildung in dichter besiedelten Weltgegenden zugute. Auf dem Einsatz von leichten und schweren Schusswaffen basierten die Reiche der Osmanen, Safawiden und Moguln, teilweise aber auch die europäische und russische Expansion. Beim Ausbau der staatlichen Bürokratien besaßen China und das Osmanische Reich zunächst einen Vorsprung, den viele europäische Länder, aber etwa auch Thailand indessen zunehmend einholten. Während sich die ost- und südostasiatischen Länder und Reiche gegenüber Fremden mehr oder minder abschotteten, entwickelte Europa einen diplomatischen Dienst und ein Völkerrecht, die schon im 18. Jahrhundert partiell von Russland und dem Osmanischen Reich übernommen wurden und danach als Teil der modernen Staatsidee ihren weltweiten Siegeszug antraten.

Weltdeutungen und politische Ideen
Ulrich Weiß

Christliches Weltbild und Politikverständnis im Mittelalter

Christliche Weltanschauung und Politik am Beispiel von Thomas von Aquin

Das abendländische mittelalterliche Weltbild entsteht aus der Verschmelzung von christlichem Glauben und klassisch-antiker griechischer und römischer Philosophie. Dass in den mittelalterlichen Bildungsstätten scharfe Konflikte zwischen Aristotelikern und Platonikern ausgetragen wurden, deutet auf eine mehrfältige Rezeption des antiken Erbes hin. Gleichwohl handelt es sich um Friktionen und Streitigkeiten innerhalb des einen intellektuellen Hauses. Man kann von einer Weltanschauung im genuinen Sinne des Wortes sprechen: Geht es doch darum, eine ganze Welt in einer einheitlichen Schau zu erfassen und sie von diesem umfassenden Verständnis her in ihren einzelnen Provinzen und Gegenstandsfeldern zu verstehen. Ihren institutionellen Ort der Formulierung, der intellektuellen Reflexion und Diskussion (etwa in Form der *disputationes*) sowie der Weiterentwicklung fand diese umfassende Weltanschauung vor allem an den Universitäten. Philosophisch-wissenschaftliche Rationalität und religiöser Glaube wurden keineswegs als inkompatibel betrachtet. Die logisch operierende Ratio und der intuitive Intellekt wurden als spezieller Weg gesehen, auf dem man sich in der Weise des Denkens den Glaubenswahrheiten annähern konnte, ohne diese damit zu bloßen Theoremen abzuwerten. Das griechische Erbe musste dabei keineswegs hinderlich sein, näherte es sich doch auf nichtchristlichem Wege ebenfalls der Frage nach dem Grunde als dem weltanschaulichen Zentrum, das sich der menschlichen Begreifbarkeit entzieht; Platons Idee des Guten liefert ein Beispiel. | Das Erbe der Antike

Für Thomas von Aquin (1224/1225–1273) steht Gott in der logischen Hierarchie über dem Reich der definierbaren Begriffe, auch noch über den die Begriffe schon übersteigenden sogenannten Transzendentalien (*ens*, das Seiende – *bonum*, das Gute – *verum*, das Wahre) als das letztlich sich der Begreifbarkeit und Sagbarkeit Entziehende. Philosophisch wird Gott als der Zusammenfall von Wirklichkeit und Möglichkeit gedacht, als Geist und ursprünglicher Intellekt, in dem die Schöpfung in der Gestalt von Ideen existiert, die Gott dann aus sich entlässt in die Realität von Natur und Menschenwelt. Der christliche Schöpfergott steht über allem. Er ist die Höchstinstanz in der metaphysischen Hierarchie, das Zentrum, | Christliche Weltanschauung um das alles andere kreist. Der platonisierenden Denkfigur von der Selbstentäußerung des göttlichen Geistes in die Schöpfung entsprechend, steht letztere in einem Verhältnis der Partizipation, der Teilhabe am Göttlichen, wenn auch mit unterschiedlicher Graduierung. Der Mensch als vernunftfähiges und der höchsten Gemeinschaftsbildung fähiges Wesen – die höchste und vollkommenste aller Gemeinschaften ist der Staat *(civitas)* – ist kraft dieser Eigenschaften die höchste der irdischen Kreaturen. Als Ebenbild Gottes, *imago Dei*, kommt ihm eine besondere Würde zu – ein Thema, das in der Herkunftsgeschichte des späteren Menschenwürde-Denkens wichtig ist. Die geschaffene Welt partizipiert aber nicht nur. Sie ist auch hingeordnet auf ihren Schöpfer. Dieser Gedanke der Hinordnung *(ordinatio)* bezieht alles, was ist, auf den höchsten Punkt seiner Schöpfung und erweist Gott einmal mehr als den archimedischen Punkt dieses theologisch-philosophischen Systems.

Das ebenso umfassende wie differenzierte Ordnungsverständnis dieser christlichen Weltanschauung lässt sich repräsentativ und exemplarisch am Gesetzesbegriff darstellen, wie ihn Thomas von Aquin in seinem Hauptwerk, der »Summa theologica« (1266–1273), entfaltet. Der Begriff des Gesetzes *(lex)* steht für eine physische wie auch moralische Ordnung; er ist sowohl deskriptiv als auch normativ aufgeladen. Dieses Verständnis von Gesetz – als Gesetz in den Dingen und als vom Gesetzgeber erlassene allgemeine Vorschrift – ist auch dem heutigen Sprachgebrauch nicht fremd.

Gesetzes- und Naturbegriff | In der Theorie wird allerdings oft zwischen Deskriptivem und Normativem, Sein und Sollen als unvereinbaren Bereichen getrennt. Eine solche Trennung würde freilich nicht nur das mittelalterliche, sondern auch schon das klassisch-antike Denken verfehlen. Wie beides, Sein und Norm, wesentlich zusammengehört, zeigt sich schon am griechischen Grundbegriff der Natur *(physis)*, die aristotelisch als dasjenige begriffen wird, was Grund und Ziel in sich selbst hat. Grund und Ziel von allem ist im mittelalterlich-christlichen Denken Gott. Er hat die Natur erschaffen und garantiert die Einheit von Sein und Sollen. *Bonum et ens convertuntur*, heißt es schon im ersten »Transzendentalientraktat« von Philipp dem Kanzler (1160–1236): Was ist, das ist als solches gut.

Wie beides in der Natur zusammengeht, zeigt Thomas von Aquins Verständnis vom Naturgesetz *(lex naturalis)*, das wie sein Schöpfer als ewig, als *lex aeterna*, begriffen wird. Die *lex naturalis* ist sowohl physisch, als Ordnung der physikalischen und biologischen Natur und ihrer Abläufe, als auch moralisch, als normative Orientierung menschlichen Handelns, zu verstehen. Gott ist als Schöpfer der Gesetzgeber für beide Ordnungen, er regiert das Universum in beiderlei Hinsicht. Im moralisch-normativen Sinne regelt das Naturgesetz den menschlichen Selbstbezug (Selbsterhaltungstrieb), den *Naturgesetz* | Sozialbezug (Ehe, Kindererziehung, Nichtverletzung anderer) und auch die Grundzüge der guten politischen Ordnung (gute Herrschaft, Widerstandsrecht gegen Tyrannen). Die natürlichen Gesetze sind fundamentale Vorschriften, die für alle Menschen gelten. In dieser Universalität bilden sie eine Quelle für das moderne Naturrechtsdenken, dem bis heute hinein maßgebliche Bedeutung zukommt. Die konfessionelle Grenze zwischen Christen und Heiden wird hier zugunsten grundlegender universaler Normen überspielt, die dem Menschen überhaupt als einem vernunftfähigen Wesen kraft der Einsicht seiner Vernunft, des *lumen naturale* (natürlichen Lichts), zugänglich sind.

Thomas' Denken, das als repräsentativ für das Hochmittelalter gelten kann, zeichnet sich nicht nur durch seine theologisch begründete systematische Einheit aus, sondern auch durch seine Differenzierung in relativ selbständige Teilbereiche. Eine solche Differenzierung, wie sie durch die glückliche Verbindung von christlicher Religion und antiker Philosophie zustande kommen konnte, waltet auch in der Begrifflichkeit des Gesetzes. Neben dem Naturgesetz gibt es – ebenfalls mit Ewigkeitsanspruch, da von Gott gemacht – die *lex divina*, das göttliche Gesetz im positiven Sinne, weil von Gott im Alten und Neuen Testament erlassen. Zu ersterem gehört der Dekalog, in dem Thomas eine Brücke zum universalen Naturgesetz sieht. Als dritter Bereich kommt die *lex humana* hinzu, die vielen von Menschen allein festgelegten Gesetze, welche die jeweiligen Konventionen in unterschiedlichen Staaten und Gesellschaften enthalten. Sie bemessen sich nach der Vorgabe der Naturgesetze und müssen sich in deren Rahmen halten. So können sich die Gesetze ausdifferenzieren, wobei dennoch die Hierarchie der Normen gewahrt bleibt. | Begrifflichkeit des Gesetzes

Hier ist die thematische Schnittstelle zum Anschluss von Gesellschaft und Politik an die normative Gesamtordnung. Obgleich Thomas, dem theologischen Vorbild des Monotheismus, aber auch praktischen Erwägungen folgend, die Monarchie bevorzugt, geht es doch weniger um die Staatsform als um die Qualität der politischen Herrschaft. Der gute Herrscher hat, wie Thomas in »De regimine principum« (»Über die Herrschaft der Fürsten«, auch bekannt unter dem Titel »De regno«, »Über das Königtum«, 1265–1267 oder 1271–1273, gedruckt 1472/1475) verdeutlicht, mehreren Aufgaben *(officia)* zu genügen. Er muss für die Dauerhaftigkeit der Herrschaft und des Staates sorgen. Er muss durch Gesetze und Vorschriften, aber auch durch Lohn und Strafen dafür sorgen, dass die Untertanen vom Unrecht abgehalten werden. Er muss außerdem den Frieden nach außen sichern und das allgemeine Wohl tätig fördern. Auf diese Weise entsteht Friede in einem weiteren Sinne. | Der gute Herrscher

Was aber, wenn der Fürst diesen Aufgaben und Pflichten nicht nachkommt, ja sie sogar verletzt? Der klassische Fall ist der Tyrann. Ist gegen den Tyrannen die ultimative Maßnahme, ihn zu ermorden, erlaubt? Thomas überlegt, indem er prinzipielle mit konkret-pragmatischen Gesichtspunkten verknüpft und zu einer differenzierten Abwägung kommt. Ist der Tyrann ein Usurpator, der sich der Herrschaft unrechtmäßig bemächtigt, so ist seine Tötung erlaubt. Handelt es sich aber um einen rechtmäßigen Herrscher, der zum Tyrannen entartet, so ist der Tyrannenmord moralisch nicht mehr zu rechtfertigen. Es gibt aber ein maßvolleres Widerstandsrecht, ihn abzusetzen. Da es der Tyrann ist, welcher zuerst den Treuevertrag bricht, bildet der Aufstand gegen ihn keinen Treuebruch. Auch die konkrete Durchführung wird bedacht. Die zu erwartende gewaltsame Beseitigung des Tyrannen, die aber nicht bis zu seiner Ermordung gehen darf, kann von der Einschränkung seiner Macht über das Entfernen aus seinem Amt bis zur Verbannung gehen. Dies setzt aber | Umgang mit Tyrannen

Herrschaft und politische Ideen

einen „allgemeinen Beschluss" voraus, in dem vor allem dem Adel und den geistlichen Würdenträgern große Bedeutung zukommt.

Auch zur Anwendung von Gewalt im Kriegsfalle finden wir bei Thomas wegweisende Überlegungen. Der Krieg, der prinzipiell gegen die Ordnung der Schöpfung gerichtet ist, kann unter bestimmten Bedingungen doch legitim, nämlich ein gerechter Krieg *(bellum iustum)* sein. Sicherlich auch inspiriert vom Kirchenlehrer Augustinus, formuliert Thomas vier Kriterien für einen gerechten, das heißt legitimen

Der gerechte Krieg | Krieg, die das Recht zum Krieg, aber auch im Krieg umreißen: Es muss eine gerechte Sache beziehungsweise Ursache *(causa iusta)* vorliegen; der Krieg muss – im Gegensatz zum Privatkrieg – mit der Autorität des Staatsoberhaupts *(auctoritas principis)* erklärt werden; er muss mit der richtigen Absicht *(recta intentio)* und in der angemessenen Weise *(debitus modus)* geführt werden. Ein Krieg, für den es einen gerechten Grund gibt, der aber gleichwohl mit nicht angemessenen Mitteln geführt würde, würde dem Gerechtigkeitskriterium nicht entsprechen.

Das geistliche und das weltliche Reich – Ein ideengeschichtliches Kampffeld

In der mittelalterlichen Geschichte gibt es eine Reihe von gesellschaftlichen und politischen Konfliktlinien, die zu zahlreichen realen Konflikten geführt haben. Gegenüber dieser Komplexität der Realgeschichte verlief die politische Ideengeschichte einfacher. Ausgehend von der theologischen Ausrichtung von Philosophie und politischer Theorie, ergab sich zwangsläufig als dominantes Problem die Frage, in welchem Verhältnis die geistliche und weltliche Herrschaft und ihre Repräsentanten – der Papst auf der einen Seite, der Kaiser oder auch die Könige auf der anderen Seite – zueinander stehen. Der ideale Rahmen für eine Antwort war damals nicht kontro-

Sacrum imperium | vers: Analog zur geistigen Einheit in der umfassenden christlichen Weltanschauung bildet das *sacrum imperium*, das Heilige Reich, das Ideal einer friedlichen Gesamtordnung, in der geistliche und weltliche Herrschaft in Eintracht *(concordia)* miteinander zusammenwirken. Die Leitmetapher für das *sacrum imperium* ist der Körper *(corpus)*, der als organisches Ganzes verstanden wird. Innerhalb des Ganzen wirken dessen Teile, die Organe, mit ihren jeweiligen Funktionen zu einer Einheit zusammen.

Trotz dieses unbestrittenen Rahmens führt die Frage nach dem Verhältnis des spirituellen zum weltlichen Reich auf der Ebene der Theorie und Ideengeschichte keineswegs zu einem homogenen Ergebnis. Im Gegenteil: Die Antworten fallen konträr aus und bezeichnen Positionen in einer nicht nur realpolitischen, sondern auch politiktheoretischen Auseinandersetzung. Die ideengeschichtliche Frage nach dem Verhältnis der beiden Gewalten eröffnet ein Kampffeld, in dem sich die Verbindung von Ideen und Theorien mit realen Machtansprüchen klar zu erkennen gibt. In diesem Sinne einer Interessenartikulation kann man auch von einer „ideologischen" Funktion sprechen. Ideen werden zu intellektuellen Waffen in einem politischen Kampf. Die Ideenträger sind dabei auf mehreren Ebenen angesiedelt, was der Auseinandersetzung ihr spezifisches Gepräge gibt: Erstens können es begrifflich-theoretische Denkfiguren und Satzzusammenhänge sein, welche die Positionen im Kampf logisch-argumentativ begründen und damit legitimieren, zweitens Metaphern und Leitbilder, welche Anschaulichkeit mit bestimmten Deutungen verbinden und daraus eine legitimatorische Funktion gewinnen, drittens kann es der Rekurs auf die Bibel als den verbindlichen theologischen Grundtext sein; aus Textstellen und Erzähltem gewinnt man Unterstützung für die je eigene Position, der dadurch Autorität zufließt. | Ideenträger

Das damit eröffnete Feld ist also reich instrumentiert. Es kann an dieser Stelle nur darum gehen, die drei hauptsächlichen Positionen zu bestimmen und zumindest einige Begründungslinien exemplarisch anzudeuten. Zwei der Positionen bestimmen extreme Möglichkeiten der Verabsolutierung von Herrschaft, nämlich auf der geistlichen wie auf der weltlichen Seite, also bei Papst und Kaiser/König. Die dritte Position ist nichtextrem; sie strebt eine Balance der beiden Mächte an. Was die theoretische Begründung betrifft, so spielt dabei eine theologisch interpretierte Unmittelbarkeit und Vermittlung im Verhältnis des Menschen zu Gott eine zentrale Rolle.

Als erste extreme Position ist der absolute Herrschaftsanspruch des Papstes zu nennen. Es handelt sich nicht um eine Theokratie, die zumindest im Mittelalter seit der Zurückweisung einer politischen Theologie durch Augustinus nicht mehr ernsthaft zur Debatte steht. Vielmehr geht es um die unbedingte Vorherrschaft des Papstes vor dem Kaiser. Der Schlüsselbegriff ist die *plenitudo potestatis* des Papstes, die Fülle seiner Herrschaftsgewalt. Dieser Anspruch wird beispielsweise von Papst Bonifatius VIII. in seiner Bulle »Unam sanctam« (1302) erhoben. Theoretisch wird der Anspruch durch die Unmittelbarkeit des Papstes zu Gott begründet, während der Kaiser nur durch die Vermittlung des Papstes herrscht. Analog zum Eingreifen Gottes in die Schöpfung durch Wunder hat der Papst ein letztentscheidendes Interventionsrecht in die weltliche Herrschaftssphäre. Der Kaiser ist nur Diener der Geistlichkeit, insbesondere des Papstes, der als Mittler (*pontifex*, der Brückenbauer) zwischen Gott und Kaiser fungiert. Als zentrales biblisches Motiv wird immer wieder die von Gott verliehene Schlüsselgewalt des Papstes herangezogen: die Gewalt, im Himmel wie auf Erden zu lösen wie zu binden (*postestas ligandi et solvendi*, Mt 16,18–19). Verbindlich wird die Bibel natürlich erst, wenn der biblische Petrus, dem die Schlüsselgewalt verliehen wird, diese durch Sukzession auf alle seine Nachfolger, das heißt auf alle weiteren Päpste, übertragen kann. Von der biblischen Quelle her ungleich vager ist die Zwei-Schwerter-Lehre. Sie besagt, dass dem Papst von Gott beide Schwerter – die metaphorisch für die Gewalten stehen – verliehen wurden, das geistliche wie das weltliche, und dass er das weltliche nur an die weltlichen Herrscher weitergab. Unterstützung fand diese Version vom absoluten Papsttum durch Geschichtsfälschungen – die Silvester-Legende und insbesondere die Konstantinische Schenkung –, wie sie für das Mittelalter nicht untypisch waren. | Das absolute Papsttum

Gegen die vereinseitigte Vorherrschaft des Papstes wendet sich die zweite Position, ein Modell der Balance zwischen beiden Gewalten, also eine echte Zwei-Reiche-

Herrschaft und politische Ideen

Lehre. Beide Reiche werden als eigenständige Sphären begriffen, die sich zum Besten für Mensch und Gesellschaft ergänzen. Gott hat dem Papst direkt die geistliche Oberherrschaft verliehen, während dem Kaiser durch die von Gott geschaffene Ordnung der Natur die weltliche Herrschaft zukommt. Während der Papst und seine Geistlichkeit für die ewige Glückseligkeit zuständig sind, hat der Kaiser für das irdische Wohl zu sorgen. Den unterschiedlichen Aufgaben entsprechen unterschiedliche Qualitäten der Herrschaft: Während dem Papst vor allem Ehrfurcht *(reverentia)* gebührt, kann der weltliche Herrscher Gehorsam beanspruchen. Formuliert und begründet wird diese Sicht insbesondere bei Dante Alighieri (1265–1321), der das Gleichgewichtsmodell in seinem theoretischen Hauptwerk »De Monarchia« (1370, Erstdruck 1559)

Die Zwei-Reiche-Lehre | favorisiert, wo auch eine kritische Sichtung von Gegenargumenten vorgenommen wird. Aber auch Wilhelm von Ockham (1285/1290–1347/1348, »Dialogus«, 1332–1341, Erstausgabe 1494) verdient Aufmerksamkeit, weil er die Trennung der beiden Sphären mit einer Differenzierung seines Naturrechtsverständnisses verbindet. Zielt die theoretische Begründung einer Trennung der Bereiche auf getrennte Funktionen im Sinne des Platonschen Gerechtigkeitsverständnisses, wonach jeder das Seine tun soll, so gibt es auch biblische Textstellen, welche das Zwei-Reiche-Modell stützen. Der Ausspruch von Jesus im Neuen Testament „Mein Reich ist nicht von dieser Welt" (Joh 18,36) gehört ebenso dazu wie die Anweisung „So gebt dem Kaiser, was dem Kaiser gehört, und Gott, was Gott gehört!" (Mk 12,17). Wichtig ist der Römerbrief von Paulus, wonach die weltliche Obrigkeit (selbst die nichtchristliche) als von Gott gegeben betrachtet wird, was die Gehorsamspflicht ihr gegenüber begründet. Die Zwei-Reiche-Lehre reicht bis auf Augustinus und seine strikte Trennung in *civitas dei* und *civitas terrena*, Gottesstaat und weltlichen Staat, zurück. Sie verweist auf Martin Luthers Terrainaufteilung, wonach der weltlichen Obrigkeit als gottgewollter zu gehorchen ist, während der Bereich des religiösen Glaubens und des Seelenheils davon abzutrennen ist (»Von weltlicher Obrigkeit, wieweit man ihr Gehorsam schuldig sei«, 1523).

Als dritte Position entwickelt sich im späten Mittelalter an der Schwelle zur Neuzeit das, was mit der einprägsamen englischen Formulierung als *Divine Right of Kings* bezeichnet wird. Diese Position stellt die größtmögliche theologische Aufwertung der weltlichen Fürsten dar. Deren unteilbare und absolute, über ihren eigenen Gesetzen – nicht jedoch über den göttlichen Gesetzen – stehende Souveränität begründet sich als legitime nicht nur aus der natürlichen Ordnung, sondern sie ist – wie zunächst dem Anspruch nach die päpstliche Gewalt – direkt von Gott gegeben. Widerstand ist in jeder Form illegitim. Der König ist, was auch der Papst für sich beansprucht: Statthalter Gottes *(vicarius Dei)* auf Erden. Vertreten wird diese Position vor allem im England und Frankreich des 16. Jahrhunderts. Autoren sind etwa Pierre de Belloy

Divine Right of Kings | (»De l'autorité du roi«, 1587) oder William Barclay (»De regno et regali postestate«, 1600). Bekannter als diese ist heute noch Robert Filmer (1588–1653) mit seinem Hauptwerk »Patriarcha. A Defense of the natural Power of Kings against the unnatural Liberty of the People« (1635–1640, Erstausgabe 1680) – ein

Werk, mit dem sich John Locke im ersten seiner »Two Treatises of Government« (1690) auseinandersetzt. Wie der Titel Filmers zeigt, geht die theologisch legitimierte Monarchie mit einer Ablehnung demokratischer Herrschaftsansprüche einher. Schnell aber kann das Modell einer theologisch begründeten absoluten Monarchie in ein demokratisches umkippen, indem die direkte Beauftragung des Königs durch Gott mediatisiert und das Volk als Vermittlungsinstanz eingebaut wird. In dieser antimonarchisch-demokratischen Wende wäre das Volk dann die von Gott gewollte und gegebene Herrschaftsinstanz, die dem König seine Herrschaftsbefugnis zu treuen Händen gibt. Diese demokratische Pointe, wie sie in einschlägigen Schriften und Polemiken des 17. Jahrhunderts auftaucht, kommt der späteren Vertragstheorie nahe. Befruchtend dürfte in diesem Zusammenhang schon Marsilius von Padua (um 1290–1342) gewirkt haben, der bereits im Spätmittelalter die zentrale politische Rolle des Volkes ins Spiel bringt, nach der die Könige ihre Herrschaft vom Volk nur zu treuen Händen erhalten haben.

Übersieht man das ganze Feld, das sich innerhalb eines einheitlichen weltanschaulichen Rahmens eröffnet, aber in der politischen Anwendung dann doch kontrovers wird, so zeichnen sich aus ideengeschichtlicher Perspektive zwei Krisentendenzen mit fortschreitender Deutlichkeit ab.

Die erste Krise ist eine, theologisch betrachtet, immanente. Der ideengeschichtliche Anteil dieser Krise besteht darin, dass es der Rückbezug auf die Theologie selbst, insbesondere auf die Bibel und ihre Deutung, ist, der von unvereinbaren und sich bekämpfenden Positionen in Anspruch genommen wird. So wird der Suprematsanspruch des Papsttums durchaus aus dem Kreis der Repräsentanten des christlichen Glaubens – der Theologen, der Mönche und der Weltgeistlichen – fundamental in Frage gestellt. Zu nennen ist der Konziliarismus, zu dessen Verfechtern | Erste Krisentendenz auch Nicolaus Cusanus zu rechnen ist, und vor allem der Protestantismus mit seiner Nichtanerkennung des Primats des Bischofs von Rom. Martin Luthers Aufsatz »Wider das Papsttum zu Rom, vom Teufel gestiftet« (1545) trägt schon im Titel die eindeutige Botschaft. Der Papst wird zum Kandidaten für die Besetzung der christlich-theologischen Position des Antichristen. Theologisch inspiriert ist aber auch der Zwist zwischen Martin Luther und Thomas Müntzer, wo der eine aus theologischen Gründen die weltliche Obrigkeit affirmiert, während der andere aus ebenso theologischen Gründen die Nichtprivilegierten zur Revolution führen will.

Eine zweite, mit der ersten Krise verbundene Krisentendenz bricht mit dem Aufstieg des Weltlichen nicht nur in der Realgeschichte, sondern auch in der Theorie und auf dem Feld der Ideen mit fortschreitendem Mittelalter offen auf. Im *Divine Right of Kings* gibt sich das absolute Königtum eine theologische Rechtfertigung. Diese Legitimationsstrategie hat zwei Seiten: zum einen die Permanenz des Rückgriffs auf die Theologie, was deren Machtposition bestätigt, zum zweiten aber auch die immer selbstbewusstere Positionierung der weltlichen Herrschaftsinstanzen. Die Verbindung dieses Anspruchs zur ersten Krisentendenz ergibt sich aus der Einsicht in den Widerspruch, dass die *pax christiana*, der im gemeinsamen Glauben errungene Frie-

Herrschaft und politische Ideen

de, theologisch nicht zu garantieren ist. An dieser Problemstelle schlägt die Chance für die weltliche Macht, die Fürsten und ihre frühmodernen Staaten, Dominanz zu gewinnen. Dies umso mehr, als der Friede nicht nur theologisch nicht zu garantieren ist, sondern die Theologie geradezu zur Ursache für Unfrieden werden kann. Wo Marsilius von Padua im »Defensor Pacis« (»Der Verteidiger des Friedens«, 1324, Erstdruck 1522) noch die Einmischungen der „Bischöfe von Rom", das heißt der Päpste, in die weltliche Politik als Quelle des Unfriedens brandmarkt, dort liefern die konfessionellen Auseinandersetzungen und Bürgerkriege der Frühen Neuzeit Anlass und Grund, dass die weltliche Herrschaftsgewalt die Aufgabe, Frieden zu stiften, an sich zieht, was nur durch einen Zugewinn an Neutralität gegenüber den Konfliktparteien möglich ist. Abgesehen vom theologischen Urbild der Allmacht Gottes und von der *plenitudo potestatis* des Papsttums, wird die Idee der absoluten Souveränität, wie sie bei Jean Bodin und Thomas Hobbes entwickelt wird, von ihrer zentralen Friedensleistung aus legitimiert, während Theologie und Religion eher als Potential des Unfriedens erfahren werden.

Zweite Krisentendenz

„Moderne" Verschiebungen

Der neue Humanismus der Renaissance

Am Denken der Renaissance (s. S. 261–276) fällt seine Heterogenität und Komplexität auf, die es aus heutiger Sicht wieder sehr „modern" erscheinen lassen. Theologische Überzeugungen, eine sich immer mehr verweltlichende Philosophie, ein esoterischer Diskurs mit magischen Elementen, die Einbeziehung der antiken Bildung (wovon die Bezeichnung „Renaissance" als „Wiedergeburt" kündet), die Präsenz des Narrativen in Gestalt von Lehrerzählungen und Gleichnissen zusammen mit Überlegungen von logisch-argumentativer theoretischer Art: All dies formt ein Amalgam mit in der Folgezeit strikt getrennten, ja inkommensurablen Bestandteilen. Wer würde im 19. Jahrhundert noch die Magie und das esoterische Denken als gleichberechtigte Gesprächspartner der Wissenschaft gelten lassen?

In diesem Rahmen und mit diesen traditionellen Mitteln bildet sich ein Diskurs heraus, dessen zentrale philosophische Idee der Mensch als autonomes Subjekt ist. Genauer gesagt: Das menschliche Individuum wird sich seines konstitutiven Wertes, seines Wesenspotentials und seiner schöpferischen Möglichkeiten bewusst und bringt sich selbst ins Verhältnis zu einer Welt, die als unendliches Feld von Möglichkeiten begriffen wird. Dieses Subjekt-Objekt-Verhältnis von Ich und Welt wird auf lange Zeit – bis ins 19. Jahrhundert hinein – das philosophische Selbst- und Weltverständnis maßgeblich bestimmen. Es gibt zwei große Wege des Renaissancedenkens: Einen philosophischen und Literatenhumanismus einerseits, der in den Werken von Francesco Petrarca, Marsilio Ficino, Giovanni Pico della Mirandola und anderen repräsentiert wird, und einen politischen Bürgerhumanismus

Zwei Wege des Renaissancedenkens

andererseits, der als Ideal die auf Gemeinsinn und Gemeinwohl gegründete Republik hat und bei Coluccio Salutati, Leonardo Bruno und Niccolò Machiavelli zu finden ist. Der erste Strang prägt die gesamte europäische Neuzeit und Moderne. Der zweite, politische Strang entfaltet seine Wirkung bis ins politische Selbstverständnis der jungen Vereinigten Staaten von Amerika und heute etwa bei deren *Communitarians*.

Blicken wir zunächst auf den philosophischen Humanismus. Als besonders bemerkenswerter Repräsentant sei Giovanni Pico della Mirandola (1463–1494) beleuchtet, als spezielles Thema die zentrale Frage des Menschen nach sich selbst, nach seinem Selbst- und Weltbezug. Schon der Titel von Picos Schrift »De Hominis Dignitate« (»Über die Würde des Menschen«, 1487, veröffentlicht posthum 1496), der die Frage nach dem Menschen mit dem auszeichnenden Begriff der Würde verbindet, spricht die hervorgehobene Stellung des Menschen an. Wenn diese ausgezeichnete Stellung auf den göttlich geschaffenen Kosmos bezogen wird, so verbleibt beides zumindest auf den ersten Blick im Bereich des mittelalterlichen Denkens. Das Motiv der vom christlichen Gott geschaffenen Welt wird mit der platonischen Vorstellung von den Archetypen, Urbildern alles Seienden, verknüpft, die bei Platon als nur im Denken erschließbare Ideen den Grund und die Vorlage für die sinnlich wahrnehmbare Welt bilden. Pico kleidet diese anthropologisch-philosophischen Überlegungen in eine Erzählung vom christlichen Gott, der sein Schöpfungswerk durchführt und dabei auf ein platonisch bedingtes seinsökonomisches Problem stößt. Als nämlich Gott sukzessive die Welt erschafft und bis zu dem Punkt gelangt, an dem im Buch Genesis der Bibel die Erschaffung des Menschen ansteht, überblickt er sein bisheriges Werk und kommt zum Ergebnis, dass noch etwas fehle. Dieser Eindruck eines Mangels ergibt sich aus dem Bedürfnis des Schöpfers, sein Werk nicht nur im eigenen Bewusstsein, sondern auch in einem anderen zu spiegeln, das dann in der Lage wäre, ihn und sein Werk zu bewundern. Freilich hat Gott alle vorhandenen Archetypen bereits verbraucht und den Vorrat erschöpft. Aus dieser ontologischen Notlage macht Gott eine produktive Tugend, schafft Menschen. Der Mensch aber ist mit einem konstitutiven Mangel behaftet. Er wurde geschaffen, ohne dass es einen humanen Archetypus gäbe. Es gibt kein angebbares positives Wesen des Menschen, das gerade ihn und kein anderes Wesen auszeichnet. Dies ist der Differenzpunkt zwischen Picos Würdetraktat und vergleichbaren anderen seiner Zeit wie etwa Giannozzo Manettis »De dignitate et excellentia hominis« (»Über die Würde und Erhabenheit des Menschen«, 1455, veröffentlicht 1532). Gottes genialer Kunstgriff besteht darin, aus der Not des Mangels die Tugend der Exzellenz zu machen. Gott erläutert dies dem von ihm geschaffenen Menschen in einer Rede. Der Mensch hat keinen Ort im System der Welt. Also wird er von Gott in deren Mitte gestellt, und es ist an ihm, sich immer wieder Orte selbst zu suchen. Der Mensch ist das einzige Wesen, das seinen Platz zwischen Tier und Engel suchen und bestimmen kann. Er ist nicht darauf festgelegt, eine bestimmte Position zu besetzen und ihr zu genügen. Er ist frei – frei, sich selbst zu gestalten. Die programmatischste Formulierung bezeichnet den Menschen als *plastes et fictor*, Bildner und Erdichter seiner selbst.

Philosophischer Humanismus

Herrschaft und politische Ideen

Damit sind die Hauptmotive eines philosophischen Humanismus gegeben. Zum ersten erschafft der Mensch sich selbst. Er ist Subjekt seiner selbst. Picos ganz eigene Pointe besteht darin, dass diese Selbstkreativität aus dem Mangel der menschlichen Natur heraus geradezu erzwungen wird, ein zentrales anthropologisches Motiv. Zum zweiten ist es gerade die ontologische Ortlosigkeit, die den Menschen auszeichnet. Er ist nicht wie das Tier auf ein Wesen festgelegt, sondern er ist frei. Der dritte Punkt betrifft die eigentümliche Verknüpfung von theologischem Rahmen und menschlicher Subjektivität. Der Mensch ist frei, aber es gibt immer noch einen theologischen Deutungsrahmen, aus dem heraus die menschliche Autonomie verständlich wird. Der theologische Rahmen wirkt freilich nicht mehr in alle Lebensbereiche hinein, wie das im mittelalterlichen Denken der Fall war. Er liefert nur noch den Hintergrund für das sich entfaltende *Humanum*, das wahrhaft Menschliche. So tritt das Theologische zurück, bleibt jedoch der beherrschende Sinnbezug. Diese Denkfigur – Zurücktreten Gottes und Hervortreten des Menschen – wird im Deismus des 16. bis 18. Jahrhunderts aufgenommen und erreicht einen großen Einfluss.

Motive des philosophischen Humanismus

Der Realismus Machiavellis – Eine kluge Theorie

In den klassisch-antiken und mittelalterlichen politischen Theorien werden Politik und Staat in einen umfassenderen philosophischen sowie theologischen Rahmen eingebettet, selbst wenn dann die Eigenart der Politik innerhalb dieses Rahmens behauptet werden sollte. Niccolò Machiavelli (1469–1528) bricht mit dieser Denkweise. Es bedarf keiner philosophischen Theorie und keiner religiösen Überzeugung, um aus deren umgreifender Perspektive Politik und Staat zu untersuchen. Machiavelli stellt stattdessen die Politik und den Staat als solche dar und macht sie zur Ganzheit eines einzigen Gegenstandes. Die Mechanismen der Politik als eines Kampffeldes unterschiedlicher Akteure mit konfligierenden Interessen werden in ihrer Eigengesetzlichkeit beschrieben und analysiert. Der Staat wird in seiner ihm eigenen Logik, der Staatsräson, zum Gegenstand. Das unterscheidet Machiavelli von den meisten der traditionellen politischen Theorien, sieht man von einem politiktheoretisch interessanten Historiker wie Thukydides ab. Die Substanz der Politik ist die Macht. Wie sie erworben, erhalten oder verloren wird, das ist das einzig interessierende Thema.

Politik und Staat bei Machiavelli

Dieses Herangehen schließt auch eine konstituierende Bedeutung der Moral und ihrer Normen und Gesetze für die Politik aus. Politik wird von Machiavelli nicht beschrieben, wie sie sein soll, sondern wie sie ist. Das ist ein Wandel in der Perspektive gegenüber den normativen Theorien von Antike und Mittelalter. Diese wussten zwar immer, wie Politik real funktioniert. Aber das bildete eher eine Art von Negativfolie, eine Verfehlung gegenüber dem normativen Ideal, dem die hauptsächliche Aufmerksamkeit galt. Machiavelli hingegen beschreibt und analysiert die Machtmechanismen, wie sie tatsächlich funktionieren. Seine Ana-

Analyse von realistischer Politik

lysen beziehen sich auf Erfahrung, sei es die Erfahrung der zeitgenössischen Politik, sei es die in der römischen Geschichtsschreibung festgehaltene Erfahrung des alten republikanischen Rom. Letztere erschließt sich Machiavelli am Geschichtswerk des Titus Livius. Den Willen zur reinen Sachlichkeit und zum Faktischen kann man realistisch nennen. Machiavelli ist der erste, der eine realistische Politik systematisch durchdacht und auf ihre Spielregeln hin untersucht hat.

Das rigorose Auf-sich-selbst-Stellen der Politik im Ausblenden von metaphysischen Sinnbezügen und moralischen Normierungen hat Machiavelli Kritik und Abscheu der Zeitgenossen und künftiger Generationen eingebracht. Dabei ist sicherlich die Abweisung der traditionellen normativen Perspektive der skandalösere Punkt. Was seit dem Beginn des 17. Jahrhunderts als „Machiavellismus" in dezidiert abwertender Absicht kursiert, das hat schon in der Zeitgenossenschaft Machiavellis seinen Ursprung. Es ist nicht, wie das Schimpfwort insinuiert, die Leugnung jeglicher Moral und ihrer Berechtigung, was Machiavelli vorträgt. Er stellt nur realistisch die Schwäche moralischer Normen und Gebote im tatsächlichen Handeln von Menschen fest. Er lässt moralische Normen und Werte als Handlungsorientierung gelten, rechnet sogar mit ihnen. Der anstößige Punkt ist nur, dass sowohl Moral als auch Religion ausschließlich durch die Brille der Politik zur Wahrnehmung gelangen und entsprechend instrumentell reduziert und verformt werden. Religiöse oder moralische Überzeugungen sind nur als Mittel wichtig, um sich in Machtverhältnissen zu behaupten oder durchzusetzen, sie sind nicht um ihrer selbst willen wichtig. So hält Machiavelli die Religion in dem Maße für wichtig, wie sie für den Zusammenhang einer Bürgerschaft in der Republik von Nutzen ist. Der Fürst wird, sofern es seinem Ziel, sich an der Macht zu halten, dienlich ist, moralische Vorschriften befolgen. Wäre er mit moralischem Handeln aber nicht erfolgreich, dann wird er die moralischen Gebote fallen lassen und – wenn es denn unumgänglich ist – auch unmoralisch handeln. Dem öffentlichen Ansehen der Moral entsprechend, wird er sein unmoralisches Handeln aber zu verbergen suchen und – Gipfel der politischen Kunst – seinem Handeln sogar einen moralischen Anschein zu geben trachten. Auch hier gibt es keine Negierung der Moral, wohl aber eine Instrumentalisierung, die immer auch eine Politisierung ist. Die Präferenz liegt eindeutig bei der Politik, nicht bei der Moral.

> Rolle von Moral und Religion

Machiavellis Realismus wäre halb begriffen, würde man ihn nur als Beschreibung der faktischen Machtmechanismen verstehen. Aus der realistischen Beschreibung der Verhältnisse wird – und dies ist die andere Hälfte – ein erfolgreiches Handeln möglich. »Il Principe« (»Der Fürst«, 1513, posthum publiziert 1532), Machiavellis Schrift über die Alleinherrschaft des Fürsten, ist nicht nur Beschreibung und Analyse; sie ist zugleich auch ein Ratgeber für Fürsten und als solcher eine Anweisung zum erfolgreichen Betreiben von Politik. Im kaum zu überschätzenden Leitbegriff der *verità effettuale* verbinden sich beide Aspekte. Es geht um den Wahrheitsanspruch im Sinne einer sachlichen Wiedergabe dessen, was ist. Außerdem geht es um die Effektivität politischen Handelns, die ohne eine sachliche Analytik nicht auskommt, aber diese ins politische Handeln hineinnimmt. Erfolgreich sein Ziel zu realisieren, das ist die einzige Form „guter" Politik. Machiavellis Theorie ist auf Wirksamkeit gerichtet, oder mit anderen Worten: auf Macht. Wie konsequent dies verfolgt wird, zeigt sich gerade dort, wo selbst das Nichtfaktische noch als Mittel zum Erfolg eingesetzt wird. Fiktionen – etwa der Anschein des Guten und Milden, den ein Fürst sich gibt – sind genauso wie Religion und Moral Momente der Wirksamkeit, wenn sich mit ihnen Effekte erzielen lassen. Das gleiche gilt für die Figur des Principe selbst. Dieser steht für den Einzelnen, der die Macht im Staate ergreift und sie – die schwierigere Aufgabe – erhält. Auch wenn Machiavelli Sympathie für konkrete Personen zu haben scheint, etwa für Cesare Borgia – ein Principe im Sinne des erfolgreichen Alleinherrschers sind die Beispiele nicht, wenn sie politisch gescheitert sind. Die Vermutung, es handle sich beim Principe um eine Kunstfigur, erhält weitere Nahrung durch das 26., das Schlusskapitel des »Principe«. Dort wird ein Principe als „Retter" für das zersplitterte Italien der damaligen Zeit herbeibeschworen und in eine Reihe mit großen geschichtlichen Figuren wie Moses und Theseus gestellt. Was haben solche Verweise und Beschwörungen in einer realistischen Schrift zu tun? Sie fungieren als politischer Mythos, den kein geringerer als Machiavelli selbst aufbaut, um damit ein Moment der Wirksamkeit in Richtung auf die ausstehende Wiedervereinigung Italiens zu gewinnen.

Machiavellis »Il Principe«

Aus dem Handeln für das Handeln denken – das ist das zentrale Kennzeichen der Klugheit, jenem spezifisch praktischen Rationalitätstypus, der seine Einsichten aus der Erfahrung gewinnt und diese in Regeln und Ratschläge für künftiges Handeln umbildet. Das Grundmuster ist das einer instrumentellen Rationalität des Handelns: Es gilt, die je optimalen Mittel für die Realisierung eines Zweckes zu erwägen. Klug ist es, in einer konkreten Situation diese zu überblicken, um die Zwecke zu wissen und dazu die geeigneten Mittel zu organisieren und einzusetzen. Das gilt sowohl für die Politik, als auch für das Militär wie für das private Leben.

Rationalität des Handelns

Wenn Machiavelli schon keine Metaphysik braucht, so spielt doch eine handlungsbezogene und zugleich das Handeln transzendierende Unterscheidung eine zentrale Rolle. Es ist die Grenze zwischen dem Machbaren und dem, was menschlichem Handeln und seiner Verfügung entzogen ist. Diese Grenze verläuft je nach konkreten Gegebenheiten variabel und ist der Zeit und ihrem Wirken, der *qualità dei tempi*, unterworfen. Was heute noch nicht machbar ist, das ist morgen vielleicht schon in den Bereich des Realisierbaren gerückt. Die Grenze als solche zu beachten ist notwendige Bedingung eines jeglichen erfolgreichen Handelns.

Das lässt sich an den Instanzen des Handelns zeigen. Die *necessità*, die Notwendigkeit, steht für die Konstanten des Daseins, vor allem der menschlichen Natur – Ehrgeiz, Bosheit, Dummheit usw. In den Bereich des Notwendigen und somit Unumgänglichen gehört die Zeit selbst, die größte nichtmenschliche Macht, die sich dem menschlichen Streben und Tun aufprägt und sie in seine Schranken weist. Politisch wirkt die Zeit im Kreislauf der Verfassungen, wo sich Machiavelli deutlich an das von dem antiken Geschichtsschreiber Polybios entwickelte Modell anlehnt. Verfassungen sind einesteils von Menschen gemacht, aber sie entwickeln doch eine Dynamik von Aufstieg, Blüte und Untergang, die von Menschen nicht suspendiert werden kann. Mit dem Kreislaufmodell stellt sich Machiavelli gegen das im christlichen Mittelalter dominierende lineare Geschichtsdenken und greift das ältere „heidnische" Zeitverständnis wieder auf. An dieser thematischen Stelle lässt sich auch die inhaltliche Diskrepanz zwischen seinen zwei Hauptwerken verstehen. Während der »Principe« die souveräne Diktatur eines einzelnen Fürsten thematisiert, handeln die »Discorsi« (»Unterredungen über die ersten zehn Bücher des Titus Livius«, 1513, posthum publiziert 1531) am Vorbild des alten Rom von der Republik. Ihr gehört sicherlich das Herz von Machiavelli, der sich auch praktisch-politisch im Dienst seiner Republik Florenz bewährte. Beides scheint nicht zusammenzupassen, aber aus der Perspektive der Zeit und ihres Kreislaufs kann man beide Politikmodelle als Phasen eines zirkulären Prozesses begreifen. Die Alleinherrschaft ist dort am Platz, wo aus Unordnung und Chaos überhaupt eine politische Ordnung zu schaffen ist. Für diese Aufgabe scheint ein Einziger mit großer Macht mehr geeignet als die vielen, die sich erst als Gemeinwesen finden müssen. In einer späteren Phase allerdings gebührt das Primat der Republik. In der Partizipation ihrer Bürger ist sie nämlich stabiler und lernfähiger als eine Alleinherrschaft. Der Principe ist also fürs Grobe zuständig, die Republik für die besseren Zeiten. Freilich, sie alle werden ihrem Ende entgegengehen, und dann beginnt das Spiel von neuem. | Zyklisches Geschichtsdenken

Als zweite Instanz bezeichnet die *virtù* jene praktische Kraft und Handlungsenergie, die der Mensch aktiv entfalten und nutzen kann. Während die *necessità* das dem Menschen Vorgegebene meint, markiert die *virtù* (was allgemein „Tugend", „Tüchtigkeit" heißt, bei Machiavelli aber vor allem das Vermögen der Aktivität im Handeln und in der Politik intendiert) die Handlungsfreiheit des Menschen. Von besonderem Interesse sind diejenigen Instanzen, die auf beiden Seiten zu lokalisieren sind, als passiv Erlebtes wie als aktiv Machbares. Sie sind deswegen so interessant, weil der Mensch hier zumindest eine Einwirkungsmöglichkeit hat, die er – wenn er genügend *virtù* hat – ergreifen und nutzen kann. Die Gelegenheit, *occasione*, steht für das Zufällige und Nichtnotwendige, das dem Menschen eine unerwartete Gelegenheit bietet. Wenn er zupackt, wird er Nutzen davon haben. Wenn er zu lange zögert, ist die Gelegenheit vorbei. Solche Gelegenheiten zu erkennen und sie entschlossen zu nutzen, ist ein politisches Qualitätsmerkmal. Die *fortuna* schließlich, das „Glück", steht für den im guten wie im schlechten Sinne ins menschliche Leben eingreifenden Zufall. Naturkatastrophen gehören ebenso dazu wie eine günstige Wetterlage in der Schlacht, und für die Gunst oder Ungunst der *qualità dei tempi*, jener nicht so klar ins Deutsche übersetzbaren Qualität, welche eine konkrete politische und gesellschaftliche Lage bestimmt, sollte jeder gute Politiker ein feines Sensorium haben. Obwohl dem Zufall durch menschliche Aktivität auf den ersten Blick nicht beizukommen scheint, ergeben sich doch unter Einbeziehung der Zeit und ihrer Zukunftsdimension Einwirkungsmöglichkeiten. Wie man den Sturm zwar nicht verhindern, sich jedoch durch Voraussicht gegen ihn wappnen | Handlungsfreiheit des Menschen

| Umgang mit dem Zufall

Herrschaft und politische Ideen

kann, so kann man Ähnliches auch in der Politik für Notstandssituationen tun. Das trifft sogar noch für den Kreislauf der Zeit zu, der die politischen Ordnungen und Verfassungen kommen und gehen, auf- und absteigen lässt. Seine Notwendigkeit ist zwar nicht zu beseitigen, aber der Mensch kann doch zumindest eingreifen, indem er die Dynamik in politisch guten Zeiten verlangsamt und sie in politisch schlechten Zeiten beschleunigt. Mehr an Möglichkeiten hat er freilich nicht.

Machiavellis Werk ist noch keine mit theoretischen Begriffen operierende Theorie, wie sie über 100 Jahre später von Thomas Hobbes vorgelegt wurde. Während Hobbes der Begründer einer Politik als Wissenschaft ist, die mit abstrakten Begriffen und reflektierten Methoden arbeitet, bleibt Machiavelli der Begründer der Politik als eines eigenständigen und eigengesetzlichen Feldes menschlicher Wirklichkeit. Dieses Feld wird nicht im strikten Sinne wissenschaftlich, sondern als Klugheitsdiskurs erschlossen, so dass man von einer „klugen Theorie" sprechen kann. Der Unterschied der beiden Pioniere einer Theorie des Politischen kann am Beispiel des für beide sachlich zentral bedeutsamen Begriffs der Macht verdeutlicht werden. Zweifelsohne

Machiavelli und Hobbes | ist die Macht, ihre Positionalität, die Mechanismen ihrer Bewegung zwischen Ergreifung, Erhaltung und Verlust der Macht das zentrale Thema im Denken und Schreiben Machiavellis. Immer geht es um die Macht, selbst noch im Religiösen, in dem der religiöse Glaube nur als Mittel einer politischen Machttechnik von Interesse ist. Gleichwohl wird man bei Machiavelli keine Definition und keinen abstrakten Begriff von Macht finden, wie Thomas Hobbes ihn dann liefern wird. Geht es bei Machiavelli allein darum, aus dem Handeln und aus der konkreten, auch der geschichtlich tradierten Erfahrung heraus zu allgemeineren Aussagen über die Macht zu kommen, so geht es Hobbes darüber hinaus um die Logik der Macht, um ihre begriffliche Fassung sowie Formulierung in einer erfahrungsdistanten Theorie – hier Klugheit, dort Wissenschaft. Es ist insofern nur konsequent, wenn Hobbes reklamiert, er sei der erste, welcher Politik als Wissenschaft begründet habe, und wenn die Klugheit von ihm als Erkenntnis und Wissen vermittelnde Rationalität zugunsten der Wissenschaft zurückgewiesen wird, die ungleich leistungsfähiger sei. Dass Hobbes damit sozusagen das Kind mit dem Bade ausgeschüttet hat, sei kritisch vermerkt. Ist es doch unklug, in einem reinen Szientismus nur auf die abstrakte Theorie zu setzen und dabei den Erfahrungsschatz der Klugheit in den Wind zu schlagen.

In der Renaissance und der Frühen Neuzeit prägt sich ein eigener Klugheitsdiskurs aus. Er entspringt der Klugheit als einer Form praktischer Rationalität, die aus der Praxis und ihrem Erfahrungsfundus kommt, um Regeln und Ratschläge für die Praxis zu formulieren. Der Diskurs bewegte sich auf zwei thematischen Wegen. Der erste Weg wendet sich der individuellen Selbstsorge zu, die den Menschen körperlich, geistig und moralisch in eine gute Verfassung zu bringen sucht. Kluge Ratschläge und

Entstehung eines Klugheitsdiskurses | Verhaltensmaximen helfen dem menschlichen Individuum, sich in einer schwierigen Umwelt möglichst vorteilhaft zu erhalten, wobei die Selbsterhaltung mehr oder weniger nur ichbezogen oder auch mit Blick auf den Sozialbezug, ja sogar die Gemeinwohlbindung aufgefasst wird. Baldassare Castigliones »Il libro del cortegiano« (»Das Buch vom Hofmann«, 1528), Francis Bacons vielgelesene »Essayes or Counsels, civill and morall« (»Essays oder praktische und moralische Ratschläge«, ³1625), Machiavellis bereits besprochene Handlungslehre und Baltasar Graciáns »Oráculo manual y arte de prudencia« (»Hand-Orakel und Kunst der Weltklugheit«, 1647), das im 19. Jahrhundert Schopenhauer inspirierte, ferner die Werke der französischen Moralistik des 17. und 18. Jahrhunderts stehen als Wegmarken für diese Klugheitsliteratur. Der zweite Weg bezieht die Klugheit nicht auf das Individuum, sondern auf den Staat und formuliert Regeln und Ratschläge für die möglichst erfolgreiche Selbstbehauptung ganzer Staaten nach innen wie nach außen. Die Klugheit tritt hier als Staatsräson auf und wird zum Thema einer ganzen Staatsräsonlehre, die sich – mit Machiavelli als substantiell wichtigstem Vertreter – im 16. und 17. Jahrhundert herausbildet (Giovanni Botero, Pietro Andrea Canonhiero, Ludovico Settala u. a.). Verwandte Bestrebungen verfolgt der sogenannte Tacitismus, der im Werk des römischen Geschichtsschreibers Tacitus über die untergegangene Republik und die Kaiserzeit Parallelen zur eigenen Zeit der Heraufkunft des Absolutismus zieht und sich in eine sowohl kritische als auch affirmative Machiavelli-Rezeption stellt. Besondere Bedeutung kommt dabei dem Niederländer Justus Lipsius (1547–1606) zu, einem der einflussreichsten politischen Denker seiner Zeit. Aus dem Geist der römischen Stoa (vor allem Senecas und Epiktets) stellt er angesichts politischer Katastrophen wie Krieg und Bürgerkrieg den Wert der Standhaftigkeit *(constantia)* für die individuelle Überlebenskunst heraus. Sein Verständnis von Staatsräson verbindet die Tugend der Mäßigung des absolutistischen Fürsten mit einer stark an Machiavelli orientierten Staatsklugheit, welche Lüge, Betrug und Wortbruch im unentbehrlichen Repertoire der Machtmittel zu schätzen weiß.

Realismus und Utopie – Zwei Geschwister in der politischen Ideengeschichte der Renaissance

Die politische Theorie der Renaissancezeit ist wie eine Münze. Während auf der einen Seite ein in seiner konsequenten Form neuer Realismus hervortritt, weist die andere Seite Textgebilde vor, die etwas damit auf den ersten Blick Unvereinbares beinhalten: in Erzählungen gekleidete Schilderungen von idealen Gesellschaften und Staaten, die so sehr von aller vergangenen und gegenwärtigen Realität entfernt sind, dass ihre Realisierung kaum oder gar nicht als möglich betrachtet wird. Solche Texte werden geläufig als Utopien bezeichnet. Gemeinsam ist diesen Erzählungen das Ideal der gesellschaftlichen Harmonie, unter dem alle in einem Staat zusammenleben. Gemeinsam ist auch der Typus der Rationalität, auf den hin dieses Zusammenleben analysiert wird. Es ist, ähnlich wie beim Realisten Machiavelli, eine instrumentelle Rationalität, die in oftmals großer konkreter Detailfülle die Mittel und Wege beschreibt, | Utopien
um das Ideal der Harmonie und ihres Gemeinwohls zu verwirklichen. Gemeinsam ist der narrative Charakter dieser Texte, die ihr Thema, die ideale Gesell-

schaft und den idealen Staat, mittels Erzählung einführen, was allerdings eingebaute theoretisch-begriffliche Erörterungen keineswegs ausschließt. Gemeinsam ist schließlich, dass das mit der gegebenen und bekannten Realität nicht Vereinbare, das in diesem Sinne Neue, das sich nur in der Gestalt der Fiktion anschaulich machen kann, aus dem Bereich der bekannten und erfahrbaren Welt wenn schon nicht ausgeschlossen, so doch an die sehr ferne Peripherie verlagert wird. Ist der Ort solcher erzählerischer Fiktionen ab dem 19. Jahrhundert vor allem die Zeit, und dort insbesondere die Zukunft, in der man sich alle möglichen fiktiven Alternativgesellschaften vorstellen kann, so ist der Ort in der Renaissancezeit und bis zum 18. Jahrhundert vorwiegend im Raum zu suchen, allerdings an dessen Rändern, die nicht ins bekannte Leben der damaligen Zeit einbezogen sind. Man spricht von Raum- anstatt von Zeitutopien.

Das heutige Sprechen über „Utopien" beruht auf der gleichnamigen begrifflichen Erfindung von Thomas Morus (1478–1535). Dieser bedachte seine 1516 veröffentlichte Erzählung mit dem Titel »De optimo rei publicae statu deque nova insula Utopia« (»Vom besten Zustand eines Gemeinwesens und von der neuen Insel Utopia«). „Utopia" ist ein Kunstwort des klassisch gebildeten Morus und meint *ou topos*: das, was keinen Ort hat, nirgendwo ist – außer in der Phantasie ihres Autors und seiner Leser. Als Eigenname steht Utopia für eine Insel, weit weg von Europa. Dieser Kunst-Eigenname dupliziert sich noch in Utopos, dem Namen des Königs, der in vergangener Zeit den Staat Utopia gründete, womit Morus eine Figur der klassischen politischen Philosophie, den Gründer und Gesetzgeber, aufnimmt. Schon bald wurde aus dem vielfältigen Eigennamen „Utopia" ein allgemeiner Gattungsbegriff für eben jene Art von Texten, für die Morus den Urtext geliefert hat. In die spätere Zeit fällt dann auch die Einbeziehung in eine kontroverse – und bis heute kontrovers gebliebene – Wertung. Das Adjektiv „utopisch" kann als Auszeichnung für kreatives und visionäres Denken gemeint sein, es kann aber auch zum Schimpfwort degradiert werden, das auf die Weltfremdheit und den sträflich unrealistischen Charakter einer Denkweise oder politischen Zielsetzung und Programmatik abstellt. Der Gattungsbegriff wurde dann auch in die Zeit vor Morus projiziert, wo man in der Tat auch Utopien finden kann, die allerdings noch nicht so genannt und klassifiziert werden. Was die Utopien von ihrer „Erfindung" 1516 an betrifft, so gibt es im 16. bis zum 18. Jahrhundert eine Reihe solcher Werke. Genannt seien als Hauptwerke Francis Bacons »Nova Atlantis« (1527) als Utopie einer neuen Erfahrungswissenschaft und Technologie, Tommaso Campanellas noch zu besprechende »Civitas solis« (»Der Sonnenstaat«, 1602, veröffentlicht 1623) und Johann Valentin Andreaes »Reipublicae christianopolitanae descriptio« (»Beschreibung des Staates von Christianopolis«, 1619).

„Utopia" wird zum Gattungsbegriff

Thomas Morus' »Utopia« ist nicht nur Vorreiter; sie liefert zugleich ein kaum überbietbares Vorbild, was Utopie in einem komplexen und anspruchsvollen Sinne heißen kann. Morus bettet die Utopie im engeren Sinne, das heißt die Erzählung von der fernen Insel Utopia, ihren Bewohnern, Gepflogenheiten und Institutionen, die durch einen weitgereisten Seefahrer namens Raphael Hythlodäus geliefert wird, in eine Reihe von weiteren Kontexten ein. In der Beschreibung von Utopia werden Daseinsfelder erfasst und in exemplarischen Details beschrieben. Utopisch im Sinne eines völlig Neuen ist das Wirtschaftssystem, wo es keine Geldwirtschaft gibt, keine Lohnarbeit (mit Ausnahme von ausländischen Arbeitskräften) und keinen Markt samt Tauschwirtschaft. Utopisch ist auch, dass das Privateigentum abgeschafft ist. Wesentliche Elemente der Privatheit des Lebens gibt es ebenso wenig. Zwar wird an Ehe und Familie festgehalten. Aber das Leben verläuft möglichst oft in Gemeinschaft mit anderen; die Wohnungen sind immer offen; und wer auf der Insel Utopia reisen möchte, der unterliegt strengsten Regelungen, was Route und Zeit betrifft. Wenig utopisch ist die fiktive Politik Utopias: In einer Art Mischverfassung wird ein monarchisch auf Lebenszeit herrschendes Staatsoberhaupt mit demokratischen, auf den Familien basierenden Rekrutierungsmechanismen des Führungspersonals kombiniert. Der Staat wird als eine Art große Familie begriffen – mit patriarchalischem Herrschaftsverständnis. Was die Religion betrifft, so finden sich auf Utopia eine Fülle von religiösen Überzeugungen und Praktiken, deren Pluralität durch Toleranz getragen wird. Letztere findet ihre Grenze an der Unverzichtbarkeit eines gemeinsamen Fundaments, welches die Unsterblichkeit der Seele, den Theismus und die göttliche Vorsehung einschließt.

| Das Leben auf der Insel Utopia

Einer der erwähnten Kontexte ist die Außenpolitik und Außenwirtschaft. Hier wirkt eine strikte Trennung: Was im Binnenbereich von Utopia außer Kraft gesetzt ist, das hat im Außenbezug auf andere Staaten volle Gültigkeit. Nach außen fließen Finanzströme, wird Handel getrieben. Es werden Kolonien angelegt, falls dies demographisch nötig ist, es werden Sklaven eingekauft und es werden Bündnisse eingegangen sowie Kriege geführt. Das alles ist realistische Politik. Die Utopie bleibt auf den Binnenbereich beschränkt. Als realistischer Kontext ist auch die menschliche Natur zu nennen, die keineswegs so ideal ist wie die utopische Gesellschaft. Immer noch ist mit menschlichen Mängeln und Fehlern zu rechnen, wozu insbesondere die ungünstige Einwirkung der Leidenschaften auf die Vernunft zu zählen ist, deren egoistische Tendenzen die soziale Harmonie stören. Daher bedarf es immer noch der Strafen sowie der politischen Steuerung und Kontrolle. Man kann bei Morus durchaus jenen selbstbildnerischen Menschen vermuten, den Pico in seiner Würde-Erzählung so emphatisch anspricht. Aber außer der Herstellung von Institutionen greift das Bildnerische doch noch nicht auf die menschliche Substanz selbst über. Es bleibt späteren Utopien des 19. Jahrhunderts überlassen, einen neuen Menschen zu fingieren. Ein anderer Kontext ist das gänzlich unutopische England von Morus' Zeit. Es ist in einer weiteren kurzen Erzählung von Hytholodäus präsent, der einmal Zeuge einer Unterhaltung am Hofe von Kardinal Morton war, in der es um die sprunghafte Zunahme der Diebstähle durch entwurzelte Pächter ging. Als Hintergrund wird die wirtschaftliche Entwicklung genannt, wonach die Grundbesitzer ihr Land lieber abweiden lassen und mit der Schafswolle lukrative Geschäfte machen, als es weiterhin den Pächtern zu überlassen. Die Eigentumsverhältnisse und ihre Handhabung erzeugen ein ökonomisches und soziales Problem.

| Außenpolitik und -wirtschaft in Utopia

Herrschaft und politische Ideen

Unmittelbar daran anknüpfend, erzählt Hytholodäus dann von einem System, in dem das Privateigentum gänzlich fehlt: Utopia.

Wie variabel utopische Texte sein können, zeigt ein vergleichender Blick auf Campanellas (1568–1639) »Sonnenstaat«, der gut 100 Jahre nach der »Utopia« veröffentlicht wurde. Der schon im Titel programmatisch aufscheinende Rückbezug auf Platon und dessen »Politeia«, in der der Sonne im Sonnengleichnis metaphorisch zentrale Bedeutung zukommt, setzt sich in der Übernahme der Idee einer monarchischen Philosophenherrschaft fort. Allerdings wird die Ausübung der Herrschaft des sogenannten Sol beziehungsweise Metaphysicus, anders als bei Platon, durch drei aufgabenbezogene Ressorts (genannt *Pon* oder Macht – *Sin* oder Weisheit – *Mor* oder Liebe) und eine strikt nach Funktionen ausdifferenzierte Bürokratie effektiv gemacht. Zur Macht gehören Militär, Waffentechnik, Befestigungen, Waffenschmieden; zur Weisheit das damalige universitäre Bildungssystem. Die im Ressort Liebe angesiedelten Behörden ermöglichen die staatliche Regelung der Fortpflanzung, der Hygiene, der Lebensmittel und ihrer Verteilung, der medizinischen Forschung und Heilkunde. Wie bei Morus gibt es kein Privateigentum, kein Geld und keine Tauschwirtschaft, was allerdings – ebenso wie bei Morus – für den Außenverkehr nicht gilt. Anders als bei Morus werden Familie und Ehe negiert. Eine Politik, die man im heutigen Vokabular als Körper- und Biopolitik bezeichnen könnte, bemächtigt sich nicht nur der Körper im öffentlichen Sport, sondern auch schon bei der Fortpflanzung. So wird die Zeugung angefangen mit der Auswahl der Partner über den genau geregelten Zeugungsakt bis hin zur staatlichen Erziehung der Kinder ganz in die Regie des Staates gestellt. Selbst die uniforme Kleidung wird je nach Jahreszeit einheitlich von den Behörden vorgegeben. Im Vergleich zu Morus sind die staatliche Kontrolle und die Ausmerzung des privaten Vorbehalts auf die Spitze getrieben. Der offenkundige Bezug auf Platon bricht beim metaphysischen Hintergrund völlig ab. Hier öffnet sich bei Campanella eine fast schon postmodern anmutende, in jedem Falle barocke und an die Vermischungstechnik der Renaissance erinnernde Fülle metaphysischer und religiöser Sinnangebote. Philosophie, Theologie, Astrologie, Magie und Mythos mischen sich und spitzen sich zu einer chiliastisch inspirierten Zeitdiagnose zu, wonach die Welt vor der großen apokalyptischen Veränderung stehe.

Abschließend sei ein Blick auf die Funktionen von Utopien geworfen, die natürlich immer auf den jeweiligen Text hin auszuwerten, aber doch in einem allgemeineren Sinne zu identifizieren sind. Utopien können der Realität einen fiktiven Spiegel vorhalten, der Gesellschaft und Politik kritisiert, wobei die Autoren hoffen können, die Risiken einer offen ausgesprochenen Kritik zu umgehen. Morus kritisiert die ökonomischen Entwicklungen und sozialen Defizite seiner Zeit. Er bringt aber auch die realistisch verstandene Politik zu einer verfremdeten Darstellung, indem er sie in die Utopie selbst einbaut. Utopien verwenden anschauliche Erzählungen als Ergänzung und Pendant zur logisch-argumentativen Theorie im engeren Sinne. Sie können aber als Rahmen in den Debatten und theoretische Überlegungen dienen. So findet sich

Tommaso Campanellas »Sonnenstaat«

bei Morus eine Debatte zwischen ihm selbst und Hythlodäus über die Frage, ob sich der Autor einer Utopie in die aktuelle Politik einmischen solle, um sie mitzugestalten. Utopien experimentieren in einem fiktiven Gedanken- und Phantasieraum. Sie bilden eine Art Labor des Denkens, in dem frei experimentiert werden kann. Die Frage „Was wäre, wenn ..." kann frei auf ihre Möglichkeiten hin reflektiert werden. Schließlich und keineswegs zuletzt können Utopien für das Spielerische stehen, das, ohne unernst zu sein, den Ernst der reinen Theorie unterläuft. Morus hat diesen Zug selbstironisch kultiviert, indem er offen lässt, wie ernst die Erzählung von Hythlodäus denn nun zu nehmen sei. Campanella hingegen lässt nicht mit sich spaßen. Wie bitterernst es ihm ist, zeigt sein Kampfruf am Ende seiner Utopie, wo er, der zutiefst überzeugte Katholik und Ordensmann, die Protestanten als den zu bekämpfenden Feind ausmacht. Dass Utopien, wie auf den ersten Blick vermutet, mit der Realität überhaupt nichts zu tun haben, wird man also differenzierter sehen müssen. Die Bezüge zwischen beiden sind vielfältig und fruchtbar.

| Funktionen von Utopien

„Moderne" – Anmerkungen zu einem volatilen Begriff

Mit der Renaissance bewegen wir uns in eine Zeit hinein, für welche als Epochenbezeichnungen zumindest aus ideengeschichtlicher Perspektive sowohl „Neuzeit" als auch „Moderne" in Frage kommen. Beide Begriffe sind problematisch, so dass sich eine zwischengeschobene metatheoretische Reflexion empfiehlt. Aus ideengeschichtlicher Sicht kommt sie zu anderen Ergebnissen als etwa deutsche Historiker, welche die Grenze und den Übergang von der Frühen Neuzeit auf die Moderne erst um 1800 ansetzen. Ideengeschichtlich lässt sich seit dem späten 15. Jahrhundert sicherlich von Neuzeit sprechen. Die Zeit selbst erneuert sich, indem ihr eine wie auch immer beachtliche und besondere Neuheit gegenüber einem vorherigen Alten zugeschrieben wird. Im Horizont der Jetztzeit wird das aktuelle Neue gegen das bisherige Alte abgegrenzt. Dies ist aber auch das Charakteristikum von „Moderne", wenn man sie sowohl wörtlich nimmt (ein *modernus* bevorzugt das aktuelle Neue vor dem vergangenen Alten) als auch den Sprachgebrauch bedenkt: Schon im 12. Jahrhundert bezeichnet sich eine Gruppe von Intellektuellen als *moderni*; zu dieser Gruppe gehört auch Bernhard von Chartres, der mit der Metapher der Zwerge (der Gegenwart), die dem Riesen (der Tradition) auf die Schultern steigen und damit weiter sehen als der Riese, ein einprägsames Bild für Fortschrittsbewusstsein geschaffen hat. Seit dem späten 17. Jahrhundert verweist die *Querelle des anciens et des modernes* – der „Streit zwischen Alten und Modernen" – auf den Stellenwert der Rede von „modern" in der historischen Semantik. Freilich ist die Rede von „Moderne" geradezu volatil. Es gibt verwirrend viele Geschichten um diesen Zug der „Moderne", in dem wir Heutigen sitzen und dessen fortschreitende Dynamik uns ebenso fasziniert wie erschreckt. Wann und wo startete der Zug? Welche Stationen durchfuhr er auf seinem bisherigen Weg? Wohin führt dieser Weg? Was treibt den Zug an, so dass er fährt und fährt? Der heutige Passagier weiß um die Unterschied-

| Charakteristikum von „Moderne"

lichkeit der Antworten bis zu dem rezenten (postmodernen) Punkt, dass es vielleicht gar keine Antworten gibt. Er weiß auch, dass die Antworten immer von der jeweiligen Positionierung des Betrachters – oder von der Abwesenheit einer solchen – in der fortschreitenden Moderne abhängen.

Statt sich auf die heutige Vielfalt von Modernitätsverständnissen einzulassen, zu der auch die Unterscheidung zwischen Moderne und Neuzeit gehört, entscheidet sich die vorliegende Darstellung für eine Kombination aus retrospektiver Beschreibung eines vergangenen, bis in die Jetztzeit folgenreichen und aktuellen Zeitraums einerseits und einigen Merkmalen andererseits, welche aus der früheren Zeit – und das heißt ausgehend vom 16. und 17. Jahrhundert – bekannt sind. Zu diesen Merkmalen zählen sprachliche Benennungen und Begriffe sowie Selbstbeschreibungen, in denen sich das Bewusstsein einer tiefgreifenden Neuheit ausdrückt, ohne die Nennung schon mit der kritischen Reflexion auf ihre Berechtigung zu konfrontieren. Letztere wird sich vor allem an der Frage orientieren, wie viel vom selbsterhobenen Anspruch auf Neuheit vor dem Hintergrund des bisherigen Alten glaubhaft ist, und ferner, ob und wie der Anspruch in den unterschiedlichen Kulturgebieten der Moderne eingelöst wird. Als durchgehende und zentral bedeutsame Motive einer solchen Selbstbeschreibung kann der Vorrang des Neuen vor dem bisherigen Alten gelten – ein Merkmal, welches dem ursprünglichen Wortsinn von *modernus* entspricht, sowie das Bewusstsein eines teils prozesshaften, teils selbst bewirkten Fortschritts in der Geschichte, welcher das Neue als das Bessere vom Alten abhebt – ein Meliorismus also.

| Selbstbeschreibung

Ausgehend von dieser kriteriellen Maßgabe, ergeben sich ideengeschichtlich in Anlehnung an Leo Strauss drei Wellen beziehungsweise Phasen von Modernität. Während Strauss die drei Wellen vor allem inhaltlich, etwa am Kriterium des Stellenwerts der Natur, interpretiert, soll es für die vorliegende Untersuchung schon genügen, das sich entfaltende Selbstbewusstsein von Modernität, wie es ideengeschichtlich dokumentiert werden kann, zur Sprache kommen zu lassen und seine Einlösung auf unterschiedlichen Sachgebieten, insbesondere im politischen Denken, zu skizzieren. Drei Bemerkungen seien vorausgeschickt. Die Verlaufsstruktur lässt zwar die drei Wellen aufeinander folgen, so dass die zweite Welle der ersten und die dritte der zweiten folgen. Aber es ist keine exklusive Abfolge, in welcher die zweite Welle die erste und die dritte die zweite aus der Welt schaffen und überflüssig machen würde. Vielmehr kommt es zu einer Koexistenz von Früherem und Späterem. Denkstrategisch erweist sich die zweite und die dritte Welle als sich verschärfende Kritik an den vorherigen Wellen. Damit tritt ein weiteres unverzichtbares Moment der Moderne zutage: ihr dynamischer Charakter, der sich aus einer immer fundamentaler werdenden Selbstkritik speist. Schließlich sei darauf verwiesen, dass im zeitlichen Rahmen des vorliegenden Beitrags nur die beiden ersten Modernitätswellen (und die zweite ohne nähere Berücksichtigung Kants), nicht jedoch die dritte behandelt wird, die – mit Friedrich Wilhelm Nietzsche als dem Protagonisten schlechthin – alle bisherigen Überzeugungen, Gewissheiten und Errun-

| Drei Phasen
von Modernität

genschaften der Moderne radikal in Frage stellt und damit einen – je nach Sichtweise – selbstzerstörerischen oder zumindest dekonstruktiven Grundzug der jüngeren Moderne offenbart.

Die erste der für uns in Frage kommenden beiden Wellen beinhaltet einen fundamentalen Neuheitsanspruch, gepaart mit einer Fundamentalkritik am bisherigen Alten. Die Autoren der ersten Welle – René Descartes, Thomas Hobbes, Francis Bacon, Galileo Galilei – beschränken sich nicht darauf, wie die *moderni* des 12. Jahrhunderts zur Tradition nur ein wenig an Wissen hinzuzufügen. Sie wollen vielmehr eine revolutionäre Veränderung, indem völlig neue Grundlagen für eine sich als neu begreifende Wissenschaft formuliert werden. Diesem Fundierungsanspruch entspricht eine Kritik an den Alten, die ihr Bildungshaus auf Sand gebaut und noch gar kein Fundament gehabt hätten. Ist das neue Fundament erstmals gelegt, so kann darauf das Gebäude einer neuen Wissenschaft aufgebaut werden. Alles ist neu – Bacons »Novum Organum« (1620), Hobbes' neue Wissenschaft der Politik, Galileos *scienza nuova* einer nichtaristotelischen Physik. Es fällt nicht schwer, das auffällig hohe Selbstbewusstsein und den Anspruch des grundlegenden Neuen, mit dem die „Modernen" der ersten Generation auf die intellektuelle Bühne Europas treten, skeptisch zu beurteilen und in seiner Triftigkeit zu dekonstruieren. Widersprüche – so etwa das ungünstige Urteil über Aristoteles bei Übernahme substantieller theoretischer Orientierungsvorgaben von ihm (Logik, Theorieform, Begründungsanspruch, Vokabular) – fallen ebenso ins Auge wie die Tatsache, dass so mancher hoch aufgehängte Anspruch ein bloßes Programm ohne Ausführung bleibt. Die Vermutung sei zumindest gewagt: Vielleicht mussten die Pioniere jener Wende in einer ganz neuen Zeit so einseitig und so überzogen-fordernd auftreten, um überhaupt das von ihnen intendierte Neue zu behaupten, erst recht, um es auf den Weg zu bringen? Nietzsches These von der Notwendigkeit des Vergessens um der Möglichkeit des Lebens willen variierend, könnte man vermuten, dass um des ungestüm propagierten Neuen willen die Gerechtigkeit und Adäquatheit gegenüber dem Alten, diesem Riesen der Tradition, mitunter in den Hintergrund trat.

[Marginalie: Erste Phase der Modernität]

Die zweite Welle hebt dann an, wenn die erste Moderne und ihr ungebrochener Anspruch, das gegenüber dem Alten fundamental bessere Neue zu bieten, in ihrer Problematik erkannt und kritisch thematisiert werden. Die Moderne wird – das ist ihre zweite Welle – selbstkritisch und selbstreflexiv. Das geschieht in einem zweifachen Sinne. Zum ersten werden Lücken und Desiderate in den Fundierungsbemühungen der ersten Moderne erkannt. Zum zweiten wird der Preis des modernen Fortschritts bewusst: die negativen Folgen, die sich aus dem modernen Programm und seiner Realisierung ergeben. Für den ersten Punkt bietet Kant das allerbeste Beispiel. Für den zweiten Punkt, die Negativfolgen des geschichtlichen Fortschritts, gibt Rousseaus Kulturkritik das Maß und den Standard bis heute vor. Modern ist all dies aber immer noch und sogar in einem eminenten Sinne. Denn selbst bei negativen Momenten im modernen Fortschritt bleibt letzterer unbezweifelt, ja er gewinnt auf eine dialektische Weise gerade durch seine Negation an

[Marginalie: Zweite Welle der Modernität]

Herrschaft und politische Ideen

Bestätigung und Kraft. Die Konsequenz aus der kritischen Selbstreflexion lautet nicht Rückgang zu den klassischen „Alten" oder in welche Art von „Prämoderne" auch immer, sondern ganz im Gegenteil: eine aus der Selbstkritik heraus sozusagen erwachsener gewordene, reifere und leistungsfähigere Moderne. So werden die „Alten" zwar wiederentdeckt und gewürdigt, aber sie werden in eine moderne Dynamik einbezogen. Alle Kritik des modernen Bewusstseins an sich selbst mündet in eine gesteigerte Anstrengung, das Programm der Moderne nunmehr – angereichert durch die eigene kritische Selbstreflexion – zu einem entscheidenden Fortschritt zu führen. Es geht nicht darum, aus dem Zug der Moderne auszusteigen, sondern ganz im Gegenteil: Der Zug der Moderne soll an Fahrt zulegen.

Diese reflexive Dynamik ist sowohl in der Erkenntnistheorie als auch in der politischen Theorie und Philosophie wirksam. Letztere wird im Folgenden behandelt. Zur Erkenntnistheorie sei zumindest erwähnt, dass die Begründungsbemühungen der ersten Generation von Kant dann kritisch aufgenommen und in einem eigenständigen Denkansatz weiterentwickelt werden. Die erste Moderne tritt mit den großen Systemen rationalistischer und empiristischer Art auf die intellektuelle Bühne. Die Rationalisten (Descartes, Hobbes, Leibniz, Spinoza) konstruieren ihre großen theoretischen Systeme mittels der Deduktionslogik aus einer Letztbegründung heraus, mit einem intuitiv eingesehenen archimedischen Punkt des Erkennens. Die empiristische Gegenposition wird von Bacon und Locke entwickelt. Sie fangen mit Sinneswahrnehmung und Erfahrung als Fundament an und bauen daraus auf induktivem Wege eine neue Erfahrungswissenschaft auf. Bei beiden Projekten gibt es Begründungsprobleme. Kant diagnostiziert sie kritisch und gewinnt aus beiden Positionen seinen eigenen – den transzendentalphilosophischen – Denkansatz, der die Erfahrung auf die vernünftigen Bedingungen ihrer Möglichkeit hin reflektiert.

Der vertragstheoretische Ansatz – Hobbes, Locke, Rousseau

Thomas Hobbes (1588–1679), John Locke (1632–1704) und Jean-Jacques Rousseau (1712–1778) sind alle drei dem kontraktualistischen Paradigma verpflichtet. Der „Vertrag" bildet das Grundmuster, aus dem heraus eine Theorie der Politik aufgebaut und Staatlichkeit legitimiert wird. Die Entwicklungsdynamik von Hobbes über Locke zu Rousseau zeigt, dass das Paradigma eine beträchtliche Bandbreite an Grundannahmen offen lässt und somit zu höchst unterschiedlichen politischen Konsequenzen und Vorstellungen von Staatlichkeit führen kann. Dass diese Pluralität möglich wird, ist der begrifflichen Weite der Rede vom „Vertrag" geschuldet. Vertrag meint zwar im Kern eine Transaktion von Rechten unter Verfolgung einer bestimmten Absicht zwischen Partnern. Soweit hat für den politischen Vertrag natürlich der juristische Vertrag Pate gestanden. Es findet eine analogische Übertragung von einem – den Autoren wie ihren Lesern bekannten – juristischen Vertragsverständnis auf ein andersartiges, nämlich politisches statt. Letzteres ist von grundlegenderer Bedeutung, denn juristisch wirksame Verträge kann es nur geben, wenn es

„Vertrag" bei den Kontraktualisten

einen sie gewährleistenden und durchsetzenden Staat gibt. Aber die Rede vom „Vertrag" ist bei den neuzeitlichen Kontraktualisten nicht nur auf diesen Kern beschränkt. „Vertrag" ist vielmehr zugleich eine Art von begrifflichem Gefäß, in das ein ganzer Argumentationszusammenhang platziert wird. Dieser betrifft sowohl einen Komplex von Prämissen, die den Charakter des Vertrags beeinflussen, als auch die politischen Konsequenzen, die im Vertragsgedanken bereits vorbestimmt sind und nur noch explizit gemacht werden müssen.

Sehen wir uns den Gesamtzusammenhang des kontraktualistischen Arguments und seinen für alle Vertragstheorien charakteristischen Aufbau an. Es ist eine Konstruktion mit zwei Etagen, wobei der Vertrag als Zwischengeschoss hinzutritt, welches die erste Etage – für sie steht die theoretische Figur des „Naturzustands" *(state of nature, état de nature, status naturalis)* – mit der zweiten Etage, dem Staat und seinem Aufbau, verbindet. Es handelt sich somit um drei Denkschritte: Naturzustand – Vertrag – Staat. Wie schon Hobbes mit aller Deutlichkeit hervorhebt, beinhaltet dieser Dreischritt eine ontologische Tendenz. Ausgegangen wird von Einzelelementen, nämlich menschlichen Individuen, und deren Zusammenleben, sofern es noch keinen Staat gibt. Man kommt zu diesem Naturzustand durch eine Art von Gedankenexperiment: Stellen wir uns vor, es gäbe keinen Staat; wir würden ihn aus unserer aktuellen Erfahrung des sozialen Lebens einfach wegsubtrahieren. Dann kämen wir zum Naturzustand als einem Zustand des nichtstaatlichen Zusammenlebens individueller Menschen. Logisch betrachtet, bildet der Naturzustand einen Komplex von Annahmen über Menschen, der als Prämisse fungiert, aus welcher – über die Vermittlungsinstanz des Vertrags – der Staat in seiner Notwendigkeit als Konklusion begründet wird. Der ontologische Gang von individuellen Menschen und ihrem Interagieren zum Staat als allgemeinverbindlicher Herrschaftsinstanz lässt sich als Deduktion von anthropologischen und sozialen Prämissen zur politischen Konklusion des Staates, seiner Organisation und Herrschaftsordnung logisch darstellen. Der Staat wird legitimiert, indem er in seiner Notwendigkeit begründet und hergeleitet wird. Der Zusammenhang sei an einem vergleichenden Blick auf Thomas Hobbes und John Locke dargestellt. Als Texte kommen bei Hobbes seine beiden politiktheoretischen Hauptwerke »De Cive« (»Vom Bürger«, 1642) und »Leviathan, Or The Matter, Forme, and Power Of A Common-Wealth Ecclesiasticall And Civill« (»Leviathan, oder Stoff, Form und Gewalt eines kirchlichen und bürgerlichen Staates«, 1651) in Frage. Bei Locke ist dessen »Second Treatise« der Referenztext, die zweite seiner »Two Treatises of Government« (»Zwei Abhandlungen über die Regierung«, 1690).

| Naturzustand – Vertrag – Staat |

Sowohl bei Hobbes als auch bei Locke bildet der Mensch als Individuum den Ausgangspunkt der Theorie. Das ist vor dem Hintergrund der traditionellen Ständegesellschaft keineswegs selbstverständlich. Dieses Bild des Menschen als Individuum gestaltet sich in der weiteren inhaltlichen Konkretisierung unterschiedlich. Bei Hobbes besteht der Mensch im funktionalen Verständnis aus Vernunft und Leidenschaft. Während die Vernunft vor allem als kalkulierendes Vermögen hervortritt – sie

Herrschaft und politische Ideen

berechnet die Konsequenzen von Handlungen, aber auch die richtige Mittelwahl zur Erreichung von Zielen –, stellen die Leidenschaften den basalen Umweltbezug her. Der Mensch erlebt seine Leidenschaften, die Hobbes in Begehren und Abneigung als Streben zu einem Objekt hin oder von ihm weg klassifiziert, passiv und wird von ihnen determiniert. Die Umwelt weitet sich zur Welt, die Passivität wandelt sich zur Aktivität im Machtstreben, dem *desire of power*, das sich auf alles Mögliche richtet und unendlich expandiert. Nie kommt dieses Streben zur Ruhe, da bei Erreichen des einen Ziels schon das nächste in den Blick des Begehrens rückt. Diese der menschlichen Natur inhärente Gier, das unersättliche Streben nach Macht oder, wie Hobbes es in »De Homine« (»Vom Menschen«, 1658) formuliert, der Hunger, der bereits vom künftigen Hunger hungrig wird – all dies führt zum Kampf um knappe Güter ebenso wie zu einem allseitigen Anspruch auf Vorherrschaft.

Der Mensch als Individuum

Es kommt zum Krieg aller gegen alle, womit Hobbes seine inhaltliche Vorstellung vom Naturzustand festlegt. Dieser Krieg beginnt beim allseitigen Misstrauen, bei der wechselseitigen Erwartung, den Anderen als Feind zu erleben, und endet bei der gewaltsamen Auseinandersetzung und ihrer ultimativen Möglichkeit: der Tötung des Feindes. Gewiss kennt auch Hobbes moralische Regeln, die den Krieg verbieten und auf den Frieden verpflichten – die natürlichen Gesetze *(laws of nature)*, die hier in der Tradition von Thomas von Aquin als moralische Vorschriften verstanden werden. Das Besondere, ja Einzigartige an Hobbes' Theorie besteht indes darin, dass er zwischen einem natürlichen Gesetz, welches das Naturzustandsindividuum zu Frieden verpflichtet, und einem natürlichen Recht unterscheidet, welches dem Individuum die rechtmäßige Verwendung aller Mittel zugesteht, die es nach eigenem Urteil benötigt, um seine Selbsterhaltung als das erste Gut zu gewährleisten; ausdrücklich ist es auch und gerade ein Recht zum Krieg. Natürliches Gesetz als Pflicht zum Frieden und natürliches Recht als Freiheit zum Krieg fallen auseinander. Im ersteren übernimmt Hobbes die thomasianische Lesart und Tradition, im natürlichen Recht knüpft er an die Tradition des Naturrechts des Stärkeren an, wie es bereits von den griechischen Sophisten vertreten wurde. Der Primat liegt aber beim Recht, nicht beim Gesetz, ganz zu schweigen von dem Problem des *Quis interpretabitur?*, das Hobbes in voller Schärfe gesehen hat: dass moralische Normen und Gebote nämlich der Interpretation bedürfen, und die Deutungshoheit hat naturzuständlich allein der Einzelne. Er ist Richter – und Exekutor – in eigener Sache, und weil ihm die Richterschaft in der Auslegung vorbehalten ist, ist er in gewissem Sinne auch Gesetzgeber.

Naturzustand nach Hobbes

Bei Locke gestaltet sich der Naturzustand differenzierter. Er orientiert sich einerseits an einem durch christliche Tugenden geprägten harmonischen Zusammenleben, wie er es von Richard Hooker (»Of the Laws of Ecclesiastical Polity«, sukzessive veröffentlicht 1593/1597/1648/1661) übernimmt. Andererseits spielt er Vernunft und Leidenschaft gegeneinander aus und sieht die Anstrengung der Vernunft, den Frieden als die einzig vernünftige, weil der Selbsterhaltung dienliche Form des menschlichen Zusammenlebens zu erreichen, immer wieder durch die Leidenschaft und die mit ihr verbundene Gefahr, in Gewaltsamkeit und Krieg zu verfallen, in Frage gestellt. Letztlich kommt also auch Locke zum Hobbes'schen Krieg. In normativer Hinsicht sind zwei Theoreme zentral wichtig: das Person-Modell und das natürliche Recht auf Eigentum. In seiner Theorie der moralischen Person sieht Locke den Menschen als Einheit einer funktionalen Vermittlungsleistung. Der Mensch nimmt das letztlich von Gott gegebene natürliche Gesetz kraft seiner Vernunft auf. Die Vernunft regelt und steuert den Willen sowie die von diesem bestimmte Handlung und kontrolliert, inwieweit die ausgeführte Handlung der normativen Vorgabe entspricht. Die Person ist dieser moralisch-vernünftige, am Naturgesetz der Selbsterhaltung orientierte Regelungs- und Steuerungsprozess. Freiheit bedeutet in diesem Zusammenhang, sich am natürlichen Gesetz zu orientieren. Einer anderen Form der Freiheit entspricht das Eigentum, das ein unveräußerliches Recht des natürlichen Menschen darstellt – ein Menschenrecht, wie man später sagen wird. Im Eigentumsbegriff *(property)* fließen Leben, Freiheit und Besitz *(possessions)* zusammen. Eigentum ist der Sache nach, noch nicht der Benennung nach, Privateigentum. Es wird über die Arbeit als Kraftaufwand legitimiert, die ein Ding aus seinem natürlichen, zunächst von Gott allen gemeinsam gegebenen Zusammenhang herauslöst und es erst eigentlich zum Eigentum macht. Dass Arbeit Eigentum erzeugt, wäre freilich wenig überzeugend, wäre darin nicht die zentrale These einer menschlichen Subjektivität eingeschlossen, dass der Einzelne nämlich Eigentümer an seiner Person und an deren Handlungen sei. Mit diesem modernen Theorem steht und fällt Lockes Rechtfertigung des Privateigentums. Ist das Eigentum zunächst – dem klassisch-thomasianischen Verständnis folgend – begrenzt (etwa dadurch, dass Angeeignetes nicht verderben darf), so wird es durch die Einführung des Geldes potentiell unendlich. Die private Aneignungstätigkeit kennt keine Grenzen mehr, zumindest der Möglichkeit und Rechtmäßigkeit nach. Wir bemerken hier eine vergleichbare Struktur wie bei Hobbes, bei dem die Macht potentiell auch keine Grenzen kennt, das Subjekt also immer mehr in die Welt intervenieren und ausgreifen kann.

| Naturzustand bei Locke

| Eigentumsbegriff bei Locke

Naturzustand ist immer auch eine Problembeschreibung. Der nach Macht strebende Mensch fällt, wenn er dieses Streben konsequent praktiziert, in seine Negierung: in die Ohnmacht des gewaltsamen Todes im Krieg aller gegen alle. Hobbes sieht diesen Widerspruch klar. Bei Locke stellt sich das Problem ebenfalls mit Blick auf die Gefahr des Privatkriegs: Wenn in der naturzuständlichen Anarchie jeder Legislative und Exekutive in eigener Sache ist, dann ist der Konflikt der Auslegungen und Sanktionierungen bei vermeintlicher Verletzung der natürlichen Gesetze unvermeidlich. Aus dieser naturzuständlich nicht zu lösenden Problematik gewinnt die Theorie ihr Bewegungsmoment. Der Vertrag samt Staat ist dann die Problemlösung.

Die Vertragsfigur ist bei Hobbes wie auch Locke als impliziter Vertrag gemeint. Es bedarf keiner expliziten Absichtserklärung, damit der Vertrag vollzogen wird. Vielmehr lässt sich der Vertragsschluss aus einer bestimmten Handlungsweise, eben implizit, erschließen. Das dabei in Anschlag gebrachte konkludente Handeln lässt

Herrschaft und politische Ideen

nur dann auf den Vertrag schließen, wenn eindeutige Kriterien festgelegt sind. Bei Hobbes ist es ein Minimalkriterium: Von Vertrag kann man bereits dann sprechen, wenn bei der Ausübung von Macht und Zwang der Adressat keinen Widerstand leistet. Wenn sich – Hobbes spricht von *acquisition* beziehungsweise *commonwealth by acquisition* – auf Grund eines naturwüchsigen Prozesses ein einzelner Akteur gegen die anderen durchsetzt und ihnen seinen Willen aufzwingt, dann ist dies in Hobbes' äußerst künstlicher Definition bereits ein „Vertrag", sobald der Dominanzanspruch widerstandslos hingenommen wird. Das ist bei Locke anders, da die Kriterien gehaltvoller und somit restriktiver ausfallen. Der Vertrag bedarf der Zustimmung *(consent)* der Naturzustandsindividuen, und diese setzt eine vernünftige Urteilsfähigkeit voraus. Neben dem *consent* gibt es bei Locke noch ein zweites Kriterium: *trust*. Der Staat erhält die Herrschaft von den Individuen zu treuen Händen, um der Aufgabe nachzukommen, das Eigentum und seine Freiheit zu schützten und zu garantieren. Ersterer, der *consent*, entspricht der neuen Freiheit der Individuen. Das *trust*-Kriterium stammt aus traditionellen Quellen des Vertragsverständnisses und einer Pflicht für die Herrschenden, ihrer Aufgabe nachzukommen. Es ist zugleich der Ansatzpunkt für ein Widerstandsrecht, das Locke den Beauftragenden im Falle zugesteht, dass der Beauftragte seiner Aufgabe nicht nachkommt.

<small>Definition von „Vertrag"</small>

Die entscheidende Frage ist, was im Vertrag an Rechten aufgegeben beziehungsweise übertragen wird. Aufgegeben wird bei Hobbes das natürliche Recht auf alles sowie die naturzuständliche Kompetenz, Richter und Exekutor in eigener Sache zu sein. Bei Locke wird das natürliche Recht auf Selbstjustiz ebenso aufgegeben wie bei Hobbes. Treuhänderisch übertragen wird die Aufgabe, das Eigentum zu schützen und zu erhalten. Das Recht auf Selbsterhaltung wie auf Eigentum ist als solches nicht übertragbar und aufgebbar – soweit Locke. Bei Hobbes gibt es einen solchen liberalen Vorbehalt, wie Carl Schmitt ihn nannte, ebenfalls. Das Individuum behält sich das Recht auf Leben vor – was dazu führt, dass ein Einzelner im Krieg zwar nicht das Recht hat, den Kriegsdienst zu verweigern, wohl aber das Recht, in lebensgefährlicher Lage zu desertieren. Unaufgebbar sind auch die Rechte auf Luft und Wasser, auf freie Ortswahl und Berufswahl. Damit werden wichtige Elemente individueller Selbständigkeit dem Individuum vorbehalten.

<small>Erhalt individueller Selbständigkeit</small>

Wichtig ist ferner, wer mit wem den Vertrag schließt. Bei Locke sind dies alle mit allen, so dass es keine Ausnahme vom Geflecht des Vertragsschlusses und der damit vorgenommenen Selbstbeschränkung der Vertragsparteien gibt. Alle sind ausnahmslos den gleichen Spielregeln verpflichtet, die im staatlichen Zustand durch die bürgerlichen Gesetze vorgeschrieben werden. Hobbes' Vertrag hingegen nimmt die Ausnahme konstitutiv in sich auf. Er wird zwar auch von allen mit allen geschlossen, aber zugunsten einer ausgenommenen Partei, die zwar vom Vertrag profitiert, aber ihrerseits nicht dem Vertrag unterworfen ist. Diese Partei ist der Souverän. Dass er ausgenommen bleibt und damit sein volles natürliches Recht behält, macht seine Absolutheit beziehungsweise den Absolutismus seiner Herrschaft aus.

<small>Vertragspartner</small>

Der im Vertrag konstruierte Staat bildet bei Hobbes und Locke einen Schiedsrichter für Konfliktfälle, den es im Naturzustand nicht gibt. Der Zweck der Herrschaft ist bei beiden unterschiedlich: bei Hobbes Schutz und Gehorsam, um der ständigen Todesgefahr des Naturzustandes zu entgehen, bei Locke der Schutz und die Erhaltung des Eigentums, was im erweiterten Sinne der individuellen Freiheit, des Lebens und des Besitzes heißt. Bei Hobbes zentriert sich die Herrschaft in einem starken, weil absoluten Souverän, dessen Übermacht die Erfüllung seiner Aufgabe, für Schutz und Sicherheit zu sorgen, garantiert. Ausgeschlossen wird Gewaltenteilung, die für Hobbes die Einrichtung konkurrierender Souveräne bedeuten würde. Der Souverän ist absolut, das heißt an die eigenen Gesetze nicht gebunden. Er ist zwar nach wie vor dem natürlichen Gesetz verpflichtet, hat aber wie jedes Naturzustandsindividuum die Freiheit, dieses nach eigenem Richterspruch zu interpretieren. Der Souverän kann Enteignungen vornehmen und Zensur vorschreiben. Allerdings gilt für sein Wirken auch die liberale Maßgabe, dass er die Gesetze nicht über das unbedingt nötige Minimum hinaus vermehren solle. Dies gilt auch für Locke, aber die Herrschaftsorganisation ist bei ihm eine ganz andere. Es gibt Gewaltenteilung. Sie wird funktional in Legislative, Exekutive, Judikative, Föderative (Kompetenz für die Außenpolitik) und Prärogative (Entscheidungsrecht für gesetzlich nicht geregelte Fälle und auch für die Suspendierung von Gesetzen, falls das Gemeinwohl dies erfordern sollte) differenziert. Es gibt aber nur zwei Träger für diese Gewalten: Das Parlament, das durch Zensuswahl bestimmt wird, ist für die Legislative zuständig. Der große Rest wird vom König wahrgenommen und entschieden. Gemäß der Art des Vertragsschlusses – alle mit allen – stehen Parlament und König unter den von ihnen selbst erlassenen bürgerlichen Gesetzen.

Herrschaft und Herrschaftsträger

Geht man nun den Schritt zu Rousseau und seinem sogenannten zweiten *Discours* (»Discours sur l'origine et les fondements de l'inégalité parmi les hommes«, »Diskurs über den Ursprung und die Grundlagen der Ungleichheit unter den Menschen«, 1755) sowie seinem »Du contrat social ou Principes du droit politique« (»Vom Gesellschaftsvertrag oder Grundsätze des Staatsrechts«, 1762), so wird sogleich dessen Sonderstellung klar. Nicht nur, dass Rousseau statt des Dreischrittes Naturzustand – Vertrag – Staat einen als Kulturgeschichte gefassten Dreischritt entwirft: vom Naturzustand und dem diesem entsprechenden *homme naturel*, dem natürlichen Menschen, zum zivilisierten Zustand des *homme civilisé* – zu dem auch der auf die Prinzipien Macht und Eigentum aufgebaute bürgerliche Staat im Hobbesschen und Lockeschen Sinne gehört – und dann als neuem dritten Schritt – dessen faktisches Eintreten nicht garantierbar ist – hin zu einer völlig neuen Gesellschaftsform: einem Kollektivkörper, dem *corps moral et collectif*, der durch den Gesellschaftsvertrag, den *contrat social*, realisiert wird; genauer gesagt, der *contrat social* ist bereits der Vollzug des Kollektivkörpers. Der Dreischritt, den man als Vorstufe zu einer Dialektik der Geschichte betrachten kann, wie sie im 19. Jahrhundert bei Hegel und Marx formuliert wird, stellt den Theorienfortschritt zwischen Hobbes und Locke einerseits und Rousseau andererseits dar. Die Einbeziehung des dritten Schrittes ermöglicht einen Perspektivenwechsel, welcher die Rede

Sonderstellung Rousseaus

vom Naturzustand, vom Vertrag und vom Staat begrifflich anders zu fassen erlaubt und eine andere Wertung ins Spiel bringt. Letztere resultiert aus einer kritischen Sichtung der Hobbes'schen wie Locke'schen Positionen. Statt einer detaillierten Rekonstruktion der komplexen Theorie Rousseaus seien einige wesentliche thematische Punkte ausgewählt.

Rousseau kritisiert das alte Naturzustandskonzept von Hobbes und Locke als nicht konsequent und tief genug gedacht und präsentiert selbst ein neues Konzept. Was Hobbes und Locke als Zustand der Natur betrachteten, das sei nichts anderes als der zivilisierte Zustand, der fälschlich für natürlich gehalten werde. So übertrage Hobbes mit seinem Krieg aller gegen alle schlicht die Konkurrenz einer bürgerlichen Gesellschaft auf die Natur. Hobbes erliegt damit aus Rousseaus Sicht einer optischen Täuschung, für die Marx im 19. Jahrhundert den Begriff der Ideologie verwenden wird. Die Kritik an Hobbes und Locke wird nur auf der Basis eines ganz anderen Verständnisses des Naturzustands und des ihm entsprechenden *homme naturel* möglich. Dessen wesentliches Charakteristikum ist das Fehlen jeglicher Reflexion. Sein Selbstbezug ist nicht die *amour-propre*, die bewusste Eigenliebe, sondern die *amour de soi-meme*, die Selbstliebe, die nun aber genau genommen gar keine Relation aufmacht, sondern in einem reinen *sentiment de son existence actuelle* besteht, einem existentiellen Gefühl, das keinerlei Distanz zur eigenen Existenz aufweist. Der *homme naturel* existiert einfach, ohne sich seiner Existenz bewusst zu sein. Er hat kein Zeitempfinden, weiß nicht um das Gestern, sorgt sich nicht um das Morgen, lebt in jeden Tag hinein, als wäre es sein erster, und wird insofern mental nie älter. Seine Fähigkeiten werden auf das Instinkthafte reduziert bleiben, da ohne Erinnerung und Gedächtnis auch keinerlei Erfahrungswissen oder gar Wissenschaft aufgebaut werden können. Auch der Sozialbezug ist nicht existent. Der *homme naturel* ist ein Solitär, der nur für sich existiert und völlig unabhängig von anderen lebt. Die einzige Ausnahme ist die Sexualität, die als singuläres und zufälliges Ereignis zwischen Mann und Frau zur Fortpflanzung führt.

Der homme naturel

Obwohl Rousseau selbst den Eindruck befördert, es handle sich bei seinem *homme naturel* um einen Beitrag zu einer Naturgeschichte, dürfte es schon zu seiner Zeit klar gewesen sein, dass die Solitärthese und die Eliminierung der Reflexivität für eine Evolutionstheorie von Mensch und Gesellschaft kaum Plausibilität beanspruchen können. Rousseau selbst merkt an, dass es sich nur um *raisonnemens hypothétiques et conditionnels*, „hypothetische und bedingungsweise geltende Schlussfolgerungen", handle. Der Sinn eines solchen überaus künstlichen und geradezu willkürlich erscheinenden Konstrukts ist denn auch kein realistischer, sondern ein funktionaler. Er zeigt sich, wenn man die zweite Phase von Rousseaus Kulturgeschichte, die zivilisierte Gesellschaft und deren Kritik, hinzunimmt. Es ist die Sichtweise einer Dekadenztheorie, in der sich der Mensch als Mensch von sich entfremdet und pervertiert. Analog zur Statue des Glaukos aus der Antike, die ins Meer stürzt und vom Salzwasser zerfressen wird, lautet Rousseaus emphatische These, in der zivilisierten Gesellschaft sei das menschlichen Antlitz ver-

Die zivilisierte Gesellschaft und deren Kritik

unstaltet und nicht mehr wiederzuerkennen. Der Blick auf den *homme naturel* fungiert in diesem Zusammenhang als kritische Folie, die der Gesellschaft als Spiegel zur Selbsterkenntnis vorgehalten wird. Was sieht der zivilisierte Mensch in diesem Spiegel? Er sieht einen gehetzten Bürger, dessen Gier nach Macht und Eigentum ihm jegliche Unabhängigkeit raubt. Im Konkurrenzkampf mit anderen Bürgern sucht er ständig den Vergleich und bemerkt gar nicht, dass das Vergleichen immer eine Abhängigkeit von demjenigen beinhaltet, mit dem man sich vergleicht und dann feststellt, dass der andere mehr hat, mehr weiß, besser aussieht usw. Woher stammt dieser Spiegel, den sich der *homme civilisé* selbstkritisch in der Hypothese vom *homme naturel* vorhält? Solch ein Spiegel kann nur von reflexiven Menschen hergestellt werden. Die Antwort auf die Frage lautet: Der Naturzustand und der *homme naturel* sind reine Fiktionen, die von zivilisierten Menschen (wie Rousseau selbst einer ist) erfunden werden, um damit eine kritische Selbstreflexion zu ermöglichen.

Die ganze Geschichte als Kulturanthropologie ist denn auch – wie Rousseau selbst feststellt – kein Abfall von einem natürlichen menschlichen Wesen, das es etwa wiederzugewinnen gälte. Statt eines Rousseau fälschlicherweise zugeschriebenen „Zurück zur Natur!" geht es um ein Vorwärts zu einer zweiten, einer künstlich erzeugten politischen „Natur", welche die zivilisatorische Entfremdung und Pervertierung in einer neuen Humanität überwinden würde. Dieser Fortschrittsgedanke zeigt Rousseau als einen immer noch und sogar in einem vertieften Sinne modernen Denker. Für seine Zugehörigkeit zur zweiten Moderne spricht, dass er zwar die vorherige Moderne eines Hobbes und Locke kritisch reflektiert, dies aber nicht zum Anlass nimmt, um aus der Moderne auszusteigen, sondern daraus den Impuls für eine qualitative Weiterentwicklung der Moderne gewinnt. Eine neue Gesellschaft, ein neuer Mensch – das ist dann das Thema von Rousseaus Vertrag, des *contrat social*. Das ist Rousseaus dritter, geschichtlich freilich nicht notwendiger Denkschritt. Der vertraglich geschaffene Kollektivkörper stellt ein Novum dar – einen Sprung in eine völlig neue Gesellschaft und in eine völlig neue Gestalt des Menschlichen. Der neue Mensch weiß sich als Teil des Gemeinwillens und identifiziert sich mit diesem. Rousseau unterscheidet zwischen dem Willen des Einzelmenschen *(volonté particulière)*, einem summierten Willen vieler Einzelner *(volonté de tous)* und dem von beiden qualitativ unterschiedenen Gemeinwillen *(volonté générale)*. Der *contrat social* hat als Bedingung die totale Aufgabe des Individualwillens, des privaten Eigentums und aller liberaler Vorbehalte, die wir bei Hobbes und Locke festgestellt hatten. Es macht das Eigentümliche des Rousseauschen Vertragskonzepts aus, dass es auf der *aliénation totale*, der völligen Entäußerung der individuellen Rechte und Besitztümer beruht. Der Einzelne begibt sich *sans réserve*, ohne Vorbehalt, ins Kollektiv und erhält in einer Art von Tausch eine kollektive Identität zurück, die ihm eine neu definierte Freiheit – für Rousseau die höchstmögliche – gewährt. Der Kollektivkörper wird aktualistisch begriffen, indem er nichts anderes ist als der sich selbst immer wieder vollziehende Gemeinwille. Er ist nicht aus einer zwingenden Abfolge und als Wirkung einer Ursache herleitbar. Er stellt sich selbst-

| Rousseaus contrat social

ursprünglich selbst her, hat autopoietische Qualität, wie man in der heutigen Terminologie der Systemtheorie sagen könnte. Er ist das (grammatikalisch als Neutrum gefasste) Souverän in völliger Absolutheit: Der Gemeinwille kann nicht irren, genügt sich selbst und muss außerhalb seiner selbst keinerlei normative Anleihen machen. Der Staat taucht demgegenüber als *magistrat* und *gouvernement* in einer untergeordneten Rolle auf. Seine funktionale Bedeutung liegt darin, dass er administrative Aufgaben wahrnimmt. Als *corps intermédiaire* vermittelt er zwischen dem Ganzen des Kollektivs und dem einzelnen Bürger. Daneben deutet sich aber noch eine substantielle Aufwertung des Staates an, indem Staat auch die Bedeutung haben kann, die passive Seite des Kollektivkörpers zu bezeichnen. Die Hauptbedeutung ist jedoch die funktional reduzierte.

Der „Vertrag" ist also ein weites Gefäß, in das unterschiedliche Vorstellungen von Politik auf Grund unterschiedlicher Menschenbilder mit unterschiedlichen normativen und deskriptiven Prämissen eingestellt werden können. Die Unterschiede reichen im Menschenbild von Menschen der Macht, der Moral und des Eigentums bis hin zur reflexionslosen Kreatur, in der Vertragsvorstellung von der widerstandslosen Unterwerfung über die reflektierte Zustimmung bis hin zur Selbstaufgabe, in der intendierten Staatlichkeit von einer absoluten bis hin zu einer Herrschaft unter liberalen Bedingungen. Dabei ist innerhalb der jeweiligen Theorie eine Stimmigkeit zwischen Prämissen und Konklusion zu konstatieren. Hobbes unterstellt mit dem Krieg aller gegen alle ein *worst–case*-Szenario, das nur durch einen starken Staat mit einem absoluten Souverän als Zentrum gebannt werden kann, das Sanktionsdrohungen durch seine überwältigende Macht glaubhaft macht und eine friedliche Konkurrenz der Untertanen zu erzwingen vermag. Hobbes sucht damit zu zeigen, dass – wie Kant es so treffend bezeichnet – selbst für ein Volk von Teufeln noch ein Staat zu machen sei. Bei Locke sind die Prämissen und Ziele differenzierter. Ihrem gemischten Charakter entsprechend und die normative Vorgabe des Rechts auf Privateigentum voraussetzend, resultiert ein Staat aus Momenten einer gemischten Verfassung mit Gewaltenteilung, in dem sich jeder Akteur der gemeinsamen Zielvorgabe von Eigentum und Freiheit zu unterwerfen hat; sollte er dagegen verstoßen, greifen Strafen gegen die Bürger oder der Aufstand gegen illegitime Herrschaftsansprüche der Machthaber. Bei Rousseau schließlich kommt eine geschichtsphilosophische Dialektik ins Spiel. Aus einer auf Macht und Eigentum hin orientierten zivilisierten Gesellschaft, die ihre eigenen Defizite an Humanität über den Umweg einer künstlichen Naturzustandsannahme kritisiert, eröffnet sich die – allerdings keineswegs garantierte und vorhersagbare – Möglichkeit eines neuen Kollektivkörpers.

<small>Unterschiedliche Vorstellungen von Politik</small>

Über den Unterschieden sollten grundlegende Gemeinsamkeiten nicht vergessen werden. Der Mensch tritt als selbständiges, mit Rechten ausgestattetes Individuum in die intellektuelle Erscheinung. Sein natürlicher, das heißt sich selbst überlassener Status ist freilich keineswegs vollkommen und durchaus gefährlich. Der Mensch wird zum größten Problem für sich selbst und seinesgleichen. Er ist fähig, dieses Problem entweder einer gewissen Regulierung zu unterziehen (Hobbes und Locke) oder es sogar durch eine politische Lösung hinter sich lassen (Rousseau). Der Staat ist für die Problemlösung essentiell, allerdings nicht als sich selbst genügendes, sondern als ein artifizielles, von Menschen gemachtes Gebilde, das sich allein durch seine funktionale Leistung (Schutz und Sicherheit garantieren, das Eigentum erhalten, verwaltende Aufgaben übernehmen) legitimiert. Es zeigt sich ein tiefer Wandel in der Auffassung von Staatlichkeit, der sich auch in den verwendeten Bildern und Metaphern ausdrückt. Der Staat, der nicht mehr von Natur ist wie bei Aristoteles, sondern nur noch von Menschen gemachtes Artefakt, zeigt sein instrumentelles und funktionales Wesen in der Metapher von der Staatsmaschine, welche den Organismus des Staatskörpers ablöst. Auffassung von Staatlichkeit

Rousseau zeigt den Überstieg, der einerseits aus all diesen Motiven entsteht, um sie aber transzendierend hinter sich zu lassen. Sein Kollektivkörper des sich selbst stets neu generierenden Gemeinwillens stellt eine vorher nie dagewesene Absolutheit dar, die sogar auf die bislang selbstverständliche Außenorientierung an natürlichen Rechten und Gesetzen Verzicht leistet und sich in seiner Geltung und Wahrheit allein aus sich selbst heraus definiert. Hier ist, bei aller Reverenz an das alte Sparta und an Rom als Vorbilder patriotisch-republikanischer Tugendhaftigkeit, ein normativer Konnex zerrissen. Die Folgen solcher Selbstmächtigkeit in der dem 18. Jahrhundert folgenden „historischen" Moderne lassen diesen Schnitt in einem besonders bedenklichen Licht erscheinen. Aber es ist zumindest eine der Möglichkeiten eines modernen Politikverständnisses, die hier ihre fast schon prophetisch zu nennende theoretisch-ideenhafte Form gefunden hat.

Als große Gemeinsamkeit lässt sich auch die Leitidee der Funktionalität ermitteln. Hier zeigen sich allerdings die Dynamik und das Entwicklungspotential im modernen Politikverständnis der Aufklärung. Neben der Funktionalität, die in ihrer bloß technischen Rationalität nicht nur affirmiert, sondern auch zusehends kritisch gesehen wird, werden wieder Gesichtspunkte substantieller Art wichtig. Solche politische Substantialität lässt sich bei Hobbes eher implizit vermuten, wenn er bei seinem absoluten Souverän gerade nicht jene Gefährlichkeit der natürlichen Wolfsnatur zu erblicken scheint, die er bei allen anderen Menschen als konstitutiv annimmt. Ist der Souverän immer noch das bessere und vorbildhafte Exemplar eines der Politik dienenden Menschen, wie es die Tradition kennt? Das bleibt unklar, müsste jedoch unterstellt werden, um die logische Konsistenz der systematischen Argumentation aufrechtzuerhalten. Substanz scheint bei Locke schon greifbarer, indem er neben seinem anarchischen Individualismus auch kommunitäre Momente im politischen Handeln zumindest andeutet. Rousseau wiederum treibt die Modernität auf die Spitze, nämlich in eine Ambivalenz. Auch bei ihm ist – und dies am deutlichsten unter den dreien – die Substanz ein Gegenhalt zur bloßen Funktion. Eingeübte Tugenden, die zur zweiten Natur geworden sind, und eine Tradition gemeinsamer Werte als einer Verfassung in den Herzen, die viel wichtiger als die geschriebene Verfassung ist, bilden eine geschichtlich gewordene Sub- Leitidee der Funktionalität stanz, die sich mit dem Ehrentitel „Republik" von der bloßen Selbsterzeugung des Kollektivkörpers im Gemeinwillen abhebt. Aber – und das macht die prinzipiell prekäre und gefährdete Lage der modernen Befindlichkeit und ihres Bewusstseins aus – die Substanz kann auch nur eine Fiktion und Illusion sein, wie das Beispiel Rousseaus eindrücklich belegt. Ihrer Realität, geschichtlich als Tradition beschworen, kann man sich am besten im Modus des Wünschens versichern, während die reale Kraft solcher Überzeugungen fragwürdig bleibt. Rousseau ist, so betrachtet, schon viel weiter als die Ideologien und politischen Mythologien des 19. Jahrhunderts, deren Traditionsbewusstsein oftmals eine naive Ungebrochenheit aufweist und sich seines konstruktiven Charakters kaum oder gar nicht bewusst ist.

Politische Konsequenzen – Absolutismus, demokratischer Totalismus, Liberalismus

Wie die Theorien von Hobbes, Locke und Rousseau zeigen, gibt die kontraktualistische Begründungsstrategie sowohl autoritären als auch liberalen, ja sogar totalitären – oder besser totalen – Politikkonstruktionen Raum. Damit wird im 17. und 18. Jahrhundert der ideengeschichtliche Grund für die Verfestigung zu politischen Bewegungen mit ideologischen Überbauten gelegt, wie sie im 19. und 20. Jahrhundert das politische Denken und die Realgeschichte gleichermaßen prägen.

Betrachten wir zunächst die beiden Absolutismen, Hobbes' Absolutismus des Fürsten beziehungsweise Königs und Rousseaus Absolutismus des Volks. Die absolute Fürstensouveränität, wie sie von Jean Bodin (»Six Livres de la République«, »Sechs Bücher über den Staat«, 1576) und Thomas Hobbes (der die Monarchie praktisch-politisch bevorzugte, die Parlamentssouveränität aber theoretisch-prinzipiell nicht ausschloss) eingeführt wurde, ist ein Alleinstellungsmerkmal des modernen politischen Denkens. Im Lichte von Carl Schmitts These „Alle prägnanten Begriffe der modernen Staatslehre sind säkularisierte theologische Begriffe" lässt sich der allmächtige Gott und Weltgesetzgeber als theologisches Urbild von absoluter Souveränität deuten. Aber auch noch die *plenitudo potestatis* des Papstes, wie sie im mittelalterlichen politischen Denken die Hochform des päpstlichen Machtanspruches markierte, kann als theologische Form absoluter Souveränität gesehen werden. Freilich hat auch der mittelalterliche Papst als Alleinherrscher in seiner Kirche – zumindest in der idealiter ausgestalteten theoretischen Position – immer noch den christlichen Gott und dessen normative Setzungen über sich. Aber er hat doch die Schlüsselposition als Vermittler von Gott und Welt inne und ist insofern letzte Entscheidungsinstanz auf Erden. Auch der absolute Souverän bei Bodin und bei Hobbes hat die natürlichen Gesetze zu beachten und ist an sie gebunden. Während Bodin den monarchischen Souverän in zusätzliche Bindungen standesvertraglicher und völkerrechtlicher Art einbindet, kappt Hobbes alle Verpflichtungen bis auf diejenige durch die natürlichen Gesetze, die für alle Menschen gelten, ob im Naturzustand oder im bürgerlichen Zustand, und somit auch für den Souverän. Freilich schiebt Hobbes eine subversive Pointe in den Vordergrund: Die natürlichen Gesetze

Absolutismus des Fürsten

verstehen sich nicht von selbst, sondern sie bedürfen der Ausdeutung. *Quis interpretabitur?*, wer hat die Deutungshoheit, wird damit zum Schlüssel des Verständnisses. Diese Hoheit hat bei Hobbes einzig der Souverän, nicht was das innere Denken und Glauben seiner Untertanen betrifft, wohl aber was die Äußerung von Überzeugungen, also die öffentliche Meinung angeht. Nur so kann der Bürgerkrieg der Deutungen – sei es im religiösen Sinne, sei es die Auslegung der Gesetze betreffend – verhindert werden. Hobbes ist konsequent genug, diese Letztentscheidungskompetenz seines Souveräns auch für die staatskirchlichen Angelegenheiten zu postulieren. Der Souverän ist nicht nur weltlicher Herrscher, sondern auch geistliches Oberhaupt der Staatskirche, wofür offenkundig die anglikanische Nationalkirche und der *Act of Supremacy* von 1534 Pate stehen, der Heinrich VIII. und seine Nachfolger als Oberhaupt der anglikanischen Kirche einsetzte – und der Thomas Morus das Leben kostete, weil er sich dieser Abspaltung von der römischen Kirche nicht unterwerfen wollte.

Die besondere Stellung Rousseaus zeigt sich im Vergleich zu diesen Ausgestaltungen absoluter Souveränität. Nicht nur, dass er den Souverän (bei Rousseau: das Souverän) kollektiv fasst. Er löst seinen Volkskörper total von normativen Vorgaben, welche außerhalb des Wollens dieses Körpers liegen. So gibt es gerade kein Naturrecht mehr, welches es gestattete, die Normadäquatheit eines herrschaftlichen politischen Handelns kritisch zu prüfen, wie dies im mittelalterlichen politischen Denken selbstverständlich war. Rousseaus Kollektivkörper ist kein Totalitarismus im heutigen Verständnis des Wortes, das sich auf Phänomene wie Stalinismus oder Nationalsozialismus bezieht und den Begriff an Bedingungen wie etwa die Alleinherrschaft einer Partei, die Gleichschaltung der Gesellschaft, eine einheitliche Ideologie und an das Vorhandensein eines Terrorsystems bindet. Aber es ist doch ein demokratischer Totalismus, der sich zumindest in diese Richtung bewegt. Es entfallen die individuellen Vorbehalte liberaler Provenienz. Am Grenzübergang zur neuen Gesellschaftsordnung steht der totale Verzicht. Nur wer seine Individualität und ihr partikulares Wollen total aufgibt, geht ins gelobte Land der neuen Gesellschaft ein. Es gibt so etwas wie eine verbindliche Ideologie: Rousseau spricht, in Abhebung von Konfessionen und Religionen, von einer eigenen Zivilreligion *(réligion civile)*, welche die Heiligkeit des *contrat social* zu ihren Glaubensgrundsätzen zählt. Es wird auch schon die Umerziehung oder sogar die Eliminierung derjenigen ins Auge gefasst, die sich der neuen Zivilreligion nicht unterwerfen wollen.

| Ausgestaltungen absoluter Souveränität

Die Gegenlineatur dazu bildet das liberal-rechtsstaatliche Denken der Moderne, für das schon Locke im 17. Jahrhundert steht. Karl von Rotteck und Carl Welcker stellen in ihrem liberalen »Staats-Lexikon. Encyclopädie der sämmtlichen Staatswissenschaften für alle Stände« (1834–1848) die aktuelle Präsenz von Staaten mit einem „absolutistischen System" und solchen mit einem „konstitutionellen System" fest. Letzteres meint im engeren Sinne die Verfassung, im weiteren Sinne deren freiheitlich-rechtliche Art. Es ist eine Ordnung nach Rechtsprinzipien. In dieser werden Freiheitsräume für Bürger definiert – wie etwa die Versammlungs- oder die Meinungsfreiheit, die Freiheit des Eigentums und die der Reli-

| Das liberal-rechtsstaatliche Denken

gion. Es gibt aber auch originäre Rechte, von Rotteck und Welcker auch explizit so genannte Menschenrechte, die den Menschen als Menschen eigen sind, für alle Menschen gelten (der Universalitätsaspekt) und jedem Individuum zukommen (der Individualitätsaspekt).

Das Staatslexikon aus dem 19. Jahrhundert reflektiert einen Prozess der Herausbildung und Verbreitung rechtsstaatlicher, bürger- und menschenrechtlicher Grundüberzeugungen, der bereits im 18. Jahrhundert mit sich verstärkender Tendenz wirksam ist und dessen verzweigte ideengeschichtliche Wurzeln weiter zurückreichen. Diese Ideen verbreitern ihre Verortung, indem sie aus philosophischen und theologischen Theorien heraus in politische Deklarationen und in Verfassungen Eingang finden. Beispiele für die Theorien stammen bereits – trotz seines absoluten Souveräns – von Hobbes, natürlich von dem liberalen Locke, von Spinoza, sowie im 18. Jahrhundert, in der Zeit der demokratischen Revolutionen, von Thomas Paine (»Rights of Man. Being an answer to Mr. Burke's Attack on the French Revolution«, »Die Rechte des Menschen. Eine Antwort auf Herrn Burkes Attacke gegen die Französische Revolution«, 1791/1792). Als Deklarationen seien genannt die »Virginia Bill of Rights« (1776) und die französische »Déclaration des droits de l'homme et du citoyen« (1789). Als normativ einschlägig geprägte Verfassungen sind die amerikanische Verfassung (1787 und, mit den ersten zehn Zusatzartikeln, 1791) sowie die französischen Verfassungen von 1791, 1793 und 1795 zu nennen. Der bis heute nicht abgeschlossene Prozess wird sich im 19. und 20. Jahrhundert zum einen in eine Differenzierung der Rechte, zum anderen in die zunehmende Positivierung dieser Rechte hinein fortsetzen.

Verbreitung von Ideen

Auf theoretischer Ebene ist die Begründung der Menschen- und Bürgerrechte von besonderem Interesse. Diese ist im Zeitraum bis 1800 vor allem naturrechtlicher Art, was den expliziten oder unausgesprochenen theologischen Hintergrund einschließt. Dieser macht es als Absolutbegründung verständlich, warum man die fundamentalen Rechte mit Adjektiven wie „heilig", „unverletzlich", „ewig", „unveräußerlich" usw. versehen kann. Erst mit der Französischen Revolution wird es dann im 19. Jahrhundert zur Gewohnheit, von einem Vernunftrecht zu sprechen und damit die Ablösung von der theologischen Letztinstanz und die Verankerung im Menschen selbst zum Ausdruck zu bringen, ohne freilich von der absoluten Geltung der fundamentalen Rechte abgehen zu wollen. Die rechtliche Normierung beschränkt sich indessen nicht auf das Staats- und Verfassungsrecht. Erschlossen und entwickelt wird auch jener Bereich, welcher das Verhältnis der staatlichen Leviathane zueinander und seine rechtliche Regelung betrifft: das Völkerrecht. Vorbereitet durch die spanischen Rechtstheoretiker Francisco de Vitoria (1483–1546) und Francisco Suárez (1548–1617), wurde es insbesondere von Hugo Grotius (1583–1645), dem Schöpfer des modernen Völkerrechts, in seinem Hauptwerk »De iure belli ac pacis libri tres« (»Drei Bücher über das Recht des Krieges und des Friedens«, 1625) theoretisch begründet und auf seine praktischen Probleme und Konsequenzen hin durchdacht. Der überstaatliche Bezug auf überzeitliche, einem univer-

Menschen- und Bürgerrechte

Weltdeutungen und politische Ideen

Titelbild des »Leviathan« von Thomas Hobbes, auf dem der Souverän, der die Zeichen weltlicher wie religiöser Macht in den Händen hält, als Herrscher über Land, Städte und Bewohner zu sehen ist.

Herrschaft und politische Ideen

salen Konsens entsprechende rechtliche Normen; deren Begründung aus einem allgemeinmenschlich vernünftig einsehbaren Naturrecht (ein Thema, das auch noch das berühmte aufklärerische Völkerrechtslehrbuch von Emer de Vattel »Droit des gens, ou principes de la loi naturelle appliqués à la conduite et aux affaires des nations et des souverains«, 1758, beherrscht), das den theologischen Hintergrund zwar nicht ausschließt, ihn aber doch über alle konfessionellen Grenzen – und die damit einhergehenden Konflikte – hinweghebt; der zentrale Stellenwert des Vertragsgedankens und das föderale Prinzip; die rechtliche Einhegung des Krieges im Recht zum Krieg *(ius ad bellum)* und Recht im Krieg *(ius in bello)* mit dem Blick auf das Ziel eines friedlichen Zusammenlebens der Staaten und Völker – all diese Themen und Gesichtspunkte, die sich gegen ein absolutistisches Politikverständnis und gegen eine sich absolut setzende Staatsräson wenden, werden in Renaissance und Früher Neuzeit entwickelt. Sie bilden die theoretische Grundlegung für nachfolgende Institutionalisierungen und rechtliche Positivierungen, wie sie etwa in Immanuel Kants Schrift »Zum ewigen Frieden. Ein philosophischer Entwurf« (1795) in der Idee eines Völkerbundes, der sich auf ein gemeinsam geltendes Völkerrecht verpflichtet, vorweggenommen und als Zeichen einer fortschreitend vernünftigen Politik gedeutet werden.

<small>Das Völkerrecht</small>

Überblickt man die seit der Renaissance in Gang kommenden „modernen" Verschiebungen in der philosophischen Weltdeutung und in den politischen Ideen Europas, so treten neue und wegweisende Theorien sowie Gedankenlinien hervor, deren genauere Bestimmung – von Bewertungen ganz zu schweigen – natürlich von den angelegten Verstehensmustern abhängt. Der geisteswissenschaftliche Blick fällt auf einen Reichtum an innovativen Ideen und Theorien, deren Fülle eine immer mehr in Bewegung kommende, sich vom „Alten" abhebende Moderne erkennen lässt. Deren Dynamik besteht in ihrer zunehmenden Reflexivität, was Selbstkritik dezidiert einschließt. Trotz der zunehmend selbstkritischen Haltung kristallisiert sich jedoch ein fundamentaler Fortschrittsglaube heraus. Dies belegen die großen politischen Vertragstheorien in ihrer Abfolge von Hobbes über Locke bis zu Rousseau. In der inhaltlichen Ausgestaltung des philosophischen und politischen Denkens tritt die theologische Begründung zurück, wenngleich sie – etwa im Naturrecht – im Hintergrund präsent bleibt. Dagegen gewinnt das *Humanum* an fundierender Bedeutung, sei es in der Zuschreibung von Würde und Menschenrechten, sei es im Projekt der Steigerung menschlicher Möglichkeiten im Denken und Handeln, für welche beispielsweise die Utopien anschauliche fiktive Erzählungen liefern. Der realistische Blick hält demgegenüber das Bewusstsein der Gefährdung aller Ideale, Werte und Erwartungen wach. An dieser Stelle kommt der moderne Staat als ein von Menschen geschaffenes Artefakt ins Spiel. Die politische Herrschaft wird legitimiert durch die Funktion, welche der Staat für seine Bürger erfüllt, sei es die Gewährung von Schutz, sei es die Erhaltung des Eigentums oder die Schaffung von Frieden nach innen und außen. Zur modernen Theoriendynamik gehört auch, dass die Dominanz der funktionalen Betrachtungsweise, die den Staat nur

<small>„Moderne" Verschiebungen</small>

als eine Art von Maschine sichtbar werden lässt, durch eine substantielle Sichtweise abgelöst wird, welche den Staat rechtlich und moralisch aufwertet. Die in den Theorien des 17. und 18. Jahrhunderts entwickelten inhaltlichen Politikvorstellungen – absolutistischer, totaldemokratischer und liberaler Art – eröffnen schon in der Theorie ein kontroverses Feld, das dann im 19. und 20. Jahrhundert in die Kämpfe zwischen den entsprechenden politischen Bewegungen münden wird. Schließlich – und keineswegs zuletzt – zeigt sich das Potential des modernen politischen Denkens in der Erweiterung des Staatsrechts zum Völkerrecht.

Ein Blick auf den islamischen und den chinesischen Kulturkreis

Islam

In der mittelalterlichen und neuzeitlichen Geschichte stehen der christliche Okzident und der islamische Orient in einer wechselnden Rivalität, in welcher sich kulturelle Überlegenheit und Unterlegenheit umkehren. Der hier in Frage stehende Zeitraum von 1200 bis 1800 sieht zu seinem Beginn die islamische Kultur als überlegen, was sich in Philosophie, Wissenschaften, Kunst klar zeigt. Diese Überlegenheit wurde im Westen wahrgenommen und als Ansporn empfunden. Am Ende des Zeitraums hat sich das Verhältnis umgekehrt. Während sich in der islamischen Welt eine das Geistesleben dominierende theologische Orthodoxie durchsetzt, finden im christlichen Kulturraum innovative Schübe statt, die – vorbereitet durch Renaissance und frühneuzeitliche Philosophie und Wissenschaften – in die Aufklärung des 18. Jahrhunderts münden. Eine entsprechende Renaissance und Aufklärung gibt es im islamischen Bereich nicht. Zwar kommt vom 12. bis zum 15. Jahrhundert die mystische Komponente des Islam, der Sufismus, zur Blüte. Er verbreitet sich in der Bevölkerung, in Orden und Bruderschaften, wie beispielsweise dem im 15. Jahrhundert gegründeten Bektaschi-Orden. Aber das rationale Denken, die Theologie eingeschlossen, erlebt in den vier Jahrhunderten nach dem 14. Jahrhundert keine umwälzende Dynamik der Ideen und Theorien, was fortdauernde, eher kumulative Denkbemühungen keineswegs ausschließt.

Auf dem Feld der politischen Ideengeschichte ist nach der Zeit um 1200 ein Zurücktreten der Philosophie *(falsafa)* und ein dezidierter Terraingewinn für die („scholastisch"-)islamische Theologie *(kalām)* und die islamische Rechtslehre *(fiqh)* festzustellen, welche immer wieder die Frage nach der Rechtgläubigkeit der Philosophen aufwerfen. Der Angriff al-Ghazalis (al-Ghazzālī) (»Zerstörung der Philosophen«, 1095) auf die Philosophen, den einer der herausragendsten Vertreter dieser Spezies, Ibn Ruschd (Averroës), in seiner Schrift »Destructio destructionis« (»Zerstörung der Zerstörung«, um 1180) noch selbstbewusst zurückweist, erweist sich im Nachhinein als Modellfall. Al-Ghazali (1058–1111) kann jedoch inso- | Al-Ghazali fern als Grenzgänger betrachtet werden, als er die metaphysischen Ansprüche philosophischer Spekulation teils aus dem mystischen Erleben heraus, teils mit erkenntniskritischen Argumenten zurückweist und somit immer noch philosophisch denkt. Allerdings steht er mit seiner eigenen Biographie für die Auseinandersetzung im buchstäblichen Sinne, indem er sich dem Sufismus, der islamischen Mystik, zuwendet.

Für beide, Philosophie wie Theologie samt Rechtslehre, ist das politiktheoretische Hauptthema die normative Frage nach der guten politischen Ordnung, die sich vergleichbar auch den Griechen und dem christlichen Mittelalter stellt. Das zentrale Problem ist dabei das Verhältnis von weltlicher und geistlicher Gewalt, Sultan (dem weltlichen Herrscher) und Kalif (dem geistlichen Oberhaupt, das sich als Nachfolger und Stellvertreter des Propheten oder sogar Gottes versteht), sowie das Verhältnis von primär rational begründeter politischer Gemeinschaft und der religiösen Gemeinschaft der Muslime *(umma)*. Auch wenn es faktisch ein weitgehend autonomes weltliches Recht *(qānūn)* gab: Die in der Theorie für die politische Ordnung maßgebliche Rechtsauffassung ist doch die Scharia, das religiöse Recht. Die rechtliche Ordnung wird aus der religiösen Grundschrift, dem Koran, und aus der Prophetentradition *(hadīth,* arab. *ḥadīθ)* gewonnen, die Äußerungen und Handlungen des Propheten Mohammed zu vielerlei Angelegenheiten enthält. Das unterscheidet diese islamischen Philosophen grundsätzlich vom europäischen Mittelalter, wo es zwar auch die Orientierung am religiösen Gesetz, insbesondere am Dekalog, gibt, wo sich die Theologie in der theoretischen Figur von Naturrecht und Naturgesetz aber auch auf den Weg einer eigenen Rechtsreflexion begibt, deren Gesetze nur mittelbar identisch mit religiösen Geboten sind.

Rechtsreflexion

Um die Entwicklungen und Verschiebungen in ihrem Gewicht einschätzen zu können, bedarf es einer detaillierteren Sichtung des ideengeschichtlichen Feldes. Dabei ist zwischen islamischer Philosophie einerseits sowie Theologie und religiöser Rechtslehre andererseits zu unterscheiden, welche zur dominanten orthodoxen Auslegungsinstanz politischer Ordnung wird. Die Theologie und ihre Jurisprudenz sind in den beiden Hauptströmungen des Islam, der sunnitischen und der schiitischen, zu unterscheiden.

Die islamische Philosophie hat um 1200 das Ende einer Blütezeit erreicht. Vom 10. bis zum 12. Jahrhundert wird ein Raum des Denkens mit unterschiedlichen Wegen geöffnet, die für die Folgezeit und zum Teil – man denke vor allem an Ibn Ruschd – weit darüber hinaus wirksam werden sollten. Als einziger großer Philosoph ist dann im 14. Jahrhundert noch Ibn Chaldun (Chaldūn) zu behandeln. Islamische Philosophen wirken als maßgebliche Kommentatoren und Vermittler der Werke von Platon und Aristoteles. Sie nehmen aber auch synkretistisch Platon, Aristoteles und den Neuplatonismus in ihre eigenen Philosophien auf. Diese werden zu theoretischen Systemen mit metaphysischen, theologischen, erkenntnistheoretischen, logischen, ethischen und politischen Elementen ausgebaut. Die praktische Philosophie, das heißt Ethik und Politik, versteht sich als Teil des Gesamt-

Philosophische Weltdeutung

zusammenhangs. Bei der philosophischen Weltdeutung stellt sich hinter den unterschiedlichen inhaltlichen Schwerpunkten als zentrales Problem die Frage von Vernunft und religiösem Glauben im Verhältnis zueinander, die sich bei Ibn Ruschd zur These der zwei Wahrheiten zuspitzt. Sie entspricht einer philosophischen Sichtweise, welche die Religion respektiert, ohne ihr jedoch die alleinige Dominanz zu überlassen. Auswahlweise seien die wichtigsten dieser philosophischen Theorien in ihren politiktheoretischen Implikationen knapp skizziert.

Der Philosoph al-Fārābī (um 870–950), der die Philosophie dem Prophetismus, die Vernunft der Religion überordnet, kann als Begründer einer klassischen normativen politischen Theorie im islamischen Kulturkreis gelten. Seine Reflexion über die gute politische Ordnung und das gute Leben in ihr (»Die Prinzipien der Ansichten der Bürger des vollkommenen Staates«, 941–948) wird durch die antike politische Philosophie vor allem Platons, aber auch von Aristoteles beeinflusst. Philosophie und islamische Glaubenslehre koexistieren. Beide Wege führen zur Wahrheit, wobei die Religion eher für die Vielen, die Philosophie nur für die Wenigen geeignet erscheint. Der Religion kommt vor allem funktionale Bedeutung zu, indem sie für den Zusammenhalt des Gemeinwesens und die Erhaltung von dessen Ordnung sorgt. Gemäß dem platonischen Vorbild ist eine Ordnung dann gut und gerecht, wenn alles an seinem Platze ist. Diese Auffassung verbindet sich mit der stark an Platon erinnernden politischen Utopie der vollkommenen, das heißt tugendhaften Stadt. In ihr legitimiert sich der vollkommene Herrscher, indem er alle ethischen, rationalen und praktischen Tugenden besitzt. Es ist dabei nicht notwendig, aber auch nicht ausgeschlossen, dass der Philosophenkönig mit dem islamischen Propheten beziehungsweise dem Imam (dem rechtmäßigen Nachfolger des Propheten Mohammed) zusammenfällt.

| Der Philosoph al-Fārābī

Ibn Sina (Ibn Sīnā, Avicenna) (um 980–1037; Hauptwerk: »Das Buch der Heilung«, 1027) nimmt Einflüsse von Aristoteles und von den Neoplatonikern auf und beeinflusst seinerseits in der westlichen Philosophie Albertus Magnus und dessen Schüler Thomas von Aquin. Er bettet seine politische Theorie in eine Metaphysik ein, in deren Mittelpunkt der Schöpfergott steht. Politik wird ganz auf den Kalifen, dessen geistliche Herrschaft und die religiöse Gesetzgebung abgestellt. Der Prophet – und nicht mehr der Philosoph – ist Inbegriff des vollkommenen Menschen, der Zugang zum göttlichen aktiven Intellekt hat. Analog zu Platons »Politeia« wird eine dreigliedrige Herrschaftspyramide mit dem religiösen Herrscher an der Spitze, den Wächtern und den Arbeitern entworfen. Die Aufgaben des Kalifen sind umfassend und beinhalten auch das Führen des Heiligen Krieges.

| Politische Theorie des Avicenna

Ibn Ruschd (1126–1198) ist zumindest im Westen der einflussreichste der islamischen Philosophen. Er stieß heftige Diskussionen im Mittelalter an und wirkte auf die Philosophen der Renaissance und darüber hinaus. Große Bedeutung kommt ihm als Kommentator klassischer Werke der griechischen Philosophie, insbesondere von Aristoteles, zu. Im islamischen Kulturkreis beeinflusste er im 13. und 14. Jahrhundert insbesondere Ibn Taimiya (Ibn Taīmīya) und Ibn Chaldun. Sein philosophisches

Herrschaft und politische Ideen

Gewicht zeigt sich bereits in seiner Erkenntnistheorie, in der er die Wahrheitsfrage stellt, die insbesondere für viele Theologen immer schon vorentschieden scheint. Es gibt mindestens zwei Wahrheiten, die sich auf den wörtlichen Sinn von Texten und auf den durch Interpretation erschließbaren Sinn beziehen. Die Anwendbarkeit und Angemessenheit dieser beiden Wege hängt von den Adressaten des Sprechens ab. Während die Philosophie mit ihrem logisch-argumentativen Denken nur den Wenigen vorbehalten bleibt, werden die Vielen durch Gemeinplätze, Bilder, Symbole und rhetorische Hilfsmittel angesprochen, wie sie in Religion und Theologie unverzichtbar sind. Der Philosophie kommt dabei jedoch der Primat zu: Sie entscheidet, welches Beweis- und Denkverfahren einer jeweiligen Behauptung und Überzeugung angemessen ist, ob es sich um Wissenschaft, um metaphorisches Sprechen oder anderes handelt, das heißt, welche Art von Wahrheit vorliegt. Damit vertritt Averroës eine im islamischen Kulturkreis nur selten erreichte Freiheit der Philosophie von der Religion – die Averroës aber in ihrem eigenen Zugang zur Wahrheit nicht in Frage stellt. Das zeigt sich nicht nur in der Unantastbarkeit fundamentaler religiöser Überzeugungen. Es wird auch in der politischen Philosophie deutlich. In seinem Kommentar zu Platons »Politeia« übernimmt er das zentrale Motiv des Philosophenkönigtums, vermischt es aber mit der Idee der Herrschaft der Gesetze, wie Platon sie in seinem Spätwerk »Nomoi« entwickelt hat. Das Gesetz wird mit dem islamischen Recht, der Scharia, identifiziert, welches den Maßstab für eine gute Ordnung von Staat und Gesellschaft setzt. Die beste Staatsform ist dann die Herrschaft eines Philosophen, der zugleich Kalif ist. Allerdings kennt Averroës in seiner Staatsformenlehre, al-Fārābī folgend, auch gehaltlich bescheidenere Ordnungen: die Aristokratie, die dyarchische Herrschaft zweier Regierender und das Königtum gemäß dem Gesetz. Dass daneben, wie auch schon bei al-Fārābī und beim Vorbild Platon, entartete Staatsformen untersucht werden, bringt eine realistische Dimension zum Tragen.

Politische Theorie des Averroës

Soweit die Konturen islamischer Philosophie, wie sie die ideengeschichtliche Situation um das Jahr 1200 bestimmen. In den folgenden Jahrhunderten ragt Ibn Chaldun (1332–1406) heraus. In der theoretischen Originalität und in der Selbständigkeit des Denkens gegenüber der dominierenden islamischen Religion bildet er eine Ausnahmegestalt. Sein programmatischer Haupttext, die »Muqaddima« (1377), bildet die Einleitung zu seiner Universalgeschichte mit dem voluminösen Titel »Buch der Beispiele und Sammlung der Ursprünge wie der nachfolgenden Geschichte in den Zeiten der Araber, Nichtaraber und Berber sowie der mächtigsten Herrscher, die ihre Zeitgenossen waren«. Chaldun entwickelt eine Theorie der Kultur (*'umrān*), welche Staaten, Gesellschaften, Wirtschaftssysteme, aber auch natürliche Bedingungen wie das Klima miteinander verbindet. Dabei wird auch der Bewegungsaspekt verfolgt. Aus den geschichtlichen Ereignissen werden allgemeine Gesetze herausgearbeitet, welche Entstehen, Blüte und Vergehen der Völker und Staaten thematisieren. Ibn Chaldun erweist sich als Vorläufer von organizistischen Kulturtheorien – wie im 20. Jahrhundert Oswald Spengler –, indem er zyklische Stadien-Modelle entwickelt, mit denen

Entstehung und Niedergang von Staaten und von Dynastien beschrieben werden. Zentral bedeutsam ist die ʿ*asabiyya*, die Gemeinschaft beziehungsweise Solidarität der Glieder eines Kollektivs, die besonders in einfachen nomadisch-beduinischen Kulturen gedeiht. Sie bildet das Widerlager zur natürlichen Feindschaft zwischen den Menschen. Sie übersteigt die traditionellen Standesbindungen und -zugehörigkeiten ebenso wie die Herrschaft, sei es weltliche oder religiöse. Die Königsherrschaft wie das Kalifat entstehen aus der ʿ*asabiyya* heraus und gewinnen durch sie ihre Stärke. In diesem Sinne könnte man die ʿ*asabiyya* auch mit „Macht" übersetzen. Sultanat und Kalifat wenden sich dann zum Niedergang, wenn sie sich von der Gemeinschaft absondern und ein sich abkapselndes Eigenleben gewinnen, wie es politisch im Falle der Tyrannei gegeben ist. Dann bedarf es nur noch des Typus des Zerstörers, um den Zyklus zum Ende zu bringen. Religiöse Überzeugungen stärken die entstehende Gemeinschaft und dienen der Legitimierung von Herrschaft. Die Religion bedarf aber auch des Staates insofern, als dieser sie schützt. Ibn Chaldun nähert sich hier der Zwei-Reiche-Lehre, wie wir sie im christlichen Bereich von Dante oder Luther her kennen. Der Staat bildet dann ein Ganzes, innerhalb dessen die weltliche Herrschaft für Schutz und Sicherheit sorgt und das Überleben garantiert, während der Kalif als geistlicher Herrscher für das Seelenheil der Untertanen zuständig ist. Die Trennung schließt ein, dass der weltliche Herrscher dem religiösen Gesetz der Scharia folgt. Trotz der Geltung der Scharia führt Ibn Chaldun die Politik in eine Distanz und Selbständigkeit gegenüber der Religion, wie man es sonst im islamischen Denken kaum antrifft. Das betrifft die Instrumentalisierung und die funktionale Betrachtungsweise der Religion ebenso wie die Tatsache, dass Ibn Chalduns Analysen und Überlegungen weitgehend von der Spezifik einer ganz bestimmten Religion, hier des Islam, abstrahieren und allgemeine Gesetze zu formulieren suchen. _{Sonderstellung Ibn Chalduns}

Der Unterscheidung in einen sunnitischen und einen schiitischen Islam folgend, sei ein Blick auf die islamischen Rechtstheoretiker und ihre politischen Vorstellungen geworfen. Auch hier empfiehlt sich ein Exkurs in die Epoche vor 1200, die sich für die spätere Zeit als wichtig erweist.

Im sunnitischen Islam sei als älterer Rechtstheoretiker al-Mawardi (al-Māwardī) ausgewählt, als jüngerer Ibn Taimiya, da beide prägnante Positionen vertreten. Al-Mawardi (974–1058) legitimiert staatliche Ordnung und politische Herrschaft nicht aus der bloßen Vernunft, sondern einzig theologisch (»Buch über die Regeln sultanischer Herrschaft«, ca. 1045/1058). Dies zeigt sich klar am Kalifen. Als von Gott eingesetztem Nachfolger und Stellvertreter des Propheten kommt ihm die oberste Autorität im Staat zu, die nicht nur für die geistlichen Belange der religiösen Gemeinschaft zuständig ist, sondern auch für weltliche Angelegenheiten wie die Verteidigung nach innen und außen, Richtergewalt und Strafsystem, Steuern und Verwaltung. Alle anderen Ämter sind von ihm delegiert oder arbeiten ihm als Instrumente der Macht zu. In der Art eines Fürstenspiegels wird dem Kalifen ein Tugendkatalog zugeschrieben, zu dem neben körperlichen und geistigen

Der Rechtstheoretiker al-Mawardi

Herrschaft und politische Ideen

Fähigkeiten auch die Abstammung vom Stamm Quraisch (Koreisch) gehört. Der Kalif kommt durch eine Art von Vertrag mit der Gemeinschaft der gläubigen Muslime in sein Amt. Ein realistisches Denkmoment kommt ins Spiel, wenn sogar die Herrschaft eines Usurpators tolerierbar ist. Allerdings müssen die Bedingungen erfüllt sein, dass die Autorität des Kalifen unangetastet, das islamische Recht erhalten bleibt und die Institutionen und Gebote weiterhin befolgt werden.

Ibn Taimiya (1263–1328, »Traktat über das öffentliche Recht«) kommt als Rechtsgelehrtem und politischem Theoretiker, aber auch von seiner öffentlichen Wirksamkeit her eine bedeutende Rolle zu. Kompromisslos kämpfte er gegen die politische Esoterik der Sufis, gegen die Schiiten und die Ungläubigen. Wegen seiner konsequenten Lehrmeinungen – er verfasste auch eine Reihe von Rechtsgutachten *(Fatwās)* – war er mehrmals in Haft und starb im Gefängnis. Vor dem Hintergrund der verlorenen Hoffnung, alle Muslime unter einem einzigen Kalifat vereinigen zu können, stellte er den umfassenden Herrschaftsanspruch des Kalifats in Frage und wertete die Klasse der Ulama *('ulamā')*, der theologischen und juristischen Gelehrten, als Erben des Propheten auf. Staat und Religion sind nicht identisch, doch untrennbar miteinander verbunden. Ein Staat ohne Religion wäre eine Tyrannis, die aber immer noch besser sei als pure Anarchie. Taimiya trat in diesem Sinne für einen starken Staat ein. Die staatliche Herrschaftsgewalt hat die Pflicht, die Untertanen bei der Erfüllung ihrer religiösen und weltlichen Pflichten zu unterstützen. Die Religion bedarf des Staates, der ihre Autorität wahrt und schützt. Die private und politische Ordnung des Lebens wird von der Scharia bestimmt, dem islamischen Gesetz, dem auch der weltliche Souverän wie alle unterworfen ist. Taimiya plädierte für eine strenge Anwendung. Bedeutungsvoll ist der Dschihad, der Heilige Krieg, der sich gegen Häretiker wie die Schiiten, aber auch gegen alle richtet, welche die Scharia nicht konsequent durchsetzten. Mit seiner kompromisslosen Haltung und seiner aktiven Einmischung in die Politik errang Taimiya großen Einfluss in der islamischen Welt, und dies bis heute, wo er vor allem von fundamentalistischen Positionen in Anspruch genommen wird. Im 18. Jahrhundert griff Muhammad Ibn Abd al-Wahhab (Ibn 'Abd al-Wahhāb, um 1703–1792) die Lehren von Ibn Taimiya auf und wollte damit den Islam durch Beseitigung aller nachkoranischen Neuerungen auf seine ursprüngliche Form zurückführen. Die damit begründete puristische Lehre der Wahhabiten wurde um 1740 von der Dynastie der Ibn Saud angenommen und ist offizielles religiöses Dogma im Königreich Saudi-Arabien.

Im schiitischen Islam dominiert die Idee der Theokratie. Die politischen Theorien kreisen um die absolute Herrschaft der Imame, welche geistliche und weltliche Herrschaft in sich vereinen. Die Reihe der Imame durch die Geschichte kann mit Max Webers Typus der reinen charismatischen Herrschaft beschrieben werden, die göttliche Autorität für sich beansprucht. Der Imam ist ohne Sünde und kann nicht irren. Das Verschwinden des zwölften Imam im Jahre 873 bildet den Hintergrund für einen geschichtstheologischen Messianismus: Es eröffnet sich eine Zeit des Wartens und der Vorbereitung auf das Wiedererscheinen beziehungsweise das Erscheinen des

Die Ideen Ibn Taimiyas

nächsten Imam, der als Messias *(mahdī)* wiederkehren und den Kreis der Geschichte schließen wird. Der Mahdi schafft eine Gesellschaft der Gerechtigkeit und Rechtschaffenheit und bereitet auf die Apokalypse vor. Diese messianischen Vorstellungen ziehen sich durch die ganze islamische Geschichte. Sie werden praktisch-politisch in Sekten und Gemeinschaften wirksam, die sich um jeweils einen als Mahdi identifizierten erleuchteten Führer scharen und die bestehende soziale und politische Ordnung einschließlich der etablierten Klasse der religiösen Rechtsgelehrten und Ausleger radikal in Frage stellen. Solche Umsturzbewegungen – die Abbasiden, die Ismailiten, die Safawiden, die Babis – machen unterschiedliche dynamische Entwicklungen durch: Die meisten institutionalisieren sich in Dynastien (Abbasiden, Ismailiten, Safawiden), einige mutieren zu Geheimbünden (wie diejenigen Ismailiten, welche vom 11. bis zum 13. Jahrhundert die esoterische Gesellschaft der terroristischen Assassinen bilden), oder ihr revolutionärer Aktivismus schlägt in politischen Quietismus um (die Mehrheit der Babis werden zu den Bahai). Auch versuchen die islamischen Geistlichen – wie etwa im Iran, wo ihnen damit Erfolg beschieden war –, an die Stelle des Mahdi zu treten und sich selbst als die Sachwalter des verborgenen Imam zu präsentieren.

     Messianische Vorstellungen im Islam

Im Gegensatz zur okzidentalen Entwicklung, in der sich in der Auseinandersetzung der beiden Gewalten, der geistlichen wie der weltlichen, die weltliche Herrschaft zu Beginn der Neuzeit durchsetzt – und dies durchaus auch mit theologischen Begründungen, siehe das *Divine Right of Kings* –, dominiert im islamischen Bereich die geistliche Gewalt die weltliche. Es unterbleibt auch eine prinzipielle Trennung zwischen Religion und Politik, wie sie im christlichen Denken vor allem durch Augustinus (354–430) und dessen Verurteilung und Ablehnung der politischen Theologie sowie durch seine kritische Darstellung des irdischen Staates für lange Jahrhunderte maßgeblich vorgegeben war. Das Äußerste ist bei Ibn Chaldun erreicht, wenn er eine Art von Zwei-Reiche-Lehre entwickelt, in der jede Gewalt ihr Revier mit spezifischen getrennten Aufgabenbereichen hat. Stets aber wird an der Scharia, dem religiösen Recht, zumindest prinzipiell festgehalten.

Zwei Spannungsfelder, welche für die politische Ideengeschichte im islamischen Kulturkreis charakteristisch sind, seien abschließend noch angedeutet. Der universale Anspruch der *umma* als der Gemeinschaft aller Muslime ist mit der Tatsache konfrontiert, dass eine entsprechend umfassende politische Form ausbleibt. Hier öffnet sich ein Spannungsfeld zwischen Theorie und Realität. Statt des Reiches aller Muslime gibt es eine Vielzahl von Staaten mit einer Vielzahl von Kalifen, Sultanen und Emiren. Doch nicht einmal in den vielen politischen Gebilden wird die Vorstellung vom politischen Imam beziehungsweise vom Kalifenkönig in der Realität eingelöst. Im Gegenteil: Die theoretische Präsenz der Kalifenherrschaft wird zu einer Zeit gedacht, als der Machtverlust des Kalifats bereits Realität war. Vor diesem Hintergrund musste die Vorstellung eines Kalifenkönigs zum reinen Ideal und zur politischen Utopie werden.

     Zwei Spannungsfelder

Herrschaft und politische Ideen

China

Am Beginn des 13. Jahrhunderts stehen Philosophie und politisches Denken vor der überwältigenden Autorität der Tradition, deren unterschiedliche Denkansätze und Strömungen aufgenommen und auf unterschiedlichen Wegen weiterentwickelt wurden. Dabei ist der Konfuzianismus die wirkungsmächtigste Strömung. Er ist seit der frühen Han-Dynastie (206 v.Chr.–8 n.Chr.) die offizielle Weltanschauung und Ziviltheologie des chinesischen Reiches. Dieser Konfuzianismus ist freilich nicht identisch mit dem Werk des Begründers Konfuzius (551–479 v.Chr.), das erst im 17. Jahrhundert durch Gu Yanwu (1613–1682) und seine neue textkritische Methode in seiner ursprünglichen Form wieder erkennbar gemacht wurde. Im sogenannten Han-Konfuzianismus des 2. Jahrhunderts v.Chr. wird das Werk des Konfuzius weiterent-

Han-Konfuzianismus | wickelt und mit anderen philosophischen Theorien sowie mit daoistischen und später dann auch mit buddhistischen Einflüssen vermischt. Konfuzianische Motive wie die Hochschätzung der traditionellen Riten, Zeremonien und Gebräuche, die ethische Orientierung an gelebten Vorbildern, die Tugendethik mit der Humanität und Mitmenschlichkeit im Zentrum sowie die Familie und ihre Ordnung als Modell für den Staat werden mit metaphysischen Motiven verbunden: mit der Wechselwirkung von Yin und Yang als kosmischen Prinzipien sowie der Lehre von den fünf Elementen Wasser, Feuer, Holz, Metall, Erde. Der Mensch spiegelt als Mikrokosmos die kosmische Gesamtordnung. Der Herrscher führt primär durch vorbildliche Tugend und verdient damit das Mandat des Himmels *(Tianming)*. Auch aus dem geringer angesehenen, mit dem Konfuzianismus rivalisierenden Legalismus, welcher Herrschaftstechniken mehr betonte, werden Elemente übernommen.

Als Reaktion auf eine Vorherrschaft buddhistischen Denkens in der Tang-Dynastie (618–906 n.Chr.) kommt es zu einer Renaissance der konfuzianischen Tradition im Neokonfuzianismus. Diese Entwicklung, die in der Song-Dynastie (960–1279) beginnt und sich während der Mongolenherrschaft fortsetzt, macht den Neokonfuzianismus in der Ming-Dynastie zur verbindlichen philosophischen Lehre der Elite. Wer in die Bürokratie der chinesischen Kaiser rekrutiert wurde, musste ein entsprechendes Studium absolvieren. Von besonderer Bedeutung, die einige Jahrhun-

Neokonfuzianismus | derte lang den Standard setzte, war Zhu Xi (1130–1200). Er entwickelte eine Philosophie, die vor allem in ihrer Seinslehre und Metaphysik stark an Platon und dessen Zweiweltentheorie mit der Idee des Guten als Allprinzip erinnert. Die Welt baut sich auf aus *qi* und *li*, aus Materie und Prinzip. Alle Prinzipien kulminieren im höchsten Letzten *(taiji)*. Die materiell existierenden Dinge enthalten zwar das perfekte Prinzip, doch in abgeschwächter und imperfekter Form, was im moralischen Sinne das Böse einschließt. Da dies auch für den Menschen gilt, muss sich dieser durch Bildung perfektionieren, die – wiederum in großer sachlicher Nähe zu Platons Erkenntnistheorie – in einer intuitiven höchsten Einsicht gipfelt. Freilich wird daraus nicht die praktische Folgerung einer unpolitischen Existenz gezogen, sondern der Erleuchtete hat ganz im Gegenteil – und wiederum nicht unähnlich zu

Platons Philosophenherrscher – die Pflicht, bei der Verbesserung und Reform des Gemeinwesens mitzuwirken. Im frühen 16. Jahrhundert entwickelte Wang Yangming (1472–1529) eine andere Theorie, indem er Geist und Prinzip miteinander identifizierte.

Ungeachtet des hohen Stellenwerts konfuzianischer Theorien hielt sich in China auch ein Klugheitsdenken, dessen lebenspraktische Überlegungen der Selbsterhaltung und dem Überleben dienen. Thematisch wie auch vom Denkansatz her zeigen sich Ähnlichkeiten mit dem europäischen Klugheitsdiskurs der Renaissance und der Frühen Neuzeit (Niccolò Machiavelli, Francis Bacon, Baltasar Gracián). Das chinesische Modell dieses Texttypus lieferte schon ein Zeitgenosse von Konfuzius, Sūnzǐ (Sun Zi), dessen Traktat über die Kriegskunst die älteste militärtheoretische Arbeit der Welt ist. Die Höhe der Kriegskunst ist je nach der Art des Erfolgs über einen Feind qualitativ unterschiedlich einzuschätzen. Während der militärische Sieg relativ gesehen am geringsten zählt und der Sieg mit Mitteln der Diplomatie höher zu schätzen ist, wird es als höchste Kunst angesehen, den Sieg mit Strategemen, das heißt mit Kriegslisten, zu erreichen. In der späteren Klugheitsliteratur wird das Verständnis eines Strategems *(ji)* über die Kriegslist hinaus auf die List in der Politik und im Privatleben erweitert. Bemerkenswert sind in diesem Zusammenhang die „36 Strategeme", die in Xiao Zixians (489–537) Chronik »Geschichte der Südlichen Qi-Dynastie« erstmals erwähnt werden und zumindest zum Teil dem General Tan Daoji zugeschrieben werden. Als Urfassung der 36 Strategeme – die heute in China sehr populär sind – galt lange Zeit der angeblich 1674 gegründete Hongmen-Geheimbund, der die Fremdherrschaft der mandschurischen Qing-Dynastie beseitigen und der einheimischen Ming-Dynastie wieder zur Macht verhelfen wollte. Heute weiß man um eine noch etwas ältere Quelle aus der Endphase der Ming-Zeit. Im Zentrum der 36 Strategeme steht das Überleben in schwierigen Situationen und die Listen sowie Verhaltensweisen, die dieses Ziel zu erreichen helfen. Erkennbar gehen Gedanken aus unterschiedlichen Quellen in die Strategeme ein – so aus dem daoistischen Denken das Motiv des Nicht-Eingreifens *(wu wei)* und aus dem Legalismus (Gesetzesschule) die Schätzung von Machttechniken, der Gedanke des Gesetzesrechts und der Wahrung der Position sowie der Vorrang der Staatsräson vor ethischen Normen.

| Strategeme = Kriegslisten |

Die vorangegangene Darstellung der Zeit zwischen 1200 und 1800 befasste sich hauptsächlich mit politischen „Ideen", das heißt mit Begriffen, Theorien, Metaphern, Bildern und narrativen Konstruktionen, in denen Politik zum Thema wird. Dabei wurde auch gezeigt, dass die politischen Ideen in unterschiedliche philosophische Weltdeutungen eingebettet sind. Dies gilt selbst noch dort, wo – etwa bei Machiavelli – die Politik aus ihrer Eigenlogik heraus begriffen wird. Im folgenden Teil geht es nun darum, den Blick auf weitere kulturelle Bereiche im Zeitraum zwischen 1200 und 1800 zu erweitern, wobei die Aufmerksamkeit sich nicht zuletzt auf die Religionen als kulturelle Zentralgebiete richtet.

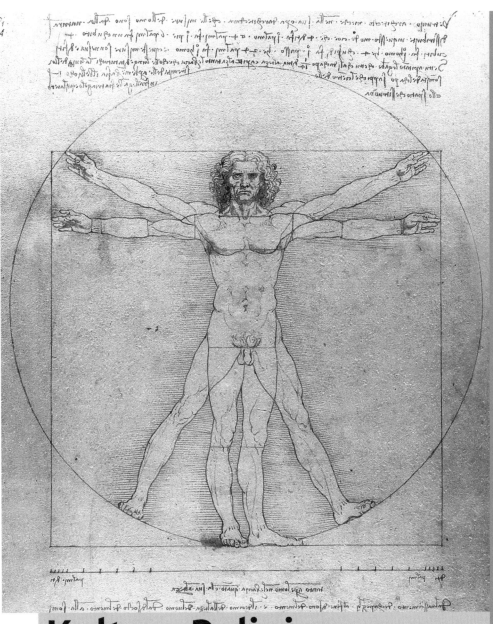

Kultur, Religion und Sozialisation

Der vitruvianische Mensch. Zeichnung des Leonardo da Vinci. 1492.

Renaissancen und kulturelle Entwicklungen

Gerrit Walther

„Ein schönes Wort"

Renaissance sei „ein schönes Wort", meinte Jules Michelet, der französische Historiker, der den Begriff um 1840 erfand. Das stimmt bis heute. Noch immer weckt das Wort, das Jacob Burckhardt 1860 unverändert ins Deutsche übernahm, obwohl er die Renaissance für ein genuin italienisches Phänomen hielt, durchweg positive Assoziationen.

Wer es hört, denkt zunächst an eine Reihe epochaler Werke der bildenden Kunst, Architektur, Dichtung und Wissenschaft, die fast alle zwischen 1400 und 1600 entstanden: an Gemälde wie Botticellis »Geburt der Venus«, Leonardo da Vincis »Mona Lisa« oder Dürers Selbstbildnisse, an Statuen wie Verrocchios Reiterstandbild des Bartolomeo Colleoni oder Michelangelos »David«, an Dome wie die von Florenz und Rom, an Schlösser wie die von Urbino, Landshut oder Chambord, an Rabelais' »Gargantua« oder Shakespeares Schauspiele, an Triumphe kritischer Forschung wie Erasmus' Edition des Neuen Testaments oder Andreas Vesalius' Schrift über die menschliche Anatomie. „Renaissance" – das meint vorab einen Stil, eine Art der Betrachtung und des Zugriffs, die im Vergleich zur symbolistischen Weltsicht des Mittelalters „realistisch" wirken und die Wirklichkeit doch zugleich auf faszinierende Weise zu überhöhen, idealisierend zu perfektionieren scheinen. Zugleich aber bezeichnet „Renaissance" im heutigen Sprachgebrauch die Summe aller äußeren Umstände, Verhältnisse und Praktiken, die dazu führten, dass eine solche Betrachtungsweise entstehen, sich entwickeln und durchsetzen konnte. Seit Burckhardt ist es der Name einer Kultur, einer ästhetisch-intellektuellen Bewegung, die vor allem in Italien entstand und sich bis zum 17. Jahrhundert in ganz Europa verbreitete. Dabei wirken viele von deren leitenden Ideen und charakteristischen Zügen wie frühe Ausprägungen jener Vorstellungen, die auch das Wertesystem der heutigen westlichen Gesellschaften bestimmen: ein kritisches Verhältnis zu Autoritäten, eine Hochschätzung empirisch-rationaler Denk- und Handlungsweisen, eine insgesamt eher säkulare als kirchlich-theologische Perspektive auf Welt, Wirklichkeit und Geschichte, erste Manifestationen von politischer, persönlicher wie künstlerischer Freiheit, von Individualität und Menschenwürde. Auch wenn viele dieser Züge

Drei Bedeutungen von „Renaissance"

Kultur, Religion und Sozialisation

bei näherer Betrachtung noch recht „mittelalterlich" anmuten, wenn die ästhetischen Formen der Renaissance oft noch im Dienst älterer, kirchlicher Autoritäten standen, wenn die Mentalitäten der Zeitgenossen in vielem weit entfernt von modernen Sichtweisen gewesen sein mögen, so kann doch kein Zweifel daran bestehen, dass die Renaissance die erste neuzeitliche Kultur war. Damit aber bezeichnet „Renaissance" zugleich auch eine bestimmte Epoche – jenen Übergang zur Neuzeit, der begann, als die Große Pest von 1348, der Zusammenbruch der mittelalterlichen Hochfinanz und verheerende Kriege wie der Hundertjährige Europa grundlegend veränderten, und der ausklang, als sich die europäischen Staaten um 1600 zu einer neuen, säkularen Einheit, einem Staatensystem formiert hatten.

Diese drei Bedeutungen von „Renaissance" – als Summe großer Kunst- und Geistesschöpfungen, als Kultur und als Epoche – sind keineswegs deckungsgleich. Gleichwohl leitete sie ein gemeinsames Prinzip, jenes, das der Florentiner Bildhauer Lorenzo Ghiberti um 1450 mit *rinasci* („wiedergeboren werden") umschrieb und sein Landsmann Giorgio Vasari 100 Jahre später mit *rinascimento* („Wiedergeburt") bezeichnete: die Überzeugung, dass man die Künste und Wissenschaften der römischen Antike zu neuem, praktischem Leben erwecken müsse, um die eigene Gegenwart schöner, besser, größer, glänzender zu machen.

Natürlich war dieses Konzept keineswegs neu. Im Gegenteil: Seit der Spätantike hatte man im Abendland und bei manchen seiner morgenländischen Nachbarn die antiken Klassiker studiert und nachzuahmen versucht. Man hatte sich die Helden und Taten des Altertums zu Vorbildern gewählt. Immer wieder hatten Herrscher versucht, auch politisch eine *renovatio* („Erneuerung") römischer Größe zu erreichen. Schon um 800 hatte Karl der Große mit seiner Bildungsreform darauf gezielt, eine neue, „römisch" gebildete Elite für ein neues Imperium Romanum heranzuziehen. Im späten 12. Jahrhundert war an einigen Universitäten, vorab in Paris, eine an den Klassikern geschulte kritisch-diskursive Geisteskultur entstanden. Um 1300 hatten literarisch ambitionierte Juristen in Padua ihre Mitbürger in elegantem, livianischem Latein zur Verteidigung städtischer Freiheit gegen den Tyrannen von Verona aufgerufen.

Ein klassisches Konzept

Jede dieser Bestrebungen ist seither als „Renaissance" beschrieben worden. Damit gewinnt der Begriff noch eine vierte Bedeutung: die eines in prinzipiell jeder Kultur und Epoche möglichen Versuchs, an eine lange zurückliegende, als vorbildlich geltende Vergangenheit anzuknüpfen, sie der Kultur der eigenen Gegenwart entgegenzusetzen, um in ihrem Zeichen kulturelle Führungsansprüche zu erheben. Vor allem dieses Verständnis erweist sich als fruchtbar, wenn man versucht, in einem globalen Kontext über „Renaissancen" zu sprechen.

Die Renaissance in Europa

Die großen Städte

Gleichwohl unterschied sich die um 1400 in Italien beginnende Renaissance fundamental von all diesen Vorgängern. Waren diese weitgehend gelehrte Anliegen geblieben, die die konkreten politischen und sozialen Verhältnisse letztlich wenig berührt hatten, so trugen die Ideen der italienischen Renaissance erheblich dazu bei, auch Politik und Gesellschaft zu dynamisieren, zu modernisieren, ja zu revolutionieren. Dies aber gelang vorab deshalb, weil die reale Lebenswelt, innerhalb derer die Renaissance des 15. Jahrhunderts sich entfaltete, eine neue und dynamische geworden war.

Anders als die Renaissancen des Mittelalters entstand die Renaissance des 15. Jahrhunderts nicht in der hierarchisch geordneten Welt der Klöster, Schulen und Universitäten, sondern in den beiden größten urbanen Ballungsräumen, die es im damaligen Europa gab: im nördlichen Burgund (zu dem u. a. Flandern und Teile der Niederlande gehörten), vor allem aber in Oberitalien. Jede der beiden Regionen lag seit 1250, als die mittelalterlichen Universalmächte von Papst und Kaiser in schwere Krisen geraten waren, im Grenzgebiet und damit in einem Machtvakuum zwischen konkurrierenden, einander in Schach haltenden größeren Herrschaften. So konnten hier vergleichsweise ungestört neue Gemeinwesen | Burgund und Oberitalien
entstehen: autonome Städte beziehungsweise – in Italien – Stadtstaaten, die teils als Republiken, teils als Militärdiktaturen organisiert waren. Sie alle verteidigten ihre kommunale Freiheit energisch, konkurrierten und kämpften mitunter verbissen gegeneinander, wenn sie nicht gerade kooperierten und (rasch wechselnde) Bündnisse schlossen. Ebenso turbulent wie die äußere Politik dieser Städte waren ihre inneren Verhältnisse. Überall befehdeten sich gegnerische Parteien (Patrizier und Zünfte, Gefolgsleute des Kaisers und des Königs von Frankreich, Guelfen und Ghibellinen, *popolo grasso* und *popolo minuto*), kam es zu Rebellionen und blutigen Aufständen, die mit Verfolgungen und Verbannungen der unterlegenen Partei oder wenigstens ihrer Führer und deren Familien endeten. Überall war die Lage instabil – nicht immer faktisch, aber strukturell.

Allerdings bestand zwischen den Städten Italiens und denen des übrigen Europa ein erheblicher Unterschied. Bestimmte in diesen (etwa in Kastilien, Frankreich oder im Heiligen Römischen Reich) nach wie vor die feudale Ständehierarchie das Zusammenleben – auch wenn die Stadtväter von Brügge oder Antwerpen mit Adligen auf Augenhöhe verhandelten –, so war eine solche Trennung der Stände in Italien unmöglich geworden. Zu viele Kriege waren seit dem Ende des (westlichen) | Freies Spiel der Kräfte
Römerreichs über diese Region hinweggegangen, zu viele Umwälzungen, Herrschafts- und Besitzwechsel, Verbannungen, Enteignungen und Vertreibungen ganzer Bevölkerungsgruppen. Zu eng lebten die Verbliebenen im Schutz der Stadt-

Kultur, Religion und Sozialisation

mauern zusammen, zu gut kannten sie sich, zu sehr waren sie aufeinander angewiesen. So waren auch die italienischen Fürsten keine Herrscher von Gottes Gnaden, sondern solche von der Gunst des (Kriegs-)Glücks. Viele darunter gerade so kunstsinnige wie die Montefeltre von Urbino oder die Sforza von Mailand stammten von *Condottieri* ab (oder waren selbst welche gewesen): von Söldnerführern, die einst von der Stadt angeheuert worden waren, um deren Gegner zu bekämpfen, die sich nach dem Sieg aber selbst an die Spitze des Staates geputscht hatten und seither dort herrschten – meist mit Billigung der Bürger, da sie die Ruhe besser zu bewahren und die Steuern niedriger zu halten wussten als eine gewählte Regierung.

Statt einer klaren Rangordnung also dominierte in der oberitalienischen Stadtlandschaft ein vergleichsweise freies Spiel der Kräfte – eine Konkurrenz, an der jeder teilnehmen musste, der etwas zählen wollte. Die Konkurrenz war umso heftiger, als es in diesen Kommunen meist um viel Geld ging. Als Umschlagsplatz für Waren aus aller Welt war Oberitalien reich, die reichste Region in ganz Europa. Seit dem 13. Jahrhundert waren seine Städte zudem zu Zentren für die Produktion von Luxusgütern geworden, von kostbaren Stoffen, Waffen, Metall- und Majolikawaren, Gläsern und Seifen, die in nahe und ferne Länder exportiert wurden. Gerade in dieser

Konkurrenz und Wohlstand — Hinsicht konkurrierte man – und dies steigerte den Wohlstand immer mehr. Weil nämlich keine Kapitale alle Wirtschaftsenergien an sich zog, sondern alle größeren Städte eigene Wirtschaftssysteme ausprägten, entstanden dichte regionale Infrastrukturen – so dicht, dass auch die Exportrückgänge seit Mitte des 16. Jahrhunderts zu verschmerzen waren. So drang der Reichtum hier auch in Schichten vor, die nördlich der Alpen oder an anderen Küsten des Mittelmeers keinen größeren Wohlstand erhoffen durften, zum Beispiel zu Handwerkern und kleinen Kaufleuten. Die Aufstiegsmöglichkeiten, die sich dabei eröffneten, kamen etwa in der Karriere der Familie Medici zum Ausdruck, die binnen weniger Generationen von mittleren Kaufleuten zu inoffiziellen Fürsten von Florenz aufstiegen. Dass ebenso steile Abstiege ebenfalls zu dieser frühkapitalistischen Geschäftswelt gehörten, sollte sich im Laufe des 16. Jahrhunderts zeigen.

Strategien der Freundschaft

Was musste man nun tun, um unter solchen Umständen zu bestehen und sogar Erfolg zu haben? Die zeitgenössische Ratgeberliteratur empfahl vor allem Vorsicht, Wachsamkeit und Misstrauen. Ein Politiker, so mahnte Niccolò Machiavelli 1513, müsse seine Umwelt unentwegt beobachten und selbst das Unkalkulierbare, die Launen der Fortuna, im Voraus zu berechnen suchen. Schon 1434 hatte Leon Battista Alberti es zu den wichtigsten Pflichten eines Familienvaters gezählt, die Stimmung ringsum genau zu registrieren. „Auch bei Ruhe und Windstille des Glücks, und um so mehr in stürmischen Zeiten, gilt es, ... wachsam zu sein und von weitem jeden Nebel des Neides, jede Wolke des Hasses, jeden Blitz der Feindschaft auf den Stirnen der Mitbürger zu erspähen, jeden wid-

Die Perspektive des „Renaissancemenschen"

rigen Wind, jede gefährliche Klippe. Er muss sich da als kundiger und geübter Seemann bewähren, der weiß, mit welchem Wind andere gesegelt und mit welchen Segeln, und wie sie jegliche Gefahr wahrgenommen und vermieden haben. Er darf nicht vergessen, dass in unserem Vaterlande niemals jemand alle Segel gesetzt hat, mochten sie auch nicht übermäßig groß sein, der sie unversehrt wieder geborgen hätte und nicht zum großen Teil zerschlissen und zerfetzt." Dies war der typische Blick, mit dem „Renaissancemenschen" ihre Welt anschauten. Weder emphatisch noch idealistisch war er, sondern skeptisch bis misstrauisch, ohne Illusionen, aber scharf beobachtend. Wer in der Welt der Stadtrepubliken überleben, trotz des Neids seiner Mitbürger reüssieren wollte, musste auf der Hut sein. Keinen Moment durfte er aufhören, seine Umwelt zu taxieren wie ein Kaufmann Ware prüft oder ein Anwalt Verträge oder Prozessakten.

Er musste zudem verstehen, sich Freunde, Anhänger, Gefolgschaft und Mehrheiten zu sichern. Niemand, nicht einmal der mächtigste „Tyrann", war stark genug, alleine zu stehen. Vielmehr brauchte auch er Rückhalt bei seiner Familie, seinem Clan, bei den führenden Gruppen der Gesellschaft oder, wo das nicht gelang, beim niederen Volk, dem *popolo minuto*. Wer also etwas erreichen wollte, tat gut daran, möglichst allen und jedem, auch dem Geringsten, mit ostentativer Hochachtung zu begegnen. Wie perfekt diese Strategie professioneller Freundlichkeit zum Erfolg führen konnte, zeigt wiederum das Beispiel der Medici, deren Gründer, Cosimo (1389–1464), es verstanden hatte, durch eine raffinierte Mischung aus simulierter Bescheidenheit und wirksamen Bündnissen alle seine mächtigen Gegner auszuschalten. Wie viele andere Stadtherren hatte auch er seine Öffentlichkeitsarbeit durch ostentative Bemühungen um das Gemeinwohl flankiert. Gerade neue Herrscher, die ihre illegitime Macht durch besondere Vorzüge, durch *virtù*, legitimieren und die Solidarität des Volkes gewinnen mussten, wetteiferten in spektakulären Stiftungen, so zum Beispiel in der Förderung oder gar dem Bau von Kirchen, Klöstern, Hospitälern, Waisenhäusern, Schulen oder sonstigen frommen, gemeinnützigen Institutionen. | Die Macht der Clans

Das gleiche Prinzip galt in der äußeren Politik. Denn auch die größten Mächte Italiens, also Mailand, Venedig, Florenz, der Kirchenstaat und Neapel, waren allein zu schwach, als dass sie in der Welt der sich formierenden Großmächte hätten bestehen können – was sich 1494, als Italien zum Schauplatz eines europäischen Kriegs wurde, dramatisch erweisen sollte. So erfand und entfaltete die italienische Renaissance die moderne, professionelle Diplomatie: den Austausch nicht nur temporärer Gesandtschaften, sondern ständiger Botschafter, die dauerhaft bei den Regierungen anderer Mächte residierten, das eigene Gemeinwesen repräsentierten, ihm Sympathien zu verschaffen suchten und zugleich die Verhältnisse vor Ort mit scharfem, nüchternem Blick beobachteten und nach Hause berichteten. Ein sichtbarer Triumph dieser neuen Form zwischenstaatlicher Bündnispolitik war 1454 die *Lega Italica*, ein Bund, der die bis dahin permanenten Kämpfe der italienischen Staaten beendete, die fünf großen Mächte in stabiler Balance vereinte und immerhin | Moderne, professionelle Diplomatie

40 Jahre lang ein friedliches Zusammenleben garantierte. Diese 40 Jahre waren die entscheidende Phase der italienischen Renaissance.

Glaube, Kunst und Konkurrenz

Mindestens ebenso wichtig wie irdische Freunde aber waren himmlische. Seit dem 13. Jahrhundert, parallel zur Entstehung der Renaissance, erlebte Oberitalien – wie einige Jahrzehnte später die burgundische Städteregion – ein stürmisches Aufblühen der Spiritualität. Vielerorts entstanden neue, lokale Heiligenkulte, unterstützt oft von den Bettelorden, die in den oberitalienischen Städten allgegenwärtig waren. Um 1400 gab es allein in Florenz 50 Kirchen, in Venedig sogar 70. Befördert wurde diese fromme Erregung durch die beschriebene Zersplitterung, Konkurrenz und Kommerzialisierung. Weil eine zentrale geistliche Autorität fehlte – auch und gerade nach seiner Rückkehr von Avignon nach Rom 1377 blieb das Papsttum schwach –, gewannen die Kräfte vor Ort die kirchliche Initiative. Ohnehin begünstigten die städtischen Strukturen die Laienfrömmigkeit, schon deshalb, weil Konkurrenz und urbane Dynamik viele Individuen in Probleme verwickelten (vom Wucher über Bankrotte bis zum Ehebruch), die das Bedürfnis nach geistlichem Zuspruch wachsen ließen. Schon im 13. Jahrhundert hatte die römische Kirche darauf reagiert, indem sie einen Teil ihrer Leistungen kapitalisiert, nämlich Seelenmessen und Ablässe zum Kauf angeboten hatte. Damit hatte sie Stadtbürgern religiöse Investitionsmöglichkeiten eröffnet, die bislang nur höchsten Herren vorbehalten gewesen waren. Rapide stieg seither die Nachfrage nach solchen Chancen – nach Privatmessen etwa, aber auch nach eigenen Altären und Kapellen. Klöster und Kirchen profitierten von dieser Nachfrage: Überall wurden Neubauten errichtet, bestehende Gebäude repräsentativ erweitert, mit neuen Kanzeln, Altären, Bildwerken oder Orgeln geschmückt.

Investitionen in die Kirche

Solche Investitionen wurden nicht nur von einzelnen Familien getätigt, sondern, häufiger noch, von neuartigen kirchlich-weltlichen Netzwerken: von Bruderschaften und Gilden. Es waren dies Zusammenschlüsse von (meist männlichen) Laien ähnlicher Profession, ähnlicher Herkunft, ähnlicher spiritueller Bedürfnisse. Sie trafen sich zu Geselligkeit und Gebeten, organisierten Krankendiensten und Totengedenken, errichteten gemeinsam Altäre, an denen Messen für verstorbene Mitglieder gelesen und die an Festtagen prächtig geschmückt wurden. Sie beteiligten sich an Prozessionen und Festumzügen mit Wagen und Fahnen quer durch die Stadt. Auch die Zahl dieser Organisationen wuchs rasant: Im 15. Jahrhundert gab es in Florenz 138 Bruderschaften; 1501 folgten dem Sarg des venezianischen Dogen 210 Bruderschaftsfahnen. Diese *confraternitates* waren – neben Gemeinden und Klöstern – die wichtigsten Auftraggeber für Künstler. So entbrannte auch auf diesem Sektor eine lebhafte Konkurrenz. Denn natürlich durfte keine Gemeinde, keine Gilde, keine Bruderschaft sich lumpen lassen. Jede wollte eine eigene Kapelle und dort den prächtigeren Altar besitzen, die schöneren Fresken, die kunst-

Wettstreit um das Seelenheil

volleren Intarsien. Es wurde Prestigesache, den besseren, teureren, berühmteren Künstler zu beauftragen als die Konkurrenten – sich also als frommer zu erweisen als die anderen Gilden, die anderen Stadtviertel, die anderen Städte, als die Fürsten. Gerade sie wurden besonders in diese Konkurrenz involviert. Wie hätten sie an Generosität hinter eine Stadtregierung zurückfallen dürfen, gar hinter eine simple Gilde oder Bruderschaft? So förderte ein durchaus „mittelalterlicher" Wettstreit um Seelenheil die Entstehung der modernen Malerei.

Die Kunst nämlich, die diese Zeitgenossen bevorzugten, folgte einem neuen Stil. So detailgenau und realistisch wie möglich suchte sie die biblischen Geschichten und Heiligenviten, die sie inszenierte, in die eigene Alltagswelt hinein zu holen – ebenso unmittelbar wie die religiös erweckten Laien dies durch inbrünstige Frömmigkeit erstrebten. Entwickelt wurde dieser virtuose Verismus, der jedes Haar und jeden Grashalm täuschend echt darstellte, in den Niederlanden. Von deren (oft städtisch bestallten) Meistern lernte das übrige Europa, wie man durch exaktes Naturstudium verblüffende Wirklichkeitsillusionen erzeugt. Die in Brügge und Gent ansässigen italienischen Bankiers waren die ersten, die diese Kunst nach Italien brachten. Bald bestellten die dortigen Vornehmen regelmäßig Gemälde in Flandern, während italienische Künstler sich bemühten, kopierend von Meistern wie Jan van Eyck zu lernen. 1460 schickte die Fürstin von Mailand ihren Hofmaler zur Weiterbildung zu Rogier van der Weyden nach Brüssel. Rasch aber eigneten sich die Italiener die malerischen Kniffe der nördlichen Nachbarn an. Bis um 1500 hatten sie gelernt, niederländische Genauigkeit mit grandioser Geste zu einer neuen, genuin italienischen Kunst zu kombinieren.

| Neuer Kunststil aus den Niederlanden

In der Architektur hingegen waren von Anfang an die Italiener die unbestrittenen Meister. Durch strenges Studium der Alten adelten sie, was bislang eine praktische Handwerkskunst gewesen war, zur Wissenschaft und schufen einen Stil, dessen Eleganz und Erhabenheit gerade für Sakralbauten ideal schien. Auch in deren Realisierung verbanden sich frommer Ehrgeiz und ästhetische Ambition mit urbanem Geltungswillen. So war es nicht nur ein atemberaubender technischer Triumph, sondern und zugleich auch ein patriotischer Erfolg für die Stadt Florenz, dass es ihrem Baumeister Filippo Brunelleschi ab 1420 gelang, dem seit über 100 Jahren unvollendeten, 42 Meter breiten Oktogon des Domes eine gewaltige Kuppel aufzusetzen (s. Abb. S. 282|) – größer als die des Pantheon und vor allem größer als die Domkuppeln der konkurrierenden Städte Pisa und Siena. Erst über 130 Jahre später sollte es den Stararchitekten des päpstlichen Rom, Michelangelo beziehungsweise Giacomo della Porta, gelingen, das Wunderwerk in der neuen Peterskirche noch zu überbieten.

| Italien: Vorreiter in der Architektur

Humanismus

Möglich wurde diese kulturelle Repräsentation, weil immer mehr Mitglieder der Elite eine neue Art von Bildung teilten. Sie, die man erst seit dem 19. Jahrhundert als

"Humanismus" bezeichnet, antwortete auf die unabweisbare Erkenntnis, dass man sich in der modernen Welt auf nichts mehr verlassen konnte, aber auf alles gefasst sein musste. Deshalb war sie zugleich praktisch und intellektuell anspruchsvoll, universell und integrativ, befähigte sie dazu, sich in den unterschiedlichsten Sphären zu bewegen, mit allen Menschen umzugehen. Nichts schien den Männern, die als Sekretäre, Räte, Juristen oder Theologen in fürstlichen oder städtischen Entscheidungsgremien mitarbeiteten, dazu besser geeignet als die *studia humanitatis*.

Konkret meinte dieser (von Cicero entlehnte) Begriff bei jenen höfisch-urbanen Intellektuellen, die man erst seit dem 19. Jahrhundert als "Humanisten" bezeichnet, die Studien der Grammatik, Rhetorik und Poesie, also der Redekunst im umfassendsten Sinn. Nichts brauchte die neue Führungselite nötiger als Kommunikationsfähigkeit: überzeugende Argumentation, präzises Formulieren in Reden, Briefen, Urkunden, gewinnendes Auftreten in der Öffentlichkeit, in fremden Städten und an Höfen. Doch wo konnte man eine solche Sprache lernen?

Jeder Zeitgenosse wusste, dass man diese Sprache nur von den lateinischen Klassikern erlernen konnte. Seit jeher hatte die Sprach- und Formenlehre, wie man sie in den Klöstern und Universitäten betrieben hatte, auf ihre Werke aufgebaut, sie als Muster für guten Stil gepriesen, aus ihren Beispielen Grammatiken und Regelwerke entworfen und zeitlose moralische *exempla* abgeleitet. Weniger aber die formale Perfektion oder der ethische Wert imponierte den Humanisten an den Schriften der römischen, bald auch der griechischen Antike in erster Linie, sondern zwei Momente, die man während des Mittelalters nahezu ganz übersehen hatte: ihre Schönheit und

Neuer Blick auf die Klassiker

ihr politischer Nutzen. Für die Briefe Ciceros begeisterte sich Francesco Petrarca, weil er sich von ihrem sinnlichen Wohlklang angerührt, ergriffen, fasziniert fühlte. Wer so sprechen konnte, so erkannte der Gründer des Humanismus schon in den 1330er Jahren, müsse eine Kraft und Tiefe der Persönlichkeit, einen inneren Reichtum, eine Bildung und Kultur besessen haben, von der die eigene Gegenwart kaum eine Ahnung mehr habe. Andere, eher politische Köpfe bemerkten beim Studium der ciceronischen Reden, der Geschichtswerke eines Sallust, Caesar oder Livius erstaunliche Parallelen zwischen den römischen Ständekämpfen beziehungsweise den Bürgerkriegen der späten Republik und ihrer eigenen, von Parteizwisten zerrütteten Gegenwart. Deshalb, so meinten sie, könne man von den Römern lernen, wie man eine Republik klug regiert, wie man taktieren und wie man die Kompetenzen verteilen muss, wie man Bürger motiviert und manipuliert, wie man Putsche und Bürgerkriege verhindert oder in ihnen zumindest die Oberhand gewinnt. Deshalb lasen jetzt auch und gerade Politiker die Klassiker. Deshalb sammelte der Florentiner Kanzler Coluccio Salutati (1331–1406) alle Cicero-Texte, die er auftreiben konnte, um nach deren Muster seine Nachbarrepubliken zu einem Bündnis gegen den Tyrannen von Mailand zu bereden. Deshalb suchte Machiavelli, sein späterer Landsmann, einen Livius-Kommentar als Handbuch politischer Klugheit zu gestalten (s. S. 225).

Ähnlich praktische Interessen sorgten auch auf anderen Gebieten für eine neue, empirisch vergleichende Lektüre der Klassiker. Architekten wie Brunelleschi und Alberti studierten die Schriften des antiken Baumeisters Vitruv und vermaßen die römischen Ruinen, um hinter das Geheimnis von deren Harmonie und Majestät zu kommen. Mathematiker wie Regiomontanus, Paolo Toscanelli (der Briefpartner des Kolumbus) oder Nikolaus Kopernikus suchten in den antiken Geometern, Geographen und Astronomen eine Basis für ihre eigenen Versuche, die Größe und Gestalt des Kosmos zu ermessen. Überall wurde die Antike jetzt aus einer abstrakten moralischen oder formalen Schulautorität zu einem Vorbild für die forschende Praxis.

| Vorbilder für die forschende Praxis

Die Entdeckung der Geschichte

Dabei kam es zu zwei folgenschweren Entdeckungen. Die erste war, dass viele der seit Jahrhunderten kanonischen Texte offenkundig fehlerhaft waren, unvollständig, in sich ungereimt, dunkel. Weil man sich die Antike aber nicht anders als schlechthin perfekt vorstellen konnte, mussten ihre Werke nachträglich entstellt und verfälscht worden sein. Wer sie sich wirklich zum Vorbild nehmen wollte, musste sie erst gründlich rekonstruieren.

Systematisch suchten die Humanisten daher, den Fundus der antiken Überlieferung durch gezielte Recherchen zu erweitern. Deshalb durchreisten Intellektuelle wie Poggio Bracciolini (1380–1459) ganz Europa, um nach unbekannten Manuskripten oder gar verschollenen Werken der Klassiker zu fahnden – was unter anderem unbekannte Briefe und Reden von Cicero und Quintilians Rhetorik zutage förderte. Deshalb verglichen sie alle erreichbaren Handschriften eines antiken Autors, um die älteste, beste, zuverlässigste zu ermitteln. Das war die Geburt der kritischen Philologie: der Kunst, Texte in ihrer originalen Form wiederherzustellen, sie eventuell durch antiquarische Studien von Münzen, Gemmen, Statuen, Ruinen und anderen materialen Hinterlassenschaften des Altertums zu erhellen, um sie in ihrem ursprünglichen Sinn verstehen zu können. Als Modell solcher Forschung aber diente die Alltagserfahrung städtischer Kaufleute und Juristen, die es gewohnt waren, Schriftsätze, Urkunden und Überlieferungen auf Echtheit und Vollständigkeit zu prüfen. Schon 1319 hatte ein Genueser Notar Ansprüche des Erzbischofs gegen die Stadt durch eine historische Kritik der von diesem vorgelegten Beweise zurückgewiesen. Damit hatte jene politische Karriere der Philologie begonnen, die 1440 in Lorenzo Vallas berühmtem Nachweis gipfelte, dass die Urkunde, durch die Kaiser Konstantin dem Papst die weltliche Herrschaft über das Westreich übertragen haben sollte, unecht sein müsse.

| Kritische Philologie

Parallel dazu machte man eine zweite, vielleicht noch wichtigere Entdeckung: Nicht nur wegen Fehlern oder Lücken der Überlieferung oder aufgrund sprachlicher Schwierigkeiten waren die antiken Texte oft schwer zu verstehen. Sie waren es vor allem deshalb, weil die Römer, so sah man immer klarer, letztlich doch unter ganz anderen äußeren Bedingungen gelebt hatten als man selbst. Diesen Gedanken hatte im Mittelalter niemand geäußert. Nicht als etwas Fremdes hatte man die Antike betrachtet, sondern als eine frühe Phase jener kontinuierlichen, gottgelenkten Geschichtslinie, der auch die eigene Gegenwart angehörte. Deshalb hatte niemand bezweifelt, dass es prinzipiell möglich sei, die Römer nachzuahmen, also jene Tradition, die mit Äneas, dem mythischen Ahnvater Roms, begonnen hatte, linear fortzusetzen. Nun aber bemerkte man, dass die Antike durch eine unüberwindliche historische Kluft von der Gegenwart getrennt sei, dass sie dieser nicht nur nicht ähnele, sondern in jeder Hinsicht vollkommen anders gewesen sei, nämlich größer und schöner. Jeder Versuch einer *renovatio* der Antike war somit von vornherein zum Scheitern verurteilt, weil keine Spur lebendiger Tradition die Gegenwart mehr mit dem Altertum verband. Man musste dieses vielmehr ganz neu schaffen. Kurz: Was die italienische Renaissance von allen früheren Renaissancen unterschied, war ihr Bewusstsein für das je Besondere einer historischen, politischen oder gesellschaftlichen Konstellation; für die je spezifische Eigenart von Epochen, Kulturen, Völkern und Menschen.

Scheitern der renovatio

Diese Erkenntnis veränderte das Verhältnis der Humanisten zur eigenen Zeit. Nicht mehr als ein schwacher Abglanz der Antike erschien sie, sondern ihrerseits als eine andere, eigengesetzliche Kultur. Für deren entscheidendes Merkmal hielt man, dass sie, anders als das bislang herrschende „Mittelalter", das zwischen ihr und dem Altertum lag, erstmals wieder Sinn und Geschmack für dessen Größe entwickelt habe: dass sie energisch danach strebe, ähnliche Größe zu erlangen – und zwar in jeder nur denkbaren Hinsicht, vom bürgerlichen Leben über Künste und Wissenschaften bis hin zu Kriegswesen und Politik. Anders als alle ihre Vorgänger versuchten die Intellektuellen der italienischen Renaissance, die Antike als Ganzes wiederherzustellen – und zwar mit den Mitteln und Möglichkeiten ihrer eigenen Gegenwart. Das geschah. So wie die humanistischen Philologen dort, wo sich kein vollständiger Text mehr finden ließ, das Fehlende divinatorisch zu ergänzen suchten, begann Kopernikus, den »Almagest«, das astronomische Hauptwerk des Ptolemäus, nach eigenen Berechnungen zu verbessern, während Vesalius aus eigener Erfahrung ergänzte, was ihm im überlieferten Text des antiken Arztes Galen zu fehlen schien. Beinahe wider Willen entstanden dabei Werke, die die Wissenschaft revolutionierten. Unterdessen versuchten Künstler wie Giotto oder Masaccio, die verlorenen Meisterwerke der römischen Malerei, wie der ältere Plinius sie beschrieben hatte, intuitiv nachzuempfinden. So wurde aus der Nachahmung *(imitatio)* zunächst die forschende Rekonstruktion, dann die eigene Schöpfung, geführt von dem Streben, die Antike mit den Mitteln der Gegenwart nicht nur zu erreichen, sondern sogar zu übertreffen *(aemulatio)*.

Versuche, die Antike zu übertreffen

Maß und Menschenwürde

Ein wichtiger Antrieb für den paradoxen Versuch, die Vision einer als verloren erkannten Antike in die Wirklichkeit zurückzuholen, war die antike Proportionslehre.

Über Vitruv und Platon lernte man die Idee der Pythagoräer kennen, dass Wesen und Schicksal aller Geschöpfe durch ihnen eingeschriebene Zahlenverhältnisse bestimmt würden und dass diese kosmischen Proportionen und Harmonien auch den Menschen selbst bestimmten – vom Bau seines Leibes bis zu den Schwingungen seiner Seele. Als das schönste, vollkommenste Proportionsprinzip galt der klassisch-antiken Theorie die Symmetrie. Spätestens seit Marsilio Ficino, das Haupt der europaweit beachteten Florentiner Akademie, in den 1460er Jahren die Werke Platons in elegantes Latein übersetzt hatte, wurde diese Idee zur allgemein herrschenden. | Antike Proportionslehre

Schon zuvor hatten vor allem Architekten begonnen, sie auf revolutionäre Weise in moderne Praxis umzusetzen. War das Bauen im Mittelalter ein von pragmatischen Notwendigkeiten und Erfahrungen geprägtes Handwerk gewesen, so wurde es nun zur Wissenschaft, ein Gebäude gemäß den antiken Regeln und Proportionsidealen mit Hilfe des antiken Formenschatzes (wie Säulen, Bögen, Kuppeln u. a.) als ein harmonisches Kunstwerk zu konstruieren. Als die höchste, weil perfekt symmetrische Form galt den Pionieren der Renaissancearchitektur der Zentralbau, wie ihn Filippo Brunelleschi seit 1420 in Florenz und Leon Battista Alberti seit 1472 in Mantua in spektakulären Kirchenprojekten erprobten. Parallel dazu entstanden elegante weltliche Gebäude: vierflügelige Palazzi, Villen (wie diejenigen, mit denen Andrea Palladio seit 1542 alle römischen Vorbilder an geometrischer Perfektion überbot), Hospitäler, Bibliotheken und Theater. Den Prinzipien von Zentralität und Symmetrie folgten nicht nur Parkanlagen, sondern auch die zahlreichen, oft von prominenten Künstlern wie Leonardo da Vinci, Antonio Filarete oder Albrecht Dürer entworfenen Idealstadt-Projekte, die seit 1494 meist zugleich fortifikatorische Zwecke verfolgten. Wurden auch nur einzelne – wie Pienza, Sabbioneta oder die Fuggerei in Augsburg – tatsächlich gebaut, so beweisen doch alle gleichermaßen, wie radikal die neuen ästhetischen Prinzipien der Renaissance alle Lebensbereiche zu erfassen und zu gestalten suchten. | Bauen als Wissenschaft

Bis 1550 schien dieses Ziel erreicht. In den bildenden Künsten und der Architektur jedenfalls habe man, so bemerkte Giorgio Vasari stolz, jene Maßverhältnisse, jenen Geschmack, jenen Sinn für Stil und Proportion zurückgewonnen, den das Altertum, vor allem während der augusteischen Epoche, besessen habe, bevor diese Tugenden in den Barbarenstürmen der Völkerwanderung untergegangen und während des Mittelalters vergessen gewesen seien. Diese Einsicht adelte die Gegenwart. Da sie die Standards der Antike erreicht hatte, durfte sie sich dieser ebenbürtig fühlen. Weil dies mit den Mitteln der Moderne gelungen war, durfte man sich ihr sogar überlegen fühlen.

Die Sakralisierung der menschlichen Proportionen zum säkularen Symbol für die Weisheit des Schöpfers heiligte den Menschen selbst. Wenn er imstande war, das göttliche Prinzip schöner Harmonie zu verkörpern und in eigenen Werken zu realisieren, wurde es möglich, der kirchlichen Spiritualität eine weltzugewandte, ästhetische Frömmigkeit entgegenzusetzen, wie Marsilio Ficino sie seit 1474 in seiner

Kultur, Religion und Sozialisation

»Theologia Platonica« entwarf. „An Stelle des religiösen Vertrauens auf die Güte Gottes sollte eine ebenso religiös gedachte Liebe zu seiner Schönheit treten. Und von dieser Grundlage aus entwickelte sich ein neues Persönlichkeitsideal (...) – der Glaube an die Würde des Menschen" (Paul Joachimsen). Diese Würde bezog sich auch auf die Körperlichkeit und Sinnlichkeit des Menschen. Ohne Aspekte der Transzendenz zu ignorieren oder gar zu negieren, bejahen die Denker der Renaissance die diesseitige Welt als den Schauplatz, auf dem menschlicher Wert sich entfalten müsse. Eine edle Lebensführung sollte die Diskrepanz zwischen spiritueller und irdischer Existenz überwinden, beide Sphären harmonisch verbinden, einer jeden ihren Eigenwert zuerkennen – und zwar für Männer wie für Frauen gleichermaßen. Der irdische Mensch wurde so zum Träger von Würde und Wahrheit. Das legitimierte, ja verpflichtete ihn, die Welt aus sich heraus autonom zu gestalten.

Der Mensch als Träger von Würde und Wahrheit

Zu den künstlerisch revolutionären Resultaten dieser Idee zählt die Erfindung der Zentralperspektive, deren exakte Konstruktion erstmals 1435, in Albertis Traktat »Della pittura« (»Über die Malerei«), dargelegt wurde. Sobald das Bild der Wirklichkeit Punkt für Punkt mathematisch exakt aus dem je besonderen Blickwinkel eines je konkreten Subjekts konstruiert werde, so entdeckte man, entstehe eine vollkommene, dreidimensionale Realitätsillusion. Die subjektive Betrachterposition erwies sich als Voraussetzung für eine scheinbar objektive Wiedergabe der Wirklichkeit.

Interesse für das Ich

So lenkte die zeitgenössische Faszination für Proportionen und Harmonie, vereint mit der Einsicht in die Einzigartigkeit eines jeden Einzelnen, die Aufmerksamkeit auf diesen selbst. Damit erfand die Renaissance eine neue Art, Menschen zu beschreiben: die Sprache der Individualität.

Seit dem 14. Jahrhundert jedenfalls lässt sich das Aufkommen von Quellengattungen beobachten, die verraten, dass es den neuen Eliten erstrebenswert schien, den Einzelnen in seinem Leben und Wirken, Denken und Fühlen zu dokumentieren. Zu diesen Dokumenten zählen zunächst tagebuchartige Familienbücher, bald aber auch Briefsammlungen (z. B. von Petrarca), Biographien (wie die »Elogia« des Paolo Giovio, 1546/1551), nach 1550 Autobiographien (z. B. des Benvenuto Cellini), in der bildenden Kunst Porträts in Form von Skulpturen, Bildern oder Medaillen, Selbstporträts (wie die von Albrecht Dürer) oder Denkmäler, Horoskope und andere Formen des Kults um prominente Persönlichkeiten. Offenbar kam es mehr als früher darauf an, sich und andere zu kennen, zu durchschauen, zu rechtfertigen, zu stilisieren. Offenbar wuchs der Wunsch, sich und anderen ein säkulares Gedächtnis zu sichern, „modernen Ruhm" (Jacob Burckhardt) zu erwerben, Vorbilder für praktisches Handeln zu gewinnen, oder auch nur das schiere Vergnügen der Zeitgenossen daran, sich und andere auf (literarischen oder gemalten) Bildern wiederzuerkennen.

Kult der Persönlichkeit

Diesen Ideen und Ambitionen, Wünschen und Visionen der Zeitgenossen mussten Künstler und Gelehrte attraktive Gestalt zu verleihen wissen – sei es in Form von Bauten, Bildern, Skulpturen, Schriften oder musikalischen Werken. Dazu mussten sie den Geschmack und die Bildung ihrer Auftraggeber teilen, gelehrt und versiert genug sein, neue Ideen, Materien und Techniken rasch zu adaptieren, sie in Theorie und Praxis perfekt beherrschen, virtuos kombinieren, um Würdiges, Außergewöhnliches und Auffallendes zu schaffen. Gelang ihnen dies, besaßen sie beste Voraussetzungen, selbst zu prominenten Persönlichkeiten zu werden. Jedenfalls aber hatten sie neben ihren künstlerisch-gelehrten Funktionen weitere Aufgaben wahrzunehmen, etwa Maschinen für zivile wie militärische Zwecke zu konstruieren, Feste und Feuerwerke zu arrangieren, Museen zu leiten, als Kunstagenten umherzureisen, ihren Patronen als Ratgeber oder als Diplomaten zu dienen. Entsprechend gesucht waren solche Künstler. Berühmte Meister wie Brunelleschi, Leonardo da Vinci oder Michelangelo wurden von Stadtregierungen, Päpsten und Fürsten umworben. Die Mächtigen behandelten sie wie Gleichrangige. Ihre Werke waren begehrt, wurden teuer bezahlt, von ihren Besitzern wie Schätze zur Schau gestellt. Waren Künstler im Mittelalter weitgehend anonym geblieben, gewannen sie nun eine Prominenz wie zuvor nur Herrscher oder Heilige.

> Rolle von Künstlern und Gelehrten

Nation als Ethos

Dieses Interesse der Renaissance für das je Besondere einer Persönlichkeit erstreckte sich auch und gerade auf eine neue Art von Kollektivindividuen: auf *nationes*. Hatte dieser Begriff im Mittelalter noch allgemein „Herkunft" bedeutet, sich meist nur auf den Adel bezogen oder als (grobes) Kriterium für die landsmannschaftliche Zuordnung von Studenten, Kaufleuten oder Konzilsteilnehmern gedient, so gewann er im Zuge der Renaissance die neue, politisch-ideologische Konnotation einer staatlichen Gemeinschaft mit gemeinsamen Eigenschaften und Zielen. Schon vor 1500 gaben Landesherren Geschichtswerke in Auftrag, die versuchten, den Aufstieg der von ihnen regierten „Nation" in einem schönen, eleganten Stil zu dokumentieren.

Wer nach Ansicht der Humanisten zu einer Nation zählte, verrät ein Werk, das der päpstliche Notar Flavio Biondo seit 1448 erarbeitete und das bei allen europäischen Gebildeten, gerade den deutschen, auf höchstes Interesse stieß. Die »Italia illustrata« („Das erleuchtete [oder auch: berühmte] Italien") war eine Topographie der italienischen Halbinsel, die Städte und Regionen jeweils auf ihre antiken Wurzeln zurückführte und bei jeder Stadt zugleich deren berühmtesten Bewohner nannte. Unter den etwa 400 Personen, die Biondo präsentierte (drei Viertel davon waren Zeitgenossen), rühmte er vor allem solche, die durch kulturelles Engagement hervorragten, die besonders energisch mitgeholfen hatten, antike Künste und Wissenschaften zu neuem Leben zu erwecken. Sie galten ihm nicht nur als der besondere Schmuck der italienischen *natio*, sondern als ihr Kern.

> Die »Italia illustrata« des Biondo

Dies war die wohl raffinierteste und modernste Strategie, mit der die Avantgarde der Renaissance versuchte, sich selbst als neue Elite zu etablieren, indem sie nämlich ganz neue Kriterien sozialer Zugehörigkeit erfand. Zur italienischen *natio* gehörte für Biondo nämlich nicht mehr in erster Linie, wer hier geboren war beziehungsweise von hier geborenen Vorfahren abstammte. Zur Nation gehörte vielmehr, wer an der Erforschung ihrer großen Tradition teilnahm, wer also die kulturelle Identität der eigenen Gesellschaft mitgestaltete und sich aktiv an ihr zu partizipieren bemühte. Kurz: Als Italiener galt den italienischen Humanisten, wer die Kultur Italiens teilte. Nationalität also beruhte für sie nicht auf dem Zufall der Abstammung, sondern auf Ethos. Sie schufen den Nationsbegriff, um Abstammung für überflüssig zu erklären. So diente das Prinzip historischer Individualität den Zeitgenossen der Renaissance dazu, die Gesellschaft zugleich elitär und offen zu gestalten, neben Geld und Macht Bildung und Geschmack als entscheidende Kriterien der Zugehörigkeit zu etablieren.

Integration durch Kultur

Über die Alpen

Die Kultur der Renaissance war in Italien entstanden, weil dieses im Spätmittelalter der wichtigste europäische Knotenpunkt des Weltverkehrs und des Welthandels war, weil seine Eliten reich und intelligent genug waren, sich für die Errungenschaften der anderen zu interessieren. Spätestens seit dem 15. Jahrhundert strahlte sie von hier nach ganz Europa aus. Verbreitet wurde sie unter anderem von weltoffenen Rompilgern, von Besuchern der großen Konzilien, von Studenten, vor allem aber von Kaufleuten und Patriziern, die Geschäftsverbindungen in die italienischen Metropolen pflegten. Wie in Italien etablierte sich die Renaissancekultur auch im Norden zuerst in den großen Handelsstädten, im Heiligen Römischen Reich etwa in Nürnberg und in Augsburg, dem Sitz der Fugger. Erst Ende des 15. Jahrhunderts erfasste sie zusehends auch Höfe und Kanzleien.

Eine wichtige Rolle spielten aber auch Adlige, die auf ihrer *Grand Tour* (der großen Bildungsreise, die die Erziehung eines Aristokraten vollendete) von der italienischen Lebensart und den italienischen Kunstwerken begeistert worden waren. Den bayerischen Herzog Ludwig X. etwa hatte der *Palazzo del Tè* in Mantua so sehr beeindruckt, dass er ihn seit 1536 in Landshut nachbauen ließ. Andere heirateten in italienische Geschlechter ein, so beispielsweise der ungarische König Matthias Corvinus, der 1476 zusammen mit seiner neapolitanischen Braut italienische Künstler kommen ließ, um sich von ihnen Feste, Repräsentationsbauten, eine Sternwarte, eine Galerie und eine berühmte, bald 50.000 Bände starke Bibliothek konzipieren zu lassen. Italienische Maler porträtierten ihn, ein italienischer Humanist schrieb im Stil des Livius eine rühmende Geschichte der ungarischen *natio* und des Hauses Hunyadi, und auch Matthias' Musiker und Orgelbauer kamen meist aus Italien, seltener aus Burgund, der anderen großen Musiklandschaft der Renaissance.

Rolle der Adligen

Anfangs mochte die Übernahme der neuen Kultur tastend und laienhaft vor sich gehen – wie manche verunglückten Versuche zeigen, jenseits der Alpen klassizistische

Architektur zu bauen. Bald aber lernte man durch Übung hinzu. Nordische Gelehrte fingen an, in humanistischem Stil Briefe, Verse oder Geschichtswerke zu schreiben. Künstler eigneten sich italienische Muster und Formen an. Fürsten und Adlige legten – oft mit Hilfe italienischer oder italienisch gebildeter Intellektueller – Sammlungen von Münzen, Antiken, Handschriften, Büchern oder Werken italienischer oder „italienisch" arbeitender Künstler an. Man gründete „Wunderkammern" mit Globen, Atlanten, Fernrohren und anderen Instrumenten. Man korrespondierte mit prominenten Humanisten, förderte sie und ihre Projekte. Formen der Aneignung
Man verpflichtete Architekten, neue Residenzen zu bauen oder die alten im Renaissancestil umzugestalten – wie die französische Burg Blois, in deren Wehrmauer König Franz I. (reg. 1515–1547) italienische Loggien brechen ließ, oder Fontainebleau, das einen neuen, geometrisch gegliederten Zweitbau erhielt. Parallel dazu gab man antikisierende Geschichten des eigenen Herrschaftsbereichs in Auftrag. Wie das höfische Leben durch neue Formen der Gesprächs- und Festkultur neue Impulse erhielt, dafür bietet der französische Hof unter den Medici-Königinnen Katharina und Maria zwischen 1547 und 1630 anschauliche Beispiele.

Dabei rückten die Formen und Modelle der italienischen Renaissance in neue Zusammenhänge. Sie wurden – absichtlich oder weil den Künstlern die Umstellung schwer fiel – verfremdet, mit traditionellen, einheimischen Formen vermischt und diesen angepasst. In Spanien beispielsweise verbanden sie sich mit dem maurischen *mudéjar*-Stil, in Frankreich und Böhmen mit den gewohnten gotischen Formen, in Moskau, für dessen Kreml Zar Iwan III. von einem Italiener seit 1475 die Mariä-Entschlafen-Kathedrale errichten ließ, mit typischen Elementen der orthodoxen Tradition. Diese traditionellen Formen aber – und darin zeigte sich die revolutionäre Veränderung – wurden seither nicht mehr wie selbstverständlich fortgeführt, sondern selbst bewusst als Stil eingesetzt. Oft schufen diese je „nationalen" Renaissancen dann selber Standards. Dass damit eine Fülle Die Entstehung nationaler Renaissancen
von Sonderformen und -ausprägungen der Renaissance entstand, minderte deren internationale Verständlichkeit keineswegs. Im Gegenteil eröffneten gerade ostentative Abweichungen von den bekannten Standards (aber eben auf deren Basis) den Künstlern die Möglichkeit, Außergewöhnliches zu schaffen, international aufzufallen, durch außerordentliche Schöpfungen die herausragende Qualität der Herrschaft ihrer Mäzene zu demonstrieren.

Ein epochaler Erfolg

Diese enthusiastische Übernahme der italienischen Kultur spricht dafür, dass man sie brauchte, dass in den Empfängerländern vergleichbare politisch-soziale Konstellationen herrschten wie in Italien und dass die Regierenden hier ähnliche Aufgaben vor sich sahen wie die Lenker der italienischen Stadtstaaten. Auch jenseits der Alpen regierten vielfach Fürsten, deren Legitimität umstritten war – weil sie aus Nebenlinien älterer Familien stammten (wie die Herzöge von Burgund oder Franz I. von Frankreich) oder aus vergleichsweise neuen Geschlechtern (wie eben die Hunyadi oder die Tudor). Sie alle mussten – ebenso wie die Päpste seit ihrer Rückkehr aus Avignon (1377) – ihren Führungsanspruch fundieren, ihr Prestige erhöhen, den Adel mit der Krone vereinen, neue Gruppen in die Führungselite integrieren. Das galt für England und Frankreich nach dem Hundertjährigen Krieg wie eben für das Ungarn des Corvinus, für die disparaten Lande des von ihm gedemütigten Hauses Habsburg wie für das Russland der frühen Romanow. Allen diesen Herrschern bot die Renaissancekultur eindrucksvolle, international verständliche Repräsentationsformeln, eine moderne, säkulare Ethik, eine urbane, universale Bildung sowie eine künstliche imperiale Tradition, die ebenso integrativ wie attraktiv war.

Prestige und Führungsanspruch

Ein weiterer Grund für den Erfolg des „Modells Italien" (Fernand Braudel) wird deutlich, wenn man bemerkt, dass er im nördlichen Europa mit dem Beginn der Glaubensspaltung zusammenfiel und dass er um so größer wurde, je weiter die sogenannte Konfessionalisierung, also die Durchdringung vieler Lebensbereiche mit konfessioneller Ideologie, voranschritt. Damit rückten die Renaissancekultur und die humanistische Bildung in einen neuen Kontext. In eindrucksvollen Kirchenbauten dienten sie nun dazu, der neuen Glaubensbotschaft repräsentative Gestalt zu verleihen, wie zum Beispiel in der neuen Peterskirche und den „klassizistisch" gestalteten Kirchen der Jesuiten. Als Unterrichtsprogramm war die humanistische Bildung in den Schulen und Universitäten aller Konfessionen präsent. Endgültig wurde sie nun zum Pflichtkanon der Lehrpläne.

Wirkungen der Glaubensspaltung

Zugleich wurde die säkulare Kultur von Humanismus und Renaissance aber auch zu einer Sphäre, in der sich konfessionelle Unterschiede zumindest zeitweise vergessen, weltmännisch überspielen ließen – ein unschätzbarer Vorteil gerade an großen Höfen, an denen sich Gesandte und Geschäftsträger unterschiedlicher Herkunft und Zugehörigkeit trafen. Dafür spricht die erstaunliche Karriere von Baldassare Castigliones »Buch vom Hofmann« (1528), einer eleganten, in ciceronischem Stil gestalteten Darstellung höfisch-urbaner Umgangsformen. Durch Verlagerung der Kommunikation auf das Feld ästhetischer Bildung wurde es der Elite möglich, Konfrontationen auszuweichen, und konnten sich Fürsten als Herrscher darstellen, die inmitten religiöser Spaltungen und Zwiste den Sinn für und das Verlangen nach Einheit der Christenheit behielten.

Friede durch gutes Benehmen

Insofern bedeutete das Konfessionelle Zeitalter keineswegs das Ende der europäischen Renaissancekultur, sondern eher ihre europaweite Ausbreitung, ihre politische Aufwertung und endgültige Etablierung. Dabei aber transformierte sie sich. Längst war nicht mehr die Wiedererweckung des Altertums ihr Ziel, sondern die optimale Gestaltung der (Früh-)Moderne selbst. So formierte sich seit dem späten 16. Jahrhundert jener Stil, oder besser jenes multimediale Phänomen, das man seit dem späten 19. Jahrhundert als „Barock" bezeichnet.

Vom Barock zum Rokoko

Der Barock entstand, indem die Künstler versuchten, die klassisch-antiken Muster immer einfallsreicher, raffinierter und virtuoser zu modifizieren, um etwas zu schaffen, was die Blicke auf sich zog. Nach wie vor geschah dies auf der Basis der klassischen Rhetorik, die mit dem Begriff des *Pathos* sogar eine wesentliche Kategorie der neuen Ästhetik formulierte, nämlich das Konzept von Kunst als einer an Sinne und Affekte appellierenden Überredungskunst. Zu diesem Zweck wurde die Formsprache der Renaissance zusehends freier, kühner, expressiver eingesetzt. Statt nach Harmonie und Gleichmaß strebte man nun eher nach dynamischer Bewegtheit, exzentrischer Pointierung, virtuoser Geste. Sie wurden zu Merkmalen der neuen, mehr denn je im politischen Wettstreit stehenden Kunst.

In der Menschendarstellung zeigte sich dies seit Michelangelo in wuchtigen, antikes Maß sprengenden Figuren, die oft in exzentrischen Drehungen und Dehnungen, aus ungewöhnlichen Perspektiven in verblüffenden Verkürzungen dargestellt wurden – so beispielsweise in den Schlachtszenen Peter Paul Rubens' oder in den Statuen Gian Lorenzo Berninis, dessen schleuderschwingender David (1623–1624) oder dessen verzückte Ludovica Albertoni (1671–1674) ihre antiken Vorbilder – den Borghesischen Fechter beziehungsweise die Kleopatra-Statue im Belvedere – radikal transzendierten. | Menschendarstellung

Auch in der Architektur äußerte sich nun ein wachsender Wille zur Monumentalität. Die Peterskirche in Rom wurde zum Musterbau der Epoche, indem sie ab 1607 ein gewaltiges (auf keinem früheren Plan vorgesehenes) Langhaus erhielt und seit 1656 durch Berninis Kolonnaden endgültig zum grandios ausgreifenden urbanen Zentrum der Ewigen Stadt wurde. Bei anderen Bauten wurden klassische Elemente wie Säulen und Gesimse ebenfalls jetzt ins Kolossale vergrößert, ging man dazu über, die antiken Ordnungen ineinander zu verschmelzen, so dass Fassaden und Wände sich in expressive Bewegung aufzulösen schienen. Barocke Architekten ließen „den Bau gewissermaßen vor dem Auge des Betrachters entstehen, er wird nicht als ruhender Körper gezeigt, sondern als gewordener Organismus: die Steinvoluten der Fassade von S. Susanna in Rom scheinen den Giebel emporzustemmen" (Liselotte Andersen). Die so entstehenden Gebäude suchten ihre Betrachter und Besucher zu beeindrucken, zu überwältigen und zu lenken, ihre Besitzer und Benutzer jedoch in ein blendendes Licht zu rücken (dies durchaus im wörtlichen Sinne) und ihnen große Auftritte zu ermöglichen. Schlösser, Festsäle, Treppen, Theater, Plätze, Parks und Fontänen waren die weltlichen Äußerungen dieser Architektur, die ihre überwältigende Wirkung dadurch noch zu steigern strebte, dass sie sich mit bildenden Künsten, Musik und Tanz zu neuartigen Gesamtkunstwerken vereinigte. Das Fest war ihre charakteristische Nutzungsform. | Wachsender Wille zur Monumentalität

Entsprechendes gilt für die sakrale Architektur. In spektakulären Kirchenbauten manifestierte der barocke Stil die Glaubensgewissheit der erneuerten Konfessionskirchen. Gewaltige Wand- und Deckengemälde – von Michelangelos Sixtinischer

Kapelle (1534–1541) bis zu Tiepolos Würzburger Bischofsresidenz (1751–1752) –, expressive Plastiken und bühnenhaft gestaffelte Raumfluchten sollten den Gläubigen das heilige Geschehen möglichst direkt erlebbar machen. In der Tafelmalerei verlegten es so unterschiedliche Meister wie Caravaggio, Rubens und Rembrandt in die eigene Gegenwart. Sie ließen Jesus und die Apostel wie Menschen des eigenen Alltags auftreten, entrückten und erhöhten sie jedoch durch eine expressive, mystische Lichtregie. Die 100 Jahre zuvor, in Humanismus und Reformation, begonnene Verschmelzung von Spiritualität und irdischer Welt erhielt so, mit allen künstlerischen Mitteln einer selbstbewussten Moderne, ihre ästhetische Vollendung.

Sakrale Architektur

Allerdings etablierte sich die Kultur des Barock in den einzelnen europäischen Staaten mit unterschiedlicher Geschwindigkeit und Intensität. In Frankreich, England, den Niederlanden und den meisten protestantischen Reichsterritorien blieben Renaissanceformen länger herrschend als in Italien, Spanien und den österreichischen Landen. Weniger durch kühne Experimentierfreude wurden sie dort abgelöst als durch eine neue, rationale Staatsauffassung. Symbolisch dafür war es, dass König Ludwig XIV. den exzentrisch-großartigen Entwurf, den Bernini zum Umbau des Louvre unterbreitete, verwarf und sich stattdessen für jenen monumental schlichten Barock-Klassizismus entschied, den eine von ihm selbst eingesetzte Kommission einheimischer Architekten vorschlug. Seit 1668 realisierte die gleiche Gruppe in Versailles das große europäische Muster moderner Residenzarchitektur. An einen majestätisch herausgehobenen Mitteltrakt mit opulenten Regierungs- und Repräsentationsräumen schlossen sich gestaffelte Seitenflügel und ein Kranz weiterer Gebäude – ein Stein gewordener Traum zentralisierter Herrschaft im Geiste des Absolutismus.

Staatsräson und Klassizismus

Frankreichs kulturelle Vorbildfunktion blieb auch dann herrschend, als seine politische Hegemonie nach 1715 schwand. Der nun entstehende sogenannte Rokoko-Stil behielt die klassizistischen Grundformen und Proportionen bei, bevorzugte aber kleinere Formate, lichte Farben und spielerisch elegante Formen – wie rankenartig geschwungene Rocaillen, Blumen oder Chinoiserien –, die sich zum Teil völlig von den antiken Mustern lösten. Charakteristisch für diese neue Vorliebe für Intimität waren die beiden Trianons, Lusthäuser, die seit 1762 im Park von Versailles als Gegenmodell zum monumentalen Schloss Ludwigs XIV. entstanden.

Rokoko-Stil

Indem die Kunst im 18. Jahrhundert endgültig zum universalen Medium geworden war, modernes Leben zu inszenieren, neigte sie zusehends dazu, zum Selbstzweck zu werden, zum spielerischen Gegenbild einer komplizierten, krisenhaften Wirklichkeit. Mit all ihrer Virtuosität suchte sie nun nach neuer Einfachheit. In diesem Überdruss an der opulenten Gestik des Barock aber kündigte sich jener neue Klassizismus an, der im Zeichen eines epochalen Umbruchs, der Französischen Revolution, in ganz Europa zum führenden Stil werden sollte.

Die Renaissance im Weltkontext

Der Weg ins Morgenland

Die Renaissancekultur strahlte aber nicht nur nach Europa aus, sondern – nicht zuletzt wegen der orientalischen Handelsbeziehungen der italienischen Staaten – in manchen Aspekten ähnlich intensiv auch in das Morgenland.

Zu den ersten außereuropäischen Fürsten, die sich für sie interessierten, gehörten die Sultane des Osmanischen Reichs, in das viele italienische Herrscher traditionell gute Beziehungen pflegten und das ein wichtiger Abnehmer der Luxusgüter italienischer Manufakturen war. 1479 lud Sultan Mehmed II. den Venezianer Gentile Bellini nach Istanbul ein, ließ sich von ihm porträtieren und legte eine Sammlung europäischer Renaissancekunst an. Im Laufe des 16. Jahrhunderts, als die Portugiesen den Venezianern den Asienhandel abjagten und viele europäische Fürsten Kontakte zum persischen Hof aufnahmen, um den Schah als Verbündeten gegen die Osmanen zu gewinnen, folgte die Renaissancekunst den so erweiterten Wegen des Austauschs. Seit den 1580er Jahren wurden im Mogulreich Akbars I. Graphiken von Dürer kopiert, bald auch die Kupferstiche der Antwerpener Plantin-Bibel sowie elisabethanische Porträts. Schah Abbas I. hielt sich einen Holländer als Hofkünstler, der seine Paläste mit erotischen Szenen ausmalte, und schickte junge Perser als Stipendiaten nach Rom. So vereinigte die Renaissance nicht nur die Eliten des Abendlandes zu einer kulturellen Öffentlichkeit, sondern berührte zumindest zeitweise und partiell auch außereuropäische Kulturräume. Überall wurde die Renaissancekultur ein Gegenstand elitären Interesses, ein Medium des Austauschs und Wettbewerbs, ein Zeichen für feinen Geschmack. | Interesse des Orients

Damit begann sich die bisherige Richtung kulturellen Austauschs umzukehren. Seit byzantinischer Zeit nämlich war der Orient in dieser Hinsicht der gebende Teil gewesen. Er hatte den Westen urbane Umgangsformen gelehrt und Technologien (wie Kompass, Fernrohre und Sextanten) geliefert, die Künste der Medizin, Mathematik und Kartographie, des Waffengusses und der Bewässerung, des Spinnens und Druckens, der Tier- und Pflanzenzucht, des Reitens und Jagens. Das ganze Mittelalter hindurch war ein Großteil des antiken Erbes über das Morgenland vermittelt worden. Auch so spektakuläre, für die westliche Renaissance typische Errungenschaften wie die Zentralperspektive sind möglicherweise durch orientalische Traktate zur Optik inspiriert, die man über Byzanz und Neapel bezog – falls sie nicht sogar, wie man neuerdings spekuliert hat, 1434 durch chinesische Gesandte direkt an den italienischen Höfen, auch in Florenz, bekannt gemacht wurden. Auch wenn allerdings europäische Künstler und Gelehrte wie Alberti oder Regiomontanus fernöstliche Theorien gekannt haben sollten (und sei es auch nur aus zweiter oder dritter Hand), so machten sie doch etwas Neues und Anderes daraus. Die Zentralperspektive beispielsweise war der orientalischen Kunst unbekannt. Indische Maler des 16. Jahrhunderts übernahmen sie, mit signifikanten Änderungen, ihrerseits von | Richtungswechsel kulturellen Austauschs

Kultur, Religion und Sozialisation

den Europäern. Auch im Umgang mit den Klassikertexten brach der Renaissancehumanismus entschieden mit den mittelalterlich-orientalischen Usancen, wenn er Bearbeitungen, Auszüge oder Fragmente verschmähte und stattdessen die vollständigen Originale verlangte, die er mit historischer Kritik rekonstruierte.

Angesichts solcher Unterschiede ist zu fragen, ob die Renaissance also ein rein europäisches Phänomen blieb oder ob auch nichteuropäische Kulturen Renaissancen erlebten. Da die römisch-griechische Antike für Territorien, die nicht zum Römischen Reich gehört hatten, kaum kulturelle Verbindlichkeit oder gar Vorbildfunktion besitzen konnte, ist ein streng europäisches „Renaissance"-Modell dabei gewiss kein optimaler Maßstab. Vielmehr lässt sich nur dann sinnvoll nach orientalischen „Renaissancen" fragen, wenn man den Begriff weiter fasst und ihn entweder als Versuch versteht, bewusst zu einem früheren Kulturzustand zurückzukehren, oder, noch allgemeiner, überhaupt als ein Bestreben, die bestehende Kultur gezielt zu erneuern. Ein solcher Wunsch konnte im Orient kaum aus einem Bewusstsein zivilisatorisch-kultureller Defizite erwachsen. Anders als für Europäer wie Petrarca bestand für orientalische Intellektuelle des 14. oder 15. Jahrhunderts wenig Anlass, ihre Gegenwart als ein „finsteres Mittelalter" zu verdammen und sich die Rückkehr in ein ideales Altertum zu wünschen. Angesichts der kulturellen wie technologischen Standards, die gerade in den großen Städten und Residenzen herrschten, durften sie sich vielmehr auf der Höhe moderner Zivilisation fühlen.

Renaissancen in nichteuropäischen Kulturen?

Viele der Errungenschaften und Ideale, die die europäische Renaissance mit sich brachte, gab es im Morgenland längst. Dazu zählte die allgemeine Hochschätzung von Bildung und Wissenschaft seitens der politisch führenden Kreise. In der muslimischen Kultur, die keinen Theologenstand und keine Klöster kannte, waren das Sammeln von Büchern und Wissen, die Patronage für Gelehrte und Künstler, die Pflege von Bibliotheken und Schulen traditionell eine Pflicht jedes Vornehmen. Dass Gelehrte als Ratgeber der Fürsten dienten, dass Künstler im Alltag als Beamte, Militärs oder Prinzenerzieher tätig waren, kam hier häufiger vor als im Abendland. Zugleich traten einzelne Künstlerpersönlichkeiten im Morgenland weit früher aus dem Schatten der Anonymität heraus. Kennt man Künstlernamen in Europa meist erst seit dem 14. Jahrhundert, ihre Lebensgeschichten erst seit dem 15. Jahrhundert, so sind die meisten Baumeister von Moscheen im Nahen Osten seit dem 10. Jahrhundert bekannt. In China weiß man die Namen bedeutender Maler seit dem 8. Jahrhundert, die stilbildender Kalligraphen sogar seit dem 4. Jahrhundert. Schon im 15. Jahrhundert war es unter persischen Kunstsammlern selbstverständlich, nur signierte Stücke zu erwerben.

Errungenschaften und Ideale im Morgenland

Ebenfalls kein Beweis für renaissancehaften Aufbruch waren im Orient – anders als in Europa – die mathematische Planung von Gebäuden sowie die Neugründung von Städten und Residenzen auf einem rationalen, geometrischen Grundriss. Vielmehr dienten solche Beweise einer hoch professionellen Feldmesskunst seit den frühen arabischen Eroberern nicht nur den praktischen Bedürfnissen nomadischer Zeltstadtbewohner, sondern auch dazu, den eigenen Machtanspruch über die unterworfene Bevölkerung zu manifestieren. Dabei traten Frauen – oft die Gattinnen der Herrscher – nicht nur als Empfängerinnen des in Moscheen oder Monumenten symbolisierten Gedenkens in Erscheinung, sondern oft selbst als Bauherrinnen kühner Architektur.

Was im Orient indes tatsächlich Anlass zu renaissancegleichen Erneuerungsbewegungen gab, waren – wie im spätmittelalterlichen Europa – politische Machtkämpfe und Umwälzungen. Die furchtbarsten und zugleich fruchtbarsten dieser Erschütterungen waren die Mongolenstürme unter Dschingis Khan und seinen Nachfolgern (1206–1336) sowie unter Timur (1381–1404). Für die überrannten Länder und Reiche bedeuteten sie einerseits schwere, oft katastrophale Erschütterungen, einen erdrutschartigen Wandel der bisherigen politisch-sozialen Verhältnisse, die Zerstörung oder Verlagerung traditioneller Zentren von Politik und Kultur, den Tod oder Exodus zahlreicher Künstler und Mäzene. Andererseits brachte die mongolische Herrschaft aber auch entscheidende kulturelle Impulse mit sich. Dies zunächst schon deshalb, weil diejenigen, denen die Flucht vor den Invasoren glückte, die eigenen kulturellen Traditionen in die Länder derer importierten, die sie aufnahmen. Seit der Mitte des 13. Jahrhunderts beispielsweise emigrierten viele vornehme Chinesen und ihre Künstler ins sichere Japan, was für dessen Malerei und Kunsthandwerk epochale Folgen zeitigte. Ein anderes Beispiel war das Schicksal des persischen Mystikers, Dichters und Sufimeisters Dschalal ad-Din ar-Rumi (Dschalāl-ad-dīn Rūmī), dessen Familie auf der Flucht vor den Mongolen das heimatliche Balch (im heutigen Afghanistan) verlassen hatte. So lebte und wirkte Rumi hauptsächlich im ostanatolischen Konya und bekam, da dieses unter der Herrschaft der sogenannten Rum-Seldschuken stand, den Beinamen „Rūmī" ([Ost-]Römer). Aber auch in den mongolisch besetzten Ländern selbst begannen bald Blütezeiten der Baukunst, Malerei und Dichtung. Denn auf den Trümmern der bisherigen kulturellen Hierarchien konnten sich neue Kunststile, neue Produktionsnetze und neue Patronage entfalten.

Erneuerungsbewegung durch Mongolensturm

Dazu trug bei, dass die neuen Machthaber die zuvor meist regionalen Kulturen internationalisierten. In das eroberte Zweistromland beispielsweise brachten die mongolischen Ilkhane uigurische Schreiber, die Schriftgelehrten Zentralasiens, als Verwaltungsbeamte und Staatsschreiber mit, aber auch chinesische Künstler, deren Pinseltechnik die einheimische Buchmalerei revolutionierte. Zugleich gaben sie den Besiegten Gelegenheit, ihrerseits die Kultur der Sieger neu zu prägen. So deportierte ein Herrscher wie Timur in großem Stile Gelehrte, Künstler, Kunsthandwerker und Architekten aus den eroberten Gebieten in seine Residenzen Samarkand und Shaxrisabz (Shahrisabz, im heutigen Usbekistan), nahm sie in seine Dienste und eröffnete ihnen großzügige neue Wirkungsmöglichkeiten.

Internationalisierung regionaler Kulturen

Kultur, Religion und Sozialisation

Kühne Kuppelprojekte wurden ein Gegenstand des Wettstreits zwischen Renaissance-Architekten. Mit der Selim-Moschee in Edirne (rechts, 1568–1574) suchte Süleymans Hofbaumeister Sinan christliche Werke wie Filippo Brunelleschis Florentiner Dom (oben, 1420–1436) zu übertrumpfen.

Die Osmanen

Zu den wichtigsten Gewinnern der mongolischen Invasion zählten die Osmanen. Verdankten sie ihren Aufstieg doch wesentlich dem Zusammenbruch des bis dahin führenden Seldschukenreichs. Der Druck der mongolischen Invasoren war es aber auch, der sie zwang, immer weiter nach Westen zu expandieren. Dadurch wurden die Sultane zur einzigen orientalischen Dynastie, die sich als legitime Erben Roms fühlen durfte – spätestens seit sie 1453 mit Byzanz die Metropole des Römischen Reichs erobert hatten. Wie energisch sie diesen Anspruch in politische Praxis umzusetzen strebten, zeigen nicht zuletzt der Zug Mehmeds II. gegen Rom, der 1481 mit seinem Tod scheiterte, oder der Marsch gegen die Kaiserstadt Wien, den sein Nachfahre Süleyman II. (I.) 1529 – ebenfalls erfolglos – unternahm.

Deshalb bietet das Osmanenreich das erste Beispiel für eine außereuropäische Rezeption europäischer Renaissancekultur. Mehmed II. begeisterte sich für römische Klassiker wie Livius. Süleyman ließ 1526, nach der Erstürmung Budas, die wertvollen Klassikerhandschriften der Bibliothek des Corvinus nach Istanbul bringen. Eine de-

zidierte Rom-Nachfolge zeigt sich aber auch in der osmanischen Baupolitik. Gezielt suchten die Sultane ihre Metropole zu einem neuen Rom zu erheben, sie mit neuen, repräsentativen, auch auf ästhetische Wirkung berechneten Bauten zu schmücken. Dazu gehörten Paläste und ein gewaltiges Handelszentrum, vor allem aber Moscheen, die, bisweilen unter Verwendung römischer Spolien (wie bei der Bāyezīd-Moschee), nicht selten auf den Fundamenten byzantinischer Kirchen errichtet wurden. Ein frühes Beispiel dafür, wie gut es ihnen gelang, den Westen architektonisch herauszufordern, war das sogenannte Neugebäude, das Kaiser Maximilian II. in den 1570er Jahren in der Nähe von Wien errichten ließ. Obwohl er zugleich in Verhandlungen mit keinem Geringeren als Palladio stand, wählte er als Vorbild für dieses Schloss den von Mehmed II. im Topkapı-Palastkomplex errichteten Çinili Köşk(ü) (heute: Fayencen-Pavillon).

Rezeption europäischer Renaissancekultur

Ein eigens eingerichteter Stab fest institutionalisierter Spezialisten, als deren Chef seit 1539 Süleymans Hofbaumeister Sinan (1489–1588) wirkte, hatte den Auftrag (und optimale institutionelle Bedingungen), einen einheitlichen Reichsstil zu realisieren. Sinan, dem der Verfasser seiner Autobiographie, der Dichter Mustafa Sa'i Çelebi, 477 Bauten, darunter 159 Moscheen, zuschrieb, kannte Vitruv dank einer Prachthandschrift aus der Ungarnbeute. Mit ihr gewann er eine Basis für das, was er als seine Lebensaufgabe empfand: den Wettstreit mit den Meisterwerken römisch-christlicher Baukunst. Vor allem deren prominenteste und prächtigste Manifestation, die Hagia Sofia, suchte er an Größe, technischer Raffinesse und Schönheit zu übertrumpfen. Mit der Selim-Moschee in Edirne (1568–1574) schien ihm dieses Ziel erreicht, denn sie war ebenso groß wie ihr Vorbild, und der Architekt hatte es gewagt, sein Werk durch eine Vielzahl von Fenstern mit Licht, dem Symbol Gottes, zu durchfluten. Sinans Streben nach Innovation zeigte sich – wie bei vielen orientalischen Kulturen – auch darin, dass man möglichst alle künstlerischen Stile, die in den Provinzen des gewaltigen Reichs vertreten waren, in den neuen Stil integrierte. So wurden die neuen Moscheen nach iranischem Vorbild mit persischen Fliesen und Fayencen geschmückt, die ihrerseits chinesische Vorbilder nachahmten. In der Komposition herrschte die seldschukische Sechseckform vor. In Konkurrenz mit den schiitischen Persern suchten die Osmanen deren künstlerische Domänen zu okkupieren. So schuf Seih Hamdullah (1429–1520), der Lehrer Bāyezīds II., eine eigenständige osmanische Kalligraphie.

Werke des Hofbaumeisters Sinan

Persien

Noch klarer zeigt sich der eminente kulturelle Impuls der mongolischen Invasion in Persien. Nach dessen Eroberung hatte Timur seine Hauptstadt nach Samarkand verlegt, eine wichtige Station an der Seidenstraße. Deren Zolleinkünfte ermöglichten, zusammen mit den Tributen der unterworfenen Länder, eine spektakuläre kulturelle Blüte. Ostentativ wurde die Residenz umgestaltet: Quer durch die Stadt ließ der neue Fürst eine Prachtstraße brechen, die beidseitig von Arkaden gesäumt war. Unter ihnen eröffneten zahllose Läden – ein Bündnisangebot an die mächtigen Kaufmannsgilden der Stadt. Seit 1398 entstand eine vierflügelige Moschee im seldschukischen Stil zu Ehren von Timurs Gattin Bibi Khanum, am anderen Ende der Stadt sein eigenes, ebenso kolossales Mausoleum. Alle diese Bauten dienten als Modelle für den Umbau anderer Metropolen von Timurs Reich, beispielsweise von Buchara, Turkestan, Herat, Maschhad (Meschhed), Isfahan oder Kaschan. Sie alle sollten seinem imperialen Machtanspruch Ausdruck verleihen. Mit ihnen trat er in einen symbolischen Wettstreit mit den besiegten Ilkhanen. Deren Bauten in Täbris suchte er an Größe und Pracht zu überbieten, wenn er seit 1379 in Kech im heutigen Nordwestpakistan eine monumentale Residenzanlage errichten ließ. Nicht minder absichtsvoll aber wetteiferte er mit dem antiken Sasanidenpalast in Ktesiphon.

Umbau von Metropolen

Parallel zu solchen Bestrebungen entfaltete sich unter Timurs Nachfolgern eine Blüte der Künste und Wissenschaften. Unter seinem Sohn, Schah Ruch (1377–1447), entfaltete sich besonders die Miniaturmalerei. Sein Enkel Ulug(h) Beg(h), einer der berühmtesten Astronomen seiner Zeit, dessen Werke sogar in Europa gelesen wurden, errichtete seit 1420 eine Sternwarte und eine Universität. In Herat begründete der Dichter und Mäzen Mīr ʿAlī Schīr eine Malerschule, die zwischen 1440 und 1520 florierte und Innovationen wie Darstellungen aus der Vogelperspektive erfand. Ein Symbol für die repräsentative Bedeutung dieser Kunst war es, dass das Haupt der Schule von Herat, Behzād (Bihzad, um 1465–1535), in die Dienste der neuen Dynastie der Safawiden übernommen wurde, die 1501 die Herrschaft in Persien übernahm. Auf Einladung von Schah Ismail I. (reg. 1501–1524) siedelte er um 1522 an dessen Hof nach Täbris über und wurde hier zum Chef aller Bibliothekare, Kalligraphen, Maler, Vergolder, Randlinienzeichner, Goldmischer und Lapislazuliwäscher des Reichs ernannt. In manchem erinnert dieser Vorgang an den Entschluss des greisen Leonardo da Vinci, 1517, nach dem Sturz seines Mailänder Gönners, die Einladung Franz' I. nach Frankreich anzunehmen. | Blüte der Künste und Wissenschaften

Ein wichtiges Moment der Kunstpatronage der Safawiden war deren wachsende Bedrängnis durch die Osmanen. Als diese 1534 sogar Täbris einnahmen, musste Schah Tahmasp (Tahmāsp, reg. 1524–1576) die Kapitale nach Qazvin (Qasvin) verlegen. Schah Abbas I. (reg. 1587–1629) transferierte sie 1598 sogar nach Isfahan. Diese Bedrohung veranlasste die neue Dynastie, sich umso trotziger zu Nachfahren der Pahlavis, also der antiken Sasaniden, zu stilisieren und erst recht besonderen kulturellen Glanz zu entfalten. Aber auch die wachsenden Schwierigkeiten, die die sunnitischen Gegner den schiitischen Persern bei der Wallfahrt nach Mekka machten, zwangen den Schah, seinen Untertanen attraktive Alternativen zu bieten. So entfaltete Schah Abbas eine ambitionierte Baupolitik. An den heiligen Orten der Schiiten, den Schreinen der zwölf großen Imame, ließ er neue, prachtvolle Moscheen errichten. Isfahan baute er zu einer glänzenden Metropole aus. Am Ende der Stadt entstand ein neuer, riesiger Baukomplex, der zugleich Wallfahrtsort, Hochschule, Handelszentrum und Sportfeld war. Den Wünschen der Kaufmannseliten und der Militärs entsprach dies ebenso wie denen der religiös engagierten Gilden. | Florieren der Architektur

Nicht nur die Architektur florierte, sondern auch Kalligraphie und Teppichweberei. „Türken, Armenier und Perser arbeiteten in seinen Werkstätten. Der führende Künstler war Riza Abbasi. [...] Seine feinen Pinselzeichnungen kommen den besten chinesischen Arbeiten dieser Art gleich" (Ernst Diez). Für seine Sammlung chinesischen Porzellans baute Schah Abbas ein eigenes Museum. Aber auch westlicher Kunst zeigte er sich geneigt. Besonders englische Werke schätzte er, seit ihm die Engländer 1622 geholfen hatten, die Portugiesen aus Hormus (Hormuz) zu vertreiben. Aus anderen europäischen Höfen, in denen die Gesandten des erklärten Osmanenfeindes gerne gesehen waren, bezog er gleichfalls westliche Kunstwerke.

Dennoch zwang nicht zuletzt die türkische Bedrohung den Schah, sich auch und gerade als religiösen Führer zu präsentieren. Obwohl er bestrebt blieb, klar zwischen Geistlichem und Weltlichem zu trennen, setzte diese Notwendigkeit seiner anfangs durchaus vorhandenen Toleranz zusehends engere Grenzen. Hier erinnert die Situation eher an die Indienstnahme von Renaissance und Humanismus durch die konfessionelle Propaganda zur Zeit von Reformation und Gegenreformation.

Indien

Die neue persische Kultur der Safawiden beeinflusste die Entwicklung in Nordindien, seit der turkomongolische Timur-Nachfahre Zāhir ad-Dīn Muhammad Bābur (1483–1530) die dort herrschende afghanische Lodi-Dynastie verdrängt hatte. Auch hier – wie in Italien – entbanden politische Wirren schöpferische Energien.

An die europäische Renaissance erinnert ebenfalls, dass der neue Fürst seine Abenteuer und Kriegstaten in Geschichtswerken beschreiben ließ und selbst beschrieb. Er verfasste ausführliche Memoiren, und zwar nicht im vornehmen Persisch (obwohl er in dieser Sprache perfekt zu dichten verstand), sondern in seiner tschagataitürkischen Muttersprache, die er damit in den Rang einer Schriftsprache zu erheben suchte. So wie er in der literarischen Darstellung Wert auf nüchterne Anschaulichkeit legte, wollte er sein Werk möglichst realistisch illustriert sehen. Zu diesem Zweck holte er eine große Zahl persischer, teils auch türkischer Miniaturmaler in seine zeitweilige Hauptstadt Kabul. Sie schufen Hunderte sorgfältig beschreibender Abbildungen. Da die Malerei in Indien seit dem 7. Jahrhundert weitgehend erloschen gewesen war, war dies durchaus eine Form von Renaissance. Da sie zuvor indes einer symbolistischen Darstellungsweise gehuldigt hatte, war es zugleich ein völlig neuartiges Unterfangen. Empirische Beobachtung, historischer Sinn und politische Zweckbindung sollten charakteristische Merkmale der Kultur der mit Babur beginnenden Mogul-Dynastie werden.

<small>Realistische Historiographie</small>

Baburs Sohn Humayun (1508–1556) musste ins persische Exil fliehen. Sein siegreicher Feind, der Afghane Sher Schah (Sur) (reg. 1540–1545), selbst ein bedeutender Gelehrter und Kalligraph, reorganisierte die Verwaltung des von ihm okkupierten Reichs in vorbildlicher Weise. Von seiner Residenz in Delhi aus führte er nicht nur die Baumaßnahmen fort, die Humayun 1533 begonnen hatte. Er schuf zudem mehrere Bauten, die für den später sogenannten Mogulstil beispielgebend wurden: eine Synthese muslimischer, hinduistischer und jainischer Traditionen, für die vor allem strenge Geometrie, die Polychromie von weißem Marmor und rotem Sandstein, sechs- oder achteckige Formen und gitterartig durchbrochene Wände charakteristisch waren. Diesen vom Feind geprägten Stil adaptierten die Mogule, seit Humayun aus 15-jährigem Exil siegreich nach Indien zurückkehrte. Am Hof des Safawiden Schah Tahmasp, des größten persischen Mäzens seiner Zeit, war er zu einem leidenschaftlichen Bibliophilen und Kunstfreund geworden. Daher brachte er zahlreiche persische Hofkünstler und Gelehrte mit, vornehmlich aus Täbris und Qazvin, denen die wachsende Orthodoxie ihres Fürsten unheimlich geworden war. So war, obwohl Humayun schon kurz darauf durch einen Sturz von der Bibliotheksleiter starb, das hohe Niveau der neuen Kultur gesichert, deren Besonderheit in der virtuosen Synthese unterschiedlichster regionaler und ethnischer Stile bestand.

<small>Der Mogulstil</small>

Eine säkulare Sammlungspolitik, die kulturelle wie religiöse Zugehörigkeiten absichtsvoll ignorierte, um die führenden Gruppen im Zeichen neuer Ziele und Werte in die eigene Herrschaft zu integrieren, wurde zum Erfolgsrezept der Mogule. Akbar I. (reg. 1556–1605) vertraute sowohl Mitgliedern der bislang benachteiligten Hindu-Eliten wie des Adels der unterworfenen Provinzen hohe Verwaltungsposten an, um sie in seinen Staat zu integrieren und zu einer neuen Führungselite zu verschmelzen. Wie Mehmed II. erkundete er Möglichkeiten einer Synthese der Religionen, indem er Theologen aller Glaubensrichtungen, auch der christlichen, zu Gesprächen und gelehrten Diskussionen an seinen Hof rief (s. S. 367). So praktizierte er eine Toleranz, die man „humanistisch" nennen könnte, die aber – ähnlich dem „Späthumanismus" europäischer Fürsten – nicht zuletzt aus Staatsräson erwuchs.

Um die zahlreichen Differenzen innerhalb seines Reichs symbolisch auszugleichen, betrieben Akbar und seine Nachfolger aber auch eine gezielte Kulturpolitik. Planmäßig suchten sie eine ganz neue, imperiale Kunst und Architektur zu schaffen, die das Beste aller im Mogulreich lebenden Nationen in sich vereinigte. Zu diesen kulturellen Manifestationen gehörte zunächst ein ehrgeiziges Bauprogramm, das Moscheen, Mausoleen, Burgen, Paläste, Basare sowie ganze Stadtviertel umfasste und in der Gründung einer neuen Metropole, Fatehpur Sikri (zwischen Agra und Ajmer), gipfelte, die als neues Regierungszentrum dienen sollte – was bald aus politischen Gründen scheiterte. Daneben förderten die Mogule eine Buch- und Kunstproduktion, die alle künstlerischen Stile – von chinesischen über hinduistische bis zu abendländischen – zu verschmelzen suchte. Gerade die Geschichtsschreibung und -illustration wurde unter Akbar eine Domäne fürstlicher Patronage. Der Kaiser ließ Übersetzungen der Babur-Vita ins Persische anfertigen, um die Karriere seines Vorfahren international bekannt zu machen – ähnlich wie die Könige von Ungarn und England volkssprachliche Chroniken von italienischen Humanisten ins Lateinische umarbeiten ließen. Mit einer vielbändigen Akbar-Vita schrieb sein Vertrauter Abu 'l-Fazl eine ambitionierte Fortsetzung. Persische Hofminiaturisten schufen Abbildungen von möglichstem Realismus. Gleich auf den ersten Blick und ganz konkret sollten die Betrachter von den Leistungen der neuen Dynastie überzeugt werden.

Gezielte Kulturpolitik der Moguln

Die Kenntnis solcher Bücher wurde verbindlich für jeden, der am Mogulhof verkehrte. Ähnlich wie im italienischen Humanismus sollte eine spezifisch höfische Bildung den neuen, von Akbar neu formierten Adel verbinden. Belesenheit, kultivierter Geschmack und ästhetische Kennerschaft wurden spätestens unter Jahangir (reg. 1605–1627) zu unabdingbaren Eigenschaften für jeden, der bei Hof erfolgreich sein wollte. Dazu passt, dass Akbar die Kunstpatronage keineswegs exklusiv für sich selbst reservieren wollte. Vielmehr ermunterte er die Mitglieder des Adels ausdrücklich, sich ihrerseits als Mäzene zu engagieren. Aber auch benachbarte Fürsten fühlten sich durch sein Beispiel herausgefordert. Ibrahim Adil Schah II. beispielsweise, von 1579 bis 1626 Sultan von Bijapur (im Dekkan), machte seine Residenz zu einem Zentrum der Malerei, Kalligraphie und Musik. Unter

Höfische Bildung und Mäzenatentum

Kultur, Religion und Sozialisation

Ein raffiniert stilisierender Realismus zeigt die neuen Fürsten in imperialer Profilansicht: Piero della Francescas Federico da Montefeltre (rechts, um 1472) blickt in eine ideale Natur, Abu al-Hasans Jahangir (oben, um 1615) auf das Porträt seines Vaters Akbar, des Begründers der Moguldynastie.

Abdullah Khan Usbek II. (reg. 1583–1598) entwickelte sich eine indisch inspirierte Malerschule in Buchara.

Revolutionär neu an der Malerei, die am Mogulhof gefördert wurde, war ihr realistischer, analytisch-dokumentarischer Zug. Gerade bei Porträts legten die Mogulkaiser höchsten Wert auf Ähnlichkeit. Meister wie Abu al-Hasan oder Bishan Das, die europäische Bilder studierten und deren Licht-Schatten-Effekte imitierten, waren für eben solche Realitätseffekte berühmt. Unter der Regierung Jahangirs, der ebenfalls eine ausführliche Autobiographie hinterließ, entstanden erstmals lebensähnliche Frauenbildnisse und Selbstporträts. Abu al-Hasan reiste in diplomatischer Mission

an den Safawidenhof, um Schah Abbas und andere persische Politiker zu malen. Die Miniaturen sollten es seinem Auftraggeber erlauben, sich auch in psychologischer und politischer Hinsicht ein Bild seiner Bündnispartner zu machen. Wie nahe diese Kultur der Individualität westlichen Idealen historisch-kritischer Analyse kam, dokumentiert eines der Meisterwerke Abu al-Hasans, das 1615 entstandene Gemälde »Jahangir grüsst den Dichter Sa'di«. Es zeigt den Mogulkaiser, wie er dem persischen Mystiker des 13. Jahrhunderts seine Reverenz erweist. Das Gefolge des Kaisers ist mit fotografischer Ähnlichkeit dargestellt, die Begleiter des Dichters hingegen tragen fremde, orientalisierende Trachten und Turbane (deren Aussehen der Künstler nachweislich von europäischen Gemälden kopierte) – ein Zeichen für historischen Sinn und „Renaissance" in einem durchaus westlichen Sinne. In der orientalischen Kunst sollte dies allerdings eine Ausnahme bleiben.

| Realismus als Ziel

Mit der fortschreitenden Re-Islamisierung unter Aurangzeb in der zweiten Hälfte des 17. Jahrhunderts begann das ästhetische Interesse an realistischer Malerei zu schwinden.

China

Ähnlich fundamental wie in Persien waren die Wirkungen des Mongolensturms in China gewesen. Während der mongolisch dominierten Yuan-Zeit (1279–1368) hatte sich nicht nur die Trägerschicht der Kunstförderung gewandelt (nämlich vom Kaiserhof auf den Adel verlegt), sondern auch der Stil und Inhalt der Malerei. Statt bunter Genreszenen hatte sie vorzugsweise weite, menschenleere Landschaften in herbstlich-kühlen Farben heraufbeschworen. Erst nach dem Sturz der mongolischen Herrschaft und der Etablierung eines neuen, nun han-chinesischen Herrschergeschlechts, der Ming-Dynastie, begann eine kaiserliche Kunstpolitik, die versuchte, das Land im Zeichen einer neuen Kultur zu einen.

Diese Kultur beruhte auf einer neuen Bildung, die die Ming-Kaiser nach Kräften förderten. Da sie sich als Befreier Chinas vom Joch ausländischer Barbaren stilisierten, suchten sie auch geistig mit den Yuan-Traditionen zu brechen. In entschiedener Abkehr von deren naturkosmologischen Kulten einerseits wie vom Buddhismus andererseits proklamierten sie die eher diesseitige, konservativ-pragmatische Staatsethik des

Leistungsethik der Eliten

Konfuzius (551–479 v. Chr.) und seiner Schüler zur wünschenswerten Gesinnung einer modernen Elite. Der Einübung dieser Lehre diente ein dichtes System von Schulen und Hochschulen, an denen die Söhne derer, die Loyalität zur Dynastie zeigten, eine hochqualifizierte Ausbildung erhielten (s. S. 418–422). Sofern sie die gestaffelten Examina bestanden, konnten sie in hohe Beamtenstellen einrücken. In einem vergleichsweise freien Wettbewerb konkurrierte die neue, weltzugewandte Führungselite um die führenden Posten im Staat. Aus ihren Kreisen kamen mit Autoren wie Wang Yangming (1472–1529) erste Stimmen, die den Konfuzianismus zu einer individuellen Persönlichkeitsschule umzudeuten suchten.

Eine entscheidende Voraussetzung dafür, dass diese durchaus „humanistisch" anmutende Neuorientierung gelang und tatsächlich eine kulturelle Blütezeit begann, war auch die Verlegung der kaiserlichen Residenz von Nanking nach Peking im Jahre 1421. Zur Ausschmückung der neuen Hauptstadt berief Kaiser Yongle (reg. 1403–1424) Lackkunstmeister aus Jiaxing in seine neuen Hofwerkstätten. Absichtsvoll

Nachahmung der Song-Kunst

knüpfte man stilistisch an die Kunst der Song-Zeit – also an die Epoche vor dem Mongoleneinfall – an. Deren Meister – etwa der für seinen individuellen Stil berühmte Li Lung-mien (1049–1106) oder der malende Kaiser Huizong (Hui-tsung, 1082–1135) – wurden als Klassiker nachgeahmt. Kaiser Xuande (Hüsan-te, reg. 1426–1435), der ebenfalls selbst malte, forcierte diese imperiale Tradition, indem er die bedeutendsten Künstler aus der alten Song-Hauptstadt Hangzhou und ihrer Umgebung, der Provinz Zhejiang, an den Hof von Peking holte und Bilder im Stil der alten Akademie bei ihnen in Auftrag gab.

Parallel dazu förderten die frühen Ming-Kaiser die Wissenschaft. Zwischen 1403 und 1408 versammelte Yongle über 2000 Gelehrte in seiner Hauptstadt, um sie sämtliche je entstandenen Werke aus allen Wissensgebieten sammeln und zu einer gewaltigen Enzyklopädie (»Yongle da-dian«) vereinigen zu lassen. Das Unternehmen, das auf angeblich mehr als 20.000 Bände gedieh, stand in engem Zusammenhang zu einem weiteren, nicht minder „renaissancehaft" scheinenden Projekt der Regierung Yongles, nämlich dem machtvollen Ausgreifen Chinas nach Übersee (s. S. 97 f.). Bis 1433 stießen mehr als 60 Schiffe auf insgesamt sieben Expeditionen bis Java und Sumatra, Indien, nach Persien und Ostafrika vor. Die gelehrte Ausbeute der Fahrten, die teils die Macht des Kaisertums verbreiten, teils weltweite Handelsbeziehungen knüpfen und Handelsposten errichten sollten, wurde 1451 als »Wunder des Ozeans« publiziert. Allerdings brach diese Expansion schon 1433 abrupt ab. Aus einem weltzugewandten, expansiven Reich verwandelte sich China in ein in sich abgeschlossenes.

| | Wissenschaftsförderung und Ausgreifen nach Übersee |

Einerseits also erscheint das China der Ming-Dynastie als ein eindrucksvolles Beispiel für eine asiatische Renaissance. Wie im Ungarn des Matthias Corvinus oder im Frankreich Franz' I. wurde sie vom Herrscherhaus selbst vorangetrieben. Wie in Florenz um 1400 brachte sie eine patriotisch gestimmte, an die eigene nationale Vergangenheit erinnernde Kunst hervor, die virtuose Stiltreue zum Prinzip erhob und zu einem suggestiven propagandistischen Medium der Sammlungspolitik des neuen Herrschergeschlechts wurde. Andererseits strebte diese Kultur offenbar mehr danach, die Tradition zu sammeln und nachzuahmen als mit ihr in Wettstreit zu treten, eine selbstbewusste *aemulatio* zu eröffnen. Insofern erinnert sie in vielen Zügen eher an das europäische Mittelalter als an die europäische Renaissance.

Dieser Eindruck modifiziert sich, wenn wir die 1644 beginnende Periode der Qing-Kaiser betrachten. Als eine landfremde, aus der Mandschurei stammende Dynastie war sie darauf angewiesen, die etablierten bürokratischen Ming-Eliten für sich einzunehmen. Deshalb förderte sie deren konfuzianische Ethik, deren kanonische Schriften Kaiser Kangxi neu edieren, kommentieren und zu modernen Lehrschriften zusammenfassen ließ – ähnlich wie Erasmus von Rotterdam die lateinischen Klassiker in Dialogen und Traktaten zeitgemäß reformuliert hatte. Dies geschah teilweise auch in Reaktion auf das Wirken christlicher Missionare, besonders der Jesuiten, die bald nach 1600 Zugang zum Kaiserhof erhalten und dort – zumindest zeitweise – erheblichen Einfluss gewonnen hatten. Doch weniger ihre religiöse Botschaft beeindruckte die Kaiser und viele chinesische Intellektuelle als vielmehr die gelehrten und technischen Fähigkeiten der Fremden, vor allem auf den Gebieten der Astronomie, des Instrumentenbaus (von Uhren, Fernrohren, Kanonen, Druckerpressen u. ä.) und des Vermessungswesens. Nicht zuletzt wurden die Jesuiten – wie schon in Indien – zu Vermittlern der europäischen Malerei und zu Lehrern der Perspektive für einheimische Künstler. Im Auftrag der Kaiser schufen sie lebensgroße Porträts von diesen selbst, deren Familie und deren Lieblingspferden.

| | Der Einfluss der Missionare |

Um eine tragfähige Staatsdoktrin zu etablieren, betrieben die Qing-Kaiser eine hoch differenzierte Bildungs- und Wissenschaftspolitik. So beschäftigten sie die vielfach noch lange nach 1644 oppositionellen Intellektuellen mit gelehrten Großprojekten. Das erste war (ab 1679) eine offizielle Geschichte der Ming-Dynastie, durch die der „wissenschaftliche" Nachweis geführt wurde, dass die Ming-Zeit endgültig der Vergangenheit angehörte. Auf diese Weise wurde das typisch „humanistische" Gefühl eines Epochenbruchs in China – anders als im Abendland – nicht gegen die herrschenden Autoritäten artikuliert, sondern unter deren Regie in deren Diensten. Andere gelehrte Unternehmungen der Qing-Epoche ähnelten jenen Kompendien, die auf der anderen Seite der Erdkugel die „polyhistorische" Gelehrsamkeit des Barock hervorbrachte. Zu ihnen gehörte ein gewaltiges, 1716 von der kaiserlichen Akademie veröffentlichtes Wörterbuch, das bis heute ein unentbehrliches Standardwerk geblieben ist, eine riesige Enzyklopädie von »Bildern und Schriften des Altertums und der Neuzeit« (1725), eine Sammlung von insgesamt 168.000 Werken der chinesischen Literatur (ab 1772) und eine große Landeskunde, die mit dem Kartenmaterial illustriert wurde, das eine zwischen 1708 und 1718 von Jesuiten geleitete Landesvermessung erarbeitet hatte.

Gelehrte Großprojekte

Trotz der amtlichen Lenkung erfolgten solche Unternehmungen durchaus im Geiste einer neuen, historischen Kritik – dies allein schon deshalb, weil der Qing-Regierung daran gelegen sein musste, die vom Ming-Regime gepflegte Song-Orthodoxie zu entkräften. Waren frühere historisch-kritische Studien noch stark im Formalen steckengeblieben, so „geht nun ein selbständiger und unabhängiger Historiker wie Tschang Hüe-tscheng [Zhang Xuecheng] [...] ganz eigene Wege. Völlig unabhängig von orthodoxen Vorstellungen stellt er durch seine kritischen Untersuchungen fest, daß es vor Konfuzius überhaupt keine nichtamtliche Literatur oder Schriften gegeben habe. [...] Er vertritt den aufgeklärten Standpunkt, daß auch die kanonischen Schriften lediglich geschichtliches Material darstellen, das der Forscher kritisch auszuwerten habe" (Hans O. H. Stange). Anders als im zeitgenössischen Europa führten solche Einsichten in China indes nicht zu einer allgemeinen Aufklärung – nicht zuletzt wohl deshalb nicht, weil es ein emanzipiertes Bürgertum im dortigen Sinne hier nicht gab.

Historisch-kritische Studien

Japan

In anderen Zügen ähneln manche Momente der japanischen Kultur zwischen dem 14. und 16. Jahrhundert solchen der europäischen Renaissance. Anders als im gleichzeitigen China (aber vergleichbar mit dem zeitgenössischen Italien) dominierten während der von Bürgerkriegen zerrütteten Zeit der Ashikaga-Shōgune (1338–1573) die zentrifugalen Kräfte des lokalen Adels. Nicht minder mächtig wurden die der großen Handelsstädte, die vom Zustrom derer profitierten, denen das Land zu unsicher geworden war. Auch die Förderung der Künste und Kultur ging daher weniger von den schwachen Kaisern aus – obwohl der Kaiserhof weiter als richtungsweisend in vielen Fragen des Geschmacks galt – als von den großen Feudalherren, die hier wie auf anderen Feldern heftig untereinander konkurrierten. Tief beeindruckt von der chinesischen Kunst, die, als der China-Handel wieder auflebte, nach Japan kam, förderten vornehme Kreise neben der Architektur vor allem die Malerei. Den geistigen Hintergrund bildete die weltzugewandte Frömmigkeit des Zen-Buddhismus, dessen Mönche sich als führende intellektuelle, bürokratische und soziale Elite zu etablieren vermochten. Sie vertraten eine Ästhetik der schlichten, aus Konzentration erwachsenen Schönheit als reinem Selbstzweck.

Auch der bedeutendste Maler der sogenannten Muromachi-Zeit, der Zen-Mönch Sesshū (1420–1506), wurde nicht vom Kaiser oder Shōgun gefördert, sondern von der Daimyō-Familie der Ōuchi. Sie finanzierte ihm eine zweijährige Reise nach China, dessen Landschaftsmalerei er studieren sollte, weil sie – anders als die farbenfroh-folkloristische einheimische Kunst – als besonders vornehm galt. Während des Aufenthaltes aber, über den er einen Bericht hinterließ, der an Dürers Tagebuch der niederländischen Reise (1520/1521) erinnert, kam Sesshū zu der Überzeugung, dass die Kunst des eigenen Landes der des verehrten China längst überlegen sei. Darin äußert sich ein „nationaler" Wettstreit um die bessere Kunst, der in manchen Zügen an den zwischen Italien und den Niederlanden im 15. Jahrhundert erinnern kann. So wie die italienischen Maler von ihren nördlichen Kollegen Detailgenauigkeit lernten, ihnen aber hinsichtlich der kompositorischen Dynamik überlegen blieben, so unterschied sich die jetzt entstehende japanische Malerei von ihren chinesischen Vorbildern vor allem durch Dynamik und kräftige Akzentuierungen. Aber auch auf anderen Gebieten, zum Beispiel dem der Lackkunst, übertrafen die Japaner ihre chinesischen Zeitgenossen an Virtuosität und Raffinesse.

| | „Nationaler" Wettstreit um die bessere Kunst |

Diese Tendenz setzte sich fort, seit in der sogenannten Azuchi-Momoyama-Zeit (1573–1615) die Einigung des Landes gelang und eine Konsolidierung der Verhältnisse unter Leitung der neuen, niederadligen beziehungsweise kaufmännischen Eliten einsetzte. Unter den Diktaturen der drei großen Militärführer Ōda Nobunaga (1534–1582), Toyotomi Hideyoshi (1536–1598) und Tokugawa Ieyasu (1542–1616) pflegte man – ähnlich wie im Indien der frühen Moguln – vor allem eine auf repräsentative Pracht zielende Architektur, die sich besonders in Burgen und Residenzen realisierte, und ein luxuriöses, hoch professionelles Kunsthandwerk. In der Malerei, die von Kanō Eitoku (1543–1590), dem Hofkünstler Nobunagas und Hideyoshis, dominiert wurde, setzte man auf den Kontrast von schlichter Komposition sowie kräftigem Kolorit und Konturen. Die Formate wuchsen. Die Wandmalerei wurde erneuert. Kurzzeitig rezipierte man europäische Genremalerei und vor allem religiöse Motive. Die zunehmende Abschließung des Landes seit 1614 beendete dies. Sie beendete auch die bis dahin beobachtbare Verweltlichung der Kunst.

| | Repräsentative Architektur |

In vielen Hochkulturen also lassen sich zwischen 1400 und 1600 bemerkenswerte politische und gesellschaftliche Umbrüche beobachten, die von ebenso außergewöhnlichen kulturellen Entwicklungen und Kunstschöpfungen begleitet wurden. In extra-

Kultur, Religion und Sozialisation

vaganter Kunst und Architektur schufen sich neue Herrscher, Familien und Gruppen Medien der Repräsentation, der Distinktion oder einfach nur des standesgemäßen, gehobenen Vergnügens. Überall – im Orient noch weit früher als im Westen – wurden Künstler zu prominenten Persönlichkeiten, zu angesehenen Räten und Helfern der Vornehmen, zu hoch geachteten Mitgliedern der Elite. Vielerorts suchten sie in ihren Werken ostentativ, in durchaus politischer Absicht, an frühere Stile anzuknüpfen, sie in ihrem Sinne zu aktualisieren. Vielerorts schufen sie durch Verschmelzung unterschiedlicher „nationaler" beziehungsweise ethnischer Kunsttraditionen einen neuen, synthetischen Stil, der dem fürstlichen Streben nach staatlich-politischer Einheit eines neuen, disparaten Herrschaftsbereichs entsprach, es begleitete und zu fördern suchte. Immer wieder lässt sich beobachten, dass solche kulturellen Neuerungen andere inspirierten, aus ihnen hervorgingen, mit ihnen konkurrierten. Überall war die Kultur der Frühen Neuzeit so agonal wie die Epoche selbst.

Komparatistischer Überblick

Gleichwohl gab es entscheidende Unterschiede zwischen Orient und Okzident. Der wichtigste, trennendste lag im Verhältnis zur Tradition selbst. Während der Westen in der griechisch-römischen Kultur eine säkulare Kultur besaß, die er als gemeinsame, ideale Vergangenheit beschwören konnte, kamen dazu im Orient nur Religionen wie der Islam oder der Buddhismus, allenfalls der Konfuzianismus, der sowohl religiöse wie sozialphilosophische Züge entwickelte, in Betracht. Wenn morgenländische Herrscher also eine „Renaissance" initiieren wollten, so konnte dies – sehen wir von Sonderfällen wie der safawidischen Sasaniden-Rezeption oder der Song-Renaissance unter den Ming-Kaisern ab – eigentlich nur in Form einer religiösen Erneuerung geschehen. Strukturell also ähnelten morgenländische Renaissancen meist eher den europäischen Reformationen. Sie suchten nicht eine als vergangen erkannte Kultur wiederzubeleben, sondern eine Tradition zu reinigen, der man sich prinzipiell nach wie vor untrennbar verbunden wusste. Was den meisten orientalischen Renaissancen fehlte – außer vielleicht der indomuslimischen –, war ein historisches Bewusstsein im westlichen Sinne.

Aus dem Geist der Kritik aber, die aus dem Gefühl historischer Distanz erwuchs und es zugleich nährte, gelang es der westlichen Renaissance, kirchlich-theologische Autoritäten in Frage zu stellen und endlich zu überwinden – trotz der Rückschläge, die durch die religiöse Diktatur eines Savonarola (reg. 1494–1498) oder durch die Konfessionalisierung des 16. Jahrhunderts bezeichnet sind. Im Orient hingegen verloren die neuen Kulturen gegen übermächtige religiöse Traditionen. Nach dem Tod Mehmeds II. zwangen religiöse Kreise seinen Nachfolger, die Gemäldegalerie und die Kunstkammer aufzulösen. 1580 zerstörten fundamentalistische Janitscharen ein staatliches Observatorium. In Indien hatte sich der Druck der muslimischen Orthodoxie bis zur Mitte des 17. Jahrhunderts so sehr verstärkt, dass Aurangzeb es für richtig hielt, die religiöse Toleranz seiner Vorgänger aufzugeben und einen zusehends strengeren Islamismus zu favorisieren.

Anders als im Westen blieb Kultur im Morgenland der Besitz einer verhältnismäßig kleinen Gruppe von Eliten. Anders als dort wurden die orientalischen Renaissancen nicht zu allgemeinen Bildungsbewegungen, die neue Schichten ergriffen und ihnen zu gesellschaftlicher Emanzipation verhalfen. Anders als im Westen, so scheint es, führten die morgenländischen Renaissancen nicht zur Entdeckung von Freiheit und Menschenwürde.

Dies alles zu bemerken, bedeutet keineswegs, den morgenländischen Renaissancen ihren welthistorischen Rang abzusprechen. Es verweist aber auf kulturelle Unterschiede und Missverständnisse, die in vielem bis heute fortdauern. Sie zu überwinden, sollte die gemeinsame Aufgabe künftiger Renaissancen einer globalen kulturellen Elite sein.

Reformation und Konfessionalisierung in Europa

Ute Lotz-Heumann

Religion und Politik in der europäischen Frühen Neuzeit

Kursachsen, das Ursprungland der Reformation, war eines von vielen großen und kleinen deutschen Territorien im sogenannten Heiligen Römischen Reich Deutscher Nation, das im 16. Jahrhundert weite Teile Mitteleuropas einschließlich der Niederlande, der Schweiz und Norditaliens umfasste. Die deutschen Länder bildeten ein „engeres Reich", denn sie kamen regelmäßig mit dem Kaiser auf Reichstagen zusammen. Sie konstituierten also einen engeren politischen Verband, den man auch als „Reichstagsdeutschland" bezeichnen kann. In diesem „engeren Reich" entschied sich in den ersten Jahren und Jahrzehnten nach dem Auftreten des Wittenberger Theologieprofessors Martin Luther das politische Schicksal der Reformationsbewegung, die jedoch kein deutsches Phänomen blieb. Die Reformation und die Konfessionalisierung entwickelten sich zu gesamteuropäischen Vorgängen, indem sie die lateinische Christenheit des Mittelalters aufspalteten und die Konfessionalität zu einem Strukturprinzip Europas machten.

Reformation und „Engeres Reich"

Die Reformation hatte rasch nach Luthers Auftreten Auswirkungen und Anhänger in ganz Europa. Am bekanntesten sind in diesem Zusammenhang die Reformatoren Ulrich (Huldrych) Zwingli (1484–1531), der als Reformator der Schweiz in Zürich wirkte, dessen Theologie aber auch großen Einfluss in Oberdeutschland ausübte, und Johannes (Jean) Calvin (1509–1564), der nach 1541 die Stadt Genf zu einem calvinistischen „Gottesstaat" umgestaltete, dessen Theologie jedoch weit über Genf hinaus nach Frankreich, in die Niederlande und in die deutschen Territorien sowie auf die Britischen Inseln und in die ostmitteleuropäischen Länder ausstrahlte. Im Zuge der Verbreitung der Reformation in Europa entstanden verschiedene Richtungen des Protestantismus, die je eigene Theologien und Kirchen ausbildeten. Zugleich – und keineswegs nur angestoßen durch die protestantische Reformation – durchlief auch die römisch-katholische Kirche einen Reformprozess, der im Konzil von Trient (1545–1563) gipfelte und zum einen zu einer Festlegung beziehungsweise Festigung der theologischen Dogmen, zum anderen zu einer Erneuerung der Kirchenorganisation führte.

Die Geschichte der Reformation und des konfessionellen Zeitalters lässt sich auf viele verschiedene Arten untersuchen und beschreiben: Theologie- und dogmengeschichtliche Zugänge stehen neben biographischen; die Analyse der institutionellen und personellen Entwicklung der großen Konfessionskirchen steht neben Studien zu den radikalen Bewegungen und Dissidenten der Reformationszeit; mediengeschichtliche Zugriffe stehen neben Untersuchungen zur Volksreligiosität. Im Folgenden wird ein Zugang gewählt, der die Wechselwirkungen zwischen der Reformation als religiöser Bewegung und den gesellschaftlichen sowie politischen Strukturen und Folgewirkungen in den Mittelpunkt rückt. Denn der kirchliche und religiöse Wandel blieb im frühneuzeitlichen Europa nicht auf den Bereich der Religion und der Kirchen begrenzt, sondern hatte wesentliche Auswirkungen auf die Politik. Dies verweist auf ein zentrales Strukturmerkmal frühneuzeitlicher Gesellschaften: die enge Verknüpfung von Politik und Religion und damit auch von Staat und Kirche beziehungsweise von Staatsbildungsprozessen und der Entstehung von Konfessionskirchen.

Den frühneuzeitlichen Zeitgenossen galt die Einheitlichkeit der Religion als zentrales Merkmal einer funktionierenden Gesellschaft. Wenn es den europäischen Gesellschaften im konfessionellen Zeitalter langfristig dennoch gelang, Religionsdifferenz „auszuhalten", das heißt religiös Andersdenkende in diesem frühneuzeitlichen Sinn zu „tolerieren", so sollte doch im öffentlichen Raum nur eine Konfession sichtbar sein. Religion wurde als einigendes Band der Gesellschaft gedacht, so dass Andersgläubige auch politisch suspekt waren: Da man sich ihrer konfessionellen Loyalität nicht sicher sein konnte, wurde auch an ihrer politischen Loyalität gezweifelt. Beispielsweise wurden im protestantischen England Katholiken offiziell nicht wegen ihrer Religion hingerichtet, sondern wegen Hochverrats, da der Papst die englische Königin Elisabeth I. 1570 exkommuniziert und ihre Untertanen von ihrem Treueid entbunden hatte. Selbst Konvertiten galten in den frühneuzeitlichen Gesellschaften per se als suspekt. | Religion als Band der Gesellschaft

Aus diesem Grundgedanken frühneuzeitlicher Gesellschaftsorganisation erwuchsen weitere: Erstens sahen die Monarchen des zeitgenössischen Europa die *cura religionis*, die Sorge um das Heil ihrer Untertanen, als zentrale Aufgabe an. Das Prinzip *cuius regio, eius religio* – wessen Land, dessen Religion –, das aus dem Augsburger Religionsfrieden von 1555 als rechtlicher Grundsatz für die deutschen Territorien hervorgegangen war, wurde faktisch von allen Herrschern in Europa vertreten beziehungsweise angestrebt. Zweitens wurde die Idee einer geeinten lateinischen Christenheit während der Frühen Neuzeit nicht aufgegeben, das heißt, dass der Gedanke der Wiedervereinigung der Konfessionskirchen in der Frühen Neuzeit immer lebendig blieb, wenn er auch im konfessionellen Zeitalter und danach zunehmend unrealistisch wurde. | Cuius regio, eius religio

Vor dem Hintergrund des Gesagten nimmt es nicht wunder, dass das Zedler'sche »Universal-Lexicon« noch 1745 unter dem Vorzeichen der Aufklärung erläutert: „Tolerantz, die Tolerantz einer Religion, oder widriger Religions-Verwandten, […] dieses Wort wird insgemein von einer Obrigkeit gebrauchet, welche in einer Provintz oder Stadt geschehen lässet, daß auch andere Religions-Verwandten ausser der daselbst eingeführten Religion, und welcher sie selbst zugethan ist, die freye Uebung ihres Gottesdienstes darinnen haben mögen. [...] Es pflegen zwar viele wider diese Tolerantz einzuwenden, daß es der Ruhe und dem Frieden des gemeinen Wesens zuwider sey, wenn die Unterthanen nicht alle einerley Religion zugethan wären. Aber man weiß auch, daß solches der Vernunfft und Erfahrung zuwider ist. ... Wir verstehen aber allhier durch die Tolerantz nichts anders, als daß man äusserlich im gemeinen Leben friedlich mit einander umzugehen suchet, einander die Pflichten des Rechts der Natur nicht versaget, und auf den Cantzeln und in denen Schrifften die vorgegebene irrige Meynung mit aller Sanfftmuth widerleget, und also einander mit Vernunfft und Bescheidenheit eines bessern zu belehren bemühet ist."

Weil Religion und Politik im frühneuzeitlichen Europa so eng verbunden waren, konnte die Konfession eines Territoriums oder Staates einerseits tatsächlich wesentlicher Bestandteil einer einigenden, frühnationalen Identität werden, wie dies im frühneuzeitlichen England der Fall war. Andererseits konnte der monarchische Wille zur konfessionellen Integration, der nicht selten in Repression und religiösem Zwang seinen Ausdruck fand, erbitterten Widerstand Anderskonfessioneller hervorrufen. Beispiele hierfür sind im frühneuzeitlichen Europa Legion: der Aufstand der Niederlande gegen das katholische Spanien, die französischen Religionskriege, der Widerstand der böhmischen Stände gegen ihre habsburgischen Landesherren, der anhaltende Widerstand der katholischen Iren gegen die englische Krone – bis hin zu inner-territorialen Konflikten in den deutschen Ländern wie dem lutherischen Widerstand in Brandenburg gegen den zum Calvinismus konvertierten Kurfürsten. Religiöse Konflikte wurden dabei fast zwangsläufig auch immer zu politischen Konflikten, politische Konflikte konnten rasch religiös aufgeladen werden. In der Geschichtswissenschaft ist viel darüber diskutiert worden, ob Ereignisse wie der Dreißigjährige Krieg oder der englische Bürgerkrieg als Religionskriege oder als politische Konflikte zu deuten seien. Nimmt man die Struktur der frühneuzeitlichen Gemeinwesen ernst, wird man wohl immer sagen müssen: Sie waren beides zugleich. Was die Zeitgenossen nicht geschieden haben, können die Historiker nur schwer trennen.

Widerstand Anderskonfessioneller

Im Folgenden soll deshalb, nach einer kurzen Einführung in die spätmittelalterlichen „Grundlagen" der Reformation sowie in die theologie-, religions- und kirchenspezifischen Entwicklungen, die konfessionspolitische Landkarte der Frühen Neuzeit in den Blick genommen und erläutert werden. Wenn die theologisch-dogmatischen Fragen auch am Anfang der Reformation standen, so muss doch betont werden, dass die Folgewirkungen der Reformation jeweils erst aus den spezifischen politischen und sozialen Kontexten und Strukturbedingungen der einzelnen europäischen Länder erklärt werden können.

Seit dem konfessionellen Zeitalter kann man Europa in gewisser Weise in Zonen konfessioneller Gemengelagen einteilen, die – grob gesprochen – folgendermaßen aussahen: Der Norden Europas präsentierte sich fast durchgehend protestantisch, wobei das katholische Irland im Nordwesten als Ausnahme gelten kann. Die Mitte

Die sogenannte Reformatorengruppe. Martin Luther (im Vordergrund, 4. von links), Philipp Melanchthon (1. von rechts), Erasmus von Rotterdam (4. von rechts), der jedoch nie zum protestantischen Glauben übertrat. Kopie nach Lucas Cranach dem Jüngeren, 1550.

Europas – mit der Republik der Vereinigten Niederlande, dem engeren Reich und der Schweiz – erwies sich zwar als stark vom Protestantismus durchsetzt, doch zeichnete sich gerade diese Region dadurch aus, dass sie multikonfessionell war und die Konfessionen, wenn auch meist räumlich getrennt, eng nebeneinander existierten: Politisch-rechtliche Koexistenzlösungen zwischen protestantischen und katholischen Territorien bestanden im Reich und in der Schweiz, während der konfessionelle Friede in den Nördlichen Niederlanden über die Konstruktion einer calvinistischen Öffentlichkeitskirche gewahrt werden konnte. Frankreich im Westen und Polen-Litauen im Osten waren zunächst Länder, in denen der Protestantismus sich ausbreitete: Die sprichwörtliche „polnische Toleranz" des 16. Jahrhunderts sowie das Edikt von Nantes, das die Religionskriege vorerst beendete und den französischen Hugenotten 1598 ihre Religionsausübung sicherte, schienen

| Zonen konfessioneller Gemengelagen

auf langfristige bi- beziehungsweise multikonfessionelle Lösungen in diesen Ländern hinzuführen. Doch siegte in beiden Ländern letztlich der Katholizismus – in Frankreich mit dem Paukenschlag der Aufhebung des Edikts von Nantes im Jahr 1685 und der Vertreibung beziehungsweise Flucht der Hugenotten. Auch die Habsburger-Territorien mit den österreichischen Erblanden, mit den Ländern der böhmischen Krone – Böhmen, Schlesien, den Lausitzen und Mähren – sowie mit dem habsburgischen Teil Ungarns waren von der protestantischen Bewegung erfasst worden. Auch hier setzte sich letztendlich der Katholizismus durch, das multikonfessionelle Böhmen wurde nach der Schlacht am Weißen Berg (1620) rekatholisiert. Italien und Spanien blieben zwar auch nicht unberührt vom Protestantismus, doch wurden diese Ansätze insbesondere in Spanien im Keim erstickt, so dass der Süden Europas noch geschlossener katholisch blieb, als der Norden protestantisch geworden war.

Spätmittelalter – Reform an Haupt und Gliedern?

Nicht nur die Reformation und die Konfessionalisierung sind gesamteuropäische Phänomene, die spätmittelalterlichen Grundlagen und „Vorläufer" der Reformation sind zweifellos auch nur in einem europäischen Kontext zu verstehen. Doch gerade diese Feststellung wirft zugleich die historiographische Frage nach dem Umbruchcharakter der Reformation auf. Die universalgeschichtliche Umbruchqualität, die Leopold von Ranke in seiner »Deutschen Geschichte im Zeitalter der Reformation« der deutschen Reformation zuschrieb, wurde in der geschichtswissenschaftlichen Diskussion durch die Einbettung der Reformation in eine breite Phase des Wandels und der Reformen ersetzt, die mindestens die Periode zwischen 1450 und 1550, wenn nicht das gesamte späte Mittelalter und die erste Hälfte der Frühen Neuzeit umfasst.

Wandel und Reform(bestrebungen) Wandel und Reform beziehungsweise Reformbestrebungen lassen sich im späten Mittelalter auf den verschiedensten Ebenen konstatieren, und dies zeigt, wie sehr die Welt in Bewegung war: Wandlungsprozesse wie die Renaissance, die geographischen Entdeckungen sowie die Reichsreform und die allmähliche Ausbildung frühmoderner Staatlichkeit müssen im Folgenden ausgeklammert bleiben, doch sie sind im Kontext der religiösen und kirchenpolitischen Reform- und Erneuerungsbewegungen dieser Zeit mitzudenken. Man kann hier unterscheiden zwischen der Frage nach der Reform der Kirche an Haupt und Gliedern, insbesondere dem Konziliarismus, den häretischen beziehungsweise dissidentischen Bewegungen des Spätmittelalters, den Tendenzen im religiösen Leben und in der Frömmigkeit sowie der zunehmenden Territorialisierung der lateinischen Christenheit.

Während mehrerer Reformkonzilien des späten Mittelalters war die Frage nach der Reform der Kirche an Haupt und Gliedern zugleich von dem andauernden Konflikt zwischen Papst und Konzil geprägt. Das Papstschisma und das Auftreten Jan Hus' in Böhmen beförderten im 15. Jahrhundert den Konziliarismus, der von der

Überzeugung getragen war, dass eine umfassende Reform der Kirche nur durch ein allgemeines Konzil gelingen könne. Auf den großen Konzilien von Konstanz (1414–1418) und Basel-Ferrara-Florenz (1431–1449) wurden zwar Reformdekrete verabschiedet, doch blieb der Konflikt mit dem Papst um die Frage „Papst oder Konzil?" ungelöst. Mit der Einberufung des fünften Laterankonzils in Rom (1512–1517) gewann schließlich das Papsttum gegenüber dem Konziliarismus die Oberhand. Auch dieses Konzil brachte Reformen auf den Weg; doch verweist sein Enddatum – 1517, das Jahr der 95 Thesen Luthers – zugleich darauf, dass trotz des Triumphes des Papsttums über den Konziliarismus die Reformen zu spät kamen.

| Konziliarismus

Das Spätmittelalter war außerdem durch eine Reihe häretischer beziehungsweise dissidentischer Bewegungen gekennzeichnet, die jedoch um 1450 alle keine unmittelbare Bedrohung für die Kirche mehr darstellten. Im 12. Jahrhundert waren im Gebiet um Lyon in Frankreich die Waldenser, eine Armutsbewegung, entstanden, die die Autorität der römischen Kirche zurückwiesen und sich selbst als die „wahre Kirche" verstanden. Sie wurden im späten 12. Jahrhundert als Ketzer verurteilt und im 13. und 15. Jahrhundert systematisch durch die Inquisition verfolgt. Versprengte Reste der Waldenser hielten sich insbesondere im Alpenraum und nahmen im 16. Jahrhundert dann die Ideen der Reformatoren auf. Im 14. Jahrhundert entstand durch das Wirken John Wyclifs (um 1320–1384) in England die Bewegung der sogenannten Lollarden, die sich vor allem durch ihren biblischen Fundamentalismus auszeichnete, der beispielsweise zur Ablehnung der Heiligen- und Bilderverehrung führte. Die lollardische Bewegung propagierte die Rezeption der Bibel in der Volkssprache. Trotz ihrer Verurteilung auf mehreren Konzilien breitete sich die Bewegung in England aus, und John Wyclif starb nicht auf dem Scheiterhaufen, sondern zurückgezogen in seiner Pfarrei. Die Bewegung überlebte, um 1450 blühte sie sogar wieder auf, um dann – wie die Waldenser – in der Reformation aufzugehen. Als dritte große dissidentische Bewegung des Spätmittelalters sind die Hussiten in Böhmen zu nennen. Jan Hus (um 1369–1415) war von John Wyclifs Ideen beeinflusst. Auch er wies die päpstliche Autorität zurück, propagierte die Bibellektüre in der Volkssprache und das Abendmahl unter beiderlei Gestalt (Brot und Wein für die Laien). Auf dem Konzil von Konstanz wurde er als Häretiker verurteilt und verbrannt. In der Folge kam es in Böhmen zwischen 1419 und 1434 zum Hussitenaufstand. Der Hussitismus zerfiel in zwei Richtungen – die gemäßigten Utraquisten und die radikalen Taboriten beziehungsweise Böhmischen Brüder. 1434 gewannen die Utraquisten die Oberhand und handelten zwei Jahre später auf dem Konzil von Basel mit Kaiser Sigismund eine Friedenslösung aus, die sogenannten Prager Kompaktaten. Dies sicherte den Hussiten nicht nur das Überleben, sondern auch das Abendmahl in beiderlei Gestalt. Auch die radikaleren Böhmischen Brüder überlebten bis in die Frühe Neuzeit.

| Häretische/dissidentische Bewegungen

Die vielfältigen Tendenzen im religiösen Leben und der Frömmigkeit des späten Mittelalters verweisen auf den Willen zu Wandel und Reform sowie die Lebendigkeit des Glaubens. Beispielsweise führten die Reformbestrebungen innerhalb der Bettelorden im 15. Jahrhundert zur Gründung von Observanten-Klöstern. In gleicher Weise wie sich Anhänger und Gegner der Observanz bei Dominikanern und Franziskanern stritten, kam es zu Kontroversen zwischen den Vertretern der traditionellen scholastischen Methode und dem neuen Humanismus an den Universitäten. Auch wenn die Humanisten sich keineswegs geschlossen der Reformation zuwandten – Erasmus von Rotterdam ist das beste Beispiel für einen Humanisten, der diesen Schritt nicht tat –, vertraten sie doch mit Nachdruck das Anliegen einer Kirchenreform, ob unter katholischen oder protestantischen Vorzeichen. Ein ähnliches Bildungsideal wie der Humanismus hatten auch die „Brüder vom gemeinsamen Leben" – eine Bewegung, die im späten 14. Jahrhundert in den Niederlanden gegründet worden war und sich auch in den deutschen Ländern ausbreitete. Die Brüder vom gemeinsamen Leben praktizierten die *devotio moderna* und widmeten sich der Buchproduktion und der Erziehung. Auch für die Laien des 15. Jahrhunderts haben viele Historiker eine Intensivierung der Frömmigkeit und des religiösen Lebens auf verschiedenen Ebenen diagnostiziert: Heiligen- und Reliquienkulte, Prozessionen und Wallfahrten, Mess- und andere fromme Stiftungen nahmen zu, das Ablasswesen blühte. Die populäre Frömmigkeit war lebendig. Diese Feststellung wirft natürlich die – bislang in der Geschichtswissenschaft ungelöste – Frage auf, wie es angesichts dessen zur Reformation kommen konnte. Das Bild der spätmittelalterlichen Kirche zwischen Krise und Verfall einerseits und Reformbestrebungen und Reformen andererseits vor dem Hintergrund einer vitalen Laienfrömmigkeit ist weiterhin lückenhaft. Unzweifelhaft ist dagegen mittlerweile, dass die beschriebenen spätmittelalterlichen Entwicklungen es in der Tat nahelegen, die Reformation in eine breite Epoche der Reform und des Wandels einzuordnen.

Intensivierung der Frömmigkeit

Nimmt man das Zusammenspiel von Religion und Politik in den Blick, so wurden auch in dieser Hinsicht im späten Mittelalter entscheidende Grundlagen für die Epoche der Reformation und der Konfessionalisierung gelegt. Denn Landesherren im Reich und Könige in Europa suchten bereits im späten Mittelalter die Aufsicht und Kontrolle über die Kirche in ihren Territorien zu erlangen. Dies zeigte sich beispielsweise daran, dass es dem Herzog von Jülich-Kleve-Berg bereits im 15. Jahrhundert gelang, eine Art landesherrliches Kirchenregiment in Jülich und Kleve aufzubauen. Er nahm Einfluss auf Klöster und betrieb eine Kirchenreform. *Dux Cliviae papa in terra sua* – der Herzog von Kleve ist der Papst in seinem Land. Auch städtische Obrigkeiten sahen sich in der Pflicht, die *cura religionis*, die Sorge um Religion und Kirche, in die eigene Hand zu nehmen. Nürnberg gelang es, per päpstlichem Privileg die Erträge des einmal jährlich verkauften Ablasses für gute Zwecke in die Stadtkasse fließen zu lassen; und die Städte versuchten nicht zuletzt, die geistlichen Sonderrechte abzubauen: Ziel war es, die Kleriker als Bürger in die Stadt zu integrieren. In Frankreich konnte der König mit dem im Jahr 1516 unterzeichneten Konkordat von Bologna das alleinige Besetzungsrecht für alle französischen Bischofsstühle für sich gewinnen. Doch waren diese verschiedenen Vorstufen des Kirchenregiments durch Könige, Landesherren und Magistrate keineswegs Wegbereiter

Zusammenspiel von Religion und Politik

der Reformation: Das französische Königtum blieb immer katholisch, der Herzog von Jülich-Kleve-Berg suchte einen Mittelweg *(via media)* zwischen den aufkommenden Konfessionen.

Theologie der Reformatoren und der katholischen Reform

Das Auftreten Martin Luthers und anderer protestantischer Reformatoren und die gesellschaftliche Umsetzung ihrer theologischen Ansichten in Konfessionskirchen hatte langfristig die Spaltung der lateinischen Christenheit zur Folge. Doch sollte man Martin Luther als Menschen des Spätmittelalters verstehen, der eine Reform der Kirche anstrebte und nicht deren Spaltung. Zudem entwickelte sich Luthers Theologie natürlich nicht vom einen zum anderen Tag, sondern unterlag einer längerfristigen Entwicklung. Luthers Lehre war geprägt durch die drei sogenannten *sola*-Prinzipien – *sola gratia, sola fide, sola scriptura*: Allein durch die Gnade, allein durch den Glauben, allein durch die Schrift wird der Mensch selig. Im Sinne eines „theologischen Zentrierungsschubs" erteilte Luther der Werkgerechtigkeit eine Absage und postulierte, die Rechtfertigung des Menschen beruhe allein auf der Gnade Gottes. Zudem wies Luther der Bibel die alleinige Autorität in Glaubensfragen zu. Aus diesen Prinzipien folgte eine umfassende Zurückweisung mittelalterlich-katholischer Glaubenssätze und Glaubenspraktiken: Der Ablasshandel wurde ebenso verworfen wie die Reliquien- und Heiligenverehrung, die Rolle der Priester und des Papstes als Vermittler zu Gott abgelehnt – gesteigert bis hin zur Bezeichnung des Papstes als Antichrist. Die Siebenzahl der Sakramente reduzierte Luther radikal auf zwei (Taufe und Abendmahl) und wies die Lebensform des Mönchtums zurück. Das Abendmahl wurde den Laien unter beiderlei Gestalt, das heißt mit Brot und Wein, erteilt. | Luthers Lehre

Die Konflikte zwischen den verschiedenen Richtungen der protestantischen Reformation beruhten vor allem auf einem unterschiedlichen Abendmahlsverständnis: Hierüber kam es zum Bruch zwischen Luther und Zwingli, der auch auf dem Marburger Religionsgespräch von 1529 nicht geheilt werden konnte. Luther wies zwar die mittelalterlich-katholische Vorstellung von der Transsubstantiation, der Verwandlung von Brot und Wein in Blut und Leib Christi, zurück, er behielt jedoch die Vorstellung von der Realpräsenz Christi im Abendmahl bei. Zwingli dagegen verstand das Abendmahl nur noch als Gedächtnismahl und sah Brot und Wein ausschließlich als Symbole. Calvin ging später einen Mittelweg zwischen diesen beiden Positionen: Er sah das Abendmahl als Gedächtnismahl, bei dem zugleich eine Vereinigung des Gläubigen mit Christus stattfindet. Neben diesen Auseinandersetzungen um das Abendmahl unterschieden sich die großen Reformatoren – und in der Folge die sich von ihnen ableitenden Konfessionskirchen – nicht zuletzt im Hinblick auf die Kirchenzucht. In der reformiert-calvinistischen Tradition wurde Kirchenzucht zu einem entscheidenden Merkmal der Kirche, da die Reinheit der Gemeinschaft der Gläubigen als Garant für die Errettung aller galt. | Abendmahlsverständnis

Die Reformation brachte auch radikale Strömungen wie die (Wieder-)Täufer hervor. Die Täufer, deren Ursprünge im Zürich Zwinglis lagen, zeichneten sich, wie ihr Name bereits andeutet, insbesondere durch ihre Zurückweisung der Kindstaufe aus. Sie vertraten auf zahlreichen Ebenen radikale Positionen, beispielsweise durch ihre entschiedene Auslegung des Priestertums aller Gläubigen und ihre Weigerung, Eide zu schwören. Täufer waren, insbesondere nach den Exzessen des sogenannten Münsteraner Täuferreichs von 1534/1535, massiven Verfolgungen durch die Obrigkeiten ausgesetzt.

(Wieder-)Täufer

Die katholische Kirche reagierte schlussendlich auf die theologische Herausforderung durch die Reformation mit den Dekreten des Konzils von Trient (1545–63). Das Konzil bekräftigte gegen Luther die Siebenzahl der Sakramente. Es verwarf Luthers Vorstellung von der Rechtfertigung allein durch den Glauben zugunsten der Lehre von der doppelten Gerechtigkeit, so dass den guten Werken neben dem Glauben eine wichtige Bedeutung zugesprochen wurde. Gegen das protestantische *sola-scriptura*-Prinzip bekräftigte das Konzil die Gültigkeit der kirchlichen Tradition neben der Bibel. Gegen die protestantischen Abendmahlslehren wurde die katholische Lehre von der Transsubstantiation hervorgehoben. Neben den dogmatischen Dekreten beschloss das Konzil von Trient auch zahlreiche Reformdekrete, wodurch die bereits im Spätmittelalter geforderte Reform der Kirche in Angriff genommen wurde. Wichtige Reformen umfassten die Residenzpflicht der Bischöfe, die Einrichtung von Priesterseminaren und den Ausbau der Nuntiaturen. Das Konzil formulierte auch ein neues katholisches Glaubensbekenntnis (»Professio fidei Tridentina«, das 1564 vom Papst verbindlich vorgeschrieben wurde) und stellte einen neuen Katechismus sowie ein neues Messbuch bereit. Obgleich die katholische Reform nach dem Konzil nur langsam in Europa Fuß fasste, wurden die Beschlüsse des Konzils doch wegweisend. Neue Reformorden, nicht zuletzt der von Ignatius von Loyola 1534 gegründete Jesuitenorden, waren Speerspitzen der katholischen Reform (s. auch Beitrag „Religiöse Begegnungen und christliche Mission"). Die Jesuiten zeichneten sich dabei durch ihre Tätigkeit an Schulen und Universitäten, als Beichtväter und Berater an Fürstenhöfen sowie als Missionare in Übersee aus.

Konzil von Trient

Die Reformation in ihrem Ursprungsland

Die Geschichte der Reformation im engeren Reich kann insgesamt nur als ein vielschichtiger und komplexer Prozess und Kommunikationszusammenhang beschrieben werden, in dem Theologie, Politik, Gesellschaft und Medien eng miteinander verzahnt waren. Im Folgenden sollen einige Stränge dieser Entwicklung herausgearbeitet werden, um erkennbar zu machen, welche Bedeutung der zunächst theologische Ereigniskomplex „Reformation" für das engere Reich und seine Strukturen hatte. In Verbindung mit dem Buchdruck mit beweglichen Lettern wurde die von Luther angestoßene Reformbewegung im Rahmen insbesondere der Stadtreformationen und

Postumes Porträt des Ignatius von Loyola, nach Rubens, offenbar im Kontext der Heiligsprechung von 1622.

des Bauernkrieges zu einem religiösen und auch politischen Massenphänomen – einer Volksbewegung. Diese Dynamik charakterisierte jedoch nur die frühe Reformation, das Gesetz des Handelns ging sehr bald an die aufstrebenden Territorialstaaten über. Die wesentlichen Entwicklungsstränge des Reformationszeitalters waren erstens die Frage nach dem Dualismus zwischen Kaiser und deutschen Reichsständen einschließlich der Reichsinstitutionen und zweitens die Verfestigung der Territorialverfassung, die nicht zuletzt auch an den Ereigniskomplexen „Reformation und Stadt", „Reformation und Ritterschaft" sowie „Reformation und Bauernkrieg" deutlich wird.

| Wesentliche Entwicklungsstränge

Erstens: Der konkrete Ausgangspunkt für die 95 Thesen Luthers gegen den Ablasshandel rückt das angesprochene Faktorenbündel bereits schlaglichtartig in den Blick: Der jüngere Bruder des Kurfürsten von Brandenburg, Albrecht (1490–1545), der bereits Erzbischof von Magdeburg und Administrator von Halberstadt war, wurde im Jahr 1514 zum Erzbischof von Mainz gewählt und war damit sowohl geistlicher Kurfürst als auch Erzkanzler des Reiches. Daraufhin musste der neue Mainzer Kurfürst nicht nur die Zahlungen zur Bestätigung seiner Wahl, sondern auch noch Dispensgebühren für seine Ämterhäufung und sein noch recht jugendliches Alter an den Papst leisten. Albrecht erhielt einen Kredit des Handelshauses Fugger, konnte dies aber zugleich mit einem finanziell attraktiven Arrangement mit der Kurie verbinden: Er ließ acht Jahre lang den sogenannten Petersablass, den Ablass zum Neubau der Peterskirche in Rom, verkünden, wobei die Einnahmen zwischen dem Kurfürsten und dem Papst geteilt wurden. Luthers Landesherr, der sächsische Kurfürst Friedrich der Weise, verbot zwar den Ablasshandel in seinen Territorien – nicht aus religiösen Erwägungen, sondern vor dem Hintergrund der Rivalität der beiden Kurhäuser Hohenzollern und Wettin –, aber die Einwohner Wittenbergs gingen über die nahegelegene Grenze und erwarben Ablässe im benachbarten Brandenburg. Luther wurde als Seelsorger mit dieser Materialisierung des Ablasses konfrontiert und forderte mit seinen 95 Thesen zur theologischen Disputation über die Ablasspraxis auf.

In schneller Folge wurde aus dem Protestschreiben eines Professors nun die *causa Lutheri* („Luthersache"), eine über Jahrzehnte das Reich in Atem haltende hochbrisante Angelegenheit, die zugleich die enge Verknüpfung von Politik und Religion im Denken der Zeitgenossen plastisch vor Augen führt. Die 95 Thesen wurden ins Deutsche übersetzt und bald von Luther mit weiteren Schriften untermauert, die breite Zustimmung fanden. Das „Medienereignis" Reformation nahm seinen Lauf, während im Sommer 1518 in Rom der Ketzerprozess gegen Luther eröffnet wurde. In dieser Situation verursachten die politischen Strukturbedingungen des Reiches eine Verzögerung im Vorgehen gegen Luther und die Reformation – dies sollte zu einem Grundmuster der Reformationszeit werden. Konkret ging es 1518/1519 um die anstehende Kaiserwahl, bei der Papst Leo X. versuchte, den sächsischen Kurfürsten als Gegenkandidaten gegen den Habsburger Karl zu gewinnen. Da sich Friedrich der Weise hinter Luther gestellt hatte, war ein Ketzerprozess nicht opportun und wurde ausgesetzt.

| Verknüpfung von Politik und Religion

Nach der Wahl Karls V. zum Kaiser wurde der Kirchenbann gegen Luther jedoch im Jahr 1521 verhängt. Die Frage der Reichsacht, die einem Kirchenbann folgen sollte, musste nun im Rahmen der dualistischen Konstellation zwischen dem neuen Kaiser und den deutschen Reichsständen geklärt werden. Auf dem Wormser Reichstag von 1521 wurde die Grundkonstellation der folgenden Dezennien deutlich: Die Stände setzten – auch vor dem Hintergrund des enormen publizistischen Erfolgs Luthers – gegenüber dem Kaiser durch, dass Luther freies Geleit erhielt und auf dem Reichstag gehört wurde.

Der Kaiser, der über Luther die Reichsacht verhängte, nachdem dieser den Widerruf seiner Lehren verweigert hatte, war durch sein Herkommen und seinen universalistischen Herrschaftsanspruch an den katholischen Glauben gebunden. Denn Karl V., in dessen Herrschaftsgebiet die Sonne nie unterging, konnte die gewaltigen habsburgischen Besitzungen nur über die Konzeption einer Universalmonarchie integrieren, deren zentraler Bestandteil die Einheit der Kirche und sein Status als Beschützer dieser Kirche war. Doch während sich der Kaiser einerseits nicht auf die Seite der Reformation stellen konnte, verlangte die Verteidigung der habsburgischen Länder und die Durchsetzung seines Hegemonialanspruchs in Europa wiederholt Karls volle Aufmerksamkeit sowie seine langjährige Abwesenheit aus dem Reich, so dass die reformatorische Bewegung Aushandlungs- und Freiräume erhielt, die ihre Entfaltung und Etablierung sicherten.

Gebunden war Karl V. zum einen durch die Kriege mit Franz I. von Frankreich, zum anderen durch die Türkengefahr. Wiederholt musste er vor diesem Hintergrund auf den Reichstagen Kompromisse oder hinhaltende Beschlüsse in Religionsfragen hinnehmen; so zum Beispiel auf dem Speyerer Reichstag 1526, auf dem man beschloss, die Stände sollten es in Glaubensfragen so halten, „wie ein jeder solches gegen Gott und kaiserliche Majestät hofft und vertraut zu erhalten", oder im sogenannten Nürnberger Anstand von 1532. Im Jahr 1530, in dem Karl in Bologna vom Papst zum Kaiser gekrönt wurde, hatten sich die Lager soweit verfestigt, dass die beiden Religionsparteien sich auf dem Augsburger Reichstag mit zwei Bekenntnisschriften gegenüberstanden: Das protestantische Augsburger Bekenntnis (»Confessio Augustana«), das Philipp Melanchthon mit ausgleichender Absicht formuliert hatte, wurde von der katholischen Partei in der »Confutatio« (»Widerlegung«) zurückgewiesen.

Insgesamt war das Reformationszeitalter strukturell durch zwei an sich gegenläufige, aber hier auch ineinander verschränkte Prozesse der Entwicklung der Reichsverfassung gekennzeichnet: Zum einen bewirkten die Reformation sowie die Fragen der Reichsreform und der Türkenabwehr eine massive Intensivierung der Tätigkeit der Reichsorgane, nicht zuletzt des Reichstages, der in den 26 Regierungsjahren Karls V. 19 Mal tagte. In diesem Kontext entwickelte sich beispielsweise auch das Ausschusswesen; in den Ausschüssen spielten die gelehrten | Prozesse der Reichsverfassungsentwicklung

Räte der Fürsten und Städte eine wichtige Rolle, die mühsam spätere Beschlüsse vorbereiteten. Dieser Prozess der „Verdichtung" des Reiches nahm bereits im späten Mittelalter seinen Ausgang und erreichte mit dem Reformreichstag in Worms 1495 einen ersten Höhepunkt.

Zum anderen hatte die strukturelle Verknüpfung von Religion und Politik in der Frühen Neuzeit und die daraus resultierende heilsgeschichtliche Fundierung des „Heiligen Römischen Reiches Deutscher Nation" zur Folge, dass die sich zunehmend herauskristallisierende Kirchenspaltung das Reich vor eine Zerreißprobe stellte. Das „Dissimulieren", das heißt die bewusste Verdeckung von Differenzen durch Mehrdeutigkeit der Formulierungen, wurde deshalb auch zu einem Strukturmerkmal der Verhandlungen und der Reichstagsabschiede in der Reformationsepoche und im nachfolgenden konfessionellen Zeitalter. Als symptomatisch für diese Verschränkung von Reichspolitik und Religion kann die Tatsache gelten, dass der Begriff für die reichsrechtlich festgelegte Möglichkeit einer Minderheit, gegen einen Mehrheitsbeschluss des Reichstags zu protestieren, das heißt eine *protestatio* zu formulieren, mit dem Speyerer Reichstag von 1529 auf die Anhänger Luthers als „Protestanten" überging.

Karl V. suchte nach seinem endgültigen Sieg über Frankreich und dem Frieden von Crépy 1544 die Religionsfrage endgültig zu klären, und zwar nicht mehr mit den Mitteln und Wegen der Reichsverfassung, sondern durch Krieg. Die protestantischen Fürsten und Reichsstädte hatten bereits im Jahr 1531 den Schmalkaldischen Bund als „politisch-militärisches Schutzbündnis" geschlossen und die Beziehungen zwischen den Schmalkaldern und der katholischen Partei mit dem Kaiser an der Spitze waren in den folgenden Jahren durch zahlreiche Konflikte geprägt. Nach dem Scheitern des Regensburger Religionsgesprächs von 1546 begann Karl V. den Schmalkaldischen Krieg, der mit der Niederlage Kursachsens in der Schlacht bei Mühlberg 1547 und der Gefangennahme der Anführer des protestantischen Lagers, Johann Friedrichs von Sachsen und Philipps von Hessen, endete.

Der Kaiser war auf dem Höhepunkt seiner Macht und nutzte dies, um auf dem sogenannten geharnischten Reichstag von Augsburg 1548 das „Augsburger Interim" zu erlassen, eine reform-katholische Kompromissformel, die als Zugeständnisse an die Protestanten Priesterehe und Laienkelch enthielt. Die Nichtanerkennung des Interims durch die Katholiken, der Widerstand der Protestanten, nicht zuletzt der Stadt Magdeburg, die Entwicklungen auf dem Trienter Konzil, die zum Ausschluss der Protestanten führten, sowie das im Vertrag von Chambord geschlossene Bündnis zwischen den protestantischen Reichsfürsten und Frankreich, das Moritz von Sachsen beförderte, der um der sächsischen Kurfürstenwürde willen im Schmalkaldischen Krieg noch auf Seiten des Kaisers gestanden hatte, führten zum Fürstenkrieg von 1552. Die Niederlage des Kaisers in diesem Krieg eröffnete den Weg zu einem Religionsfrieden, der im Passauer Vertrag vorbereitet und mit dem Augsburger Religionsfrieden von 1555 besiegelt wurde. Karl V. überließ seinem Bruder Ferdinand, dem deutschen König, diese Verhandlungen. Sein Konzept der Universalmonarchie auf der Grundlage der Einheit der Kirche war gescheitert.

Zweitens: Fragt man nach den Auswirkungen der Reformation im Reich, so sind jedoch nicht nur die Entwicklungen im Kontext des kaiserlich-ständischen Dualismus zu beschreiben. Auch die Konsolidierung fürstlicher Herrschaft in den sich seit dem Spätmittelalter herausbildenden Territorialstaaten erhielt entscheidende Impulse durch die Reformation. In ihren Anfängen stellte sich die Reformation dagegen sehr viel stärker als eine Bewegung der Städte, der Reichsritter und der bäuerlichen Bevölkerung als der Territorialfürsten dar, die sich in den Anfangsjahren zunächst mehrheitlich mit eindeutigen Optionen zurückhielten, wenn sie auch die Reformation nicht aktiv unterdrückten.

Auswirkungen der Reformation

Die Reformation in Mitteleuropa ist häufig als ein städtisches Ereignis charakterisiert worden. Dies ist in manchem eine richtige, wenn auch zu stark verabsolutierende Beschreibung. In den Städten, insbesondere den Reichs- und Hansestädten, aber auch in zahlreichen autonomen Landstädten, fiel die lutherische Reformation auf einen fruchtbaren Nährboden. Die lutherischen Schriften fanden hier großen

Anklang und die insbesondere von den zünftisch organisierten Handwerkern vertretene Vorstellung der Stadt als *„corpus christianum* im Kleinen" führte dazu, dass das zünftische Bürgertum von den oft zögernden Stadträten die Einführung der Reformation forderte. Gerade die reichsstädtischen Räte mussten in der Reformationszeit einen gefährlichen Spagat zwischen dem Kaiser als ihrem Stadtherrn und den Forderungen ihrer Bürgergesellschaft meistern. | Reformation als ein städtisches Ereignis?

Dennoch waren die oberdeutschen Reichsstädte auf den Reichstagen führend an der Formulierung und Durchsetzung reformatorischer Interessen beteiligt – beispielsweise im Kontext der Speyerer Protestation, die von fünf Fürsten und den Reichstagsgesandten von 14 oberdeutschen Reichstädten unterschrieben wurde. Aber die Städte waren langfristig gefährdeter als die Territorien. Dies wird an der Einsetzung der sogenannten Hasenräte im Gefolge des Augsburger Interims in den oberdeutschen Reichsstädten deutlich und an der Reichsacht gegen die Stadt Magdeburg im gleichen Kontext. Im Augsburger Religionsfrieden von 1555 gelang es den Reichstädten nicht, das *ius reformandi*, das Reformationsrecht, für sich durchzusetzen. Für jene oberdeutschen Reichsstädte (wie Augsburg), die als Folge des Eingreifens Karls V. gemischtkonfessionell waren, wurde 1555 der Status quo festgeschrieben. Dort galt fortan die Parität, die mit komplizierten Verfahrensweisen verbundene Gleichberechtigung zwischen protestantischer Mehrheit und katholischer Minderheit. Auch die zahlreichen letztlich gescheiterten Reformationsbewegungen in Landstädten machen deutlich, dass nur die Unterstützung durch den Landesherrn und die organisatorische Verankerung im Territorialstaat die Reformation langfristig sichern konnte.

Immerhin gelang es aber vielen Städten über die Wirren der Reformationszeit hinweg langfristig den Protestantismus in ihren Mauern zu etablieren. Im Gegensatz zu diesem „Teilerfolg" der Städte standen die Niederlagen sowohl der Ritter als auch der Bauern gegen die aufstrebenden Territorialfürsten. Die Reichsritter als frühe Anhänger von Luthers Lehre, deren ständische Stellung zu Beginn der Frühen Neuzeit durch die aufsteigenden Territorialstaaten zunehmend in Bedrängnis geriet, verkörperten gleichsam die Amalgamierung religiöser und politischer Interessen. 1522/1523 kam es zum Ritterkrieg, der sogenannten Sickingischen Fehde. Diese wurde von den Fürsten niedergeschlagen – ein weiterer wichtiger Schritt zur Territorialisierung des Reiches, die zugleich auch die Territorialisierung der Religion bedeutete. | Reichsritter

Strukturell ähnlich sind der Bauernkrieg der Jahre 1524/1526 und seine Folgen zu bewerten. Denn auch der Aufstand der Bauern resultierte aus einer Verknüpfung religiöser und politisch-rechtlicher Forderungen: Die Wiederherstellung des alten Rechts und die genossenschaftlich-kommunalistischen Ordnungsvorstellungen der Bauern verbanden sich mit dem protestantischen Gemeindeprinzip. Der Bauernaufstand, den Thomas Müntzer als radikaler Prediger in Thüringen unterstützte, wurde von Luther entschieden verurteilt, ja dieser forderte die Fürsten zur gnadenlosen Niederschlagung der Bauern auf. Auch im Bauernkrieg trugen die Fürsten den Sieg davon. In der Historiographie wurde das Jahr 1525 deshalb | Bauernkrieg von 1524/1526 häufig als Umbruch zwischen einer Phase der „Volksreformation" und der nachfolgenden „Fürstenreformation" angesehen.

Wenn dieser Bruch auch – insbesondere vor dem Hintergrund der städtischen Reformationen – in Frage zu stellen ist, so bleibt doch unbestritten, dass die Territorialfürsten letztlich allein der sich ausbreitenden Reformation Schutz und Verstetigung bieten konnten und dass sie davon wiederum profitierten, indem sie ihre Aktivitäten auf dem Gebiet der *cura religionis* im Rahmen der frühneuzeitlichen Staatsbildung ausdehnen konnten. Als Notbischöfe ihrer Territorialkirchen lösten sie Klöster auf, ließen Visitationen durchführen – die erste in Kursachsen im Jahr 1527 –, erließen Kirchenordnungen und bestellten Superintendenten und Konsistorien, so dass die Kirche zu einem Zweig des territorialen Verwaltungsapparates wurde. Landeskirchliche Strukturen setzten sich in den deutschen Territorien gegen kommunalistisch-gemeindekirchliche Modelle durch. Diese Entwicklung wurde durch die Bestimmungen des Augsburger Religionsfriedens nochmals entschieden vorangetrieben.

Rolle der Territorialfürsten

Deutschland im konfessionellen Zeitalter

Im Augsburger Religionsfrieden von 1555, mit dem die Reformationsepoche zu einem Abschluss gelangte und eine neue Phase der Konfessionalisierung anbrach, wurde der Reichslandfriede auch auf den Bereich der Religion ausgedehnt. Das heißt, dass der Religionsfrieden ein politisch-rechtliches Instrumentarium war, kein religiöses: Die religiöse Wahrheitsfrage blieb ungeklärt, das grundsätzliche Gebot der Wiedervereinigung der Religionsparteien blieb bestehen. Doch war diese durch das Reichsrecht garantierte Koexistenz zwischen den Altgläubigen und den Anhängern des Augsburger Bekenntnisses – andere protestantische Richtungen wurden ausgeschlossen – ein wesentlicher Schritt: Die Einheit des engeren Reiches konnte trotz des konfessionellen Fundamentalkonfliktes gewahrt werden. Obwohl in anderen Teilen Europas – in den Ständeparlamenten Polens und Böhmens sowie in den Kappeler Landfrieden von 1529 und 1531 in der Schweiz – bereits vorher politische Regelungen zum Umgang mit Multikonfessionalität geschaffen worden waren, ist die Leistung des Augsburger Friedenswerkes vor dem Hintergrund der „tiefen christlichen Wesensbestimmung der Reichsidee" (Martin Heckel) hoch einzuschätzen.

Augsburger Religionsfrieden

Die „Gewinner" des Friedens waren zweifellos die Territorialfürsten. Ihnen wurde mit dem *ius reformandi* das Recht zugesprochen, die konfessionelle Zuordnung ihres Territoriums und damit ihrer Untertanen zu bestimmen. Fortan galt eben: *cuius regio, eius religio*. Während das engere Reich als stabiles, aber vorstaatliches und nur teilweise modernisiertes „Dach" fungierte, wurde das landesherrliche Kirchenregiment, das faktisch auch in katholischen Territorien galt, zu einem Impuls für die frühmoderne Staatsbildung. Einschränkend wirkte hierbei zwar theoretisch das *ius emigrandi*, das Auswanderungsrecht der Untertanen, doch wird man dessen Wirksamkeit vor dem Hintergrund einer agrarisch verfassten Gesellschaft sowie der Notwendigkeit, Abzugsgelder zu entrichten, eher gering einschätzen müssen. Einschränkend wirkte aber auch städtischer und ständischer Widerstand gegen konfessionelle Vereinheitlichungsbestrebungen: So gelang es beispielsweise dem im Jahr 1613 zum Calvinismus konvertierten Kurfürsten von Brandenburg angesichts heftigen Widerstands der lutherischen Stände und des Volkes nicht, die reformierte Konfession in seinem Territorium durchzusetzen.

Die Reichskirche als wichtige Grundlage der Reichsverfassung, insbesondere der Bestand an geistlichen Fürstentümern – allen voran die drei geistlichen Kurfürstentümer –, sollte durch den sogenannten Geistlichen Vorbehalt geschützt werden. Dieser Geistliche Vorbehalt schloss die geistlichen Reichsstände vom Reformationsrecht aus: Ein geistlicher Reichsstand verlor beim Übertritt zum Augsburger Bekenntnis sein geistliches und weltliches Amt, denn die Säkularisation geistlicher Fürstentümer sollte verhindert werden. Da die Protestanten diesen Artikel nicht anerkannten und Ferdinand I. ihn kraft kaiserlicher Autorität in den Religionsfrieden aufnahm, gestand er in einer Geheimvereinbarung, der »Declaratio Ferdinandea«, den protestantischen landsässigen Ritterschaften und Städten in den geistlichen Fürstentümern ihren Bekenntnisstand und die freie Religionsausübung zu.

Diese grobe Skizze der Bestimmungen des Augsburger Religionsfriedens macht bereits deutlich, dass hier erneut das Instrument des „Dissimulierens" angewandt wurde, um überhaupt einen rechtlichen Kompromiss vor dem Hintergrund unüberbrückbarer religiöser Differenzen herzustellen. Dies konnte gelingen, solange auf allen Seiten der Wille zum Kompromiss vorhanden war. Doch sollten die Lücken und Zweifelsfälle des Augsburger Religionsfriedens gepaart mit den auf die deutschen Territorien einwirkenden europäischen Entwicklungen langfristig das Friedenssystem zum Einsturz bringen.

Für die Reichsverfassung bedeutete das *cuius-regio-eius-religio*-Prinzip jedoch zunächst eine Befriedung und Konfliktbändigung, denn das Problem der Verknüpfung von Staat und Konfession wurde in die Territorien verlagert, und das Reich erhielt als Friedens- und Rechtssystem eine säkularisierte Form. Doch als dann die Dynamik der Konfessionalisierung aufkam, hatte das auch gravierende Folgen für das Reich: Durch die zunehmende konfessionelle Polarisierung kam es zur Bildung von Konfessionsblöcken und in der Folge zu wachsenden Konfrontationen und Konflikten zwischen diesen Konfessionsblöcken. Der pragmatische Geist, der im Jahr 1555 den Augsburger Religionsfrieden möglich gemacht hatte, wurde durch die Konfessionalisierung aufgezehrt. Eine neue Generation von Politikern und Theologen suchte jetzt den Konflikt und war bereit, den Kompromiss von 1555 aufs Spiel zu setzen, um für die eigene Seite Vorteile zu erringen.

Bildung von Konfessionsblöcken

Das konfessionelle Zeitalter zeigt deshalb eine deutliche Zweiteilung: Zwischen 1555 und den ausgehenden 1570er Jahren funktionierten das politische System des Reiches und der Religionsfrieden. Die Errungenschaften dieser Phase sollten nicht

Kultur, Religion und Sozialisation

Zweiteilung des konfessionellen Zeitalters

gering geschätzt werden, denn während im Nachbarland Frankreich in diesen Jahrzehnten Bürgerkrieg herrschte, konnten beispielweise in den gemischtkonfessionellen Reichsstädten Formen des Mit- und Nebeneinanders der Konfessionen gefunden werden, die sich unter anderem in der häufigen Schließung von Mischehen und Konfessionswechseln sowie in der Einrichtung von Simultankirchen niederschlugen. Zwischen den 1580er Jahren und dem Dreißigjährigen Krieg führte die konfessionelle Polarisation dagegen zu zahlreichen Konflikten und der letztendlichen Lähmung der Reichsinstitutionen. Wie in der Reformationszeit wurde die Konfessionalisierung durch ein publizistisches Feuerwerk konfessioneller Polemik begleitet, wogegen nur wenige Stimmen zur Irenik und zum konfessionellen Ausgleich mahnten.

Nicht zuletzt das tiefe Eingebundensein, um nicht zu sagen die Verstricktheit des Reiches in die gesamteuropäischen Entwicklungsdynamiken markierte den Weg in die Konfessionalisierung. Denn die Formierung der Konfessionskirchen erfolgte zunächst „von außen". Das Konzil von Trient schrieb eine scharfe Abgrenzung des neuzeitlichen Katholizismus vom Protestantismus fest. Konfessionalisierung und Staatsbildung gingen künftig auch in den katholischen Territorien zusammen. Um die Jahrhundertmitte formierte sich in Genf unter der Führung von Johannes Calvin eine besonders dynamische und glaubensstrenge Richtung des Protestantismus. In den deutschen Territorien wurde der Calvinismus zunächst im Westen etabliert: 1561

Calvinismus

führte der Pfälzer Kurfürst Friedrich III. sein Territorium dem Calvinismus zu. Mit dem Konfessionswechsel hatte Friedrich sich eigentlich außerhalb des Religionsfriedens gestellt, doch auf dem Augsburger Reichstag von 1566 behauptete er geschickt seine Zugehörigkeit zur »Confessio Augustana«, und die Lutheraner deckten ihn aus politischen Erwägungen. In der Folge konnte sich der Calvinismus unter dem Dach einer reichsrechtlichen „Schutzbehauptung" ausbreiten, zum Beispiel in den Wetterauer Grafschaften, in Hessen-Kassel und als Hofcalvinismus in Brandenburg-Preußen. In den calvinistischen Territorien kamen bestimmte charakteristische Elemente dieser Konfession, wie die ausgeprägte Gemeindeverfassung, nicht zum Tragen, vielmehr herrschte auch hier das landesherrliche Kirchenregiment vor. Auch das Luthertum formierte sich vor dem Hintergrund dieser neuen konfessionellen Dynamik: Die lutherische Orthodoxie wurde in der »Konkordienformel« (1577) und im »Konkordienbuch« (1580) festgeschrieben.

Der Weg zum Dreißigjährigen Krieg war gekennzeichnet durch die zunehmende Lähmung der Reichsverfassung auf Grund von Konflikten um die offenen Fragen und Probleme des Religionsfriedens: Zwischen 1582 und 1598 stritt man anlässlich der sogenannten Aachener Händel um das Reformationsrecht der Reichsstädte; mit dem

Lähmung der Reichsverfassung

Magdeburger Sessionsstreit in den Jahren 1582 bis 1588 und dem Kölner Bistumsstreit von 1582/1583 wurde der Geistliche Vorbehalt zum Konfliktpunkt. Weitere Konflikte folgten, bis nicht nur das Reichskammergericht und der Deputationstag lahmgelegt waren, sondern 1608 auch der Regensburger Reichstag ohne Reichstagsabschied beendet wurde. In kurzer Folge bildeten sich kon-

Reformation und Konfessionalisierung in Europa

Porträt Johannes Calvins. Zeichnung von Louise Henry-Claude nach einem zeitgenössischen Bildnis.

fessionelle Militärbündnisse: 1608 die protestantische Union, 1609 die katholische Liga.

Die Europäisierung der Konflikte erwies sich bereits im Zusammenhang des Jülisch-Klevischen Erbfolgestreites (1609–1614), bei dem sich die protestantische Union, Frankreich unter Heinrich IV., die Niederlande und England auf der einen Seite und die katholische Liga, der Kaiser und Spanien auf der anderen Seite gegenüberstanden. Obwohl dieser Konflikt eingehegt werden konnte, sollte die Auseinandersetzung der böhmischen Stände mit den Habsburgern, die im Prager Fenstersturz vom 23. Mai 1618 sowie in der darauffolgenden Wahl des Kurfürsten Friedrich V. von der Pfalz zum böhmischen König gipfelte, letztlich in den großen Krieg führen. Erst mit dem Westfälischen Frieden konnte man zu den bereits im Augsburger Religionsfrieden gefundenen Lösungen zurückkehren und – indem der Calvinismus nun anerkannt und weitere Verfahren zur

| Europäisierung der Konflikte

Konfliktregelung in den Reichsinstitutionen eingeführt wurden – das multikonfessionelle und multiterritoriale Reich befrieden.

Insgesamt ist deutlich geworden, dass der Dualismus zwischen Kaiser und deutschen Reichsständen, der sich seit dem Spätmittelalter als Strukturmerkmal des engeren Reiches entwickelt hatte, durch die Reformation weiter verstärkt wurde: Die lutherischen Reichsstände setzten beispielsweise die Türkenhilfe als Druckmittel ein, um vom Kaiser Zugeständnisse in Religionsfragen zu erlangen. Im Augsburger Religionsfrieden von 1555 wurden erstmalig rechtliche Regelungen für die Koexistenz der Konfessionen gefunden, die für einige Jahrzehnte die Glaubenskriege in den deutschen Territorien beendeten. Die Lücken des Augsburger Religionsfriedens führten jedoch seit den 1580er Jahren auch die Konfessionalisierung herbei und machten die Reichsinstitutionen im Vorfeld des Dreißigjährigen Krieges handlungsunfähig. Erst im Westfälischen Frieden 1648 konnten dann dauerhafte Lösungen gefunden werden.

Reformation und konfessionelles Zeitalter jenseits der deutschen Länder

In der Reformation und im konfessionellen Zeitalter trafen die Dynamik der entstehenden Konfessionen und die der frühmodernen Staatsbildung zusammen. Dies konnte sowohl integrierende als auch konfliktfördernde Wirkungen haben. Auf der Ebene der deutschen Territorien und der europäischen Staaten bewirkte dies durchaus Integration, wenn es gelang, die Untertanen auf die Konfession des Landesherrn oder Königs festzulegen. Allerdings konnte das Aufeinandertreffen der konfessionellen Dynamik mit der Dynamik der Staatsbildung auch konfliktfördernd wirken, wenn verschiedene Gruppen mit unterschiedlichen politischen und sozialen Interessen – zum Beispiel eine Stadt oder die Stände einerseits und der Landesherr andererseits – unterschiedlichen Konfessionen angehörten. Hier verband sich dann politischer Widerstand mit konfessionellem Selbstverständnis und führte nicht selten zu einer Totalkonfrontation.

Wie im engeren Reich wurde auch in der Schweiz die Multikonfessionalität auf Grund der politischen Doppelstruktur des Gemeinwesens verankert: Während im übergreifenden Verband das Nebeneinander der Konfessionen akzeptiert wurde, galt für die kleineren politischen Einheiten – die Orte (Kantone) in der Schweiz wie für die deutschen Territorien – weitgehend das Prinzip der konfessionellen Vereinheitlichung. Die Reformation wurde in der Schweiz zu einem Zeitpunkt wirksam, als die

Schweiz | spätmittelalterliche Konsolidierung dieses föderativen Gemeinwesens um 1520 soeben abgeschlossen war. Die alte Eidgenossenschaft bestand aus 13 vollwertigen Mitgliedern (Uri, Schwyz, Unterwalden, Luzern, Zürich, Zug, Bern, Glarus, Solothurn, Fribourg, Schaffhausen, Basel, Appenzell), die sich die Herrschaft über „Gemeine Herrschaften" teilten, und weiteren sogenannten Zugewandten Orten. Die Reformation in der Schweiz nahm in den 1520er Jahren ihren Ausgang von Zürich und seinem Reformator Ulrich Zwingli. Bereits früh bildeten sich konfessionelle Blöcke heraus, wobei das katholische Lager von den innerschweizerischen Orten Luzern, Schwyz, Uri, Unterwalden und Zug angeführt wurde, während Zürich und Bern das protestantische Lager dominierten.

Die Reformation in der Schweiz zeichnet sich besonders dadurch aus, dass im europäischen Vergleich relativ früh Regelungen gefunden wurden, um das konfessionelle Zusammenleben in der Eidgenossenschaft zu ermöglichen. Im Ersten Kappeler Landfrieden von 1529, der den gleichnamigen Krieg beendete, wurde das Prinzip der konfessionellen Parität erstmals verankert. Es kam jedoch zu einem Zweiten Kappeler Krieg, der mit einer vernichtenden Niederlage des protestantischen Lagers unter der Führung Zürichs und dem Tod Zwinglis auf dem Schlachtfeld endete. Im Zweiten Kappeler Landfrieden von 1531 – also Jahrzehnte vor dem Augsburger Religionsfrieden – fand die Schweiz zu einer paritätischen Lösung, wodurch die konfessionellen Grenzen insbesondere in den vorher stark umstrittenen Gemeinen Herrschaften langfristig festgeschrieben wurden. Ausgehend von den protestantischen Orten, insbesondere Bern, verbreitete sich die Reformation seit den 1530er Jahren in die französischsprachigen Teile der Schweiz sowie in die Stadt Genf.

Genf erlangte mit Unterstützung Berns seine Unabhängigkeit von der Herrschaft sowohl seines Bischofs als auch des Herzogs von Savoyen und führte die Reformation ein. Der große Reformator Genfs, Johannes Calvin, machte die Stadtrepublik seit den 1540er Jahren zu einem „Gottesstaat" mit strikter Sittenzucht. Durch Calvins Wirken wurde Genf zu einem zentralen Ort für die protestantische Bewegung in Europa; die calvinistische Theologie und Ekklesiologie strahlten weit nach West- und Ostmitteleuropa aus. Die Stadt wurde zudem zu einem Zentrum protestantischer Exulanten aus allen Teilen Europas und beeinflusste nicht zuletzt die hugenottische Bewegung in Frankreich. | Genf

Vor dem Hintergrund und unter dem Einfluss der mittelalterlichen Tradition der Waldenser und der Genfer Reformation breitete sich der Protestantismus in Frankreich in der ersten Hälfte des 16. Jahrhunderts rasch aus. Alle Versuche der Krone, die Verbreitung der neuen Lehre zu stoppen, waren erfolglos: Die calvinistischen Kirchen Frankreichs – besser bekannt als „Hugenotten" – hielten im Jahr 1559 ihre erste Nationalsynode ab. Es ist nicht zu klären, welcher Prozentsatz der französischen Bevölkerung zu diesem Zeitpunkt Hugenotten waren, doch war die Bevölkerung konfessionell zutiefst gespalten, und es kam zunehmend zum Ausbruch populärer Gewalt. In den späten 1550er und frühen 1560er Jahren eskalierte die Situation; während die Krone den Druck auf die Hugenotten verstärkte, verbreitete sich der Protestantismus zugleich erfolgreich in den Provinzstädten und unter dem Adel. In den Jahren 1562 bis 1589 fanden daraufhin Hugenottenkriege statt – eine Kette von konfessionellen Bürgerkriegen zwischen katholischer Liga und Hugenotten, die gekennzeichnet waren von der Instabilität der Monarchie (Minderjährigkeit Franz II., Katharina von Medici als Regentin für Karl IX., Ermordung Heinrichs III.) | Frankreich

sowie einer Folge von königlichen Edikten gegen die protestantische Häresie einerseits und Pazifikations- und Toleranzedikten andererseits. Anführer der hugenottischen Partei waren Louis I. de Bourbon (Prinz von Condé), Gaspard de Coligny (Admiral) und Heinrich von Navarra, der spätere König Heinrich IV. Einen traurigen Höhepunkt der französischen Religionskriege bildete die Bartholomäusnacht am 24. August 1572, in der auf Befehl des Königs alle Hugenotten in Paris ermordet werden sollten, was in den Provinzstädten Frankreichs zu weiteren Massakern führte.

Nach der Ermordung Heinrichs III. im Jahr 1589 wurde der Hugenotte Heinrich IV. König von Frankreich. Doch innerhalb weniger Jahre wurde deutlich, dass ein protestantischer König das Land nicht gewinnen konnte: Heinrich IV. konnte erst über Frankreich herrschen, nachdem er im Jahr 1593 zum Katholizismus übergetreten war. 1598 gewährte der König dann seinen hugenottischen Untertanen das Edikt von Nantes, das ihnen Gewissensfreiheit garantierte, die Orte ihrer Religionsausübung jedoch einschränkte. In Geheimartikeln wurden den Hugenotten zudem sogenannte Sicherheitsplätze gewährt. Diese Regelung der französischen Religionsverhältnisse hatte – mit Ausnahme der Sicherheitsgarantien, die nach weiteren Konflikten bis 1629 beseitigt wurden – fast 100 Jahre Bestand, bis König Ludwig XIV. – getragen von dem Ziel *une foi, une loi, un roi* (ein Glaube, ein Gesetz, ein König) – das Edikt von Nantes im Edikt von Fontainebleau 1685 widerrief.

Im frühneuzeitlichen Frankreich lässt sich somit die Zwiespältigkeit von Konfession als integrierend und konfliktfördernd besonders gut beobachten. Die konfessionelle Spaltung der französischen Gesellschaft führte zunächst in den Bürgerkrieg, dann – mit dem Edikt von Nantes – in eine rechtliche Regelung für die hugenottische Minderheit, und erst im späten 17. Jahrhundert suchte Ludwig XIV. mit der versuchten Zwangsintegration der Hugenotten die konfessionelle Einheit des Königreiches durchzusetzen.

Neben dem Königreich Frankreich war die konfliktfördernde Wirkung des Zusammenhangs zwischen Reformation und Politik, zwischen Konfessionalisierung und Staatsbildung besonders offensichtlich in den Territorien der Habsburger, vor allem in den Niederlanden und Böhmen. Hier verbanden sich ständisch-politische Oppositionsbewegungen, die sich gegen Versuche der zentralisierten Staatsbildung richteten, untrennbar mit konfessionellem Widerstand gegen Rekatholisierungsmaßnahmen.

Die habsburgischen Niederlande erlebten in den 1520er Jahren eine rasche Verbreitung des protestantischen Gedankenguts. Nach der Abdankung Karls V. im Jahr 1555 fielen die Niederlande – ein komplexes politisches Gebilde aus weitgehend selbständigen Provinzen – an die spanische Linie der Habsburger. In den darauffolgenden Jahren entzündete sich ein Konflikt zwischen der spanischen Krone und ihren Statthaltern auf der einen Seite und einer niederländischen Oppositionsbewegung unter

Niederlande | Führung von Hochadeligen wie dem Prinzen Wilhelm von Oranien und dem Grafen Egmond auf der anderen Seite. Dieser Konflikt hatte sowohl politische als auch konfessionelle Gründe: Widerstand gegen erhöhte Steuern und

Reformation und Konfessionalisierung in Europa

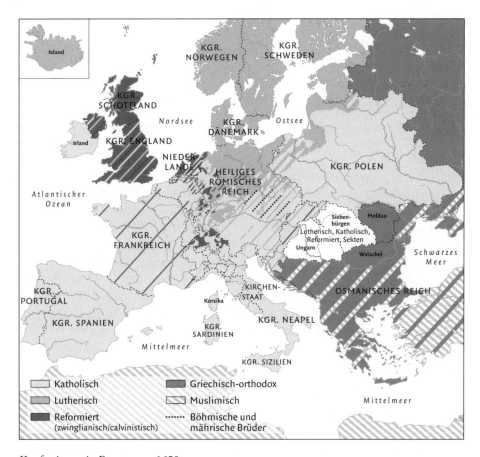

Konfessionen in Europa um 1650.

eine vom König oktroyierte Diözesanreform verband sich mit dem Ruf nach Tolerierung der protestantischen Bewegung und Angst vor der Einführung der spanischen Inquisition. Die Niederlande sind damit ein typisches Beispiel für die Verknüpfung von Politik und Konfession im frühneuzeitlichen Europa: Die Verteidigung der traditionellen Unabhängigkeit und Privilegien des niederländischen Adels verband sich mit den religiösen Zielen des Protestantismus.

Zugleich waren die Niederlande durch eine protestantische Volksbewegung geprägt, die sich durch Pluriformität und auch durch Radikalität auszeichnete: Auf der Grundlage spätmittelalterlicher Bewegungen wie der *devotio moderna* und ausgehend von der mächtigen Handelsmetropole Antwerpen zeichnete sich die niederländische Reformation vor allem durch Pluriformität aus: Täufer, Lutheraner, Calvinisten, Schwenckfeldianer und andere religiöse Gruppen formierten sich in den Niederlanden. Im Jahr 1566 führte eine vom Calvinismus beeinflusste religiöse Volksbewegung, die in Antwerpen und in den südlichen Niederlanden ihren Ausgang nahm, zu bilderstürmerischen Aktionen im gesamten Land.

Als der spanische König Philipp II. in Reaktion auf diese Vorkommnisse den Herzog von Alba an der Spitze einer spanischen Armee in die Niederlande schickte, kam es zur Rebellion. In den Anfangsjahren des Aufstandes waren die Konfliktlinien nicht eindeutig konfessionell gezogen, die Rebellion wurde auch von moderaten Katholiken unterstützt. Dies änderte sich jedoch in den Folgejahren, so dass sich die Niederlande zunehmend in einen mehrheitlich katholischen Süden unter spanischer Herrschaft und in einen mehrheitlich protestantischen, „aufständischen" Norden spalteten. Auf politischer Ebene teilte sich das Land endgültig im Jahr 1579: Während die sieben nördlichen Provinzen unter protestantischen Vorzeichen die Union von Utrecht gründeten, standen die südlichen Provinzen unter dem Statthalter Alexander Farnese unter spanischer Herrschaft.

Erst im Westfälischen Frieden von 1648 wurde die Unabhängigkeit der Republik der nördlichen Niederlande von Spanien formal anerkannt. Doch der Krieg hatte keinen einheitlichen protestantischen Staat entstehen lassen. Die nördlichen Niederlande blieben ein multireligiöses Gemeinwesen, in dem viele Glaubensrichtungen – und nicht zuletzt auch Katholiken – ihre Religion praktizieren konnten. Das hieß jedoch nicht, dass ihnen dies öffentlich möglich war. Trotzdem kann die Republik der Vereinigten Niederlande als eines der tolerantesten, wenn nicht als das toleranteste Gemeinwesen im frühneuzeitlichen Europa gelten. Religionsfreiheit im modernen Sinne bestand allerdings nicht. Vielmehr nahm die calvinistische Kirche die Stellung einer „Öffentlichkeitskirche" ein; man musste Mitglied der calvinistischen Kirche sein, um ein öffentliches Amt inne zu haben. Zugleich gehörte jedoch nur eine Minderheit der niederländischen Gesellschaft dieser Öffentlichkeitskirche als „Vollmitglieder" an, was die Unterwerfung unter die strenge Sittenzucht einschloss. Selbst wenn man die sogenannten Liebhaber, die an den Gottesdiensten teilnahmen, sich jedoch der Kirchenzucht nicht unterwarfen, dazurechnet, gehörte die Mehrheit der Bevölkerung der niederländischen Republik nicht der „Öffentlichkeitskirche" an.

Im Falle der Provinzen der nördlichen Niederlande endete der mit den spanischen Habsburgern geführte Achtzigjährige Krieg also in der staatlichen Unabhängigkeit und einer spezifischen Konfessionsstruktur, in der die calvinistische Kirche als „Öffentlichkeitskirche" zwar eine herausgehobene Stellung hatte, faktisch aber Multikonfessionalität herrschte.

Auch in den österreichischen und ostmitteleuropäischen Territorien der Habsburger verbreitete sich die Reformation, insbesondere unter dem Adel, aber auch in den Städten. Erneut können wir hier die enge Verknüpfung von politischen Interessen und Konfession beobachten: In den österreichischen Erblanden fand die lutherische Reformation durch die Aktivitäten lutherischer Prediger sowie das Studium österreichischer Adelssöhne in Wittenberg Eingang. Auf Grund der andauernden Bedrohung durch das Osmanische Reich sahen sich die Erzherzöge – ähnlich wie der Kaiser im Reich – wiederholt genötigt, religiöse Kompromisse mit

Österreichische Erblande

den Ständen zu schließen, um die Steuerbewilligung der Landstände für die Verteidigung der Erblande zu sichern. Beispielsweise musste Erzherzog Karl in der „Religionspazifikation" von 1572 den innerösterreichischen Adeligen als Gegenleistung für eine Türkenhilfe das Recht der freien Religionsausübung auf ihren Besitzungen gewähren. Zugleich begannen jedoch in allen österreichischen Ländern der habsburgischen Krone massive Rekatholisierungsbemühungen: 1573 wurde in Graz ein Jesuitenkolleg eröffnet, und Erzherzog Ferdinand (der spätere Kaiser Ferdinand II.) setzte sogenannte Reformationskommissionen mit militärischem Aufgebot zur Rekatholisierung Innerösterreichs ein, die auch die slowenische Bevölkerung betrafen.

In einem anderen habsburgischen Territorium, dem Königreich Böhmen, mündete der konfessionell-politische Konflikt zwischen Herrscher und Ständen dagegen – wie in den Niederlanden – in den militärischen Konflikt. Wie bereits angesprochen, hatte Böhmen eine spätmittelalterliche hussitische Tradition, die seine Geschichte im 16. Jahrhundert entscheidend beeinflusste. Denn neben den Utraquisten und den Böhmischen Brüdern drang seit den 1520er Jahren auch das Luthertum in Böhmen ein. Dies hatte die Spaltung der Utraquisten in die Alt-Utraquisten und einen neo-utraquistischen Flügel, der dem Luthertum nahe stand, zur Folge; auch die Böhmischen Brüder wurden vom Luthertum beeinflusst. Durch das Studium an calvinistischen Hohen Schulen und Universitäten in den deutschen Territorien und in Europa erlangte seit den 1570er Jahren auch der Calvinismus größeren Einfluss unter den Klerikern und dem Adel der Böhmischen Brüder. Die »Confessio Bohemica«, die Neo-Utraquisten und Böhmische Brüder 1575 den böhmischen Ständen und Kaiser Ferdinand vorlegten, verband folgerichtig das lutherische Augsburger Bekenntnis mit calvinistischen Elementen.

| Böhmen

In den 100 Jahren zwischen dem Eindringen des Luthertums in Böhmen und der Schlacht am Weißen Berg 1620 kam es wiederholt zu Konflikten zwischen den gewählten böhmischen Königen und den Ständen. Beispielsweise kam es 1546 bis 1547 zu einem bewaffneten Aufstand der Stände, als König Ferdinand ohne ständische Zustimmung eine böhmische Armee auf der Seite seines Bruders Karl in den Schmalkaldischen Krieg schicken wollte; der Aufstand wurde jedoch niedergeschlagen. In der zweiten Hälfte des 16. Jahrhunderts war Böhmen gekennzeichnet von einem Hin und Her zwischen den protestantischen Ständen, die Religionsfreiheit für sich forderten, und den habsburgischen Königen, die solche Zugeständnisse verhindern wollten und die Gegenreformation in den böhmischen Ländern förderten, beispielsweise durch die Ansiedelung der Jesuiten in Prag.

Die mährischen, schlesischen und böhmischen Stände erlangten einen entscheidenden Sieg mit der Anerkennung des sogenannten Majestätsbriefs durch Kaiser Rudolf II. im Jahr 1609: Der Kaiser garantierte Religionsfreiheit und erkannte die »Confessio Bohemica« an. Doch verschlechterten sich danach die königlich-ständischen Beziehungen sowohl auf religiöser als auch auf politischer Ebene, bis es im Jahr 1618 zum Eklat kam: Im berühmten Prager Fenstersturz wurden die kaiserlichen Statthalter aus einem Fenster der Prager Burg gestürzt. Unmittelbarer Auslöser war die Weigerung des neu gewählten böhmischen Königs Ferdinand II., den Majestätsbrief anzuerkennen. Daraufhin setzten die böhmischen Stände Ferdinand ab und wählten den calvinistischen Kurfürsten von der Pfalz, Friedrich V., den Führer der protestantischen Union, zu ihrem neuen König. Dieser verlor jedoch die erste große Schlacht des Dreißigjährigen Krieges, die Schlacht am Weißen Berg. Die Anführer des böhmischen Ständeaufstandes wurden hingerichtet oder flohen, der verbliebene Adel Böhmens wurde rekatholisiert und durch kaisertreue katholische Geschlechter ergänzt. 1627 wurde das Erbrecht der Habsburger auf den böhmischen Thron festgeschrieben und der Katholizismus als einzige Konfession zugelassen.

Auch in den unter habsburgischem Einfluss stehenden Teilen Ungarns und im Fürstentum Siebenbürgen (Transsilvanien), das dem Osmanischen Reich tributpflichtig war, konnten das Luthertum und später der Calvinismus an Einfluss ge-

Ungarn und Fürstentum Siebenbürgen | winnen. Ihr langfristiges Überleben in diesen Ländern verdankten die protestantischen Konfessionen dem Einfluss mächtiger lokaler Adeliger.

Entscheidend sollte der von dem calvinistischen Magnaten Stephan (István) Bocskay angeführte Aufstand der transsilvanischen und oberungarischen Stände zwischen 1604 und 1606 sein. Im Vertrag von Wien musste der Kaiser und ungarische König Rudolf II. 1606 den Adeligen und den Städten Ungarns die Religionsfreiheit gewähren. Das Fürstentum Siebenbürgen blieb auch nach dem Übergang an die Habsburger 1690 ein multikonfessioneller Raum.

Während die Reformation und das konfessionelle Zeitalter im engeren Reich, in Frankreich, den Niederlanden und Böhmen besonders konfliktreiche Konstellationen zwischen Herrscher und Ständen zur Folge hatten, kann man in anderen europäischen Ländern solche Konflikte zwar ebenfalls beobachten, doch zeichnen sich deren Entwicklungen vor allem durch allmähliche, langfristige Übergänge und Aushandlungsprozesse beziehungsweise durch frühes, entschiedenes Durchgreifen und machtvolles Durchsetzen monarchischen Willens aus.

Ein Beispiel für einen allmählichen Wandel zum Katholizismus nach anfänglichen Erfolgen des Protestantismus stellt das Königreich Polen-Litauen dar. Das Luthertum fand in den 1520er Jahren Eingang in den mehrheitlich von Deutschen bewohnten Städten des königlichen Preußen. Unter König Sigismund II. August, der sich zum Katholizismus bekannte, aber auch im Briefwechsel mit Calvin stand, breitete sich dann insbesondere der Calvinismus im polnischen Adel aus. Trotz konfessioneller Differenzen wurde Polen zu einem Land, in dem die Konfessionen weit-

Polen-Litauen | gehend friedlich zusammenlebten. Die „polnische Toleranz" wurde 1573 in der sogenannten Konföderation von Warschau zwischen Protestanten, Katholiken und Orthodoxen rechtlich festgeschrieben. Nach 1573 wurde Polen deshalb zu einer Zufluchtsstätte für protestantische Exulanten. Langfristig siegte jedoch der Katholizismus in Polen: Im Laufe des späten 16. und 17. Jahrhunderts wurde der Adel, beginnend mit den Magnaten, für den Katholizismus zurückgewonnen. Insbesondere König Sigismund III. verhielt sich dabei sehr geschickt: Er verband militärische Härte (Unterdrückung des Adelsaufstandes von 1606) mit politischer Milde

(Amnestie nach dem Aufstand). Im Gegensatz zu der Situation in Böhmen bestanden in Polen keine tiefgehenden Konflikttraditionen zwischen König und Adel.

In England löste König Heinrich VIII. die Kirche ab 1533 aus persönlichen und politischen Gründen von Rom: Aus seiner Ehe mit Katharina von Aragón, der Witwe seines Bruders, war kein Thronfolger hervorgegangen; das einzige überlebende Kind war die spätere Königin Maria. Da der Papst dem König die Ehescheidung zu verweigern drohte, ließ dieser sich vom Parlament zum *supreme head* der englischen Staatskirche erklären; mit einer Reihe von Parlamentsakten wurde die anglikanische Kirche 1533 und 1534 von Rom gelöst und der königlichen Suprematie unterstellt. Obwohl Heinrich VIII. die englischen Klöster auflösen und Wallfahrten verbieten ließ, kann man weder seine persönliche Religiosität noch die Konfession der englischen Staatskirche unter seiner Herrschaft als „protestantisch" bezeichnen. Er selbst glaubte nie an die Rechtfertigung allein durch den Glauben, und in der neuen englischen Staatskirche wurde die katholische Messe gefeiert. Während das Luthertum weiterhin unter Todesstrafe stand, umgab sich der König zugleich mit Beratern, die später als Protestanten hervortraten. | England

Dies hatte zur Folge, dass die *Lord Protectors* seines Sohnes Eduard VI., der im Jahr 1547 im Alter von neun Jahren den Thron bestieg, das Land stärker dem Protestantismus zuführten. Doch währte diese erste Phase der englischen Reformation nur bis zum Tod Eduards 1553. Nachfolgerin wurde die Tochter Katharinas von Aragón, Maria, die mit dem Habsburger Philipp II. von Spanien verheiratet war. Sie suchte den Katholizismus in England wieder einzuführen, was ihr – sieht man einmal von der fehlenden Restitution der Klöster ab – auch gelang. In der älteren, protestantisch orientierten Historiographie wurde sie oft als *Bloody Mary* bezeichnet, weil sie Protestanten auf dem Scheiterhaufen verbrennen ließ; im europäischen Vergleich wird man diesen Akt konfessioneller Gewalt jedoch kaum als außergewöhnlich bezeichnen können.

Vor dem Hintergrund des raschen konfessionellen Wechsels der Krone zwischen 1547 und dem Tod Marias 1558 kann man schwerlich davon sprechen, dass die Reformation Mitte des 16. Jahrhunderts in England bereits etabliert gewesen sei. Dies war vielmehr ein Prozess, der erst in der Regierungszeit ihrer Halbschwester Elisabeth I. (1558–1603) seinen Lauf nahm: Erneut wurde die Königin durch Parlamentsakte zum *supreme governor* der Staatskirche erklärt und ein protestantisches Gebetbuch eingeführt. Doch war die Protestantisierung Englands ein allmählicher Vorgang, gleichsam ein Erziehungs- und Gewöhnungsprozess der darauffolgenden Jahrzehnte, an dessen Ende der Protestantismus jedoch als fester Bestandteil der (proto-)nationalen Identität verankert war. Die englische Staatskirche verband dabei traditionelle Formen – wie beispielsweise Priestergewänder – mit einer vom Calvinismus beeinflussten Theologie. Als der schottische König Jakob (James) VI. als Jakob I. von England Elisabeth 1603 beerbte, wurde er Monarch eines protestantischen Landes.

Insgesamt war der Konfessionswandel in England also ein allmählicher und langwieriger Prozess, der im 16. Jahrhundert weitgehend friedlich verlief und der vor allem auf Grund der langen Regierungszeit Elisabeths I. erfolgreich war. Doch musste das britische Königreich als „zusammengesetzte Monarchie" – nach 1603 bestehend aus England, Schottland, Wales und Irland – die Grenzen der Durchsetzbarkeit der konfessionellen Vereinheitlichungsziele erkennen: zunächst im späten 16. und frühen 17. Jahrhundert in Irland, wo sich sowohl die gälischen Adeligen als auch die mittelalterlichen englischen Siedler im Zeichen des Katholizismus und ihrer „alten Rechte" zugleich gegen protestantische Konfessionsbildung und zentralisierte Staatsbildung wehrten. Nach jahrzehntelangen Konflikten konnte sich der Katholizismus als Konfession der Bevölkerungsmehrheit in Irland behaupten. Im benachbarten Königreich Schottland hatte sich dagegen in der ersten Hälfte des 16. Jahrhunderts unter dem Einfluss des Reformators John Knox der Calvinismus gegen den Willen der Krone etabliert. Mitte des 17. Jahrhunderts sahen die Schotten dann jedoch ihren calvinistischen Grundkonsens durch den des Katholizismus verdächtigen englischen Laudianismus (benannt nach Erzbischof William Laud) bedroht. Durch den Laudianismus wurde die Konfession Mitte des 17. Jahrhunderts auch in England zu einem Faktor, der zum Ausbruch des Bürgerkriegs beitrug.

Irland und Schottland

Das Beispiel England, in dem eine allmählich „von oben" durchgesetzte Reformation stattfand, die jedoch sicherlich nicht ohne Konflikte ablief, kann in gewisser Weise mit Schweden verglichen werden. Insgesamt gelang es in den skandinavischen Königreichen Schweden und Dänemark jedoch, lutherische Konfessionsbildung und Intensivierung staatlicher Integration erfolgreich miteinander zu verbinden – in Dänemark allerdings schneller und reibungsloser. Die Wittenberger Reformation fand dort raschen Niederschlag in den Städten, gefördert durch die intensiven Handelskontakte mit dem Reich sowie die Personalunion mit den Herzogtümern Schleswig und Holstein. Die Unterstützung der Krone erhielt der Protestantismus jedoch erst nach Ende des dänischen Bürgerkrieges und der Thronbesteigung Christians III. im Jahr 1536. Der König handelte daraufhin schnell, ersetzte die katholischen Bischöfe durch lutherische Superintendenten und erließ im Jahr 1537 eine von Johannes Bugenhagen verfasste Kirchenordnung. Danach begann dank einer langen Zeit des Friedens und der politischen Ruhe in Dänemark der Prozess der Ausbreitung und Durchsetzung der neuen Lehre auf dem Land, in dem vor allem der Ausbau des Schulsystems eine wichtige Rolle spielte. Auch im Hinblick auf seinen Status als „zusammengesetzte Monarchie" gelang es Dänemark in hohem Maße, seine konfessionelle Neuorientierung dem benachbarten Königreich Norwegen, das in Personalunion mit Dänemark verbunden war, zu oktroyieren: Norwegen wurde von einem Königreich zu einer dänischen Provinz degradiert, und die lutherische Reformation wurde trotz vielfältigen Widerstands erfolgreich durchgesetzt.

Dänemark und Norwegen

In Schweden, das erst durch den Aufstand Gustav I. Wasas im Jahr 1523 aus der Union mit Dänemark und Norwegen herausgelöst wurde, erwies sich die Einführung der Reformation dagegen als ein deutlich langwierigerer Prozess. Zum einen hatte die deutsche Reformation weniger auf Schweden als auf Dänemark ausgestrahlt – nur die deutsche Bevölkerung Stockholms wurde zunächst für den Protestantismus gewonnen. Zum anderen wurde auch Gustav I. nie zu einem überzeugten Protestanten. Er sah jedoch die ökonomischen und politischen Vorteile der Reformation: Die Übernahme des kirchlichen Besitzes und die Verdrängung der Bischöfe aus dem Reichsrat waren gute Gründe, die auch propagandistisch verwertet werden konnten. König Gustav verfolgte deshalb seine Politik auch gegen massiven populären Widerstand, der sich in mehreren Aufständen Bahn brach. Erst im Jahr 1539 gelang es ihm, sich die volle Kontrolle über die schwedische Kirche zu sichern. Trotz des Erlasses einer Kirchenordung im Jahr 1571 blieb das Problem der genauen theologisch-dogmatischen Fixierung der schwedischen Staatskirche noch über Jahrzehnte bestehen und führte zu weiteren Krisen der schwedischen Monarchie. | Schweden

Während im Norden Europas die protestantische Reformation letztendlich in allen bedeutenden Königreichen durchgesetzt wurde, blieb der Süden Europas – Italien, Spanien und Portugal – katholisch. Doch waren auch hier Ansätze protestantischer Bewegungen zu verzeichnen, die jedoch langfristig keinen Einfluss hatten. Die politische Verfasstheit Italiens im 16. Jahrhundert war hochkomplex: Italien bestand aus vielen kleinen politischen Einheiten – Stadtrepubliken wie Venedig, Genua und Florenz sowie Fürstentümern –, wobei jedoch der Kirchenstaat und die Habsburger (Herrschaft über das Königreich Neapel, Hegemonie in Norditalien) weite Teile Italiens beherrschten. Ob man in Italien von einer protestantischen Bewegung – sieht man einmal von den Waldensern in den italienischen Alpen ab – sprechen kann, ist in der Forschung ungeklärt. Zweifellos fanden Ideen der Kirchenreform und des Protestantismus Eingang in Italien, doch kam es beispielsweise nicht zu einer Verbreitung durch Druckschriften, wie sie in Deutschland so wichtig war. Vielmehr entwickelte sich ein Netzwerk aus reformgesinnten Predigern, insbesondere aus den Bettelorden, die protestantische Ideen im Norden Italiens verbreiteten. Der Hof von Ferrara erwies sich zudem als ein Zentrum des Protestantismus. Insgesamt kann man Gruppen und Netzwerke nachweisen, in denen in Norditalien protestantische Ideen zirkulierten. Doch wurden diese Bewegungen rasch unterdrückt, wobei die römische Inquisition eine zentrale Rolle spielte. In der zweiten Hälfte des 16. Jahrhunderts war italienischer Protestantismus nur noch in geheimen Konventikeln zu finden. | Italien

Spanien, das seit 1516 von dem Habsburger Karl I. (dem späteren Kaiser Karl V.) regiert wurde, war im Jahr 1469 durch die Ehe zwischen König Ferdinand von Aragón und Königin Isabella von Kastilien entstanden. Schon vor dem Auftreten des Protestantismus hatte sich in Spanien eine zunehmend intolerante Politik gegenüber Andersgläubigen herauskristallisiert. Im Jahr 1480 führte dies zur Gründung der spanischen Inquisition, die vor allem gegen *Conversos* und *Moriscos* – konvertierte Juden und Muslime, die verdächtigt wurden, ihrer alten Religion weiter anzuhängen – vorging. Dementsprechend wurde die konfessionelle Integration Spaniens unter katholischen Vorzeichen auch durch eine frühe, systematische Unterdrückung protestantischer Regungen gesichert. Dieses systematische Vorgehen | Spanien gegen alle Möglichkeiten der Ausbreitung der Reformation umfasste in den 1520er Jahren nicht nur das Verbot lutherischer Schriften, sondern auch die Verfolgung der sogenannten *Alumbrados* (Erleuchteten), einer mystischen Reformbewegung. In den 1530er Jahren gerieten dann auch die Anhänger des Erasmus von Rotterdam in Häresieverdacht. Die Geschichte der „spanischen Reformation" in einem strengeren Sinne beschränkt sich auf die wenigen Jahre zwischen 1557 und 1562, als in Sevilla eine Gruppe von Protestanten entdeckt wurde; auch in Valladolid fand die Inquisition Protestanten. Zu diesen zählten auch zwei ehemalige Kapläne des Kaisers sowie junge Adlige. Insgesamt handelte es sich um deutlich weniger als zweihundert Personen, aber Karl V. ließ hart durchgreifen: In einer Reihe von Autodafés zwischen 1559 und 1562 wurden alle Verdächtigen hingerichtet. Damit endete die kurze Geschichte der Reformation in Spanien.

Schlussbemerkung | Insgesamt ist deutlich geworden, dass sich in Europa im Laufe des 16. Jahrhunderts die Multikonfessionalität etabliert hatte: Der Norden Europas war weitgehend protestantisch geworden, der Süden blieb katholisch. Zudem konnte festgestellt werden, dass die Durchsetzung der Reformation in unterschiedlichem Maße konfliktbehaftet war. Konflikte erwuchsen meist aus einer engen Verknüpfung zwischen politischen und konfessionellen Interessen, wobei sich im Allgemeinen die Stände beziehungsweise der Adel, aber auch unabhängige Städte, ihren Herrschern entgegenstellten. Grundsätzlich hatte der frühmoderne Staat das fundamentale Interesse, die Einheit von Territorium und Konfession herzustellen. Das *cuius-regio-eius-religio*-Prinzip sollte, wenn auch nicht wie im Reich als rechtlich verankertes Prinzip, im Grunde in ganz Europa gelten. Doch bildete die Konfession nicht selten den Kristallisationspunkt für ständischen Widerstand. Monarchisch-ständische Konflikte wurden somit zum Grundthema der Reformation und des konfessionellen Zeitalters in Europa. Trotz sehr unterschiedlicher Chronologien und auch konfessioneller Konstellationen in den einzelnen europäischen Ländern setzte sich letztendlich weitgehend die Einheit von Territorium und Kirche durch. Nur in den deutschen Territorien sowie in Ansätzen in der Schweiz und in Frankreich kann man zudem von der Reformation als einer Volksbewegung sprechen. In den meisten Ländern Europas, in denen der Protestantismus – sei es das Luthertum oder der Calvinismus – zeitweilig oder dauerhaft erfolgreich war, wurde die Bevölkerung allmählich an den neuen Glauben gewöhnt und wuchs dann über Generationen in ihn hinein. Dies sollte man bei einem Blick auf das „Mutterland" der Reformation im Herzen Europas nie vergessen.

Religiöse Begegnungen und christliche Mission

Johannes Meier

Abendland und Morgenland, Europa einerseits, Nordafrika und Westasien andererseits bildeten um das Jahr 1200 die Kerngebiete der beiden jüngeren großen Weltreligionen, des Christentums und des Islam. Beide waren an ihren Außengrenzen dabei, sich weiter auszubreiten, das Christentum in Skandinavien und im Baltikum, der Islam südlich der Sahara und im Nordwesten Indiens. Im Mittelmeerraum, besonders auf der Iberischen Halbinsel und in Palästina, standen sie miteinander in Konflikt. Jerusalem, 1099 von den Kreuzfahrern erobert, fiel 1187 wieder unter islamische Herrschaft und verblieb darunter, nachdem der dritte Kreuzzug (1189–1192) gescheitert war.

Ein Meilenstein in der Missionsgeschichte des Christentums war der Auftritt des Franz von Assisi vor dem Sultan al-Kamil Muhammad al-Malik 1219. Den militärischen Kreuzzügen setzte Franziskus ein dialogisch-friedfertiges Modell christlicher Begegnung mit dem Islam gegenüber. Seinen Spuren folgten bald manche seiner Gefährten und Brüder, so der aus Mallorca stammende Ramon Llull (Ramón Lull), der seit etwa 1295 Mitglied des Dritten Ordens der Franziskaner, außerdem ein tiefsinniger Mystiker war. 1306 erlaubte Sultan an-Nasir Muhammad christliche Pilgerfahrten durch Ägypten und Syrien zu den heiligen Stätten in Palästina. 1342 durften sich die Franziskaner im Zionskloster in Jerusalem niederlassen.

Im Weltreich der Mongolen erlebte die nestorianisch geprägte Kirche des Ostens eine Blütezeit. Ende des 13. Jahrhunderts zählte sie 230 Bistümer, gegliedert in 27 Metropolien, die sich von Sibirien bis nach Südindien, von Syrien bis nach China erstreckten. Die Zahl ihrer Gläubigen war damals möglicherweise größer als die der byzantinisch-orthodoxen und jene der römisch-katholischen Kirche. Aus dem Westen sandten 1245 Papst Innozenz IV. und 1253 König Ludwig IX. von Frankreich zwei Franziskaner, Johannes (Giovanni) de Plano Carpini und Wilhelm von Rubruk (Willem van Rubroek), zum Herrscher der Mongolen. Weitere Bettelmönche folgten ihnen. Die Königin Jailak und der Khan Tohtu (Toktaku), der von 1291 bis 1319 das Kiptschak-Reich regierte, ließen sich taufen. Auch der Ilkhan von Persien, Hülegü, und seine Nachfolger waren christenfreundlich. Im 14. Jahrhundert trat aber ein Umschwung zugunsten des Islam ein.

> Entwicklungen bis zum Zerfall der Mongolenherrschaft

1294 erreichte der italienische Franziskaner Johannes von Montecorvino (Giovanni de Montecorvino) Khanbaliq (Peking) und erhielt die Erlaubnis, in China zu wirken. An verschiedenen Orten wie Quanzhou (Zaitun), Hangzhou und Yangzhou entstanden Gemeinden und wurden Kirchen gebaut. Darüber berichtete Odorico da Pordenone, ein Franziskaner, der von 1322 bis 1328 in Peking weilte und dann über Tibet nach Europa zurückkehrte, um neue Missionare anzuwerben. Grabsteine belegen, dass die christlichen Gemeinden in China einerseits mit armenischen und europäischen Kaufleuten verbunden waren, andererseits aber auch einheimische Mitglieder hatten. 1368 verdrängte die Ming-Dynastie die mongolische Yuan-Dynastie. China schloss sich seitdem vom Westen ab, im 15. Jahrhundert verlieren sich die Spuren des dortigen Christentums.

Die Kirche des Ostens ereilte seit ca. 1370 die Verfolgung durch Timur, der in Vorder- und Mittelasien ein Großreich errichtete. Die christlichen Gemeinden wurden dabei weitgehend zerstört, ihr Oberhaupt (Katholikos) übersiedelte 1401 von Bagdad nach Mo(s)sul. Bei verschiedenen Bergvölkern und am Oberlauf des Tigris überdauerte die syrische Kirche die Verfolgungszeit, die mit dem raschen Zerfall der Timuridenherrschaft in Klein- und Westasien im frühen 15. Jahrhundert zu Ende ging.

Rückkehr nach Afrika

Zurückdrängung des Christentums aus dem Osten, Erstarken des Islam und Beginn der Afrikafahrten

In das von den Mongolen hinterlassene Herrschaftsvakuum stieß das aufsteigende Osmanische Reich. Um 1300 ausgehend von einem kleinen Fürstentum entwickelte es sich binnen weniger Generationen zu einem Weltreich, das über drei Kontinente reichte. Leidtragender der osmanischen Expansion – Osmans Sohn Orhan führte 1354 seine Krieger über die Dardanellen nach Europa – waren das Byzantinische Reich und die mit ihm aufs engste verbundene griechisch-orthodoxe Kirche. 1389 wurde in der Schlacht auf dem Amselfeld das Großserbische Reich vernichtet. Serben, Albaner, Bulgaren und Griechen gerieten nach und nach unter türkische Herrschaft. 1453 eroberten die Truppen Sultan Mehmeds II. nach mehrwöchiger Belagerung Konstantinopel. Die Hagia Sophia wurde in eine Moschee umgewandelt.

Osmanische Expansion

Das alte Byzanz, seit Konstantin dem Großen das „zweite Rom", Hauptstadt des Reiches und Zentrum der griechischen Kultur, wurde zur Residenz der Sultane. Viele Griechen, besonders Gelehrte, flohen in den Westen nach Italien. Im Zuge der Organisation einer geordneten Staatsverwaltung suchten die Osmanen den Ausgleich mit der alteingesessenen Bevölkerung; sie entwickelten mit dem *millet*-System das Instrument eines friedlichen Miteinanders. Die Griechen, deren Patriarch dem Sultan unterstand und der seinen Sitz in Istanbul behielt, konnten ihre inneren Angelegenheiten eigenständig regeln. Sie bestimmten zusammen mit den Armeniern, bei denen gleichfalls die Kirche die eigene Sprache und Kultur bewahrte, und den Juden das Handelsleben.

Ihren politischen Vorrang in der orthodoxen Christenheit büßten die Griechen durch den Untergang Konstantinopels ein. Die Nichte des letzten byzantinischen Kaisers heiratete 1472 Iwan III., den Großfürsten von Moskau. Die ursprünglich unbedeutenden Moskauer Fürsten wurden durch diese Hochzeit und durch die Eroberung Nowgorods 1478 zu einer europäischen Macht. Nach Moskau war schon 1326 der Metropolit der Kiewer Rus' übergesiedelt. 1547 ließ sich Iwan IV. als erster russischer Herrscher zum Zaren krönen; in manchen Kirchenkreisen verstand man Moskau seitdem als das dritte Rom (s. S. 180).

| Bedeutung Moskaus

Sultan Selim (Selīm), „der Grausame", vermochte Syrien, Mesopotamien und 1517 auch Ägypten zu erobern. Das Ende der Mamluken als unabhängige Macht bedeutete auch das Ende des von ihnen 1261 eingesetzten Schattenkalifats in Kairo. Die türkischen Sultane übernahmen nun den Schutz der heiligen Stätten des Islam in Mekka und Medina. Selims Sohn Süleyman (1520–1566), von den Europäern „der Prächtige", von den Türken „der Gesetzgeber" genannt, belagerte 1529 erfolglos Wien und scheiterte auch mit dem Ansturm auf die Johanniterfestung von Malta. Zwar stagnierte seitdem die Expansion des Osmanischen Reiches, aber die „Türkengefahr" blieb für die europäische Christenheit noch lange virulent.

Den Osmanen gelang es, die Handelswege, die der Westen, vor allem Venedig, seit den Kreuzzügen und der Expansion der Mongolen im Orient benutzt hatte, fast völlig zu verstopfen. Die Blockade im Nahen Osten drängte Europa damals, nach anderen Wegen über seine Grenzen hinaus zu suchen. Dieser Herausforderung stellte sich ein kleines Land im Südwesten des Erdteils: Portugal, das schon 1253 die Rückeroberung des lusitanischen Territoriums vom Islam abgeschlossen hatte (s. S. 68). Um andere Herrscher fernzuhalten, ließ sich die portugiesische Krone vom Papsttum in drei Bullen (»Dum diversas« 1452, »Romanus Pontifex« 1455, »Inter cetera« 1456) ihre Entdeckungen und die daraus abgeleiteten Ansprüche rechtlich bestätigen. Der Heilige Stuhl fühlte sich dem portugiesischen König nicht zuletzt deshalb verpflichtet, weil er nach der Eroberung Konstantinopels durch die Türken seinen Aufruf zu einem neuen Kreuzzug zu beherzigen schien. Nur noch im Vordringen der Portugiesen um Afrika herum sah der Papst eine Chance zur Befreiung des Heiligen Landes. So übertrug er der Krone von Portugal die Länder, Häfen, Inseln und Meere Afrikas; er verband damit aber die Verpflichtung, dort das Christentum einzuführen sowie Kirchen und Klöster zu bauen. Außerdem bevollmächtigte er sie ausdrücklich, die Muslime zu bekämpfen, zu unterwerfen und zu versklaven, die sich ihr an den Küsten Afrikas in den Weg stellen sollten und sie hinderten, mit den Christen des Ostens Kontakt aufzunehmen. Neu gegenüber der Zeit der Kreuzzüge war, dass die Bulle dieses Recht nicht nur in Bezug auf die Muslime, sondern auch in Bezug auf die Heiden verlieh. Außerdem erklärte der Papst, dass kein anderer Fürst, nicht einmal der Kaiser, in diesen Gebieten Seefahrt, Handel oder Eroberungen durchführen dürfe. Die dritte Bulle ergänzte ihre Vorgängerinnen, indem sie dem Christusritterorden, dessen Hochmeister Prinz Heinrich der Seefahrer war, die geistliche Jurisdiktion über die neuen Besitzungen übertrug. Aus dieser Ver-

| Drei Papstbullen für Portugal

leihung entwickelte sich im 16. Jahrhundert ein universales Patronatsrecht der Krone über die Kirche in den portugiesischen Überseegebieten.

Das christliche Königreich am Kongo

Diogo Cão, der Entdecker der Kongomündung, hatte auf seiner zweiten Reise (1485) Laienbrüder aus dem Franziskanerorden an Bord; auf seiner dritten Reise (1487) gelangte er zu der südlich des Kongoflusses auf heute angolanischem Gebiet gelegenen Residenz des gleichnamigen Königreichs. König Nzinga zeigte sich interessiert, freundschaftliche Bande zu den Portugiesen zu knüpfen. So kam 1490 eine Gruppe von Weltgeistlichen und Ordensleuten an seinen Hof. Im folgenden Jahr wurden der König und die Königin getauft; sie erhielten dieselben Namen wie die Herrscher Portugals, João und Eleonora. Bald empfing auch ihr Sohn die Taufe; sein christlicher Name wurde Afonso. Bei der Konversion des Vaters spielte offensichtlich die Faszination durch die portugiesische Kultur eine Rolle. Eine Gesandtschaft Nzingas berichtete bei ihrer Rückkehr aus Portugal begeistert von den Kunstwerken, Kirchen und Palästen, die sie zu sehen bekommen hatten. Nzinga glaubte wohl, dass der König eines so wunderbaren Reiches auch die wahre Religion besitze; er äußerte auch nicht nur den Wunsch nach Missionaren, sondern ebenso nach Handwerkern und Künstlern zum Ausbau seines Reiches.

Konversion des König Nzinga

Der Sohn Afonso, ab 1506 regierend, suchte sein Land zu entwickeln und sein Volk zu christianisieren. 29 Briefe sind erhalten, die er an den portugiesischen König Manuel I. richtete, welchen er als seinen Bruder ansprach. Afonso ging es letztlich um eine Übertragung der Kultur und politischen Ordnung Portugals auf den Kongo; die Stammeshäuptlinge sollten etwa den Rang portugiesischer Grafen erhalten. Der christlichen Religionsausübung hatte Afonso einen zentralen Stellenwert zugedacht: Um möglichst rasch einen einheimischen Klerus zu bekommen, sandte der „Mani-Kongo" (Manikongo) bereits 1508 verschiedene junge Landsleute, darunter seinen eigenen Sohn Henrique, zum Theologiestudium nach Portugal. Dieser befand sich dann auch einige Jahre später (1512/1513) in einer kongolesischen Gesandtschaft an den Heiligen Stuhl. Dabei schwebte König Manuel das Ziel vor, den schwarzen Königssohn zur Bischofswürde erheben zu lassen; der Vater Afonso sollte die weltlichen, der Sohn Henrique die geistlichen Angelegenheiten im Lande regeln. Zunächst aber reagierte Papst Leo X. nur gegenüber dem portugiesischen König; 1514 errichtete er das Bistum Funchal auf Madeira; dessen Bischof sollte von nun an anstelle des Hochmeisters des Christusritterordens zu Tomar die kirchliche Jurisdiktion über sämtliche Missionsgebiete Portugals ausüben.

Beziehungen zu Portugal

Zwischen Manuel I. und dem Mani-Kongo Afonso scheint es verschiedentlich Kommunikationsprobleme gegeben zu haben; offenbar wurden Briefe des Mani-Kongo zeitweilig von Dolmetschern verfälscht oder von untergeordneten portugiesischen Beamten zurückgehalten. In einem Schreiben, das er durch einen kongolesischen Schüler anfertigen ließ, beschwor der Mani-Kongo den

Briefwechsel

portugiesischen König, ihm zu helfen; er könne den Weißen in Afrika nicht trauen, nicht einmal den Priestern. Dabei verglich er diese Portugiesen mit den Juden, die Christus ans Kreuz schlugen. Dass der Erfolg der Mission durch mangelhaften Einsatz und schlechtes Beispiel der portugiesischen Missionare beeinträchtigt wurde, zeigt ein weiterer Brief an König Manuel von Portugal. Der König, der seine Untertanen zu Christen machen wollte, war vom Verhalten der weißen Priester enttäuscht.

Im Jahre 1518 ernannte der Papst den Sohn des Mani-Kongo, Dom Henrique, zum Titularbischof von Utica. Der Prinz empfing 1521 in Portugal die Bischofsweihe. Als Weihbischof des Bischofs von Funchal kehrte er in seine Heimat zurück. Der Vater hoffte, dass die Verchristlichung seines Reiches nun rasch voranschreiten würde. Doch wurde die Tätigkeit des schwarzen Bischofs Henrique von schwierigen Umständen beeinträchtigt; er war sehr oft krank, anscheinend seelisch labil. Seit 1534 fehlt von ihm jede Nachricht; in einem Brief von 1539 bezeichnet ihn der Vater dann als verstorben.

Inzwischen war 1534 Funchal Erzbistum geworden; in der neuen Kirchenprovinz wurde der Kongo ein Suffraganbistum. Doch zur Enttäuschung Dom Afonsos bestimmte der Papst nicht die Residenzstadt zum Bischofssitz, sondern die portugiesische Kolonie São Tomé auf der Insel gleichen Namens. In dieser Entscheidung spiegelt sich die wachsende Rolle des Handels, besonders des Sklavenhandels, in der portugiesischen Afrikapolitik. Das Experiment freundschaftlicher Beziehungen zwischen einem europäischen und einem afrikanischen Königshaus im Zeichen des christlichen Glaubens wurde von den ökonomischen | Wachsende Rolle des Handels

Interessen an Kupfer, Elfenbein und Sklaven ausgehöhlt. Dom Afonso starb 1541. Jahrhunderte später fand man am linken Ufer des Kongo, 160 Kilometer von der Mündung entfernt, eine in den Felsen geschlagene Inschrift, worin sich der König zum christlichen Glauben bekannte und meldete, dass es in seinem Reiche zwölf Kirchen gebe und dass bis zu einer Entfernung von 200 Meilen von der Küste Tausende seiner Untertanen lesen könnten.

Das christliche Äthiopien

In Äthiopien existierte seit der Spätantike das christliche Königreich von Aksum. Westliche Christen hörten vom Christentum in Äthiopien gelegentlich durch Jerusalempilger, denn die Äthiopier besaßen dort eine eigene Kirche. Seit dem 14. Jahrhundert wurde die Legende vom Priesterkönig Johannes, den man in Zentralasien nicht gefunden hatte, auf die äthiopischen Herrscher übertragen. Da Äthiopien dem Vordringen des Islam standhielt, unternahmen Papsttum und abendländische Herrscher vieles, um miteinander in Verbindung zu kommen. So erhielt Johannes von Montecorvino 1289 ein Empfehlungsschreiben des Papstes an den Regenten Äthiopiens mit auf seine Reise. Ein Dominikaner, der in Persien gewirkt hatte, schrieb 1323 dem Papst, er sei bereit, nach Äthiopien zu gehen, und bat um Missionare. Tatsächlich

Kultur, Religion und Sozialisation

wurden 1329 Ordensleute mit einem Schreiben an den Negus von Äthiopien geschickt.

Eine erneute Kontaktaufnahme ist für den Pontifikat Eugens IV. bezeugt. Dieser lud die äthiopische Kirche ein, Legaten zum Konzil von (Basel-Ferrara-)Florenz zu entsenden, wo eine Union mit den orientalischen Kirchen geschlossen werden sollte. 1439 wurde der Franziskaner Alberto de Sarteano (Sartiano) zum Apostolischen Kommissar für Indien, Äthiopien, Ägypten und Jerusalem ernannt und in den Orient geschickt. Er reiste nach Jerusalem, traf dort den Abt des äthiopischen Klosters, zog weiter zum alexandrinischen Patriarchen und nach Kairo, erhielt aber vom Sultan keine Durchreiseerlaubnis nach Äthiopien; der Versuch, über das Meer nach Äthiopien zu gelangen, scheiterte. Im Dezember 1440 schrieb er aus Rhodos an den Papst, dass Vertreter der Koptischen Kirche Ägyptens zum Konzil kämen und Äthiopien in die Unionsverhandlungen einbezogen werden sollte. Tatsächlich kam ein Diakon als Gesandter des in Jerusalem residierenden äthiopischen Abtes zum Konzil; er stellte klar, dass er nicht im Auftrag des Negus handele und daher auch keine Abmachungen treffen könne, aber nach erfolgreichen Verhandlungen seinen Einfluss in Äthiopien geltend machen werde. Die 1442 in Florenz verkündete Bulle zur Union mit der Koptischen Kirche bezog indirekt die äthiopische Kirche ein. Der damalige Negus Zara Yaqob (Zara Yakob, 1434–1468) schickte 1450 einen Gesandten zum Papst, der 37 Jahre im Dienst des Herrscherhauses gestanden hatte. Ihm ging es darum, die äthiopische Kirche zu reformieren, Verbindung nach Europa zu suchen, gleichzeitig den Einfluss des alexandrinischen Patriarchen zurückzudrängen und eine nationalkirchliche Entwicklung zu fördern.

Gesandtschaften

Bräuche wie die Beschneidung der Knaben vor der Taufe oder die Feier sowohl des Sabbats wie des christlichen Sonntags spiegeln das starke jüdische Element im äthiopischen Christentum wider. Afrikanisch war und ist die prächtige Liturgie. Hinzu kommen eine reiche monastische und asketische Kultur mit künstlerischen Traditionen wie der Buchmalerei und wissenschaftlichen im Kalenderwesen.

Dass Äthiopien ein christlich geprägter Staat blieb und nicht vom Islam überrannt wurde wie das benachbarte, gleichfalls christliche Nubien, verdankt es einem besonderen Engagement der Portugiesen. Auf Ersuchen der Regentin entschloss sich König Manuel I. 1517, eine Gesandtschaft ins nordöstliche Afrika zu schicken. Ihr gehörten Kleriker, Adelige, Künstler und Sänger an. Einem Berichterstatter zufolge betonte vor allem das kirchliche Oberhaupt der Äthiopier, wie sehr man sich eine Vereinigung mit Rom wünsche. Der Negus hatte vor allem ein militärisches Interesse; er wollte Waffen, Handwerker und Männer bekommen, die sein Heer gegen die technisch überlegenen islamischen Nachbarn ausbilden sollten. In den Briefen des Negus wurden die Europäer aufgefordert, mit ihm gemeinsam den Islam zu vertreiben. Im Jahre 1541 erfuhr der damalige portugiesische Vizekönig in Goa von einem somalisch-türkischen Feldzug gegen das christliche Äthiopien. Diese Nachricht weckte in den Portugiesen den alten Geist der Kreuzritter. 400 Freiwillige schlugen sich in einem entbehrungsreichen Unternehmen ins Innere Afri-

Engagement der Portugiesen

kas durch, wo sie dem Negus halfen, sein Reich zu verteidigen. Die meisten Portugiesen überlebten die Kämpfe nicht; zwar wurden die Muslime letztlich besiegt, aber man konnte keinen dauerhaften Frieden herstellen.

In den folgenden Jahren lebte der Briefverkehr zwischen Europa und Äthiopien wieder auf. Der Versuch, den äthiopischen Herrscher Minas ebenso wie das Oberhaupt der Koptischen Kirche, den Patriarchen von Alexandrien, den armenischen Katholikos und andere Vertreter der orientalischen Kirchen 1561 zur dritten Sitzungsperiode des Trienter Konzils einzuladen, scheiterte.

Komplikationen gab es von 1556 bis 1634 zwischen der römischen und der altchristlichen Kirche Äthiopiens, die nach portugiesischer Auffassung im Hoheitsbereich des Erzbischofs von Goa lag. Erst 1621 gelang es, den Kaiser Sissinios (Susenyos) für die Vereinigung mit Rom zu gewinnen und nach römischem Ritus zu taufen. Doch gingen Hofadel und Klerus auf Distanz. Als ein Vertreter Roms verlangte, dem Monophysitismus abzuschwören, die Beschneidung abzuschaffen und alle Sakramente nach dem lateinischen Ritus zu spenden und 1628 Kaiser Sissinios den römischen Katholizismus sogar zur offiziellen Religion Äthiopiens proklamierte, führte dies zur Rebellion. Die Klöster des Landes beteuerten ihre Treue zur äthiopischen Tradition und zum koptischen Metropoliten. 1632 musste Sissinios zugunsten seines Sohnes abdanken; dieser widerrief die Maßnahmen seines Vaters und machte die äthiopisch-orthodoxe Kirche wieder zur Staatskirche. Äthiopien verwehrte von nun an für zwei Jahrhunderte allen Fremden den Zugang. Dennoch wirkten die westlichen Einflüsse nach, etwa in der Architektur der neuen Hauptstadt Gonder (Gondar), aber auch darin, dass die äthiopische Kirche nun Übersetzungen der Heiligen Schrift und der Liturgie in amharischer Sprache in Umlauf brachte, um ihren Gläubigen die Tradition nahezubringen.

Konflikt zwischen Äthiopien und Rom

Ausbreitung in Amerika

Die Karibik – erste Station des Christentums in der Neuen Welt

Als Kolumbus 1492 die Bahamas erreichte, schilderte er die Einheimischen, denen er bei der Landnahme begegnete, als „von Natur aus gläubig ... Ich bin überzeugt, erlauchteste Fürsten, daß alle diese Leute gute Christen würden, sobald fromme und gläubige Männer ihre Sprache beherrschen werden." Ob Kolumbus wirklich von guten religiösen Absichten geleitet war, daran bestehen begründete Zweifel. Die große Zahl von Einheimischen, die er gefangen nehmen ließ, um sie auf den Märkten Spaniens als Sklaven anzubieten, spricht eine andere Sprache.

Die Katholischen Könige (Isabella von Kastilien, Ferdinand II. von Aragón) nahmen die Entdeckung des Kolumbus zum Anlass, sich ihren Herrschaftsanspruch auf die schon entdeckten und alle weiteren, 100 Meilen westlich der Azoren und des Kap Verde gelegenen Inseln und Festländer im Mai/Juni 1493 in Bullen von Papst Ale-

Kultur, Religion und Sozialisation

Verpflichtung der Krone zur Mission

xander VI. bestätigen zu lassen; der Papst verband mit seiner Verleihung aber eine Verpflichtung der Krone, nämlich zur Mission der dort lebenden Völker. Tatsächlich nahm Kolumbus auf seine zweite Reise 1493 eine Gruppe von zwölf Priestern und Ordensleuten mit, deren Leiter am 6. Januar 1494 an der Nordküste Haïtis die erste Heilige Messe in der Neuen Welt zelebrierte. Missionarisch aber wurden er und die meisten anderen Geistlichen nicht tätig, sondern kehrten im Gegenteil bald nach Spanien zurück. Länger auf der Insel blieben nur drei Laienbrüder, zwei Franziskaner und ein Hieronymit.

Schon auf dieser zweiten und mehr noch auf der dritten, 1498 angetretenen Reise entglitt Kolumbus, der ja zum Vizekönig bestellt war, die Kontrolle der Entwicklung (s. S. 73). Die Krone entsandte einen Untersuchungsrichter, der den in Spanien laut

Franziskaner

gewordenen Klagen nachgehen sollte und Kolumbus ein königliches Dekret überreichte, das ihn für abgesetzt erklärte. Mit ihm reisten auch einige Franziskaner aus Spanien an; sie ließen sich in Santo Domingo nieder – die ersten ihres Ordens, der in Spanien gerade eine innere Erneuerung erlebte und den reformerischen Erzbischof von Toledo und Primas des Landes, Francisco Kardinal Jiménez de Cisneros, in seinen Reihen hatte. Über 8000 weitere sollten ihnen im 16., 17. und 18. Jahrhundert als Missionare nach Amerika folgen.

Schon Papst Alexander VI. hatte die Katholischen Könige 1493 ermahnt, für die Evangelisierung der neuentdeckten Völker „würdige, gottesfürchtige, geschulte, geschickte und erfahrene Männer" zu bestellen. Damit war aber noch nicht das Patronatsrecht verliehen, über das die Portugiesen in ihrem Bereich seit 1456 verfügten. Dem Drängen der spanischen Krone folgend, verlieh ihr Alexander VI. 1501 „für alle Zeiten" den Zehnten „der Inseln und des Festlandes Westindien". Papst Julius II. übertrug ihr dann 1508 das Patronat, also das Recht auf Stiftung und Dotierung von Diözesen und Pfarreien, auf Berufung der Bischöfe und Bestellung der Pfarrer, auf

Übertragung des Patronats

Bezug und Verwaltung des Kirchenzehnten sowie auf Auswahl und Aussendung der Missionare verbunden mit der Verpflichtung zu deren Unterhalt. Auf dieser Rechtsgrundlage kam es 1511 zur Errichtung der ersten Diözesen in Amerika: Santo Domingo, Concepción de La Vega und San Juan auf der mittlerweile gleichfalls eroberten Insel Puerto Rico wurden Bischofssitze und Suffragandiözesen von Sevilla. Der 1524 gegründete „Indienrat" übernahm als zentrale Behörde die Beaufsichtigung und Verwaltung der Kirche in den überseeischen Territorien Spaniens. Die praktischen Angelegenheiten der Ausreise und Ausstattung des kirchlichen Personals besorgte die *Casa de Contratación* in Sevilla. Auch wenn die spanischen Könige, insbesondere Kaiser Karl V. (in Spanien: Karl I., 1516–1556) und Philipp II. (1556–1598), ihr Patronatsrecht in tiefer religiöser Überzeugung ausübten, ergab sich durch die Einbindung der kirchlichen Sendung in die territoriale Expansion eine problematische Verquickung.

Dafür bildete sich in den Reihen der Missionare rasch ein Bewusstsein. Als zweite Ordensgemeinschaft nach den Franziskanern trafen 1510 die Dominikaner auf der Insel Haïti ein. Auf Weisung von Königin Isabella – sie hatte im Jahre 1500 die Versklavung von Eingeborenen verboten – hatte man 1503 die *encomienda* eingeführt. *Encomienda* bedeutet „Anvertrauen": Die Einheimischen galten als den spanischen Siedlern anvertraut; in einem wechselseitigen, der mitteleuropäischen Grundherrschaft ähnelnden Verhältnis sollten sie für diese Abgaben erwirtschaften, während die Siedler verpflichtet waren, jene zu schützen, zu unterhalten und zu christlicher Lebensführung anzuleiten. Faktisch entartete die *encomienda* zu einer sklavereiähnlichen Leibeigenschaft, die das durch Epidemien ausgelöste massenhafte Sterben der Taínos dramatisch beschleunigte. Unerschrocken prangerte im Namen seiner Kommunität der Dominikanerpater Antonio Montesinos am vierten Adventssonntag 1511 von der Kanzel das mitleidlose, grausame Verhalten seiner Landsleute als Todsünde an: „Mit welchem Recht haltet ihr diese Indios in solch grausamer und entsetzlicher Knechtschaft? Sind sie etwa keine Menschen? Haben sie keine vernunftbegabten Seelen?" Mit diesem Aufschrei des Gewissens gaben die Dominikaner dem Christentum in der Neuen Welt seinen ureigenen Charakter als messianische Religion der nach Gerechtigkeit Hungernden zurück.

| Einführung der „encomienda"

Während die Siedler und der seit 1508 als Gouverneur amtierende Sohn des Entdeckers daraufhin den Abzug der Dominikaner aus Santo Domingo erreichen wollten, appellierten diese ihrerseits an König Ferdinand, der die sich anbahnende Krise erkannte und mit den Gesetzen von Burgos (1512) und Valladolid (1513) der wilden Ausbeutung der Indios Grenzen setzte; sie regelten zum einen die sozialen Verpflichtungen wie Unterkunft und Unterhalt, Lohn und Freizeit, Kleidung und Essen, Bildung und Mutterschutz und zum anderen die missionarischen Pflichten wie Einrichtung einer Kirche, Sorge um Gottesdienste und Bestellung geeigneter Personen, die mit Liebe und Sanftmut im Glauben unterweisen sollten.

| Gesetze von Burgos und Valladolid

Da ihm dies nicht genügte und aus – berechtigter – Skepsis in Bezug auf die Wirksamkeit der Gesetze suchte der Obere der Dominikaner in der Karibik nach einer weiteren Alternative. Auf einem dafür von der Krone reservierten, mehrere hundert Kilometer langen Küstenstreifen im Osten Venezuelas und in dessen Hinterland sollten ausschließlich Ordensleute und keine anderen weißen Siedler an Land gehen dürfen und durch friedliches Zusammenleben mit den dortigen Einheimischen den christlichen Glauben ausbreiten. Bei der Planung und Umsetzung dieses an urkirchlichen Idealen orientierten Projektes wurde er von dem damals 30-jährigen Bartolomé de Las Casas (1484–1566) unterstützt, einem Siedler, der unter dem Einfluss der Dominikaner und durch Lektüre der Bibel (Sir 34,21–27) 1514 seine auf Kuba gelegene *encomienda* aufgegeben und sich dem Kampf für die Rechte der Indios angeschlossen hatte. Gleichwohl ließ sich nicht verhindern, dass immer wieder Sklavenhändler aus Santo Domingo in die Sperrzone eindrangen und Einheimische verschleppten; so kam es zu Unruhen. Schließlich wurde das Kloster der Missionare überfallen, und das Experiment musste aufgegeben werden.

Kultur, Religion und Sozialisation

Conquista und Mission – die Christianisierung Spanisch-Amerikas

Waren die Ordensleute die entscheidenden Träger der Evangelisierung, so verstanden sich doch auch die Konquistadoren als Missionare, ohne einen Widerspruch zwischen ihrer militärischen und religiösen „Mission" zu sehen. Im Gegenteil, sie betrachteten im Sinn der *Tabula rasa* die Eroberung des Landes und die Zerstörung vor allem der Tempel und Kultbilder als notwendige Voraussetzung für die Verbreitung des christlichen Glaubens. Die Quellen geben darüber Auskunft, welch großen Wert die Eroberer darauf legten, als erste Bringer des Christentums angesehen zu werden. Bernal Díaz del Castillo, einer der Soldaten des Hernán Cortés, bemerkt in seiner Chronik, die Eroberer seien hinausgezogen, „um Gott und seiner Majestät zu dienen, um denen in der Finsternis das Licht zu bringen, und auch um Reichtümer zu erwerben, die alle Menschen gemeinhin erstreben." Damit nennt er in einem Satz vier Motive, zwei religiöse (ritterlicher Dienst für Gott und missionarischer Dienst) sowie zwei profane (Lehnsdienst für den König und Erwerb persönlichen Reichtums). Eine ähnliche religiöse und materielle Motivation dürfte auch Cortés selbst gehabt haben. Überall, wohin er auf dem Weg zur aztekischen Hauptstadt kam, ließ er die Götterbilder zu Boden stoßen, proklamierte die christliche Religion und verlangte von den Einheimischen, dass sie diese übernahmen. In den aztekischen Göttern sah er Teufel. Im November 1519 empfing Moctezuma Cortés in Tenochtitlán; in dem Quartier, das er ihnen anwies, richteten die Spanier mit seiner Erlaubnis eine Kirche ein. Doch drängte es sie weiterhin, die aztekischen Götterbilder zu entfernen und an deren Stelle das Kreuz zu errichten oder Bilder der Mutter Jesu Christi aufzustellen. Am meisten aber schockierten sie die Menschenopfer, die die aztekischen Priester darbrachten und die die Hauptursache für den Hass der anderen Völker waren, welche die Opfer, junge Männer und Mädchen, stellten. Zwei von den Soldaten des Cortés wollen 136.000 Totenschädel gezählt haben.

Eroberer als erste Bringer des Christentums

Während einer vorübergehenden Abwesenheit von Cortés ließ sich dessen Stellvertreter 1520 anlässlich eines großen Festes der Azteken – skandalisiert durch erneute Menschenopfer – dazu hinreißen, im Haupttempel der Stadt die aztekische Priesterschaft umzubringen. Die Folge war offene Feindseligkeit im Volk. Cortés konnte noch nach Tenochtitlán zurückkommen, wo ihn Moctezuma über das Vorgefallene informierte. Aber dann brach ein Aufstand los, bei dem Moctezuma und Hunderte von Spaniern, aber auch viele Mexikaner ums Leben kamen. Cortés musste zu den Tlaxcalteken fliehen, um dort seine Truppen zu regenerieren. Nach einem Jahr stand er von neuem im Tal von Mexiko. Nach wochenlanger Belagerung und Aushungerung fiel die durch eine von den Spaniern eingeschleppte Epidemie bereits geschwächte, heroisch verteidigte Stadt am 13. August 1521 in seine Hände. Cortés zerstörte die in ihrem Zentrum gelegene Pyramide, in deren Tempeln die Azteken den Kriegsgott Huitzilopochtli und den Regengott Tlaloc verehrten. Hinter dem Pantheon dieser und vieler weiterer Götter, die die Azteken

Offene Feindseligkeit im Volk

von den unterworfenen Völkern übernommen hatten, wussten sie auch von einem höchsten Wesen, dessen Einzigartigkeit als „Ometecutli", Herr der Zweiheit, der Fülle, ausgedrückt wurde. Cortés blieb dies unbekannt; erst die 1524 nach Mexiko gekommenen Franziskaner suchten auf dem Weg des Gesprächs nach tieferer Kenntnis der aztekischen Religion. Sinn der Menschenopfer, an denen die Konquistadoren so sehr Anstoß nahmen, war eine Art Energiezufuhr an die Götter, besonders an die Sonne, um deren Zyklus von Aufgang, Untergang und Aufgang aufrecht zu erhalten.

Die Konquistadoren legten auf geistlichen Beistand großen Wert, wobei die begleitenden Feldkapläne eher mäßigend, manchmal aber auch anstachelnd das militärische Geschehen begleiteten. Ein Jahrzehnt nach der Eroberung Mexikos brach 1531 Francisco Pizarro mit etwa 200 Leuten, darunter drei Geistlichen, auf, um das in den südamerikanischen Anden gelegene Inkareich zu unterwerfen. Überzeugt, mit seinen wenigen Leuten gegen die 40.000 Krieger des Inka nur eine Chance zu haben, wenn es ihm gelänge, seiner persönlich habhaft zu werden, suchte Pizarro ein schnelles Zusammentreffen. Dazu kam es 1532 in Cajamarca. Atahualpa empfing die Invasoren im Zentrum der Stadt. Von spanischer Seite trat ein Dominikanerpater vor den Inka und verlas den *requerimiento*, jenen bei allen spanischen Eroberungen vorgetragenen Text, welcher unter Berufung auf Gott als den Herrn der Welt und auf den Papst als dessen irdischen Stellvertreter sowie die päpstlichen Bullen von 1493 die Anerkennung der Herrschaft des spanischen Königs und die Bekehrung zum Gott der Christen verlangte. Als er die Lektüre beendet hatte, ließ Atahualpa | Francisco Pizarro
durch einen Dolmetscher antworten, dass auch er ein König sei und den spanischen König nicht als Herrn, sondern nur als Bruder anerkennen wolle; sein Gott aber sei die unsterbliche Sonne. Außerdem wurde deutlich, dass er als Vertreter einer oralen Kultur nicht zu verstehen vermochte, warum er an ein Buch glauben sollte, welches nicht zu sprechen vermag – er ließ die Bibel zu Boden fallen. Das aber diente den Spaniern als Zeichen, Gewalt anwenden zu können, Atahualpa gefangen zu nehmen und von den daraufhin wie gelähmten Indios mehrere tausend Mann niederzumetzeln. Atahualpa rettete sein Leben, indem er eine unvorstellbare Menge Gold als Lösegeld aushändigte. Trotzdem ließ Pizarro ihn nicht frei; im folgenden Jahr wurde Atahualpa wegen angeblicher Verschwörung ermordet. Vor die Wahl gestellt, ungetauft verbrannt oder getauft erwürgt zu werden, akzeptierte der Inka die Taufe, weil er glaubte, sein Geist könne nur weiterleben, wenn der Leib nicht vom Feuer verzehrt werde. Pizarro setzte seinen Zug auf die Inka-Hauptstadt Cusco (Cuzco) fort. Dort berief er einen Halbbruder Atahualpas zum neuen Inka von seinen Gnaden. Dennoch verlor Cusco den Hauptstadtrang. Anders als in Mexiko gründeten die Spanier in Peru eine neue Metropole an der Küste, die für den Nachschub auf dem Seeweg günstiger zu erreichen war: die *Ciudad de los Reyes*, die Stadt der Heiligen Drei Könige, das heutige Lima (1535).

Wie in Mexiko wurden auch in Cusco die religiösen Zentren, so der glanzvoll ausgestattete Sonnentempel, von den Konquistadoren zerstört. Neben der Sonne (Inti) verehrten die Inka als deren weibliches Pendant den Mond (Quilla), den Schöp-

Kultur, Religion und Sozialisation

fergott Wiraqucha (Viracocha) und die Erdmutter Pachamama. In der Volksreligion dominierten die *Huacas*, lokalisierte Manifestationen des Heiligen meist auf Bergen. Menschenopfer gab es auch bei den Inka: Vor allem Kinder wurden regelmäßig zu bestimmten Momenten des Jahreskreislaufs oder bei besonderen politischen Anlässen geopfert. Ein erst vor wenigen Jahren auf dem Gipfel des Vulkans Llullaillaco an der argentinisch-chilenischen Grenze entdecktes und durch die in dieser Höhe immerwährende Kälte fast unversehrt erhaltenes Kindergrab vermittelt einen tief bewegenden Eindruck vom Ernst und von der Pracht der inkaischen Religion, lässt den jüdischen und christlichen Betrachter aber auch spüren, wie befreiend es war, als der Engel dem Abraham, als er sich anschickte, Isaak zu opfern, zurief: „Streck deine Hand nicht gegen den Knaben aus und tu ihm nichts zuleide!" (Gen 22,12).

Inkaische Religion

Nördlich des Inkareiches wurden 1537/1539 die Völker der Chibcha-Kulturen unterworfen. In Venezuela agierte von 1528 bis 1556 das deutsche Handelsunternehmen der Augsburger Welser-Familie, dem Karl V. finanziell verpflichtet war. Im Süden wurde die Conquista von Pedro de Valdivia vorangetrieben; er gründete 1541 Santiago de Chile, unterlag aber 1553 den freiheitsliebenden Mapuche, die sich bis ins 19. Jahrhundert selbständig halten konnten. Zuletzt wurde von den Andenländern aus das Innere des La-Plata-Raumes erschlossen; hier entstanden 1553 Santiago del Estero, 1573 Córdoba und 1580 Buenos Aires. Den Eroberungen folgten jeweils die Missionsbemühungen der begleitenden oder nachrückenden Ordensleute. Die Abfolge von Eroberung und Mission galt, bis die Krone 1573 bewaffnete Conquista-Unternehmen ganz verbot und nur noch friedliche Vorstöße von Missionaren in unbekannte Gebiete erlaubt waren, wenn auch bisweilen unter militärischem Schutz. So entstanden seit dem ausgehenden 16. Jahrhundert im Norden Mexikos, in Kalifornien und Florida, in Venezuela, im Inneren Südamerikas und in dessen Süden, also an den Rändern der spanischen Territorialherrschaft, die großen Missionsgebiete der Bettelorden und insbesondere der Jesuiten, die 1568 nach Peru und 1572 nach Mexiko kamen. Mit 3500 aus Europa nach Amerika entsandten Personen sollten sie bis zu ihrer Ausweisung 1767/1768 die zweitstärkste Gruppe unter den Trägern der Evangelisierung werden.

Entstehung von Missionsgebieten

Die außerhalb des Inkareiches lebenden Völker Südamerikas stimmen trotz ihrer enormen Verschiedenartigkeit in einigen elementaren religiösen Vorstellungen überein: Die Überlieferung eines Schöpfers der Welt und Urhebers der Menschheit ist wohl überall vorhanden; meist handelt es sich um eine rein mythische Persönlichkeit, die in das tägliche Leben der Menschen nicht eingreift. Neben diesem höchsten Wesen sind zahllose Vegetations- und Tiergottheiten (z. B. der Gott Jaguar) bekannt. Weit verbreitet sind Vorstellungen über die Seele(n) des Menschen, womit sich Totengeisterglauben und Ahnenkulte verbinden. Als Mittler zwischen Diesseits und Jenseits fungiert der Schamane; er – vereinzelt auch sie – steht im Kontakt mit den übernatürlichen Wesen, woraus eine besondere Machtstellung resultiert. An diese Voraussetzungen knüpften viele der katholischen Missionare an.

Religiöse Vorstellungen

Die spanische Krone suchte die Eroberung Amerikas mit jenem Herrschaftsanspruch *a priori*, welcher ihr in den Bullen Alexanders VI. zugestanden war, zu rechtfertigen. Seit 1513 mussten die Konquistadoren einen diesbezüglichen Text, den erwähnten *requerimiento*, den Indios vorlesen; nur bei verweigerter Bekehrung und Unterwerfung durften sie zur Gewaltanwendung übergehen. Im Kern war der *requerimiento* nichts anderes als eine in zynischer Theologie versteckte Kriegserklärung; die Indios reagierten immer mit Unverständnis. Als der *requerimiento* 1513 formuliert wurde, hatte bereits die Debatte über die Berechtigung des spanischen Vorgehens eingesetzt. Die den Einheimischen zugefügten Misshandlungen und deren theoretische Legitimation stießen auf den erbitterten Widerstand eines großen Teils der Missionare, besonders aus dem Dominikanerorden. Immer wieder übten sie auf die Krone Druck aus, die Rechtsstellung der Indios zu verbessern. Karl V. verbot schließlich 1530 die Indianersklaverei. 1537 erreichten die Dominikaner die Bulle »Sublimis Deus« von Papst Paul III.; die Indios wurden darin als vernunftbegabte Wesen wie alle übrigen Menschen bezeichnet und für fähig befunden, die christliche Botschaft anzunehmen. Da die Bulle nicht auf dem amtlichen Wege veranlasst worden war, wurde sie von der spanischen Krone ignoriert; der Papst hat sie aber nicht widerrufen, wie es manchmal heißt. In den „Neuen Gesetzen" von 1542 verbot Karl V. auch die *encomienda*, doch war dieses Verbot gegen den anhaltenden Widerstand der Siedler und aus wirtschaftlichen Interessen nicht durchzusetzen.

| Debatte über die Berechtigung des spanischen Vorgehens |

Las Casas, der Verteidiger der Rechte der Indios und der Werte ihrer Kulturen, vertrat das Prinzip, dass das Evangelium mit Gewalt und Krieg nichts zu tun habe. In seinem lateinisch verfassten Werk »Über die einzige Art der Berufung aller Völker zur wahren Religion«, dem ersten missionstheologischen Traktat der Neuzeit, erklärte er die Überzeugung des Verstandes mit Argumenten sowie die sanfte Anlockung des Willens durch ein beispielhaftes Leben zu den allein möglichen Methoden christlicher Mission. Er unternahm ab 1537 im Hochland von Guatemala selbst ein Missionsprojekt nach diesen Prinzipien. Später versuchte er als Bischof von Chiapas, seine Auffassung von Mission gegen den Widerstand der Siedler durchzusetzen, und wirkte schließlich als Altbischof am Hof in Spanien zugunsten der Indios. Neben einer Geschichte Amerikas verfasste er eine monumentale ethnographische Beschreibung der indianischen Kultur (»Apologética historia«), eine Art vergleichende Ethnologie, die gegenüber diskriminierenden Darstellungen der Zeit den kulturellen Rang der indigenen Welt herausstellte. Darin hob er auf die Schönheit, Begabung und Moral, aber auch die geordneten Gemeinwesen der einheimischen Völker Amerikas ab und betonte ihre natürliche Rationalität und Religiosität. In den Menschenopfern sah er einen irregeleiteten Ausdruck ihres Verlangens nach dem wahren Gott.

| Bartolomé de Las Casas |

Die historische Leistung des Las Casas besteht wohl darin, dass er neben anderen hellsichtigen Bischöfen und Gelehrten gegen den Geist seiner Zeit das widersprüchliche Miteinander von Schwert und Kreuz, von Kolonisierung und Missionierung aufdeckte und in dieser unheilvollen Verquickung das eigentliche Hindernis einer am Evangelium orientierten Mission sah. Seine Entdeckung des Anderen war biblisch darin begründet, dass er im geschmähten Indio das Leidensantlitz Christi entdeckte und sich deshalb mit ungeheurer Energie und allen ihm zur Verfügung stehenden Mitteln über 50 Jahre hin für die anderen einsetzte.

Den Kampf um die Rechte der Völker führte auch sein Ordenskollege Francisco de Vitoria (1483–1564), der auf hohem intellektuellem Niveau eine Debatte um die Rechtstitel der spanischen Präsenz in der Neuen Welt auslöste. In seinen Vorlesungen verurteilte er den Kolonialismus, weil die Indigenen von Natur aus frei und zu Vernunftgebrauch, Besitz und Regierung fähig seien. Dabei verwarf er illegitime Rechtstitel wie die Weltherrschaft des Papstes oder des Kaisers, die Entdeckung, die Verweigerung des Glaubens, Sünden des Kannibalismus, angeblich freie Unterwerfung oder Schenkung Gottes an die Krone, die keine Herrschaft begründen könnten. Zu den legitimen Rechtstiteln zählte Vitoria das natürliche Recht auf Freizügigkeit des Reisens und Handels, auf Kommunikation und Mission, auf Schutz von Neuchristen und Unschuldiger vor der Tyrannei sowie das Recht eines Volkes auf freie Wahl. So schuf er Grundlagen des Völkerrechts, welche durch die „Schule von Salamanca" eine breite Wirkungsgeschichte entfalten sollten (s. S. 246).

Grundlagen des Völkerrechts

Mexiko

Bei der Missionierung Mexikos spielten die von millenaristischen Hoffnungen geprägten Franziskaner eine entscheidende Rolle; sie nannten das Unternehmen „geistliche Eroberung". Bereits 1523 kamen mit einer Sondervollmacht Karls V. drei Flamen nach Mexiko-Stadt. Einer von ihnen, genannt Peter von Gent, sollte ein halbes Jahrhundert lang unter den Mexikanern leben. Er erlernte das Nahuatl (Náhuatl) und erkannte die Bedeutung der Kinder für die Ausbreitung des Christentums; so richtete er eine Schule ein und verfasste eine umfangreiche „Christenlehre" in Nahuatl.

1524 entsandte der Generalminister der Franziskaner zwölf Brüder nach Mexiko; auf Grund ihres Wirkens wurden sie später „die zwölf Apostel" genannt. Sie kamen, um das Evangelium in die Neue Welt zu bringen und das Ideal einer neuen, armen, apostolischen Urkirche zu verwirklichen. Bei der Ankunft ritt ihnen Cortés entgegen, stieg zum Erstaunen der Einheimischen vom Pferd und kniete vor den unansehnlich scheinenden Männern nieder. Die „Zwölf" kamen mit irenischem Geist nach Mexiko. In den Unterworfenen entdeckten sie ein viele Werte des Evangeliums bereits lebendes Volk, dessen Sprache sie erlernten, um ihm die Lehren und Gebete des Christentums zu vermitteln. Die Bilderschrift der Nahua (Náhua) machten sie sich für piktographische Katechismen zueigen.

Wirken der Franziskaner

Toribio de Benavente berichtet in seiner »Historia de los Indios de la Nueva España« (1541) von einigen Millionen Getauften in den beiden ersten Jahrzehnten franziskanischen Wirkens in Mexiko. Er und seine Mitbrüder bewunderten den Gemeinsinn der barfüßigen Indios, das Fehlen aller Habsucht unter ihnen; sie sahen in ihnen die „Kleinen" des Evangeliums (Mk 10,15), denen Jesus das Himmelreich zugesagt hat. Mit ihnen wollten sie eine Kirche im ursprünglichen Geist Christi aufbauen. So kam es zu Massentaufen. Mag die genannte Zahl zunächst auch übertrieben scheinen, sie ist angesichts der Bevölkerungsdichte Mexikos, des dauernden Umherziehens der Fratres und auch im Hinblick auf die großen Vorhöfe bei den Kirchen, in denen sich Zehntausende von Indios versammeln konnten, nicht auszuschließen.

Es ging den Franziskanern um eine indigene Kirche. Christianisierung der Indios (und nur soweit unumgänglich auch Hispanisierung) war ihre Zielsetzung. Diesem Programm entsprach ihr Studium der autochthonen Sprachen. Die indigene Kirche sollte in der einheimischen Kultur fest verankert sein; darum zeigten die Missionare großes Interesse an den Traditionen der mexikanischen Völker. Von über 100 in Mexiko im 16. Jahrhundert über die Landessprachen oder in ihnen veröffentlichten Werken wurden 80 von Franziskanern verfasst.

> Zielsetzung: Indigenisierung

Der 1529 nach Mexiko gekommene Fray Bernardino de Sahagún (1500–1590) gilt als der bedeutendste Ethnograph der aztekischen Kultur. Sein großes Verdienst ist es, dass er die Mexica selbst über ihre Kultur befragte und so eine umfassende Enzyklopädie über Leben, Kultur und Sprache des alten Mexiko erstellte. Sahagún lernte Nahuatl, studierte alle Aspekte der aztekischen Gesellschaft und ließ seine Schüler die überlieferten Erzählungen ihres Volkes in bebilderten Texten aufschreiben. Sahagún übersetzte diese Texte, und es entstand der »Codex Florentinus«: In zwei Spalten stellte er die Nahuatl-Sprache der spanischen gegenüber. Die zwölfbändigen Erzählungen wurden bekannt als »Historia General de las Cosas de Nueva España« (»Allgemeine Geschichte der Dinge von Neu-Spanien«). Im Vorwort brachte Sahagún zum Ausdruck, damit der Aberglauben der Vergangenheit überwunden werden könne, sei es nötig, ihn zu kennen. Zugleich ging es ihm auch um die Rettung des Gedächtnisses und der Ehre eines besiegten, gedemütigten Volkes, dessen kulturelle Leistungen er denen der Europäer für ebenbürtig hielt und das genau wie diese aus dem Geschlecht Adams stammte.

> Fray Bernardino de Sahagún

Sahagún war seit 1536 an dem damals eröffneten Kolleg Santa Cruz de Tlatelolco tätig. Den franziskanischen Chronisten zufolge sollte das Kolleg dem Aufbau einer indigenen Kirche dienen. Die etwa 100 Jungen erhielten in Tlatelolco erstklassige Lehrer. Sie lernten Lateinisch, wurden in Musik und Mathematik unterrichtet, in den *Artes*, in Philosophie und die Begabtesten schließlich in Theologie. Doch traten zwei Schwierigkeiten auf, eine äußere, nämlich Misstrauen und Widerstand gegen das Projekt bei der lokalen Verwaltung, und eine innere: Die Schüler lernten zwar erfolgreich Latein, übernahmen aber nicht alle Werte der christlichen Tradition. Die Gegenstimmen wurden so stark, dass sich das erste Provinzialkonzil von Mexiko 1555 gegen die Priesterweihe von Indios als Neuchristen aussprach; erst der vierten Generation seit der Konversion sollte sie möglich sein. Die Bestimmung des Kollegs in Tlatelolco wandelte sich nunmehr. Das Haus wurde eine Art interkulturelle Relaisstation; ein Team sehr fähiger indianischer Lateinkenner übersetzte klassische Werke des Christentums ins Nahuatl. Diese Funktion, bezeugt in vielen Buchpublikationen, erlosch um 1610, als mit dem Tod von Sahagúns Lehrer in Nahuatl, Antonio Valeriano, die Generation der lateinkundigen Indios abtrat.

Zum Programm der Franziskaner, eine indigene Urkirche aufzubauen, gehörte auch deren Schutz vor dem vereinnahmenden Zugriff der europäischen Siedler. Viele Franziskaner traten für eine Politik der getrennten Entwicklung „zwei Republiken" ein, der spanischen und der indigenen. Der Chronist dieser Bewegung meinte, die auf dem Land lebende, agrarisch und nicht gewinnorientiert wirtschaftende Bevölkerung sollte dem Schutz der Klöster anvertraut werden. Er glaubte, die Franziskaner könnten von ihren Konventen aus die Indios der umliegenden Landstriche wie große Klostergemeinschaften führen. Bis 1569 waren schon 96 solcher Franziskanerklöster gegründet; bis heute prägen ihre Bauten die Landschaft Neu-Spaniens.

Schutz vor dem Zugriff der Siedler

Ein bedeutender Missionar Mexikos wurde auch „Jakob der Däne", Franziskaner und Bruder König Christians II. von Dänemark. Jakobs Missionsaufgaben lagen im Westen, in Michoacán, wo er bei den Tarasken wirkte. Er widersetzte sich der immer stärkeren Tendenz, Indigenen grundsätzlich die Priesterweihe zu verweigern. 1554/1557 amtierte er als Leiter der Kustodie St. Peter und Paul für Michoacán und Jalisco, deren Erhebung zur Provinz er 1565 noch erlebte. Als Mitglied einer königlichen Visitationskommission kam der Jurist Vasco de Quiroga nach Mexiko. Er bekämpfte aus christlichem Humanismus das negative Indianerbild der spanischen Siedler und engagierte sich für die einheimische Bevölkerung, indem er – beeinflusst von der »Utopia« des Thomas Morus – christliche Indianerdörfer mit kooperativen Werkstätten, Hospitälern und anderen Sozialeinrichtungen gründete. Dabei zeigte er so viel politische Weitsicht, dass ihn die Krone zum Bischof von Michoacán berief. Als *Tata Vasco* („Vater Vasco") wird er bis heute verehrt. Die Dominikaner waren bald nach den Franziskanern, nämlich 1526, ins Land gekommen und wirkten besonders im Süden Mexikos. 1533 folgten die Augustiner, deutlich später (1572) die Jesuiten, deren Arbeit sich auf den Nordwesten konzentrierte. Von überragender Wirkung war in diesem Raum der aus Tirol stammende Eusebio Francisco Kino (Kühn); er unternahm von 1687 bis 1711 40 Missionsreisen und verfasste Wörterbücher der Guaycura-, Cochimí- und Nebesprache.

Weitere Missionare

Peru

Die Anfänge des Christentums in Peru standen im Zeichen der gewalttätigen Conquista. In den inkaischen Götterbildern sah man Teufelswerk und vernichtete sie. Auf den Ruinen der zerstörten Tempel wurden neue, größere, prächtige Kirchen errichtet. Doch dann wurde allmählich bewusst, dass diese triumphalistische Missionsmethode Herzen und Seelen der indianischen Bevölkerung nicht erreichte.

Eine Wende kam mit dem Zweiten Konzil von Lima (1567) und mit dem Eintreffen der Jesuiten bald darauf. Nach ihrer Ankunft mussten sich die Missionare ein halbes Jahr dem Studium einer Indianersprache widmen, sich darauf in der Praxis vervollkommnen und untereinander das einheimische Idiom gebrauchen, um darin Festigkeit zu erlangen. In eben diesem Sinn erklärte König Philipp II. 1578 die überprüfte Kenntnis der jeweiligen indianischen Sprache zur formellen Bedingung für Bewerber auf Seelsorgestellen in indigenen Dörfern und Gemeinden. An der Universität Lima bestanden Lehrstühle für die Hauptsprachen des untergegangenen Inkareiches. Das Dritte Konzil von Lima (1582/1583) betonte nachdrücklich das Prinzip der Evangelisation in der Muttersprache und veranlasste die Herausgabe eines Katechismus zur Unterweisung der Indios, der 1584 in Lima dreisprachig gedruckt wurde: in Spanisch, Quechua und Aymara. In hervorragender Weise setzte sich der damalige Erzbischof Toribio de Mogrovejo für die Belange der Indigenen ein, indem er selbst Quechua lernte und seiner großen Diözese gemäß dem Hirtenideal des Trienter Konzils auf regelmäßigen Pastoralreisen Orientierung gab. Seine wiederholte Ermahnung an den Klerus, die indigenen Sprachen zu erlernen, dürfte freilich auch einen Hinweis darauf geben, dass viele Missionare sie nur mangelhaft beherrschten. In seiner Arbeit wurde der Bischof von dem Jesuiten José de Acosta theologisch unterstützt, der nach eigenen missionarischen Erfahrungen im andinen Raum eine umfassende Missionstheorie schrieb, die unter dem Titel »Sorge um das Heil der Indianer« (»De procuranda Indorum salute«) erstmals 1588 erschien und über lange Zeit als Handbuch dienen sollte. Den Untergang des Inkareiches und die rasche Evangelisation Perus deutete Acosta in geschichtstheologischer Analogie zur griechisch-römischen Antike: „Wie das Gesetz Christi zur Zeit des Höhepunktes des Römischen Reiches kam, so war dies auch in Westindien der Fall." Acosta interessierte sich für die Geschichte der Indios und bedauerte die Zerstörungen der Conquista, weil so die Erinnerung an die indianische Vergangenheit verlorengegangen sei. Bemerkenswerterweise übernahm das Dritte Konzil von Lima die von anderen hispanoamerikanischen Provinzialsynoden formulierte strikte Ablehnung der Priesterweihe und des Ordenseintritts der Indios nicht in gleicher Strenge, sondern ließ ihnen die Tür zum Weihesakrament offen. [Wende mit dem Eintreffen der Jesuiten]

Um 1615 entstand in Peru ein Werk, das aus indianischer Perspektive Eroberung und Missionierung betrachtete; es wurde von Felipe Guamán Poma de Ayala als „Brief" an den spanischen König Philipp III. konzipiert, damit dieser für eine „gute Regierung" sorge, was schon im Titel „Neue Chronik und gute Regierung" zum Ausdruck kommt. Eine Besonderheit stellen fast 400 ganzseitige Zeichnungen dar, mit denen Poma de Ayala sein Werk illustriert hat; sie machen ein Drittel der Blätter des Manuskriptes aus und haben für die Gesamtaussage hohen Stellenwert. Das Werk ist in seinem ersten Teil deutbar als Versuch einer enzyklopädischen Erfassung der altperuanischen Geschichte und Kultur. Diese mündet in die Darstellung der Gegenwart ein. Stark persönlich gefärbt, zeichnet Poma de Ayala im umfangreicheren zweiten Teil der Chronik ein kritisches Bild der die Kolonialmacht repräsentierenden Personengruppen und denunziert leidenschaftlich die von ihnen begangenen Missbräuche. Gleichzeitig unterbreitet er eine Vielzahl oft [Felipe Guamán Poma de Ayala] naiver Verbesserungsvorschläge. Die grundlegende Perspektive Guamán Pomas ist christlich. Er will nicht in die Inkazeit zurück.

Poma de Ayalas Werk kann auch als Apologie der indianischen Volksreligiosität verstanden werden, gegen die sich zur gleichen Zeit eine Kampagne der kirchlichen und staatlichen Autoritäten zur Unterdrückung des Synkretismus richtete. Weder diese noch die vorherigen Maßnahmen des Bischofs Diego de Landa († 1579) im alten Mayagebiet von Yucatán, der, nachdem es 1562 in einer Kirche zu einem Menschenopfer gekommen war, die vorchristlichen Kultbilder und Codices der Vernichtung preisgab, die Hieroglyphen und die Kultur der Maya allerdings auch studierte und in einem Bericht zusammenfasste, haben die Koexistenz vorchristlicher und christlicher Religionsausübung durch die indianische Bevölkerung verhindern können.

Kirchliche Strukturen unter dem Patronat der spanischen Krone

Im Jahr 1620 fand die kirchliche Organisation Hispanoamerikas mit der Errichtung der Sprengel von Durango im Norden Mexikos und von Buenos Aires an der Mündung des Río de la Plata als letzten von insgesamt 35 Bistümern ihre bis ins späte 18. Jahrhundert unveränderte Gestalt. Alle amerikanischen Diözesen unterstanden zunächst dem Erzbistum Sevilla. 1546 wurden die Kathedralen von Santo Domingo, Mexiko und Lima zu Metropolitankirchen aufgewertet. Die Zuordnung der Suffraganbistümer entsprach der zivilen Verwaltungseinteilung. Dem Erzbischof von Santo Domingo wurden die Bischöfe der Nachbarinseln Puerto Rico und Kuba (mit Florida und Jamaika) sowie der Küstenstädte Coro, Santa Marta, Cartagena und Trujillo/Honduras unterstellt. Mexiko bekam Puebla, Michoacán, Oaxaca, Chiapas und Guatemala zugewiesen. Die größten Entfernungen ergaben sich in der Kirchenprovinz Lima; sie reichte von Nicaragua über Panama und Quito bis Cusco. 1564 kam für Neu-Granada eine weitere Kirchenprovinz hinzu: Santa Fe de Bogotá mit Cartagena, Santa Marta und Popayán. Schließlich wurde 1609 in Charcas (La Plata, heute Sucre) ein fünfter Metropolitansitz für das südöstliche Hispanoamerika errichtet, also für etwa das Gebiet der heutigen Staaten Bolivien, Argentinien und Paraguay. Seit dem letzten Jahrzehnt des 16. Jahrhunderts führten die Erzbischöfe von Santo Domingo den Titel „Primas von (West-)Indien".

Spanien gründete in Amerika einige hundert Städte, in denen sich die Kolonialgesellschaft konzentrierte. Unter den Städten gab es Rangfolgen; die 35 Bischofsstädte gehörten zu den angeseheneren Kommunen, in denen meist auch Gouverneure, Gerichtshöfe und militärische Kommandanturen residierten. Hier wurden große Kathedralen gebaut, anfangs noch im postgotischen, meist aber im Barockstil, der durch die einheimischen Bauleute einige Besonderheiten erhielt. Oft wurden die ersten Sprengel übereilt, noch nicht am geeigneten Ort gegründet. Wegen dieser erschwerten Bedingungen gehörten diese Diözesen auf Dauer zu den wirtschaftlich ärmeren. Hingegen entstanden danach in einer zweiten Phase die reichsten Diözesen, in Südamerika entlang der Achse von Lima (Hafen Callao) bis

Potosí (Zentrum des Bergbaus). Peru bildete das Herz der südamerikanischen Kolonialkirche. In einer dritten Phase wurde das Netz der Bistümer verdichtet; die jetzt entstandenen Sprengel, so zum Beispiel La Paz, waren weniger reich als die Bistümer der zweiten Phase, aber nicht so arm wie jene der Gründungsphase. Die reichsten Diözesen hatten die größten Domkapitel, es gab hier also die größte Differenzierung innerhalb des Weltklerus. Diese war besonders in Lima und Mexiko ausgeprägt, doch hatte auch das Domkapitel der im Vergleich erheblich ärmeren Erzdiözese Santo Domingo 18 verschiedene Stellen.

In den reichen Bistümern entstand die größte Anzahl von Pfarreien; in den ärmeren und jüngeren Bistümern dauerte der Ausbau des Pfarrsystems bis weit ins 17. Jahrhundert an. Dabei gilt, dass die Mehrzahl der Pfarreien in den Landstädten lag, nur wenige aber in Quartieren der Bischofsstädte entstanden. Wie die Kathedralen an der *Plaza Mayor*, dem Hauptplatz, in Nachbarschaft zum Palast des Gouverneurs und zum Rathaus gebaut wurden, so fanden sich auch die Pfarrkirchen der Landstädte in zentraler Lage angeordnet. Die Karrieren der Bischöfe folgten Aufstiegslinien, die sie von den ärmeren in die reicheren Diözesen brachten. In den ärmeren Diözesen kam es häufiger vor, dass Kreolen in höhere Ämter aufstiegen, während in den reicheren Diözesen die gebürtigen Spanier dominierten. Ordensangehörige hatten in ärmeren Diözesen eine größere Chance, zum Bischof ernannt zu werden, als in den reicheren, aber ihre Zahl war im Laufe der Zeit insgesamt rückläufig. Die wirtschaftliche Situation der Diözesen spiegelte stets die ökonomische Lage der jeweiligen Region.

Die Bedeutung des Unterschiedes von Welt- und Ordensklerus in Spanisch-Amerika wird oft unterschätzt. Der Säkularklerus war sehr viel stärker in den Alltag des gesellschaftlichen Lebens eingebunden; er unterstand der administrativen Kontrolle des Patronats, während die religiösen Orden ihre eigene Binnenorganisation hatten, auf die weniger leicht von außen zugegriffen werden konnte. Beide Gruppen bestanden sowohl in der iberischen wie in der indigenen Gesellschaft, beide verließen sich auf die Gaben, Almosen und Steuern der spanischen Krone und der spanisch-amerikanischen Gesellschaft, die ihnen ermöglichten, das Werk des christlichen Glaubens unter den amerikanischen Eingeborenen aufzubauen. | Unterschied von Welt- und Ordensklerus

Seit Mitte des 16. Jahrhunderts entstanden in den Städten auch Frauenklöster – von Klarissen, Dominikanerinnen, Karmelitinnen –, in welche unverheiratete Töchter der Aristokratie und des Bürgertums eintreten konnten, die meist eine indigene oder afroamerikanische Dienerin mitbrachten. Mexiko-Stadt zählte ausgangs des 17. Jahrhunderts 22 Frauenklöster, Puebla deren zehn. Die Frauenklöster übernahmen Erziehungsaufgaben, zum Beispiel die schulische Ausbildung der Töchter aus Spanier- und Kreolenfamilien und die Betreuung von Waisenkindern. | Frauenklöster

Auch die Laien prägten das kirchliche Leben der Kolonialgesellschaft, und zwar über die Bruderschaften. Diese umfassten gewöhnlich bestimmte soziale, berufliche oder „rassische" Gruppen, die an einer der Pfarr- oder Klosterkirchen eine Kapelle mit einem bestimmten Patrozinium errichteten, welches alljährlich festlich begangen wurde. Neben religiösen Übungen, etwa in der Fastenzeit und besonders in der Karwoche, kümmerten sich die Bruderschaften um karitative Ziele wie Beherbergung von Fremden, Bestattung der Armen und ähnliche barmherzige Werke. Eine vergleichbare Rolle wie die Bruderschaften spielten die Drittordensgemeinschaften der Bettelorden. Die große Anzahl von Kirchen und Kapellen, die Vielfalt der religiösen Gruppen und Gemeinschaften spiegelte sich in zahlreichen Festen, die das Kalenderjahr abwechslungsreich gestalteten. In jeden Monat fielen durchschnittlich drei solche Festtage. Diese Feste wurden mit Prozessionen, Theater, Tänzen, Märkten, Feuerwerk und anderen volkstümlichen Ausdrucksformen gestaltet. Europäischer Barock und autochthone Traditionen Amerikas verschmolzen dabei miteinander.

Bruderschaften und Drittordensgemeinschaften

Besondere Brennpunkte der Volksreligiosität waren die Wallfahrtsorte. Sie bildeten immer einen vom Volk geschaffenen Kontrapunkt zu den Kathedralen mit ihrer Konzentration von Klerus und amtlicher Liturgie. Es gab kaum eine Diözese, in deren Grenzen sich nicht ein Wallfahrtsort entwickelte. Das bekannteste Beispiel ist „Unsere Liebe Frau von Guadalupe", ein Marienheiligtum im Norden des heutigen Bundesdistriktes von Mexiko-Stadt. Dort, wo die Azteken die Muttergottheit Erde verehrt hatten, zeigte sich der Legende nach 1531 die Gottesmutter Maria einem Indio, den die Franziskaner Diego getauft hatten. Durch ihn ließ Maria dem Bischof von Mexiko-Stadt ihren Wunsch mitteilen, an diesem Ort durch eine Kapelle geehrt zu werden. Angesichts der Zweifel des Bischofs gab sie dem Indio in seinem Umhang kostbare Blumen zum Erweis seiner Glaubwürdigkeit mit. Als dieser ihn vor dem Bischof öffnete, fielen die Blumen zu Boden und der Umhang zeigte das Bild Mariens, so wie sie dem Indio erschienen war, als *Morenita*, mit der braunen Hautfarbe der Indios. Diese Marienerscheinung vermittelte die christliche Botschaft in die Symbolwelt des mexikanischen Volkes. In der Tradition dieser heute größten Wallfahrtsstätte des amerikanischen Erdteils erkennt die moderne lateinamerikanische Theologie zwei ihrer wesentlichen Anliegen wieder: das der „Inkulturation" und das der „Option für die Armen". Andere Pilgerstätten sind von ihrer Entstehung mehr mit der Frömmigkeit der europäischen Einwanderer verknüpft. Neben den Marienwallfahrtsorten gibt es auch viele Pilgerziele, die dem gekreuzigten Christus geweiht sind.

Wallfahrtsorte

Die „Reduktionen" der Jesuiten

Das bekannteste Missionsprojekt in der Neuen Welt waren die „Reduktionen" der Jesuiten. Sie sahen eine „Zusammenführung" der halbnomadisch lebenden Indios in eigenen Siedlungen vor, strebten also eine von der Kolonialgesellschaft getrennte Entwicklung an. Zwar blieben sie im politischen und rechtlichen Rahmen der spanischen Herrschaft, doch bildete sich innerhalb derselben eine antikoloniale „Utopie", die an

Religiöse Begegnungen und christliche Mission

Die Entwicklung der Kirchenorganisation und Mission in Südamerika bis um 1750.

Kultur, Religion und Sozialisation

die autochthone Kultur der indigenen Bevölkerung anknüpfte. Im 17. Jahrhundert bauten die Jesuiten verschiedene solcher Missionsgebiete in Amerika auf; diese „Reduktionen" waren ihrer Organisation nach große christliche Kommunitäten. Solche Missionsgebiete lagen im nordwestlichen Mexiko, im Binnenland von Kolumbien und Venezuela, im heute zu Peru und Ecuador gehörigen Teil Amazoniens, im Nordosten und Osten des heutigen Bolivien, ferner im argentinischen Chaco und im Süden Chiles. Zu besonderer Blüte gelangten die 30 Ortschaften bei den Guaraní-Völkern in Paraguay.

Wer um 1700 in eine der beiderseits der Flüsse Paraná und Uruguay gelegenen Missionssiedlungen kam, war beeindruckt von der Weiträumigkeit der Plätze und Straßen, von den durchgehenden Arkadengängen, die Schutz vor Sonne und Regen boten, von der Pracht der Kirchen. Die 30 Anlagen waren einander ähnlich. Neben der Kirche befanden sich der Friedhof und ein Gebäude für die Witwen und Waisen. Auf der anderen Seite der Kirche lag ein Innenhof mit den Wohnungen der Patres, woran sich ein Trakt mit Werkstätten und Lagerräumen anschloss. Um die übrigen Seiten des zentralen Platzes gruppierten sich in mehreren Zeilen Wohnhäuser. Rings umgeben waren die Missionen von Gärten, Feldern und Weideland. Die 30 Dörfer verteilten sich auf einen Raum von je etwa 300 Kilometer Länge und Breite; die Landwirtschaft beziehungsweise Viehzucht der Siedlungen erstreckte sich über ein noch erheblich größeres Terrain. Mit 140.000 Personen erreichte die Einwohnerzahl 1732 den Höchststand. Bei der geringen Bevölkerungsdichte und den üppigen Ressourcen der subtropischen Natur gab es keine Versorgungskrisen. Das Land war aufgeteilt in „Familienland" und „Gottesland"; letzteres wurde gemeinschaftlich bewirtschaftet. Zum wichtigsten Produkt wurde der Mate. Während die Guaraní ihn vorher durch Sammeln von Wildpflanzen gewonnen hatten, kultivierten sie ihn mit Hilfe der Jesuiten nun planmäßig. Neben Mate wurden aus den Reduktionen auch Leder sowie Baumwolle exportiert. Der Erlös diente zur Zahlung der Steuern an die spanische Staatskasse und wurde in die Gemeinschaftseinrichtungen der Siedlungen – die Kirchen und Gebäude, die Schule, das Orchester, die Werkstätten – reinvestiert oder auch zum Kauf von Luxuswaren verwendet, die man bei großen Festen brauchte.

Der Aufbau der Gesellschaft in den Reduktionen war paternalistisch. Die Leitung hatten in jedem Ort zwei Jesuiten; einer war Priester, der andere ein handwerklich ausgebildeter Bruder. Ihnen zur Seite stand der von den Indios alljährlich gewählte Gemeinderat mit Bürgermeister; auch das Richteramt wurde durch jährliche Wahl vergeben. Den Tagesablauf regulierte der Glockenschlag der Kirchturmuhr, die Beaufsichtigung der Arbeit war durchaus streng. Strafen fielen aber milde aus. Die Missionssiedlungen waren das damals wohl einzige Territorium auf der Welt, in dem die Todesstrafe abgeschafft war. Zu Messfeiern, Christenlehre und Andachten versammelte man sich in der Kirche. Der Katechismus wurde in Guaraní gelernt. Auf Grund einer bewussten Sprachpolitik blieb das Spanische in den Reduktionen ausgeschlossen; die Jesuiten wollten jede Einflussnahme von Kolonisten ver-

346

hindern. An ihrer Universität in Córdoba unterhielten sie einen Lehrstuhl für Guaraní. In drei der Reduktionen gab es Druckereien, wo man Bücher hauptsächlich religiösen Inhalts herstellte. So wurde diese Indianersprache von einer gesprochenen zu einer geschriebenen. Die Jesuiten vermittelten den christlichen Glauben nicht nur auf kognitive Weise, sondern setzten dafür auch die Sinne ein. Prozessionen, religiöses Theaterspiel und die Kirchenmusik wurden gepflegt. Messen für Chor, Orgel und Orchester mit Flöten, Geigen, Harfen und anderen Instrumenten wurden regelmäßig in den Reduktionen aufgeführt.

Grundidee der Jesuitenmissionare war die Einheit von Evangelisierung und ganzheitlicher menschlicher Entwicklung. Durch Absonderung von der Kolonialgesellschaft, systematische Förderung einer einheimischen Sprache, die von den Angehörigen kleinerer Ethnien übernommen und so zur *lingua franca* in den Siedlungen wurde, pragmatische Anknüpfung an die indigene Kultur (Mentalität, Religiosität, kommunitäre Wirtschaftsweise) und eine feste Verankerung in der christlichen Botschaft ermöglichten die Reduktionen eine indianisch-christliche Synthese in einer funktionierenden sozialen Ordnung. | Grundidee der Jesuitenmissionare

Die Chiquitanía liegt im Osten des heutigen Bolivien. Seit Ende des 17. Jahrhunderts wurden hier von den Jesuiten zehn Dörfer gegründet. In ihnen fanden christlicher Glaube, ökonomische Entwicklung und künstlerischer Ausdruck zu einer Symbiose zusammen, die bis heute lebendig ist. Die Arbeit der Jesuiten, die 1767 infolge einer „aufgeklärten", tatsächlich auf Ressentiments und Polemik fußenden Politik ihre Missionen in Amerika verlassen mussten, war nachhaltig. In der Chiquitanía bezeugen das neben den großartigen Kirchen, die in jüngerer Zeit renoviert und zum Weltkulturerbe erklärt worden sind, vor allem die vielen Feste des Kirchenjahres, an denen das musikalische Erbe der Jesuitenzeit lebendig wird; die Kunst des Instrumentenbaus blieb ebenso erhalten wie eine Vielzahl von barocken Notenmanuskripten und Partituren. In der Erinnerung der Chiquitanos stellten die Jesuiten etwas Gutes dar; lange Zeit hofften sie auf die Rückkehr der Patres; deshalb hielten sie an den mit ihnen verbundenen Traditionen fest. Durch ihr religiöses Brauchtum konnten sie sich als Christen darstellen und hofften deshalb auf mehr Respekt der Weißen und Mestizen, die nach der Ausweisung der Patres, vor allem aber nach dem Ende der spanischen Herrschaft in der neuen republikanischen Ära in ihr Gebiet eindrangen. | Chiquitanía

Auch auf der Insel Chiloé und dem zwischen ihr und dem Festland gelegenen Archipel ist das Erbe der Missionsgeschichte in vielfältiger Weise bis in die Gegenwart zu spüren. Hingegen wurde die Mehrzahl der 30 Guaraní-Dörfer von den Indios verlassen, als das Gebiet in der Zeit der lateinamerikanischen Unabhängigkeitsbewegung (1808–1824) und nochmals während des Krieges der Tripelallianz (1864–1869) zum Zankapfel zwischen Brasilien, den Vereinigten La-Plata-Provinzen (dem späteren Argentinien) und Paraguay wurde. | Die Insel Chiloé

Kultur, Religion und Sozialisation

Brasilien

Der geregelte Aufbau kirchlichen Lebens in Brasilien begann mit der Schaffung einer Regierung im Jahre 1549. Zusammen mit dem ersten portugiesischen Gouverneur trafen damals sechs Jesuiten in Salvador da Bahia ein und gründeten dort ein Kolleg, das erste ihres noch kein Jahrzehnt alten Ordens auf dem amerikanischen Doppelkontinent. Brasilien wurde schon 1553 selbständige Provinz der Gesellschaft Jesu, deutlich früher als Peru (1568) und Mexiko (1572). 1550 ließen die Jesuiten aus Lissabon Waisenkinder nach Brasilien kommen, die sie mit gleichaltrigen Indiokindern in Kontakt brachten, um das Erlernen der jeweils anderen Sprache zu ermöglichen und so künftig Dolmetscher zur Verfügung zu haben.

Der Missionsauftrag und die Verteidigung der indianischen Bevölkerung, der sich die Jesuiten verschrieben hatten, waren mit der Praxis der Kolonisierung und den materiellen Interessen der Siedler unvereinbar, so dass die Mission an verschiedenen Fronten in Konflikt geriet. Die Siedler sahen die Indios als Potential billiger Arbeitskräfte an und waren an deren Versklavung interessiert. Da auch die Lebensweise der Kolonisten die evangelisatorischen Ziele der Jesuiten konterkarierte, entschlossen sich diese zur Gründung eines neuen Hauses weit entfernt von den Siedlungen der Portugiesen; 1554 gründeten sie die spätere Stadt São Paulo.

Indios aus Sicht der Siedler

Daran war bereits José de Anchieta beteiligt, ein als humanistisch gebildeter Student nach Brasilien gekommener Jesuit. Anchieta hatte große pädagogische Fähigkeiten und war überaus sprachbegabt. Schon nach sechs Monaten hatte er eine Tupí-Grammatik in Grundzügen erstellt, die zusammen mit Listen von transskribierten Tupí-Wörtern bald in vielen Abschriften zirkulierte und erst Jahrzehnte später gedruckt wurde. Anchieta hielt sich wiederholt monatelang im Landesinneren auf. Es gelang ihm, viele Stämme, die in dauerndem Krieg untereinander und mit ihren portugiesischen Bedrückern lebten, zu befrieden. Letztlich ist auf Anchietas Werk zurückzuführen, dass die Tupí-Sprache zur *lingua franca* der indianischen Völker Brasiliens wurde, weil seine Katechismen später von den Missionaren auch in anderen Teilen des Landes, besonders im Amazonasraum, benutzt wurden.

José de Anchieta

In der Zeit der portugiesisch-spanischen Kronunion (1580–1640) erließ der Staat mehrfach Gesetze, die das von den Jesuiten entwickelte *aldeia*-(Dorf-)System zum Schutz der Urbevölkerung grundsätzlich anerkannten, allerdings durch Ausnahmebestimmungen auch auf Interessen der Kolonisten und Plantagenbesitzer Rücksicht nahmen: Indios, die (angeblich) der Anthropophagie überführt oder in einem „gerechten Krieg" in Gefangenschaft geraten seien, sollten versklavt werden können. Trotz der ansteigenden Sklaventransporte aus Afrika gelang es in Brasilien im Unterschied zu Spanisch-Amerika nie, ein völliges Verbot der Indianersklaverei zu erreichen.

Die erste Gründung der Jesuiten in Nordbrasilien erfolgte 1607. Die Missionare folgten dabei der Route der Tupinambá, die sich einige Jahrzehnte vorher wegen der europäischen Invasion von den Küsten zurückgezogen hatten. Sie konnten das Vertrauen der Indios gewinnen, diese verehrten sie als *caraibas*, als Gottesmänner. Bald darauf, 1612/1615, unterbrach ein französischer Koloniegründungsversuch ca. 100 Kilometer südlich der Amazonasmündung, an dem auch zwei Kapuziner beteiligt waren, die Entwicklung. Allerdings wurde nach der Hochzeit Ludwigs XIII. mit der spanischen Infantin Anna von Österreich das von den Franzosen gegründete São Luís den Portugiesen übergeben und 1618 der „Estado do Maranhão" errichtet. Pater Figueira baute hier 1626 ein Kolleg; zwischenzeitlich hatte er ein bedeutendes Werk zur Sprache der Tupí-Indios verfasst, »Arte da gramática da lingua do Brasil« (1611). In der Folgezeit kam die Missionsarbeit der Jesuiten nur wenig voran, teilweise weil der *Conselho Ultramarino* (Überseerat) vorübergehend die Franziskaner favorisierte, vor allem aber auf Grund der niederländischen Invasion (1629/1637–1654), deren Schwerpunkt weiter südlich bei der als „Mauritsstad" gegründeten, nach dem deutschen Statthalter der Niederländer, Prinz Johann Moritz von Nassau, benannten Stadt Recife lag. | Entwicklung der Missionsarbeit

Deshalb kam es erst 1653 zur Niederlassung der Jesuiten in Belém an der Amazonasmündung, wo António Vieira ein Kolleg gründete. Vieira war in Bahia aufgewachsen, wo sein Vater 1609 einen Posten am obersten Gerichtshof erhalten hatte. 1623 trat er in die Gesellschaft Jesu ein. Er erregte durch sein wortgewaltiges Predigertalent Aufsehen. 1641 wurde er Berater von König Johann (João) IV. in Lissabon, übernahm diplomatische Aufgaben in Frankreich und Italien und wurde 1644 Hofprediger; seine *sermões* gehören zu den Klassikern der portugiesischen Literatur. Auf Vieiras Einfluss geht es zurück, dass die Mission von Maranhão unter ausdrücklichem Ausschluss aller anderen Orden den Jesuiten übertragen wurde. 1652 zum Missionsoberen von Maranhão ernannt, kämpfte Vieira leidenschaftlich für die Lebensrechte der indigenen Bevölkerung. 1661 eskalierten die andauernden Spannungen mit den Siedlern, die ihn und im folgenden Jahr sämtliche Jesuiten gefangen nahmen und nach Lissabon deportierten. Obwohl er drei Jahre von der Inquisition in Haft gehalten wurde, gelang ihm die Restitution der Missionsarbeit des Ordens. Vieira selbst durfte allerdings nicht nach Belém zurück, sondern nur nach Bahia, wo er sich noch auf dem Sterbebett 1697 mit Fragen des Indio-Schutzes befasste. Im Amazonasraum fielen Zehntausende, vielleicht Hunderttausende von Indios der Konfrontation mit dem Kolonialsystem zum Opfer. Gerade hier waren aber auch die Stimmen kirchlichen Protestes besonders laut. 1680 waren die Jesuiten nach Amazonien zurückgekommen. 1685 wurde das sogenannte Missionsregiment eingeführt, das der Gesellschaft Jesu erneut auch die politische und wirtschaftliche Jurisdiktion über die Missionen Amazoniens verlieh. Damit setzte eine Konsolidierungsphase ein. | António Vieira

Mit Ausgangspunkten in den beiden Kollegien von São Luis und Belém errichteten die Jesuiten nun bis zur Mitte des 18. Jahrhunderts ein Netz von 32 *aldeias* entlang des Amazonas und seiner großen Nebenflüsse. Es gelang, die Indios vor dem portugiesischen Militär abzuschirmen und ihre wirtschaftliche Autarkie zu sichern. In den *aldeias* wurde nicht Portugiesisch, sondern Tupí gesprochen. Ähnlich wie bei den Guarani in Paraguay erreichten die Ordensleute sogar, dass die Indios zu ihrer Verteidigung Waffen tragen konnten.

Die in den *aldeias* aufgebaute christlich-indianische Zivilisation wurde durch die Politik des Premierministers König Josephs I. (1755–1777), Sebastião de Carvalho e Mello, bekannt als Marquês de Pombal, zunichte gemacht. Unter dem Titel eines »Gesetzes zur Wiederherstellung der Freiheit der Indios« verfügte er 1759 die Ausweisung aller 627 Jesuiten aus Brasilien. Nominell wurden die Indianer durch Pombals Gesetz für frei erklärt. Andererseits wurde ihre Sprache unterdrückt; fortan war Portugiesisch alleinige Staatssprache. Ein aus Mainz stammender Missionar urteilte rückblickend nach 18-jähriger Haft in portugiesischen Gefängnissen (1759–1777) über Pombals Maßnahmen: „In dem 1757 neu eingeführten Regierungsplan wurden zwar die Indianer mit einigen Privilegien begnadigt, und den Portugiesen gleich gehalten; allein sie mussten, wie vorher, für die Portugiesen arbeiten, welche, wenn sie aus ihrem Reiche in diese Länder kommen, lauter große Herren spielen wollen. Ja, sie wurden mit dergleichen Diensten noch mehr belästigt, als zur Zeit der gewesenen Missionen; und das ist ohne Zweifel die eigentliche Ursache, dass so viele Marktflecken öde und verwüstet sind."

Marquês de Pombal

Bereits seit 1525 wirkten einzelne Franziskaner in Brasilien, gründeten erste Niederlassungen und übten Seelsorge unter den Portugiesen aus. Erst nach der Vereinigung Portugals mit Spanien wurde die Präsenz der Franziskaner zahlreicher; bis 1655 wurden 17 Konvente gegründet. 1657 wurde die 1584 errichtete Kustodie zur Provinz erhoben. Fast alle Konvente lagen an der Küste, doch wirkten die Franziskaner im jeweiligen Hinterland ebenfalls missionarisch. Dabei waren sie nicht so systemkritisch eingestellt wie die Jesuiten, aber die minoritische Lebensform – auch die der klausurierten Klarissen (seit 1677) – gemäß dem Armutsideal des heiligen Franziskus enthielt in sich schon ein Gegenzeugnis gegen das auf Macht und Beherrschung ausgerichtete Kolonialsystem. Auf Grund ihres uneigennützigen Zusammenlebens mit Indianern und Schwarzen trugen die Franziskaner zum Respekt vor der indigenen und afrobrasilianischen Kultur, ihrer Sprache und Kunst bei. Schließlich hat der dritte franziskanische Orden ein sozialkaritatives Ferment in die Kolonialgesellschaft Brasiliens eingebracht. Unterdessen entstand im Süden des Landes eine zweite Kustodie (1659) beziehungsweise Provinz (1675). 1763 erreichte das Wachstum der Franziskaner in Brasilien seinen Zenit mit 1140 Ordensangehörigen, die sich auf 31 Konvente, vier Hospizien und 130 Indianermissionen verteilten. Im folgenden Jahr erließ Premierminister Pombal ein Dekret, das den Franziskanern die Aufnahme von Novizen verbot; dies führte zu einem Rückgang. Zwar wurde das Verbot nach Pombals Entlassung aufgehoben, doch konnten die Mitgliederzahlen von 1763 nicht wieder erreicht werden.

Wachstum der Franziskanermission

Als 1580 die Ausübung des königlichen Patronatsrechts an die spanischen Habsburger übergegangen war, sorgten diese dafür, dass neben den Franziskanern und den Jesuiten weitere Orden nach Brasilien gelangten, nämlich zunächst die Karmeliter und die Benediktiner. Diese beiden Orden integrierten sich viel stärker als ihre Vorgänger in das Kolonialsystem. Seit 1580 ließen sich die Karmeliter in verschiedenen Kolonialstädten an der Küste nieder. Im Hinterland übernahmen sie Seelsorge auf den großen Gütern, unterhielten aber auch selbst Landgüter, die von afrikanischen Sklaven bewirtschaftet wurden. Später ließen sie sich als Militärgeistliche für portugiesische Festungen in der Amazonasregion rekrutieren. Die Missionen entlang des Río Negro wurden zu ihrem Terrain; anders als die Jesuiten kooperierten die Karmeliter in ihren Missionen mit der staatlichen Administration. Viele der Ordensmitglieder stammten aus der Kolonialgesellschaft. Die Benediktiner siedelten sich 1581 in Salvador da Bahia an, 1586 in Rio de Janeiro und unter anderem 1598 in São Paulo. Im Laufe des 17. Jahrhunderts entstanden im Süden weitere Klöster. Gemäß ihrer feudalen Tradition verbanden die Benediktiner beschauliches Leben mit der Bewirtschaftung großer Landgüter *(fazendas)* durch mehrere tausend Sklaven. Mitte des 18. Jahrhunderts zählten sie ca. 200 Mönche. | Karmeliter und Benediktiner

1634 kamen auch Kapuziner nach Brasilien und damit erstmals eine Ordensgemeinschaft, die eng mit der 1622 gegründeten Römischen *Congregatio de propaganda fide* zusammenarbeitete. Die Kapuziner waren Franzosen; vor ihrer Ausreise nach Brasilien mussten sie sich in Lissabon durch einen Eid zum Respekt vor dem Patronat verpflichten. Neben einigen städtischen Niederlassungen konzentrierten sie sich vornehmlich auf evangelisatorisch-seelsorgliche Arbeit am Rio São Francisco und seinen Nebenflüssen. Bei der einfachen lusobrasilianischen Landbevölkerung standen sie in hohem Ansehen. Als 1698 auf Grund einer Krise in den diplomatischen Beziehungen zwischen Portugal und Frankreich die französischen Missionare Brasilien verlassen mussten, traten Italiener an ihre Stelle. | Kapuziner

Abschließend seien die Bistumsgründungen in Brasilien aufgezählt. Salvador da Bahia, 1551 entstanden, blieb bis 1676 die einzige Diözese Lusoamerikas. In diesem Jahr wurde es Erzbistum mit den beiden Suffraganbistümern Olinda und Rio de Janeiro. 1677 entstand die Diözese São Luís do Maranhão, 1720 noch weiter im Norden Belém do Pará. 1745 erhielt Minas mit Sitz in Mariana einen eigenen Sprengel, und im selben Jahr wurde São Paulo Diözese für den Süden des Landes. Die soziale Funktion der Kirche lässt sich an der weiten Verbreitung von Bruderschaften erkennen. Diese pflegten einerseits die Verehrung der jeweiligen örtlichen Kirchenpatrone (Patrozinien) und stellten andererseits soziale Selbsthilfeeinrichtungen dar. Die Gründung von Bruderschaften war auch den Sklaven erlaubt. Gerade für die ärmere Bevölkerung waren sie ein wichtiges Instrument der sozialen Absicherung; ihre Mitglieder hielten eng zusammen, trafen sich regelmäßig, feierten gemeinsam Gottesdienste sowie Feste und halfen sich in den verschiedenen Notlagen. | Bistumsgründungen und Bruderschaften

Die Kirche und die afroamerikanischen Sklaven

Die afroamerikanische Sklaverei erreichte in Brasilien besonders große Ausmaße. Verbreitet war sie aber auf dem gesamten Doppelerdteil. Bereits zu Beginn der spanischen Conquista gelangten einzelne afrikanische Haussklaven nach Amerika. Auch Arbeitssklaven wurden schon auf Haïti eingesetzt. Das rapide Aussterben der Urbevölkerung verschärfte schon bald den Mangel an Zwangsarbeitern; daraufhin schlugen die von dem Interimsregenten Spaniens, Kardinal Cisneros, 1516 mit der Regierung Westindiens beauftragten Hieronymitenpatres vor, Arbeitskräfte direkt aus Afrika zu holen und in den Zuckermühlen und *encomiendas* einzusetzen. Bekanntlich unterstützte diesen Vorschlag damals auch Las Casas, was er bald bereute.

Lange sah man in den Sklaven kaum ein Ziel missionarischer Bemühungen. Erst die Jesuiten leiteten ein Nachdenken ein. Mit einem wirkungsreichen pastoralen Handbuch wollte Alonso de Sandoval (1576–1652) in seinem Orden für die Mission unter den Schwarzen werben. Da die Sklaverei für ihn ein Faktum war, konzentrierte er seine Kräfte nicht auf deren Aufhebung, sondern bemühte sich um seelsorgerische Hinwendung zu den Schwarzen. Er und sein Schüler Pedro Claver, der „Sklave der Sklaven", beließen es nicht bei der Spendung der Sakramente, sondern setzten sich für eine humane Behandlung der Afrikaner ein. In Cartagena de Indias, dem Hauptumschlagplatz für den Sklavenhandel in Spanisch-Amerika, praktizierten sie die äußersten Formen der Nächstenliebe. In Venezuela und in Kuba gerieten zwei Kapuziner um 1680 wegen ihres Einsatzes für die Sklaven mit den Behörden in Konflikt und wurden ausgewiesen. Trotz dieses Engagements blieb die missionarische und pastorale Arbeit der Kirche an den Afroamerikanern häufig oberflächlich.

Seelsorgerische Hinwendung zu den Schwarzen

Im Jahre 1612 gelang es den Holländern, das portugiesische Monopol in Westafrika zu brechen und an der Goldküste das Fort Nassau anzulegen. Von 1629/1637 bis 1654 hielten die Holländer Nordostbrasilien besetzt; in dieser Zeit übernahmen sie eine führende Rolle bei den Sklavenlieferungen nach Amerika. Zur selben Zeit sicherten sich auch Frankreich und England Kolonien in der „Neuen Welt"; im Unterschied zu der noch eher feudal geprägten Wirtschaftsweise in Hispanoamerika und Brasilien führten sie die Plantagenwirtschaft ein, zum Beispiel auf Haïti und Jamaika. Das verursachte eine enorme Nachfrage nach Sklaven. So stieg der transatlantische Sklaventransport auf vielleicht rund acht Millionen an, die von den englischen, holländischen, portugiesischen, dänischen, ja sogar brandenburgischen Forts an den Westküsten Afrikas in den Jahren 1500 bis 1800 verschleppt wurden und Amerika lebend erreichten.

Enorme Nachfrage nach Sklaven

Anfang der 1680er Jahre begegnet Lourenço da Silva de Mendonça, ein Afrobrasilianer vermutlich königlich-kongolesischer Abstammung, 1682 in Madrid zum Prokurator der schwarzen „Bruderschaft Unserer Lieben Frau ‚Stern der Neger'" ernannt, als anerkannter Führer der schwarzen Gemeinschaft in den iberischen Hauptstädten. Er reiste um 1684 nach Rom, um dem damaligen Papst eine Petition gegen die schlechte Behandlung christlicher Sklaven durch ihre christlichen Herren in Amerika zu übergeben. Die vom Papst damit befasste *Congregatio de propaganda fide* verurteilte in zwei Stellungnahmen den Sklavenhandel: „Dies stellt einen abscheulichen Verstoß gegen die katholische Freiheit dar ... Durch den so ausgelösten Haß ist der

Fortschritt der Missionare in der Verbreitung des heiligen Glaubens behindert worden." Freilich hat diese Römische Erklärung kein Umdenken in den amerikanischen Kirchen herbeigeführt. Das Ausbleiben durchschlagender christlicher Proteste gegen die Versklavung von Schwarzafrikanern erklärt sich teilweise dadurch, dass die Missionare Augenzeugen der Vergehen gegen die Indios waren, aber nicht miterlebten, was in Afrika geschah. Auch war das moralische Bewusstsein gegenüber einer Sünde, die in den sozialen und ökonomischen Strukturen der Plantagenwirtschaft wurzelte, nicht entwickelt. Erst im Laufe des 18. Jahrhunderts haben die Herrnhuter Brüdergemeine und andere evangelische Freikirchen einen echten Bewusstseinswandel initiieren können. Schließlich erklärte Papst Gregor XVI. 1839 die Versklavung von Schwarzafrikanern und jede Form des Menschenhandels für unvereinbar mit dem christlichen Glauben. | Römische Erklärung

Nordamerika

Die missionarischen Aktivitäten in Nordamerika waren anfangs eng mit den Unternehmungen französischer und englischer Handelsgesellschaften verbunden. Samuel de Champlain, der 1608 Québec gründete, bemühte sich um das Vertrauen der für den Handel mit Biberpelzen wichtigen Huronen und holte deshalb Missionare ins Land, ab 1625 vor allem Jesuiten. Die Präsenz unter den teilweise nicht-sesshaft lebenden indigenen Stammesgesellschaften erforderte im Kultur- und Religionskontakt besondere sprachliche, klimatische, soziale und kulturelle Anpassungsleistungen der Missionare und ihrer Laienhelfer. Man musste „bei den Wilden selbst zum Wilden werden", wie es Pater Le Jeune 1633 formulierte. Das besondere Augenmerk der Jesuiten galt den Huronen, die im Unterschied zu den anderen Ethnien in festen Siedlungen nördlich des Ontariosees lebten. Bis 1640 schufen sie hier fünf Missionsrektorate mit etwa 30 Nebenposten. Ein Problem bestand für die Missionare unter anderem darin, dass die Huronen es als Beleidigung auffassten, wenn man von ihren toten Verwandten sprach. Sehr zu schaffen machte den Patres der natürliche Scharfsinn der Huronen, wodurch sie zu Diskussionen herausgefordert und nicht selten in Verlegenheit gebracht wurden. | Mission bei den Huronen

Westlich des Huronengebiets erstreckte sich bis zum Hudson das Gebiet des Irokesenbundes: Deren Kollaboration suchte, um an die begehrten Pelze zu gelangen, die Niederländische Westindien-Kompanie, die sich auf der Insel Manhattan niedergelassen und dort den Stützpunkt Nieuw Amsterdam, das spätere New York, gegründet hatte. In kriegerischen Zusammenstößen unterlagen die Huronen den mit Feuerwaffen ausgerüsteten Irokesen, so dass die Mission schon 1650 ein tragisches Ende fand. Mehrere Missionare starben als Märtyrer.

Die Missionare hatten die Perspektiven des Christentums bei den Huronen optimistisch eingeschätzt. Deren Charaktereigenschaften wie die Einfachheit ihres Lebenswandels, ihre Unabhängigkeit von materiellen Gütern, ihre Ehrlichkeit, ihr Familiensinn, ihr Glaube an einen Schöpfergott und ihre positive Einstellung dem Tode gegenüber dienten ihnen dazu als Grund. Die Bilanz des missionarischen Experimentes aber blieb trotz größten Engagements gering. Denn die französischen Jesuiten unterlagen den Kräften des Kolonialismus, der seine zerstörerische Wirkung durch die den Irokesen von den Holländern ausgehändigten Waffen entfachte. Ihnen bleibt jedoch das Verdienst, als Antikolonialisten die Tragik des überseeischen Kulturkontakts frühzeitig geahnt und einen alternativen Weg der Annäherung gesucht zu haben.

Nach diesem Rückschlag dauerte es einige Zeit, ehe die Jesuiten ihre Aktivitäten wieder forcieren konnten. 1671 erreichten sie die Hudson Bay; mit der Intention, unbekannte Stämme für Christus zu gewinnen und eine bessere Verbindung zu den Mitbrüdern in China herzustellen, befuhr Jacques Marquette 1673 in einem Kanu als *Jacques Marquette* | erster Europäer den Mississippi-Strom bis zum Arkansas hinunter. Dabei zeichnete er Karten und nahm Kontakte zu Indianerstämmen auf. Als Kulturheros des Mittleren Westens verehrt, setzte der Bundesstaat Wisconsin Marquette ein Denkmal im Kapitol in Washington D.C. 1682 erreichte dann Robert Cavelier de La Salle die Mündung des Mississippi und nahm „Louisiana" für König Ludwig XIV. in Besitz. Die nunmehr entstehenden weiteren französischen Kolonien blieben missionsgeschichtlich indes unbedeutend; denn angesichts wachsender Schulden besonders unter Ludwig XV. unterließ die französische Verwaltung Maßnahmen zur Förderung der Mission fast gänzlich.

So rückte mehr die erzieherische Arbeit in Québec in den Mittelpunkt, wo die Gesellschaft Jesu seit 1635 ein Kolleg aufgebaut hatte. Dorthin waren auf Betreiben der Jesuiten 1639 auch französische Ursulinen gekommen, die eine Mädchenschule unterhielten. Erster Oberhirte von Québec wurde 1659 François de Laval. Der Päpstliche Nuntius in Paris unterstellte ihn als Apostolischen Vikar der *Congregatio de propaganda fide*, womit die engen Bindungen der frankokanadischen Kirche an Rom begründet wurden. Diese erleichterten, nachdem Frankreich 1763 seine Kolonien in Nordamerika an England hatte abtreten müssen, den Abschluss der Québec *Mission in Kanada* | Act, die den Frankokanadiern volle Religionsfreiheit zusicherte, dem Klerus die Zehnten wiedergab, die Katholiken amtsfähig machte und so den Rahmen der bipolaren Kultur Kanadas schuf. Diese Québec Act stellte den Grund dafür dar, dass sich das katholische Kanada nicht am Kampf der 13 Kolonien gegen England beteiligte (1776/1783). Die Zeit der „kanadischen Mission" der Jesuiten ist durch zahlreiche Schriftstücke unterschiedlichsten Inhalts, die den Leser auch „erbauen" wollten, außerordentlich gut bezeugt. In einer Missionsstation Kahnawake bei Montreal (Montréal) wirkte unter den Irokesen Joseph François Lafiteau, der nach seiner Rückkehr nach Europa ein monumentales Werk über die Sitten der amerikanischen „Wilden" (1724) vorlegte und durch Vergleich mit den Sitten anderer Zeiten zum Vorläufer einer vergleichenden Ethnologie wurde.

In den Neuenglandstaaten planten die calvinistisch geprägten Puritaner ihr „gelobtes Land". Sie verfügten über ein ausgeprägtes Erwähltheitsbewusstsein; ihre auf dem Hintergrund der biblischen Theologie erwachsene Idee des „Bundes" *(covenant)* umfasste auch die Verheißung eines gelobten Landes. Die Indianer galten ihnen eher als barbarische Feinde. Als die *Pilgrim Fathers* auf der *Mayflower* nach Nordamerika auswanderten und 1620 in Plymouth ihre erste selbstverwaltete Kolonie gründeten, folgte ihnen bald eine große Migrationsbewegung. 1629 landeten Puritaner, geführt von John Winthrop, an der Massachusetts Bay, wo sie Salem und Boston gründeten. Innerhalb von nur zehn Jahren wuchs die *Massachusetts Bay Colony* um 20.000 Personen. Schon 1636 wurde *Harvard College* gegründet. Die *Plymouth Plantation* wuchs hingegen nur gering und vereinigte sich 1691 mit der *Bay Colony*, die unterdessen die kongregationalistische Kirchenverfassung angenommen hatte. Dieser Übergang der Puritaner zum Kongregationalismus war eines der folgenreichsten Ereignisse der nordamerikanischen Kirchengeschichte. Ein John Winthrop zugeschriebenes Dokument nennt als Gründe für die Ansiedlung in der Wildnis Neu-Englands: „Es wird einen sehr bedeutsamen Dienst an der Kirche darstellen, das Evangelium in jene Gebiete zu tragen, mitzuhelfen am Eintritt der Erfüllung für die Heiden und ein Bollwerk gegen das Reich des Antichrist zu errichten, um dessen Aufbau sich die Jesuiten in jenen Gegenden bemühen." | Puritaner

Vom Bewusstsein der Erwähltheit und der so gerechtfertigen Landnahme angetrieben, war das Verhältnis der Puritaner zu den Indianern eher abschätzig und kriegerisch bestimmt, wie beim Krieg gegen die Pequot (1637) deutlich wurde. Mission beruhte in diesem Spektrum vor allem auf dem Einsatz von Einzelpersonen. An erster Stelle sind die Bemühungen des Puritaners John Eliot (1604–1690) um die Indianer im Hinterland der *Bay Colony*, die Massachusetts, zu nennen. Calvinistischer Wille zur Heiligung der Ehre Gottes in der Welt, Biblizismus, der Dienstgedanke und die Naherwartung des Endes waren die tragenden Impulse seines Handelns. Als Pastor erlernte er die Sprache der Massachusetts, predigte diesen seit 1646 und begann mit der Abfassung eines Katechismus sowie von Andachtsschriften. Die auf Initiative des Parlaments 1649 zur Regierungszeit Cromwells geschaffene *Society for the Propagation of the Gospel in New England* – sie gilt als älteste protestantische Missionsgesellschaft der Welt – unterstützte Eliots Werk durch Geldsammlungen. Dieser übersetzte damals die Bibel in die einheimische Sprache Algonkin (Algonquin). Bis 1674 entstanden 14 Siedlungen christlicher Massachusetts, in denen Zivilisierung und Missionierung Hand in Hand gehen sollten. Seine politisch-theokratischen Anschauungen legte Eliot in der Schrift »The Christian Commonwealth« nieder. Nach seinem Tod (1690) stagnierte die Missionsarbeit. Erst die große „Erweckung" ein Jahrhundert später gab ihr wieder neuen Antrieb. Hingegen übten im puritanischen Milieu zeitweise die Erzählungen einer Pfarrersfrau über ihre Gefangenschaft bei den Indianern (1682) großen Einfluss aus; sie schilderte voller Abscheu die fremde Welt der Einheimischen und hob auf deren Wildheit und Grausamkeit ab. | Bemühungen um die Massachusetts

Sehr viel nachhaltiger wurde der christliche Missionsgedanke von der Herrnhuter Brüdergemeine gelebt. Sie war 1722 von Glaubensflüchtlingen der reformatorischen Mährischen Brüder auf dem Gut des pietistischen Grafen Zinzendorf in der Ober-

Kultur, Religion und Sozialisation

Die Welt 1715.

Religiöse Begegnungen und christliche Mission

357

lausitz gegründet worden. Zinzendorf hatte 1731 von einer Reise aus Kopenhagen einen freigelassenen Afroamerikaner mit nach Herrnhut gebracht. Dieser erzählte vom Schicksal seiner versklavten Brüder in der Karibik und löste damit Anteilnahme aus. Schon 1732 entsandte die Brüdergemeine zwei Missionare und zwei Handwerker nach den dänischen Jungferninseln. Die Brüdermissionare wandten sich insbesondere an die schwarze Sklavenbevölkerung. 1739 besuchte Zinzendorf selbst das Missionsgebiet; auf 52 Plantagen verteilt, zählte die Gemeinde damals etwa 700 Personen. In den folgenden Jahrzehnten breitete sich diese evangelische Laienmission in Jamaika, an der Moskitoküste (Miskitoküste) von Honduras, Nicaragua und Costa Rica sowie in Guyana und Surinam aus, wo die „Mährische Kirche" bis in die Gegenwart eine der stärksten nichtkatholischen christlichen Gemeinschaften ist. Ein weiteres altes Zentrum hat sie in Pennsylvania. So war es der Pietismus, der die rund 200 Jahre währende weitgehende missionarische Abstinenz der protestantischen Kirchen schließlich überwand. Diese war auf katholischer Seite von Kontroverstheologen wie Roberto Bellarmin(o) (1542–1621) als Beleg dafür herausgestellt worden, dass die Protestanten nicht die wahre Kirche Gottes repräsentieren könnten, da ihnen durch die landeskirchliche Begrenzung ein entscheidendes Merkmal von Kirche, das der räumlichen Katholizität, ganz offenkundig abgehe.

Die Herrnhuter Brüdergemeine

Begegnung mit Asien

Die Ausbreitung des Islam nach Süd- und Südostasien und ins subsaharische Afrika

In den vom Indus durchflossenen Nordwesten des Indischen Subkontinents waren schon im frühen 8. Jahrhundert muslimische Eroberer vorgedrungen. Das Gebiet stand seitdem unter lockerer Oberhoheit des Abbasidenkalifats von Bagdad. Hindus und Buddhisten galten als schutzwürdige Dhimmis. Nach der Jahrtausendwende erzwangen sich die vom streng sunnitischen Herrscher Afghanistans, Mahmud von Ghazni, befehligten Truppen Zugang zum Industal, zogen sich mit ihrer Beute aber stets an den Hindukusch zurück. Ghaznis Nachkommen verlegten ihre Residenz nach Lahore. Damit begann eine aktive Islamisierung. Eine enorme Bautätigkeit setzte ein, von Moscheen und Mausoleen strahlte islamische Bildung und turko-iranische Kultur auf Nordwestindien aus. Zwei der größten muslimischen Orden, die Suhrawardi-Bruderschaft und die musikliebende Chishtiyya, gelangten im 13. Jahrhundert vom Mittleren Osten nach Indien. Ersterer grenzte sich stark von den Hindus ab und verbreitete das Hadithstudium; letzterer zeigte sich offen für Nichtmuslime, lehrte Armut und Askese, übte tätige Hilfe für Arme und Schwache und übernahm hinduistische Praktiken.

Zwischenzeitlich hatten um 1180 die Ghuriden die Ghaznawiden gestürzt. Kurz darauf (1192) besiegte Mohammed von Ghur (Muizz ad-Dīn Muhammad) die verbündeten Hindu-Fürsten und eroberte Delhi. Sein Statthalter, ein türkischer Militärsklave, ergriff schon bald selbst die Macht und errichtete das Sultanat Delhi, das 1229 vom Abbasidenkalifen anerkannt wurde. Bis um 1350 dehnte es seine Herrschaft weit in den Süden des Subkontinents aus. Der indische Buddhismus mit seinen Schriften, Klöstern und Tempeln wurde damals weitgehend vernichtet, galt er doch nun als Heidentum, während die Hindus den Dhimmi-Status behielten, also zwar eine Sondersteuer zahlten, aber geduldet wurden (s. auch Beitrag „Die religiöse Vielfalt Asiens" in Band III). Dem südindischen Hindu-Reich Vijayanagar gelang es ab ca. 1350, sich vom Sultanat Delhi zu lösen.

| Das Sultanat Delhi

Während nach der Eroberung durch Timur (1398) die Vorherrschaft Delhis verfiel, blühte eine plurale indoislamische Kultur mit je eigenen Ausdrucksformen im Dekkan, in Gujarat, Bengalen und anderen Regionen des Landes auf. Die weitere Islamisierung ging häufig von Moscheen und Sufi-Konventen aus, um die sich lokale Konvertiten sammelten. Ähnlichkeiten zwischen der Weltanschauung der Upanishaden und der islamischen Mystik ermöglichten eine gegenseitige Beeinflussung. In den Städten fasste der Islam stärker Fuß als auf dem Land. Zu einer Synthese zwischen Islam und Hinduismus kam es in der Lehre des Guru Nanak (1469–1539). Er stand in der Tradition der nordindischen „Sants", mystischer Dichter, die in einfacher Sprache die Hingabe an den einen, höchsten und ewigen Gott lehrten. Nanak gründete die Sikh-Religion.

Im Jahre 1526, also zu einer Zeit, als die Portugiesen schon in Goa im Südwesten Indiens Fuß gefasst hatten, glückte es Babur (*1483/1484), einem Nachkommen Timurs, Delhi zu erobern. Von Kabul, Kandahar und Lahore aus weitete er seine Macht über den Pandschab und die Gangesebene nach Osten bis Bengalen aus. Damit begann die Herrschaft der Moguldynastie in Indien. Es war dann sein mit 13 Jahren inthronisierter Enkel Akbar, der in der zweiten Hälfte des 16. Jahrhunderts das Mogulreich zu höchster Blüte führte. Das Fundament dafür legten eine kluge Militärführung, erfolgreiche Feldzüge, Eheschließungen mit Hindu-Prinzessinnen, die Übernahme von Hindus in den Staatsdienst und ein aus Persien überkommener höfischer Stil, der den einheimischen Adel der verschiedenen Ethnien über religiöse Grenzen hinweg durch Vergabe hoher Ämter und Einkommen zur Loyalität zu bewegen vermochte. Mogulkaiser und -prinzen zwangen ihre Ehefrauen nicht zur Konversion, sie konnten beim Hinduismus bleiben. Akbar ließ im Interesse des Brückenbaus zwischen Hindus und Islam hinduistische Werke ins Persische übersetzen. Er nahm hinduistische Feiertage neben den muslimischen Festen und dem persischen Neujahr in den Kalender auf. Er befreite die Nichtmuslime von der Sondersteuer und erlaubte ihnen die öffentliche Ausübung ihrer Riten wie auch die Renovierung oder den Neubau ihrer religiösen Stätten. Umgeben von hochgebildeten Theologen, Chronisten und Ärzten, sammelte Akbar Texte aus allen ihm bekannten Religionen; für ihn spielte die Licht-, Sonnen- und Feuermetaphorik zoroastrischer, hinduistischer und sufischer Tradition eine wichtige Rolle (s. S. 205 f.). Noch die Rede wird davon sein, dass er auch Jesuiten nach Agra, Lahore

| Herrschaft der Moguldynastie in Indien

Kultur, Religion und Sozialisation

und Delhi einlud, das Gespräch mit ihnen suchte und sie zur christlichen Mission anhielt. Seine Weitherzigkeit erregte jedoch den Unmut orthodox-muslimischer Kreise.

Diese gewannen nach Akbars Tod (1605) an Einfluss. Ahmad Sirhindī, Sprecher der Sunniten, forderte, Nichtmuslime aus öffentlichen Ämtern zu entfernen, die Sondersteuer wiedereinzuführen, Kühe zu schlachten und hinduistisches Brauchtum zu unterdrücken. So akzentuierten Akbars Sohn Jahangir und sein Enkel Shah Jahan wieder stärker den islamischen Charakter ihrer Herrschaft. Unter dem rigiden Muslim Aurangzeb (1658–1707) erreichte das Mogulreich seine größte Ausdehnung. Gleichzeitig verfolgte dieser Herrscher eine strenge Religionspolitik, verbot Alkohol, Glücksspiel und Drogen, ließ Hindu-Tempel zerstören und ging gegen die Witwenverbrennungen vor. Die Sondersteuer wurde wiedereingeführt. Aurangzeb ließ sogar einen seiner Brüder unter anderem wegen dessen Kontakten zu hinduistischen Gelehrten und seiner mystisch-synkretistischen Ideen umbringen. Seine teuren, ruinösen Kriegszüge taten ein Übriges. Nach seinem Tod brachen Aufstände los; das Mogulreich zerfiel. Im Pandschab und in Kaschmir erhoben sich die Sikhs. 1739 fiel der persische Herrscher Nadir Shah in Nordindien ein und plünderte Delhi. Der Zusammenbruch der Zentralgewalt begünstigte das Vordringen der britischen Kolonialinteressen, gegen welche sich wiederum die islamische Reformbewegung des Šāh Walīyuallāh ad-Dihlawī (Sah Waliyullah von Delhi, 1703–1762) stellte, der mit seiner Koranübersetzung den Muslimen den rechten Pfad zeigen wollte und den Gedanken der Nachfolge des Propheten ins Zentrum rückte.

Der Islam als Minderheit In der differenzierten Gesellschaft Indiens mit ihrem komplexen ethnischen, sozialen und sprachlichen Gefüge blieb der Islam trotz seiner politischen Dominanz in der Minderheit. Im 18. Jahrhundert gehörten ihm etwa 25 Prozent der Bevölkerung an, hauptsächlich im nördlichen Tiefland mit den drei großen Flüssen Indus, Ganges und Brahmaputra. Die nichtmuslimische Bevölkerung verfügte ihrerseits über starke und intakte kulturelle, politische und ökonomische Ressourcen. Besonders galt das für das zentrale Hochland des Dekkan, den Süden mit der Malabarküste im Westen und der Koromandelküste im Osten sowie Westbengalen. In diesen Regionen waren der Hinduismus und eine große Vielfalt von lokalen Kulten tief verwurzelt; hier verbreitete sich auch der Jainismus, überlebten Reste des indischen Buddhismus und behaupteten sich an der Malabarküste die Thomaschristen.

Ausbreitung des Islam nach Südostasien Nach Südostasien gelangte der Islam auf dem Seeweg. Seine ersten Repräsentanten waren wohl arabische, persische und indische Kaufleute, die am Handel zwischen Indien und China beteiligt waren. Als im Verlauf des 13./14. Jahrhunderts die buddhistische Seemacht Srivijaya – ihr Zentrum lag im Süden Sumatras – an Stärke verlor, emanzipierten sich zunächst verschiedene Hafenstädte von deren Oberherrschaft und nahmen dabei den Islam an. Erstmals geschah das in Pasai, wo ein Perser in die lokale Fürstenfamilie einheiratete, die so zunächst schiitisch wurde, 1297 aber zum sunnitischen Islam wechselte und sich das Prestige der Schriftreligion für ihre eigene Stellung zunutze machte. Ein Jahrhundert später (1403) gründete ein abtrünniges Mitglied der Dynastie von Srivijaya an der Südwestküste der Malaiischen Halbinsel die Stadt Malakka, deren Hafen strategisch hervorragend lag; anlässlich seiner Hochzeit mit der Tochter des Sultans von Pasai konvertierte der Herrscher Malakkas 1413 zum Islam. In der Folgezeit wurde Malakka zum Ausgangspunkt der islamischen Durchdringung des südostasiatischen Archipels.

Der Islam überformte die weit verbreiteten hindu-buddhistischen Kulte, verdrängte sie aber nicht gänzlich. Formale Zeichen der Islamisierung waren das Glaubensbekenntnis in arabischer Sprache, die Annahme arabischer Namen, die Beschneidung und die islamische Bestattung. Das überlieferte lokale Gewohnheitsrecht ('*âdât*) blieb dabei weitgehend erhalten, und als *lingua franca* fungierte weiterhin das Malaiische. Wichtige islamische Schriften, so der Fürstenspiegel, wurden aus dem Arabischen oder Persischen ins Malaiische übersetzt. Bis zur Eroberung Malakkas durch die Portugiesen (1511) hatte sich der Islam auf der Malaiischen Halbinsel, an der Ostküste Sumatras, an der West- und Nordküste Borneos (mit Brunei), auf dem Sulu-Archipel und Mindanao, auf den Molukken und an der Nord- und Ostküste Javas ausgebreitet. Hingegen wurden Bali, das Innere und der Westen Sumatras, der Süden und Osten Borneos (Kalimantan), Celebes (Sulawesi) und große Teile des östlichen Indonesiens von der Islamisierung noch nicht erfasst. | Gebiete der Islamisierung

Nach dem Verlust Malakkas wurden die Sultanate von Aceh (Ačeh) an der Nordspitze Sumatras und Brunei auf Borneo zu neuen islamischen Zentren. Ein weiteres entstand in Demak an der Nordküste Javas; es brachte die wichtigsten javanischen Städte unter seine Kontrolle. Um 1580 konvertierte auch die westjavanische Elite zum Islam. In den folgenden Jahrzehnten entstanden im ostjavanischen Binnenland neue muslimische Machtzentren in Yogyakarta und Surakarta. Sultan Agum (Agung, 1613–1640) von Mataram unterwarf sich in langen Kriegen ganz Zentral- und Ostjava.

Während in Aceh im 17. Jahrhundert die islamische Mystik blühte und die mystischen Orden eine wichtige Rolle spielten, dominierte in den Handels- und Hafenstädten der von der Befolgung der islamischen Pflichtenlehre geprägte Typ des Islam. Das traf auch für die Städte an der nordjavanischen Küste zu. Neben diesem orthodoxeren *santri*- oder *pesisir*-Islam entwickelte sich im javanischen Binnenland ein toleranterer, synkretistischer *abangan*-Islam, in dem unter neuen Namen alte javanische Glaubensvorstellungen und Traditionen erhalten blieben. An den Höfen der Mataram-Dynastie in Yogyakarta und Surakarta wurden sowohl altjavanische Weisheitslehren wie auch mystische Traditionen des Islam gepflegt. Unter der Landbevölkerung wirkten zunächst die legendären „neun Heiligen" (*wali songo*); sie und ihre Schüler lehrten einen volkstümlichen, kulturell offenen Islam, oft unter Zuhilfenahme des einheimischen Schattenspiels. Dessen sakrale Dimension wurde vom Islam nicht angetastet, ebenso wenig die Batik- und Tanztraditionen. Dieses nichtislamische, hinduistisch-buddhistische Erbe der altjavanischen | Typen des Islam

Kunst und Kultur wurde als integraler Teil der eigenen Identität gepflegt. Ähnliches lässt sich in der Literatur beobachten, wo vorislamische Klassiker neben neuen Werken in malaiischer Sprache erhalten blieben.

1641 eroberten die Niederländer Malakka von den Portugiesen. Fortan kontrollierten sie Teile des indonesischen Archipels. Im Laufe des 17. und 18. Jahrhunderts breitete sich der Islam im Inneren der großen Inseln immer weiter aus. Um 1800 waren Java, Sumatra und die Malaiische Halbinsel fast vollständig islamisiert, Borneo weitgehend. Auf Borneo dominierte im Westen und Norden der „Malaiische Islam"; die Sultanate Pontianak und Sambas betrachteten sich als Gründungen arabischer Scherifen. Im Süden und Osten Borneos überwog der javanische Einfluss. Dieser „Javanische Islam" war damals auch im Süden Sulawesis angelangt. Nur Bali blieb hindu-buddhistisch, während auf den Molukken und den südöstlichen Inseln (Flores, Solor, Timor) das Christentum Fuß fasste.

Wie in Südostasien gehen auch im subsaharischen Afrika die ältesten Spuren des Islam auf muslimische Händler und Kaufleute zurück, Berber und Araber, die über die Karawanenwege nach Westafrika und in die Sahelzone gelangten und in den Königreichen Ghana, Mali sowie dem Reich von Kanem und Bornu (südöstlich und nordwestlich des Tschadsees) Handel trieben, nicht zuletzt mit Sklaven. Durch ihre Lese-, Schreib- und Rechenfähigkeit machten die Fremden Eindruck und öffneten

Westafrika | ihrer Religion Türen. Im Unterschied zum Islam waren die altafrikanischen Religionen ja schriftlos und hatten kein Lehrsystem. Zuerst ließen sich die Höfe beziehungsweise die Eliten auf die neue Religion ein. Im Vielvölkerreich Mali war der König mit seinem Hof schon im 12./13. Jahrhundert muslimisch; in Timbuktu entstanden Gelehrtenschulen, im Land aber blieb der Islam Minorität. Nach dem Jahre 1400 stieg das am großen Nigerbogen gelegene Reich von Songhai auf. Auch hier fasste der Islam zuerst in Gao, der Hauptstadt, und in wenigen anderen Zentren und Handelsenklaven Fuß, während er im ländlichen Raum erst ab dem 16./17. Jahrhundert eine Rolle zu spielen begann.

Die neue Religion verlangte den Primat Allahs; im Übrigen koexistierte sie mit altafrikanischen Bräuchen und Glaubensvorstellungen (s. S. 167). Der Einfluss des islamischen Rechts blieb meistenorts gering. So konnten sich besonders die Praktiken der weißen und schwarzen Magie zum Wohl beziehungsweise zum Schaden des Menschen halten, ebenso die in ganz Schwarzafrika hochbedeutsame Ahnenverehrung.

Auf kriegerischem Weg kam der Islam in den nördlichen Sudan. Im 14. Jahrhundert zerschlugen die Mamluken das dem Patriarchat von Alexandrien unterste-

Nordafrika | hende christliche Alwa (Alodia), welches sich von Assuan flussaufwärts bis zur Vereinigung des Blauen und Weißen Nils erstreckte. Dadurch wurde die Zuwanderung arabischer Stämme möglich gemacht, die das Gebiet islamisierten, wiewohl sich das autochthone Christentum in den Fürstentümern Dotawo und Koka noch bis über das 16. Jahrhundert hinaus behauptete.

Wiederum anders verlief die Entwicklung in Ostafrika. Am Horn von Afrika entstanden schon seit dem 11. Jahrhundert muslimische Kleinkönigreiche. In somalischen Traditionen wird erzählt, dass die Begründer ihrer Clans muslimische Araber waren, die Ehen mit einheimischen Frauen eingingen. Auch an der ostafrikanischen Küste waren es arabische Händler, die sich hier niederließen und den Islam mitbrachten. Auf dem weit nach Süden reichenden Küstenstreifen sowie auf den vorgelagerten Inseln Sansibar, Madagaskar und den Komoren entstand als Mischung von bantu-afrikanischen und arabischen Elementen die Suahelisprache und -kultur. Sie verband die einzelnen, politisch eigenständigen Stadtgesellschaften von Mogadischu über Mombasa und Kilwa bis Sofala, deren Religion der sunnitische Islam war. Ab dem frühen 16. Jahrhundert dominierten hier die Portugiesen, doch gingen bis um 1700 die meisten ihrer Stützpunkte wieder verloren. Eine aus Oman stammende Dynastie machte dann im 18. Jahrhundert Sansibar zu ihrer Hauptstadt; sie war ein Zentrum des Handels mit Sklaven, die im nichtislamisierten Hinterland der ostafrikanischen Küste gefangen wurden. | Ostafrika

Das Christentum in Indien

In Asien hatten die Portugiesen ein Netz von befestigten Stützpunkten und Handelsfaktoreien von Ostafrika bis nach Japan aufgebaut, um die begehrten Gewürze und andere Waren umzuschlagen. Dieses Handelsimperium, „Estado da Índia" genannt, wurde von dem 1510 an der indischen Westküste gegründeten Goa aus regiert. Die Missionstätigkeit war von der portugiesischen Krone abhängig und unterstand deren Patronat.

Während einer ersten Phase beschränkte sich die Mission auf die relativ eng umschriebenen Gebiete, in denen die Portugiesen echte Herrschaft ausübten. Das waren jene sechs Städte – Goa, Cochin und Diu in Indien, Colombo, Malakka und Macau (Macao) –, die das portugiesische Stadtrecht besaßen. In ihnen gab es Stadträte; in ihrem sozialen Leben spielten – ähnlich wie in Spanisch-Amerika und Brasilien – die Bruderschaften eine wichtige Rolle. Zum Christentum überzutreten, war hier praktisch gleichbedeutend damit, Portugiese zu werden. Wer sich in Goa taufen ließ, nahm gleichzeitig einen portugiesischen Namen an, kleidete sich nach portugiesischer Art und aß, was die Hindus verletzte, Rindfleisch. | Mission in eng umschriebenen Gebieten

Außerhalb dieser wenigen Städte traten ab etwa 1535 die östlich von Kap Komorin (Kap Comorín) an der Koromandelküste lebenden Paravas, die dort die gewinnträchtige Perlenfischerei betrieben, zum Christentum über. Dabei spielte maßgeblich mit, dass sie sich aus der Abhängigkeit von arabischen Handelskonsortien lösen wollten. Die Nachricht vom Übertritt der Paravas veranlasste König Johann (João) III., in Erwartung wachsender missionarischer Aufgaben Ignatius von Loyola (s. Abb. S. 305) um Freistellung einiger Mitglieder seiner gerade entstandenen „Gesellschaft Jesu" zu bitten. So kam Francisco de Xavier (Franz Xaver, 1506–1552) 1540 von Rom nach Lissabon. Der König ließ für ihn und seinen Begleiter alles für die Einschiffung und Verpflegung nach Indien Notwendige besorgen. 1542 traf Xaver in | Konversion der Paravas

Kultur, Religion und Sozialisation

Goa ein und sollte binnen eines Jahrzehntes zum Protagonisten der Mission in Asien werden. Zunächst wirkte er einige Monate in der „inneren Mission" in Goa und begab sich dann zu den Paravas, die ihm zwar versicherten, Christen zu sein, aber nicht erklären konnten, was das bedeutete. Mit Hilfe von Dolmetschern verfasste er deshalb einen Katechismus in Tamil und setzte Laienhelfer für die weitere religiöse Bildung ein, so dass sich das Christentum in der Kultur der Perlenfischer verwurzeln konnte.

Missionsreisen des Franz Xaver — Von Goa aus brach Franz Xaver zu weiteren Erkundungs- und Missionsreisen nach Osten auf, die ihn nach Ceylon und zu den Molukken (1545 bis Anfang 1548) und schließlich bis nach Japan (April 1549 bis Januar 1552) führten. War er in Indien auf den Hinduismus gestoßen, so in Indonesien auf den Islam und in Japan auf den Buddhismus. Am Ende dieses interkulturellen und interreligiösen Lernprozesses stand die Einsicht, dass sich die Missionare den neuen Umständen akkulturieren und die jeweiligen Sprachen lernen müssten. 1552 fuhr Xaver von Goa wieder ab, um das Unmögliche zu wagen: nach China zu gelangen. Auf einer kleinen Insel in der Höhe von Kanton verstarb er Ende 1552. Franz Xaver, der die Missionsarbeit planmäßig anging, hinterließ mit seinen Briefen eine bedeutende historische Quelle für die Wahrnehmung der Kulturen und Religionen in der Frühen Neuzeit und für die angewandten Missionsmethoden; über Jahrhunderte motivierten sie viele junge Europäer für die Mission.

In Indien gingen die missionarischen Bemühungen von Goa aus. Das „goldene Goa" war seit 1533 Bischofssitz. Es gehörte zunächst zum Metropolitansitz Funchal auf Madeira, der im selben Jahr eingerichtet wurde, zusammen mit den Bistümern Santiago de Cabo Verde, São Tomé und São Salvador de Angra auf den Azoren. Nach einer zwischenzeitlichen Unterstellung der Diözesen der portugiesischen Überseegebiete unter Lissabon wurde Goa 1558 zum Erzbistum erhoben; mit Cochin in Südindien und Malakka erhielt es zunächst zwei Suffraganbistümer. Damit war der Bereich des portugiesischen Patronats geteilt: Während Lissabon Metropolitansitz für die Sprengel im und beiderseits des Atlantik blieb, wurde Goa, das „Rom des Orients", dessen Einwohnerzahl in der zweiten Hälfte des 16. Jahrhunderts auf ca. 200.000 stieg, zuständig vom Kap der Guten Hoffnung bis in den Fernen Osten, wo weitere Suffraganbistümer in Macau (1575/1576), Funay in Japan (1588) und schließlich Mailapur an der indischen Ostküste (1606) geschaffen wurden. Goa wurde auch die Missionszentrale der Jesuiten in Asien; deren Ordensprovinz umfasste 1586 schon über 270 Mitglieder in 24 Häusern. Sie finanzierte sich aus Handel, Landbesitz, Kircheneinkünften und königlichen Zuweisungen.

Bistumsgliederung in Asien

Thomaschristen — Seit Papst Gregor XIII. 1572 den Erzbischöfen von Goa den Titel „Primas von Ostindien" verliehen hatte, entwickelte sich zwischen diesen und dem Patriarchen der syrischen Kirche des Ostens ein heftiges Ringen um die Thomaschristen in Südindien. Legendären Traditionen zufolge soll der Apostel Thomas im ersten nachchristlichen Jahrhundert an der südwestlichen Malabarküste missioniert haben, während er an der südöstlichen Küste als Märtyrer gestorben sei. Diese mündlichen Traditionen könnten einen historischen Hintergrund haben. Wohl schon im 4. und 5. Jahrhundert missionierte die Kirche des Ostens in Südindien, die im 8. Jahrhundert einen eigenen Bischofssitz erhielt, der traditionell mit Mönchen aus Mesopotamien besetzt wurde. Liturgiesprache war Syrisch. Marco Polo und Johannes von Montecorvino sollen sich bei den Thomaschristen aufgehalten haben.

Nach der teilweisen Vernichtung der Kirche des Ostens durch Timur lockerten sich deren Verbindungen zu den Thomaschristen. Angesichts des erstarkenden Islam lehnten sich diese jetzt enger an die benachbarten hinduistischen Fürsten an. Zur Komplizierung der Situation trug bei, dass sich 1553 in der Kirche des Ostens anlässlich von Sukzessionsstreitigkeiten eine Gruppe abgespalten und als „Chaldäer" mit Rom uniert hatte. Deren Patriarch, der übrigens bis heute in Mos(s)ul residiert, erhob Anspruch auf die Jurisdiktion über die Thomaschristen. | Hierarchieansprüche der „Chaldäer"
Zu einem bezeichnenden Zwischenfall kam es 1562 in Rom. Der unierte Patriarch nannte sich bei der Unterzeichnung der bis dahin gefassten Beschlüsse des Trienter Konzils Patriarch der Metropolen von Cochin, Cannanore und Goa sowie des Stuhles von Calicut. Darauf gab der anwesende portugiesische Botschafter unter Protest zu Protokoll, sein König erkenne kein kirchliches Oberhaupt der indischen Kolonialländer außer dem Erzbischof von Goa an. Nach über dreißigjährigem Hin und Her setzte sich der portugiesische Patronatsanspruch durch.

Unklugerweise war der damalige Erzbischof von Goa fest entschlossen, die Thomaschristen aus ihren syrischen Traditionen zu lösen. Franziskaner und Jesuiten hatten indessen bereits viel Arbeit investiert, unter den Thomaschristen einen zeitgemäßen, aber einheimischen Klerus mit uniert-chaldäischem Ritus heranzubilden. Der Fürst von Cochin, der kein Interesse daran hatte, durch eine Einmischung in religiöse Angelegenheiten seine Handelsbeziehungen zu den Portugiesen zu stören, forderte die Thomaschristen seines Reiches auf, sich dem Primas von Goa anzuschließen. Dieser berief 1599 eine Synode ein. Sie dauerte fünf Tage. Ver- | Einberufung einer Synode
handlungssprachen waren malabarisch und portugiesisch. Der chaldäische Ritus fand Bejahung, dogmatisch aber wurden die nestorianischen Elemente von der anwesenden Geistlichkeit der Thomaschristen aufgegeben und das tridentinische Glaubensbekenntnis zur Grundlage gemacht. Zudem wurde eine Fülle von Disziplinardekreten verordnet, zum Beispiel auf Unterlassung der Nennung des Patriarchen der Kirche des Ostens im Hochgebet, gegen die Simonie und die Priesterehe, aber auch gegen indisches Brauchtum im familiären und sozialen Bereich.

Papst Clemens VIII. bestätigte die Beschlüsse dieser Synode und errichtete für die nunmehr unierten 160.000 Thomaschristen ein Bistum Angamale mit Sitz in Cranganore. Die Unterstellung unter Goa löste unter der Geistlichkeit der Thomaschristen große Missstimmung aus; der Heilige Stuhl wandelte Angamale deshalb im Einvernehmen mit der portugiesischen Krone in eine exemte Erzdiözese | Lossagen der Thomaschristen von Rom
um, ohne dass sie aus dem Patronatsbereich ausschied. Trotzdem schwelte die Unzufriedenheit weiter: Der Erzbischof und die portugiesischen Jesuiten brachten nicht genügend Sensibilität für die Traditionen der Thomaschristen auf. Ständig

durchzogen Visitatoren die Gemeinden, prangerten die im Ehestand lebenden einheimischen Priester an und pochten auf strenge Beachtung der Beschlüsse der Synode. Unter einem Archidiakon, den der letzte chaldäisch-unierte Bischof einst als Bistumsverweser eingesetzt hatte (1597), formierte sich seit 1620 eine Opposition. Endlich sagte sich die Mehrheit der Thomaschristen 1653 von der Union mit Rom beziehungsweise Goa los. 1665 schlossen sich diese Thomaschristen als „Malankarische Kirche" dem syrisch-jakobitischen Patriarchen von Diyarbakır (Diarbekir) an. Ein Teil der Thomaschristen verblieb in der Union mit der westlichen Kirche.

Während es also den Jesuiten unmöglich schien, das nicht von der griechisch-lateinischen Geistesgeschichte geprägte Christ-Sein der Thomaschristen als gleichrangig anzuerkennen, taten sie sich leichter, den nichtchristlichen Hindus und Chinesen in ihrer Kultur entgegenzukommen. Im Jahre 1606 begann der aus stadtrömischer Aristokratie stammende Jesuit Roberto de Nobili (1577–1656) im heutigen Madurai, Zugang zur höchsten Kaste der Brahmanen zu suchen. Er gab an, er sei ein Radja (Fürst) aus Italien, lernte Sanskrit, die Sprache der Heiligen Schriften, Telugu, die Sprache des Hofes, und Tamil, die Sprache des Volkes, und passte sich der anderen Lebensweise an. Er trug das ockerfarbene Büßergewand mit Kasten-

Roberto de Nobili | schnur, Schal und Haarzopf, ernährte sich vegetarisch und vollzog die rituellen Waschungen. Er mied den Umgang mit seinen weißen Mitbrüdern. Es ging ihm darum, Hindu mit den Hindus zu werden, um sie so für Christus zu gewinnen. Er studierte und erklärte die Veden und hob deren mit der christlichen Lehre harmonierende Inhalte hervor. In Tamil verfasste er Traktate und einen Katechismus. Es gelang Nobili, Schüler zu finden und mit den Brahmanen über den christlichen Glauben ins Gespräch zu kommen. Der Preis der Anpassung bestand in der weitgehenden Anerkennung der engen Kasten-Schranken, durch die schon eine bloße Berührung mit einer anderen Kaste unrein machte. Nach wenigen Jahren waren zahlreiche Brahmanen getauft. Sie konnten viele ihrer hinduistischen Gewohnheiten beibehalten. Bald war ein eigenes Kirchengebäude notwendig, denn für Brahmanen war es unvorstellbar, mit Leuten aus niederen Kasten dieselbe Kultstätte zu benutzen.

In Goa sprach man über den „Skandal" von Madurai. Auch in seinem Orden gab es Zweifel an Nobilis Weg. Dieser verteidigte in einem lateinischen Traktat seine neue Missionsmethode gegenüber dem Generaloberen der Gesellschaft Jesu. Er beschrieb die indische Sozialstruktur und die Gelehrtenklasse der Brahmanen sowie die von ihnen betriebenen Wissenschaften. Sodann stellte er die Aufgaben der indischen Priester dar sowie die spezifischen Sitten und Gebräuche der Gelehrten, vor allem

Kritik an Nobilis Weg | die umstrittenen Symbole der Kastenschnur, des Haarzopfs, des Sandelzeichens und der rituellen Waschungen. Für eine christliche Übernahme dieser Sitten machte er die Unterscheidung von sozio-kulturellen und religiösen „Riten" geltend. Nobilis Abhandlung bietet eine frühneuzeitliche Darstellung des Hinduismus. Um die Anpassung an die „malabarischen Riten" entstand ein Streit, der nach Rom getragen wurde und von Papst Gregor XV., der als Gründer der *Congregatio de propaganda fide* in Fragen der Mission sehr offen eingestellt war, 1623 zugunsten einer Duldung der Riten entschieden wurde.

Nobilis Methode der „Akkomodation" führte zu bemerkenswerten interkulturellen und interreligiösen Kontakten. Sein Projekt fürchtete die Andersheit nicht, sondern setzte auf asketische Symbolik, dramatischen Disput, vernünftigen Austausch und praktische Konvivenz. Schwachpunkt war die Akzeptanz des Kastensystems, dessen Schranken im Licht des Evangeliums zweifellos fragwürdig sind, auch wenn Nobili auf die Ähnlichkeiten mit dem Feudalismus im Abendland hinwies. Nobilis Methode war erfolgreich. Als er 1656 starb, zählte die Mission von Madurai 40.000 Gläubige. Ein Jahrhundert später hatte sie sich auf 400.000 verzehnfacht. Aus indischer Sicht waren diese Christen freilich ähnlich wie auch die Thomaschristen oder die portugiesischen Christen in Goa nichts weiter als eine weitere Kaste.

<small>Erfolge der Akkomodation</small>

Unter dem dritten Kaiser Akbar I. (1556–1605) entfaltete das Mogulreich seine volle Pracht. Akbar war Muslim mit schamanistischen, türkischen Wurzeln; er herrschte nicht nur über Muslime, sondern auch über Hindus, armenische Christen und Angehörige anderer Religionen. Seit 1575 hielt er am Kaiserhof Religionsgespräche ab, zu denen er neben Hindus, Muslims, Parsen und anderen auch Jesuiten einlud. In der Folge gab es drei Missionsunternehmen am Hof Akbars und seiner Nachfolger. Dabei entstanden eine Reihe von Traktaten in persischer Sprache, darunter ein Leben Jesu, ein Religionsgespräch und ein Fürstenspiegel. In Agra, Lahore und Delhi konnten die Jesuiten Häuser und Kirchen errichten, durch interreligiöse Dialoge und Schulen wirken, durch Einsatz der Künste, zum Beispiel der Miniaturmalerei, und Bücher christlichen Inhalts in persischer Sprache den christlichen Glauben verbreiten. Allerdings gelang es weder dem Großmogul, eine neue synkretistische Religion zu stiften, die sein Reich einen konnte, noch sollten es die Jesuiten schaffen, Akbar oder seinen Nachfolger Jahangir zur Konversion zu veranlassen. Die Jesuitenmission im Mogulreich bestand noch lange fort, auch als unter Kaiser Aurangzeb (1658–1707) der sunnitische Islam stärker akzentuiert wurde.

<small>Jesuitenmission im Mogulreich</small>

Vom Mogulreich aus machten sich eine Reihe von Jesuitenmissionaren nach Norden auf, um die Missionsmöglichkeiten in den dortigen Regionen wie Tibet sowie Wege nach China zu erkunden. Die umgekehrte Reise von Peking über Lhasa und Kat(h)mandu nach Agra unternahmen zwei Patres 1661. Im 18. Jahrhundert schließlich nutzte der italienische Jesuit Ippolito Desideri seinen fünfjährigen Aufenthalt in Lhasa (1716–1721), um zu einem hervorragenden Kenner der Sprache, Kultur und Geschichte Tibets zu werden, einen ethnographischen Bericht über das Land und Traktate in Tibetisch zu verfassen, die den kritischen Dialog mit dem tibetischen Buddhismus aufnahmen. Auch die als weißhäutige Lamas betrachteten Kapuziner unterhielten einen Konvent in Lhasa und erbauten mit Erlaubnis des Dalai Lama eine Kirche (1724).

<small>Tibet</small>

Der schwindende portugiesische Einfluss ermöglichte im letzten Drittel des

17. Jahrhunderts die Entsendung von Kapuzinern, Lazaristen und anderen Missionaren durch die päpstliche Propaganda-Kongregation nach Indien. Dadurch flammte die Auseinandersetzung um die Akkomodationsmethode der Jesuiten wieder auf; sie erschien vielen der neu nach Indien gekommenen Priester nicht akzeptabel. Unter wachsendem Druck untersagte schließlich Papst Benedikt XIV. die „Malabarischen Riten", womit auch die Konversionen unter Brahmanen aufhörten. 1759 wurden die portugiesischen Jesuiten aus Indien abgezogen. Die anderen Orden mit mehrheitlich französischem Personal konnten diesen Verlust nicht auffangen, zumal nun auch die Kolonialkriege zwischen England und Frankreich schadeten. So kam es bis Ende des 18. Jahrhunderts zu einer Krise der katholischen Mission in Indien, in deren Verlauf sich die Zahl der ca. zwei Millionen indischen Katholiken halbierte.

Krise der katholischen Mission in Indien

Japan

Im August 1549 betrat Franz Xaver – sechs Jahre nach den ersten portugiesischen Kaufleuten – mit zwei anderen Jesuiten auf Kyūshū japanischen Boden. Von dort schrieb er: „Die Leute, mit denen wir bis jetzt gesprochen haben, sind die besten, die bis jetzt entdeckt worden sind. Und mir scheint, unter ungläubigen Leuten werden sich keine anderen finden, die die Japaner übertreffen. ... Ein großer Teil des Volkes kann lesen und schreiben, ein großes Hilfsmittel, um in Kürze die Gebete und die Dinge Gottes zu erlernen ...". Japan befand sich damals in einer Phase politischen Wandels. Bereits seit langem war der Kaiser nur noch eine zeremoniellreligiöse Gestalt ohne echte Macht, aber auch der an seiner Stelle regierende Oberbefehlshaber und oberste Lehnsherr, der Shōgun, spielte keine Rolle mehr. Die maßgebliche Regierungsgewalt lag bei den Landesfürsten der „66 Reiche", den Daimyōs, welchen eine nach strengem Feudalprinzip organisierte Gefolgschaft von Samurai zur Verfügung stand. Fehden zwischen diesen Regionalfürsten um größere Macht waren an der Tagesordnung. Den christlichen Missionaren kam diese Situation zugute, erhielten sie doch vielfach aus politischer Berechnung freien Einlass in einzelne Gebiete.

Bericht des Franz Xaver

Mit Japan lernte Franz Xaver ein hochzivilisiertes Land kennen, das die eigene Kultur ohne westliche Einflüsse ausgebildet hatte. Diese Erfahrung veranlasste ihn, seine in Indien und auf den Molukken bewährte Missionsmethode zu ändern. Dort hatte er sich zuerst das Credo, die Zehn Gebote, das Vaterunser und das Ave Maria in die einfache Volkssprache übersetzen lassen. Er versammelte dann die Menschen und lehrte sie, diese Texte nachzusprechen. Offensichtlich ging er davon aus, dass die zustimmende Wiederholung der Glaubenssätze und der wichtigen Gebete ausreichte, den Glauben im Taufbewerber zu verankern. Diese Vorgehensweise war für die Verhältnisse in Japan ungeeignet, wie sich bald zeigen sollte. Franz Xaver reiste 1551 nach Miyako (Kyōto), um den Kaiser zu besuchen und ihn um die Missionserlaubnis im ganzen Land zu bitten. Diese Reise war vergeblich,

Änderung der Missionsmethode

und Franz Xaver wandte sich nach Yamaguchi, einer der damaligen Hauptstädte Westjapans und Kultzentrum der Region.

In Yamaguchi trat Franz Xaver in feierlichem Aufzug vor den lokalen Daimyō und überreichte diesem die Geschenke und Empfehlungsschreiben, die eigentlich für den Kaiser bestimmt gewesen waren. Der an die Landessitten angepasste Auftritt blieb nicht ohne Wirkung: Der Daimyō gestattete die freie Predigt des Evangeliums, und die Jesuiten konnten in Yamaguchi eine Residenz beziehen. Im September 1551 wurde Xaver auch an den Hof des Daimyō von Bungo auf der Südinsel Kyūshū eingeladen; dieser wurde ein Bewunderer der Jesuiten und trat später zur Kirche über. Sein Fürstentum war für lange Zeit das Zentrum der Missionstätigkeit. Die Vertreter der verschiedenen buddhistischen Richtungen fanden in den Jesuiten hochintelligente Diskussionspartner; ein Gesprächsprotokoll spiegelt den Aufeinanderprall von westlicher und östlicher Philosophie. Die Jesuiten erwiesen sich als Meister der aristotelisch-scholastischen Philosophie; die Buddhisten waren einem Weltverständnis verpflichtet, das von der Einheit des Kosmos ausgeht. Den Vertretern des Zen den Vorrang des Menschen in der Schöpfung zu erklären, war schwierig. | Jesuiten in Yamaguchi, Bungo und Kyōto

Im Spätherbst 1551 verließ Xaver nach zweieinhalbjährigem Aufenthalt Japan, um von Goa aus den Nachschub in die neueröffnete Mission zu organisieren. Ihm war klar, dass nur ausgesuchte, asketisch und wissenschaftlich geschulte Kräfte den dortigen Aufgaben gewachsen sein würden. Aber nur ein demütiger Missionar könne als glaubwürdiger Zeuge der von ihm verkündeten Botschaft akzeptiert werden, denn die Japaner seien bezüglich der moralischen Haltungen, die ein von seiner Religion überzeugter Anhänger vorlebe, sehr empfindlich. Die Arbeit der Jesuiten ging in den folgenden Jahren mit überraschendem Tempo voran. Seit 1563 traten mehrere Daimyōs im südlichen Japan mit vielen Adeligen zum Christentum über. Bald darauf gelang es, in Kyōto eine Niederlassung der Gesellschaft Jesu zu gründen; damit fand das Christentum Zugang in den wichtigsten Teil des Landes.

Ein Ereignis von großer Bedeutung für die Entwicklung der Mission war die Ankunft des Ordensvisitators Alessandro Valignano 1579. Die japanische Kirche zählte damals bereits 150.000 Getaufte, die sich auf 200 Kirchen verteilten und von 65 Patres betreut wurden. Die Visitation Valignanos brachte neuen Aufschwung; er betonte eine weitgehende Anpassung der Missionare an die Landessitten. Valignano bewunderte die Japaner als das zivilisierteste und intelligenteste Volk in Asien. Auf der anderen Seite war er sich über bestimmte Einschränkungen im Klaren, zum Beispiel dass die dem Evangelium so wesentliche Armut und Bescheidenheit in Japan nicht viel galt und dass es ungeschickt war, im Gewande einfacher Wanderprediger den christlichen Glauben zu verbreiten. So konzipierte er mit der „Akkomodation" eine Methode, die gegenüber der traditionellen Mission einen radikalen Paradigmenwechsel einleitete. Valignano entwarf in Anerkennung und Wertschätzung der fremden Kultur ein Programm des Eintauchens in Sprache und Kultur des Landes (Teezeremonie, Essen, Badesitten), das bis hin zur Übernahme buddhis- | Visitation Valignanos tischer Rangstufen für die Jesuiten führte. Er förderte die Ausbildung eines einheimischen Klerus und anderer Laienmitarbeiter und entschied erstmals im Orden, auch Nichteuropäer aufzunehmen, so dass es schon in dieser frühen Zeit japanische Jesuiten gab. Damit legte Valignano nach Xaver und den auf Dialog setzenden Missionaren das Fundament für eine Blütezeit des Christentums in Japan. Zum Abschluss seines Aufenthaltes erhob der Visitator 1582 die Mission in den Rang einer Vizeprovinz; sie zählte jetzt 75 Mitglieder, ein Kolleg, ein Noviziat, zwei Schulen für Japaner und zwölf Seelsorgeresidenzen. Bei seiner Abfahrt hatte Valignano die Absicht, nach Rom zurückzukehren, um dort persönlich über die zukünftige Organisation der Japan-Mission zu verhandeln und auch die prekäre finanzielle Lage durch Werbung in Europa zu verbessern. Mit ihm reisten vier junge Japaner aus christlich gewordenen Adelsfamilien, denen Philipp II. in Spanien und Papst Gregor XIII. in Rom sowie andere Landesherren glänzende Empfänge gaben. Dieser erste Besuch aus dem zuvor unbekannten fernöstlichen Land in Europa war ein höfisches Ereignis ersten Ranges und weckte großes Interesse an Japan (s. S. 98).

Bei der geringen Zahl von Patres spielte das Laien-Element in den japanischen Gemeinden eine besondere Rolle. Trotz ihrer quantitativen Schwäche bestanden die Jesuiten darauf, dass keine anderen Orden Einlass nach Japan erhielten, denn sie befürchteten, dass andere Missionare die früheren Fehler wiederholen würden, aber auch, dass die japanischen Christen irritiert werden könnten, wenn sie unter den *Laien-Element* katholischen Priestern ähnlich verschiedene Auffassungen beobachteten, wie sie sie von den Buddhisten kannten. Außerdem sahen die Jesuiten die Zukunft der japanischen Kirche in der raschen Heranbildung eines indigenen Klerus, weil die europäischen Missionare immer sprachlich beeinträchtigt sein würden und sich auch nie voll den Lebensbedingungen in Japan würden anpassen können. Schon 1587 gab es 47 japanische Laienbrüder; bis Anfang des 17. Jahrhunderts wurden etwa 50 einheimische Priester geweiht. Die Zahl der bis dahin getauften Japaner dürfte sich auf etwa 300.000 belaufen.

Neben der Überzeugungskraft der ersten Jesuiten-Missionare und der Faszination der unbekannten christlichen Botschaft erklären freilich auch wirtschaftliche Ursachen die Erfolge der Japan-Mission. Der 1563 als erster Christ gewordene Daimyō hatte aus Interesse an der Herstellung kontinuierlicher Wirtschaftsbeziehungen den *Wirtschaftliche Ursachen für den Erfolg* Jesuiten die Stadt Nagasaki übergeben (1569). Seit 1571 war Nagasaki die Endstation der regulären portugiesischen Japanfahrten. Die Jesuiten nahmen dabei die Rolle von Maklern wahr; sie waren die einzigen Europäer, die Sprache und Bräuche des Landes kannten. Was sie daran verdienten, benötigten die Patres auch, denn die Japan-Mission verursachte fast doppelt so hohe Kosten, wie das portugiesische Patronat und die Instanzen der Gesellschaft Jesu in Indien abdeckten.

Nach dem Tod des christenfreundlichen Daimyō Ōda Nobunaga (1573–1582) wurde Toyotomi Hideyoshi (1582–1598) zum neuen starken Mann Japans. Die Religionspolitik änderte sich. Angst um die Unabhängigkeit Japans und vor einem zu starken westlichen Einfluss war dabei im Spiel. Eine Druckerei der Jesuiten durfte nur auf einer kleinen Insel vor Nagasaki installiert werden. 1597 ließ Hideyoshi erstmals Christen hinrichten, 17 getaufte Japaner, drei Jesuiten und sechs Franziskaner. Seit 1592 waren von den Philippinen spanische Franziskaner nach Japan gekommen, deren anderer missionarischer Ansatz zu Spannungen mit den Jesuiten führte; diese Rivalitäten dürften dem Ansehen des Christentums beim Adel geschadet haben. Der folgende Daimyō Tokugawa Ieyasu (Jeyasu), der sich in erbarmungslosen Machtkämpfen durchsetzte und 1603 auch das Shōgunat an sich brachte, setzte die Christenverfolgungen zunächst nicht fort. Rücksicht auf einige christliche Fürsten, die ihn unterstützt hatten, und auf die Handelsinteressen des Landes dürften dabei den Ausschlag gegeben haben. So befruchtete vorläufig das Martyrium von Nagasaki das Leben der japanischen Kirche, und die Übertritte zum Christentum dauerten an. Das starke Anwachsen der spanischen Franziskaner irritierte die Jesuiten, die sich auf ein Breve Gregors XIII. von 1585 beriefen, der Japan einer einzigen Missionsgesellschaft anvertraut wissen wollte. Sixtus V., ein Papst aus dem Franziskanerorden, hatte drei Jahre später ein anderes Schreiben erlassen, aus dessen unbestimmten Ausdrücken die spanischen Franziskaner das Recht ableiteten, sich an der Japan-Mission zu beteiligen. 1602 wurde dann ausdrücklich die Zulassung anderer Orden erlaubt. Damit nahmen aber auch die Probleme zu, obwohl mit der Errichtung des Bistums Funay 1588 eine zentrale Kirchenleitung geschaffen worden war. Die ersten Bischöfe kamen aus der Gesellschaft Jesu und hatten wiederholt jurisdiktionelle Schwierigkeiten mit den spanischen Franziskanern und Dominikanern, die bis zur gegenseitigen Exkommunikation gingen.

| Änderung der Religionspolitik

Im Zuge seiner Einigungspolitik verbot der Shōgun Ieyasu den Glaubensübertritt von Daimyōs, was die Abkehr verschiedener Landesfürsten von der katholischen Kirche auslöste. Politisch verschlechterte sich die Lage der Jesuiten, als die Holländer 1609 die Erlaubnis erhielten, im Westen von Kyūshū eine Faktorei zu eröffnen, so dass Japans Europahandel von den Portugiesen unabhängig wurde und mit den Waren des Westens nicht mehr der Import westlicher Religion in Kauf genommen werden musste. Fünf Jahre später erließ Ieyasu ein Edikt, das alle Missionare verbannte und die Zerstörung der christlichen Gotteshäuser anordnete. Der Shōgun war zum betonten Anhänger des Buddhismus geworden und warf der christlichen Lehre vor, ihre Gläubigen mehr auf die Priester als auf die weltliche Obrigkeit zu verpflichten. Viele Missionare wurden nach Macau oder Manila abtransportiert, knapp 50 blieben jedoch heimlich in Japan zurück. Nach dem Tode Ieyasus (1616) führte dessen Sohn die fremdenfeindliche Politik seines Vaters fort und intensivierte die Maßnahmen gegen die „Südbarbaren". Auch die holländischen und englischen Kaufleute, die den Portugiesen den Rang abgelaufen hatten, waren nun betroffen. Bis auf Nagasaki und die holländische Faktorei in Hirado wurden alle Häfen den fremden Schiffen verschlossen. Trotzdem gelang es verkleideten Missionaren immer wieder, das Inselreich zu betreten und die Seelsorge unter den treu gebliebenen Christen aufrechtzuerhalten.

| Fremdenfeindliche Politik

Der nächste Shōgun, Tokugawa Iemitsu (Jemitsu, 1623–1649), verschärfte die

Kultur, Religion und Sozialisation

Verfolgung nochmals. Er ersann neue und grausame Todesarten, um die Christen zum Abfall zu bringen. Durch Spione und Geldprämien wurden sie überall aufgespürt und ausgerottet. Mindestens 4000 Gläubige erlitten grausamste Formen des Martyriums. Häuserblocks zu je fünf Familien hatten sich gegenseitig zu kontrollieren; wurde in einem Block ein Christ entdeckt, ohne dass die Anzeige vom Block ausging, wurden alle Bewohner zum Tode verurteilt. Seit 1640 musste jeder Japaner an einem Tempel des Landes registriert sein. Speziell in Nagasaki, dem einstigen katholischen Zentrum, hatte die gesamte Bevölkerung einen Schmähritus zu vollziehen, nämlich das Kreuz beziehungsweise Bilder von Christus und Maria mit Füßen zu treten.

Durch ungerechte Steuern zur Verzweiflung getrieben, flüchteten die Bauern der Halbinsel Shimabara im Westen von Kyūshū, im Ganzen 37.000 Personen, darunter viele Christen, nach Hara, um sich bewaffnet gegen ihre Unterdrücker zu verteidigen. Nach langer Belagerung erfolgte im April 1638 der Generalsturm der Soldaten des Shōguns. Alle Männer fielen im Kampf, die christlichen Frauen und Kinder, die nicht abschwören wollten, wurden getötet. Seit diesem Massaker spielten die Christen im öffentlichen Leben Japans keine Rolle mehr. Missionare, die trotz allem ins Land zu kommen versuchten, wurden meist rasch entdeckt und hingerichtet. Japan schloss sich nun hermetisch von der Außenwelt ab. Schon 1623 waren die Spanier und Engländer vom Handel in den letzten offenen Häfen verdrängt worden. 1639 erhielten auch die Portugiesen ein Handelsverbot; als im folgenden Jahr eine Gesandtschaft die Aufhebung dieser Maßnahme erwirken sollte, wurden fast alle ihre Mitglieder zum Tode verurteilt. Nur die Holländer durften in Dejima (Deshima) bei Nagasaki unter strengsten Auflagen auch weiterhin Waren austauschen.

Japans Verschließung nach außen

Überall im Lande ging unterdessen die totale Ausrottung der letzten christlichen „Reste" weiter. Was damals in Japan geschah, war letztlich eine tiefe Reaktion gegen die westliche Kultur; Japan vergewisserte sich seiner Identität als Land der „Kami" und des Gesetzes des Buddha. Trotzdem: Als nach der von den USA erzwungenen Öffnung des Inselreiches um die Mitte des 19. Jahrhunderts französische Missionare wieder nach Nagasaki kamen, begegneten sie nach und nach fast 20.000 Christen, die ihren Glauben heimlich behalten hatten und deren Gemeinden von drei Laienämtern solidarisch zusammengehalten worden waren: Ältesten, Täufern und Katechisten.

Die Jesuiten in China

Der in Japan entwickelten Methode der Akkomodation folgten die Jesuiten auch bei ihrem Versuch, nach China einzureisen. Vor allem Matteo Ricci (1552–1610) bereitete sich in Macau, wo die Portugiesen seit ca. 1557 einen Stützpunkt besaßen, sprachlich so gut auf seinen Eintritt in das Reich der Mitte (1583) vor, dass er fähig war, ein Wörterbuch zu erstellen und in Chinesisch zu schreiben. Das buddhistische Mönchsgewand, das er anfangs trug, tauschte er 1595 mit einem Gewand, das den

Roben der konfuzianischen Gelehrten nachempfunden war. Denn diese stellten die Bildungselite Chinas, und die Jesuiten suchten zu ihnen und ihrer Tradition Zugang. Ricci vertiefte sich in die Schriften des Konfuzius und der anderen Klassiker und übersetzte einige davon ins Lateinische. Daraus ging sein Werk »Die wahre Lehre über den Herrn des Himmels« (1594) hervor, das neunmal wiederaufgelegt wurde. Ricci suchte darin den Einklang der Lehre über den Herrn des Himmels *(Tienshu)*, wie das Christentum seither in China genannt wird, mit den Traditionen des Konfuzianismus zu zeigen. | Matteo Ricci

Seine außergewöhnlichen intellektuellen und moralischen Qualitäten und sein exzellentes linguistisches Talent verschafften Ricci die Aufmerksamkeit der chinesischen Oberschicht. Sein bescheidenes Auftreten, seine Achtung vor den Bräuchen des Landes, seine literarischen Kenntnisse, sein mathematisches und physikalisches Wissen, aber auch die Uhren und Prismen aus venezianischem Glas in seinem Haushalt, all das trug zu seinem Erfolg bei. Denn Ricci erkannte die Bedeutung des Austauschs im Bereich der Wissenschaften, der Technologie und der Künste. Kurzfristigen Erfolg hatte er mit einer Weltkarte, die auf dem weit fortgeschrittenen Wissensstand der europäischen Geographie beruhte, aber Zugeständnisse an das chinesische Bewusstsein machte, vor allem indem sie China in die Mitte des Kartenbildes rückte. Verglichen freilich mit den bisherigen Vorstellungen im Land, erschien China verkleinert, und erstmals erhielten die Chinesen durch dieses 1598 erschienene Opus Kenntnis von vielen und großen außerchinesischen Territorien. Auf dem Gebiet der Mathematik trat Ricci besonders durch die Übersetzung eines Werkes von Christoph (orus) Clavius, einem Jesuitenmathematiker, hervor, nämlich dem »Kommentar zu Euklid«. Dabei unterstützte ihn einer der ranghöchsten Beamten Chinas, den er für das Christentum gewinnen konnte. Dieses Werk ging in den Kanon der klassischen chinesischen Schriften ein. Seit 1601 lebte Ricci am Kaiserhof in Peking; dort starb er 1610.

Von Riccis Tod bis zur Aufhebung des Jesuitenordens im Jahre 1773 arbeitete immer eine Gruppe von Patres am kaiserlichen Hof. Die Jesuiten dienten als Mittler des technischen, wissenschaftlichen und kulturellen Fortschritts Europas, insbesondere auf den Gebieten von Mathematik, Geographie, Astronomie und Ingenieurwissenschaft. Von hohem Nutzen für den Staat war ihre Fähigkeit, den Kalender exakt zu berechnen. Die leitende Idee der chinesischen Weltanschauung, die Harmonie zwischen Kosmos, Erde und Mensch, verlangte nach einer Orientierung des menschlichen Verhaltens durch den Rhythmus der Natur und die Bewegung der Gestirne. Der Kalender diente also als Fundament des öffentlichen und privaten Lebens. Der vom Staat alljährlich herausgegebene Kalender befand sich aber seit langem in Unordnung. Die vorausberechneten Daten für wichtige Ereignisse wie zum Beispiel Sonnen- und Mondfinsternisse waren nicht mehr exakt. | Kalender und Himmelskenntnisse

Dank ihrer guten Kenntnisse der Keplerschen Astronomie konnten die Jesuiten dartun, dass sie über bessere Himmelskenntnisse verfügten. So kam es, dass ihnen die Leitung des mathematisch-astronomischen Kabinetts übertragen wurde. Der erste

Kultur, Religion und Sozialisation

Europäer, der sie innehatte, war der aus Köln gebürtige Johann Adam Schall von Bell (1592–1666), der zur Würde eines Mandarins erster Klasse aufstieg. Mit kaiserlicher Protektion brachte Schall auch die christliche Gemeinde Pekings zum Aufblühen und veranlasste den Bau zweier Kirchen. Mit Glück überstand er den Wechsel von der Ming- zur Qing-Dynastie (1644). Später zeitweise abgesetzt und verhaftet, entrann er knapp dem Todesurteil und wurde dann rehabilitiert.

Der aus Trient stammende Martino Martini kam 1642 nach China. In Rom erreichte er durch eine Denkschrift ein Dekret (1656), das die umstrittene Verehrung des Konfuzius und der Ahnen erlaubte. Zu seinen Werken, mit denen er die Chinakenntnisse Europas weitete, gehören ein »Novus Atlas Sinensis« (»Neuer Atlas von China«, 1655) und eine Geschichte Chinas. Nachfolger Schalls als Direktor der kaiserlichen Sternwarte war der Flame Ferdinand Verbiest, der unter Kaiser Kangxi zum Leiter des Astronomischen Amtes bestellt wurde und einen ähnlichen Einfluss wie sein Vorgänger ausüben sollte. Er war zugleich ein begabter Ingenieur, der Kanonen goss und das erste dampfgetriebene Automobil erfand, der die mechanischen Disziplinen wie Ballistik, Hydraulik und Uhrmacherkunst beherrschte, sino-russische Verhandlungen führte und theologische Werke verfasste. Wie kaum ein anderer förderte er den chinesisch-europäischen Wissensaustausch. Nicht nur die Wissenschaften, auch die Künste sollten dem Christentum den Weg bahnen. Mehrere Missionare wurden zu Hofmalern.

Wissenschaften und Künste

Grundsatz der China-Mission der Jesuiten war ihre Offenheit für die chinesische Kultur; sie führte zu einer weitgehenden Anpassung (Akkomodation) an dieselbe und zu einer Methode der Glaubensverbreitung, die bei den Gelehrten und in den oberen Gesellschaftsschichten ansetzte und auf indirekte Wirkung der Wissenschaft für die Annahme des Christentums setzte. So traten die Jesuiten als Vermittler zwischen zwei Kulturkreisen auf, die auf den Gebieten der Religion und Philosophie, der Wissenschaften und Technologie, des Handwerks und der Künste miteinander wetteiferten – im Zeichen der Mission. Diese erwies sich als kulturenverbindendes Medium für den friedlichen Wettstreit, auch im Hinblick auf Wahrheitsansprüche. Die Fruchtbarkeit dieser wechselseitigen Wissensvermehrung spiegelt sich nicht zuletzt in den Schriften des irenischen Protestanten Gottfried Wilhelm Leibniz wider, der mit den Jesuiten in China korrespondierte und ihre Auffassungen verteidigte.

Vom Ende des 17. Jahrhunderts an waren hauptsächlich französische Jesuiten in China tätig. Aber das mathematisch-astronomische Kabinett leiteten auch im 18. Jahrhundert fast immer deutsche Patres, unter anderem Ignaz Kögler. In den 20er Jahren dieses 18. Jahrhunderts vollendeten die Jesuiten eine topographische Erstvermessung des chinesischen Riesenreiches; ihr Kartenwerk erhielt offiziellen Rang. Schaden nahm die Mission durch die Dispute mit den Mendikantenorden, welche durch die Akkomodationsmethode der Jesuiten ausgelöst wurden. Seit 1631 waren Dominikaner und Franziskaner von den Philippinen nach China gekommen und hatten sich stärker den ärmeren Bevölkerungsschichten zugewandt. Während die Jesuiten aus ihrer Erfahrung mit der Oberschicht den konfuzianischen Riten rein zivilen Charakter im Sinne der Pietät und Ehrenbezeugung zumaßen, stellte sich die Situation für die Mendikanten anders dar; bei den Armen hatte der Ahnenkult durchaus religiösen Rang. So entstand der Ritenstreit, der sich noch mit einem Konflikt über die Zuständigkeit des portugiesischen Patronats vermengte, als 1690 einerseits die Bistümer Peking und Nanking als Suffragane von Goa neben dem älteren Macau errichtet wurden, die Römische Kurie andererseits aber deren Rechte beschnitt, indem sie in China acht weitere Apostolische Vikariate schuf. In Rom und im Seminar der *Société des Missions Étrangères* zu Paris, mit dem die Päpstliche Kongregation der Glaubensverbreitung zusammenarbeitete, sah man die Tätigkeit der Jesuiten an Fürstenhöfen und in akademischen Zirkeln ohnehin mit Skepsis.

| Ritenstreit und Zuständigkeitskonflikt |

Die Päpste machten sich die Entscheidung nicht leicht, doch schließlich erklärte sich Clemens XI. 1704 gegen die Missionsmethode der Jesuiten. Der damalige Kaiser Kangxi, der den Jesuiten gewogen war, nahm Rom gegenüber seitdem eine ablehnende Haltung ein und bestand auf der strikten Beachtung der chinesischen Riten. Die Loyalität der Patres wurde damit auf eine harte Probe gestellt. Unter dem Kaiser Qianlong machte sich bemerkbar, dass die Sympathie für die Christen gesunken war, obwohl man immer noch die Bildungsgüter schätzte, die die Kirche vermittelte. Schließlich bestätigte Benedikt XIV. 1742 die Entscheidung seines Vorgängers und verpflichtete die Missionare eidlich zum Ritenverbot, das bis 1939 in Geltung blieb. Damit wurde ein eurozentrischer Weg eingeschlagen, der die Bemühungen der Jesuiten zunichte machte und für das katholische Christentum in Ostasien negative Folgen von langer Dauer zeitigte.

| Erklärung gegen die jesuitische Mission |

Indonesien, Philippinen, Vietnam

Wichtige Impulse für die Verbreitung des Christentums in Südostasien gingen von der Missionsreise Franz Xavers aus, der zwischen 1545 und 1547 die Region aufsuchte. Man schätzt, dass 1569 auf den Molukken 80.000 Katholiken lebten. Auf Solor und Flores sollen es 1598 25.000 Gläubige gewesen sein, in Malakka um 1600 etwa 74.000 Christen verschiedener ethnischer Zugehörigkeit. Unter dem Druck der Holländer reduzierte sich der portugiesische Einfluss in Südostasien im Laufe des 17. Jahrhunderts auf wenige Enklaven. Malakka fiel 1641 in niederländische Hände, viele Kirchen und Klöster wurden bei der Einnahme zerstört. Mit dem Verfall der portugiesischen Macht ging auch die Zahl der katholischen Christen in der Region zurück. Nur auf Solor, Flores und Timor konnte die Missionsarbeit fortgesetzt werden.

Die Kolonisation der Philippinen begann 1565. Im Vergleich mit der Eroberung Amerikas war jene der Philippinen weniger gewaltsam. Sie stützte sich in hohem Maß auf die Arbeit der Missionare, derer man 1591 bei ca. 700.000 Bewohnern 140 zählte. Anfang des 17. Jahrhunderts dürfte bereits die Mehrheit der Bevölkerung getauft gewesen sein. Um 1700 galt die Evangelisierung als abgeschlossen, wobei das gebirgige Innere vieler Inseln und der muslimische Süden von Mindanao ausgespart blieben.

Kultur, Religion und Sozialisation

Die Orden hatten regional getrennte Wirkungsstätten: Schwerpunkt der Augustiner war die Tagalog-Region, während sich die Jesuiten auf die Inseln Samar und Leyte konzentrierten. Sie errichteten im 17. Jahrhundert besondere Missionsgebiete auf Mindanao, den Karolinen und den Marianen. Zum Erfolg der Mission auf den Philippinen trugen die Feierlichkeit und Prunkentfaltung der Liturgie, musikalisch umrahmte Messen und Lichterprozessionen mit funkelnden gold- und juwelengeschmückten Heiligenbildnissen in den prachtvoll ausgestalteten Kirchen offenbar besonders bei. Zu den frühen Methoden der Evangelisation gehörte es, die christliche Lehre szenisch und bildhaft darzustellen. Das galt besonders für die Leidensgeschichte. Symbolik und Bildersprache der Passion Christi waren allgegenwärtig und sind es in der Volksfrömmigkeit der Philippinen bis in die Gegenwart. Der Katholizismus integrierte sich so auf den Philippinen in die einheimische Gesellschaft und Kultur; er gab den isolierten Inseln und ihren vielen Ethnien ein einigendes Band und ermöglichte letztlich die Bildung eines philippinischen Nationalbewusstseins. Schon 1596 war eine philippinische Kirchenprovinz geschaffen worden, als das 1579 gegründete Bistum Manila zum Erzbistum erhoben und ihm die Diözesen Nueva Segovia, Nueva Cáceres und Cebu (Cebú) unterstellt wurden. Die 1611 von Dominikanern gegründete Universität von Manila gilt als älteste in Asien.

Erfolgreiche Mission auf den Philippinen

Nach Vietnam kamen seit 1626 Jesuitenmissionare; als herausragende Gestalt erwies sich der sprachbegabte Alexandre de Rhodes (1593–1660), der ein dreisprachiges Wörterbuch (portugiesisch–lateinisch–annamitisch) herausgab, die bis dahin in chinesischen Schriftzeichen verbreitete Landessprache ins lateinische Alphabet transskribierte und 1651 einen lateinisch-vietnamesischen Katechismus verfasste. Seine Missionsmethode knüpfte an die Prinzipien der Akkomodation an und sah die Heranbildung von einheimischen Katecheten vor, die in immer wiederkehrenden Verfolgungszeiten das Rückgrat der Kirche bildeten. Überdies regte Rhodes bei einer Heimatreise die Entsendung von Missionaren nach Vietnam an. Wenig später erfolgte die Gründung der Pariser Missionsgesellschaft *Société des Missions Étrangères de Paris*, einer Vereinigung von Weltpriestern für den missionarischen Dienst. Einige ihrer Mitglieder wurden zu „Apostolischen Vikaren" für Tonkin (Tongking), Cochinchina und China (Nanking) berufen und waren damit nicht dem portugiesischen Patronat, sondern Rom direkt unterstellt, erfuhren aber auch Unterstützung durch die französische Ostindien-Gesellschaft. Eine 1665 zusammengetretene Synode legte die künftige Missionspolitik fest. Dabei einigte man sich auf die Errichtung eines Missionsseminars und auf Instruktionen für Missionare in Vietnam, Siam und China. Neben diesen französisch-römischen Missionaren wirkten aber auch weiterhin dem portugiesischen Patronat unterstehende Jesuiten in Vietnam. Mitte des 18. Jahrhunderts gab es im Lande 197 katholische Kirchen.

Missionsmethode des Alexandre de Rhodes

Die Träger der christlichen Mission

Das Papsttum und die Missionen

Um die Mission aus den kolonialstaatlichen Bindungen zu lösen und mehr zu einem Unternehmen in gesamtkirchlicher Verantwortung zu machen, wurde 1622 die römische „Kongregation zur Verbreitung des Glaubens" *(Congregatio de propaganda fide)* gegründet. In ersten Situationsanalysen erschienen als hauptsächliche Missstände der Missionen erstens die ständigen Rivalitäten zwischen den verschiedenen Orden, zwischen Ordensklerus, Weltklerus und Episkopat sowie zwischen den Nationalitäten, bedingt durch das Fehlen einer gesamtkirchlichen Missionsplanung; zweitens insbesondere in Iberoamerika die Konzentration des Klerus in den Städten mit ihren lukrativen Pfründen unter Vernachlässigung des Landes und der Mission unter den Einheimischen; drittens die mangelnde Sprachkenntnis vieler Missionare und schließlich viertens eine Neigung der Orden, unbequeme und untaugliche Mitglieder in die Missionen abzuschieben. Das neue missionarische Programm schlug sich in Dekreten, Denkschriften und Instruktionen, aber auch in der Aussendung von Apostolischen Vikaren, der Gründung von Ausbildungsstätten – 1627 eigenes Kolleg der Propaganda-Kongregation in Rom – und einer polyglotten Druckerei nieder. Missstände der Missionen

Ferner gehörte dazu eine Entpolitisierung der Mission, also eine Distanzierung von den iberischen Kolonialmächten, die das Patronat über die Kirche und die Mission in Amerika und Asien innehatten. Damit wurde die Aufforderung verbunden, sich jeglicher Einmischung in politische Angelegenheiten und jeder Verwicklung in kommerzielle Unternehmungen zu enthalten. Zu diesem abgrenzenden Programm trat positiv die Betonung des religiösen Charakters der Mission, die sich an der apostolischen Urkirche orientieren sollte. Hinzu kam das Verlangen nach einer guten sprachlichen und wissenschaftlichen Ausbildung der europäischen Missionare, aber auch und vor allem nach Ausbildung eines einheimischen Klerus und Episkopats sowie autochthoner Missionare, da diese sich am besten in ihrer Kultur bewegen könnten.

Während dieses Vorhaben bei den Patronatsmächten auf entschiedenen Widerstand stieß, fand es über de Rhodes in Indochina einen ersten Anknüpfungspunkt. Die Instruktion der Propaganda-Kongregation für die drei von ihr ernannten französischen Vikare von 1659 ist eine vorzügliche Quelle für die Ziele der päpstlichen Missionsarbeit. Grundlegend sollte künftig die Heranbildung eines einheimischen Klerus sein, und zwar unter weit engerer Bindung an Rom, als dies bisher üblich gewesen war. Jedoch hieß es: „... ratet keinesfalls jenen Leuten, ihre gewohnten Riten und Bräuche zu ändern, es sei denn, sie widersprächen offensichtlich der Religion und den guten Sitten. Was wäre absurder, als Frankreich, Spanien, Italien oder einen anderen Teil Europas nach China einzuführen? Nicht diese, sondern den Glauben sollt ihr einführen, der keines Volkes Riten und Gewohn- Ziele der päpstlichen Missionsarbeit heiten – sofern sie nicht verkehrt sind – zurückweist oder verletzt, sondern sie vielmehr hegen und schützen möchte. Und weil fast alle Menschen von Natur aus das Ihrige und besonders die eigene Nation mehr schätzen und lieben als andere, gibt es keinen stärkeren Grund für Hass und Entfremdung als die Veränderung heimischer Gewohnheiten, vor allem solcher, an die die Leute seit Menschengedenken gewohnt sind, und besonders wenn du anstelle der abgeschafften Gebräuche diejenigen deines Landes einführen möchtest. Was aber an Verkehrtem existiert, ist eher durch Winke und durch Schweigen als durch Worte zu verdammen."

Während eines längeren Aufenthaltes in Siam hatten die ernannten Apostolischen Vikare ihrerseits einen grundlegenden Text verfasst, worin sie den Vorzug des christlichen Glaubenszeugnisses vor der irdischen Weisheit und der Indienstnahme der weltlichen Wissenschaft als Mittel des Apostolats für ihre Arbeit herausstellten. In diesem Punkt ist die Kritik der Propaganda-Missionare an den Jesuiten unübersehbar. Ihr Missionsideal betonte das ausschließliche Angewiesensein auf die übernatürliche Kraft des Evangeliums; es hatte seinen zeitgenössischen Verbündeten im französischen Jansenismus, der der Weltfreudigkeit des Barock das Pathos des augustinisch-lutherischen *sola gratia* entgegensetzte. Propagandamission und Patronatsmission liefen fortan parallel nebeneinander her, was nicht wenige Konflikte auslöste. Die Verweigerungshaltung Spaniens und Portugals begünstigte die Zusammenarbeit Roms mit Frankreich. Die Propaganda-Kongregation hatte deshalb in Indochina, in Québec und im Vorderen Orient, wo die französischen Könige gute Beziehungen zum Osmanischen Reich pflegten, ihre günstigsten Wirkmöglichkeiten.

Propaganda- und Patronatsmission

Der Protestantismus und die Missionen

Vor dem 18. Jahrhundert entfaltete der Protestantismus kaum nennenswerte missionarische Aktivitäten. Deren Entstehen war mit dem Aufstieg der Seemächte Holland, England und Dänemark verbunden.

Den Bemühungen der VOC (Niederländische Ostindien-Kompanie) um eine Ausbreitung des reformierten Glaubens in ihrem Kolonialreich war nur sehr mäßiger Erfolg beschieden. Dies lag nicht nur am begrenzten missionarischen Interesse der primär ökonomisch orientierten Kolonialobrigkeit. Von der Mitte des 17. bis zum Ende des 18. Jahrhunderts sandte die VOC im Ganzen nur 254 Prediger und etwa 800 kirchliche Mitarbeiter niederen Ranges von den Niederlanden aus in die asiatischen Besitzungen. Im Einzelnen gab es bemerkenswerte Experimente wie etwa die Einrichtung von Seminaren zur Ausbildung eines einheimischen Klerus in Ceylon. Als hinderlich erwies sich aber die fehlende kulturelle Anpassungsfähigkeit des niederländischen Calvinismus, die alle lokalen Initiativen erstickte. Bestrebungen zum Aufbau einheimischer Gemeinden im kolonialen Ceylon scheiterten an der fehlenden Sprachkompetenz der häufig versetzten holländischen Pfarrer. Versuche eigenständiger kolonialethischer Stellungnahmen

Missionsbemühungen der VOC

in Niederländisch-Indien fielen disziplinarischen Maßnahmen der Obrigkeit zum Opfer.

Mit dem Ende der portugiesischen Herrschaft in Ceylon 1658 kam der damals etwa 250.000 Gläubige zählende Katholizismus im Land nicht an sein Ende, obwohl die Ausübung der „papistischen" Religion von den neuen Kolonialherren unter Strafe gestellt wurde. Gegen Ende des 17. Jahrhunderts kam es sogar zu einem neuen Aufblühen der in den Untergrund abgedrängten katholischen Kirche. Entscheidenden Anteil daran hatte ein aus Goa, aus einer seit mehreren Generationen katholischen Brahmanen-Familie stammender Oratorianer. Als Bettler verkleidet und in ständiger Furcht vor Entdeckung durch die holländischen Behörden bereiste er die Insel. Es zeigte sich, dass der katholische Glaube in Teilen des ceylonesischen Kastensystems – so bei den Karavas und den Paravas, also den Fischern an der Küste, deren Beruf von den Buddhisten verachtet wurde – tiefer als angenommen Wurzeln geschlagen hatte. Er und weitere Oratorianer verknüpften das Netz der Gemeinden wieder miteinander. Den Nachstellungen der holländischen Behörden konnten sie entgehen, indem sie sich in das Königreich Kandy im Landesinneren zurückzogen, wo die Holländer keine Herrschaft ausübten. Im Übrigen darauf angewiesen, von den einheimischen Gläubigen versteckt zu werden, teilten die Oratorianer deren Lebensweise und stachen damit völlig von den holländischen Pfarrern ab, die in den Küstenstädten residierten, dort in erster Linie für die Betreuung der Weißen zuständig waren und sich im Auftreten kaum von den Kolonialbeamten unterschieden. Im Jahre 1706 formierte sich erstmals eine Demonstration von etwa 200 Katholiken, um gegen die zwangsweise Einschulung ihrer Kinder in die holländisch-reformierte Schule zu protestieren. Derartige Vorfälle häuften sich während der dann folgenden Jahrzehnte. Das Selbstbewusstsein der Katholiken stieg. Es gab zahlreiche Übertritte aus der nichtchristlichen Bevölkerung, bei welcher Lebensführung und Mut, Askese und Zölibat der Oratorianer hochgeschätzt wurden. Auch nützte dem Katholizismus, dass seine Kapellen oft an vorchristlichen Kultstätten standen und der Übergang im religiösen Brauchtum fließend war. Die katholische Bewegung wuchs schließlich so sehr an, der Widerstand gegen den reformierten Religionszwang wurde so massiv, dass die Kolonialverwaltung 1762 die öffentliche Duldung der katholischen Kirche einräumen musste, die dann bis zum Ende der holländischen Herrschaft 1796 den Calvinismus weit überholte.

| Neues Aufblühen der katholischen Kirche

Eine kontinuierliche evangelische Missionsarbeit auf breiter Basis begann erst mit dem Pietismus im frühen 18. Jahrhundert; die eigene Erweckung sollte dabei mit der Bekehrung anderer einhergehen. Der lutherische Pietist August Hermann Francke wurde von Leibniz inspiriert und formte jenen Missionsgedanken, der für den Halleschen Pietismus typisch werden sollte. Er verband sich mit dem Wunsch des dänischen Königs Friedrich IV. nach Missionaren für seine 1702 erworbene Handelskolonie im südindischen Tranquebar (Tharangambadi). So kam es 1706 zur Entsendung zweier deutscher Missionare und zur Gründung der knapp eineinhalb Jahrhunderte bestehenden Dänisch-Halleschen Mission in Süd-

| Tranquebar-Mission

Kultur, Religion und Sozialisation

indien. Eine gründliche Beherrschung der beiden von Einheimischen gesprochenen Sprachen Tamil und Portugiesisch war von Beginn an das Ziel der Missionare. 1707 wurde die Jerusalemkirche eingeweiht, in der die Missionare fortan portugiesisch und tamilisch predigten. Zum Zwecke des Unterrichts in ihrer Schule fertigten sie Übersetzungen aus dem Deutschen ins Portugiesische an, wie zum Beispiel vom »Kleinen Katechismus« Luthers, die auch gedruckt wurden. Später entstanden auch Werke zu Sprachen und Religionen Südindiens, eine Bibelübersetzung in Tamil (1723) sowie weitere Übersetzungen in die drawidischen Sprachen. 1733 wurde ein tamilischer Katechet als erster protestantischer Pfarrer Indiens eingesetzt.

Die Herrnhuter Brüdermission empfing von der Tranquebar-Mission entscheidende Impulse. Zinzendorf selbst bezeugte, dass ihn schon als Kind die Halleschen Missionsberichte ansprachen, mehr aber noch auf dem Pädagogium in Halle die persönlichen Begegnungen mit den ersten Tranquebar-Missionaren. Zinzendorfs Missionsgedanken konnten Früchte tragen, als sich 1727 seine Gemeinde in Herrnhut konstituiert hatte. Durch Exil und Emigration sensibilisiert, war der Brüdergemeine das Schicksal der Armen in aller Welt nicht gleichgültig. In rascher Folge wurden Missionsfelder besetzt, bei Zinzendorfs Tod waren es weltweit zehn mit 66 Laienmissionaren. Nicht wenige Herrnhuter Brüder fielen, besonders in Westafrika, wo man sich an der Goldküste (Ghana) 1737, 1768 und 1770 niederzulassen versuchte, tödlichen Krankheiten zum Opfer.

Herrnhuter Brüder

Im englischsprachigen Raum wurde 1701 die hochkirchliche *Society of the Propagation of the Gospel in Foreign Parts* gegründet. 1754 wurde der damals 13-jährige Philip Quaque von seinem Geburtsort an der westafrikanischen Küste zur Ausbildung nach England gesandt und als erster Afrikaner zum Priester der anglikanischen Kirche ordiniert. Im Jahre 1766 kehrte er in seine Heimat zurück und wirkte dort ein halbes Jahrhundert. Er erlebte noch die ersten Initiativen zur Abschaffung der Sklaverei, die von den Quäkern und dem Gründer der Methodisten, John Wesley, ausgingen und im 19. Jahrhundert zu deren Ächtung und Abschaffung führen sollten.

Die Aufhebung der Gesellschaft Jesu

Die bourbonischen Monarchen des 18. Jahrhunderts nahmen für sich in Anspruch, die absolute Gewalt des Königs sei göttlichen Ursprungs. Darauf stützten sie ihre „regalistische" Religionspolitik. Die traditionelle Praxis des Patronatsrechts weit übersteigend, begrenzte der Staat die Zulassung zum Priesteramt beziehungsweise zum Ordenseintritt meist mit dem Argument, die Anzahl der ökonomisch tätigen Bevölkerung dürfe nicht geschwächt werden, oder er beschränkte den Einfluss der Kirche innerhalb der Plantagenwirtschaft, wo die Seelsorge an den Sklaven abgeschafft, die Sklaverei aber verschärft wurde.

Die erste große Maßnahme dieser regalistischen Religionspolitik richtete sich gegen die Jesuiten, jenen Orden, der seiner Struktur nach am wenigsten dem absolutistischen Staats- und Gesellschaftsverständnis angepasst werden konnte. Den Jesuiten wurde das Streben der Bürokratie nach totaler Verwaltung des religiösen Bereichs zum Verhängnis, aber auch, dass den merkantilistischen Wirtschaftspolitikern die Handelsautonomie der Reduktionen unerwünscht war. Der Hebel zur Ausweisung der Jesuiten aus Brasilien und Hispanoamerika wurde über den portugiesisch-spanischen Grenzvertrag von 1750 angesetzt. Portugal überließ darin Spanien die am Nordufer des Río de la Plata gelegene Stadt Sacramento mit ihrem Hinterland, dem heutigen Staat Uruguay, sicherte sich aber weiter nördlich ein bis dahin spanisches Gebiet an der Ostseite des Río Uruguay, welches sich in etwa mit dem Binnenland des heutigen brasilianischen Bundesstaates Rio Grande do Sul deckt. Auf diesem Gebiet lagen sieben Jesuitenmissionen, in denen etwa 30.000 Indios lebten. Es wurde bestimmt, dass diese gegen eine geringe Entschädigungsgebühr ihre Dörfer verlassen und sich jenseits des Uruguay-Stromes eine neue Heimat suchen sollten. Die Indios fühlten sich vom spanischen König verraten und verweigerten sich dem Aussiedlungsbefehl. Die Jesuiten schlugen eine Verzögerungstaktik ein, doch nötigte sie 1752 der Delegat ihres Ordensgenerals zum Gehorsam. Bis 1756 verteilten sich die Patres mit etwa der Hälfte der Bevölkerung der sieben Dörfer auf die 23 weiter westlich gelegenen, spanisch bleibenden Guaraní-Reduktionen, während die andere Hälfte vor Ort blieb und zum Widerstand entschlossen war, aber dem portugiesischen Militär unterlag. Portugal lastete den Jesuiten den Aufstand als Widerstand gegen die Staatsgewalt an. Es erschien ein Buch über einen angeblichen Jesuitenkönig Nicolaus I. von Paraguay. Schließlich unterstellte der portugiesische Premierminister Pombal den Jesuiten 1759 die Urheberschaft eines missglückten Attentats auf König Joseph I. Dies diente ihm als Vorwand, alle Jesuiten in den Ländern der portugiesischen Krone festnehmen und die Güter des Ordens beschlagnahmen zu lassen.

| Portugiesisch-spanischer Grenzvertrag in Südamerika

Die Portugiesische Assistenz des Ordens zählte etwa 1700 Mitglieder, von denen mehr als 900 in Übersee arbeiteten, 500 in Brasilien und 400 in Asien und Afrika. Circa 1100 wurden in den Kirchenstaat abgeschoben. Von den restlichen 600 starben auf der Reise etwa 90; ca. 110 blieben in China oder anderen nicht direkt von der portugiesischen Krone abhängigen Missionsgebieten. 180 wurden in portugiesischen Gefängnissen festgehalten, während etwa 220 zumeist jüngere Ordensangehörige den Orden verließen. Die Verhaftungen und Ausweisungen wurden sehr brutal und unter menschenunwürdigen Bedingungen durchgeführt.

In Frankreich, wo es anders als in Portugal schon immer eine starke Opposition gegen die Jesuiten gegeben hatte, wurde der Fall des Paters Lavalette dem Orden zum Verhängnis. Lavalette war Superior auf der Insel Martinique und als Missionsprokurator für die wirtschaftliche Absicherung der Missionsarbeit verantwortlich. Der Absatz der auf den Missionsplantagen angebauten Kolonialprodukte bildete die finanzielle Grundlage. Mitte der 1750er Jahre setzte eine Serie von Unglücken und Misslichkeiten ein. Schiffe mit wertvollen Ladungen wurden im Siebenjährigen Krieg von den Engländern gekapert. Stürme und Epidemien ließen die Erträge der Plantagen zurückgehen. Das Handelshaus, mit dem Lavalette zusammenarbeitete, musste den Bankrott erklären. Die Gläubiger machten die französischen Ordensprovinzen für den Verlust von rund 1 ½ Millionen Livres verantwortlich. Als diese die Haftung ablehnten, zog man die Affäre vor Gericht. Dieses entschied 1762, dass der Orden mit seinen Häusern und Besitzungen für den Schaden hafte. Es entwickelte sich eine breite öffentliche Kampagne gegen den Orden. Die Mehrzahl der Bischöfe Frankreichs setzte sich für die Jesuiten ein. Nachdem schon 1762 alle Schulen der Jesuiten geschlossen worden waren, sorgte ein Erlass des Königs 1764 für die Aufhebung des Ordens. Die Beschlagnahmung seiner Güter brachte der Staatskasse 60 Millionen Livres (also das Vierzigfache jener 1 ½ Millionen Schulden des Paters Lavalette). Die 3000 französischen Jesuiten konnten als Privatpersonen ungestört in Frankreich verbleiben, mussten sich aber verpflichten, keinerlei Verbindungen mit dem Orden mehr zu unterhalten.

Der Fall des Paters Lavalette

Auf Spanien (und Neapel) griff die antijesuitische Stimmung zuletzt über. Hohe Beamte Karls III. waren entschlossen, dem Beispiel Portugals und Frankreichs nachzufolgen. Im Frühjahr 1766 lösten in Madrid drastische Verteuerungen der Grundnahrungsmittel und das – typisch aufklärerische – Verbot der traditionellen spanischen Tracht Tumulte gegen die Regierung aus. Nachdem der Aufruhr niedergeschlagen war, wurden in einem Sondergerichtsverfahren die Jesuiten als Anstifter beschuldigt. Daraufhin erließ der König 1767 ein zunächst geheimes Dekret, das die Verbannung des Ordens aus den Ländern der spanischen Krone und die Beschlagnahme seiner Güter anordnete. Unter strengster Geheimhaltung wurde der Erlass mit den Durchführungsbestimmungen verteilt, so dass auch jetzt noch Missionare der Gesellschaft Jesu auf Schiffen der spanischen Marine in die Kolonien abreisen konnten; die am Hof tätigen Patres behielten ihre Stellung. Die Täuschung gelang in vollkommener Weise. Erst zu einem bestimmten Zeitpunkt durften die Siegel der verschlossenen Dekrete geöffnet werden, so dass mit einem Schlag alle Kollegien und Häuser der Jesuiten besetzt und die Ordensmitglieder – 2500 allein im europäischen Spanien – in Haft genommen wurden, um sie dann in den Kirchenstaat abzuschieben.

Antijesuitische Stimmung in Spanien

Die gleichen Verordnungen wie für Spanien gingen auch nach Spanisch-Amerika und den Philippinen ab. Am Río de la Plata begannen die Verhaftungen im Juli 1767. Jedoch verging noch über ein Jahr, bis auch die Patres in den Missionen am Río Uruguay und Río Paraná festgenommen wurden. Nirgends traf man auf Widerstand; überall händigten die Patres ihre Schlüssel aus und ließen sich abführen. In den Guaraní-Missionen war die Vertreibung der Jesuiten nach vier Monaten vollstreckt. In den entfernt gelegenen Missionen im Gran Chaco und in der Chiquitanía zog sie sich bis März 1769 hin.

In mehreren mexikanischen Städten rührte sich unter der Bevölkerung Widerstand gegen die Ausweisung der Jesuiten. Zu besonders heftigen Protesten kam es in San Luis Potosí. Die Patres befanden sich schon im staatlichen Gewahrsam, als die aufgebrachte Menge ihrer habhaft wurde und sie ins Kolleg zurückführte. Nach viertägigen Verhandlungen gelang es dem Gouverneur, die Vorsteher der sieben Indioquartiere der Stadt zur Unterschrift unter eine Vereinbarung zu bewegen, nach der die Patres am 9. Juli 1767 abreisen sollten. In der Nacht vor diesem vereinbarten Datum stürmten indianische Bauern aus dem Umland das Kolleg und verhinderten den Abtransport. Erst als der Generalinspektor José de Gálvez in der Stadt eintraf, konnte die Maßnahme ausgeführt werden. Gálvez verhängte grausame Strafen: 50 Indios wurden exekutiert, 75 zu Auspeitschung verurteilt, 110 verbannt und 664 in Haft genommen. Die neun Jesuiten, die in San Luis Potosí festgenommen wurden, wurden unter Bewachung von 70 Dragonern nach Veracruz abgeführt. Von den 678 Jesuiten, die am Tag, als die Verhaftungen begannen, die mexikanische Provinz des Ordens bildeten, verstarben bis zum Dezember 1769, als die Deportationen abgeschlossen waren, 101.

<small>Widerstand gegen die Jesuitenausweisung</small>

Die Gesamtzahl der aus den spanischen Überseegebieten ausgewiesenen Jesuiten belief sich auf 2667. In Spanien kamen nur 2270 an. Für die Indios der Reduktionen traten traurige Folgen ein. Die Jesuiten wurden durch einen staatskonformen Klerus ersetzt. Doch nicht mehr der Geistliche, sondern ein „aufgeklärter" ziviler Beamter repräsentierte von jetzt an die staatliche Autorität. Die Todesstrafe wurde eingeführt. Der Handel wurde liberalisiert, Weiße erhielten Zutritt zu den Reduktionen und pachteten Land, das sie nach Ende der Kolonialzeit im Zuge der liberalen Bodengesetzgebung ganz an sich brachten. So wurde eine Alternative zerschlagen, welche die Orden, insbesondere die Jesuiten, seit dem 16. Jahrhundert unter Ausschöpfung des spanischen Rechts im Kolonialsystem entwickelt hatten und in der indianische Kultur und christlicher Glaube koexistierten. Mit der Ausweisung der Jesuiten brach die absolutistische Politik das Rückgrat eines prophetischen Christentums in Lateinamerika. Nicht wenige der ausgewiesenen Patres nutzten ihren Lebensabend, um ihre Erinnerungen an die Missionen sowie ihr Wissen über die Geographie des Kontinents und die Kultur und Geschichte der indianischen Völker in Chroniken und enzyklopädischen Werken der Nachwelt zu überliefern.

<small>Folgen der Jesuitenausweisung</small>

Mit der 1773 durch den Papst verfügten Aufhebung der Gesellschaft Jesu verschwanden für lange Zeit viele aus heutiger Sicht moderne Ansätze, das Christentum in den außereuropäischen Gesellschaften und Kulturen heimisch zu machen. Insgesamt ist zu resümieren, dass sich um 1800 das Christentum, aber auch der Islam im Vergleich mit den Verhältnissen um das Jahr 1200 in der Welt verstärkt ausgebreitet hatten, und zwar hauptsächlich zu Lasten altamerikanischer und altafrikanischer indigener Religionen, teilweise aber auch auf Kosten des Hinduismus und des Buddhismus.

Erziehung, Bildung und Wissenschaft

Stefan Ehrenpreis

Allgemeine Erörterungen

Familiäre und öffentliche Erziehung

Alle Gesellschaften des 13. bis 18. Jahrhunderts kannten spezifische Techniken der Vermittlung von Wissen, gesellschaftlichen Normen, Verhaltensstandards, individuellen Lebenserfahrungen und Einkommensmöglichkeiten. In vielen Gesellschaften entsprachen diese Sozialisationstechniken älteren Traditionen, die fortgeführt wurden. In anderen entwickelten sich neue Sozialisationsinstanzen und -techniken, die ihre Vorläufer überformten oder ablösten. Die Vermittlung von Normen des Zusammenlebens, von sozialen Praktiken und Weltbildern der jeweiligen Gesellschaft ist von jeher gesellschaftsspezifisch erfolgt, nach je eigenen Zielvorgaben und Methoden. Da sie die grundlegende Orientierung des Menschen in seiner Umwelt garantieren, waren und sind sie aber nie von den Formen des Wissenserwerbs zu trennen. Persönlichkeitsentwicklung und praktische Berufsausbildung, die mit der europäischen Bildungsidee seit dem späten 18. Jahrhundert als getrennte Zielvorgaben erscheinen, fallen in der Geschichte der Sozialisation weitgehend in eins zusammen. Von einer Bewertung als höher oder niedriger stehend sollte deshalb abgesehen werden, wenn man sich der Fülle der globalen Erscheinungen nähert.

Trotz erheblicher Unterschiede lassen sich in unserer Epoche globale Gemeinsamkeiten in den grundsätzlichen sozialen und kulturellen Formen der Sozialisation der nachwachsenden Generation feststellen: Die Ziele von Erziehung, ihre Mittel und ihre Träger beruhten nicht auf individuellen, sondern auf kollektiven Entscheidungen. Eltern, aber auch Nachbarschaft und kommunale Gemeinde waren Erziehungsinstanzen, deren Einfluss nicht gegeneinander stand, sondern als gemeinsame soziale Praktik verstanden werden muss. Damit ist auch die Rolle des sozialen Standes für die Erziehung charakterisiert: Kinder lernten den sozialen Status der Familie nicht nur über die Eltern, sondern auch über Verwandte und das Verhalten der Nachbarn kennen und einschätzen. Zweitens lassen sich in vielen Gesellschaften unterschiedliche Niveaus und Spezialisierungen von Erziehung, Bildung und Ausbildung erkennen. Erziehung ist ein universales Phänomen menschlicher Kultur, Bildung im Sinne einer kombinierten Allgemein- und Persönlichkeitsbildung hingegen war eine Erfindung religiöser Herkunft, deren oft geäußerter

Gemeinsamkeiten der Sozialisation

Absolutheitsanspruch kritisch hinterfragt werden muss. Die praktische Ausbildung beispielsweise, die in vielen vormodernen Gesellschaften Europas, Asiens und Afrikas die Handwerker leisteten, führte zu erheblichen technischen Fortschritten in allen Lebensbereichen und wurde als wichtige Stütze der Gesellschaft anerkannt. Die Handwerkerschaft trug mittels der Gesellenwanderung auch zum kulturellen Austausch bei. Drittens sind die Träger von institutioneller Ausbildung und Erziehung zwar genauso unterschiedlich wie die Erziehungsziele, aber auch hier lassen sich gemeinsame Strukturen finden. In vielen Weltregionen waren die Religionen Normgeber der Erziehung und stellten oft auch die Instanzen, in denen ein Teil der Bevölkerung durch Inhaber religiöser Ämter erzogen wurde. Sowohl das Christentum als auch der Islam, der Buddhismus und der Hinduismus kannten Klöster als Ausbildungsstätten. Dort lebten von ihren Familien isolierte Kinder und Jugendliche in der klösterlichen Gemeinschaft und beschäftigten sich mit religiösen Riten und vor allem mit dem Studium religiöser Texte, unabhängig davon, ob sie später auch den Rest ihres Lebens im Kloster verbringen sollten.

Neben den Religionen traten eine Fülle von weltlichen Instanzen als Erziehungs- und Bildungsträger auf. In einigen Weltregionen entwickelte sich ein öffentliches Schulwesen, das von staatlich-herrschaftlichen Einrichtungen finanziert und organisiert wurde, aber zumeist nur einer elitären Minderheit zur Verfügung stand. Aber auch heute undenkbare Instanzen waren an der Vermittlung von Wissen und Fertigkeiten beteiligt. In den Militäreinheiten der europäischen Staaten, aber zum Beispiel auch in der Reiterei der Mongolen wurde während der Lageraufenthalte Unterricht im Lesen und Schreiben an die Soldaten erteilt, die zunächst Feldzeichen und Schlachtanweisungen zu deuten lernten, dann aber auch an das Lesen schriftlicher Befehlstexte herangeführt wurden. | Weltliche Instanzen als Erziehungs- und Bildungsträger

Die Verbindung von Ausbildungskarrieren und sozialen Lebenschancen, die uns heute selbstverständlich erscheint, war kaum gegeben. Die Bindung sozialer Aufstiegschancen an formale Bildungskriterien, wie sie die chinesischen Beamtenprüfungen kennzeichnet, wurde in Europa erst langsam im Laufe des 17. und 18. Jahrhunderts virulent. In anderen Kulturen lässt sich ein solcher Aufstieg über Bildung nur für sehr kleine Gruppen in der Hofgesellschaft konstatieren, wohl aber eine verbreitete Notwendigkeit sozialspezifischer Ausbildungen zum Erhalt der per Geburt zugeschriebenen sozialen Zugehörigkeit. Daneben bot sich in vielen Religionsgemeinschaften für Männer die Möglichkeit, sich durch eigene Lebensentscheidung einem frommen Gelehrtenleben zu widmen, das ihnen eine sozial anerkannte Rolle verschaffte. | Ausbildung und soziale Lebenschancen

Die Rolle des Schriftgebrauchs

In der hier behandelten Epoche vollzieht sich weltweit eine erhebliche Zunahme der Fähigkeit, Lesen und Schreiben zu beherrschen. Die Ursache liegt in zwei global verbreiteten kulturellen Tendenzen des 13. bis 18. Jahrhunderts: Erstens weitete sich in den Gesellschaften, die Schriftlichkeit kannten, der Kreis der durch diese Kulturtechnik beeinflussten Alltagskommunikation dramatisch aus: Herrschaftliche Verfügungen, juristische Akte, aber auch die soziale und private Kommunikation wurden in stärkerem Maße verschriftlicht. Menschen ließen sich aber auch aus eigennützigen Gründen motivieren, sich die Lese- und – weniger häufig – die Schreibfähigkeit anzueignen. Die Schichten der Bevölkerung, die durch Schulunterricht alphabetisiert wurden, nahmen zwischen dem 13. und dem 18. Jahrhundert in Europa und China dramatisch zu. Zweitens stieg im Zuge der Ausbreitung des Islam und der europäischen Expansion auch in Weltregionen, die keine oder kaum Schriftlichkeit kannten, die Zahl der Alphabetisierten: entweder durch religiöse Missionierung, wie in Teilen Afrikas und Südostasiens, oder durch Einwanderung wie in Nord- und Südamerika.

Gründe für die Alphabetisierungszunahme

Der Gebrauch von Schriftzeichen zur dauerhaften Überlieferung war in den meisten literalen Gesellschaften zur Traditionsbildung von geschichtlichen Erzählungen und Herkunftslegenden verbreitet. In Europa, der islamischen Welt, Indien und Ostasien existierte eine schon jahrhundertealte breite Überlieferungstradition auch von philosophischen Werken und Fachtexten. Neben diesen weltlichen Funktionen von Schriftüberlieferung bildete vor allem ein Kanon religiöser Texte die Grundlage für den Umgang mit Schriftlichkeit. Die religiösen Texte, im Judentum, dem Islam und dem Christentum als Offenbarungstexte des Willens Gottes verstanden, wurden weiterverbreitet, gelernt sowie interpretiert und regten die Entstehung weiterer Textformen an. Die religiösen Texte der großen Weltreligionen wurden zum Ausgangspunkt der Ausbildung des geistlichen Nachwuchses in Klöstern und Schulen, sollten aber auch als Richtschnur für das Leben aller Gläubigen dienen. Religiöse Unterweisungen wurden in oralen Formen wie Lesung, Predigt und Gebet verbreitet, ergänzt durch visuelle und schriftliche Mittel.

Funktionen von Schriftüberlieferung

Eine große Rolle spielte die Sprache der Texte, insbesondere der mit Offenbarungscharakter. In der islamischen Welt sicherte die Verbreitung des Koran auch die klassische Vorherrschaft des Arabischen. Im Christentum spielte die Bibel in lateinischer Sprache die Rolle eines länderübergreifenden Referenztextes, obwohl ihre älteren Fassungen in anderen Sprachen vorlagen. Für die Juden bildete die hebräische Sprache des Alten Testaments und der rabbinischen Schriften in der globalen Diaspora den Anknüpfungspunkt an ihre Geschichte.

Sprache der Texte

Der Umgang mit den religiösen Texten zeigt eine breite Palette von Praktiken: vom meditierenden Lesen und Repetieren über das Auswendiglernen und Abschreiben bis zur Analyse und zur Debatte um Interpretationen und Anwendungen. Die klassischen buddhistischen Texte wurden zwar in Übersetzungen benützt, eröffneten aber den Lesern den Kosmos ihres Entstehungskontextes. Jeder Umgang und jede Praktik mit Texten kann als Zugang zur Literalität gewürdigt werden. Das Bewusstsein der Andersartigkeit literaler Kommunikation, die über Entfernungen und Zeitverschiebungen hinweg funktioniert, machte die Attraktivität von Schriftlichkeit in den Gesellschaften unserer Epoche aus. Analphabeten erfuhren sich

Zugang zur Literalität

als Ausgeschlossene von Kommunikation, und dies tangierte ihre persönliche Ehre und soziale Stellung. In den sich langsam von der Oralität zur Literalität wandelnden Gesellschaften Europas trug der schichtenspezifisch differenzierte Gebrauch von Schriftlichkeit zur sozialen Distinktion bei, und dies stellte einen Antrieb zur Annäherung an literale Formen der Kommunikation für alle Bevölkerungsschichten dar. Dies bedeutet also keineswegs, dass überwiegend nichtliterale Gesellschaften weniger gut funktioniert hätten – ihre Kommunikationsformen waren nur anders.

Weltbilder und Wissenszugänge

Es wäre für unsere Epoche verfehlt, alle Vorgänge von Wissenserwerb auf Formen der Rezeption von Texten zu reduzieren und am modernen Ideal einer umfassenden Allgemein- und Persönlichkeitsbildung zu messen. Vielmehr waren an der Produktion von theoretischem und praktischem Wissen auch weitgehend analphabetisierte Bevölkerungsschichten beteiligt, die sich in der Auseinandersetzung mit der Natur und ihren Gütern erfahrungsgesättigte Kenntnisse erwarben. Vor allem die Handwerker, nicht nur in Städten, sondern auch die in ländlich geprägten Räumen Afrikas oder Südamerikas, gaben ihr technisches Wissen und Können an nachfolgende Generationen weiter. Die 27.000 Handwerksmeister am chinesischen Kaiserhof (1420) gehörten zu den weltweit am stärksten spezialisierten Fachleuten für Metall- und Holzverarbeitung inklusive der dafür notwendigen Konstruktionsleistungen. Ihr Wissen wurde in großen enzyklopädischen Lehrwerken publiziert. Selbst in traditionalen Stammesgesellschaften gab es berufliche Spezialisierungen: Am Ende des 17. Jahrhunderts berichtete ein niederländischer Geistlicher von der indonesischen Insel Seram (Ceram), dort würden jährlich einheimische Kinder für Monate in den Dschungel geführt, um in die Geheimnisse des Schamanismus eingeführt zu werden. Gleichwohl gab es auch Brüche von Wissenstraditionen und -anwendungen: So gerieten die überragenden Wasserbau- und Bewässerungstechniken der Azteken im Laufe der spanischen Kolonisierung Mexikos in Vergessenheit, obwohl sie einen sehr viel reicheren Ernteertrag garantiert hatten, als er jemals im frühneuzeitlichen Europa erzielt wurde.

| Berufliche Spezialisierungen

Die Veränderung der Wahrnehmungsweisen von Kosmos und Natur ist eine der Kennzeichen der Epoche. Eine rationale, auf Empirie beruhende Erforschung der Natur prägte früh die chinesische und die arabische Welt, während Europa hier erst seit dem 14. Jahrhundert unter Rezeption arabischer Quellen langsam eine Nachzüglerposition einnahm, diese jedoch zügig ausbaute. Es ist von der „wissenschaftlichen Revolution" des 17. Jahrhunderts in Europa gesprochen worden, die sich durch systematisch betriebene wissenschaftliche Experimente und Beweisführung, Mathematisierung von Modellen und interpretierende philosophische Spekulationen auszeichnete. Gleichwohl blieb die europäische Naturwissenschaft noch lange metaphysischen Modellen verpflichtet und konkurrierte mit populären mythologischen Anschauungen. Die chinesische Weltsicht und Natur-

| Entwicklung der Naturwissenschaft

wissenschaft brauchte den Vergleich mit Europa nicht zu scheuen, und die arabische Rezeption der Antike lieferte in vielen Fällen die Vorlagen für deren europäische Wiederentdeckung.

Die Frage nach den globalen gegenseitigen Beeinflussungen von Erziehungsideen und -methoden ist aber noch nicht abschließend beantwortbar. Über die Ausbreitung der großen Weltreligionen wurden Erziehungsmodelle von ihrer Entstehungsregion aus exportiert, so zum Beispiel islamische Koranschulen vom arabischen Raum nach Indien und auf den Malaiischen Archipel, europäische Bildungsideen in die Kolonialgebiete oder die buddhistische Klosterkultur von China nach Japan. Nur in seltenen Fällen wie der europäischen Rezeption der chinesischen Beamtenprüfungen seit dem späten 16. Jahrhundert kennen wir aber auch eine zeitgenössische Reflexion solcher Vorgänge. Oft wurden Übernahmen fremder Modelle aus kulturellen oder frühnationalen Gründen abgelehnt und gegen die eigenen Traditionen gestellt. Chinesische Gelehrte sahen im Christentum und seiner Kultur nichts anderes als eine entartete Form eines mit manchen Aspekten des Islam vermischten Buddhismus. In den europäischen Kolonialgebieten wusste jedoch die unterworfene indigene Bevölkerung europäische Bildungseinrichtungen teilweise zu eigenen Zwecken zu nutzen, auch wenn sie oktroyiert worden waren: Die Aufstände peruanischer Inka-Nachfahren im 17. und 18. Jahrhundert wurden von der auf Kolonialschulen ausgebildeten einheimischen Elite angeführt.

„Export" von Erziehungsmodellen

Bildung für Mädchen und Frauen

Mädchen und Frauen waren in vielen Gesellschaften des hier behandelten Zeitraums in ihren Bildungsmöglichkeiten benachteiligt, allerdings in unterschiedlichem Ausmaß und in wandelbaren Formen. In die Rituale der Generationsrhythmen waren die Mädchen einbezogen, und selbstverständlich wurde auf ihre Erziehung genauso geachtet wie auf die der Knaben. Die geschlechtsspezifischen Erziehungsziele umfassten jedoch deutlich weniger die religiös konnotierte Ausbildung zur Literalität, den Umgang mit religiösem Spezialwissen sowie technisch-mathematisches Wissen.

Große Unterschiede bestanden in der Beteiligung von Mädchen und Frauen im Zugang zu den religiösen Institutionen. Im Islam wurden sie von den höheren Koranschulen ausgeschlossen, ihre Lesefähigkeit war wesentlich geringer als die der Knaben. Im Christentum waren Frauen vom Priesteramt und von den Gemeindeverwaltungen ausgeschlossen. Im Katholizismus blühten aber seit dem späten 16. Jahrhundert die weiblichen Orden, und bedeutende Mystikerinnen erfuhren hohe Anerkennung. Die Ursulinen begründeten zunächst in Frankreich, wenig später im 17. Jahrhundert auch im Heiligen Römischen Reich ein Mädchenschulwesen, das – wie auch bei den „englischen Fräuleins" (den von Maria Ward gegründeten Jesuitinnen) – Teile der höheren Bildung der Knaben kopierte. Im Buddhismus und Hinduismus ebenso wie in manchen afrikanischen Religionen gehörten Tempelpriesterinnen zum sozial anerkannten geistlichen Personal.

Zugang zu religiösen Institutionen

Für die Mehrheit der Mädchen brachte die Institutionalisierung eines öffentlichen Schulsystems bessere Chancen zur Bildungsbeteiligung, obwohl ihnen der Zugang zu den höheren Levels meist verwehrt war. Der Anteil von Frauen beispielsweise in Europa und China, die lesen und schreiben konnten, stieg in unserem vorliegenden Zeitraum erheblich an. Die Erziehungsziele blieben aber oft weiter auf die weibliche Rolle von Hausfrau und Mutter ausgerichtet, die jedoch unter den Bedingungen frühneuzeitlicher Gesellschaften immer auch Kompetenzen in wirtschaftlicher und organisatorischer Hinsicht verlangten. Für europäische Frauen von Handwerkermeistern beispielsweise war es selbstverständlich, bei längeren Abwesenheiten des Mannes oder nach dessen Tod eine Zeit lang den Betrieb selbst führen zu können. Eigenständige Berufsmöglichkeiten für Frauen existierten hingegen oft nicht, teilweise wurden diese im europäischen Spätmittelalter auch aus solchen verdrängt. | Eigenständigkeit im Berufsleben?

In den Agrargesellschaften außerhalb der Städte war auf allen Kontinenten eine Mitarbeit der Frauen auf dem Feld und im Haushalt unerlässlich. Damit war auch die Vermittlung grundlegender Wirtschafts- und Anbauweisen an Mädchen notwendig. Die Mutterrolle im Sinne der „Hausfrau" des europäischen 19. Jahrhunderts sollte also nicht falsche Vorstellungen wecken, da die frühneuzeitlichen Geschlechterrollen anders definiert waren. So galten etwa in Europa die heranwachsenden Knaben als zu kostbar, um ihre Erziehung den Frauen zu überlassen; dies war selbstverständlich Aufgabe des Vaters und in gehobenen Kreisen zusätzlich eines Hauslehrers. Ab dem Alter von ca. sieben Jahren wurden die Knaben auch im islamischen Kulturkreis dem Einfluss der Mütter entzogen. | Mutterrolle

Frauen aus den Oberschichten konnten hingegen unter spezifischen Bedingungen an den klassischen Feldern männlicher Erziehung teilhaben. So erwarben adelige Frauen etwa militärische Fähigkeiten: Die Äbtissin des Reichsstifts Essen führte im Dreißigjährigen Krieg ihre Truppen an, und auch die islamische Sultanin Razyyat von Delhi führte Mitte des 13. Jahrhunderts hoch zu Ross ihre Soldaten in den Kampf. In Europa bot vor allem der Markt der Lehrbücher Möglichkeiten für adelige und bürgerliche Mädchen, sich die Welt der lateinischen Texte durch private Lektüre zu erschließen. Wo Lese- und Schreibfähigkeiten kaum propagiert wurden, blieben die wenigen Bildungsstätten jedoch den männlichen Schülern vorbehalten. | Frauen aus den Oberschichten

Die europäischen Erziehungsideen und Bildungsinstitutionen

Die lateinisch-christliche Tradition und die Konfessionsspaltung

Im christlich-lateinischen Europa war das aus dem Hochmittelalter stammende Bildungssystem in einem nur langsamen Wandel begriffen. Die alten Kathedral- und Klosterschulen sowie die ersten Universitäten behielten ihre bedeutenden Funktionen für die Aufrechterhaltung und Weitergabe der christlich geprägten Kultur. Mit der zunehmenden Rolle der Städte geriet jedoch das kirchliche Bildungsmonopol in eine Krise. Neue bürgerliche Schichten waren an weltlichen Elementen der mittelalterlichen Bildungstradition interessiert, und speziell die städtische Handwerkerschaft suchte nach muttersprachlichen Bildungsmöglichkeiten abseits der Vorrangstellung des Lateinischen. Unter Beibehaltung der grundsätzlichen religiösen Erziehungs- und Bildungsideen gingen die städtischen Eliten im 13. Jahrhundert dazu über, Schulen in eigener Trägerschaft zu eröffnen und das kirchliche Monopol zu brechen. Die Gründung städtischer Latein- und in geringerem Umfang auch muttersprachlicher Schulen, etwa in den niederländischen Handelszentren und den süddeutschen Reichsstädten, zog sich bis ins 15. Jahrhundert hin und etablierte einen Markt für Bildungsangebote, der vom Privatlehrer für den Adelsnachwuchs über den freien Schulmeister als Bildungsunternehmer in der Stadt bis zum Latein lehrenden Pfarrer oder Küster reichte. Regionale Kulturbewegungen wie die nordwesteuropäische *Devotio moderna* ergänzten durch besondere, frömmigkeitsorientierte Lektürepflege für Männer und Frauen die scholastischen Haupttendenzen und bildeten eine Brücke zum frühen Humanismus. In Klöstern, Rathäusern und unter gelehrten Bürgern interessierte man sich für die Wiederentdeckung antiker Schriften und die Pflege der überlieferten Bibliotheksbestände (s. S. 267–270).

Wandel des Bildungssystems

Die enormen weltbildverändernden Wirkungen des Humanismus, der zuvorderst eine sprachlich-literarische Bildungsbewegung war, bildeten für Europa einen Bruch zwischen Mittelalter und Neuzeit. Obwohl die Ausgaben vieler antiker Texte erst über die muslimische Welt und die byzantinische Kultur nach Europa zurückkamen, entfalteten sie hier größere ideelle Wirkungen. In Italien seit dem 14. Jahrhundert entstanden, breitete sich die humanistische Bewegung zur Wiederaneignung des antiken Wissens seit dem letzten Viertel des 15. Jahrhunderts auch nördlich der Alpen und auf der Iberischen Halbinsel aus. Sie verfolgte eine Neuordnung des gelehrten Fächerspektrums, definierte Wissenschaftlichkeit jenseits religiös-kirchlicher Dogmatik und suchte die scholastische Philosophie durch Textkritik und einen empirischen Zugang zu Wissen zu überwinden. Der Humanismus beruhte allerdings kaum auf neuen Schulgründungen; vielmehr stand in geistlichen und städtischen Schulen bereits ein Unterrichtsangebot für bürgerliche Berufe zur Verfügung, und auch in den europäischen Kleinstädten gab es bereits eine

Wirkungen des Humanismus

hohe Schuldichte. Der Humanismus war auch keineswegs durchweg kirchenkritisch. Im westlichen Kontinentaleuropa mit Schwerpunkt im burgundisch-rheinischen Raum entstand ein ausgeprägter „Klosterhumanismus", der zur Erneuerung mönchischen Lebens beitrug. Die geistlich geführten Institutionen des Schul- und Universitätswesens richteten sich auf die sprachlichen und philosophischen Innovationen des Humanismus aus: Die Moralphilosophie, die erneuerten, empirisch vorgehenden Naturwissenschaften, die Geschichtsphilosophie und frühnationale Historiographien sowie generell das Verständnis des Menschen als einem selbstbewusst-unabhängigen, mit Freiheit ausgestatteten Wesen hielten im Unterricht Einzug.

Als führende Gestalt des Humanismus bündelte Erasmus von Rotterdam zentrale Methoden und Argumentationen der heterogenen Bewegung und trug zur breiten Rezeption durch die europäischen Eliten bei. Seine Schriften richteten sich keineswegs vorwiegend an das Stadtbürgertum, sondern beeinflussten auch die adlig-höfische Erziehung. Letztere war durch eine Kombination tradierter Erziehungsziele mit den im 16. Jahrhundert entstandenen Anforderungen an eine humanistische Bildung für die Regierenden gekennzeichnet. Europäische Standeserziehung (ritterlich-militärische Ausbildung, Kavalierseitkette) und Bildungsvermittlung (Universitätsstudium besonders der Rechte, europäische Kavalierstour) ergänzten einander. Die Wiederaneignung antiken Wissens brachte den Humanismus nicht in Gegensatz zu dem tradierten christlichen Weltbild. Die Verchristlichung antik-heidnischer Formen sollte die Diskrepanz überbrücken und wirkte weniger säkularisierend als vielmehr den christlichen Bildungskosmos stabilisierend.

Langfristig entwickelten sich national unterschiedliche Erziehungstraditionen; in den Niederlanden und in Spanien hielt sich erasmianisches Gedankengut bis ins 17. Jahrhundert. Der Humanismus geriet jedoch im übrigen Europa bereits in den 1520er Jahren in eine Krise, da der Ausschließlichkeitsanspruch der seit der Reformation neu entstehenden Konfessionen ihn in seiner Bedeutung relativierte. Die religiöse Neuerungsbewegung des Wittenberger Theologieprofessors Martin Luther beinhaltete eine erste umfassende Vorstellung von der Rolle der Erziehung für die Individuen und die Gesellschaft sowie von den Mitteln, | Protestantische Bildungsidee

sie als kollektive Sozialisationsform durchzusetzen. Dies darf nicht verwundern, lehrte Luther doch an einer erst 1505 gegründeten humanistischen Reformuniversität. Nicht er selbst, sondern sein Mitstreiter Philipp Melanchthon, der sich sehr viel stärker als sein theologischer Mentor politisch engagierte, wurde indes der berühmteste Vertreter der protestantischer Bildungsidee.

Die reformatorische Bildungspolitik widmete sich in den Jahrzehnten nach 1517 zunächst der Formung einer neuen protestantischen Elite, insbesondere einer durch die eigene Lehre geprägten Geistlichkeit. Die unmittelbaren Wirkungen der Reformation bis ca. 1560 lassen sich im gut untersuchten europäischen Universitätssektor nachvollziehen: In den protestantischen Gebieten wurden die Hochschulen im Lehrprogramm nach dem Wittenberger Vorbild umgewandelt (Trennung eines auf die antiken Sprachen konzentrierten Grundstudiums der *Artes* von den „oberen" Fakul-

Kultur, Religion und Sozialisation

täten Theologie, Jura, Medizin). Das Theologiestudium wurde ganz auf das protestantische Bibelverständnis ausgerichtet; in der Jurisprudenz suchte man das Kanonische Recht durch ein *Jus civile* zu verdrängen. Philipp Melanchthons praktisch-rhetorische und zugleich pädagogisch-propädeutische Lehrbücher verbreiteten sich rasch als hauptsächliche Studienhilfsmittel und wurden auch in Skandinavien oder im protestantischen Siebenbürgen benützt. In einigen protestantischen Herrschaftsgebieten, wo es keinen Universitätszugang gab, wurden speziell auf das Theologiestudium vorbereitende höhere Schulen gegründet (Fürstenschulen, akademische Gymnasien), die Vorbildfunktion für kommunale Lateinschulen haben sollten. Die Auflösung der Klöster in protestantischen deutschen Territorien, in England oder Skandinavien bot die Möglichkeit, neue Bildungseinrichtungen zu finanzieren und ein Stipendienwesen aufzubauen.

Höhere Bildung im Protestantismus

Darüber hinaus entwickelten zahlreiche protestantische Theologen, von der Notwendigkeit der Katechese ausgehend, die Vorstellung, alle Gemeindeangehörigen sollten unabhängig von Stand oder Geschlecht lesen lernen, um die Bibel und die protestantischen Katechismen studieren zu können. Luthers Lehre betonte, dass neben der Schaffung eines öffentlichen Schulwesens auch die Hausväter als Erzieher in der Familie eine große Rolle spielen müssten. Genau wie gegenüber dem Gesinde hätten die Eltern die Pflicht, die Kinder durch Zuchtmaßnahmen zum Gehorsam gegen die elterliche Autorität, die Obrigkeit und Gott zu erziehen. Fern jedes christlich-pädagogischen Idealismus verstand Luther gute Erziehung nicht als Lösung gesellschaftlicher Probleme, sondern als Hilfe gegen die sündhafte Natur des Menschen.

Weder das öffentliche Schulwesen noch die Katechese beendete jedoch den weitverbreiteten Glauben an Wunder, magische Riten und Symbole, Hexerei und Naturgeister. Die Kenntnis der Gläubigen von Kernelementen protestantischer Lehren blieb auch am Ende des 16. Jahrhunderts noch gering und erschöpfte sich bei den Kindern in der Wiedergabe auswendig gelernter, aber weitgehend unverstandener Sprüche. Die Komplexität und Genauigkeit protestantischer und auch reformkatholischer Theologie war nur schwer vermittelbar, aber einfache konfessionelle Grundsätze und abgrenzende Symbole und Rituale waren in weiten Kreisen auch der Landbevölkerung bekannt. Dort wo alle Kommunikationsformen – Katechese, Druckschriften, Gebete, Gesang, Kunst und Drama – genutzt wurden, verlief die Beeinflussung durch die geistliche Elite erfolgreich. Dies zeigt sich auch in der religiös begründeten Festigung der Nationalsprachen: Das Slowenische leitet sich als Schriftsprache beispielsweise von der Bibelübersetzung des Primož Trubar (1508–1586) ab. Das in Istrien und Westkroatien verbreitete, aus dem Mittelalter herrührende glagolitische Alphabet hielt sich bis ins 18. Jahrhundert, weil es auch im Buchdruck zur religiösen Volksunterweisung verwendet wurde.

Einfluss der geistlichen Elite?

Die unterschiedlichen, sich in Dogma, Kirchenaufbau und religiös-sittlichen Lebensformen verfestigenden Konfessionsgemeinschaften Europas gerieten als Kirchen seit der Mitte des 16. Jahrhunderts unter den Einfluss des zum Teil erst entstehenden frühmodernen Staates und wurden von ihm mit dem Ziel der Bildung eines homogenen Untertanenverbandes funktionalisiert. Die Mittel, die Staat und Kirche gemeinsam zur Erreichung dieses Zieles einsetzten, waren in allen Konfessionen gleich und funktional äquivalent; dazu gehörten auch das Schulwesen und die mit ihm verbundene Katechese. Für die Konfessionalisierung waren einige typische Merkmale kennzeichnend: eine Ausrichtung der christlichen Lehre an den Schulen und Hochschulen auf die konfessionelle Dogmatik, die Ausrichtung der Schulordnungen an den Kirchenordnungen, die enge Verknüpfung von Schule und Kirchengemeinde, die Einführung des Konfessionseides für die Lehrenden und anderes mehr. Die territoriale Bildungspolitik regelte nur den systematischen Aufbau des Schulwesens, überließ aber dessen Finanzierung und Kontrolle zumeist den kirchlichen Oberbehörden. Ausnahmen bildeten nur die obersten Hierarchieebenen des gelehrten Ausbildungswesens, die Universitäten sowie spezielle Elitegymnasien, die der fürstlichen Verwaltung oder, wie in den Niederlanden, städtischen Magistraten unterstanden. Auch an der hohen Zahl von nach 1570 gegründeten Jesuitenuniversitäten und Hohen Schulen im Alten Reich (protestantische Akademien ohne kaiserliches Vollprivileg) lässt sich ein Schub konfessioneller Bildungspolitik ablesen. Dieser äußerte sich besonders in einigen europaweit ausstrahlenden Zentren: den päpstlichen Hochschulen in Rom, der calvinistischen Akademie in Genf, den reformierten Universitäten in den Niederlanden, den protestantischen Universitäten in Heidelberg, Tübingen oder Rostock. Die konfessionelle Konkurrenz trug die Bildungsidee aber auch bis in die Randzonen des christlichen Europa: In Zagreb, nicht weit von der Front gegen die Osmanen, sorgte 1607 der zuständige Bischof für die Eröffnung eines katholischen Gymnasiums, und Siebenbürgen wurde im späten 16. Jahrhundert zum pädagogischen Experimentierfeld dorthin berufener protestantischer deutscher Theologen.

Konfessionelles Bildungswesen

Einige konfessionsspezifische Ziele und Methoden der Erziehung und des Unterrichtswesens lassen sich unterscheiden: Während im Bereich der grundlegenden Erziehungsvorstellungen kaum Unterschiede zwischen den Konfessionen auszumachen sind, lassen sich Charakteristika beim Schulangebot, bei den inhaltlichen Schwerpunkten des Unterrichts und bei der Didaktik feststellen. Zunächst erarbeitete sich der Protestantismus im Reformationszeitalter einen Vorsprung im Bereich der Gymnasien und Lateinschulen, den die Katholiken seit der Ausbreitung der Jesuitenkollegien 1580 bis 1610 wettmachten. Das Niedere Schulwesen wurde zunächst nur in den Niederlanden und einigen protestantischen Reichsstädten und Territorien wie Nürnberg und Württemberg ausgebaut und blieb in den meisten katholischen wie protestantischen Gebieten lokalen Entscheidungsträgern überlassen. Erst am Beginn des 18. Jahrhunderts steigerten sich wohl allgemein die Schuldichte und auch die Schulbesuchsquote überall im protestantischen Europa. In katholischen Gebieten war es hingegen nicht der Territorialstaat, sondern die nichtstaatlichen unabhängigen Orden, die die größte Gruppe der Schulträger und Schullehrer stellten. Dies traf nicht nur auf die Jesuiten zu, die in Frankreich, Österreich und Bayern das katholische Gelehrtenschulwesen dominierten, sondern auch auf die Piaristen, die Salesianer und die Bettelorden (Dominikaner, Augustiner, Kapuziner und Franziskaner). Anders als die Jesuiten engagierten sich letztere auch in erheblichem Umfang im ländlichen niederen Schulwesen. Die Initiative zur Schulgründung ging meist von lokalen Repräsentanten der Gemeinden oder der Amtsverwaltungen aus. Im Lehrangebot folgten die höheren Schulen der Bettelorden dem Vorbild des „christlichen Humanismus", verbunden mit einer strengen Disziplin. Die niederen Schulen zeigen, wie auch bei den Protestanten, eine enge Verbindung mit der Gemeindekatechese. Gegenüber der protestantischen weiblichen Bildungsbeteiligung zeigt das katholische Mädchenschulwesen eine eigenständige institutionelle Stärke. Vor allem das Engagement der weiblichen Schulorden, die katholischen Schülerinnen auch höhere Bildung erlaubten, hatte im Protestantismus kein Pendant. In anderen Bereichen zeigt sich jedoch, dass die konfessionelle Konkurrenz durchaus positiven Einfluss auf die Bildungssysteme haben konnte. Der schon von den Zeitgenossen gezogene Vergleich zwischen katholischen und protestantischen Schulen förderte Reformmaßnahmen. Im bikonfessionellen Heiligen Römischen Reich lässt sich dies vielfältig belegen, aber auch etwa in Polen, wo die Jesuiten im 17. Jahrhundert neue Kolleggründungen mit der Bekämpfung protestantischer Schulen im Norden und orthodoxer Priesterseminare im Südosten der Adelsrepublik begründeten.

In der Phase der Konfessionalisierung bestätigten Kirchen und Obrigkeiten in Europa die Form der Bildungseinrichtungen, die im Wesentlichen bis heute bestehen, allerdings mit völlig veränderten Unterrichtsinhalten: Universitäten, allgemeinbildende Schulen und Fachschulen sowie die Handwerkslehre. Universitäten verliehen einen Abschlussgrad (Magister, Doktor), die Lehre fußte auf dem Prinzip des freien Unterrichts bei einem Hochschullehrer. Seit der zweiten Hälfte des 16. Jahrhunderts besuchten auch Söhne des Adels die Universitäten, in aller Regel ohne einen akademischen Grad anzustreben. Städtische Lateinschulen und Klosterschulen konzentrierten ihren Unterricht, der auf ein Studium vorbereiten sollte, auf die alten Sprachen (Latein, Griechisch, Hebräisch) sowie einige wenige Fächer wie Philosophie, *Institutionalisierung* | Mathematik, Geographie und Geschichte. Sie wurden auch von Handwerkerkindern besucht, vorwiegend jedoch von der Jugend des gelehrten, kaufmännischen und Verwaltungsbürgertums. Die niederen Schulen, die muttersprachlichen Unterricht erteilten, waren in den Städten und auf den Dörfern verbreitet und lehrten die elementaren Kulturtechniken Lesen und Schreiben sowie Rechnen, Letzteres jedoch nicht immer. Sie wurden sowohl von Handwerkerschichten als auch von Bauern und Gesinde als Lehrstätten bevorzugt. In den Niederlanden boten die dörflichen Schulen abends teilweise auch Unterricht für Erwachsene an und trieben so die Alphabetisierung voran. Auf allen Ebenen des Bildungswesens besaß der Religionsunterricht in der jeweiligen Konfession eine große Bedeutung, und religiöse Grundlagentexte, angepasst an das jeweilige Bildungsniveau, waren elementare Bestandteile des Lektürekanons.

Obwohl die Formen privater Erziehung und Bildung im Familienhaushalt niemals ganz aufgegeben wurden, ist das europäische Bildungswesen seit dem Spätmittelalter durch einen im Vergleich mit anderen Kulturen hohen Grad von Institutionalisierung gekennzeichnet. Die Einrichtungen, auch die katholischen Ordensschulen, waren durchweg öffentlich, und ihr Besuch hing alleine von den familiären Finanzierungsmöglichkeiten und der Vorbildung ab. Seit dem 17. Jahrhundert entstanden auch niedere Schulen auf dem Land, die den Unterricht in der Muttersprache abhielten, so dass das Bildungswesen viele differenzierte Niveaus anbot. Diese Entwicklungen verliefen jedoch in den europäischen Ländern in sehr unterschiedlichem Tempo und Ausmaß.

An der Spitze der Bildungspyramide stand die im Hochmittelalter entstandene Universität. Zwischen 1500 und 1800 existierten in Europa ca. 184 Universitäten, allerdings bestanden nicht alle über den ganzen Zeitraum hinweg. Wo es Neugründungen gab, lassen sich drei Phasen unterscheiden: Um 1500 entstanden neue Universitäten mit humanistischem Hintergrund, und zwischen 1580 und 1640 wurden konfessionelle Hochschulen gegründet – so durch die Jesuiten oder protestantischerseits zum Beispiel das *Trinity College* in Dublin. Die Aufklärungsideen führten dann seit ca. 1700 zu staatlich geförderten Neueröffnungen – zum Beispiel in Halle und Erlangen. In einigen Ländern konnten jedoch alte Universitäten ihre Monopolstellung behaupten. In England galt dies für Oxford und Cambridge; allerdings studierte man dort Recht an den *Inns of Court* außerhalb dieser beiden Hochschulen. Auch in Portugal behielt die Universität von Coimbra ihren Rang, weil eine neugegründete Universität in Lissabon 1536 wieder geschlossen wurde. Eine ähnliche Monopolstellung besaß in Polen die Universität Krakau. In anderen Ländern | Universität
bauten Kirche und Obrigkeiten den Bildungssektor systematisch aus: In Spanien vervielfältigte sich die Zahl der Universitäten von sechs im Jahre 1450 auf 33 im Jahre 1600; das Reich verzeichnete zwischen 1540 und 1700 22 Neugründungen, und in den nördlichen Niederlanden wurden nach der Gründung der Republik 1576 innerhalb von 100 Jahren acht Institutionen gegründet. Auch die Randzonen Europas wurden erfasst: In der schwedischen Provinz Finnland wurde 1640 erstmals eine Universität, in Turku/Åbo, eröffnet. Auch die Zahl der Studierenden erhöhte sich entsprechend: im Heiligen Römischen Reich von ca. 3200 um 1500 auf ca. 8000 100 Jahre später. In Padua stieg die Zahl der jährlichen Immatrikulationen von 300 um 1550 auf 1000 um 1610. Andere Universitäten erlitten dagegen einen Niedergang: Ferrara hatte 1550 ca. 550 Studenten, 1700 nur noch 70.

Mit der europaweiten Wirkung des Humanismus hatte sich dessen Unterrichtsprogramm verbreitet: Nach einem Grundstudium der *Artes* (alte Sprachen, Philosophie) konnte man Spezialstudien in den höheren Fakultäten Theologie, Recht und Medizin absolvieren. Die europäischen Hochschulen waren damit differenzierter im Lehrangebot und der Vorbereitung auf die gesellschaftlich-beruflichen Funktionen ihrer Studenten als viele der religiös geleiteten höheren Bildungsanstalten in anderen Kulturen der Welt. Diese Spezialisierungen schlugen sich auch im Profil der Hochschullandschaften nieder: Italien stand mit seinen Universitäten in Padua, Pisa und Neapel ebenso wie einige französische Hochschulen vor allem für die Ausbildung in der Rechtswissenschaft, während Universitäten im Reich sowie die Akademie in Genf für die protestantische Theologie Vorbildcharakter hatten. Das unterschiedliche Profil der Bildungslandschaften Europas und die Anziehungskraft mancher bedeutender Gelehrter bewirkten, dass Studierende aller Länder einen Teil ihrer Universitätsstudien mittels der *peregrinatio academica* („Studienreise") im Ausland verbrachten, und die intellektuelle Welt über nationale und konfessionelle Grenzen hinweg in europäischem Austausch stand.

Im Bereich der Lateinschulen sind die Fakten weniger quantifizierbar: Ihre Gesamtzahl ist unbekannt (europaweit mehrere tausend), ebenso ihre Verteilung. In Einzelfällen lassen Angaben die Größenordnung erkennen: In Frankreich gab es 1572 12 Jesuitenkollegien, 1640 schon 70, und ihre Zahl wuchs weiter. Die Jesuitenschulen bereiteten auf einen Universitätsbesuch vor, mit ihrem Abschluss konnte man aber auch mittlere Positionen in den Verwaltungen erringen. Ihr Unterrichtsprogramm wurde durch die von der Ordensleitung 1599 erlassene *Ratio studiorum* („Studienplan") europaweit geregelt, dabei ergänzten beispielsweise die Aufführung von Schuldramen und Wettbewerbe den Unterricht. Ähnlich wie die Jesuiten erteilten die Salesianer in Frankreich und die Piaristen in Ostmitteleuropa höheren Unterricht für Knaben.

Lateinschulen

In einigen Ländern entwickelten sich seit dem späten 16. Jahrhundert neben diesen etablierten Zweigen des Schulwesens besondere spezialisierte Fachschulen, die oft die Ausbildung einer besonderen Berufsgruppe betreiben. In London gründete beispielsweise Sir Thomas Gresham 1568 das nach ihm benannte College, das ökonomische Studien für angehende Kaufleute anbot. In den bedeutenden Hafenstädten richteten Seefahrtsspezialisten Fachschulen für Nautik und Schiffsbau ein, zum Beispiel in Amsterdam, London, Bordeaux, Sevilla oder Emden. Ingenieur- und Militärschulen bildeten seit dem späten 17. Jahrhundert Fachleute nicht nur für die Kriegstechnik heran, sondern die Entwicklung der Sprengstoffe stimulierte auch die zeitgenössische Chemie, genauso wie die Verwundetenversorgung das Apothekerwesen. Für den Adel wurden seit dem späten 16. Jahrhundert die sogenannten Ritterakademien eröffnet, die Sprachausbildung mit Fechten, Reiten und Sport sowie dem Erlernen höfischer Etikette verbanden. Ihre Tradition begann in Italien, setzte sich aber in Frankreich, im Heiligen Römischen Reich und in Skandinavien fort.

Fachschulen

Neben den Initiativen zur Schaffung und zum Ausbau eines höheren Schulwesens gerieten die Niederen Schulen erst später in das Blickfeld der Obrigkeiten. Doch im letzten Drittel des 16. Jahrhunderts trugen zahlreiche lokale und regionale Aktivitäten zum Aufbau eines flächendeckenden Netzes von öffentlichen Dorfschulen (*petites écoles* in Frankreich, *petty schools* in England) bei. Dort wurde Lesen und Schreiben sowie Rechnen unterrichtet. Im Mittelpunkt stand die religiöse Erziehung mittels religiöser Texte, vor allem Katechismen und Gesangbücher. Das Singen nahm ebenfalls einen großen Raum ein, bewies es doch der Gemeinde den konkreten Nutzen des Unterrichts beim sonntäglichen Kirchgang. In Mitteleuropa erlitt diese Entwicklung durch den Dreißigjährigen Krieg einen kurz-

Niedere Schulen

fristigen Einbruch, dem jedoch ein Wiederaufbau nach 1648 folgte. In anderen Ländern, vor allem auf der Iberischen Halbinsel, in Süditalien und Irland, gab es Regionen mit nur wenigen ländlichen Schulen.

In welcher Höhe sich die Alphabetisierungsraten in der Frühen Neuzeit durch diese Entwicklung bewegten, ist mangels Quellen leider wenig bekannt. Generell ist anzunehmen, dass das Lesen wesentlich leichter erlernbar und daher weiter verbreitet war als das Schreiben. Sicher ist lediglich, dass es erhebliche Unterschiede gab. In Frankreich lässt sich eine Grenzlinie von Saint-Malo nach Genf bilden: Nördlich und östlich dieser Linie waren im Jahr 1690 Männer zu 44 Prozent literat (1790: 71 % der Männer und 42 % der Frauen), südlich und westlich der Linie 1690 nur 17 Prozent (1790: 27 % der Männer und 12 % der Frauen). | Unterschiede in der Alphabetisierungsrate

Grundlage der ländlichen Alphabetisierung waren die *petites écoles* („Kleinen Schulen") mit jungen Studenten als Lehrer. Das Lehrpersonal wechselte oft, etwa die Hälfte der französischen Pfarreien hatte eine Schule.

Eine interessante europäische Ausnahme bildete Schweden, wo fast keine ländlichen Schulen existierten, aber die Einwohner der Dörfer reihum in ihren Häusern die Kinder unterrichteten und damit fast eine vollständige Alphabetisierung der Bevölkerung schon im 17. Jahrhundert erreichten. Auch in Island konnten in der Mitte des 18. Jahrhunderts 75 Prozent der Männer zumindest ihren Namen unter ein Dokument setzen. Neben Skandinavien ist der alte burgundische Raum durch eine lange Bildungstradition geprägt worden. In seinem berühmten Reisebericht über die Niederlande schrieb der Italiener Lodovico Guicciardini bereits 1567 über dieses Land: Dort könne nahezu jedes Kind lesen und schreiben. Tatsächlich zeigen Unterschriftenlisten, dass in Amsterdam am Ende des 18. Jahrhunderts über 80 Prozent der Männer und ca. 60 Prozent der Frauen schreiben konnten. Auf dem Land konnten diese Zahlen allerdings etwas niedriger liegen. Für England lassen | Räume mit langer Bildungstradition

sich Angaben aus den Unterschriften der Religionseide um 1640 errechnen. Danach erreichte London zwar einen Spitzenwert von 65 bis 90 Prozent schreibfähiger Männer, je nach Stadtteilen. In den Grafschaften lag die Quote jedoch bei maximal 36 Prozent, wobei hier in den Städten gelegentlich Alphabetisierungsquoten bei den Männern bis zu 50 Prozent erreicht wurden. Von den Frauen konnten hingegen insgesamt in England nur ca. 12 Prozent zu den Schreibfähigen gezählt werden. Bis 1750 stieg englandweit die Zahl der schreibfähigen Männer wohl auf ca. 65 und die der Frauen auf 40 Prozent. Im Heiligen Römischen Reich holten die katholischen Regionen ihren Rückstand gegenüber den führenden protestantischen Gebieten in der Alphabetisierung bis ca. 1800 auf. Erst für diesen Zeitraum haben wir genaue Quellenangaben über die Unterschriftslisten der Heiratsregister. Danach konnten bei großen regionalen Unterschieden zwischen 40 und 70 Prozent der Männer sowie 20 bis 40 Prozent der Frauen ihren Namen schreiben.

Für fast alle europäischen Gesellschaften der Frühen Neuzeit gelten einige Grundannahmen: Frauen waren weniger als Männer, Dörfler weniger als Städter, Bauern weniger als Handwerker und Katholiken weniger als Protestanten alphabeti-

Unterschiedliche Niveaus von Alphabetisierung

siert. Wie groß diese Unterschiede waren, hing jedoch von zahlreichen anderen Parametern ab, die sich nicht auf eine Formel bringen lassen. So gab es durchaus protestantische Gebiete im Heiligen Römischen Reich, insbesondere im östlichen Teil, in denen die Bevölkerung ähnlich schlecht alphabetisiert war wie im Durchschnitt in den katholischen Gegenden. Sicher ist, dass sich die unterschiedlichen Niveaus zum Ende des 18. Jahrhunderts hin europaweit annäherten.

Didaktik und Frühaufklärung

Für Europa ist typisch, dass sich – ähnlich wie sonst nur noch in China – ein sich langsam verselbständigender pädagogischer Diskurs über Erziehungsziele und didaktische Methodik entwickelte, der sich in der großen Vielfalt der erziehungspraktischen Ratgeberliteratur und der schuldidaktischen Lehrhilfen des 17. und frühen 18. Jahrhunderts zeigt. In vielen Ländern lässt sich die Diskussion um die schulische Pflege der Muttersprache und um die Lehre in Rechnen, Erd- und Naturkunde sowie Geschichte bis in die Zeit der Wende zum 17. Jahrhundert zurückverfolgen. Typische Beispiele sind England und die Niederlande, aber auch Norditalien.

Reflexionen über die Erziehung

Ein europaweit berühmter Pädagoge des 17. Jahrhunderts, dessen Werk bis ins 19. Jahrhundert benützt wurde, war der aus Böhmen stammende protestantische Bischof Johann Amos Comenius, der überkonfessionell die Bildungspolitik im Reich, in Schweden, Ungarn und Frankreich beeinflusste. Die Comenianischen Ideen wurzelten im pansophischen Neuplatonismus, der eine universalistische gesellschaftliche Harmonie durch vernünftige Erkenntnis der von Gott eingerichteten Natur herbeiführen wollte. Die Anfänge des pädagogischen Realismus wurden erst in der Rezeption der Comenianischen Schriften am Ende des 17. Jahrhunderts begründet, als der Mensch als Subjekt des Wissens angesehen wurde. Noch Goethe las als Kind seinen »Orbis pictus sensualium«, das 1653 in Nürnberg erstmals gedruckte Bilderbuch zur Erklärung der ganzen Welt, das innerhalb von 50 Jahren in über 20 europäische Sprachen übersetzt wurde. Solche grundsätzlichen Reflexionen über die Erziehung und ihre Praxis fanden in John Locke, François Fénelon, dem Earl of Shaftesbury und anderen Fortsetzer. In der Frühaufklärung zeigten sich bereits alle Tendenzen, die in der Phase der Bildungsreformen ab der Mitte des 18. Jahrhunderts umgesetzt wurden.

Das Anliegen der frühaufklärerischen Bildungsreformen war es, zu einer grundlegenden Erneuerung der Gesellschaft durch Erziehung beizutragen. Die pädagogischen Maßnahmen gingen – einer Idee John Lockes folgend – von einer umfassenden erzieherischen Formung des Menschen aus, die durch Kontrolle und Bestrafung aller Untertanen komplettiert werden sollte. Im Unterricht spielte die Katechese die wichtigste Rolle, unterstützt von der Herausgabe eigener Schulbücher mit ABC-Leseübungen, Bibelauszügen, moralischen Sprüchen etc. Didaktisch wurde auf die Syllabiermethode zurückgegriffen (Zerlegung der Wörter in Silben und Erklärung ihrer Aussprache), dem Singen wurde durch das Erlernen des Notenlesens eine theoretische Basis unterlegt.

Neben diesem umfassenden didaktischen Diskurs machte sich am Ende des 17. Jahrhunderts überall in Europa ein neues grundlegendes Interesse am Menschen bemerkbar, das von religiösen Reformbewegungen in allen Konfessionen getragen wurde. Die etablierte kirchliche Glaubenspraxis erschien ihnen als im Formalen erstarrt und die geistig-sittliche Anregung der Gläubigen durch die christliche Lehre als erkaltet. Neben einer geistigen Neuausrichtung propagierten die Reformbewegungen, die christliche Liebe in der weltlichen Tätigkeit karitativ zu verwirklichen. | Interesse am Menschen
Sowohl der französische Jansenismus als auch die englische Bewegung der *Society for Promoting Christian Knowledge* als auch der mittel- und nordeuropäische protestantische Pietismus forderten eine Rückbesinnung auf christliche Frömmigkeitsformen und die alltägliche moralische Praxis. Der theologische Blickwinkel auf den Menschen als sündiges Wesen, der durch den erlösenden Opfertod Christi zur lebendigen Wiedergeburt als „Gotteskind" fähig ist, wies der Erziehung einen hohen Stellenwert für das christliche Leben zu.

Die im deutschsprachigen Raum wichtige Pädagogik des August Hermann Francke, des Gründers der Franckeschen Anstalten in Halle an der Saale, wurde als Lehre von der umfassenden Kontrolle der Kindheitsentwicklung verstanden, die mit einem rigiden Disziplin-, Arbeits- und Zeitverständnis die Erziehung zur Nützlichkeit vorantrieb. Francke ging im Gegensatz zu den Idealbildern der Reformatoren von einer realistischen Auffassung von Kindheit aus, die Hilflosigkeit und Beeinflussbarkeit für Gut und Böse betont. Seine Pädagogik zielte auf eine lebenslange „Innenlenkung" der Individuen. Daraus folgte ein erzieherisches Verständnis, das als „Vorläufer des modernen Leistungsmotivationskonzepts" bezeichnet worden | August Hermann Francke
ist. Hauptzweck der Erziehung war die „Gemütspflege", damit die Menschen zur Erkenntnis der Gottesfurcht kamen und dadurch Fleiß, Wahrheitsliebe und Gehorsam erweckt wurden. Aus dieser Grundidee wurde auch eine Zurückhaltung gegenüber der körperlichen Züchtigung abgeleitet; vielmehr sollten die Schüler durch Liebe zu ihrem Lehrer angespornt werden. In Bezug auf die Tätigkeit in der Welt spielte bei Francke die richtige Einstellung zu Beruf und Arbeit eine große Rolle: Man sollte den Lebensunterhalt verdienen, seinen bösen Neigungen entgegenwirken, den Mitmenschen nicht zur Last fallen und den Armen helfen können. Zur Feststellung der Eignung der Kinder mussten diese verschiedene Erwerbszweige praktisch kennenlernen, und ihre Fertigkeiten sollten durch die Lehrer genau beobachtet werden. Die Lehren Franckes wurden nicht nur im deutschsprachigen Mitteleuropa, sondern auch in England und Skandinavien intensiv rezipiert und prägten europäische Erziehungsmodelle bis weit ins 19. Jahrhundert.

Beide Bewegungen des 18. Jahrhunderts, sowohl die Frühaufklärung als auch der Pietismus, trugen zu einer fundamentalen Neuorientierung der Erziehung in Europa bei. Autonomes Gewissen des Subjekts, Orientierung auf eine rationale gesellschaftliche Ordnung und eine auf Legalitätsbeziehungen beruhende Sozialisationsordnung kennzeichnen erst die „modernen" gesellschaftlichen Erziehungsvorstellungen seit dem Philanthropismus im letzten Viertel des 18. Jahrhunderts. Dieser neuen Subjekt-

Kultur, Religion und Sozialisation

Idee des Nationalstaats | orientierung stand jedoch in der Aufklärung die Verstaatlichung der Schulen gegenüber, die auch anderen politischen Tendenzen folgte: insbesondere der Idee des Nationalstaats. Dies bedeutete eine neue Einengung der europäischen Bildungslandschaften auf nationale Bildungstraditionen, die nun auf gegenseitige Abschottung angelegt wurden. So benützte man in der Niederländischen Republik schon in der ersten Hälfte des 17. Jahrhunderts Lehrbücher für die Geschichte des eigenen Staates, die den spanischen Gegner im Unabhängigkeitskampf als „Erbfeind" darstellten.

Die pädagogischen Ideen der Aufklärung erreichten auch die religiösen Minderheiten im christlichen Europa und beeinflussten deren Erziehungswesen. Besonders deutlich wird dies am europäischen Judentum. In den europäischen Ländern, in denen Juden der dauerhafte Aufenthalt erlaubt war (vor allem Polen-Litauen, den italienischen Staaten, den Niederlanden, in Teilen des Heiligen Römischen Reiches, den osmanischen Gebieten auf dem Balkan, in England ab 1656), errichteten sie selbstverwaltete Gemeinden. In der der Synagoge zugeordneten Grundschule wurden die Knaben vom 5. bis zum 13. Lebensjahr im Lesen und im Schreiben des Hebräischen unterrichtet, was unabdingbar für das Studium des Regelwerks der *Halacha* und für die Gebetsübungen war. In größeren Gemeinden existierten weiterführende Talmud-Tora-Schulen und in einigen wenigen Zentren (z. B. Frankfurt, Friedberg, Altona, Worms, Fürth, Metz, Prag, Glogau, Posen und Krakau) Lehrinstitute der Rabbinerausbildung *(Jeschiwot)*, in denen auch jüdisches Recht gelehrt wurde. Die Mädchen

Judentum | erhielten Unterricht in den Familien oder durch Privatlehrerinnen. Durch die nahezu vollständige Erfassung der Jugend lag die Alphabetisierungsrate bei den europäischen Juden vermutlich höher als bei der christlichen Mehrheitsbevölkerung. In bisher nicht genau abschätzbarem Umfang besuchten jüdische Kinder jedoch auch die christlichen Niederen Schulen der Dörfer und Städte, in denen sie lebten, um die Schriftsprache der Mehrheitsgesellschaft beherrschen zu lernen: Dies ermöglichte auch Bildung für jüdische Kinder aus Orten, in denen wegen der geringen Zahl jüdischer Familien keine eigene Gemeinde bestand. Neben dem religiösen Wissen, dass jeder Jude als selbstverständlichen, existentiellen Bestandteil seines Lebens verstand, benötigten man aber auch intensives Wissen über die alltäglichen Wirtschaftsverhältnisse der christlichen Mehrheitsgesellschaft. Der weit verbreitete Ausschluss der Juden von allen Handwerken und dem Besitz an Grund und Boden verwies sie auf die Tätigkeit in Handel und Finanzwirtschaft sowie auf die entsprechenden ökonomisch-technischen Fertigkeiten und Kenntnisse. In der Oberschicht der europaweit vernetzten jüdischen Kaufleute wurde der Erwerb dieses Wissens durch Lehrjahre in verschiedenen Ländern erleichtert, wobei auch Fremdsprachen erlernt wurden. Besonders die Sepharden (von der Iberischen Halbinsel vertriebene Juden) konnten sich durch die jahrhundertealte Kenntnis der christlichen Umwelt leicht in die aufstrebenden Hafenstädte West- und Südeuropas integrieren. Der wohl berühmteste jüdische Gelehrte Europas, der Amsterdamer Religionsphilosoph Baruch de Spinoza (1632–1677), entstammte einer solchen sephardischen Gemein-

Erziehung, Bildung und Wissenschaft

Ein Vater bringt seinen Sohn zu einem Schreib- und Rechenmeister in die Schule. Anonymer Holzschnitt aus dem 16. Jahrhundert.

schaft. Durch die Kontakte der Gemeinden untereinander gab es darüber hinaus Möglichkeiten der Ausbildung auch bei anderen jüdischen Unternehmen außerhalb des eigenen Ortes und der Familie.

Die europäischen Universitäten waren – mit Ausnahme von Padua und Leiden – den Juden, wenn sie nicht zum Christentum konvertierten, lange verschlossen. Erst im 18. Jahrhundert konnten dann jüdische Knaben auch vereinzelt christliche Einrichtungen der höheren Bildung besuchen, zum Beispiel einige weitere europäische Universitäten. Durch sozialen Wandel in den jüdischen Gemeinden mitbedingt, stieg im Laufe des 18. Jahrhunderts der geistige Einfluss der kleinen jüdischen intellektuellen Elite, die sich der Aufklärung öffnete. In zahlreichen Gemeinden Mitteleuropas wurden die strengen religiösen Alltagsregeln aufgeweicht und die traditionelle jüdische Lebensweise in der jüngeren Generation abgelegt. Darüber hinaus entwickelte sich eine eigene jüdische Aufklärungsbewegung *(Haskala)*, die die Kritik an der traditionellen Religiosität mit Anstrengungen zur Akkulturation verband: eine Annäherung an die deutsche Sprache und den Konsum aufgeklärten Wissens. Die Integration in die Mehrheitsgesellschaft scheiterte jedoch an den Grenzen der christlichen Toleranz.

Sozialer Wandel in den jüdischen Gemeinden

Kultur, Religion und Sozialisation

Die Rezeption der aufgeklärten Bildungsidee brachte in diesen städtisch-jüdischen Kreisen Versuche zu organisatorischen Neuerungen hervor, um deren Ziele zu verwirklichen. Die erste dieser säkularen jüdischen Bildungsinstitutionen war die von Moses Mendelssohn beeinflusste Berliner „Jüdische Freischule" von 1778. Neben Hebräisch wurden dort Deutsch, Französisch, Rechnen, Buchhaltung und Zeichnen gelehrt. Eine angeschlossene Druckerei publizierte entsprechende Lehr- und Schulbücher. Zunächst nur für Kinder mitteloser Eltern gedacht, erlangte sie bald durch ihren weltlichen Zuschnitt allgemeine Vorbildfunktion für zahlreiche Gründungen in Mittel- und Osteuropa. In Österreich und Böhmen wurden im Zuge der josephinischen Reformen die jüdischen Kinder in sogenannten Normalschulen mit säkularem Unterrichtsstoff unterwiesen. Die orthodoxe Opposition verhinderte jedoch die unbegrenzte Ausweitung dieser aufgeklärten jüdischen Schulmodelle.

Jüdische Bildungsinstitutionen

Der im späten 15. Jahrhundert einsetzende europäische Kolonialismus brachte – ähnlich wie die Ausbreitung der islamischen Kultur – auch eine religiös-kulturelle Expansion mit sich. Die Eroberungen der Spanier in Mittel- und Südamerika hatten auch zum Ziel, die christliche Lehre unter den Heiden zu verbreiten. Die spanischen Konquistadoren begannen sofort, in den von ihnen beherrschten Gebieten alle indigenen Kultstätten zu zerstören und Kirchen zu errichten. Zwar kam es in späteren Jahrzehnten durchaus zu Konflikten zwischen dem in der christlichen Mission arbeitenden Klerus und der an der ökonomischen Ausbeutung der indigenen Bevölkerung interessierten Kolonialelite, aber der Grundzug der christlichen Erziehung in den eroberten Gebieten blieb erhalten. Die Heranführung der Kinder der indigenen Bevölkerung an die katholische Lehre und der damit verbundene Unterricht im Lesen (und möglicherweise Schreiben) waren vielfach den Missionsorden überlassen, während zum Unterricht des Nachwuchses der europäischen Einwanderer das europäische Pfarrsystem mit allen seinen Elementen (Niederes Schulwesen, Katechese etc.) übernommen wurde. Die Notwendigkeiten des Missionierungsalltags führten dazu, dass der Wissenserwerb über fremde Kulturen keine Einbahnstraße wurde: Die spanischen Missionare lernten die Sprachen und auch religiösen Traditionen der Indianer kennen, um in ihrer Missionsarbeit daran anzuknüpfen und die christliche Lehre in die indianische Vorstellungswelt einzupassen (s., auch zum Folgenden, den Beitrag „Religiöse Begegnungen und christliche Mission").

Koloniales Erziehungswesen

Das spanische Kolonialimperium zeichnete sich durch eine auch bildungspolitisch engagierte Verwaltung aus, die sich nach der Stabilisierung der Herrschaft erfolgreich um die Übertragung des spanischen Bildungssystems auf die kolonialen Vizekönigreiche bemühte. Nicht nur für die Kinder der europäischen Kolonialelite, sondern auch für die indigene Führungsschicht richtete man Institutionen der höheren Bildung ein. Schon 1536 gründete man im mexikanischen Santa Cruz das *Colegio de Tlatelolco* für indianische Knaben. Das Kazikenkolleg in Lima unterrichtete die Knaben des Inka-Adels außer in Religion in Latein, den europäischen Sprachen und Mathematik.

Übertragung von Bildungssystemen

Das portugiesische Kolonialreich verfolgte hingegen mit der Ausnahme Brasilien andere Tendenzen der kolonialen Bildungspolitik. Die Struktur der Handelsstützpunkte ohne großes Hinterland, das man in Asien besaß, förderte die Bindung der Kolonialelite an das Mutterland. Die Kinder des Kolonialbürgertums studierten in Europa, und lediglich in den großen Kolonialstädten wie Goa existierte ein ausgedehnteres Schulwesen. Die niederländische Vereinigte Ostindische Kompanie, die nach 1600 viele portugiesische Stützpunkte auf dem Malaiischen Archipel, in Indien und teilweise in Afrika übernahm, setzte diese Politik fort: Um Konflikte mit den muslimischen oder animistischen Kulturen der Umgebung zu vermeiden, verzichtete man weitgehend auf die Missionierung und beschränkte die christliche Erziehung indigener Bevölkerungen auf die kleine Gruppe der Hausangestellten der Europäer. Lediglich auf Ceylon machten die Niederländer eine bemerkenswerte Ausnahme: Hier befürchtete man, dass die einheimische Bevölkerung heimlich am katholischen Glauben der Portugiesen festhalten und sich daraus ein politischer Widerstand entwickeln könnte. Daher entwarf die protestantische Geistlichkeit ein Konzept zur flächendeckenden Alphabetisierung und Katechese der beherrschten Bevölkerung. Dabei hatte sie die Schwierigkeit zu überwinden, dass den protestantischen Kirchen keine militante Vorkämpfergruppe wie die katholischen Orden zur Verfügung stand: Die protestantische Mission war quasi geringer professionalisiert als die katholische.

| Portugiesisches Kolonialreich

Die grundsätzlich größere Distanz der protestantischen Kolonialmächte gegenüber der christlichen Mission, oft gegen anderslautende Appelle der eigenen Theologen, lässt sich auch am Beispiel der englischen Kolonien Nordamerikas zeigen. Diese hatten zunächst Probleme, überhaupt eine Seelsorge für die Kolonisatoren sicherzustellen: 1622 gab es Virginia für 45 Gemeinden nur zehn Prediger. In der Zeit des englischen Bürgerkriegs versuchten die puritanischen Siedler erfolglos, in Nordengland und Wales angewandte Methoden der religiösen Unterweisung durch die *Society for Promoting of the Gospel in New England* auf die nordamerikanischen Verhältnisse zu übertragen. Die Indianerstämme galten fortan als hartnäckige Heiden, von denen sich die wahren Christen fernzuhalten hatten. Trotzdem übersetzten einige Theologen die Bibel und Katechismen in zahlreiche Indianersprachen; es fehlte jedoch an einer straffen Organisation der Mission.

| Englische Kolonien Nordamerikas

Zwar gab es schon vor Gründung der Harvard Universität (1636), nämlich bereits 1619, Pläne für ein *Henrico College* für Kinder der Indianer in Virginia, die jedoch nie umgesetzt wurden. Auch die Eröffnung eines indianischen Schwesterkollegs in Harvard 1655 scheiterte langfristig an mangelnder Kollegiatenzahl, die Einrichtung wurde 1695 wieder geschlossen. In Massachusetts kam es hingegen zur Gründung von 14 *praying towns* – Mustersiedlungen konvertierter Indianer unter puritanischer Führung. Ähnlich wie bei den jesuitischen Reduktionen in Südamerika erhoffte man sich neben der erfolgreichen Mission eine freie, auf europäischer Agrarwirtschaft beruhende Lebensweise der Indianer, unabhängig von der unmenschlichen

Kultur, Religion und Sozialisation

Sklaverei oder der als moralisch zweifelhaft angesehenen Existenz der Indianer in den Kolonialstädten. Insgesamt waren indessen bis 1675 erst ca. 2500 Indianer Neuenglands zum Christentum bekehrt worden, wobei auch nicht klar ist, inwieweit dies die Lebenspraxis der Konvertiten wirklich beeinflusste. Die puritanische Ablehnung des Einsatzes religiöser Bilder bei der Mission entfremdete die Konvertiten wohl auch der indigenen Kultur, während die katholischen Missionare gerade die Visualität christlicher Symbolik meisterhaft einsetzten.

Bildungsmöglichkeiten für die Indianer

Im 18. Jahrhundert machte sich auch in den europäischen Kolonien die Aufklärung bemerkbar: Wissenschaftliche Akademien und Clubs entstanden in den englischen Kolonien in Nordamerika, aber auch am VOC-Hauptsitz in Batavia (heute Jakarta). Zuerst im amerikanischen Unabhängigkeitskampf führten die politisch-intellektuellen Tendenzen zur Abkopplung vom europäischen Mutterland; allerdings blieb auch in den frühen USA das Bildungswesen auf europäische Vorbilder ausgerichtet.

Erziehung und Bildung in der orthodoxen Welt

Nach dem Fall Konstantinopels 1453 trat das Russische Reich religiös dessen Erbe an: Moskau wurde von einigen Theologen gar als das „dritte Rom" bezeichnet. An die für das Byzantinische Reich typische Gelehrsamkeit konnte man jedoch nicht anknüpfen. Die griechischen Gelehrten, die im 16. und frühen 17. Jahrhundert nach Russland kamen und die Revision der slawischen Übersetzungstexte der Heiligen Schriften durchführen sollten, konnten sich nicht integrieren. Die byzantinische Tradition wurde im 16. Jahrhundert durch eine russisch-orthodoxe Kultur abgelöst.

In der Welt der christlich-orthodoxen Kirche waren die erzieherischen Aktivitäten der Kirche jahrhundertelang, unabhängig von der staatlichen Zugehörigkeit, sehr ähnlich. In der Erziehung herrschte die Unterordnung als Leitidee vor: unter Gott, die Kirche, die Obrigkeit und den Grundherrn. Lange Zeit stellte die Flucht in Randgebiete des Reiches die einzige Möglichkeit der einfachen Bevölkerung dar, einen individuellen Lebensentwurf zu verwirklichen.

Rückständigkeit der orthodoxen Bildungskultur

Für die Rückständigkeit der orthodoxen Bildungskultur gegenüber den europäischen und auch den islamischen Nachbarn Russlands waren eine religiös begründete Distanz gegenüber Wissensvermittlung und dem Buchdruck sowie fehlende dogmatische Vorstellungen über die physikalische Welt, auch über die lebensweltlich erfahrene Natur, verantwortlich. Die seit der Mitte des 14. Jahrhunderts verbreitete mönchisch-asketische und kontemplative Grundstimmung des orthodoxen Glaubens ließ viele Fragen konkreter Lebensvollzüge und gesellschaftlicher Organisation unbeantwortet. Weltlicher Literatur stand die orthodoxe Kirche misstrauisch gegenüber. Der russische Buchdruck blieb unter diesen Verhältnissen ökonomisch beschränkt und konnte sich kein Massenpublikum schaffen.

Als beispielsweise 1649 eine neue Gesetzessammlung erschien, kostete das 300 Oktavseiten umfassende Werk den Gegenwert von 1000 Eiern. Hemmend machte sich auch die zentralistische Politik der Zaren bemerkbar, die die Provinzialverwaltungen – und damit die Positionen für nicht-adelige Verwaltungsbeamte – klein hielt.

In der mittelalterlichen Entwicklung vom Kiewer zum Moskauer Reich hatte sich dies noch keineswegs abgezeichnet. Eine besondere Rolle bei der Erziehung und Bildung der nachwachsenden Generationen spielte die ältere Selbstverwaltung einiger Bevölkerungsteile. Russische bäuerliche Gemeinschaften kannten eigene Verwaltungsstrukturen, die durch Dorfeliten ausgeübt und kontrolliert wurden. Die Moskauer Zentrale bestimmte bis zu den Reformen Iwans IV. nur Statthalter, denen die Steuern verpachtet waren. Allerdings wurde im Laufe des 16. Jahrhunderts im Zentralgebiet des Moskowiterreiches die soziale Lage der Bauern durch neue Abhängigkeiten gegenüber den Grundherren (Leibeigenschaft) verschlechtert. Die gleichzeitige Ausdehnung der Dreifelderwirtschaft setzte daher keine marktorientierte Wirtschaftshaltung frei. Die selbstverwalteten Gemeinden erhielten eine kollektive Verantwortung für Steuerleistung und Verbrechensverfolgung aufgebürdet, die aber nicht zu eigenständiger Identität und zur Schriftlichkeit führte. Allerdings war es für Bauern und Kleinstädter möglich, in den seit ca. 1560 gebildeten Strelizenverbänden als Schützen einzutreten. Die Dorfhandwerkerschaft, die seit dem 15. Jahrhundert teilweise in die Städte abwanderte und sich zum Teil auf Luxusproduktion für den Fernhandel spezialisierte, blieb ebenso wie das städtische Bürgertum kirchlich verhaftet. Von den ca. 40 Städten um 1500 besaßen nur Moskau, Pleskau (Pskow) und Nowgorod mehr als 10.000 Einwohner. Die städtische Handwerkerschaft war nicht zünftisch organisiert und entbehrte so geregelter Lehrverhältnisse. Die Mittelschicht der städtischen Kaufleute war lange Zeit konservativ eingestellt, fühlte sich der kirchlichen Tradition verpflichtet und lehnte die Übernahme westeuropäischen Lebensstils ab. Die städtische Kultur unterschied sich daher von der mittel- und westeuropäischen erheblich. Erst im letzten Viertel des 18. Jahrhunderts weitete sich beispielsweise der Buchmarkt aus, so dass Verleger vom Buchdruck leben konnten.

| Selbstverwaltung einiger Bevölkerungsteile

Die ältere Tradition der Selbstverwaltung blieb nur bei den abgesonderten Kulturen der Randvölker Russlands präsent. Seit ca. 1550 kannten auch die Donkosaken eine selbstverwaltete, quasi unabhängige „Militärdemokratie", die lediglich die Oberhoheit des Zaren anerkannte. Militärische Fähigkeiten spielten in dieser „Sondergesellschaft" für das Leben der Knaben eine wesentliche Rolle.

Unter diesen sozialen Umständen bot die Kirche die einzigen, wenn auch eingeschränkten Bildungsmöglichkeiten. Die monastische Bewegung des 15. Jahrhunderts sorgte für das Aufblühen einer Klosterlandschaft, die auch politisch-zentralistische Interessen der Moskauer Regierung vertrat. Wer Klosterschulen besuchte, lernte Lesen und Schreiben ausschließlich am Text der Bibel. Im Mittelpunkt der weiteren religiösen Bildung stand die Lektüre von Heiligenviten, das Erlernen von Gebeten sowie der Zeremonien des Kirchenjahres und der kirchlichen Festtage. Ein weiterer wichtiger Tätigkeitsbereich war die Ikonenmalerei, die in den Klöstern unterrichtet wurde. Ziel der Klosterbildung und spezieller kirchlicher

| Bildungsmöglichkeiten der Kirche

Schulen war die Rekrutierung neuer Mönche und Gemeindepriester, ohne dass die Ausbildung letzterer strengen Kriterien oder gar Examen folgte. Die städtisch-kirchlichen Schulen unter bischöflicher Kontrolle durften nur von Söhnen von Priestern besucht werden.

Ähnlich wie auch im Buddhismus spielten die großen Klöster regional aber nicht nur als kulturelle, sondern auch als ökonomische (sie besaßen bis ins 18. Jh. ca. ein Drittel des Grundbesitzes) und sogar als militärstrategisch wichtige Zentren eine Rolle, so dass sich die Mönche auch um organisatorische Belange kümmern muss-

Rolle der Klöster | ten. Ein weltlicher Verwaltungsapparat der Regierung fehlte weitgehend (s. S. 200 f.). Neben der Vermittlung der religiösen Erziehung spielte also wohl auch die Weitergabe weltlicher Fähigkeiten eine gewisse Rolle, und Klosterschüler aus den Kreisen der Kaufleute waren erwünscht. Die aktive Landerwerbspolitik der Klöster machte beispielsweise auch eine schriftliche Rechnungslegung und die Führung von Grundbüchern notwendig. Der kulturelle Gegensatz der gebildeteren Mönche zu den oft völlig ungebildeten Landpfarrern war augenscheinlich.

Es ist typisch, dass es nur im westlichen Grenzraum Russlands zum ukrainischen Kosakenstaat und zu Polen-Litauen zu Reformen kam, die aber auf das Kerngebiet des Reiches nicht ausstrahlen konnten. In Polen hatte die orthodoxe Kirche unter dem Druck protestantischer und jesuitischer Konfessionalisierung in Wilna (Vilnius), Lemberg und anderen Städten Schulen und Bruderschaften gegründet, um dem Klerus eine bessere Ausbildung zu verschaffen. Unter dem moldauischen Adeligen Petro (Peter) Mohyla, von 1637 bis 1647 Kiewer Metropolit, gründete man dort eine „Geistliche Akademie" nach jesuitischem Vorbild mit Unterricht in den alten Spra-

Das Kiewer Vorbild | chen. In den Akademieferien zogen die Kiewer Studierenden als Bettelstudenten umher und verdienten sich mit Unterricht in Lesen und Schreiben den Lebensunterhalt. Die adelige Schicht der ukrainischen Kosaken unterstützte diese Innovation, da die Akademie auch die ukrainische Literatur förderte. Die Masse der orthodoxen Bevölkerung bestand jedoch aus ukrainischen Bauern, die kaum Bildung erhielten. Der russisch-polnische Krieg um die Ukraine 1654 bis 1667 verhinderte einen Kulturtransfer ostwärts. Erst im letzten Drittel des 17. Jahrhunderts öffnete sich Moskau langsam für die ukrainischen Gelehrten: Im Jahre 1685 wurde nach dem Kiewer Vorbild eine kirchliche Akademie gegründet, auf der Lateinisch und Griechisch unterrichtet wurden.

In der russischen adeligen und städtischen Oberschicht waren Erziehung und Bildung durch einen Hauslehrer die normale Art und Weise, neben religiösem auch weltliches Wissen zu vermitteln. Der russische Adel wandelte sich im Laufe des 17. Jahrhunderts in einen vom Zarenhof abhängigen Dienstadel, der neben seinem Landbesitz und der damit verbundenen Verwaltungstätigkeit vor allem im Militär tätig wurde. Dies galt auch für die Adelsschicht der annektierten Gebiete, zum Beispiel Georgiens. Die Ausweitung der russischen Machtsphäre auf das Baltikum brachte jedoch adelige Offiziere zunehmend in Kontakt mit der dortigen deutsch geprägten adelig-bürgerlichen Oberschicht und den höheren Bildungseinrichtungen und förderte daher die Verbreitung bildungspolitischer Ideen zu einem Ausbau des Schulwesens. Westliches Denken und westliche Medienformen wurden im späten 17. Jahrhundert populär, und westliche Sprachen, besonders Französisch und Deutsch, wurden erlernt. Russische Adelssöhne besuchten in steigender Zahl europäische Universitäten. Zu dieser Zeit begann man auch, russische Übersetzungen ausländischer Literatur anzufertigen und – zunächst in Manuskriptform – zu vertreiben. Wie in vielen Reichen dieser Zeit kam ein machtpolitisches Argument hinzu, das der Bildung gerade im Militärsektor Einfluss eröffnete. In der zweiten Hälfte des 17. Jahrhunderts war die militärische Schwäche der zaristischen Armee deutlich geworden, man suchte sie durch Heranziehung ausländischer Fachkräfte und Ausbau eines Manufakturwesens zur Waffenproduktion zu beheben. Die neu etablierten Regimentsschulen sollten der Schulung auch der niederen Offiziere dienen. Hier wurden ebenfalls die zwangsgetauften Kinder von Juden aufgezogen und unterrichtet.

Einfluss westlichen Denkens

Im 18. Jahrhundert verstärkten sich die Einflüsse westlicher Vorstellungen von Erziehung und Bildung in Russland. Vor allem der höhere Dienstadel und die obere Kaufmannschaft wandten sich, gegen den Widerstand des Klerus, mittel- und westeuropäischen Lehren zu und lasen das lateinische Gelehrten- beziehungsweise das deutsche und französische bildungspolitische Schrifttum. Schöngeistige Literatur, Philosophie, Naturwissenschaften und Technik standen im Mittelpunkt der Interessen der russischen Oberschicht. Der niedere Provinzadel war aber auch im 18. Jahrhundert oft noch Analphabet. Die langen Kriege gegen Schweden führten zu einer lebenslangen Militärpflicht des Dienstadels und schufen so eine soziale Schicht, die europäischen Einflüssen besonders offen gegenüberstand. In den Garderegimentern waren selbst die einfachen Soldaten Angehörige des Dienstadels. Neue Militär- und Beamtenstellen sollten allen Russen ohne Herkunftsbeschränkungen zugänglich sein; dies war jedoch für Bauern faktisch ausgeschlossen. Die Masse der nichtadeligen unteren Beamtenschaft blieb indes bis zu den Reformen unter Katharina II. 1775 ungebildet und unterbezahlt und musste sich keiner Prüfung unterziehen.

Zu den Reformen Peters I. (reg. 1698–1725) und seiner Nachfolgerinnen gehörte der Aufbau eines weltlichen städtischen Schulwesens. Für den Adel waren dies die „Kavaliersschulen", deren Besuch obligatorisch wurde. Neben technischen Fachschulen entstanden dann höhere Distrikts-Schulen sowie Gymnasien, die auf einen ausländischen Studienbesuch vorbereiteten. Beide Einrichtungen wurden von allen Schichten der Bevölkerung außer den Leibeigenen besucht. Das neue Schulsystem wurde auch das Mittel, um die vom Kirchenslawischen gereinigte russische Sprache sowie nationales Bewusstsein zu stilisieren und zu verbreiten. Die 1725 eröffnete Akademie der Wissenschaften in Sankt Petersburg war noch lange Zeit die führende akademische Institution des Russischen Reiches, die überdies vorwiegend von Ausländern getragen wurde. Universitäten wurden trotz der 1755 erfolgten Gründung der Moskauer Universität erst im zweiten Viertel des 19. Jahrhunderts zu Lehrstätten der russischen Bildungselite.

Aufbau eines städtischen Schulwesens

Kultur, Religion und Sozialisation

Anders als im westlichen und mittleren Europa breitete sich jedoch keine generelle, alle Bevölkerungsschichten umfassende Bildungsbewegung in Russland aus. Die Bauern lebten im 18. Jahrhundert meist in egalitären Flurgemeinschaften, denen Selbstverwaltung oblag und die daher Funktionen ausfüllten, die in anderen europäischen Ländern Amtsverwaltungen innehatten. Es herrschte Gewohnheitsrecht vor, das wenig Ansprüche an Schriftlichkeit stellte. Bis ins 19. Jahrhundert hinein existierte kein ländliches Schulwesen; nur besonders begabte Bauernkinder konnten sich *Situation für die einfachen Schichten* unter Anleitung eines Dorfgeistlichen auf den Besuch einer höheren städtischen Schule vorbereiten, wenn ihnen dies finanziell überhaupt ermöglicht werden konnte. Zwar wurden unter Peter I. zahlreiche neue Amtsstellungen im reformierten Behördensystem geschaffen. Erstmals wurden Schulen außerhalb des kirchlichen Einflusses gegründet, vor allem Fachschulen mit technisch-mathematisch-naturwissenschaftlicher Ausrichtung. Dies ließ jedoch die einfachen Schichten unberührt. Lediglich in der Entwicklung zur Nationalsprache lassen sich reichsweite Veränderungen ablesen. Die russische Sprache trat auch in der Literaturproduktion an die Stelle des Kirchenslawischen, und die Regierung führte 1703 ein neues, dem Lateinischen angenähertes Alphabet ein.

Die islamische Welt – Manuskripte und Medresen

Der Islam hat wie alle großen Weltreligionen ein Interesse an der Erziehung der Kinder entwickelt. Allerdings hat er dies stärker als das Christentum oder das Judentum in die Verantwortung der Eltern verlegt und öffentliche Erziehungsinstitutionen erst langsam in größerem Umfang etabliert. Im Zeitraum vom 12. bis 18. Jahrhundert können wir daher für den überwiegenden Anteil der Bevölkerung Familie und Nachbarschaft als Erziehungsinstanzen annehmen, denen freilich die Verpflichtung oblag, für die religiöse Bildung der Kinder Sorge zu tragen. Öffentliche Bildungsinstitutio- *Bildungsinstitutionen* nen entstanden erst mit der Zunahme staatlicher Durchdringung im Osmanischen Reich als von den Sultanen begründete und geförderte Eliteeinrichtungen unter religiöser Kontrolle in Form islamischer Rechts- und Theologenschulen. Im Laufe der Entwicklung islamischer Staatlichkeit in Asien und Afrika stifteten dann auch führende soziale Schichten islamischer Gesellschaften zusätzliche Schulen aus privater Hand, deren Zahl aber bisher nicht genau bestimmbar ist, weil es keine zentrale Kontrolle gab. In Zentralasien entwickelten sich Buchara und Samarkand, im subsaharischen Afrika Timbuktu zu weit ausstrahlenden Mittelpunkten islamischen Lebens.

Zwar ist es möglich, dass schon Mohammed selbst die Einrichtung von Lehrräumen bei den Moscheen in Medina betrieben hat. Sie waren jedoch noch von den Gebetsräumen nicht getrennte Einrichtungen mit unbesoldeten Freiwilligen als Lehrer und richteten sich auch an lernbegierige Erwachsene. Im 9. Jahrhundert entstand in Bagdad eine Vorform der späteren Koranschulen, die als „Haus des Wissens"

Erziehung, Bildung und Wissenschaft

Medresen in Anatolien um 1580 (Nach S. Faroqhi).

möglicherweise von persischen Vorbildern geprägt waren. Im 11. Jahrhundert wurde in Bagdad durch den Wesir eine frühe Internatsform eingerichtet, in der die Schüler auch verköstigt und beherbergt wurden. Diese Weiterentwicklung, die auch mit der Einführung eines besoldeten Lehramtes gekoppelt war, wurde dann wohl vor allem im seldschukischen Machtbereich propagiert und strahlte von hier aus. Im frühen Osmanischen Reich wurden die Medresen in ihrer späteren dauerhaften Form staatlicherseits begründet und auf unterschiedliche Unterrichtsniveaus ausgerichtet. Allerdings muss betont werden, dass die Koranschulen kein Bildungsmonopol besaßen, sondern auch weitere Einrichtungen existierten, die Aufgaben der Erwachsenenbildung oder wissenschaftlicher Akademien wahrnahmen.

| Einrichtung von Lehrräumen |

Schon in seldschukischer Zeit wurden in Anatolien außer den Medresen spezielle Eliteschulen eröffnet, in denen junge Gelehrte islamische Rechtswissenschaft (Konya), Medizin (Kayseri, Cankırı, Sivas) oder Astronomie (Kütahya, Kırşehir) studieren konnten. Im 13. Jahrhundert erfolgte eine große Gründungswelle von Medresen, die bis in die Dörfer reichte. Allerdings waren keineswegs alle in der Qualität des Unterrichts gleich – berühmte Gelehrte sicherten Bekanntheitsgrad, einen guten Ruf und einen großen Einzugsbereich. Solche Gelehrte stellten den Schülern nach der Absolvierung eines Fachstudiums ein Diplom aus.

Kultur, Religion und Sozialisation

Im Osmanischen Reich eiferten die Sultane dem Vorbild der seldschukischen Herrschaft nach: Schon 1331 gründete Sultan Orhan Gazi in Iznik die erste Gelehrtenschule der neuen Herrschaftsdynastie. Einladungen an Gelehrte aus Ägypten, Syrien und dem Iran halfen in dieser Zeit, Eliteschulen aufzubauen und dem Bildungswesen insgesamt Impulse zu verleihen. Später folgte eine Gründung in der neuen Hauptstadt Bursa. Im frühen 15. Jahrhundert häuften sich die Einrichtungen neuer Elitemedresen durch die Sultane (und deren Familien) zur Ausbildung der wachsenden Reichsverwaltung und des Militärs: Bis ca. 1450 wurden mindestens 80 Medresen gegründet, darunter 25 in Bursa, 13 in Edirne und vier in Iznik. Es bildete sich eine informelle Hierarchie heraus, die von der Bedeutung der an den Schulen lehrenden Gelehrten und vom Engagement des Sultans abhing.

Gelehrtenschulen im Osmanischen Reich

Unter Mehmed II. (1451–1481) schritt man zur Einrichtung von achtjährigen Vorbereitungsschulen für die Eliteinstitute und zur Erbauung einer neuen Eliteschule im jüngst eroberten Istanbul, die sich mit islamischer Theologie und dem Recht beschäftigte und deren Lehrer weit überdurchschnittlich besoldet wurden. Die bekannteste Vorbereitungsschule in Istanbul soll um 1500 rund 600 Schüler gehabt haben. Aber auch in Mittel- und Kleinstädten erfolgte die Verbreitung von Alphabetisierung und religiöser Erziehung durch die Eröffnung von weniger qualitätsvollen Medresen. Zwischen 1550 und 1557 ließ Süleyman II. (I.) einen neuen Komplex von sechs Eliteschulen bauen, die die neue Spitze der Hierarchie der Medresen darstellten (Serail-Schule). Am Ende des 16. Jahrhunderts gab es mindestens 190 neugegründete Medresen und die Gesamtzahl der Gründungen im Osmanischen Reich belief sich auf ca. 350 (einige waren inzwischen freilich eingegangen).

Vorbereitungsschulen und neue Eliteschulen

Medresen waren entweder in einem Komplex von Gebets- und Lehrstätten oder in einem Einzelgebäude angelegt. Das Gebäude umfasste meist um einen offenen Hof errichtete Wohntrakte, Lern- und Gebetsräume und eine Bibliothek, teils mit Kuppeln versehen. Der Eingang war mit einem großen Tor verschließbar, außerdem waren ein Brunnen, Speisesäle und möglicherweise ein Krankengebäude vorhanden. Größere Medrese hatten mehrere Unterrichtsräume, kleine nur einen. In den Schlafräumen, in denen auch Bücherregale standen, wohnten mehrere Schüler zusammen. Alle Medresen standen in unmittelbarer Nähe zu einer Moschee oder waren direkt deren Nebengebäude.

Aufbau von Medresen

Im 15. Jahrhundert wurden Medresengründungen oft durch Zuwendungen von Kriegsbeute aus den eroberten Gebieten finanziert. Seit dem 16. Jahrhundert wurden sie, auch die Eliteinstitute der Sultane, meist durch religiöse Stiftungen *(vaqif)* getragen, denen Grundstücke, Basare oder sogar ganze Dörfer gehörten. Sowohl der laufende Betrieb als auch zum Beispiel die Bibliotheken wurden von den Einnahmen bezahlt. Damit war die Finanzierung der Koranschulen von Krisen der Staatsfinanzen relativ unabhängig, nicht jedoch von Wirtschaftskrisen, wie sie den Niedergang des Osmanischen Reiches im 17. und 18. Jahrhundert begleiteten. Neben Lehrergehältern war auch die Besoldung für zahlreiches weiteres Personal zu

Finanzierung

bezahlen: Verwalter, Sekretäre, Bibliothekare, Wächter und Pförtner sowie Putzkräfte. Zum Lehrpersonal gehörten neben den Lehrern *(müdderis)* auch untergeordnete Repetitoren.

In der Frühzeit der Medresen herrschte der Gebrauch des Persischen neben dem Arabischen vor. Mit der Ausbreitung der osmanischen Macht über Anatolien wurden jedoch zunehmend Medresen gegründet, in denen auch die türkische Sprache gesprochen wurde. Gelehrt und gelernt wurden jedoch stets der Koran und andere religiöse Texte in arabischer Sprache. Die Finanzstiftungen erhielten seit der Mitte des 16. Jahrhunderts Gründungsurkunden in Türkisch, was die Zweisprachigkeit der Schulen im Alltag spiegelt. Der Unterricht wurde meist an fünf Tagen in der Woche abgehalten. Neben dem Grundplan erstellte jeder Lehrer einen eigenen Lehrplan je nach der eigenen Spezialisierung. Schüler wurden im Alter von 14 Jahren aufgenommen, vorher sollten sie durch Lesenlernen vorbereitet sein. Eine Auswahl nach sozialen Kriterien gab es nicht: Neben Kindern von Beamten, Militärs oder Handwerkern lassen sich auch Nomadensöhne feststellen. Die Studien umfassten die Sprachausbildung (Grammatik, Rhetorik), daneben wurden Mathematik, Astronomie, Philosophie und Logik gelehrt. Der theologische Bereich gliederte sich in Koranexegese, Traditionslehre inklusive Geschichte, islamisches Recht und die Theologie im engeren Sinne. In den Eliteschulen wurden ab der zweiten Hälfte des 15. Jahrhunderts zusätzlich auch Naturwissenschaften und Medizin unterrichtet. Zu allen diesen Fachgebieten verfassten Gelehrte zahlreiche umfangreiche Lehrbücher.

| Sprache und Unterrichtsplan

Schon im 15. Jahrhundert bestanden auch Elementarschulen *(mektebs)*, in denen Kinder mit fünf oder sechs Jahren aufgenommen wurden und innerhalb von fünf bis sieben Jahren vier Unterrichtsgegenstände lernten: Lesen und Schreiben, den Koran und das Rechnen. Im Gegensatz zu den Medresen war bei den *mektebs* auch die Aufnahme von Mädchen vorgesehen, und dies wurde auch umgesetzt. Um 1600 sollen in Istanbul ca. 2000 solche Elementarschulen sowie mehrere hundert andere in den Dörfern Anatoliens und Rumeliens bestanden haben. Die Sultane unterstützten die Gründung der *mektebs*, stifteten Speiseanstalten zur Ernährung der Schüler und gaben Bekleidungszuschüsse, ohne dass diese Elementarschulen damit von staatlichen Stellen abhängig geworden wären; wie die Medresen finanzierten sie sich überwiegend durch Privatstiftungen. Aufnahmebedingungen gab es bei den *mektebs* nicht, Schüler armer Eltern erhielten Stipendien. Die Lehrer waren zumeist Absolventen von Medresen und hauptberuflich Gebetsrufer oder Hausmeister einer Moschee. Unterrichtsgegenstand waren neben dem Erlernen der Kulturtechniken Lesen, Schreiben und Rechnen das Auswendiglernen des Korans in arabischer Sprache sowie einiger Gebete und religiöser Lieder. Die Kinder, die alle parallel in einem Raum unterricht wurden, verbrachten den Großteil des Tages auf einem Sitzkissen, vor sich den Koran oder ein Lehrbuch. Teilweise konnte gegen gesonderte Bezahlung noch Kalligraphie erlernt werden. Die Absolventen wechselten in eine Handwerkerlehre oder besuchten eine Medrese, die Mädchen konnten durch einen Privatlehrer zu Hause weitergebildet werden.

| Elementarschulen

Kultur, Religion und Sozialisation

Um 1600 setzte ein langsamer Niedergang der Medresen im Osmanischen Reich ein, da sich die Zentralisierung, politische Einflussnahmen auf den Lehrkörper und beginnende Korruption negativ auswirkten. Studenten aus den Provinzstädten wehrten sich mit einem Aufstand gegen die Verschlechterungen ihrer Anstellungsbedingungen im Staatsdienst. Die Tradition naturwissenschaftlicher und medizinischer Erforschung stagnierte und konnte mit den Erkenntnisfortschritten in anderen Erdteilen nicht mehr Schritt halten. Die bis ins 18. Jahrhundert verweigerte Übernahme des Buchdrucks wirkte sich zusätzlich kulturell hemmend aus. Der Stagnation im Raum des Osmanischen Reiches standen jedoch interessante Weiterentwicklungen islamischer Gelehrsamkeit in der Welt des Indischen Ozeans gegenüber.

Niedergang der Medresen im Osmanischen Reich

Bei der Ausbreitung des Islam (vgl. S. 358–362) spielte, wie am Beispiel Südostasien zu zeigen sein wird, die islamische Erziehung der Kinder der ersten Konvertitengeneration eine wesentliche Rolle. In Indien und auf dem Malaiischen Archipel (heute Malaysia und Indonesien) breitete sich der Islam entlang der etablierten Handelsrouten zuerst im städtischen Milieu aus. Persische und indo-islamische Kaufleute, die Einfluss auf südostasiatische Höfe hatten, bewegten einheimische Fürsten zum Übertritt zum Islam und boten anschließend selbst oder durch Helfer islamischen Religionsunterricht an. Obwohl von Persien aus auch schiitische Lehren vordrangen, gehörte der islamischen Richtung der Sunniten und den ihr zugehörigen Rechtsschulen die Vorherrschaft.

Ausbreitung des Islam in Südostasien

Anfang des 15. Jahrhunderts trat der Herrscher des bedeutenden Fürstentums Malakka zum Islam über, als während des wirtschaftlichen Aufstiegs des Hafens an der Straße von Malakka zahlreiche arabische, türkische und persische Händler die Handelsnetzwerke dominierten. Um die islamischen Händler an den Hafen zu binden, wurden ihnen zunächst der Bau von Moscheen und die Erteilung von Religionsunterricht erlaubt, den man auch für Erwachsene anbot. Nach dem Fall Konstantinopels gelangen in Südostasien weitere Erfolge. In Banten (Westjava) wurden im Windschatten türkischer Händler islamische Lehrer tätig, die in den Berichten der einheimischen Konvertiten aus dem 16. Jahrhundert als religiöse Führer aufgeführt werden. Um 1600 traten zwei einheimische Könige in Makassar auf Sulawesi zum Islam über und gründeten ein geistiges Zentrum von Moscheen und Koranschulen, das mit Missionaren weit in den indonesischen Osten ausstrahlte. Die militärischen und technischen Kenntnisse der aus dem Osmanischen Reich stammenden Kaufleute weckten das Interesse der einheimischen Eliten. Auch in Kambodscha nahm der älteste Prinz in den 1640er Jahren den islamischen Glauben an und suchte, die Religion in der Bevölkerung zu verbreiten, um sie als ideologische Grundlage gegen die Bedrohung durch Thailand zu nützen.

Die mit den Händlern in Südostasien verbreitete Richtung des Islam war durchsetzt mit der Mystik des Sufismus, der in islamischen Ordensgemeinschaften eine führende Rolle spielte. Im westlichen Sumatra lehrte im späten 16. Jahrhundert beispielsweise der islamische Gelehrte Hamzah Fansuri, der sich auf die Lehren des

Damaszener Sufilehrers Ibn al-Arabi aus dem 12. Jahrhundert bezog, die er in Bagdad kennengelernt hatte. Die Lehren des Sufismus betonten die Einheit alles Seins und vertraten ein Konzept des Menschen als perfektem Abbild Gottes, das durch Versenkung in Mystik, durch ekstatische Tänze, Gesänge, Trommelmusik und Meditationen zu erreichen sei – Rituale, die sie auch in ihren Schulen praktizierten. Diese waren dementsprechend durch eine enge persönliche Verbindung von Lehrer und Schüler charakterisiert, was in den Gesellschaften des Malaiischen Archipels, die die Tradition heiligmäßiger Eremiten kannten, auf Zustimmung stieß. Am Beginn des 17. Jahrhunderts, 1000 Jahre nach dem Tod Mohammeds, rechneten einige indische Mystiker mit der Auferstehung des Propheten und dem Erscheinen des Mahdi, wie auch der indische Mogulherrscher Akbar glaubte. Diese islamische Apokalyptik war auch in Südostasien bekannt und führte zu politisch angeordnetem intensiven Koranstudium. In Aceh auf Sumatra trat ab 1630 der Lehrer Shamsuddin (Šams ud-dīn) auf, dessen Mystik die mittelalterlichen Wurzeln des Sufismus wiederbeleben wollte. Sein Nachfolger Abdulrauf ('Abd ur-ra'ūf, 1617–1690), der 19 Jahre in Mekka studiert hatte, schrieb den ersten Korankommentar in malaiischer Sprache und übersetzte arabische Texte. Europäische Reiseberichte schildern in diesen Jahrzehnten die einheimische Bevölkerung als fromme Muslime, die gehalten waren, jeden alten Geister- und Naturglauben sowie Gebräuche wie Hahnenkämpfe, Alkoholtrinken und Opiumrauchen einzustellen. Der gelehrte Scheich Yūsuf, der nach einem Aufenthalt in Mekka ab 1678 in Sulawesi tätig war, suchte auch den Einfluss der christlichen Niederländer zurückzudrängen.

Mystik des Sufismus

Die islamischen Unterrichtsstrukturen waren in Südostasien ähnlich wie im Osmanischen Reich, allerdings unterschieden sich die Zielsetzungen. Die meisten Schüler lernten zunächst Lesen und Schreiben, Koranrezitation und die täglichen Gebetsrituale sowie die Fastengebote. Ähnlich wie im Christentum nutzten die Lehrer katechetische Texte, in der in Frage-Antwort-Form grundlegende Gedanken zur islamischen religiösen Begrifflichkeit, zur Vorstellung von Paradies und Hölle und anderen Begriffen gelehrt wurden. Man setzte sich auch mit der Vorschrift gegen das Halten und Essen von Schweinen auseinander, die in Südostasien schwer durchzusetzen war; die Scharia erlaubte jedoch gewisse lokale Abweichungen vom islamischen Recht. Die Beschneidung, in südostasiatischen Gesellschaften schon vor der Islamisierung für beide Geschlechter verbreitet, wurde seit dem 16. Jahrhundert zu einem Ritual für die nachwachsende männliche Generation ausgebaut. Die alte Tradition, Transvestiten religiös zu verehren, wurde hingegen durch islamische Gelehrte bekämpft.

Unterrichtsstrukturen in Südostasien

Im 18. Jahrhundert eröffnete der gewachsene internationale Schiffsverkehr für sehr viel mehr Muslime Südostasiens die Möglichkeit zur Wallfahrt nach Mekka und Medina. Studenten wählten sich dort einen Lehrer aus ihrer Herkunftsregion und kehrten erst nach mehreren Jahren zurück. Der Islam erlebte in dieser Zeit eine geistige Erneuerung: Die ältesten islamischen Texte wurde neu ediert und man suchte, sich einem ursprünglichen Islam wieder anzunähern, der durch die als Dekadenz

Kultur, Religion und Sozialisation

Geistige Erneuerung im Islam | angesehene Stagnation des Osmanischen Reiches verlorengegangen schien. Der arabische Gelehrte Muhammad ibn Abd al-Wahhab (1703–1787) rief zu einer Abkehr vom mystischen Sufismus und zu einer sozialen und politischen Umwälzung auf, die bisherige traditionelle Autoritäten hinwegfegen sollte, um sie durch die strenge Herrschaft der Scharia zu ersetzen. Seine Schüler lehrten, den Respekt vor heiligen Männern und heiligen Stätten aufzugeben. Ihre Schulen konzentrierten sich nun wesentlich stärker auf die islamische Theologie und das aus ihr abgeleitete Recht und seine Anwendung in der Alltagskultur der südostasiatischen Gesellschaften sowie auf die genaue Beachtung der „richtigen" Koranauslegung. Um 1780 hatte der Islam auf dem Malaiischen Archipel ein neues Gesicht angenommen.

Indien – Schauplatz konkurrierender Religionen

Der Subkontinent Indien, der bereits lange die Koexistenz buddhistischer und hinduistischer Lehren kannte, wurde besonders seit dem 13. Jahrhundert kulturell einschneidend mit der Ausbreitung einer weiteren Religion konfrontiert, die sich dauerhaft als zweite neben den traditionellen etablieren konnte: dem Islam. Der Hinduismus, der in den zahlreichen indischen Tempeln und Klöstern kulturelle Zentren besaß, einzelne theologische Hochschulen betrieb, religiöse Texte publizierte und

Islam als Konkurrent | dessen Götterbilder und Ethik die Volksfrömmigkeit bestimmten, erhielt unmittelbare Konkurrenz. Seine gesellschaftlichen Ordnungsvorstellungen, die im indischen Kastensystem ihren deutlichsten Ausdruck fanden, wurden erschüttert: Großen Teilen der städtischen Handwerkerschaft erschien der muslimische Glaube attraktiver als die untergeordnete Stellung, die sie im Kastensystem einnahmen. So war die religiöse Koexistenz meist gleichbedeutend mit dem alltäglichen Kampf unterschiedlicher Lebens- und Sozialvorstellungen, die Auswirkungen auf das Erziehungsdenken und die Erziehungspraxis hatten.

Die verschiedenen Staaten auf dem Indischen Subkontinent, die vom 13. bis 16. Jahrhundert oft Kriege gegeneinander führten, beruhten auf der militärischen Stärke im Vergleich mit der ihrer Nachbarn. Wie in vielen Gesellschaften dieser Zeit bot das Militär Aufstiegs-, Erziehungs- und Bildungsmöglichkeiten für Angehörige verschiedener Schichten. Sowohl die hinduistischen Reiche als auch die musli-

Heere als Ausbildungsstätten | mischen Sultanate hielten ständig größere Armeen unter Waffen; im späten 16. Jahrhundert gab es in Indien ca. vier Millionen Soldaten. Klassische Waffengattungen waren die Infanterie und die Reiterei sowie Truppen mit Kriegselefanten. Seit dem 16. Jahrhundert bildeten sich mit dem Einsatz von Schusswaffen Spezialtruppen heraus, vor allem die Artillerie, die in ihren Reihen technische und mathematische Kenntnisse voraussetzten. Wenn es auch nicht zur Gründung von Militäringenieurschulen wie in Europa kam, so dienten die großen Heere doch als Ausbildungsstätten auch für Angehörige niederer Bevölkerungsschichten.

Der zweite Bereich indischer Bildung und Erziehung liegt in den religiösen Entwicklungen des Hinduismus und des Islam begründet. Im Hinduismus wurde im 14. bis 18. Jahrhundert die lange Tradition der heiligen Sanskrittexte und der sechs klassischen philosophischen Systeme fortgeführt, wenn auch mit dem Schwerpunkt auf dem Vedanta-Hinduismus. Die Kommentare der Brahmasutren wurden gepflegt, ebenso die shivaitische Literatur, die stärker volksreligiös verwurzelt war. Die Vielfalt der hinduistischen Lehren verhinderte eine einheitliche Religionsunterweisung, wie sie für die monotheistischen Religionen typisch war. Auf der anderen Seite schuf die regionale und lokale Verankerung der Götterverehrung Räume der Identifikation religiöser und sozialer Gemeinschaften. Neben einer in der Oberschicht verbreiteten Brahmanenkultur existierten die dem Kastensystem eher ablehnend gegenüber stehenden religiösen Traditionen der Bhakti-Gottesmystik, die in Handwerker- und Bauernschichten schon seit Jahrhunderten populär waren. Sowohl im Vishnuismus als auch im Shivaismus entstanden im 13. und 14. Jahrhundert deshalb weitere Syntheseversuche von Gelehrten- und Volksreligion. | Religiöse Entwicklungen

Die Regionalisierung, ja sogar Lokalisierung der Götter hatte zur Folge, dass jedes Dorf seine eigenen Kultformen besaß und in der Dorfgemeinschaft weitergab. Wichtigstes religiöses – und allgemein kulturelles – Integrationselement stellten die Wallfahrten zu den berühmtesten Schreinen und Tempelstädten dar. So wirkten sich die Zentren der religiösen Lehren auch wirtschaftlich und kulturell aus: Populäre Textsorten (Gedichte, Hymnen, regionale Chroniken) wurden zunehmend auch in den Regionalsprachen verfasst und gelehrt. Von den Klöstern war das im südindischen Sringeri das bedeutendste. Zahlreiche volkstümliche Tempel und heilige Stätten lebten von den Gaben auch armer Pilger. Manche erlangten gesamtindische Bedeutung wie etwa die südlich von Madras (Chennai) gelegene Tempelstadt Chidambaram. Zugangsvoraussetzung für die Aufnahme in einen Tempel bildete die Ausbildung im Tempeltanz. Die großen Klöster waren auch die Hauptstätten künstlerischer Produktion, deren populäre Werke die Verbreitung der Kulte unterstützten. | Zentren der religiösen Lehren

Die religiösen Lehren des Hinduismus hatten keine eindeutige Rolle von Bildung in der indischen Gesellschaft zur Folge. Die Vorstellung von den unterschiedlichen Stufen der Erkenntnis wies dem Streben des Menschen nach geistiger Durchdringung seiner selbst und seiner Welt zwar einen hohen Stellenwert zu. Jedoch sollten die Gläubigen die äußere Welt kritisch als ein Trugbild betrachten, die man zur eigentlichen Wahrheit der Erkenntnis des Seins hinter sich lassen müsse. Diese Vorstellung setzte dem empirischen Zugang zur Welt Grenzen. Auf der anderen Seite lässt sich nicht übersehen, dass trotz dieser geistigen Kontexte auch hinduistische Reiche zu großartigen Bauprojekten in der Lage waren: Im südindischen Vijayanagar-Reich wurden im 15. Jahrhundert riesige Stauseen angelegt und Tempelstädte von enormer Größe errichtet. | Stufen der Erkenntnis

Für die religiös geprägten Ideen von Bildung und Erziehung in Indien war außerdem die gesellschaftliche Leitordnung des Kastensystems enorm folgenreich. Das

Kastensystem beruhte auf dem Prinzip der strengen sozialen und beruflichen Nachfolge der Eltern, insbesondere des Vaters. Die große Differenzierung der Kasten wies den Kindern eine spezifische Lebens- und Erwerbsform zu, zu deren Ausübung ihnen die nötigen Kenntnisse – etwa in einem Handwerk – vermittelt wurden (s. S. 435f., 458–460). Weitergehende Bildungsambitionen wurden jedoch verhindert. Dieses im Allgemeinen rigide Kastensystem, das die Ausübung von spezifischem Handwerk meist nur in bestimmten Kasten zuließ, führte seit dem 14. Jahrhundert zu einem massenhaften Übertritt ganzer Handwerkszweige zum Islam. Ähnlich war, anders als bei den Muslimen, auch ein Aufstieg durch Militärdienst nur entsprechenden Kasten vorbehalten. Die muslimischen Bevölkerungsteile blieben weiterhin sozial in ihre städtischen oder dörflichen Strukturen eingebunden, die von hinduistischen Traditionen geprägt waren. Auseinandersetzung mit der geistigen Tradition und Überlieferung gestand das Kastensystem nur der Brahmanenschicht zu, die als Priester, Tempelfunktionäre, Schriftgelehrte oder auch in weltlichen Herrschaftsbereichen als Richter, Wirtschaftsinspektoren oder politische Berater tätig waren. Sie erhielten von Kindesbeinen an Zugang zu den alten religiösen Texten und galten auch als befähigt, diese zu edieren, kommentieren oder auszulegen. Sie sollten den Traditionen nach dieses Wissen keineswegs an das ganze Volk weitergeben, sondern vielmehr lediglich in ihren Kreisen als Herrschaftswissen pflegen. Die Führung von Tempelchroniken und die Anfertigung von Inschriften wurden beispielsweise nur ihnen anvertraut.

<small>Gesellschaftliche Leitordnung des Kastensystems</small>

Zwar gab es durchaus hinduistische Richtungen, die die Starrheit des Kastensystems kritisierten und aufzuweichen suchten. Die starke Stellung der herrschenden hinduistischen Oberschicht, aber auch der Tausenden von Dorfvorstehern verhinderten jedoch eine Durchsetzung solcher religiöser Gruppen. So wurden die Kulturtechniken des Lesens und Schreibens in den städtischen Händlerschichten durch private Initiativen erlernt, aber der Zugang zu Sanskrittexten blieb ein Monopol der Brahmanen.

Die muslimische Politik und Kultur in den indischen Sultanaten nahm sich hingegen anders aus. Die Eroberer aus dem Norden brachten nicht nur ihre islamischen Rechtstraditionen mit, deren Lehren weitergegeben werden mussten. Auch Theologen und andere Gelehrte zogen seit dem 15. Jahrhundert an den Hof in Delhi, übersetzten aus dem Sanskrit ins Persische oder schufen medizinische Kompendien. Die fünf Dekkan-Sultanate förderten Kunst und Literatur, Musik und Wissenschaft und versuchten eine Amalgamierung indischer und persischer Kultur. Das nach Süden ausgreifende Delhi-Sultanat suchte im 14. Jahrhundert die Verwaltung auszubauen, der Getreidehandel wurde kontrolliert, und man nahm eine Neuvermessung des Landes vor. Mit dem Beginn der Mogulherrschaft 1526 wurden die Versuche zu einer stärkeren politisch-herrschaftlichen Durchdringung des Landes fortgeführt.

<small>Amalgamierung indischer und persischer Kultur</small>

Unter dem Sūrī-Herrscher Sher S(c)hah (reg. 1540–1545) begann eine Verwaltungszentralisierung, die alle Beamten auf gültige Erlasse der Regierung verwies, die ihre Amtsausübung regelten. Die Form der Steuerverpachtung ließ aber den untergeordneten Verwaltungsebenen immer noch genügend Spielraum, um diese Maßnahmen auszuhebeln. Sein Nachfolger Akbar (1543–1605) nahm auch Angehörige der hinduistischen Oberschicht in die Verwaltungselite auf. Die faszinierende Offenheit der Kultur seiner Herrschaftszeit leitete eine zweite Welle des Zustroms persischer Gelehrter und Künstler an den Hof ein. Großbauten wie Bewässerungsanlagen, Fernstraßen und Brückenbauten, aber auch der planmäßige Aufbau einer Artillerietruppe zeugen von beeindruckenden Ingenieurleistungen, die jedoch nicht in einheimischen Ausbildungszentren erworben werden konnten, obwohl sich Fernhändler und Handwerksgilden an der Finanzierung beteiligten. Eine muslimische Prägung der Gesamtbevölkerung scheiterte jedoch an der relativ geringen Zahl der Muslime. Das dörflich strukturierte Land blieb in den Händen der hinduistischen Funktionärselite und dem Kastensystem verpflichtet. Eine interessante Ausnahmegruppe bildeten nur die muslimischen Sklaven, die Aufstiegschancen erhielten und als Freigelassene Beamten- und Militärkarrieren machen konnten.

| Offenheit der Kultur unter Akbar

Die Kontrolle der agrarischen Produktion auf den Dörfern verblieb jedoch in den Händen der hinduistischen Dorfältesten, da sich die muslimische Bevölkerung in den Städten konzentrierte. Diese Dorfältesten bildeten eine ländliche Oberschicht und führten auch einzelne Aufstände gegen die muslimische Oberherrschaft an. Sie können als Hauptträger lokalen Wissens angesehen werden, die dieses ihren Kindern weitergaben. Sie wählten aus der Dorfbevölkerung auch Gehilfen aus, die Schreib- und Rechentätigkeiten ausübten. So ist die indische Dorfgesellschaft auch schon der vorislamischen Zeit keineswegs als völlig ungebildet anzusehen. Für die Stellung der Dorfältesten ist bezeichnend, dass sie als Vertreter bei Festlichkeiten an die regionalen Fürstenhöfe geladen wurden. Ihre Kompetenzen in der Administration des Landes waren unverzichtbar.

| Indische Dorfgesellschaft

Indien hat wesentlich zum kulturellen Austausch zwischen Westasien und Südostasien beigetragen. Indische Brahmanen und buddhistische Mönche brachten ihre religiösen Lehren nach Burma und Kambodscha und auch auf den indonesischen Archipel. Sie brachten neben religiösen Texten auch Rechts-, Architektur- und Handwerkslehrbücher nach Südostasien und hatten entscheidenden Einfluss auf die Gesellschafts- und Staatslehren der dortigen Königreiche, von deren Herrschern sie gerufen worden waren. Die indischen Händler, die in großer Zahl in die Küstenorte kamen, trugen zu einer Popularisierung der schon in der Hof- und Oberschicht bekannten Lehren bei. Die Renaissance des Konfuzianismus, im 17. und 18. Jahrhundert beispielsweise in Vietnam, führte zu einer Annäherung an chinesische Entwicklungen, ehe die Europäer mit ihrer politisch-militärischen Macht im 19. Jahrhundert ganz andere Einflüsse ausübten.

China – Tradition und Wandel

Erziehung und Bildung im alten China entziehen sich der europäischen Periodisierung. Da europäisch-koloniale Kulturprägungen, wie sie in Japan oder in Südostasien seit dem 16. Jahrhundert vor sich gingen, im Chinesischen Reich keinen Platz erringen konnten, wirkten hier eigenständige Kulturtraditionen auf Bildung und Erziehung ein, die in der sogenannten chinesischen Renaissance des 11. Jahrhunderts wurzelten. Damals etablierte sich in der städtisch geprägten Oberschicht, die von ihrem Grundbesitz lebte, eine kontemplativ-gelehrte Lebensweise heraus, die Interesse an gelehrter Literatur, Malerei, Kalligraphie, Buch- und Kunstsammlungen und Gartenkunst kultivierte. Praktisch-ökonomische Kenntnisse und Berufsarbeit galten als verpönt. Die Renaissance der klassischen Geisteswelt Chinas bereitete in der Bevölkerung dem Bildungsideal neuen Boden. Zwischen dem 11. und dem 13. Jahrhundert vermehrte sich die Zahl der öffentlichen und privaten Schulen. Sie machten ebenso wie die privaten Akademien, die vor allem im unteren Jangtse-Gebiet entstanden, den buddhistischen Klöstern als Bildungszentren Konkurrenz und spielten bis zur Mitte des 17. Jahrhunderts eine wichtige Rolle in der Geistesgeschichte Chinas (vgl. S. 290–292).

"Chinesische Renaissance"

Die Bedeutung der Literatur für die Erziehung und die institutionelle als auch private Wissensvermittlung in China spiegelt sich in der technischen Entwicklung des Buchdrucks wider. Schon seit dem 10. Jahrhundert wurde der Gebrauch des Blockdrucks (mit Holzschnitten als Grundlage) zur schnellen und billigen Reproduktion nicht nur zur Herstellung von buddhistischen Werken, Lehrbüchern und Sammlungen von Modellaufsätzen für die Staatsprüfungen genutzt, sondern auch für kurze volkstümliche Enzyklopädien, Almanache und Wörterbücher. Bis ins 13. Jahrhundert entstanden sowohl große Textsammlungen im kaiserlichen Auftrag als auch zahlreiche private Buchprojekte wie wissenschaftliche oder technische Abhandlungen und literarische Werke. In allen Wissensgebieten wurden kompilatorische Überblickswerke aufgelegt, die auch die Naturwissenschaften umfassten, welche auch gelehrt wurden. Die Renaissance der Wissenschaften ging mit der Idee einer naturalistischen und rationalen Philosophie einher, welche die natürliche und menschliche Ordnung als ein einheitliches System auffasste. Damit war eine neue Hochschätzung vorbuddhistischer Philosophie verbunden. Erziehung wurde als positive Möglichkeit verstanden, den Glauben an eine universelle Vernunft einzupflanzen und damit die menschlichen Lebensverhältnisse zu verbessern.

Bedeutung der Literatur für die Erziehung

Auch der Druck mit beweglichen Lettern wurde in der Mitte des 11. Jahrhunderts in China erfunden und im 15. Jahrhundert in größerem Umfang eingesetzt (s. S. 48 f.). In der Welt einer Schrift, die über eine große Fülle und Mannigfaltigkeit von Schriftzeichen verfügte, konnte diese Erfindung jedoch nicht die kommunikationsgeschichtliche Revolution auslösen wie in den Sprachkulturen mit alphabetischen Schriftarten. Allerdings bedeutete der Blockdruck keineswegs einen technischen Rückstand gegenüber dem Druck mit beweglichen Lettern: Der Jesuit

Drucktechnik

Matteo Ricci bemerkte zu Beginn des 17. Jahrhunderts, die chinesischen Blockdrucker benötigten nicht mehr Zeit zur Herstellung einer Holzdruckseite als die europäischen Drucker für den Satz einer Seite mit Bleilettern, die Holzplatten ließen sich einfacher nachschneiden und man könnte auf ihnen einfacher Illustrationen anfertigen.

Gipfel des chinesischen Bildungsanspruchs war die traditionelle Beamtenprüfung. Deren Inhalt orientierte sich am geistigen Interesse des Kaiserhofes und der führenden Schichten. Seine Attraktivität erhielt das landesweit durchgeführte Prüfungssystem durch die kaiserliche Anstellungsgarantie, die die Absolventen nach dem Bestehen erhielten. Je nach erreichtem Abschluss schloss sich eine lebenslange Tätigkeit in der lokalen, provinzialen oder zentralen kaiserlichen Verwaltung an. Die Prüfungen und Anstellungen waren die bedeutendste Größe bei der Steuerung der Regierungsarbeit und entsprechend politisch umstritten. Bei den Beamtenprüfungen wurde beispielsweise im 12. und 13. Jahrhundert für die Abkömmlinge der herrschenden Stämme aus der späteren Mandschurei die Sprache der Dschurdschen (Jurchen) vorgeschrieben. Deren Adel war sinisiert, und sie beschäftigten nach der Eroberung Nordchinas bis zum Mongolensturm immer mehr Chinesen in der Verwaltung. Unter mongolischer Herrschaft wurden ab 1237 das zeitweilig suspendierte System der Beamtenprüfungen fortgeführt und die Übersetzung von chinesischen Klassikern ins Mongolische gefördert. 1238 kam es zur Gründung der kaiserlichen Bibliothek, 1261 zur Gründung der Geschichtsakademie in der Regierungszeit Kublai Khans, die sich mit Stammes- und Dynastiegeschichte beschäftigte, und gleichzeitig auch zur Gründung der Islamischen Akademie, die Übersetzungen arabischer Texte anfertigte und damit die chinesische Mathematik und Astronomie beeinflusste. Als klassischer Gelehrter der Mongolenzeit gilt Liu Bingzhong (1216–1274), der in einer umfassenden Schrift zur Verwaltungsreform als Berater des Mongolenherrschers formulierte: „Man erobert die Welt zu Pferde, aber man kann sie nicht vom Pferderücken aus regieren". Diese Erkenntnis bewog die mongolischen Herrscher, ab 1315 wieder die höchste Stufe des Systems, die chinesischen Doktorprüfungen, zu veranstalten. Die Herkunft der 300 Kandidaten wurde jedoch kontingentiert: ein Viertel Mongolen, ein Viertel Ausländer, ein Viertel Nord- und ein Viertel Südchinesen waren zugelassen. Dies begünstigte die eigene Volksgruppe, da die Mehrzahl der Mongolen ungebildet war, während die Mehrzahl der gebildeten Chinesen aus Südchina kam. Immerhin hatten auch die Ausländer eine Chance: Wir kennen den Fall eines Russen, der 1321 in Peking die beste Doktorprüfung ablegte und 1342 in Zhejiang auf einen wichtigen Posten berufen wurde.

| Traditionelle Beamtenprüfung

Gleichzeitig kennzeichnete die Zeit der Mongolenherrschaft jedoch eine rigide staatliche soziale Kontrolle. Chinesischen Handwerkern, Soldaten, Bauern und Kindern von Gefangenen war es verboten, den Beruf zu wechseln. Im Laufe des 14. Jahrhunderts erodierte dieser mongolische gesellschaftliche Grundsatz jedoch: Immer mehr Soldatenfamilien und andere änderten ihren Sta-

| Rigide staatliche soziale Kontrolle

tus. Ein Aufstieg über Bildung war so kaum möglich. Die nachfolgende Herrschaft der Ming-Dynastie verfolgte eine andere soziale Politik: Sie räumte nach 1368 der Landwirtschaft den Vorrang zur Staatsfinanzierung ein, nicht mehr dem Handel. Im 16. Jahrhundert hatte sich ein nach Berufen gegliederter Arbeitsmarkt etabliert, der auch die zahlreichen Arbeiter in den großen Handwerksbetrieben erfasste. Mit dem technischen Fortschritt in der Gewerbeproduktion wurde auch eine höhere Entlohnung dieser Beschäftigten möglich. In die Staatswirtschaft waren Unternehmer integriert, die Rohstoffe und Massenkonsumartikel lieferten. Aus- und Vorbildung erhielten daher einen neuen, wieder höheren Stellenwert.

Die Ming-Kaiser, die ursprünglich selbst dem Bauernstand entstammten, bevorzugten bei den Beamtenbeförderungen Personen aus dem einfachen Volk. Die Rolle der Eunuchen war zwischen verschiedenen Hoffraktionen umstritten. Man versuchte zeitweise, am Kaiserhof den Einfluss der Eunuchen zu beschränken und verbot diesen unter anderem, Lesen zu lernen. Seit den 1420er Jahren hatten die Eunuchen ihre alte Position wiedererlangt und errichteten eine Willkürherrschaft gegenüber dem Apparat der gebildeten Beamten. Diese revanchierten sich, indem sie sich im 16. Jahrhundert der Opposition aus Gelehrten anschlossen, die die Verschwendungssucht des Hofes kritisierten und neokonfuzianisches Gedankengut propagierten. Die durch diese Oppositionskräfte gegründeten Privatakademien wurden Zentren freier literarischer und politischer Diskussionen und wandten sich vom Formalismus der Vorbereitung auf die Beamtenprüfungen ab. In ihnen entwickelten einzelne Gelehrte

Neues Erziehungssystem — auch ein neues Erziehungssystem, das an oppositionellen Zielen einer guten und sparsamen Regierung orientiert war: Li Zhi (1527–1602) und Yan Yuan (1635–1704) betonten gegen die herrschende gelehrte Kultur den Nutzen praktischer Kenntnisse und körperlicher Aktivitäten in der Erziehung und gingen damit keineswegs mit konfuzianischem Gedankengut konform. Die damalige chinesische pädagogische Debatte trug ähnliche Züge wie die zeitgleiche europäische: Die traditionell orientierten konfuzianischen Moralisten betonten das Ziel des Gehorsams und sahen Kinder als „noch ungeschliffene Jadesteine" an. Gesellschaftskritische Gelehrte wiesen der Kindheit den Zustand der Unverdorbenheit zu, der durch Unschuld, Spontaneität und Kreativität gekennzeichnet sei. Ihre Wiederentdeckung der sozialen, wirtschaftlichen und politischen Realitäten können als Kennzeichen der Philosophie der späten Ming-Zeit gedeutet werden.

Neben dieser theoretischen Debatte wurde die chinesische Erziehungsgeschichte durch eine langfristige Ausweitung der schulischen Klientel geprägt. Mit dem Aufschwung der städtischen Wirtschaft ging eine Gründungswelle von Schulen einher, in denen Lehrmeister ein paar Dutzend bis mehrere Hundert Schüler um sich versammelten. Als Privatlehrer lebten sie von den Zuwendungen der Schüler und Eltern. Allerdings gab es auch Fälle, in denen sich die Verwaltungsbeamten um die Grün-

Ausweitung der schulischen Klientel — dung von Gemeindeschulen ihres Bezirks kümmerten und, wie der gelehrte Beamte Lü Kun (1536–1618), für den Unterricht Kinderverse und -lieder dichteten. Ebenso förderte die neue Lehrerschicht das Interesse an der volkssprachlichen Literatur. Der Philologe Mei Yingzu publizierte 1615 ein Wörterbuch, das erstmals über 33.000 chinesische Schriftzeichen abbildete und klassifizierte. Mathematische Werke (als Teil der erstmals auch von den Jesuiten aus Europa mitgebrachten ca. 7000 Bücher), technische, medizinische und naturwissenschaftliche Enzyklopädien, geographische Werke sowie Bücher über die Kriegskunst erschienen in großer Zahl und in hohen Auflagen; viele wurden auch für „Volksausgaben" gekürzt und in populäre Form gebracht. Stellenlose Literaten war als Autoren ein zusätzliches Einkommen gewährleistet.

Nach wie vor stellten die Beamtenprüfungen aus sozialökonomischen Gründen ein Leitbild für Erziehung und Bildung dar. Sie wurden aber eng an die Dynastie gebunden: Ein 1730 zur Rechtfertigung der Dynastie von Kaiser Yongzheng geschriebenes Werk musste von allen Absolventen beherrscht werden. Im 16. und frühen 17. Jahrhundert waren Absolventen als kaiserliche Beamte für die kleinste Verwaltungseinheit (Unterpräfektur) für ca. 50.000 Menschen mit Hilfe von Lokalbeamten zuständig. Bei Absolvierung der Doktorprüfungen konnte man als einer der oberen Provinzbeamten amtieren oder in die Zentralverwaltung am Kaiserhof eintreten. Im ganzen Reich gab es in der späten Ming-Zeit ca. 10.000 bis 15.000 Beamte. Die Machtausdehnung des Mandschu-Reiches brachte es mit sich, dass die Verwaltung auch Hand- und Wörterbücher in Westmongolisch, Osttürkisch, Tibetisch und Arabisch zu gebrauchen wusste. *Dynastiegebundene Beamtenprüfungen*

Mit der Übernahme der Macht durch die Mandschu-Kaiser ab 1644 wurde erneut ein Revirement des Beamtenapparats eingeleitet. Dazu wurden die 1646 wiederaufgenommenen Prüfungen in reformierter Form abgehalten und die Absolventen nun zu „Han-Beamten" ernannt. Da sich die gegenüber den als Herrenvolk auftretenden Mandschu kritischen Literaten und ehemaligen Beamten in die innere Emigration zurückzogen, eröffnete sich einer jungen Generation der Weg in politische Loyalität und sozialen Aufstieg. Die einsetzende politisch milde Herrschaft und die Annahme der chinesischen Kultur durch die herrschende Schicht trugen langfristig zu einer Entspannung des geistigen Klimas bei. Die Kaiser finanzierten seit dem späten 17. Jahrhundert große Editionsunternehmen zur chinesischen Geschichte, Malerei und Kalligraphie, ließen Wörterbucher drucken und sorgten von 1772 bis 1782 für die Erarbeitung einer totalen Bestandsaufnahme des älteren chinesischen Schrifttums. Ideen der sittlichen Ordnung führten zur Verbreitung einer neokonfuzianischen Orthodoxie, die Erziehung als politisch-soziale Aufgabe begriff und Werke anderer Sichtweisen zensierte. Erstmals in der chinesischen Geschichte entstand ein ländliches Schulwesen, das Autorität und Gehorsam verkünden sollte, aber auch zur Verbreitung der Kulturtechniken Lesen und Schreiben führte. Vor allem in Südchina stieg die Alphabetisierungsrate vermutlich deutlich an. Neben die alten höheren Unterrichtsziele (Beherrschung möglichst vieler Schriftzeichen, der konfuzianische Moralprinzipien und von Grundkenntnissen der chinesischen Geschichte) trat nun die Vermittlung der Alltagswelt und der Natur; Vorbilder der Geschlechterrollen wurden auch für die ländliche Gesellschaft *Entspannung des geistigen Klimas durch die Mandschu* entworfen. Gemeinsames Singen und Musizieren trat an die Stelle immer wiederkehrender Textrezitationen und des Auswendiglernens.

In der höheren Bildung der sozialen Elite zeigen sich jedoch im 18. Jahrhundert auch reaktionäre Tendenzen: Der Historiker und Philosoph Zhang Xuecheng vertrat eine Wiederbelebung des Ideals der Einheit von Staat und Gesellschaft, Regierung und Erziehung unter dem Vorzeichen der nationalen Tradition. Solche Rückbezüge auf ein vermeintlich Goldenes Zeitalter häuften sich in der langen Krisenphase seit dem späten 18. Jahrhundert und wurden durch die Konkurrenz mit den in Ostasien aufstrebenden europäischen Kolonialmächten noch verstärkt.

Japan – Weltwissen und Handwerke

Im alten Japan bestanden im Erziehungs- und Bildungswesen enge Austauschbeziehungen mit dem ostasiatischen Festland. Allerdings entwickelte sich die japanische Gesellschaft vom 11. bis zum 18. Jahrhundert in eine ganz andere Richtung als die chinesische, so dass geistige und religiöse Strömungen während ihrer Rezeption in Japan den dortigen Verhältnissen angepasst oder nur in Teilen einflussreich wurden. Der japanische Feudalismus wies dem Adel eine überragende Bedeutung zu, während die Priesterschaft der Schreine und Tempel sowie die Mönche der Klöster nur unterhalb der militärisch-politischen Führung Funktionen ausübten. Die städtische Bevölkerung, durch das Wachstum urbaner Zentren seit dem 16. Jahrhundert gestärkt, hatte im Handel und Handwerk wirtschaftliche Möglichkeiten oder war Nutznießer kultureller Wandlungsprozesse, von denen sie als Produzent profitierte. Die Masse der bäuerlichen Bevölkerung wurde durch agrarwirtschaftliche Innovationen, die von der Militärverwaltung angestoßen wurden, in den gesellschaftlichen Wandel einbezogen und hatte ein regional unterschiedliches Maß an Selbstverwaltungsrechten inne. Japan ist ein Beispiel für die hohe Bedeutung handwerklich-technischer Ausbildungen, trotz seiner Orientierung an religiös-geistigen Traditionen ganz anderer Art.

Die sich zwischen dem 10. und dem 13. Jahrhundert vollziehende Zurückdrängung des zivilen Hofadels durch die neue militärisch-aristokratische Schicht der Samurai und der Niedergang der kaiserlichen Hofkultur hatten enorme Auswirkungen auf die Erziehungsideale der gesellschaftlichen Eliten. Die „Bushi"(= Krieger)-Kultur betonte die Vorstellung der Charakterbildung im Kampf. Die Söhne des neuen Provinzadels wurden seit dem späten 13. Jahrhundert in den Kampftechniken der Mongolen, die Japan bedrohten, ausgebildet: Bogenschießen, Fechten und Reiten wurden zu wichtigen Fähigkeiten, die erlernt werden mussten. Sogar in den buddhistischen Klöstern konnte man in Kriegszeiten Truppen rekrutieren, die bereits eine militärische Vorbildung besaßen. Die Gefahr einer Invasion Japans förderte im 13. und 14. Jahrhundert auch den eigenen Schiffsbau und die Seefahrt. Mit der Übernahme der Herrschaft durch die konkurrierenden Adelsgeschlechter und der Entmachtung des Kaiserhofes ging jedoch auch eine schleichende Ver-

Veränderung der Adelsschicht

schmelzung des Krieger- mit dem Hofideal einher. Die am Hof in Kyōto befindliche Militäraristokratie erneuerte im 15. Jahrhundert die Bedeutung der geistigen Tradition und beschäftigte sich mit Dichtkunst, Musik und Literatur, Architektur, Keramik und Lackkunst. Ähnlich wie am chinesischen Hof stand eine große Zahl von Handwerkern zur Verfügung, oftmals Zen-Priester, die die künstlerische Nachfrage befriedigten und deren Werkstätten auch als Ausbildungsstätten dienten. Trotz dieser höfischen Kultur, zu der die im späten 15. Jahrhundert geschaffene Teezeremonie gehörte, blieb für den Adel die Kriegermentalität bestimmend, die durch die fortwährenden Kämpfe um Territorium und Klientel befördert wurde. Diese Lebenshaltung war es auch, die den japanischen Adel kollektiv zur letztlichen Ablehnung der Verwendung von Feuerwaffen bewegte. Erst in der Tokugawa-Zeit wurden die Samurai, die im 17. Jahrhundert fünf bis sieben Prozent der Bevölkerung ausmachten, endgültig von der Krieger- zur Verwaltungsklasse: Das Studium erhielt das gleiche Gewicht wie die militärische Ausbildung.

Den politisch-sozialen Veränderungen liefen religiöse Neuerungen parallel. Der religiöse Wandel machte sich in kulturellen Einflüssen bemerkbar: Seit der Mitte des 13. Jahrhundert war der Buddhismus wesentlicher Bestandteil des japanischen Lebens in allen Bevölkerungsschichten geworden, da buddhistische Sekten ihre Lehren auch den einfachen Laien verständlich machten; die Übersetzung von Sutren ins Japanische half dabei. Seit dem 14. Jahrhundert wuchs der Einfluss der Zen-Klöster. Vor allem die Klöster um die Hauptstadt Kyōto rezipierten die chinesischen Lehren, die einer Verweltlichung der Klosterkultur entgegenstanden. In der Zeit des Shōgunats entstanden aber auch neue kulturelle Zentren in den Provinzen, wo Klöster die Zen-Mystik propagierten und entsprechende Texte entstanden. Große Klöster und Schreine beherrschten im 14. bis 16. Jahrhundert die Wirtschaft ganzer Regionen und boten neben geistig-kultureller Erziehung auch ökonomische und technische Bildungsmöglichkeiten. Die Klosterschüler sollten vor allem den neuen Nachwuchs der Priesterschaft bilden, aber die Möglichkeit zum Erlernen von Lesen und Schreiben nützte auch in anderen Tätigkeitsbereichen.

| Religiöse Neuerungen und kulturelle Einflüsse |

Der Buddhismus erhielt seit dem späten 16. Jahrhundert die offizielle Unterstützung durch die Regierung: Jeder Einwohner Japans musste sich einen Tempel wählen, in dem er registriert wurde. Dort sollte ab 1640 auch eine jährliche Prüfung in Glaubensfragen stattfinden. Selbst die niederen Bevölkerungsschichten besuchten im 17. Jahrhundert erstmals in größerer Zahl klösterliche und kommunale Schulen. Um die Erziehung in Kleinstädten und Dörfern kümmerten sich in zahlreichen Daimyaten (Kleinfürstentümern) die Gefolgsleute in der Verwaltung. Diese Inanspruchnahme der Religion für die gesellschaftliche Formierung galt jedoch vor allem für die einfache Bevölkerung, während der Adel und die Gelehrten sich der konfuzianischen Richtung zuwandten, sich gegen kraftlose Höflinge und geldgierige Kaufleute wendeten und das Kriegerideal nochmals moralisch revitalisierten. Mit dem Konfuzianismus ging auch eine neue Aufmerksamkeit für Bildung und eine Vermehrung der Erziehungsstätten einher: Die Samurai such-

| Inanspruchnahme der Religion für die gesellschaftliche Formierung |

ten den Anschluss an ältere Traditionen der japanischen Lese- und Poesiekultur. Die Tokugawa-Dynastie ermutigte 1630 die Familie Hayashi, eine konfuzianische Schule zu gründen, die später die offizielle Lehranstalt der Regierung wurde. Auch die Daimyō umgaben sich daraufhin mit konfuzianischen Beratern und begannen, konfuzianische Schulen zu fördern. Ihre Unterbeamten trugen mit eigenen Schulgründungen, auch auf dem Land, zur Ausweitung des Unterrichtsangebots bei. Unabhängige Gelehrte konnten als Privatlehrer tätig werden. Der vermehrten Produktion weltlicher Bücher mit gesellschaftskritischem Inhalt wurde durch eine scharfe Zensur begegnet.

Im Laufe des sozialen Wandels und der schnellen Urbanisierung entstanden neue Berufsfelder und Tätigkeitsbereiche, die allerdings nur sozial abgestuft offenstanden. Für die nichtadeligen Schichten der Städte entstanden in den Verwaltungen der Provinzen und lokalen Bezirke neue Ämter. Die Kriegerkaste benötigte für die Regierung ihrer Ländereien einen Beratungsausschuss hoher Beamter, der über eine klassische Bildung verfügen sollte, aber auch organisatorische Spezialkenntnisse besitzen musste. In der durch religiöse Erweckungen gekennzeichneten Epoche des 16. und 17. Jahrhunderts war es die buddhistische Priesterschaft, die als Gebildete den ungelehrten Militärverwaltern als Ratgeber und Schreiber diente; bei den Ashikaga-Shōgunen waren dies besonders die Zen-Priester gewesen. Unterhalb der Ebene der erblich gewordenen Adelsherrschaften entstanden in der Togukawa-Zeit neben den älteren Urkundenbehörden, die vor allem die Kataster führten, neue Finanzbehörden und Rechtsinstitutionen, die von Unterbeamten aus der Sippengefolgschaft der jeweiligen Adelsfamilie rekrutiert wurden. Den hohen Stand der Mathematik und der Technik innerhalb dieser Beamtenschaft zeigt die Neuvermessung ganz Japans, die 1585 durchgeführt wurde. Im 18. Jahrhundert konnten fähige Bedienstete in niederem Status zu ihrem Grundsold erstmals ein Zusatzgehalt erhalten, was die Attraktivität dieses Dienstes und des Erwerbs der technischen Grundfertigkeiten hierfür steigerte.

Neue Tätigkeitsbereiche

Es wäre falsch, die bäuerliche Bevölkerung als eine nur an ökonomischen Interessen orientierte Schicht der Ungebildeten anzusehen. In der Ashikaga-Zeit brachte die Bildung von Fürstentümern auch eine höhere Einbeziehung der Bauernschaft in militärische und organisatorische Dienste mit sich. In einigen Gebieten konnte sich dies bis zu einer faktischen Selbstverwaltung der Dörfer steigern, so dass bäuerliche Familien für ihre Kinder am Erwerb der grundlegenden Kulturtechniken interessiert waren. Um 1485 gelang es einem Volksaufstand in der Provinz Yamashiro sogar, eine unabhängige bäuerlich-niederadelige Lokalverwaltung durchzusetzen.

Die bäuerliche Bevölkerung

In der Phase des sozialen Wandels im 15. und 16. Jahrhunderts unterstützte der Militäradel auch die Einführung neuer Anbautechniken, zum Beispiel den Einsatz von Zugtieren und den Bau von Bewässerungsanlagen und Flussdämmen zur Produktion von Soja und Tee. Eine Landhandwerkerschaft entstand, die Zimmerleute, Töpfer, Schmiede, Weber und Brauer umfasste. Die Patronage durch Tempel, Schreine oder Adelsfamilien ermöglichte Produktionsausweitungen und die wirtschaftliche Verbindung mit Kaufleuten, um den regionalen und überregionalen Absatz zu sichern. Langsam bildeten sich aus der Verbindung von Landhandwerk und städtischem Handel Gilden heraus, die Ähnlichkeit mit den europäischen Zünften hatten. Neben Produktionsabsprachen und Qualitätssicherung entsprach die Ausbildung des Nachwuchses der Gemeinsamkeit der Interessen. Der Export von zehntausenden Stahlschwertern um 1500 nach China war ein deutliches Zeichen für den Erfolg des Engagements von Handwerk und Kaufmannschaft. Neben dem oben genannten neuen Schulwesen auf dem Land entstanden also zahlreiche Ausbildungsmöglichkeiten im Handwerk, vermutlich auch außerhalb der Hofzentren in Kyōto und Edo. Zwar sah die Sozialordnung der Tokugawa-Zeit im 17. und 18. Jahrhundert eine deutliche Separierung und rechtliche Unterscheidung in die vier Klassen Samurai, Bauern, Handwerker, Kaufleute vor, aber faktisch wurden die Grenzen zwischen den drei unteren Klassen durchlässig. Lediglich ein Aufstieg in die Samurai-Adelsschicht war praktisch unmöglich.

Landhandwerk und städtischer Handel

Mit dieser gesellschaftlichen Ordnungsvorstellung, der eine differenziertere Praxis gegenüberstand, wurde Japan im 19. Jahrhundert mit der europäischen Einflussnahme konfrontiert. Das im späten 16. Jahrhundert sich ausbreitende Christentum wurde 1637 für illegal erklärt, was die christliche Mission endgültig beendete. 1639 wurde außerdem jede Auslandsreise von Japanern verboten. Die Liberalisierung des geistigen Lebens seit ca. 1720 führte unter anderem zur Entwicklung einer „Holländer-Wissenschaft", das heißt einer japanischen intellektuellen Auseinandersetzung mit der Welt der Europäer; auch die Einführung weltlicher europäischer Bücher war nun erlaubt. Da die einzige europäische Handelsniederlassung auf der Nagasaki vorgelagerten Insel Dejima (Deshima) allerdings strikt abgeschirmt wurde, blieb der kulturelle Kontakt auf eine kleine Elite beschränkt.

Subsaharisches Afrika – Alterskohorten und Erziehungsrituale

Der afrikanische Kontinent war kulturell außerordentlich unterschiedlich geprägt: Dem arabischen Norden, wo sich altägyptische, frühchristliche und jüdische sowie die jüngere arabisch-islamische Tradition mischten, standen ganz anders geartete Reichs- und Stammeskulturen südlich der Sahara gegenüber, die halbislamisierte Mischzonen besaßen. Im Osten bildete das alte koptische Christentum Äthiopiens einen afrikanischen Ausnahmefall. Die zentrale Rolle des christlichen Bibeltextes und seiner Kenntnis förderten dort eine eigenständige Schriftkultur. Im heutigen Sudan wurden zwar im 14. Jahrhundert christliche Kleinstaaten islamisiert, vom 16. bis zum 18. Jahrhundert bildete aber das islamische Nubien mit seiner Hauptstadt Sennar (um 1700 ca. 100.000 Einwohner) ein Zentrum des Überseehandels nach Indien; die dortigen Kaufleute und Handwerker waren aktive Kulturvermittler. In

Westafrika nahmen im 14. Jahrhundert zahlreiche Herrscher der Hausastaaten im heutigen Nigeria den islamischen Glauben an. Im 13. Jahrhundert entstand unter einer islamischen Dynastie das Großreich von Mali, das mit den Städten Timbuktu und Djenné (Jenné) überregionale Zentren islamischer Gelehrsamkeit besaß, die ihre Bedeutung trotz Zerfall des Reiches bis ins späte 17. Jahrhundert behielten. In Timbuktu standen zahlreiche Moscheen und Medresen, die die arabische Texttradition pflegten. Diesen Mittlerregionen zwischen literaten und illiteraten Gesellschaften fehlte jedoch teilweise die dauerhafte staatliche Organisation, um kulturelle Prägekraft entfalten zu können.

Die Unterschiedlichkeit der vorkolonialen Gesellschaften Afrikas in Bezug auf Staatlichkeit und Marktökonomie, die die Geschichte dieses Kontinents prägte, machte sich auch im Erziehungssektor bemerkbar. Im Vergleich mit anderen Weltregionen lassen sich einige Grundzüge schwarzafrikanischer Erziehung erkennen: Den schriftlosen afrikanischen Gesellschaften fehlten Institutionen der Vermittlung der Kulturtechniken Lesen und Schreiben, aber dies bedeutete nicht, dass sie nicht ein differenziertes Erziehungssystem gehabt hätten, und es wäre auch falsch, die Familie als einzige Erziehungsinstanz anzunehmen. Vielmehr waren für das Aufwachsen der Kinder meist die Einteilung in Generationeneinheiten, eine Betonung der Beschneidung als Transformationsphase zwischen Kinder- und Erwachsenenrolle, die auch

| Grundzüge schwarzafrikanischer Erziehung

die Zusammengehörigkeit einer Alterskohorte definierte, sowie die spezifische Weitergabe von Geheimwissen in Bünden kennzeichnend. Mündlichkeit der Überlieferung durch Erzählungen war nicht nur traditionsgebunden, sondern sollte auch aktuelle soziale Konflikte in- und außerhalb der eigenen Gemeinschaft verstehen und lösen helfen. In den ostafrikanischen Gesellschaften gehörten etwa die Konflikte zwischen den Ackerbauern und den Viehzüchtern zu den bevorzugten Themen der mündlichen Überlieferung an die jüngere Generation. Die komplizierten sozialen Beziehungen in den segmentierten Gesellschaften (Abstammung, Verwandtschaft, Siedlungsraum, Ethnie, Geschlecht, Generation, Religion, ökonomische Stellung) wurden in Ritualen und Zeremonien verdeutlicht, deren Einübung zu den wichtigen Erziehungszielen schon für kleine Kinder zählte. Dies galt im Prinzip nicht nur für dörflichen Siedlungsgebiete und nomadische Gemeinschaften, sondern auch für die wenigen afrikanischen vorkolonialen Städteregionen und Residenzzentren. Allerdings gab es in letzteren möglicherweise mehr vererbte Positionen in Handel und Gewerbe sowie in politischen und religiösen Funktionen, die die familiäre Erziehung stärkten.

In vielen Gesellschaften Afrikas wurde in einem Rhythmus von 25 bis 40 Jahren die politisch-soziale Herrschaft einer Generation durch die nächste abgelöst, woraufhin diese in oft jahrelangen Vorbereitungsstufen eingearbeitet werden musste. Diese Phasen bezogen auch Mädchen mit ein, obwohl dem männlichen Nachwuchs auch in

| Generationen

den matrilinearen Gesellschaften Mittelafrikas die Aufgaben in Krieg, Politik und bei religiös-kultischen Handlungen vorbehalten blieben. Der in vielen Regionen des subsaharischen Afrika verbreitete Ahnenkult integrierte das

Generationendenken in die Volkstradition. Bei den ostafrikanischen Kikuyu spiegelte sich dies in zyklischen Benennung von Generationseinheiten.

Neben diesen Gemeinsamkeiten lassen sich in unserem Zeitraum aber auch unterschiedliche Entwicklungen feststellen. Vor allem die westafrikanischen Reichsbildungen, oft in Verbindung mit dem Fernhandel stehend, erforderte eine Professionalisierung des Militärs, um Innovationen der Militärtechnik (z. B. bei der Eisenverarbeitung, Herstellung und dem Gebrauch von Feuerwaffen oder das Aufkommen einer Reiterelite) umzusetzen. Zweitens stützten sich die afrikanischen Reiche auf eine städtische Verwaltung, die von Spezialisten ausgeübt wurde, darunter selbst Sklaven. Das Volk der Soninke im westafrikanischen Ghana verfügte im 11. bis zum 13. Jahrhundert über eine quasi-aristokratische Führungsschicht, die den Fernhandel kontrollierte. Andere westafrikanische Reiche entwickelten sich unter dem Einfluss der arabischen und europäischen Nachfrage nach Sklaven zu städtisch geprägten Krieger- und Handelsgesellschaften (s. S. 139). | Unterschiede zu anderen Systemen

Da im vorkolonialen Afrika über 2000 Sprachen herrschten, ist auch die von Älteren angeleitete Erlernung zusätzlicher Kommunikationsmöglichkeiten über Sprache oder Zeichensysteme zumindest für die Händlerschichten anzunehmen. In einzelnen Gebieten – wie dem Benin-Reich – stimulierte der Fernhandel neben der handwerklichen auch die künstlerische Produktion. Aber auch in der Agrarwirtschaft erwuchsen aus Innovationen Antriebe, neue Erfahrungen an die Kinder weiterzugeben; so ist wohl der Anbau neuer, von den Portugiesen aus Brasilien eingeführter Pflanzen wie Mais, Süßkartoffeln und Maniok im 16. und 17. Jahrhundert in Westafrika langsam verbreitet worden (vgl. S. 141).

Die Religionen waren in afrikanischen Gesellschaften mit den Traditionen der Kultur und der Rituale verbunden, förderten aber viel weniger als in anderen Weltregionen die Entstehung von Bildungsinstitutionen. Dies hängt mit dem Fehlen von sakralen Texten in den afrikanischen Naturreligionen zusammen, aber auch mit ihrem fehlenden religiösen Ausschließlichkeitsanspruch: Viele afrikanische Religionen, oft lokal oder regional verankert, waren gegenüber anderen Glaubensvorstellungen offen. So öffneten sich auch dem Islam und später dem Christentum Chancen der Ausbreitung. Allerdings haben sich weder der sich seit dem 11. Jahrhundert im subsaharischen Afrika vordringende Islam noch die im 15. und 16. Jahrhundert in Westafrika gegründeten portugiesischen Stützpunkte systematisch der Mission gewidmet. | Rolle der Religionen

Obwohl einige Herrschergeschlechter Westafrikas zum Islam übertraten und die dortigen Handelsfamilien in enge Verbindung mit arabischen Händler kamen, stieß die muslimische Religion auf Widerstand in der vorherrschenden Kultur der Ackerbauern, die keinen Vorteil in der Übernahme monotheistischer Vorstellungen sahen. In Ostafrika hingegen gelang es dem arabischen Einfluss, mit der Swahili-Kultur eine islamisch-afrikanische Symbiose zu schaffen, die sowohl Händler als auch Bauern und Viehzüchter umfasste und auch eine sprachliche Gemeinsamkeit besaß. Die portugiesisch-christliche Beeinflussung einiger ostafrikanischer Herrscher in den Küstenreichen war nicht dauerhaft: Im 17. Jahrhundert musste man sich dem Sultanat Oman geschlagen geben. Ähnlich erging es dem Königreich Kongo, in dem die Herrscherfamilie auf eine synkretistische Religion unter Einbeziehung christlicher Symbole setzte, um einen neuen Staatskult gegen die aristokratische Opposition zu schaffen (s. S. 328 f.).

Insgesamt wissen wir wenig über die Lebenssituation und den Alltag afrikanischer Bevölkerungen vor der Kolonialepoche. Die angesprochene soziale Differenzierung in Kriegerkasten, Handwerker, Viehzüchter und Ackerbauern lassen als wahrscheinlich ansehen, dass zu jedem dieser sozialen Gruppen spezifische Erziehungsmodelle gehörten, die die jeweiligen Kenntnisse an die nachwachsende Generation weitergaben, aber auch die spezifischen Rituale und sozialen Praktiken, die zum Erhalt und zur Abgrenzung dieser Gruppen nötig waren und ihrem Weltbild entsprachen. Dieses geringe Wissen über vorkoloniale afrikanische Formen von Bildung und Erziehung soll jedoch nicht darüber hinweg täuschen, dass unsere Kenntnis des vormodernen Unterrichts und seiner Erfolge insgesamt an der mangelnden Überlieferung von schriftlichen Quellen leidet. Selbst über den alltäglichen Ablauf in den europäischen Schulen fehlen uns Berichte, ebenso über die Erziehung in muslimischen, buddhistischen oder hinduistischen religiösen Zentren. Die Reflexion über Grundlagen der Erziehung, ihre Ziele und Methoden kennen wir aus zentralen Texten der Epoche und aus vielen Weltkulturen. Über die Praxis lassen sich aber oft nur Vermutungen anstellen.

Professionalisierung und Sozialstruktur

Andreas Gestrich

Die Grundlagen des Aufstiegs Europas zum wirtschaftlich dominanten Kontinent der Welt wurden in der Zeit zwischen 1600 und 1800 gelegt. Ein wesentliches Element in diesem Prozess war der Wandel der gesellschaftlichen Organisation von Arbeit. Nicht als Individuen, aber in gesellschaftlich organisierter Form seien die Europäer, so der amerikanische Globalhistoriker Marshall Hodgson, seit etwa 1800 in der Lage gewesen, deutlich effektiver zu denken und zu handeln als andere Gesellschaften. Bis dahin seien allerdings die Unterschiede zwischen Europa und den meisten anderen Teilen der Welt nicht markant gewesen. Als Kern der Veränderungen identifizierte Hodgson in Europa einen Übergang zu Formen der Organisation des wirtschaftlichen und gesellschaftlichen Handelns, die sich durch einen hohen Grad an technisch-rationaler Spezialisierung auszeichnen. Professionalisierung lässt sich als Teil dieses Prozesses verstehen. Sie setzt berufliche Spezialisierung voraus, geht aber zugleich über diese hinaus, indem sich der Begriff der Professionalisierung auch auf diejenigen sozialen Prozesse bezieht, über die sich Berufe gegen „Amateure" abschließen: auf die Institutionalisierung von Qualifikationswegen und Qualitätsstandards, von Methoden der gesellschaftlichen und politischen Interessenvertretung und der Selbstregulierung von Konflikten. Professionalisierung geht auch insofern über reine Spezialisierung hinaus, als letztere nicht notwendig zu höheren Qualifikationsanforderungen an einzelne Arbeitsvorgänge oder zu einem steigenden sozialen Status eines Berufs führt. Diese Elemente sind dagegen mit Professionalisierung immer verbunden.

<small>Der Begriff „Professionalisierung"</small>

In der historischen Forschung wird zwischen einem weiteren und einem engeren Begriff von Professionalisierung unterschieden. Dem engeren Professionalisierungsbegriff liegt eine besonders in den modernen Sozialwissenschaften gebräuchliche Definition zugrunde, die – der Bedeutung des englischen Wortes *professions* folgend – darunter ausschließlich die Entwicklung einer freiberuflichen Tätigkeit zu einem akademischen Beruf mit einem klaren universitären Ausbildungsprofil, hohen Qualitätsstandards und einer „Berufsethik" sowie einer gesellschaftlichen Interessenvertretung des Berufsstandes durch Organisationsbildung versteht. Der soziologischen und sozialhistorischen Forschung schien der Aufstieg der so verstandenen *professions* ein im Wesentlichen neuzeitliches Phänomen zu sein, das sich in Europa erst im 19. und global sogar erst im 20. Jahrhundert auf breiter Front mit Professionalisierungsschüben in den verschiedensten Bereichen – von den Anwälten bis zu den Zahnärzten – durchgesetzt habe.

Manche Prozesse reichen jedoch weit in die Frühe Neuzeit, wenn nicht ins Mittelalter zurück. Medizin und Jura waren seit dem Mittelalter akademische Lehrfächer der in der Westhälfte Europas („Westeuropa") neu entstandenen Lehr- und Forschungseinrichtung der Universität. Es wurde außerdem kritisiert, dass dieser enge Begriff von Professionalisierung übersieht, dass ähnliche Prozesse in anderen, nicht in einen akademischen Beruf überführten Tätigkeitsfeldern bereits in früheren Zeiten abgelaufen waren. Auch wenn es zum Beispiel im Handwerk nicht zu einer Verwissenschaftlichung gekommen war, so lassen sich doch in der Herausbildung der Zünfte und ihrer Kontrollen über Standards der Ausbildung und Produktion, auch in ihrer Bedeutung für technische Innovation und in ihrer Politik der berufsspezifischen Interessenvertretung Merkmale moderner Professionalisierungsprozesse erkennen.

Im Folgenden wird daher ein weiter Professionalisierungsbegriff verwendet. Es sollen darunter generell alle Entwicklungen verstanden werden, in denen bestimmte Tätigkeiten sich zu eigenständigen Berufen mit einem Qualifikationsprofil, einer Berufsethik und einer Standesorganisation verdichteten. Mithin wird auch auf solche Formen der Professionalisierung geachtet, die sich aus einer zunehmenden sozialen Arbeitsteilung und Spezialisierung im Handwerk, im Militär oder auch in der Verwaltung ergaben.

Arbeitsteilung und Spezialisierung sind wichtige und zugleich sehr alte Antriebskräfte für Professionalisierung, zumindest im Handwerk. Sie finden sich in allen komplexen Gesellschaften. Die global vergleichende archäologische Forschung hat besonderes Augenmerk auf die Prozesse der Spezialisierung im Handwerk gelegt und dabei primär zwei Ursachenzusammenhänge unterschieden: Handwerkerspezialisierung kann vorangetrieben werden durch den Bedarf nach Luxus- und Militärgütern, die von starken weltlichen oder religiösen Herrschaftszentren ausgehen. Die Produktion steht dann meist in enger Verbindung zu einem Hof, der auch eine gewisse Aufsicht über die Vermarktung der hergestellten Waren besitzt. Sie kann aber auch durch die Kräfte des Marktes, das heißt die allgemeine Nachfrage oder auch durch besonders schwierige Produktionsbedingungen, vorangetrieben werden. Dies ist besonders dann der Fall, wenn die Handwerker bei der Vermarktung ihrer Güter frei sind. Diese Unterscheidung ist im welthistorischen Kontext auch noch für die hier zu behandelnde Epoche zwischen 1200 und 1800 von Interesse. Sie weist darauf hin, dass sich Spezialisierung und Professionalisierung unter sehr unterschiedlichen kulturellen, gesellschaftlichen und ökonomischen Bedingungen durchsetzen konnten, dass sie nur teilweise Reaktionen auf spezifische Marktlagen darstellten und häufig auch von Herrschafts- oder Staatsinteressen vorangetrieben und kontrolliert wurden.

Eine unverzichtbare Grundlage für Professionalisierung stellt in allen Kontexten eine positive Wertung von Arbeit und „Tätigsein" dar. Dies ist keineswegs in allen kulturellen und religiösen Kontexten selbstverständlich, und die Einstellung der

Arbeitsteilung und Spezialisierung

Weltreligionen zu Arbeit und wirtschaftlicher Tätigkeit wurde vielfach für die Erklärung der ungleichmäßigen Entwicklung und der Herausbildung von Ungleichgewichten in der Weltwirtschaft im Zuge der Ausbreitung des modernen Kapitalismus herangezogen. Max Webers Frage, „ob und in welchen Punkten bestimmte Wahlverwandtschaften zwischen gewissen Formen des religiösen Glaubens und der Berufsethik erkennbar sind", hat zu seiner berühmten und | Positive Wertung von Arbeit
umstrittenen These von der Affinität zwischen protestantischer, genauer calvinistisch-puritanischer Ethik und dem Geist des modernen Kapitalismus geführt. Im Zentrum dieser These steht die Vermutung der Unterstützung rationaler Lebens- und Geschäftsführung und einer Hochschätzung beruflicher Tätigkeit als Selbstzweck durch die lutherische Berufs- und calvinistische Prädestinationslehre. Webers zu Beginn des 20. Jahrhunderts formulierte These löst bis heute andauernde Debatten und Forschungen über die Wirtschaftsethiken der großen Religionen aus. Für das Verständnis unterschiedlicher Ausprägungen von Professionalisierungsprozessen ist ein Blick auf die religiöse Interpretation von Arbeit und ihrer Verankerung in der gesellschaftlichen Ordnung jedenfalls unerlässlich.

Arbeit und Beruf im Kontext religiöser Deutung von sozialer Ordnung

Im lateinischen Westen Europas war das soziale Ansehen von Handarbeit um 1200 noch ambivalent. Gegenüber der deutlichen Geringschätzung körperlicher Arbeit in der griechisch-römischen Tradition wurde Handarbeit in der jüdisch-christlichen Überlieferung (und ganz besonders durch den Apostel Paulus) deutlich aufgewertet. Auch hatten verschiedene Reformbewegungen, Mönchsorden wie die Benediktiner und Zisterzienser, körperliche Arbeit als eine Form der asketischen Selbstzüchtigung in den mönchischen Alltag integriert. Aber selbst die Reformorden ließen keinen Zweifel daran, dass der Gottesdienst und die spirituellen Anstrengungen der Mönche, die auch als Arbeit aufgefasst wurden, die höherrangigen Tätigkeiten darstellten. Andere Orden hatten sich ganz den geistlichen Aufgaben verschrieben und lehnten Handarbeit der Mönche weiterhin ab. Sie verstanden sich als Teil eines professionell ausgebildeten Klerikerstandes mit kirchlichem und politischem Führungsanspruch.

Beide Tendenzen, die Aufwertung der Handarbeit wie die Abschließung eines Klerikerstandes, bereiteten den Boden für eine sich seit dem 11. Jahrhundert durchsetzende neue „Soziallehre", die zugleich auch der militärisch-politischen Elite einen eigenständigen Platz in einer göttlich legitimierten Gesellschaftsordnung zuwies. Unter Rückgriff auf Elemente der antiken Philosophie (Platon) teilte sie die Menschen nicht mehr primär nach dem Status der Freiheit oder Unfreiheit | Einteilung nach Gesellschaftsfunktionen
ein, sondern nach ihrer gesellschaftlichen Funktion. Drei Stände, die Beter, Krieger und Arbeiter (lat. *oratores, bellatores, laboratores*), umfasse eine Gesellschaft. Alle drei Stände besäßen ihren jeweils eigenen Aufgabenbereich, seien aufeinander

angewiesen, und das Gleichgewicht zwischen ihnen – so argumentierte zum Beispiel Bischof Adalbero von Laon (947–1030) – sei Voraussetzung für Stabilität und inneren Frieden. Diese Differenzierung der Gesellschaft nach Funktionsgruppen war kein Abbild der gesellschaftlichen Realität, sondern ein religiös geprägtes Ordnungsmodell, trug aber dennoch den Veränderungen in der Gesellschaft jener Zeit Rechnung, nämlich der Herausbildung eines professionellen Kriegerstandes, der Ritter, und der zunehmenden Spezialisierung im Handwerk in Folge der wachsenden ökonomischen Dynamik Europas im Hochmittelalter.

Mit *laboratores* meinte die Drei-Stände-Lehre die Handarbeiter. Eine Eingrenzung des dritten Standes auf Bauern und Handwerker erfasste die Komplexität der wirtschaftlichen und sozialen Entwicklung seit dem 12. Jahrhundert jedoch nur unzureichend. Besonders im 13. Jahrhundert nahm in Europa die Zahl der Städte durch Stadtgründungen sprunghaft zu. Außerdem wuchs die Einwohnerzahl vieler alter Städte deutlich an. Eine außergewöhnliche Steigerung wirtschaftlicher Aktivitäten im Handel wie im Handwerk war Grundlage wie Folge dieses Vorganges. Besonders die städtische Kaufmannsoberschicht fügte sich nicht in das Drei-Stände-Schema ein. Kaufleute waren keine Handarbeiter und setzten sich von diesen auch deutlich ab.

<small>Drei-Stände-Lehre und Wirtschaft</small>

Mit der Intensivierung des Fernhandels entstand in Europa im 13. und 14. Jahrhundert eine kommerzielle städtische Oberschicht, die sich bald mit dem Stadtadel zu einem städtischen Patriziat zusammenschloss und gleichzeitig gegen neue Aufsteiger abschottete. Die Kreuzzüge hatten nicht nur den Handel, sondern auch die Geldgeschäfte zwischen Westeuropa und dem östlichen Mittelmeerraum intensiviert. In Norditalien kamen um 1250 erste international agierende Großbanken mit großem Einfluss auf den internationalen Handel und die internationale Politik auf. Vielfach war auch der niedere Adel in die frühen internationalen Finanzgeschäfte involviert. In der Forschung wurde dafür der Begriff des *financier gentilhomme* geprägt. Diese Strukturen, die die europäische Wirtschaft seit dem 13. Jahrhundert prägten, waren kaum kompatibel mit der Drei-Stände-Lehre und ihrer Vision einer ständisch abgestuften Arbeitshierarchie.

Die Reformation in der westlichen Hälfte Europas brach im 16. Jahrhundert schließlich ganz mit der Hierarchisierung der Arbeitsformen. Die zahlreichen Mönche wurden von Luther als eher nutzlos bezeichnet. Bauern und Handwerker, die nach protestantischer Auffassung alle auch *geystlichs stands* (Luther) waren, beteten dagegen gleichsam mit ihren Händen, wenn sie ihre Arbeit in christlichem Gehorsam gegen Gott und in Liebe zum Nächsten verrichteten. Die christliche Bindung der Arbeit wurde bei Luther allerdings mit der sozial-konservativen Auffassung verbunden, dass nicht weltliches Fortkommen erstrebenswert sei, sondern bescheidenes Bewältigen der Aufgaben, die Gott für jeden durch die Geburt in einen bestimmten gesellschaftlichen Stand vorgesehen habe. Die *vocatio*, die Berufung zu einer Tätigkeit, war weder bei Luther noch bei Calvin ein Motor sozialer Veränderung, sondern vollzog sich im Rahmen der christlich-ständischen Ordnung, in der jeder seinen klaren „Beruf und Stand" hatte. Damit prägte sich eine

<small>„Arbeit" in der Reformationszeit</small>

Auffassung von Beruf aus, die primär gekennzeichnet war von einer hohen Pflichtethik, von einem Primat der Sachorientierung vor dem Profitstreben und einer damit zusammenhängenden Berufsehre. Allenfalls im Puritanismus des 17. Jahrhunderts erhielt der Berufserfolg im Sinne von wirtschaftlichem oder sozialem Aufstieg eine religiös positive Dimension als äußeres Zeichen einer Heilsgewissheit im Sinne der These Max Webers.

In der Zeit der Aufklärung wurde die Arbeit einerseits im Rahmen ökonomischer Theorien ihrer religiösen Überhöhung entkleidet, andererseits wurde ihr im Kontext der bürgerlichen Wirtschaftsgesellschaft eine neue anthropologische Dimension als Grundlage der menschlichen Selbsterfüllung gegeben. Arbeit wurde zur Grundlage der ökonomischen Wertschöpfungstheorien von Adam Smith bis Karl Marx und damit Quelle des „Wohlstands der Nationen" und Basis bürgerlicher Wirtschaft und Gesellschaft schlechthin. Arbeit wurde daher im 18. Jahrhundert zu einem allgemeinen Wertbegriff. Sie wurde zu „des Bürgers Zierde" überhöht, wie in Schillers Gedicht »Die Glocke«, oder gar „zum Hauptzweck des Menschen und [zur] Quelle seiner Glückseligkeit" stilisiert wie in Christian Garves »Sittenlehre« (1798). | „Arbeit" in der Aufklärungszeit

Vergleicht man diese westeuropäischen Grundlagen nun mit anderen religiösen und säkularen Einstellungen zur Arbeit, so finden sich viele Ähnlichkeiten, aber auch signifikante Unterschiede. Im byzantinischen Bereich gab es zwar ähnliche monastisch-asketische Strömungen wie im Westen, die Einstellung zu weltlichen Berufen war jedoch – selbst in den Klöstern – traditionell anders (s. Beitrag „Europa – Universalität und regionale Vielfalt" in Band III). Zwar erfuhr in monastischen Texten körperliche landwirtschaftliche Arbeit oft eine besondere Wertschätzung als eine Art von Askese. Handwerker, Kaufleute und deren Arbeit waren jedoch in der seit der Antike urbanisierten Welt des östlichen Mittelmeerraums ebenfalls schon lange fest im gesellschaftlichen und religiösen Wertesystem verankert. Die kirchliche Lehre sah – in den Grenzen sozialer Gerechtigkeit – Handel und Profit als durchaus nützlich und gerechtfertigt an. Eine hochspezialisierte Handwerkerschaft zum Beispiel im Baugewerbe oder in der Luxusgüterindustrie des Textilgewerbes (z. B. der Goldfaden- und Seidenherstellung) genoss daher eine angesehene soziale Stellung in der stark hierarchisch gegliederten byzantinischen Gesellschaft. Wie der lateinische Westen kannte ursprünglich auch Byzanz Regeln für die adelige Oberschicht, sich der Handwerks- und Geldgeschäfte zu enthalten. Für das 14. und 15. Jahrhundert, also gegen Ende des Byzantinischen Reiches, ist jedoch belegt, dass nicht nur viele Adelige Geldgeschäfte mit italienischen Banken machten und ihr Vermögen dort vor den osmanischen Übergriffen in Sicherheit zu bringen suchten, sondern zunehmend selbst als Kaufleute und Bankiers agierten. Trotz oder vielleicht auch gerade wegen des allmählichen Niedergangs des Byzantinischen Reiches durch die Angriffe zunächst der Kreuzfahrer, dann der Osmanen, war die Wertschätzung der unterschiedlichen Formen von Erwerbsarbeit im 14. und 15. Jahrhundert im Einflussbereich von Byzanz und der orthodoxen Kirche hoch. Die Unterschiede auf dem | „Arbeit" im Byzantinischen Reich

Feld der „Wirtschaftsideologie" waren auf Grund der wirtschaftlichen Entwicklung des lateinischen Westen zumindest im 15. Jahrhundert indes nicht mehr markant.

Mit dem Vordringen des Islam wurden Südosteuropa und der östliche Mittelmeerraum von einer Religion geprägt, die nach Max Webers Theorie gewissermaßen den Gegenpol zur protestantischen Wirtschaftsethik darstellte. Max Weber charakterisierte den Islam als „ständisch orientierte Kriegerreligion", die für ritualisierte religiöse Pflichterfüllung ein „sinnliches Soldatenparadies" im Jenseits verheiße. Weber reproduzierte damit Vorurteile, die die europäische Sicht auf den Islam schon lange bestimmt hatten. Ganz im Sinne Webers schrieb bereits eine Enzyklopädie des frühen 19. Jahrhunderts, von Johann Samuel Ersch und Johann Gottfried Gruber, unter dem Stichwort „Arbeit": „Der Koran, welcher die Völker liebkoset und ihrer Einbildungskraft und Genußliebe schmeichelt, schweigt von ihrem Berufe zur Arbeit; dagegen haben die europäischen Gesetzgebungen diesen Beruf zu einem Hauptgegenstande gemacht." Diese Sicht wird weder dem Islam in seinen frühmittelalterlichen Entstehungszusammenhängen, noch den Ausprägungen, die er in den unterschiedlichen Gesellschaften, über die er sich in den folgenden Jahrhunderten verbreitete, inne hatte, gerecht. Wie das Christentum kennt der Koran keine prinzipielle Abwertung von Handarbeit. Arbeit (*'amal*), auch körperliche Arbeit, erfährt im Koran ganz allgemein eine positive Wertung. In harter Arbeit sich und seine Familie zu versorgen, gilt als Zeichen eines frommen Lebenswandels. Wohlstand wird nicht negativ gesehen, sofern er durch Arbeit in von der Scharia gebilligten Berufen und auf religiös akzeptierte Art und Weise erworben wurde. Worin sich Islam und Christentum unterschieden, ist die Schärfe des Zinsverbotes. Wie das Alte Testament formulierte auch der Koran ein Zinsverbot. Dieses wurde jedoch im Gegensatz zum lateinischen Westen im Mittelalter nicht offiziell gelockert. Hohe Profite aus handwerklicher Produktion waren dagegen immer erlaubt, ebenso solche aus Handelsfinanzierungen oder Wechselgeschäften, allerdings sollten sie sozialverträglich sein. Wirtschaftliches Handeln sollte sich primär am Allgemeinwohl orientieren. Diese der jüdisch-christlichen Tradition im Prinzip sehr nahe stehende Bewertung von Arbeit und wirtschaftlicher Tätigkeit im Islam ging durch dessen Ausbreitung über weite Teile Südosteuropas, Afrikas und Asiens jeweils „Koalitionen" mit sehr unterschiedlichen örtlichen Traditionen und Sozialstrukturen ein, die sich kaum generalisierend beschreiben lassen. Charakteristisch für weite Teile des Osmanischen Reiches war sicher die breite Akzeptanz, die die Sklaverei in allen Teilen der Gesellschaft besaß. Ausgehend von der Militärsklaverei des Abassidenkalifats im 9. Jahrhundert, den sogenannten Mamluken (s. S. 124, 187), etablierte sich der Usus der Zwangsrekrutierung und -konvertierung von jungen Männern für Militär und Administration, das sogenannte *kul*-System, aber auch die generelle Verwendung von Sklaven und Sklavinnen im Haushalt und (weniger verbreitet) in der Landwirtschaft.

<small>Bewertung von Arbeit im Islam</small>

Damit ergaben sich im Osmanischen Reich ganz andere Rahmenbedingungen für Professionalisierungsprozesse als in den europäischen Gesellschaften: Militär und Verwaltung beruhten ursprünglich auf im Prinzip unfreier Arbeit, allerdings mit einem hohen Ausbildungsstandard, hohem Ansehen und einem häufigen Übergang in de facto erbliche gesellschaftliche Elitepositionen, die mit dem Begriff der Sklaverei nicht mehr angemessen beschrieben sind. In den zentralisierten Staatsapparat war im Osmanischen Reich zugleich die geistlich-juridische Elite der *Ulema* (arab. '*ulamā*') weitgehend integriert. Professionalisierung in Militär, Verwaltung, Rechtsprechung und zu einem beträchtlichen Teil auch im Handwerk vollzog sich unter enger Kontrolle des Staates. | Unterschiedliche Rahmenbedingungen

Damit unterschied sich das Osmanische Reich sehr deutlich von der Herrschaft der muslimischen Moguln in Indien, wo sich auf Grund der großen hinduistisch gebliebenen Bevölkerungsteile keine vergleichbar zentralistischen Militär- und Verwaltungsstrukturen herausgebildet hatten. Auch verhinderte eine größere Diversität der innerislamischen religiösen Strömungen und Sekten eine einheitliche Ausbildung von Theologen und islamischen Rechtsgelehrten. Den Hinduismus selbst sah Max Weber als eine Religion an, die durch den – aus seiner Sicht – erblichen Charakter der Kastenzugehörigkeit, die zugleich eine feste Gliederung der sozialen Wertigkeit von Berufen beinhaltete, und eine zum Fatalismus verleitende Lehre des Schicksals eine moderne Berufsethik nicht ausbilden konnte. | Professionalisierung in Indien

„Nur der asketische Protestantismus machte der Magie, der Außerweltlichkeit der Heilssuche und der intellektualistischen kontemplativen ‚Erleuchtung' als deren höchster Form wirklich den Garaus, nur er schuf die religiösen Motive, gerade in der Bemühung im innerweltlichen ‚Beruf' – und zwar im Gegensatz zu der streng traditionalistischen Berufskonzeption des Hinduismus: in methodisch rationalisierter Berufserfüllung – das Heil zu suchen." (Max Weber) Die moderne Ethnologie hat Webers enge Sicht des indischen Kastenwesens als einer sozialen und beruflichen Zwangszuordnung von Individuen inzwischen sehr differenziert. Wenn dieser Begriff für die hinduistische indische Gesellschaft auch der hier zu behandelnden Jahrhunderte überhaupt noch als sinnvoll akzeptiert wird, dann nur in einem stark modifizierten Sinne. Was Weber als Kastenwesen bezeichnete, umfasst zwei unterschiedliche Klassifikationssysteme: eine Großeinteilung der Gesellschaft nach vier tätigkeitsorientierten Gruppen (Varna): den Brahmanas, die als Priester und Lehrer dienten, den Kshatriyas, die in Verwaltung, Militär und Rechtsprechung tätig waren, den Vaishyas, die sowohl Grundbesitzer und Landwirte, als auch Handwerker und Händler umfassten, und den Shudras, einer dienenden Schicht für die anderen drei Varnas, also kleine Bauern und Handwerker oder „Tagelöhner". In dieses Varna-System, das (auch in seiner eher fiktiven Ordnungsdimension) der mittelalterlichen europäischen Drei-Stände-Lehre nicht unähnlich war, sind dann die eigentlichen Kasten (Jāti) als soziale Gruppen eingegliedert. Der Begriff deutet sprachlich auf Geburtsgruppe und die Zugehörigkeit über die Abstammung hin. Dennoch bezeichnet Jāti Gruppierungen von sehr unterschiedlicher Formation, die aber traditionell eine Verbindung zu bestimmten Berufen hatten und strenge Endogamie-Regeln befolgten, also die Ehepartner aus der eigenen Gruppe wählten. Nicht zuletzt auch Mahlzeiten sollten nur mit Mitgliedern der eigenen Gruppe ein- | Das indische Kastenwesen genommen werden. Damit waren die Jāti manchen Clansystemen nicht unähnlich. Manche Forscher gehen allerdings davon aus, dass Jāti ursprünglich ein offeneres System des lokalen oder regionalen berufsbezogenen Zusammenschlusses darstellte, das eher den europäischen Zünften und Gilden glich und erst unter dem Einfluss der britischen Kolonialherrschaft des 19. Jahrhunderts jene rigide Form der geburtsständischen Organisation nehmen sollte, die heute an diesem System kritisiert wird. Die Organisation in Jāti war zudem nicht auf Hindus beschränkt, sondern umfasste vielfach auch andere Religionsgruppen, selbst Muslime.

Für die Frage nach den Rahmenbedingungen von Professionalisierung bedeuten diese religiös-sozialen Regeln, dass in Indien marktvermittelte Spezialisierungen und Differenzierungen in Handwerk und Handel als Basisprozesse von Professionalisierung sicher genau so möglich waren wie in anderen Teilen der Welt, dass aber Professionalisierungsprozesse im Sinne einer Etablierung neuer berufsspezifischer sozialer Organisationsformen mit bestimmten Kompetenzen und öffentlichem Ansehen doch mit deutlich mehr Widerstand traditioneller Strukturen zu rechnen hatte, als dies zum Beispiel in Europa der Fall war.

Auf eine sehr anders strukturierte soziale Welt als in Indien trifft man in unserer Epoche in China. Nach der Vertreibung der Mongolen brach hier unter der Ming-Dynastie (1368–1644) eine erneute wirtschaftliche Blüte an. Das China dieser Zeit wird vielfach als eine der am höchsten entwickelten frühkapitalistischen Wirtschaften bezeichnet. Die chinesische Gewerbeproduktion übertraf quantitativ die europäische bei Weitem, und in vielen Bereichen (Porzellanherstellung, Textilgewerbe) waren bereits arbeitsteilige Formen der Fabrikproduktion eingeführt. Diese Entwicklung vollzog sich zunächst unter einer quasi-absolutistischen Staatsregie, die auch das alte konfuzianische Ordnungsmodell der vier Berufe, „Gelehrte" *(shi)*, Bauern *(nong)*, Handwerker *(gong)* und Kaufleute *(shang)*, zur Kontrolle der Gesellschaft wieder aufgriff. Nach dem Tod des ersten Kaisers Hongwu im Jahr 1398 kam es jedoch zu einer deutlichen Liberalisierung mit hoher sozialer Mobilität und weitgehender Ver-

Die soziale Welt in China — wischung dieses Ständemodells. Folgt man Max Webers Überblick über die Arbeitsethik der Weltreligionen, dann war der für China, Japan, Korea und andere Teile Asiens lange bestimmende Konfuzianismus ein wesentlicher Faktor für die angeblich von dem europäischen Pfad abweichende Entwicklung des Wirtschaftslebens. Nach Weber war es besonders die vermeintlich enge Verbindung von Konfuzianismus und Magie, der Ahnenkult und die starke Stellung der Verwandtschaftsverbände *(lineages)*, denen das Land kollektiv zugeordnet war, welche die Entwicklung einer „rationale[n] Wirtschaft und Technik okzidentaler Art" ausgeschlossen hätten. Die Erhaltung eines „Zaubergartens" magischer Praktiken (z. B. Geomantie, Hydromantie etc.) gehöre, so Weber, „zu den intimsten Tendenzen der konfuzianischer Ethik". Webers Charakterisierung und Schlussfolgerungen halten allerdings nicht nur der modernen Entwicklung der vom Konfuzianismus geprägten

Die Rolle des Konfuzianismus — Länder, sondern auch der historischen Forschung kaum Stand: Eher als in Indien konnte sich in China eine rational organisierte Wirtschaft entwickeln, und es lassen sich dort Elemente der Arbeitsethik und der rationalen Lebensführung aufweisen, die die Grundlage nicht nur für eine protokapitalistische Wirtschaft darstellten, sondern auch für die Professionalisierung von Berufen. Der Konfuzianismus stellte dieser Entwicklung keine wirklichen Hemmnisse entgegen. Auch der mit Selbstdisziplin und Askese verbundene Dienst der Beamten und Gelehrten an der Gesellschaft ist Teil dieser positiven Einstellung zu Arbeit und rationaler Lebensführung. Dass die wirtschaftliche und soziale Entwicklung Chinas seit dem frühen 18. Jahrhundert dennoch zunehmend stagnierte, war eher Folge der Hypertrophie des Staatsapparates, des zunehmend repressiven Systems nach innen (Zensur) und des sich unter der Qing-Dynastie (1644–1911) verschärfenden Sinozentrismus als der Wirtschaftsethik des Konfuzianismus.

Interessanterweise wurde die besonders im Kontext des wirtschaftlichen Aufstiegs Japans vorgebrachte Kritik an Max Webers Analyse der konfuzianischen Arbeitsethik auch mit Hinweisen auf die Bedeutung der auf Selbstdisziplin und Selbstlosigkeit, Loyalität und Hingabe ausgerichteten „Arbeits"- und Standesethik der japanischen Ritter, der Bushi oder Samurai, verbunden, die sich in der japanischen Wirtschaftsethik, der vormodernen wie der modernen, wiederfänden. Wie immer man zu dieser These jener langfristigen Zusammenhänge im Einzelnen stehen mag, richtig ist daran sicher, dass das Militär aus einer Langzeitperspektive eng mit Professionalisierungsprozessen verknüpft ist. Dies gilt nicht nur für Aspekte der Arbeitsethik, sondern auch für rationale Organisation, Arbeitsteilung und Ausbildung. Besonders in technischen Berufen gab es zahlreiche Verbindungen zwischen militärischer und ziviler Professionalisierung.

Professionalisierung des Militärs

In vielen Kulturen der Welt war die Herausbildung einer militärischen Oberschicht aus „hauptberuflichen" Kriegern eine der frühesten und in ihrer Auswirkung auf die Sozialstruktur der jeweiligen Gesellschaften zugleich einschneidendsten Formen der Professionalisierung. Für den eurasiatisch-nordafrikanischen Raum, die „Alte Welt", lassen sich auf Grund der Vielzahl der militärischen Auseinandersetzungen außerdem seit dem Mittelalter enge Zusammenhänge der Entwicklung feststellen. In Europa stand am Beginn der Professionalisierung des Militärs die bereits erwähnte Herausbildung der Ritterschaft. Diese Form der Professionalisierung des europäischen Militärs eröffnete weitreichende globale und epochenübergreifende Vergleichsperspektiven; denn einerseits war die Etablierung hochspezialisierter militärischer Gruppen als gesellschaftliche Eliten ein interkulturell weit verbreitetes Phänomen, das auch in annähernd parallelen Zeiträumen zum Beispiel in ständisch gegliederten Gesellschaften wie Japan (Bushi bzw. Samurai) oder bei den Azteken auftrat. Andererseits lassen sich an dem europäischen Ritterstand auch Prozesse der frühen Deprofessionalisierung in Folge von politischem und technologischem Wandel aufzeigen.

Entstanden im 9. und 10. Jahrhundert als Reaktion auf die militärische Überlegenheit mobiler Reiterverbände besonders der Ungarn sowie der Angriffe der Wikinger, erlaubte im Reich militärische Kompetenz auch unfreien Dienstleuten (Ministerialen) den Aufstieg in die Ritterschaft. Bis um 1200 war diese Phase sozialer Mobilität jedoch abgeschlossen. Die Aufnahme in den Ritterstand setzte nun ritterliche beziehungsweise adelige Abstammung voraus. Im Zusammenhang mit dieser sozialen Schließung bildeten sich eine eigene adlig-militärische Standesethik und ein spezifisches Erziehungsprogramm für diese adlige Kriegerschicht heraus. Die Erhebung in den Ritterstand blieb zunächst weiterhin an militärische Leistung gebunden. Eine Vererbung des Titels und die Verfestigung zu einer Schicht des Niederadels traten auf dem europäischen Kontinent erst im Spätmittelalter ein. In England setzte sich dagegen die Erblichkeit des Titels nicht durch.

Ende der sozialen Mobilität

Eine besondere Intensivierung der militärischen und sozialen Organisation sowie der militärischen Techniken – und damit eine deutliche Professionalisierung – erfuhr das europäische Rittertum in den Kreuzzügen. Dabei kam es zu einem intensiven kulturellen Austausch zwischen den Kontrahenten auf dem Gebiet der Militärtechnik und -organisation. Im Bereich des Burgenbaus und der Belagerungstechniken und -geräte wurden auf beiden Seiten erhebliche Fortschritte erzielt, die sich auch auf den europäischen wie den arabischen Burgenbau auswirkten. Von den Fortschritten des Burgenbaus und der Belagerungstechnik gingen außerdem (wie vom Kathedralenbau) nachhaltige Impulse für die Fortentwicklung des zivilen Bau- und Metallgewerbes auf beiden Seiten aus. Die auffälligste Erscheinung der Kreuzzüge war auf christlicher Seite sicher die Entstehung der geistlichen Ritterorden, also einer Kombination von monastischer Organisation und militärischem Auftrag – und zwar nicht nur für die Zeit des Kreuzzuges, sondern als eine im Prinzip dauerhafte Institution und Lebensform (s. Beitrag „Die Kreuzzüge" in Band III). Die Gründung der Ritterorden, die die strikte Scheidung der Dreiständelehre zwischen den *oratores* und *bellatores* für sich aufhoben, setzte innerkirchlich die Aufwertung des Krieges gegen die Heiden zum „Heiligen Krieg" voraus, ist aber vermutlich nicht allein aus dem Einfluss des christlichen Mönchtums auf die Ritter zu erklären, sondern auch aus parallelen Organisationsformen im Islam. Ein Einfluss muslimischer militärisch-religiöser Zentren, der Ribats *(ribāt)*, auf die geistlichen Ritterorden ist wahrscheinlich. Ribats waren Militärlager in den Grenzregionen der islamischen Welt, in denen Dschihad-Krieger freiwillig und zeitlich begrenzt nach strengen religiös-militärischen Regeln in einer Form mönchischer Askese lebten. Sie befanden sich in ständiger Einsatzbereitschaft und versuchten im Rahmen regelmäßiger militärischer Aktionen die Bevölkerung im Umland zum Islam zu bekehren. Ribats gab es auch in Spanien. Die Gründer des Templerordens kamen aus dieser Region und haben diese Form der militärischen-religiösen Organisation des Islam vermutlich gekannt.

Professionalisierung durch Kreuzzüge

Prozesse militärischer Professionalisierung durch Spezialisierung und Standesbildung hatten in den islamischen Reichen zur Zeit der Kreuzzüge bereits eine lange

Tradition, erfuhren aber durch diese sowie durch das Vordringen der Mongolen in den arabischen Raum nochmals einen besonderen Schub. Die Ayyubiden-Dynastie, die seit dem ausgehenden 12. Jahrhundert weite Teile des Nahen Ostens und Nordafrikas beherrschte, stützte sich militärisch vor allem auf berittene Elitetruppen, die aus zum Islam bekehrten Sklaven meist turkstämmiger Herkunft herangezogen wurden, den sogenannten Mamluken. Die jungen Sklaven erhielten eine rigide religiöse und militärische Ausbildung, die Führer der Mamlukentruppen zudem eine herausgehobene Ausstattung mit Pfründen, die ihnen die Finanzierung ihrer Truppen erlaubte. Nicht unähnlich dem europäischen Ritterstand bildeten sich aus diesen Mamlukentruppen und besonders aus deren militärischen Führern eine militärisch-soziale Oberschicht, die sich Herrschaftsrechte zu sichern verstand, rechtlichen Sonderstatus genoss und schließlich auch angestammte Dynastien stürzte und eigene Reiche gründete beziehungsweise beherrschte (Delhi-Sultanat, Ägypten). | Mamlukentruppen

Die Ausdehnung des Mongolenreiches unter Kublai Khan im 13. Jahrhundert, die zusammen mit den europäischen Kreuzzügen den Aufstieg der Mamluken in den islamischen Reichen des Nahen Ostens befördert hatte, beeinflusste auch in Japan die Entwicklung und Machtentfaltung einer Kriegerkaste, der Bushi oder Samurai. Ursprünglich Soldaten im Dienst des Kaisers oder des hohen Adels entwickelte sich die Kriegerkaste der Bushi schon in den vorausgehenden zwei Jahrhunderten zu einem wesentlichen Machtfaktor im Land, sowohl in der Hand des Kaisers als auch in der mächtiger Adelsfamilien, die im Rahmen feudaler Militärherrschaften (Shōgunat) seit dem ausgehenden 12. Jahrhundert de facto die Macht im Land übernommen hatten. Wie die Ritter und Mamluken besaßen die Bushi beziehungsweise Samurai eine besondere religiöse Bindung, in diesem Fall an den Zen-Buddhismus, und durchliefen eine hochspezialisierte militärisch-religiöse Ausbildung. Mit dem Aufstieg des Shōgunats und der Macht des adeligen Großgrundbesitzes (Daimyōs) stiegen auch die Samurai zu einer herrschenden sozialen und politischen Schicht auf. | Bushi und Samurai

Die am weitesten fortgeschrittene Militärtechnik und -organisation findet sich zu Beginn unseres Zeitraums sicher in China, wo bereits während der Song-Dynastie (960–1279) Feuerwaffen und große stehende Armeen unter staatlicher Kontrolle eingeführt worden waren. Die militärischen Führer wurden zur Verhinderung von militärbasierter Machtbildung in den Händen regionaler Fürsten auf Zeit bestellt und zugleich einer intensiven Ausbildung unterzogen. Militärtheoretisches und -technisches Schrifttum wurde bereits im 4. Jahrhundert v. Chr. verfasst und in der Schulung der höheren Militärs verwendet. Befestigungs- und Belagerungstechniken waren ebenso hochgradig spezialisiert wie die Waffenherstellung. Diese Armee unterlag zwar 1279 den berittenen mongolischen Einheiten Kublai Khans, dessen Dynastie aber nur knapp 100 Jahre über ganz China herrschte. Die nachfolgende Ming-Dynastie baute schließlich das System einer im Prinzip auf bäuerlichen Milizen basierenden Massenarmee mit professionellen, „beamteten" | Militärtechnik und -organisation Chinas

Militärs an der Spitze weiter aus. Professionalisierung des Militärs entwickelte sich hier somit in völliger Abhängigkeit von einem bürokratisch organisierten Zentralstaat und gerade nicht in Form des Aufstiegs einer Gruppe von Rittern zu einer gesellschaftlichen Elite mit eigener Berufsethik und eigenem Standesbewusstsein. In die konfuzianische Einteilung der Gesellschaft in vier Berufe wurde das Militär interessanterweise gar nicht aufgenommen. Krieg stand im auf Harmonie bedachten Konfuzianismus im Prinzip in niedrigem Ansehen. Elitenangehörige – außer dem Mandschu-Adel – hielten sich aus militärischen „Karrieren" weitgehend heraus und wandten sich der Wissenschaft und Administration zu.

Fasst man diese Beispiele unter strukturellen Gesichtspunkten zusammen, dann kann man sagen, dass es in der Zeit zwischen etwa 1200 und 1500 in vielen Teilen der damals bekannten eurasischen Welt zu einer deutlichen Professionalisierung des Militärs im Sinne einer Spezialisierung von Personen und Gruppen auf diese Tätigkeit und zu erstaunlichen Fortschritten in der Militärtechnik gekommen war. Dabei spielten besonders im Bereich der Militärtechnik bereits Austauschprozesse im globalen Maßstab eine wichtige Rolle. Nicht überall war jedoch eine soziale Organisation von Militärs im Sinne einer Zunahme von Standesbewusstsein und sozialer Macht die Folge, für die besonders das Beispiel der Ritter oder auch der japanischen Samurai stand. Dieser Aspekt von „Professionalisierung" vollzog sich in der Regel (mit Ausnahme Chinas) im Rahmen „feudaler" Strukturen der Herrschaftsorganisation und schwacher Zentralstaatlichkeit. Ein nicht zu vernachlässigender Faktor sowohl bei der Entwicklung des Standesbewusstseins wie für die soziale Anerkennung der Militärspezialisten war zudem deren religiöse Bindung und die kirchlich-religiöse Legitimation militärischer Eliteorganisationen im Kontext von „Heiligen Kriegen".

Mit der Entdeckung Amerikas und der Eroberung Mexikos trafen die spanischen Konquistadoren auf das außerordentlich gut ausgebildete und organisierte Militär der Azteken, die ihre Herrschaft im 14. Jahrhundert über weite Teile Mesoamerikas ausgedehnt hatten. Bei den Azteken gab es eine ähnlich enge Verbindung zwischen Adel und Militär, wie dies bei den europäischen Rittern der Fall war – allerdings ohne das Hilfsmittel und Statussymbol der Pferde. Die aztekische Gesellschaft war in vier Klassen eingeteilt: Adel, Händler, Bauern und Sklaven. Die jungen Adligen erhielten eine besondere militärische Ausbildung, und die Auszeichnung im Krieg war Voraussetzung für die Übernahme von Führungspositionen. Allerdings herrschte im Prinzip eine allgemeine Wehrpflicht, und militärische Auszeichnung konnte auch für Mitglieder anderer Gruppen Mittel des gesellschaftlichen Aufstiegs sein. Trotz der enormen Bedeutung des Militärs für den Adel sowie der Existenz einiger Eliteeinheiten von Berufskriegern ist es indessen fraglich, ob man in diesem Zusammenhang wirklich von Professionalisierung sprechen kann. Der technologische Fortschritt im Bereich der Waffen war gering, das Militär scheint zudem in einer Weise in den Alltag der Azteken integriert gewesen zu sein, dass man über die Zeit weder von besonderen Spezialisierungsprozessen noch von einer neuen Standesbildung oder gesonderten Berufsethik sprechen kann.

Militär der Azteken

Lenkt man den Blick nach Europa zurück, so war die Zeit der militärischen Bedeutung der Ritter um 1500 definitiv zu Ende gegangen. Wie die Samurai oder die Mamluken hatten die europäischen Ritter den Bereich des Militärs nie vollständig beherrscht. Neben ihren hochbewaffneten berittenen Einheiten waren immer auch Fußtruppen im Einsatz. Diese erwiesen sich, wenn entsprechend ausgebildet und bewaffnet, den im Kampf relativ schwerfälligen Rittern bald überlegen. In verschiedenen militärischen Auseinandersetzungen, zum Beispiel der Schweizer Kantone mit den Habsburgern, bildeten sich gut ausgebildete Verbände heraus, die sich nach Beendigung der Kriegshandlungen anderweitig als Söldner verdingten. Vom 15. bis ins 17. Jahrhundert wurden die Kriege in Europa immer mehr von Söldnern bestimmt, auch wenn der Kavallerie (und damit auch dem Adel) bis ins 19. Jahrhundert weiterhin zentrale, wenn auch taktisch zunehmend veränderte Bedeutung zukam. Söldner rekrutierten sich primär aus den städtischen und ländlichen Unterschichten und wurden nach Beendigung der Kriegshandlungen wieder entlassen. Sie verfügten über ihre eigenen Waffen, und viele Söldnergruppen streiften nach Beendigung von Kriegen oft über große Distanzen durch Europa auf der Suche nach Arbeit, das heißt nach neuen Konflikten, in denen ihre Dienste benötigt wurden. Es waren keineswegs nur große Landesherren, sondern auch Städte, Klöster oder selbst Kaufmannsgilden, die zu ihrem Schutz Söldner anheuerten. Söldner brauchten militärische Kenntnisse und mussten Kampfformationen und -techniken üben. Es handelte sich in gewisser Weise um einen eigenständigen Berufszweig. Dennoch kann man im Vergleich zur Ausbildung der Ritter von einem gewissen Prozess der Deprofessionalisierung des Militärs im Spätmittelalter und der Frühen Neuzeit sprechen. Die Ausbildung der Söldner war deutlich weniger reguliert als die der Ritter, sie entwickelten kein übergreifendes Standesbewusstsein, waren nur selten in Gilden oder ähnlichen Zusammenschlüssen organisiert und rangierten in der sozialen Wertschätzung der zeitgenössischen Gesellschaften in der Regel ganz unten. Sie wurden während wie außerhalb des Krieges von der Bevölkerung in der Regel primär als Bedrohung wahrgenommen, da sie von ihren Kriegsherren notorisch schlecht bezahlt und daher auf die Zwangsrequirierung von Nahrungsmitteln angewiesen waren. Andererseits fällt in diese Zeit der Söldnerkriege der Beginn einer neuen militärtheoretischen Literatur, die auf die zunehmenden Anforderungen besonders der militärischen Führungskräfte in der logistischen Planung und Durchführung von Kriegen sowie im Bereich der Militärtechnik, besonders der Belagerungen, verwies.

Der Prozess der Deprofessionalisierung der einfacheren Mannschaften wurde in der Zeit nach dem Dreißigjährigen Krieg durch die Herausbildung sogenannter stehender Heere – Berufsarmeen, die auch nach Beendigung der Kampfhandlungen nicht entlassen wurden, sondern in den Diensten eines Landesherrn verblieben, der damit gegenüber den Militärunternehmern der Söldnerverbände sein Gewaltmonopol etablierte – zum Teil gebremst. Die stehenden Heere, in denen Soldaten über Jahre dienten, waren jedoch weiterhin Zwangsverbände mit

Kultur, Religion und Sozialisation

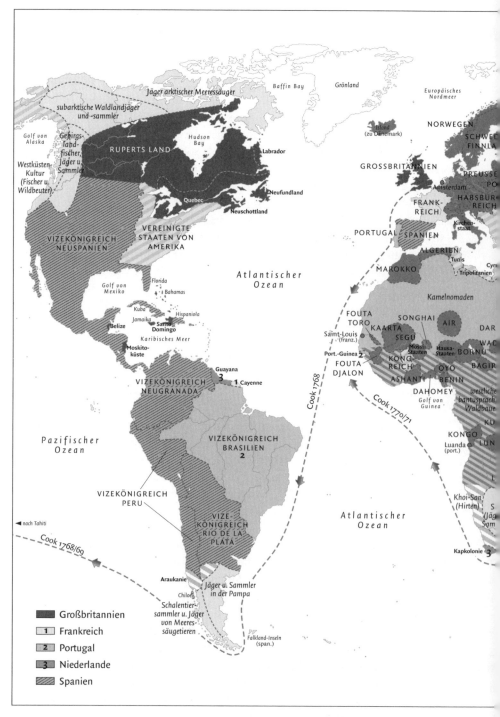

Die Welt 1783.

Professionalisierung und Sozialstruktur

443

geringer sozialer Kohäsion und hohen Desertionsraten. Trotz der zunehmenden Bedeutung der Ausbildung und auch Spezialisierung der Mannschaften wird man auch jetzt lediglich im Offizierskorps einen wirklichen Ansatz zur erneuten Professionalisierung des Militärs erkennen können. Hier kam es besonders im 18. Jahrhundert in Europa zur Gründung von Militärschulen (Kadettenanstalten etc.), über die jungen Adeligen nicht nur Kenntnisse, sondern auch ein gemeinsames Berufsethos und ein gewisser „Korpsgeist" vermittelt wurden. An den Kriegsschulen wurde der Bereich des Militärs durchaus im modernen Sinne „verwissenschaftlicht", indem es zu einer systematischen Verwertung von Erfahrungen, zur theoretischen Reflexion über die Natur des Krieges (z. B. bei Clausewitz) und vor allem zur Fortentwicklung technischer Kenntnisse in den verschiedensten Bereichen von der Waffenherstellung bis zur Tiermedizin kam.

Militärschulen

In der Geschichtswissenschaft hat sich eine seit Jahrzehnten anhaltende Debatte um den Charakter dieses Wandels der europäischen Militärstrukturen ergeben. Die Frage war, ob sich bereits im 16. Jahrhundert oder nicht doch erst seit dem ausgehenden 17. Jahrhundert in Europa so etwas wie eine militärische Revolution ereignet habe, die dann auch die Grundlage für die (weitere) europäische Expansion darstellte. Umstritten ist auch, wie effektiv die europäischen Truppen im 17. und 18. Jahrhundert im kolonialen Kontext wirklich waren. Im globalen Vergleich waren die europäischen stehenden Heere des ausgehenden 17. und 18. Jahrhunderts trotz ihrer Feuerwaffen sicher kaum geeignet, große koloniale Eroberungen zu tätigen oder Reiche zu sichern. Selbst das britische Kolonialreich beschränkte sich daher bis zur Mitte des 18. Jahrhundert in der Regel auf Handelsstationen an den Küsten. Erst mit der Militärtechnik des 19. Jahrhunderts, den Präzisionswaffen und vor allem den Maschinengewehren, wurde europäisches Militär im globalen Vergleich eindeutig überlegen und war in der Lage, sich in größeren Räumen gegenüber den in aller Regel flexibleren und beweglicheren Einheiten kolonialer Kämpfer zu behaupten.

Debatte um Militärwandel

Beamte und Juristen – Staatliche Verwaltung und Professionalisierung

Deutlicher noch als der Aufstieg von „Militärspezialisten" war der Ausbau herrschaftlicher Verwaltungen ein Vorgang, der mit Prozessen der Professionalisierung im engeren Sinne verbunden war, also der Herausbildung von akademischen Berufen mit einem hohen Status, einer auf das Gemeinwohl gerichteten Standesethik und einer gewissen Monopolstellung für ihre Dienste. Lediglich das Kriterium der Staatsunabhängigkeit, das für die angelsächsischen *professions* charakteristisch ist, gilt hier natürlich nicht.

In der westlichen Hälfte Europas bildete die Zeit um 1200 für diesen Bereich eine markante Zäsur. Zum einen entwickelte sich im Königreich Sizilien unter Friedrich II. (1215–1250) ein vormoderner Verwaltungsstaat, der sich ganz wesentlich auf ausgebildete Juristen stützte. Zum anderen hatte sich um 1200 gerade die Juristenausbildung als das Feld erwiesen, das neben der Theologie am stärksten zur Herausbildung von Universitäten beigetragen hatte, ein Prozess, der nach einer langen Vorgeschichte im 12. Jahrhundert für das 13. Jahrhundert charakteristisch wurde. Paris und Bologna zählten zu den ersten als Universitäten zu bezeichnenden Vereinigungen von Gelehrten und Studenten. Der Bildung von Zünften nicht unähnlich, schlossen sich an diesen beiden Orten Lehrende und Schüler zu einer *universitas*, einer Genossenschaft, zusammen, die ihre Angelegenheiten selbst verwaltete, besonders aber ein Qualifizierungssystem einrichtete, das den Aufstieg in bestimmte Stellungen in Zukunft an den Nachweis eines erfolgreich absolvierten Studiums binden sollte.

| | Herausbildung von Universitäten |

Der Erfolg der Universitäten Paris und Bologna hatte eine Gründungswelle von Universitäten zur Folge. Zwischen dem 13. und dem 15. Jahrhundert entstanden über ganz Westeuropa einschließlich Polens und Ungarns, also von Sevilla (1254) bis Krakau (1364) und von Catania (1444) bis Aberdeen (1494), in allen größeren Territorien Universitäten (vgl. S. 395). Sie waren in der Regel mit Privilegien von Kaiser und Papst ausgestattet, die ihre Sonderrechte, besonders das Recht, die inneren Angelegenheiten autonom zu regeln, bestätigten. Der Aufstieg von Universitäten und des dort absolvierten juristischen Studiums war mit zwei in unserem Zusammenhang relevanten Aspekten verbunden: Zum einen verlangten die Verstädterung, der gewerbliche Aufschwung und der expandierende Fernhandel nach Rechtsordnungen und Institutionen, die in der Lage waren, die damit verbundenen Problemlagen (Handels- und Kreditverträge, Versicherungsfragen, Rechte von Korporationen etc.) effektiv zu regeln; zum anderen hing die Gründung von Universitäten und die Formalisierung des juristischen Studiums mit dem Ausbau von Landesherrschaft (Durchsetzung von Gerichtshoheit und von juristisch qualifiziertem Personal) zusammen. Das zeigt auch die Tatsache, dass Kaiser Friedrich II. bereits 1224 in Neapel eine Universität gründete, um dort Juristen für die Verwaltung des Königreiches Sizilien schulen zu lassen.

| | Aufstieg von Universitäten |

Interessant ist, dass mit der Durchsetzung des juristischen Universitätsstudiums und der akademisch gebildeten Richter im 13. Jahrhundert auch der Beruf des akademisch gebildeten Rechtsanwalts und der Räte mit juristischer Qualifikation auftauchte und sich zumindest an den oberen weltlichen und kirchlichen Gerichten rasch in ganz Europa ausbreitete. Ausgehend von den kirchlichen Institutionen und Gerichten, wo sie zum Beispiel als Rechtsberater der Kurie oder der Bischöfe, aber auch der streitenden Parteien dienten, breitete sich diese Tätigkeit zunehmend in weltlichen Rechtsangelegenheiten aus. In Mailand gab es bereits im Jahr 1288 bei etwa 60.000 Einwohnern etwa 120 promovierte Juristen und 1500 Notare, aber nur 28 akademisch ausgebildete Ärzte. Ein juristisches Studium eröffnete zahlreiche Chancen des sozialen Aufstiegs, und das Selbstbewusstsein der akademisch gebildeten Juristen war frühzeitig groß. Besonders die juristischen

| | Aufstiegsorientierung der Juristen |

Doktoren, also diejenigen, die mit dem Titel auch das Recht erworben hatten, Recht zu lehren, reklamierten für sich immer wieder eine gesellschaftliche Gleichstellung mit dem Adel, wenn sie bürgerlicher Abstammung waren. Innerhalb der Universitäten entwickelten sich langwährende Rangstreitigkeiten zwischen den Fakultäten, wobei die Juristen die Vorzugsstellung vor den Theologen forderten, aber letztlich nicht erreichten. Dennoch zeigt dies deutlich die Aufstiegsorientierung dieser neuen Expertengruppe, die über die akademische Qualifikation geburtsständische Strukturen für sich zu durchbrechen suchte.

Seit dem Spätmittelalter stiegen zunehmend bürgerliche Akademiker, nicht notwendigerweise immer Juristen, als „gelehrte Räte" in Leitungspositionen in den sich konsolidierenden Territorialstaaten auf. Seit dem 15. Jahrhundert waren „gelehrte Räte" in allen Bereichen der landesherrlichen Regierung tätig und wurden vielfach auch für Gesandtschaften eingesetzt. Sie verdrängten die adeligen Lehensleute und Theologen als Ratgeber und setzten an deren Stelle Expertenwissen, meist juristisches, aber je nach Aufgabe auch historisches, geographisches oder naturwissenschaftliches.

<small>Verdrängung aus Ratsfunktionen</small>

Für den niederen Adel war dieser Verdrängungsprozess aus Ratsfunktionen bedrohlich. Es gab manche Gegenreaktionen. Besonders bemühte man sich seit dem 16. Jahrhundert zunehmend auch um die adäquate Ausbildung der eigenen Kinder durch die Einrichtung sogenannter Ritterakademien, an denen die Söhne des Adels in ausschließlich ihnen vorbehaltenen universitätsähnlichen Schulen neben den adeligen Fertigkeiten des Tanzen, Fechtens und Reitens auch akademische Disziplinen, vor allem Geschichte und öffentliches Recht, erlernten (vgl. S. 396). Im späten 17. und im 18. Jahrhundert kam es in manchen europäischen Ländern zu einer gewissen Rearistokratisierung der oberen Regierungsämter. Zum Teil stiegen aber, wie in Frankreich, durch die im europäischen *Ancien Régime* weit verbreitete Käuflichkeit von Ämtern, bürgerliche Amtsinhaber und deren Familien allmählich in den Stand eines Amtsadels *(noblesse de robe)* auf.

In Europa versuchten im 17. und 18. Jahrhundert sowohl die sogenannten absolutistischen als auch die aufgeklärt-reformorientierten Monarchen, die Macht dieser Erb- oder Pfründenstrukturen der Ämter zu durchbrechen. Sie setzten direkt vom Monarchen abhängige und entlohnte Beamte ein (wie z. B. die Intendanten in Frankreich) und schufen zunehmend zentralisierte Verwaltungsstrukturen, für die sich seit dem 18. Jahrhundert immer klarere Anforderungsprofile als Einstellungsvoraussetzungen durchsetzten. Für die Berufung in höhere Verwaltungsämter wurde zunehmend ein Studium, meist der Rechtswissenschaft, Voraussetzung. In Preußen wurden ab der Mitte des 18. Jahrhunderts Examina und ein Vorbereitungsdienst für Beamte im Justiz- und höheren Verwaltungsbereich eingeführt.

In Europa waren also im Kontext der Verdichtung von Herrschaft und der Territorialstaatsbildung, der Rezeption des römischen Rechts, der Universitätsgründungen und der Durchsetzung des akademischen Studiums für Juristen seit dem Hohen Mittelalter Strukturen entstanden, die Prozesse der Professionalisierung wichtiger herrschaftsnaher Tätigkeiten oder Berufe in Gang setzten. Über den Stand der gelehrten Juristen bildete sich bereits seit dem 13. Jahrhundert der Beruf des Anwalts als einer freien Profession im Sinne der soziologischen Professionalisierungstheorie heraus. Diese traten zunächst an kirchlichen Gerichten auf, breiteten sich aber rasch auch an weltlichen aus. Damit war auch eine „Laifizierung" des Rechtswesens verbunden, die das europäische Rechtssystem dann von vielen anderen unterscheiden sollte. Auch der Übergang zu den bürgerlichen gelehrten Räten und später den akademisch qualifizierten Verwaltungsbeamten enthielt wichtige Elemente der Professionalisierung (akademische Ausbildung, Standesethik, sozialer Status). | Professionalisierung herrschaftsnaher Berufe

Die neue rechtswissenschaftliche Ausbildung und das Modell der Universität, das sich so rasch über Europa verbreitet hatte, fand sich in Ansätzen auch im Byzantinischen Reich, wo die Palaiologen-Kaiser die Wissenschaften zu fördern suchten. Allerdings gab es doch klare Unterschiede: Die Autonomie der Hochschule in Byzanz war eingeschränkt, die Aufsicht des Staates erstreckte sich auch auf Interna, die Professoren waren gewissermaßen Staatsbeamte. Die theologische Ausbildung der Geistlichkeit verblieb ganz in den Händen der Kirche.

Nach dem Fall Konstantinopels im Jahr 1453 knüpfte das Osmanische Reich nicht an diese, sondern an die islamischen Formen der Bildung und beruflichen Ausbildung an. Da sich im Islam im Prinzip keine Trennung zwischen weltlichem und kirchlichem Recht entwickelte, sondern die Scharia, das islamische „kanonische Recht", die Grundlage der Rechtsprechung blieb, war das islamische Rechtsstudium letztlich ein Teil der theologischen Ausbildung. De facto kam allerdings auch das Osmanische Reich vor allem im Bereich des öffentlichen Rechts nicht ohne politisch gesatztes Recht *(kānūn)* aus. Dieses durfte aber im Prinzip nicht in Widerspruch mit dem religiösen Recht treten. Das war ein wesentlicher Grund dafür, dass das höhere Bildungswesen im Osmanischen Reich im System der Moscheeschulen (Medresen) verblieb. Allerdings umfasste die osmanische Juristenausbildung wie diejenige an christlichen europäischen Universitäten ebenfalls die Kenntnis beider Rechte, des religiösen und des von den Sultanen gesatzten. | Osmanische Rechtsprechung

Die Madrasa oder Medrese war der Typus der islamischen Schulen, der sich schon lange vor der Jahrtausendwende im gesamten islamischen Bereich etabliert hatte (s. S. 409). Medresen waren meist als Teil frommer Stiftungen an den Moscheen angesiedelt und mit Bibliothek und Unterrichtsräumen ausgestattet. Ihr Lehrprogramm umfasste weltliche (Mathematik, Philosophie etc.) wie geistliche Fächer. Die juristische Ausbildung orientierte sich in der Regel an einer der unterschiedlichen islamischen Rechtsschulen *(maddhab)*, im Osmanischen Reich war dies die liberale hanafitische Rechtsschule des sunnitischen Islam. Nach der Eroberung von Konstantinopel wurde die neue Hauptstadt Zentrum der islamischen Gelehrsamkeit. Die Medrese, die Mehmed der Eroberer an der nach ihm benannten Moschee *(Fatih Camii)* in Istanbul *(Medaris-i semaniye)* einrichtete, galt als die bedeutendste Hochschule des Osmanischen Reiches. Mit Variationen galt dieses System der den Moscheen angeschlossenen Schulen und Hochschulen sowie der Verbindung | Islamische Hochschulen von Theologie und Rechtswissenschaft jedoch für den gesamten islamischen Bereich von Westafrika bis Südasien. In Timbuktu zum Beispiel, das 1468 durch Eroberung von dem westafrikanischen Mali-Reich in das Reich der Songhai übergegangen war, gab es in der Mitte des 16. Jahrhunderts bei einer Einwohnerzahl von etwa 25.000 Menschen mindestens 150 Medresen und auch verschiedene höhere Lehranstalten, die das gesamte Spektrum der Fächer einer islamischen Hochschule anboten.

Das osmanische Hochschulwesen expandierte im 16. Jahrhundert unter Sultan Süleyman dem Prächtigen noch einmal beträchtlich. Es etablierte sich nun ein einheitliches, in acht Rangstufen der Ausbildung gegliedertes System. Wer die letzte Stufe an der Sultansmoschee erfolgreich abschließen konnte, gehörte zur Gruppe der Gelehrten *(Ilmiye)*. Aus ihr rekrutierten sich die höheren Richter und Rechtsgelehrten (Muftis) sowie die Professoren an den Medresen. Diese oberste Gruppe

Gruppe der Gelehrten

der Gelehrten war in sich noch einmal stark hierarchisch gegliedert. An ihrer Spitze stand der oberste Rechtsgelehrte, der Mufti von Istanbul, der seit dem 16. Jahrhundert auch den Titel Scheichülislam trug. Andere Abgänger wurden Richter *(kadi)* oder traten in die „Zunft" der Schreiber *(küttap)* am Sultanspalast ein. Dies war eine wesentlich in autonomer Regie der Zunftmitglieder organisierte Ausbildung, die die unterschiedlichen Bereiche der Sultans- wie der Regionalverwaltung bediente, auf oberster Ebene besonders den Rat *(dīwān)* des Sultans und die Finanzverwaltung. Man könnte in heutiger Terminologie von einer Art Verwaltungshochschule sprechen, über die der Aufstieg in die höchsten Verwaltungsämter möglich war.

Das Ausbildungssystem des Osmanischen Reiches beförderte Gelehrsamkeit in einer sehr breiten Form und in effizienter Weise. Die Karrieren der akademisch gebildeten Oberschicht blieben aber stark in das hierarchisch gegliederte System von Beamten der Zentralverwaltung beziehungsweise der geistlichen Ämter eingebunden. Eine von der religiösen oder weltlichen Rechtsprechung unabhängige Gruppe der freien Rechtsgelehrten und Anwälte konnte sich trotz der zunehmenden Bedeutung

Keine unabhängigen Juristen

des weltlichen Rechts nicht entwickeln. Das Recht war nach islamischer Vorstellung eindeutig, der Einsatz von juristisch gebildeten Advokaten in Rechtsverfahren wurde daher explizit unterbunden. Viele Ämter der militärischen und zivilen Verwaltung des Osmanischen Reiches gingen außerdem im Laufe des 17. und 18. Jahrhunderts in erbliche Pfründen über – nicht sehr viel anders als in der westlichen Hälfte Europas. Aber eine durchgreifende Reform dieses Systems ließ sich im Osmanischen Reich erst im 19. Jahrhundert durchsetzen (Tanzimat-Reformen). Die Forschung geht für die Zeit des 18. Jahrhunderts daher von einem sinkenden intellektuellen Standard der Hochschulen und einer abnehmenden Bedeutung akademischer Bildung für die Verwaltungseliten des Osmanischen Reiches aus.

Das effizienteste und zugleich am stärksten auf einem Leistungsprinzip beruhende System der Verwaltung durch Beamte hatte von Alters her das Chinesische Reich. Dieses System hielt sich – sicher mit signifikanten Entwicklungen – in seinen Grundzügen auch durch die Periode der hier relevanten Ming- (1368–1644) und Qing-

(1644–1911) Dynastien. Basis des chinesischen Systems war ein landesweit ausgebautes, mehrstufiges Schul- und Hochschulsystem mit rigiden Examina, die für den Eintritt in die Beamtenhierarchie qualifizierten. Der normale Weg führte über vom Staat finanzierte konfuzianische Schulen, die auf die Examina für die Aufnahme in die beiden Hochschulen in Peking und Nanking vorbereiteten. Die auf Präfektur- und Subpräfekturebene angesiedelten Vorbereitungsschulen umfassten im frühen 17. Jahrhundert zum Teil über 1000 Schüler, die Schulzeit dauerte bis zu zehn Jahren. Auf den Hochschulen schloss sich dann ein mehrjähriges Studium der verschiedenen Disziplinen an. Über ein mehrstufiges und enorm kontrolliertes Examensverfahren im modernsten Stil (strenge Aufsicht, Anonymität der schriftlichen Examenspapiere für die korrigierenden Hochschullehrer durch Vergabe von Nummern etc.) wurden die Kandidaten für den Regierungsdienst ausgewählt und nach strengem Leistungsprinzip den verschiedenen Rängen der Verwaltung zugewiesen. Eine soziale Selektion wurde dabei allerdings nicht ganz ausgeschlossen. Einerseits waren Kinder der allerunterstens Gesellschaftsschicht (Bettler, Vaganten, unfreie Diener) ausgeschlossen, andererseits konnten Söhne der oberen Beamtenschaft und des Adels die Aufnahmeprüfungen in die Schulen und Hochschulen vermeiden und sich privat oder auf speziellen Vorbereitungsakademien unterrichten lassen. An dem letzten Examen führte aber auch für sie kein Weg vorbei. Viele vornehme Familien ließen sich den Statuserhalt über die private Ausbildung ihrer Kinder sehr viel Geld kosten (s. S. 201 f., 419, 421).

[Marginalie: Basis des chinesischen Systems]

Die Beförderung innerhalb des staatlichen Verwaltungsapparates war ebenfalls leistungsbezogen, und trotz mancher Privilegien blieben die Beamten nicht nur einem permanenten Leistungsdruck ausgesetzt, sondern waren letztlich gegenüber dem Kaiser und seinem auf Palast-Eunuchen aufgebauten Kontrollapparat, der zum Teil auch als Geheimpolizei bezeichnet wird, weitgehend schutzlos. Beamte aller Rangstufen konnten nicht nur körperlich bestraft werden, sondern wurden von verschiedenen Kaisern der Ming-Dynastie teilweise drakonischen „Säuberungsaktionen" mit Todesstrafen, Landesverweisen und körperlichen Züchtigungen unterworfen. Auch die Bezahlung der Beamten war während der Ming-Dynastie nicht besonders herausragend. Dennoch war eine Positionierung eines Sohnes in diesem Beamtensystem eines der begehrtesten Ziele aller Familien. Die Position eines Beamten brachte manche materiellen und sozialen Vorteile mit sich wie die generelle Befreiung von Steuern und Handfrondiensten, die Befreiung von bestimmten Kleider- und Luxusgesetzen, das Recht zu reiten oder sich in einer Sänfte tragen zu lassen, außerdem eine Vielzahl möglicher Ehrentitel, die zum Teil rückwirkend auf den Vater und Großvater ausgedehnt werden konnten. Vor allem aber war diese Laufbahn ein Weg zum konfuzianischen Lebensführungsideal des *Junzi*. Oft als *Gentleman* übersetzt, war für *Junzi* eine Form der Selbstvervollkommnung und der Erlangung des inneren Friedens durch „Tugend" charakteristisch.

[Marginalie: Vor- und Nachteile von Beamten]

Das Rechtswesen war in China der Ming- und Qing-Dynastie nicht in der gleichen Weise professionalisiert, wie dies in der westlichen Hälfte Europas oder im Einflussbereich des Islam der Fall war. Recht wurde von den Kaisern gesetzt und in Rechtscodices gefasst. Es war Teil der höheren Ausbildung, wurde dort aber nicht besonders intensiv unterrichtet. Bereits an der Wende zum 16. Jahrhundert wurde dies verschiedentlich kritisiert und durch Zusatzprüfungen für Rechtsbeamte auszugleichen versucht. Das Rechtssystem war zwar sehr rational durchgebildet und mit Revisionsmöglichkeiten versehen, aber es war in China bis zum Ende des 18. Jahrhunderts kein Motor einer besonderen akademischen Professionalisierung. Die Sachqualifikation und Statuszuschreibung vollzog sich über die allgemeinen Zugangsregeln zur Beamtenhierarchie, nicht über eine spezifische Qualifikation für ein bestimmtes Fach wie die Rechtswissenschaft.

Rechtssysteme im Vergleich

Das Beamtensystem der Ming-Dynastie wurde unter der nachfolgenden Qing-Dynastie beibehalten, die kaiserlichen disziplinarischen Eingriffe aber deutlich gemildert und vor allem die Macht der Eunuchen vorübergehend gebrochen. Besonders die Regierung der Qing-Dynastie im 18. Jahrhundert gilt in mancher Hinsicht als milde. Kennzeichnend war eine relativ „flache" Verwaltung mit geringen Steuern bei zunächst prosperierender Wirtschaft. Dass es am Ende des 18. Jahrhunderts dennoch zu inneren Krisen kam, hatte unter anderem mit der Tatsache zu tun, dass die starke Hierachisierung der Beamtenbürokratie autonome Problemlösungen auf regionaler oder lokaler Ebene nicht beförderte. Daraus ergab sich ein Konfliktpotential, das für die Zunahme von Unzufriedenheit und inneren Unruhen im 19. Jahrhundert nicht unwesentlich war.

Beamtensystem der Qing-Dynastie

Dennoch war China ein Staat, der um 1800 zwar zu erheblichem Maß in die Weltwirtschaft integriert, aber – im Gegensatz zu Indien – nicht von westlichen Handelsmächten durchdrungen war. In Indien war dagegen seit der Mitte des 18. Jahrhunderts die *East India Company* als Folge der Auseinandersetzungen mit Frankreich in Bengalen zur Eroberung und Beherrschung des Landes übergegangen. Großbritannien stützte sich dabei jedoch stark auf die indigenen Institutionen, so dass hier zunächst von einer gewissen Kontinuität wichtiger Verwaltungsstrukturen vom frühen Mogulreich zum Teil bis ins 20. Jahrhundert hinein ausgegangen werden kann. Allerdings muss dabei immer die teilweise erheblichen regionalen Varianten dieser Strukturen berücksichtigt werden. Die Verwaltung ruhte in Indien nicht wie in China auf einem primär nach einem objektiven System leistungsbezogen ausgewählter Beamter, sondern enthielt bei aller rationalen Durchorganisation Elemente feudaler Strukturen, obwohl die unumschränkte Macht des Kaisers, Beamte einzustellen, zu versetzen und zu entlassen, durchaus Ähnlichkeiten mit China aufwies. Die Grundstruktur der Ämterhierarchie *(mansab)* war seit Akbar I. eine einheitliche Ranggliederung der Militärs und der zivilen Administration. Die obersten Ränge dieser Hierarchie entstammten häufig der alten Aristokratie, deren Macht durch dieses System eigentlich eingeschränkt werden sollte. Ihre Besoldung konnte in Geld erfolgen, basierte aber gewöhnlich auf Einkünften aus temporär überlassenen Ländereien oder Amtspfründen *(jagir)*. De facto wurden viele dieser Amtslehen erblich (s. S. 193). Ein weiterer, ähnlich strukturierter Bereich ist der Steuereinzug, der in großen

Verwaltung in Indien

Teilen Indiens ebenfalls auf der Vergabe von Amtslehen beruhte. Die Nutzung war an die Funktion gebunden, das Amt des Steuereinziehers *(zamindar)* konnte jedoch vererbt werden. Zugleich handelte es sich bei diesem Amt um eine Art Vertretung des Moguls auf lokaler oder regionaler Ebene, da damit Gerichtshoheit und andere Magistratsfunktionen verbunden waren. Die britische Kolonialverwaltung behielt gerade dieses Amt bei, da es am ehesten an die Stellung und Funktionen der englischen *Gentry* erinnerte. Die Zamindars waren die eigentlichen Machtträger auf lokaler beziehungsweise regionaler Ebene, viele agierten – und lebten – wie Großgrundbesitzer oder kleine Landesherren. Der Zamindar von Bardhaman (Burdwan), einer Distrikthauptstadt Westbengalens, wurde im 19. Jahrhundert der größte Steuerzahler des *British Empire*. | Steuereinzieher

Ein vorgeschriebenes Ausbildungs- und Examinierungsprogramm gab es für den Eintritt in diese Dienste nicht, obwohl die Anforderungen an Bildung de facto hoch waren und Bildung gerade im Kontext des indischen Kastensystems für die gehobenen Kasten eine herausragende Rolle spielte. Die muslimischen Amtsträger waren wie im gesamten islamischen Bereich durch die Medresen gegangen und hatten dort das angebotene Fächerspektrum gelernt. Für den Dienst am Hof war außerdem bis ins frühe 19. Jahrhundert die Kenntnis des Persischen unerlässlich, auch Hindus mussten also über entsprechende Sprachkenntnisse verfügen.

Blickt man noch kurz auf die spanischen Eroberer der „Neuen Welt", so kann man hier deutliche Unterschiede zu den administrativen Verfahren der Konsolidierung von Herrschaft in Staats- und Reichsbildungsprozessen der „Alten Welt" beobachten. Hernán Cortés führte in den neuen spanischen Besitzungen in Mexiko ein System der Belohnung und Ansiedelung der europäischen Soldaten ein, die neben Land auch noch die Dienste der auf dem Land lebenden indigenen Bevölkerung ausbeuten konnten, dafür im Auftrag (span. *encomienda*) der spanischen Krone für deren Schutz und Missionierung zu sorgen hatten. Dadurch entstand ein de facto auf Zwangsarbeit (die indigenen Einwohner wurden 1512 grundsätzlich als freie Bevölkerung anerkannt) aufbauendes Latifundiensystem. Der indigenen Bevölkerung kamen darin keinerlei Herrschaftsfunktionen zu, die europäischen *encomenderos*, wie diese angesiedelten Soldaten genannt wurden, bildeten allerdings auch keinen Adel mit landesherrlichen Funktionen, da sie keine Kompetenzen in der Rechtsprechung erhielten. Die Verwaltung der Kolonien wurde sehr stark von der spanischen Zentralverwaltung aus überwacht. Dennoch führte nicht zuletzt der Bedarf nach einem akademisch ausgebildeten Verwaltungspersonal früh zu Universitätsgründungen in der Neuen Welt. Die erste Universität des spanischen Kolonialreiches war die 1538 von Dominikanermönchen gegründete *Universidad Santo Tomás de Aquino* auf Santo Domingo, bereits im Jahr 1551 folgten Universitätsgründungen in Mexiko und Lima. Diese Universitäten waren nach europäischem Vorbild aufgebaut, umfassten also theologische, juristische, medizinische und philosophische Fakultäten. Sie trugen außerdem ganz wesentlich zum Aufstieg der von den Spaniern in Südamerika gegründeten Städte bei (s. S. 402 f.). | Latifundiensystem der „Neuen Welten"

Fasst man diese Befunde zusammen, so ergibt sich ein Bild deutlicher Ähnlichkeiten und einiger signifikanter Unterschiede: Über den Zeitraum zwischen 1200 und 1800 bildeten sich in der gesamten „Alten Welt" sowie im spanischen Kolonialreich in Amerika Verwaltungssysteme heraus, in denen die herrschaftlichen Amtsträger in der Regel über juristische Kenntnisse verfügten und eine zum Teil außerordentlich umfangreiche Hochschulbildung durchlaufen hatten. In gewisser Weise waren sowohl die im islamischen Recht wie die im kanonischen und römischen Recht ausgebildeten Juristen eine Elite, deren Qualifikation sie zum Dienst in vielen Territorien und Herrschaftsbereichen befähigte. Nur in Europa etablierte sich jedoch der Beruf des Anwalts als einer der ersten unabhängigen akademischen Berufe. Staatliche Beamtenstellen waren zum Teil auch in Europa noch nicht vor Käuflichkeit oder sogar Vererbbarkeit geschützt. Hier gingen die chinesischen Herrscher am frühesten den Weg einer reinen Beamtenmeritokratie – allerdings gepaart mit einem möglichen Despotismus gegenüber den letztlich zum eigenen Haushalt gezählten Amtsträgern. Die Ansätze zu einer primär dem Staat als Institution verpflichteten Beamtenschaft setzten in Europa im 18. Jahrhundert ein. In allen hier behandelten Bereichen – mit gewissen Einschränkungen für Indien – bildete der Eintritt in die Beamtenschaft die Möglichkeit zur sozialen Mobilität in ständisch bestimmten Gesellschaftsstrukturen.

Marginalie: Ähnlichkeiten und Unterschiede

Handel, Luxus, Militär und die Professionalisierung im Handwerk

Militär und höfischer Konsum waren auf Grund ihrer starken Nachfrage nach technisch oder künstlerisch hochstehenden Waren ein starker Antrieb für handwerkliche Spezialisierung und steigende Standards in der Ausbildung von Handwerkern. Dennoch fand diese quantitative und qualitative Steigerung handwerklicher Produktion in Europa nicht in Form einer an die Höfe gebundenen und von ihnen initiierten und koordinierten Produktion statt, sondern vollzog sich in den expandierenden Städten. Rüstungs- und Waffenschmiede konzentrierten sich ebenso in den Städten wie die für den höfischen Luxus arbeitenden Gold- und Silberschmiede. Auch im Textilgewerbe vollzog sich die Produktion teurer Waren, besonders die Seidenherstellung, in den Städten. Dies hing nicht zuletzt mit der engen Verbindung zwischen Fernhandel und Luxusgüterproduktion sowie auch mit dem geographisch schon sehr früh extrem weit ausgedehnten Markt für Waffenproduktion zusammen.

Professionalisierungstendenzen im Handwerk waren eng mit dem Aufkommen der städtischen Zünfte verbunden. Zünfte waren in der Regel lokale Zusammenschlüsse von Personen des gleichen Handwerks, die von den kommunalen, regionalen oder staatlichen Behörden anerkannt wurden und die Regulierung des Zugangs zu dem Berufszweig sowie der Produktion und des Absatzes zum Ziel hatten. Zusammenschlüsse von Handwerkern werden im Deutschen in der Regel als Zünfte, die von

Kaufleuten als Gilden bezeichnet. Im Englischen bezieht sich der Begriff *guilds* auf beide Formen des Zusammenschlusses. In Europa breiteten sich die Zünfte und Gilden seit dem 12. Jahrhundert in engem Zusammenhang mit dem Wachstum der Städte aus und bestimmten das wirtschaftliche Leben bis zum ausgehenden 18., vielfach sogar bis weit in das 19. Jahrhundert hinein. Zünfte und Gilden waren aber keineswegs ein ausschließlich europäisches Phänomen. Es gab diese Form des Zusammenschlusses von Handwerkern und Kaufleuten in fast allen Kulturen, allerdings waren ihre Entstehungszusammenhänge vielfach sehr unterschiedlich, auch variierte der Umfang ihrer Funktionen. Sie stellen daher ein interessantes Feld für welthistorische Vergleiche dar. | Zünfte und Gilden

Kennzeichnend für die europäischen Zünfte und Gilden des Mittelalters war, dass es sich bei ihnen um autonome Zusammenschlüsse von Gewerbetreibenden handelte. Das Prinzip der (ursprünglich) freien Assoziation auf einer horizontalen sozialen Ebene und des kollektiven sozialen Handelns ist in Europa seit dem 9. Jahrhundert und verstärkt seit dem 12. Jahrhundert in vielfältigen Formen nachweisbar: als religiöse Bruderschaften, als Trinkverbrüderungen (einer der ältesten und wichtigsten Formen des mittelalterlichen Assoziationswesens), als bäuerliche Markgenossenschaften oder eben als Kaufmannsgilden und Handwerkerzünfte. Unter strukturellen Gesichtspunkten ist an diesen Assoziationen wichtig, dass sie zwar besonders in Südeuropa und auch in lateinischen Quellen häufig familiale Terminologie (Bruderschaft/*confraternitas*) benutzten, in der Realität aber gerade quer zu Familien- oder herrschaftlichen Haushalts- und Klientelstrukturen verliefen. Sie basierten nicht auf Verwandtschaftsbeziehungen oder der Zugehörigkeit zu einem Herrschaftsverband, sondern in der Regel auf Gemeinde- beziehungsweise im Falle der Zünfte und Gilden auch auf Berufszugehörigkeit. Dadurch waren sie in der Lage, bestehende soziale Ungleichheit und Unterordnung mit einem hohen Maß an freiwilliger Kooperation zu verknüpfen. Diese Assoziationen konnten – je nach Ausrichtung und politischen Umständen – durch die weltliche oder kirchliche Obrigkeit bekämpft oder auch legitimiert werden. Sie wurden (mit Ausnahme mancher religiöser Bruderschaften oder Orden) aber nicht von ihnen initiiert, sondern waren eine Organisationsform „von unten". | Prinzip der freien Assoziation

In den Städten errangen zunächst die Kaufmannsgilden, später aber häufig auch die Handwerkerzünfte eine erhebliche politische Macht. Dieser Machtzuwachs vollzog sich zum Teil in Gegnerschaft zu den weltlichen oder geistlichen Stadtherren, zum Teil auch im Kampf gegen das aus dem Zusammenschluss von adligen Herrschaftsvertretern und Fernhandelskaufleuten geformte Patriziat. In vielen Städten gelang es den Zünften und Gilden, dem Patriziat die Macht in den städtischen Gremien zu entwinden und die Städte über die eigenen Vertreter im Rat beziehungsweise in den politischen Ämtern zu regieren. Zum Teil bildeten Gilden sogar die Grundlage für die Entwicklung einer städtischen politisch verfassten Bürgerschaft. Kaufmannsgilden wie die Hanse schließlich, in der sich niederdeutsche Fernhandelskaufleute verschiedener Städte zusammenschlossen, verfüg- | Machtzuwachs der Zünfte und Gilden ten nicht nur über lokale und regionale, sondern auch über eine erhebliche „internationale" Macht. Aus der Perspektive der Triebkräfte für Professionalisierungsprozesse können die Zünfte als Berufsorganisationen angesehen werden, die die Interessen ihrer Mitglieder in der Gesellschaft vertraten, zugleich aber sicherstellten, dass verbindliche Qualitäts- und Ausbildungsstandards entwickelt und eingehalten wurden. Lange Zeit waren die Zünfte in der Forschung unter das Verdikt der politischen Argumentation des 18. und 19. Jahrhunderts gefallen, dass sie durch ihre Einbindung der einzelnen Produzenten in kollektive (oft nunmehrige Zwangs-)Strukturen und Prozesse technische Innovation behindert hätten. Die neuere Forschung sieht die Zünfte in einem deutlich positiveren Licht. Sie seien durchaus Motoren von technischem Fortschritt und der Diffusion von technischem Knowhow, zum Beispiel durch Gesellenwanderschaft, gewesen, und die Frühindustrialisierung sei in Europa letztlich ohne diesen innovationsfreundlichen Charakter der Zünfte nicht denkbar. Dazu komme, dass sie als Solidargemeinschaften zur Verteilung von Risiken beitrugen und dadurch auch unternehmerisch innovatives Verhalten unterstützen. Wichtig im Hinblick auf Professionalisierung war außerdem, dass Gilden und Zünfte eine eigene Standesethik (Handwerkerehre) ausbildeten und für berufsbezogene interne Auseinandersetzungen eigene Formen der Konfliktregelung und der Gerichtsbarkeit ausbildeten.

Zünfte als Triebkräfte?

Waren die Zünfte und Gilden im Mittelalter ein überwiegend städtisches Phänomen, so lässt sich besonders in Zentraleuropa in der Frühen Neuzeit auch eine deutliche Ausweitung dieses Organisationsprinzips auf das ländliche Handwerk beobachten. Das Wachstum des ländlichen Gewerbes war ein genereller, eng mit der sogenannten Protoindustrialisierung, das heißt dem Übergang zu Massenfertigung von Gütern und Waren nicht auf der Grundlage von mechanisierter Fabrikarbeit, sondern von handwerklicher Produktion in Werkstätten, Manufakturen oder in Heimarbeit, verbundener Trend. Die Ausbreitung des Zunftwesens auf das Land wurde vielfach von den frühmodernen, auf die Steigerung der Wirtschaftskraft ihres Territoriums bedachten Herrschern unterstützt. Diese ländlichen Zünfte waren häufig nicht mehr Zusammenschlüsse von Handwerkern auf Orts-, sondern auf regionaler Ebene. Im Habsburgerreich organisierten sich die Zünfte, zum Teil auf eigene Initiative und oft gegen den Widerstand lokaler Herrschaftsträger, aber mit landesherrlicher Unterstützung in den einzelnen Landesteilen als „Landeszünfte". Die Landeszunft der oberösterreichischen Weber umfasste 1713 über 80 lokale Zünfte mit mehreren tausend Meistern zusammen. Ihre Legitimierung durch den Staat – die gesetzliche Anerkennung ihres Status und ihrer Funktionen in Landhandwerksordnungen – nahm ihnen einerseits etwas von ihrer Autonomie, befestigte aber ihren Einfluss auf die Wirtschaftspolitik des Staates. In den habsburgischen Territorien wurden die Zünfte im 18. Jahrhundert in gewisser Weise „verstaatlicht", das heißt ihnen wurden Aufgaben im Bereich der Steuereinziehung, der polizeilichen Kontrolle der Zunftmitglieder, besonders der Gesellen, oder der Qualitätskontrolle von Exportgütern, für

Wachstum des ländlichen Gewerbes

Regionalisierung der Zünfte

die die Standards jedoch von staatlichen Behörden festgelegt worden waren, übertragen.

Mit der Regionalisierung der Zünfte und ihrer stärkeren staatlichen Regulierung war in vielen Regionen des westlichen Europa ein flächendeckendes System der Berufsorganisation entstanden, das frühere Differenzierungen zwischen städtischem und ländlichem Gewerbe weitgehend verwischte und einen einheitlichen Ausbildungs-, Arbeits- und Absatzmarkt herstellte. Für die ländlichen Handwerker war damit eine deutliche Aufwertung ihrer sozialen Stellung verbunden. Dies galt besonders für das auf dem Land am weitesten verbreitete Textilgewerbe. Die Herstellung von Luxusgütern und die technisch schwierigeren Gewerbe im Metallsektor blieben weiterhin meist auf die Städte begrenzt, die ihre Stellung als die eigentlichen Zentren der technischen Innovation behielten.

Über die spanische Kolonialexpansion wurde das europäische Zunftsystem auch in der Neuen Welt verbreitet. In Mexiko zum Beispiel entstanden bereits seit den 1520er Jahren Zünfte nach spanischem Vorbild und auf der Grundlage spanischer Zunftordnungen. Mutterland und Kolonien erkannten gegenseitig die Qualifikationszertifikate von Handwerkern an. Der Standard besonders des kolonialen Silberhandwerks war von Anfang an ohnehin außerordentlich hoch. Die Zünfte der Kolonien dienten den gleichen ökonomischen, sozialen und religiösen Funktionen wie die des Mutterlands und stellten auch insofern ein Abbild der spanischen Zünfte dar, als sie jeweils die gleichen Schutzheiligen wählten wie in Spanien. Am Ende des 16. Jahrhunderts gab es in Neu-Spanien knapp 160 Zünfte. Indios und Mulatten waren aus den Zünften ausgeschlossen. Sie formten ihre eigenen religiösen bruderschaftlichen Zusammenschlüsse, die *cofradías*. Diese waren vielfach auch nach Gewerben organisiert, hatten aber in der ökonomischen Produktion nicht den Status von Zünften.

| Zunftsystem in Neu-Spanien

Das Prinzip der Assoziationen war im Gewerbe weit über Europa und den Bereich der europäischen Kolonisation hinaus verbreitet. Im östlichen Mittelmeerraum gab es im Mittelalter in Byzanz für manche Gewerbe staatlich regulierte Zwangskörperschaften mit zunftartigem Charakter, die sogenannten *systemata*. In diesen *systemata* mussten sich die Juweliere, die Seidenhersteller, die Kerzenmacher, die Gerber und Sattler organisieren, außerdem die Fisch-, Fleisch- und Weinhändler. Es wird vermutet, dass in Byzanz nur solche Gewerbe, an deren Produkten der Staat ein besonderes Interesse hatte, in Zwangszünften organisiert waren. Dieses Interesse richtete sich besonders auf den höfischen und militärischen Bedarf sowie auf den Export von Luxusgütern wie Seidenstoffe. Die Seidenweber hatten eine der mächtigsten Zünfte in Byzanz, da Seide einer der wichtigsten Exportartikel war und eine entsprechende Einnahmequelle für den Staat darstellte. Die *systemata* fungierten als Interessenvertretung der Handwerker und Händler, waren aber in jener Zeit des Hochmittelalters nicht in der gleichen Weise autonom wie die westlichen Zünfte. Sie standen unter der Aufsicht des „Eparchen", des Präfekten von Konstantinopel, der in die inneren Belange der Zunft eingreifen konnte. Neben den

| Systemata und somateia in Byzanz

systemata gab es in Byzanz freiwillige Zusammenschlüsse von Handwerkern, sogenannte *somateia*. Auch wenn diese den westlichen Zünften durchaus ähnlich waren, erreichten sie in dem stark zentralistisch regierten Staat von Byzanz nie einen vergleichbaren politischen Einfluss in Lokalregierungen oder, wie die Hanse, sogar im Bereich der „internationalen" Politik.

Das byzantinische Handwerk und die gesamte byzantinische Wirtschaft – bis ins 12. Jahrhundert eine der stärksten Wirtschaftsmächte der damaligen Welt – brach nach der Eroberung von Byzanz durch die Kreuzfahrer weitgehend zusammen. Nach der Rückeroberung Konstantinopels 1261 durch Michael VIII. Palaiologos und der Wiedererrichtung des byzantinischen Kaisertums kam es zu keiner nachhaltigen Erholung. Nicht nur der Handel, sondern auch die Produktion von Luxusgütern war inzwischen weitgehend in die Hände der italienischen Städte übergegangen, gegen deren Eindringen sich die byzantinischen Zünfte nicht mehr erfolgreich zur Wehr setzen konnten.

Interessanterweise gab es nach derzeitigem Kenntnisstand in der hochurbanisierten Region des Nahen Ostens unter muslimischer Herrschaft im Früh- und Hochmittelalter keine Gilden oder Zünfte. Im Osmanischen Reich jedoch wurden Handwerkerzünfte rasch zu einem festen Bestandteil des wirtschaftlichen Lebens. Dennoch scheint es direkte organisatorische Kontinuitäten zwischen byzantinischen und osmanischen Zünften und Gilden nur in Ausnahmefällen (z. B. in Teilen des Bauhandwerks) gegeben zu haben. In der wirtschaftshistorischen Forschung zum Osmanischen Reich herrschte lange die Ansicht, dass die Gilden im Wesentlichen staatlich kontrollierte Institutionen gewesen seien, über die das Sultanat eine Kontrolle über Produktion, Handel und Besteuerung ausüben konnte. Außerdem wurde versucht,

Gilden und Zünfte im Osmanenreich — einen engen Zusammenhang zwischen Zünften und religiösen Bruderschaften zu konstruieren. Beide Sichtweisen haben sich als nicht tragfähig erwiesen. Bis auf wenige Ausnahmen, die vor allem die Versorgung der Hauptstadt mit Nahrungsmitteln betrafen (Bäcker, Fleischer etc.), besaßen die Handwerkerzünfte ähnliche autonome sowie vom Staat explizit übertragene Kompetenzen wie die Zünfte im westlichen Europa. Sie wählten ihre Zunftmeister *(kethüda)* und beschlossen intern über ihre Regeln *(nizām)* bezüglich der „moralischen" Standards der Zunftgenossen und der Anforderungen der Ausbildung; bei der Festlegung und Kontrolle der Qualitätsstandards und Preise waren dagegen die staatlichen Behörden stärker involviert. Wie in den Territorien des Reiches im 18. Jahrhundert handelten die Zünfte hier im Auftrag des Staates. In Ägypten – nicht aber in den anderen Teilen des Osmanischen Reiches – gilt dies auch für die Steuererhebung bei den Handwerkern.

Entgegen früherer Annahmen und mit wenigen prinzipiellen Ausnahmen (z. B. Fleischer) waren die Zünfte im Osmanischen Reich religiös nicht unbedingt homogen. Je nach Region konnten sie verschiedene religiöse und ethnische Gruppierungen

Zünfte und Religion — integrieren oder auch klare Trennungen durchführen. In Thessaloniki zum Beispiel lag die Wollproduktion schließlich ganz in der Hand jüdischer, aus Spanien vertriebener Handwerker, die auch zu einer Zunft zusammengeschlossen waren. Seit dem 18. und verstärkt im 19. Jahrhundert kam es jedoch zu einer zunehmenden Trennung religiös gemischter Zünfte. Vermutlich hing dies mit ihren oft religiös gebundenen karitativ-sozialen Funktionen und vielleicht auch mit einer wachsenden Sensibilität für religiöse Differenz im Alltag zusammen.

Die Bandbreite der lokalen Organisationsformen und die Unterschiede des Einflusses auf die örtliche Wirtschaftspolitik waren bei den osmanischen Zünften groß. Das konnte bei einem derart ausgedehnten und kulturell heterogenen Territorium kaum anders sein. Es war keineswegs so, dass alle Handwerker in allen Städten oder gar reichsweit in Zünften organisiert und dass alle Zünfte gleich strukturiert waren. Es wurden oft unterschiedliche Bezeichnungen für die Zusammenschlüsse von Handwerkern benützt, ohne dass deren Bedeutung in allen Fällen ganz eindeutig ist. Was jedoch auch für die Handwerkszünfte im Osmanischen Reich durchgehend charakteristisch war, ist das Konzept des Meisters und des auszubildenden Schülers. Im Laufe des 18. Jahrhunderts scheint sich zudem auch in den osmanischen Zünften eine Dreigliederung von Meister *(Usta)*, Geselle *(Khalfa)* und Lehrling *(Şagird)* etabliert zu haben. Wie formalisiert die Qualifikationsanforderungen waren, unterschied sich von Gewerbe zu Gewerbe. In vielen Gewerben waren sie aber sehr streng und formalisiert. Die Organisation von Berufen in Zünften erstreckte sich im Osmanischen Reich auch in die politische Administration hinein. Die Schreiber *(küttap)* waren in einer Zunft organisiert, die ein rigides Ausbildungsverfahren nicht nur in Kalligraphie, sondern auch in „Finanz- und Verwaltungswissenschaft" kannte. Diese Schreiber konnten in alle Teile und Ränge der Verwaltung aufsteigen. Ihre Zunft regelte aber die Ausbildung intern und autonom. | Organisationsformen

In manchen Gegenden des Osmanischen Reiches konnten die Zünfte praktisch einen Zunftzwang durchsetzen, in anderen Regionen oder auch nur in einem anderen Gewerbe der gleichen Stadt existierten zünftiges und freies Gewerbe parallel. In Bursa arbeiteten im 16. Jahrhundert nicht nur viele kleine Handwerker im Umfeld der Stadt außerhalb von Zünften, sondern es finden sich auch in dem für einen internationalen Markt produzierenden Seidengewerbe der Stadt Textilmanufakturen, die im Wesentlichen mit Sklaven betrieben wurden. In den Zunftregistern tauchen dann wiederum Namen von freigelassenen Sklaven als Meister auf. Diese Praxis scheint in protoindustriellen Zentren wie Bursa oder auch Algier verbreitet gewesen zu sein, aber nicht in allen Städten des Reiches. Im wirtschaftlichen und sozialen Leben der Hauptstadt spielte das gewöhnliche, in Zünften organisierte Handwerk die Hauptrolle. Der Reiseschriftsteller Evliya Çelebi (1611–nach 1683), selbst Sohn eines obersten Goldschmiedes des Sultans, berichtet von etwa 700 Zünften im Istanbul des 17. Jahrhunderts – eine Zahl, die vermutlich zu hoch ist, aber dennoch einen Eindruck von der Vielfalt der organisierten Gewerbe gibt. Die Handwerkerschaft umfasste etwa ein Drittel der Einwohner der Stadt, gut 200.000 Personen. Viele von ihnen waren Kleinsthandwerker, die eine eher bescheidene Existenz fristeten. Zu ihrem Schutz setzte sich im 17. Jahrhundert ein als *gedik* bezeichnetes System durch, | Zunftzwang das gewissermaßen ein Lizenzsystem darstellte, das das Recht, einen Laden zu besitzen und ein Gewerbe auszuüben, umfasste. Diese Lizenzen wurden innerhalb der Zunft und letztlich innerhalb einer Handwerkerfamilie weitergegeben. Auf jeden Fall wurde dieser Vorgang nun von den Zünften überwacht. Damit war im 18. Jahrhundert eine sehr viel restriktivere Abschottung der Handwerke gegen Eindringlinge von außen und gewissermaßen ein Zunftzwang etabliert, der in manchem an die Zunftregelungen des 18. Jahrhunderts in Europa erinnert.

Insgesamt waren die Zünfte im Osmanischen Reich bis ins 18. Jahrhundert kaum weniger formalisiert als in der westlichen Hälfte Europas, allerdings waren sie auf kommunaler Ebene mit weniger direkter politischer Macht ausgestattet, als sie es in vielen westeuropäischen Städten des Mittelalters und der Frühen Neuzeit waren. Dies bedeutet aber nicht, dass sie nicht in gleicher Weise die handwerkliche Spezialisierung sowie den Fortschritt und die Verbreitung von technischem Wissen befördert hätten wie die westeuropäischen Zünfte. Gerade auch die Tatsache, dass die Zünfte im Osmanischen Reich sehr viel offener für eine ethnisch und religiös heterogene Mitgliedschaft waren, machte sie zu einem Lernort für unterschiedliche handwerkliche Techniken. Außerdem konnten sie über ein relativ formalisiertes Qualifikationssystem und seit dem 18. Jahrhundert auch über die strikte Kontingentierung der Meisterplätze im Rahmen des *gedik*-Systems den allen Professionalisierungsprozessen zugrunde liegenden Vorgang der sozialen Schließung in einem erheblichen Maße kontrollieren. Was sie allerdings nicht verhindern konnten, war das Eindringen billigerer (nicht besserer) Produkte besonders im Textilbereich, zunächst aus Italien, dann auch aus Großbritannien, was langfristig eine Dauerkrise des osmanischen Textilgewerbes auslöste, zugleich aber auch die protoindustrielle Sklavenarbeit, die für das frühe, exportorientierte Seidengewerbe in Bursa charakteristisch war, an den Rand drängte und dadurch den Einfluss und das Gewerbemonopol der Zünfte wieder vergrößerte.

> Dauerkrise des osmanischen Textilgewerbes

Geht man vom Osmanischen Reich wieder weiter östlich nach Indien, so findet sich auf diesem Subkontinent eine vermutlich noch größere Heterogenität der Strukturen des Handwerks als im Osmanischen Reich. In den hinduistischen Gesellschaften sind auch die sozialen und religiösen Organisationsformen des Handwerks deutlich weiter von denjenigen der europäischen Gilden und Zünften entfernt als im Osmanischen Reich. Interessant ist zunächst allerdings, dass es seit dem 14. Jahrhundert auch in Südindien im Kontext der Etablierung und Ausbreitung des Königreiches Vijayanagar zu einer Ausbreitung des Städtewesens und des Handwerks kam. Beides war eng mit der Bildung von neuen Tempelkomplexen verbunden, um die herum Handwerker als Teil der „Gewerbepolitik" der Vijayanagar-Herrscher angesiedelt wurden. Um diese Tempelstädte entwickelten sich meist auf bestimmte Textilsorten spezialisierte Gewerberegionen, in denen auch zahlreiche umliegende Dörfer in die Produktion einbezogen waren.

> Handwerk in Indien

Die rasche Entfaltung und Spezialisierung des Gewerbes wurde zum einen durch den erheblichen Luxusaufwand des Hofes und den steigenden Konsum der wachsenden Verwaltungs- sowie einer zunehmend prosperierenden Händlerschicht befördert. Zum anderen war dafür auch der bereits in vorkolonialer Zeit wachsende Export verantwortlich. Im Prinzip kann man in Südindien bereits für das 16. Jahrhundert von zahlreichen proto-industriellen Gewerberegionen sprechen. Diese Tendenz wurde durch die Ankunft der europäischen Händler, die besonders an den Küsten Südindiens zahlreiche Handelsstationen errichteten, noch verstärkt. Berichte früher portugiesischer und niederländischer Händler bestätigen vielfach die Existenz blühender Gewerbezentren mit einer reichen Kaufmannsoberschicht, die intensiv in den Fernhandel involviert war. Die Vijayanagar-Herrscher unterstützten diese Gewerbeaktivitäten sehr. So wurden zum Beispiel spezialisierte muslimische Weber in der Region angesiedelt und erhielten für besondere Gewebe Produktionsprivilegien. | Rasche Entfaltung und Spezialisierung

Wie bereits erwähnt, waren für die Organisation der indischen Gesellschaft Kasten (Jāti) kennzeichnend, die als endogame Berufs- und Abstammungsgruppen die organisatorischen und sozialen Probleme gewerblicher Produktion und des Absatzes weitgehend regelten. Diese Kasten werden heute meist als *communities* bezeichnet. Ein Beruf konnte auch über verschiedene der insgesamt schätzungsweise 2000 bis 3000 Jātis verteilt sein. Diese waren auch in der gesellschaftlichen Hierarchie der Großgruppen (Varna) keineswegs so eindeutig und dauerhaft festgelegt wie die ältere Forschung angenommen hatte. Am Beispiel der spätmittelalterlichen und frühneuzeitlichen Textilproduktion in Südindien wurde gezeigt, dass die Grenzen der Jātis besonders in vorkolonialer Zeit relativ durchlässig waren und bestimmte Handwerke die Zugehörigkeit zu einer Jāti wechseln konnten. Vor allem aber konnten Gemeinschaften und einzelne Handwerke durch Spezialisierung und besonders durch ökonomischen Erfolg aufsteigen. Um diese soziale und religiöse Positionierung einzelner Jātis gab es oft langwierige und erbitterte Auseinandersetzungen. Die über ganz Indien verbreitete *community* der Vishwakarma, Anhänger des gleichnamigen Gottes, umfasste zum Beispiel traditionell fünf Jātis: Schmiede, Goldschmiede und andere Metallgewerbe sowie Zimmerleute und Steinmetze. Ihre Zugehörigkeit zur Gruppe der Brahmanen wurde von vielen, besonders den wohlhabenderen Angehörigen dieser Jātis reklamiert, war aber lokal häufig umstritten und wurde schließlich erst in kolonialer Zeit fixiert. | Rolle der Jātis

Die Jātis waren ähnlich selbstorganisiert wie Zünfte. Sie wählten ihre eigenen Repräsentanten und Gremien, hatten ihren je eigenen Stil im Handwerk oder auch im Handel, hatten jedoch kein formalisiertes System der Ausbildung und des Übergangs von einem Grad der beruflichen Qualifikation in den nächsten entwickelt. In der Wortwahl abschätzig, aber in der prinzipiellen Analyse nicht ganz falsch charakterisierte Karl Marx im »Kapital« die traditionelle Sozialisation im indischen Handwerk: „Es ist nur das von Generation auf Generation gehäufte und von Vater auf Sohn vererbte Sondergeschick, das dem Hindu wie der Spinne diese Virtuosität verleiht. Und dennoch verrichtet ein solcher indischer Weber sehr komplizierte Arbeit, verglichen mit der Mehrzahl der Manufakturarbeiter." | Hochstehendes handwerkliches Können

Kultur, Religion und Sozialisation

Hochstehendes handwerkliches Können war durchaus damit vereinbar, dass Prozesse der Professionalisierung einzelner Berufszweige im Handwerk in Indien durch die komplexe Struktur der Jātis erschwert wurden. Formale Qualifikationen und familienunabhängige Organisationsformen erleichterten dagegen in Westeuropa wie im Osmanischen Reich die Herausbildung eines Systems, das Handwerker mobil machte und ihnen über die formale Qualifikation im Prinzip europa- beziehungsweise reichsweit den Zugang zu den Arbeitsmärkten und den „Berufsvereinigungen" der lokalen Zünfte öffnete.

Eine den Jātis nicht unähnliche Form der sozialen Organisation des Handwerks findet man auch in vielen westafrikanischen Regionen. In Mali zum Beispiel waren die Handwerke in endogamen Geburtsverbänden organisiert, die für ihre spezifischen Künste über eine Form von Geburtscharisma verfügten. Die Produktion oder Dienstleistungen, wie im Fall der für die Landwirtschaft besonders wichtigen Schmiede, blieben jedoch im Wesentlichen auf lokale oder regionale Märkte konzentriert, und die Organisation des Handwerks in solchen Verbänden führte nicht zu einer wesentlichen Innovationsdiffusion oder zur sozialen Profilierung bestimmter Gewerbe im Sinne einer zunehmenden Professionalisierung.

Handwerksorganisation in Afrika

In Japan gab es Zusammenschlüsse von Handwerkern und Händlern, die von einigen Forschern als Gilden oder Zünfte bezeichnet werden. Allerdings war deren Einbindung in das System sozialer und politischer Organisation der Gesellschaft – und damit auch ihre Funktion im Kontext von Professionalisierungsprozessen – nochmals deutlich verschieden von den bisher betrachteten Beispielen. Bereits im Frühmittelalter waren in Japan auf städtischer wie auf dörflicher Ebene an Tempelanlagen religiöse Bruderschaften *(za)* entstanden, die auch der Regulierung lokaler Angelegenheiten dienten. Seit dem 11. Jahrhundert sind auch Bruderschaften von Handwerkern belegt. So registrierte sich zum Beispiel im frühen 12. Jahrhundert eine Bruderschaft der Schwertmacher an dem Tōdaiji-Tempel in Nara. Seit dem 13. Jahrhundert übernahmen zunehmend Adelige die Patronage solcher Bruderschaften. Die Handwerker zahlten an den Patron Steuern und erhielten dafür die Lizenz für bestimmte Märkte sowie Freizügigkeit verliehen. Diese Bruderschaften waren zwar berufs-, aber nichts ortsspezifisch ausgerichtet. Sie waren auf einen Patron bezogen, konnten aber Handwerker oder Kaufleute aus einer größeren Region zusammenfassen. Es wurden intern daher eher regionale als lokale Probleme geregelt. Es ging um die Öffnung und Monopolisierung von Märkten, weniger wohl um die Regulierung von Ausbildungs- und Produktionsstandards. Dieses System der Bruderschaften geriet in der Bürgerkriegsperiode des ausgehenden 15. und 16. Jahrhunderts unter Druck und löste sich wohl weitgehend auf. In der anschließenden Tokugawa-Zeit (1600–1868) wurden die Handwerks- und Kaufmannsbruderschaften aber zumindest für einzelne Produktions- und Handelsbereiche wieder ins Leben gerufen, nun aber vor allem, um von staatlicher Seite bestimmte Bereiche (besonders die Edelmetallgewinnung und die Metallverarbeitung) zu kontrollieren.

Bruderschaften in Japan

In China waren Zusammenschlüsse von Handwerkern und Kaufleuten in der

Zeit der Song-Dynastie (976–1279) ein wichtiger Teil der wirtschaftlichen Organisation, die besonders dem Staat zur Kontrolle und Steuerabschöpfung dienten. In der folgenden Zeit scheinen diese in der Forschung häufig als Gilden oder Zünfte bezeichneten Organisationen weitgehend verschwunden zu sein. Unter der Qing-Dynastie, also ab der Mitte des 17. Jahrhunderts, tauchten sie jedoch erneut verstärkt auf. Sie haben zumindest einige Charakteristika mit den europäischen Zünften oder Gilden gemein. Die Ursprünge gingen zum Teil auf eine Art landsmannschaftlicher Zusammenschlüsse von Kaufleuten, Handwerkern und Beamten in den chinesischen Fernhandelszentren der späten Ming-Zeit zurück. Sie waren Zeichen der sich intensivierenden wirtschaftlichen Aktivität und Mobilität jener Periode. Im Laufe des 18. Jahrhunderts entwickelten sich diese Gilden zu Assoziationen, die wie die europäischen Zünfte und Gilden die Löhne des jeweiligen Gewerbes regulierten, den Markt nach Möglichkeit monopolisierten, den Zugang zu den Rohstoffen sicherstellten und die Ausbildung des Nachwuchses überwachten. Dazu kommt auch in China, dass Gilden in der Regel noch eine religiöse Affiliation und damit ebenfalls den Charakter religiöser Bruderschaften hatten und in diesem Zusammenhang auch stärker karitative Aufgaben gegenüber den Mitgliedern übernahmen.

<small>Gilden in China</small>

Ein wesentlicher Unterschied zu den europäischen Zünften bestand allerdings darin, dass die chinesischen Gilden auch im 18. Jahrhundert noch vorzugsweise nicht am Ort geborene Personen des gleichen Gewerbesektors zusammenfassten. Außerdem war es den Zünften in China nicht gelungen, die Abhängigkeit der Handwerker von den Händlern zu minimieren. Besonders auf dem Land, aber auch in den Städten befand sich die wachsende exportorientierte Textilproduktion weitgehend im Griff der Händler, die das Rohmaterial lieferten und letztlich auch die Form und Qualität der Ware bestimmten und kontrollierten. Vielfach schlossen die chinesischen Zünfte gerade auch die Händler mit den Handwerkern zusammen, was sie wiederum deutlich von den europäischen Zünften unterschied. Zudem griffen die chinesischen Zünfte deutlich weniger in die Ausbildung ein. Zwar wurde eine dreijährige Lehrzeit in der Regel in den Statuten festgelegt, aber die Überprüfung der Leistung letztlich den Meistern überlassen. Es gab keine formalen Abschlussprüfungen und damit auch keine klaren Qualifikationsanforderungen für den Eintritt in eine Zunft. Dies und ihre in der Regel landsmannschaftlich ausgerichtete Mitgliederrekrutierung verringerten die Bedeutung der chinesischen Zünfte als Institutionen, die eine Form der außerakademischen Professionalisierung für ihre Gewerbe betrieben, deutlich.

<small>Unterschiede zu europäischen Zünften</small>

Dieser Abschnitt zeigte, dass Formen kollektiver Organisation im Handwerk zwar ein globales Phänomen waren, dass die Formen dieser Zusammenschlüsse aber stark variierten und dass es besonders die nicht auf Verwandtschaftsverbände gegründeten Assoziationen der Gilden und Zünfte, die sich im Mittelalter im europäischen und osmanischen Bereich und in gewisser Weise auch noch in China herausbildeten, waren, die im Handwerk Entwicklungen in Gang setzten, die man als Professionalisierung bezeichnen kann. Die Formen der Handwerkerorganisation in

Indien und Afrika beförderten zwar die Tradierung eines hochspezialisierten Wissens und eindrucksvoller handwerklicher Fertigkeiten, sie führten zum Teil auch zu erheblicher Arbeitsteilung und Spezialisierung der Produktion, sie entwickelten jedoch nicht die gleiche Formalisierung von Ausbildungsgängen und Qualitätskontrollen oder Ansätze zu einer Standespolitik, die wir als wichtiges Merkmal von Professionalisierung definiert hatten und die bei etlichen Handwerken in Europa im 19. Jahrhundert dann die Übergänge zu den neuen technischen akademischen Berufen, den Ingenieuren, Architekten oder Chemikern, gleitend machten. Im westlichen Bereich Europas hatten im Mittelalter sogar deutliche Strukturanalogien zwischen den Universitäten und Zünften bestanden. Universitäten waren privilegierte Zusammenschlüsse von Lehrenden und Lernenden, die wie die Zünfte ihre inneren Angelegenheiten autonom regeln konnten. Für die Abnahme der Qualifikation sowie für die Regulierung und Verteidigung individueller und kollektiver Berufsinteressen waren die Handwerkerzünfte in Europa sogar den späteren Standesorganisationen akademischer Berufe, auch den freien Anwälten, deutlich voraus.

Zwischen Handwerk und akademischer Profession – Die Ärzte

Mit den Juristen war ein von Anfang an ganz über das akademische Studium definierter Berufsstand behandelt worden, dessen Aufstieg sich zunächst in starker Anlehnung an Kirche und Staat und deren Hierarchien vollzogen hatte. Die Ärzte bildeten einen Berufsstand, der nicht nur in Europa ebenfalls in einer sehr alten akademischen Tradition stand – wie Theologie und Jura gehörte die Medizin zu den drei berufsbezogenen Fakultäten der mittelalterlichen europäischen Universitäten –, der zugleich aber auch eine zum Teil bis ins 20. Jahrhundert reichende Verbindung zum zünftigen Handwerk besaß. Anders als in anderen Regionen der Welt betrafen diese beiden Wurzeln in Europa unterschiedliche Aspekte der Medizin: Aus einer gemeinsamen Tradition der klösterlichen Medizin kommend wurde die innere Medizin zum akademischen Lehrfach, die Chirurgie zum Handwerk. Über solche kulturellen Differenzierungen der Pfade der Fachentwicklung hinweg waren medizinische Lehre und Praxis immer ein Feld intensiven interkulturellen Austausches und Transfers und bieten daher ein interessantes Feld für globalhistorische Vergleiche.

Für die europäisch-christliche und die arabisch-islamische Tradition der Medizin war die Überlieferung der antiken Schriftsteller zentral. Über Byzanz wirkten diese zum einen in den persischen, zum anderen aber auch in den nordafrikanisch-spanischen Raum hinein, über die eine Rezeption der klassischen Texte im lateinischen Mittelalter eingeleitet wurde. Die Zentren der medizinischen Versorgung und Lehre waren die Klöster, in denen antike Texte überliefert, übersetzt und rezipiert wurden, wo aber auch volkstümliches medizinisches Wissen und die Empirie der Heilpraxis Eingang in das produzierte medizinische Schrifttum fand – man denke zum Beispiel an Hildegard von Bingen. Mit der kirchlichen Reformbewegung des 11./12. Jahrhunderts geriet die Klostermedizin in die Schusslinie puristischer geistlicher Kritik. Die medizinische Lehre und Praxis wurde nicht als zum Aufgabenbereich der Mönche gehörend abgelehnt und im Konzil von Tours (1163) in ein medizinisches Ausbildungsverbot für Mönche gefasst. Im Jahr 1215 wurde auf dem Vierten Laterankonzil auch den Weltgeistlichen die medizinische Ausbildung und besonders die chirurgische Praxis verboten. Damit wurde einerseits der Übergang zur medizinischen Ausbildung an medizinischen Schulen und an Universitäten eingeleitet, andererseits wurde jedoch auch die Trennung von Innerer Medizin und Arzneimittelkunde und der zum Handwerk „abklassifizierten" Chirurgie in die akademische Medizinerausbildung und deren ärztliche Praxis übernommen. | Klostermedizin versus Medizinschulen

Bereits vor diesen Beschlüssen des Konzils lassen sich allerdings auch Anfänge einer laikalen Medizinerausbildung feststellen. Im normannischen Süditalien wurde die medizinische Schule von Salerno zu einem frühen Zentrum der Rezeption klassisch-antiker und arabischer Medizin, daneben entstanden in Toledo und Montpellier berühmte medizinische Schulen. Im Königreich Sizilien wurden unter Friedrich II. im 13. Jahrhundert auch erste formale Qualifikationsanforderungen an Ärzte gestellt. Ein Studium und eine Abschlussprüfung an der Schule in Salerno, ebenso eine Zeit der praktischen „Lehre" bei einem Arzt wurden Voraussetzung für die selbständige Berufszulassung. Mit der Entstehung der Universitäten übernahmen diese die akademische Medizinerausbildung in eigenen medizinischen Fakultäten, allerdings wurde die Chirurgie durch den Beschluss des Laterankonzils aus der akademischen Lehre verdrängt. Diese konzentrierte sich während des Mittelalters im Wesentlichen auf die Rezeption der klassischen Texte, vor allem der Humoralpathologie (Viersäftelehre) des spätantiken Arztes Galenos von Pergamon (ca. 130–ca. 215), die die Krankheitslehre der akademischen Medizin bis ins 19. Jahrhundert hinein beeinflusste. Empirische anatomische Studien waren ebenso wenig Teil der regulären medizinischen Ausbildung an europäischen Universitäten wie die chirurgische Praxis oder die Geburtshilfe. Diese blieben bis in die Mitte des 19. Jahrhunderts überwiegend handwerklich organisiert beziehungsweise Domäne des weiblichen Hebammenwesens. | Beginn der laikalen Medizinerausbildung

Die Domäne der akademischen Mediziner war also die Innere Medizin. Die Zahl der Studenten der Medizin an den Universitäten war lange ebenso gering wie das öffentliche Bedürfnis nach ihren Diensten. Niedergelassene akademisch gebildete Ärzte blieben bis weit ins 19. Jahrhundert hinein ein primär städtisches Phänomen. Die Grundlast der medizinischen Versorgung der Bevölkerung wurde von den Barbieren und Chirurgen getragen. Sie waren in der Regel in einer Zunft organisiert, aber die Kompetenzen der Barbiere waren auf kleinere Wundversorgungen und das Aderlassen beschränkt, während den Chirurgen das gesamte weitere Spektrum inklusive der Zahnmedizin zufiel. Die Ausbildung der Chirurgen und Bader war in Zunftordnungen genau geregelt. Im schottischen Edinburgh enthielt das Zunftprivileg der Chirurgen von 1505 auch das Recht, einmal im Jahr zu Aus- | Chirurgen und Bader bildungszwecken eine öffentliche Sektion am Leichnam eines hingerichteten Verbrechers durchführen zu dürfen. Das war für die Britischen Inseln das früheste derartige Privileg. In Italien und Frankreich waren anatomische Sektionen bereits in den alten medizinischen Schulen wie Salerno und Montpellier durchgeführt worden. Die Ausbildung der Chirurgie hatte dort auch immer eine gewisse Nähe zu den medizinischen Fakultäten bewahrt, galt aber eben doch nicht als gelehrter Beruf. Europaweit trug zur Intensivierung der Ausbildung der Chirurgen das Militär bei. Zur Ausbildung der Militärchirurgen wurden von vielen Landesherren eigene Chirurgenschulen eingerichtet und Ausbildungsordnungen erlassen. In Mannheim wurde die dort im Jahr 1756 eröffnete militärische Chirurgenschule auch für die Ausbildung ziviler Chirurgen geöffnet.

Die institutionelle Integration von Innerer Medizin und Chirurgie in eine gemeinsame akademische Ausbildung setzte in Europa in 17. und 18. Jahrhundert ein. Gleichzeitig bildeten sich erste Standesorganisationen und umfassendere staatliche Ordnungen des Medizinalwesens. In Preußen wurde 1685 ein *Collegium medico-chirurgicum* eingerichtet, das unter anderem die Aufsicht über die Ausbildung der Chirurgen übernahm, gleichzeitig aber auch alle nicht von diesem Gremium approbierten Ärzte, die sogenannten Quacksalber, aus dem medizinischen Markt herauszudrängen suchte. In der Medizinalordnung von 1725 wurde den Handwerker-Chirurgen eine Abschlussprüfung vor diesem Kollegium auferlegt. In England und Schottland hatte das jeweils aus der Zunft der Chirurgen hervorgegangene *Royal College of Surgeons* ähnliche Funktionen. Diese Zunfttradition wird bei den britischen Chirurgen bis heute dadurch hochgehalten, dass ein chirurgischer „Facharzt" mit der Abschlussprüfung und der Aufnahme als *Fellow of the Royal College of Surgeons* den akademischen Doktorgrad wieder ablegt und sich mit *Mister* anreden lässt. Im ausgehenden 18. Jahrhundert setzte – ausgehend von Frankreich – auch die Integration der Geburtshilfe in die medizinische Ausbildung ein. Die Hebammen und ihre Ausbildung wurden zunehmend der Aufsicht der akademischen Ärzte unterworfen. Der Aufstieg des Arztes als Geburtshelfer und die Verdrängung der unabhängigen Hebamme setzte allerdings erst im ausgehenden 19. Jahrhundert ein. Dennoch zeigt auch dieses Beispiel bereits für das 18. Jahrhundert, dass Professionalisierungsprozesse in der Regel auch mit Verschiebungen in der Geschlechterordnung, mit der „Vermännlichung" von Berufen mit höherem Sozialstatus verbunden sind.

Staatliche Ordnung des Medizinalwesens

Die europäische Medizin war stark von der Tatsache geprägt, dass ihr die antiken Schriften über die arabische Medizin vermittelt wurden. Während des Mittelalters bestand somit ein reger Austausch zwischen den medizinischen Gelehrten des gesamten Mittelmeerraumes und darüber hinaus. Die islamische Medizin inkorporierte aber außerdem auch persische und indische medizinische Kenntnisse. Die großen Hospitäler, die seit dem 9. Jahrhundert allenthalben in den islamischen Städten entstanden waren, zeigen, dass die islamische Medizin und Krankenversorgung sich in der Zeit um 1200 auf einem hoch stehenden und der medizi-

Islamische Medizin

nischen Versorgung der Menschen in den europäischen Städten überlegenen Niveau befanden. Bagdad, Damaskus und Kairo waren besonders berühmt für ihre zahlreichen großen Hospitäler und die dort geleistete medizinische Ausbildung.

Nach der Eroberung Konstantinopels und der Ausbreitung des Osmanischen Reiches wurde die Entwicklung der medizinischen Wissenschaft und der ärztlichen Versorgung der Bevölkerung besonders von den Sultanen des 15. und 16. Jahrhunderts nachhaltig gefördert. Sie beriefen führende muslimische Ärzte aus Persien und anderen Teilen der Alten Welt an ihren Hof und richteten Krankenhäuser und medizinische Lehranstalten ein. Von den frühen osmanischen gelehrten Medizinern war Serefeddin Sabuncuoglu (1385–1468) einer der bedeutendsten. Er verfasste ein einflussreiches Lehrbuch der Chirurgie, das auch durch seine detaillierten Illustrationen den eindrucksvollen Stand von Operationsgerät und -techniken (z. B. in der Onkologie) beweist.

Wie im älteren islamisch-arabischen Bereich entstand nach dem Fall von Konstantinopel auch im erstarkenden Osmanischen Reich eine reiche Landschaft von Krankenhäusern *(Darüşşifa)* und medizinischen Lehranstalten. Sie waren in der Regel an die großen Moscheebauten angegliedert, nicht zuletzt in der Hauptstadt, und mit frommen Stiftungen *(waqf)* ausgestattet. Sultane, Großwesire, aber auch hochgestellte Frauen, besonders die Sultansmütter, stifteten nicht nur Moscheen, sondern eben auch öffentliche Hospitäler. In den Stiftungsdokumenten konnten sie die Anforderungen an die Ärzte festlegen. So heißt es in der Stiftungsurkunde für ein Hospital der Mutter Sultan Mehmeds III. (1574–1595), Nurbanu, dass zwei Internisten, ein Ophthalmologe und ein Chirurg angestellt werden sollten. Die Ärzte sollten nicht nur in Anatomie durch Autopsie bewandert sein. Es sollten besonders erfahrene Ärzte sein, die schwierige Fälle erfolgreich behandelt hätten, über chirurgische Erfahrung sowie über ein fundiertes theoretisches medizinisches Wissen verfügten. Außerdem sollten sie freundliche Menschen sein, die die Patienten liebevoll behandelten. Es fällt an dieser Beschreibung auf, dass ein formalisiertes Qualifikationssystem mit „akademischen Graden" oder zumindest einer zeitlichen Anforderung an die Ausbildungsdauer nicht formuliert wird. Zwar scheint es bereits im ausgehenden 15. Jahrhundert Versuche gegeben zu haben, Standards festzulegen. Das scheint sich allerdings nicht so durchgesetzt zu haben, dass diese in die Beschreibung der Anforderungen an eine herausgehobene Stellung im medizinischen Betrieb des Osmanischen Reiches eingeflossen wäre. Interessant ist auch, dass die Ophthalmologen und Chirurgen deutlich weniger verdienen sollten, als die beiden Spezialisten für Innere Medizin. Ihr Einkommen belief sich auf ein Fünftel des internistischen „Chefarztes" und ein Drittel des „Oberarztes". Das heißt, dass im Osmanischen Reich von den Internisten neben den allgemeinen Kenntnissen in medizinischer Theorie und vermutlich auch Pharmakologie chirurgische Kenntnisse und Erfahrung zwar verlangt wurden, dass die Chirurgie jedoch ein deutlich weniger angesehener Teil der Medizin war, vergleichbar der Situation in der westlichen Hälfte Europas.

Das System der medizinischen Ausbildung verblieb im Osmanischen Reich bis

Ärzte im Osmanischen Reich

ins 18. Jahrhundert in diesen Bahnen. Ausgehend besonders von einer klarer strukturierten Ausbildung der Armeeärzte entwickelte sich unter Sultan Selim III. (1789–1807) ein stark unter europäischem Einfluss reformiertes System, das regelmäßige Ausbildungszeiten an einem der großen Krankenhäuser vorschrieb und in dessen Kontext auch eine breitere staatliche Gesundheitspolitik zur Seuchenbekämpfung eingeführt wurde.

Die an den Medresen und Hospitälern der Moscheen des Osmanischen Reiches betriebene ärztliche Praxis stand in der breiten Tradition islamischer Medizin, die die Traditionen der antiken Medizin ebenso aufgegriffen hatte wie Einflüsse aus Asien. Zumindest im 15. und 16. Jahrhundert war diese Ausbildung durch ihre Verbindung von Empirie und Theorie der westlichen Medizin überlegen. Dennoch lässt sich eine Professionalisierung der Ärzte im Sinne der freien akademischen Berufe im westlichen Bereich Europas nur in Teilaspekten feststellen. Ärzten kam im Osmanischen Reich sicher ein hoher sozialer Status, aber nicht wirkliche Unabhängigkeit zu. Der Hof interessierte sich in der Regel für die Förderung der Medizin, die Krankenhäuser an den Moscheen waren Prestigeinvestitionen der Oberschicht, was sich auch auf die soziale Stellung der dort beschäftigten Ärzte auswirkte. Diese Hospitäler waren Lehrkrankenhäuser für die quasi-universitären Medizinschulen im Rahmen der Medresen. Aber erst mit den Reformen des ausgehenden 18. Jahrhunderts konnten sich auch ein allgemeines Qualifikationssystem und in gewisser Weise eine Approbationsordnung durchsetzen, aber eigenständige Standesorganisationen mit entsprechenden Regelungskompetenzen gab es auch nach diesen stark von Staats- und Militärinteressen gesteuerten Reformen nicht.

Ärzteprofessionalisierung bei den Osmanen?

Ähnlich wie im Mittelmeerbereich hatte auch in Indien die Medizin schon lange vor 1200 eine Blütezeit in der akademischen Lehre wie in der Versorgung der Bevölkerung erlebt. Grundsätze der in vormuslimischer Zeit auf dem Indischen Subkontinent dominanten Ayurvedischen Medizin gehen sogar auf Texte des zweiten vorchristlichen Jahrtausends zurück. Vor der Eroberung großer Teile Indiens durch islamische Herrscher waren Hochschulen wie die 1197 durch einfallende Turkstämme zerstörte „Universität" von Nalanda (Nolanda) Zentren der Gelehrsamkeit, auch im Bereich der Medizin. Außer in Nalanda war Medizin auch an verschiedenen anderen Hochschulen akademisches Lehrfach. Die medizinische Ausbildung an diesen Institutionen erstreckte sich nicht nur auf die Lektüre der klassischen Texte, sondern auch auf empirische Studien, wie zum Beispiel Anatomie. Auch komplizierte Operationen wurden im Rahmen der indischen Krankenversorgung durchgeführt. Ein Schwergewicht der Ayurvedischen Medizin lag jedoch auf der Krankheitsprävention durch eine entsprechende Diätetik.

Indische Medizin

Mit den neuen muslimischen Herrschern hielt die griechisch-arabische Tradition sehr stark Einzug in die medizinische Ausbildung. Sie folgte gewissermaßen den Truppen der Invasoren. In Indien wurde das nun dominant werdende System der Medizin als *Unani Tibb* (arab *iūnānī tibb*), als griechische Medizin, bezeichnet. Besonders über persische Ärzte, die an den Kaiserhof in Delhi gezogen wurden, und über die Ausbreitung der islamischen Hochschulen und Krankenhäuser an den Moscheen wurde die Hochschulausbildung von Ärzten in der traditionellen indischen Medizin verdrängt. Ein Medizinhistoriker spricht von einem deutlichen Prozess der Dequalifizierung und Deprofessionalisierung der Aryuvedischen Medizin in Indien. Die langen Ausbildungszeiten und hohen Standards, besonders auch im Bereich der Chirurgie, gingen verloren. Die Ausbildung wurde von einem Studium in ein handwerkartiges Lehrer-Schüler-Verhältnis überführt, häufig innerhalb von Familien, allerdings innerhalb des indischen Kastensystems in durchaus höher stehenden Gruppen. Die bis heute geläufige Bezeichnung für indische Ayurveda-Ärzte als *vaids* deutet auf ihre Zugehörigkeit zu der Kaste der *Vaidya*. Daneben gibt es bis heute auch noch den Dorfarzt, *kabirāj*.

| Verdrängung der traditionellen Medizin

In Laufe der Mogulzeit kam es in Indien zu einem weitgehenden Verschmelzen der ayurvedischen und der islamischen Tradition. Der in *Unani tibb* ausgebildete islamische Arzt, der *hakīm* (arab. *ḥakīm*, Pl. *ḥukamā'*), verfügte im 18. Jahrhundert über einen etwas besseren sozialen Status und bewegte sich vermutlich insgesamt auf einem etwas besseren Ausbildungsniveau als die *vaids*, wurde aber von den europäischen Kolonialmächten mit diesen zusammengefasst. *Hukamā'* absolvierten ein allgemeines Studium an einer der Hochschulen, lernten die Medizin dann zum Teil in einem persönlichen Lehrverhältnis, ebenfalls meist innerhalb der Familie, sowie an einem der großen Krankenhäuser, wo besonders auch die Chirurgie gelehrt wurde. *Hukamā'* praktizierten entweder an Krankenhäusern oder als Leibärzte an den Höfen der muslimischen Herrscher und Adeligen. Betrieben sie eine unabhängige Praxis, so befand sich diese meist in Städten. *Hukamā'* galten – wie die europäischen gelehrten Ärzte – als ausgesprochene Stadtärzte.

| Die Hukamā'

Gleichzeitig kam es in Indien über die Händler und Missionare zu einem sehr frühen Austausch zwischen der westlichen und der indischen Medizin. Portugiesische, niederländische, französische und britische Handelsgesellschaften kamen in der Regel mit eigenen Ärzten, die durchaus indigene Heilmethoden und -mittel rezipierten. Mit der Etablierung der britischen Herrschaft in Indien und der Zunahme der britischen Ärzte wurde ein deutliches Zwei-Klassen-System eingeführt. Indische Ärzte, die *vaids* und *hukamā'*, wurden in militärischen Sanitätsstationen und in Krankenhäusern allenfalls in Helferpositionen verwiesen. Zu Beginn des 19. Jahrhunderts wurden dann Universitäten und medizinische Schulen eingerichtet, die indische Studenten in europäischer Medizin ausbilden sollten. Die älteste Ausbildungsstätte dieser Art in Indien war das 1835 eröffnete *Medical College* in Kalkutta.

| Einfluss der westlichen Medizin

In China, wo die medizinische Ausbildung eine ähnlich alte und hochstehende Tradition hat wie in Indien, war der medizinische Markt in den Zeiten der Ming- und Qing-Dynastie ebenfalls gespalten: Es gab eine gelehrte Medizin, die von einer Oberschicht betrieben wurde, und eine Medizin für die Masse. Das chinesische politische System brachte, wie im Falle der Beamten bereits dargelegt, ein außerordentlich rigides Ausbildungs- und Examenswesen hervor, dessen Sinn nur zum Teil in der Vermittlung von Expertenwissen lag, sondern das den Weg zu Titeln und zum Status des *gentleman* eröffnete. Ziel war nicht die Ausbildung eines Berufsstandes außerhalb des Beamtensystems, der seine Kenntnisse auf einem freien Markt anbot. So existierte innerhalb des chinesischen Hochschulsystems zwar eine Ausbildung für Mediziner im Staatsdienst, die durchaus führende Ärzte hervorbrachte. Das war aber eine relativ kleine Gruppe, die für die Breitenversorgung der Bevölkerung keine Bedeutung besaß. Sie war auch nicht für die Kontrolle von nicht durch die Beamtenexamen gegangenen Medizinern zuständig. Deren Ausbildung wurde einem für China erstaunlich unregulierten Ausbildungsverfahren überlassen. Es entwickelte sich bis ins 19. Jahrhundert hinein weder ein allgemeines Examinierungs- und Approbationswesen für Ärzte noch eine Standesorganisation.

[Marginalie: Medizinerausbildung in China]

Die gemeinen Ärzte erhielten ihre Ausbildung bei einem Lehrer. Wie in Indien waren auch in China berufliche Familientraditionen stark ausgeprägt, so dass die Ausbildung häufig innerhalb der Familie oder auch bei religiösen Lehrern stattfand. Daher wurde in chinesischen Medizinerfamilien der Ming- und Qing-Zeit innerfamiliale Berufsnachfolge über acht Generationen festgestellt. Diese Ausbildung war keineswegs minderwertig, und die Ärzte waren nach den Beamten der sozial am meisten angesehene Stand. Für Söhne aus Kaufmannsfamilien zum Beispiel war ein Beruf als Arzt nicht unbedingt finanziell, aber in Bezug auf das soziale Ansehen meist ein Aufstieg. Eine Untersuchung von Familienbiographien von Ärzten des 16. und 17. Jahrhunderts hat andererseits ergeben, dass der Arztberuf auch von Söhnen aus Medizinerfamilien meist erst dann ergriffen wurde, nachdem sie die bessere Option, die Aufnahme in die obere Beamtenausbildung, verfehlt hatten. Dann gingen sie jedoch in der Regel bei ihrem Vater in die „Lehre". Die materielle Attraktivität des Medizinerberufes ist schwierig einzuschätzen. Es wird vermutet, dass die chinesischen Ärzte jener Zeit einen beträchtlichen Teil ihres Einkommens aus der Herstellung und dem Verkauf von Pharmaka erzielten. Auch das Veröffentlichen medizinischer Texte und Lehrbücher kann durchaus kommerzielle Aspekte gehabt haben. Man darf die Wahl des Medizinerberufes allerdings nicht auf diese Kriterien des Einkommens und Sozialprestiges beschränken. Gerade im Kontext der konfuzianischen Ethik besaß der Dienst für die Gemeinschaft einen hohen Stellenwert für die Wahl dieses Berufs.

[Marginalie: Attraktivität des Medizinerberufes]

Die wirtschaftliche Dynamik der Ming- und Qing-Zeit brachte indessen eine gewisse Dynamik in die chinesische Gesellschaft. Der Aufstieg von Kaufmannsfamilien, die sich durch ihren Reichtum eine geachtete Stellung auch außerhalb der Beamtenhierarchie erwarben, und die akademisch orientierte Arbeit eines Arztes, der zwar ein Studium durchlaufen, es aber nicht bis zum Eintritt in die Beamtenlaufbahn gebracht hatte, unterschied sich natürlich weiterhin von der Lage eines jungen Arztes, der aus einer ländlichen Medizinerfamilie stammte und wenig mehr als ein Handwerker war. Dennoch wird die Möglichkeit der gehobenen medizinischen Praxis außerhalb des chinesischen Beamtensystems

[Marginalie: Ärzteprofessionalisierung in China?]

heute durchaus als ein Ansatz für die Professionalisierung des medizinischen Berufes auch im kaiserlichen China interpretiert.

Vergleicht man die geschilderten Entwicklungen zusammenfassend, dann wird man sicher sagen können, dass das in Europa im Mittelalter eingeführte System der universitären ärztlichen Ausbildung eine deutliche Neuerung darstellte und die Professionalisierung der Ärzte nachhaltig beförderte. Die Medizin wurde dadurch von den Klöstern abgelöst, aber nicht in ein Beamtensystem überführt. Die Tätigkeit des Arztes konnte sich als freier Beruf etablieren. Dabei dauerten allerdings auch hier die Mittelstellung der Chirurgie zwischen akademischem Ärztestand und Handwerk und ihre endgültige Integration in den Bereich der akademischen Medizin bis ins 19. Jahrhundert. Im Osmanischen Reich entwickelte sich die Ausbildung der Mediziner zwar vergleichbar, die enge Bindung der Institutionen der Hospitäler an die Medresen und die dominante Rolle des Staates in fast allen Bereichen von Wirtschaft und Gesellschaft scheint hier die Ausbildung eines freien Ärztestandes jedoch eher erschwert zu haben. In China bildete sich gewissermaßen ein duales System heraus. Zum einen gab es eine Gruppe von akademischen Medizinern im Rahmen des Beamtensystems. Daneben entwickelte sich aber zum anderen eine breite und durchaus angesehene Ärzteschaft, deren Ausbildungswege und Qualifikationsanforderungen indes wenig reguliert waren, so dass sich ein einheitliches Standesbewusstsein der Ärzte hier kaum herausbilden konnte. Auch in Indien war die Ärzteschaft geteilt. Die Differenzierungen gingen hier jedoch als Folge der zahlreichen Eroberungen primär entlang ethnisch-religiöser und sozialer Linien, wobei die einheimische Ayurvedische Medizin und die darin ausgebildeten Ärzte zunehmend in die Stellung einer minderwertigen „Volksmedizin" abgedrängt wurden und eine soziale Stellung einnahmen, die der der europäischen Barbiere und Chirurgen wahrscheinlich nicht ganz unähnlich war. Daneben entwickelte sich die Ärzteausbildung und medizinische Versorgung an den muslimischen Medresen nach dem allgemeinen islamischen Muster, außerdem mit der Ausbreitung der britischen Herrschaft eine Medizinerausbildung nach europäischem Vorbild, deren Absolventen sehr deutlich über den anderen indischen Ärzten standen. Es entstand bis ins 19. Jahrhundert also in China und Indien weder ein einheitlicher medizinischer „Markt", noch ein einheitliches Ausbildungssystem, das die Grundlage der Professionalisierung eines einheitlichen Ärztestandes im engeren Sinne dieser Definition hätte bilden können.

Vergleich der Ärzteausbildung

Dieser Beitrag versuchte an ausgewählten Beispielen einen Überblick über die verschiedenen Wege der Professionalisierung einzelner Berufszweige sowie über deren Ähnlichkeiten und Unterschiede im interkulturellen Vergleich zu geben. Dabei wurde bei den Anfängen der Professionalisierung mit Bedacht ein Bereich übergangen, der in Europa für die Akademisierung von Berufen sehr wichtig war: die Theologie. Wie die Juristen und die Ärzte war die Theologie von Anfang an in die universitäre Ausbildung integriert. In gewisser Weise stellte das Bedürfnis nach wissenschaftlich

Theologische Ausbildung — ausgebildeten und in ihrem Wissen überprüften Theologen sogar eine wesentliche Antriebskraft für die Entwicklung des europäischen Universitätssystems dar. Allerdings verblieben Theologen im Gegensatz zu Medizinern und Juristen immer ganz in Abhängigkeit von kirchlichen Hierarchien. Ein freiberuflicher Theologenstand ist im europäischen Kontext undenkbar. Auch die konfuzianischen Gelehrten oder indischen Brahmanen lassen sich trotz höchster Gelehrsamkeit und akademischer Prüfungen nicht wirklich aus einer Perspektive der Professionalisierung analysieren.

Aus der Perspektive der Professionalisierungsgeschichte bedeutsamer ist vermutlich die Ausblendung der Herausbildung technischer Berufe mit akademischer Ausbildung. Sie gelten als das Paradebeispiel der im 19. Jahrhundert einsetzenden modernen Professionalisierung im engeren Sinne des Wortgebrauchs. Die Wurzeln der Herausbildung der Berufe des Ingenieurs, Architekten oder Chemikers, die mit der Gründung technischer Hochschulen seit der Mitte des 19. Jahrhunderts zu akademischen Berufen wurden, liegen jedoch noch in unserem Zeitraum.

Techniker mit akademischer Ausbildung

Sowohl im Handwerk wie im Militär lassen sich deutlich Vorstufen zur stärker theoretischen Fundierung technischer Berufe erkennen, die in die Frühe Neuzeit zurück reichen. Eine wirklich akademisch angelegte Ausbildung und die Herausbildung von Standesorganisationen finden jedoch erst im 19. Jahrhundert statt. Sie verbreiteten sich nun allerdings sehr schnell auch im globalen Maßstab.

Geht man zu den hier vorgeführten vier Beispielen des Militärs, der Jurisprudenz, des Handwerks und der Medizin zurück, so fallen zum einen überraschende Ähnlichkeiten der Entwicklung in vielen der hier behandelten Weltregionen beziehungsweise Kulturen auf. Frappierend ist die weite Verbreitung einer Form akademischer Ausbildung im Bereich von Recht und Medizin praktisch über den gesamten eurasischen Kontinent und, über die spanische Kolonisation bereits seit dem 16. Jahrhundert, auch in Amerika. Diese akademische Ausbildung war aber besonders in China in eine sehr strenge Beamtenhierarchie eingebettet, im Osmanischen Reich wurde die enge Anbindung besonders des juristischen Studiums an die theologische Ausbildung nicht gelöst. Die Bildung freier akademischer Berufe wurde dadurch nicht befördert.

Zusammenfassender Vergleich

Ein weiterer wichtiger Befund war die praktisch globale Verbreitung von gildenartigen Zusammenschlüssen von Handwerkern. Sie hatten in Europa, aber auch in China und im Osmanischen Reich sowie in Spanisch-Amerika wichtige Funktionen in der Standardisierung sowie Überwachung der Produktion und Ausbildung, in der Regelung brancheninterner Dispute sowie in der sozialen Sicherung ihrer Mitglieder und in der breiteren Vertretung ihrer wirtschaftspolitischen Standesinteressen. In aller Regel besaßen diese Gilden auch religiöse Funktionen und hatten enge Verbindungen zu religiösen Bruderschaften. Das Potential, Professionalisierungsprozesse voranzutreiben, das diese Verbindungen besaßen, kam vor allem in den Gesellschaften nicht voll zur Entfaltung, in denen derartige Zusammenschlüsse in eine Clan- oder Kastenstruktur der Gesellschaft eingebettet waren. In Indien oder in Westafrika fielen die Gilden oder Bruderschaften mit endogamen Verwandtschaftsverbänden zusammen. Es bildete sich daher kein formalisiertes Ausbildungs- und Prüfungsverfahren heraus, Standesinteressen wurden in Indien primär als Fragen der Kastenhierarchie behandelt. Das Kastenwesen war natürlich auch mit wirtschaftlichen Interessen verbunden, besaß aber erheblich weitere religiöse und soziale Implikationen, als dies bei standespolitischen Fragen der europäischen oder chinesischen Gilden der Fall war.

Die sozialstrukturellen Unterschiede, die im welthistorischen Vergleich für die spezifische Ausprägung von Professionalisierungsprozessen ausschlaggebend waren, liegen vermutlich besonders in der Stärke des Staates einerseits und der Verwandtschafts- oder Kastengruppen andererseits. Ein früher starker Staat mit einem umfassenden Zugriff auf die akademischen Ausbildungsstätten und einer starken Beamtenhierarchie, wie in China und zum Teil auch im Osmanischen Reich, ließ für die autonome Regulierung berufsinterner Angelegenheiten und vor allem für wirtschafts- und standespolitische Aushandlungsprozesse mit diesem Staat weniger Spielraum, als dies in Europa der Fall war. Wo die Zugehörigkeit zu einem Handwerk primär über Abstammungsgruppen geregelt wurde, konnten sich auch bei einer schwachen Zentralgewalt Institutionen der Standespolitik und besonders eines kollektiv kontrollierten Systems der Ausbildungs- und Leistungskontrolle nur schwer etablieren. Die innerfamiliale Weitergabe von Spezialwissen stand hier über der Etablierung und Durchsetzung überregionaler Berufsstandards.

Trotz dieser Unterschiede lässt sich allerdings festhalten, dass Professionalisierungsprozesse im weiteren Sinne dieses Begriffs in vielen Teilen der Welt schon lange vor dem 19. Jahrhundert einsetzten. Nicht überall wurden dabei in vollem Umfang alle Charakteristika einer modernen Profession erreicht. Es wurde jedoch auch deutlich, dass die Wurzeln auch der europäischen Entwicklung deutlich weiter als in das 19. Jahrhundert zurückreichten und dass sie keineswegs exzeptionell waren.

Ausblick

Walter Demel

Zwischen 1250 und 1350, so wurde von manchen HistorikerInnen argumentiert, habe es schon einmal ein „erstes Weltsystem" gegeben, das sich, mit Kairo als wichtigster „Schaltstelle" über Eurasien und Nordafrika erstreckt habe. Wie auch immer man die Intensität der damaligen kommerziellen und kommunikativen Beziehungen einschätzen mag – jedenfalls brachen sie infolge der Aufteilung des Mongolenreiches und des „Schwarzen Todes" im 14. Jahrhundert weitgehend ab. Die (west-)europäische Expansion schuf jedoch ab ca. 1500 ein „frühmodernes Weltsystem" – das erstmals ein wahrhaft „globales" war. Denn es bezog nicht nur Amerika mit ein, vielmehr entstand ein erdumspannendes Handelsnetz, und Schießpulver verbreitete sich nahezu weltweit, weshalb neue Reiche entstanden, ältere zugrunde gingen.

Ab 1500:
Frühmodernes
„Weltsystem"

Noch immer wuchs die Weltbevölkerung lediglich langsam. Demographische Rückschläge, wie sie ab 1570/1600 Teile der nördlichen Hemisphäre, 1738/1756 viele Gegenden des ohnehin von Kriegen und Sklavenexport geplagten Afrika trafen, wurden immerhin durch das Bevölkerungswachstum in anderen Weltregionen überkompensiert, so dass sich die Weltbevölkerung bis 1750 auf knapp 800 Millionen, bis 1800 auf fast eine Milliarde Menschen vermehrte. Denn auf die „Krise des 17. Jahrhunderts" hatte man in jeder der betroffenen Kulturen anders reagiert, und man darf vielleicht sagen, dass Japan und China hier die gegensätzlichsten Strategien „wählten". Den Ausgangspunkt bildeten ganz unterschiedliche Familienstrukturen: die patriarchalische Großfamilie in China, die Stammfamilie in Japan. Das chinesische Modell beruhte auf dem Grundgedanken der Solidarität innerhalb der Großfamilie und deren Stärke, die umso höher eingeschätzt wurde, je mehr Mitglieder sie zählte. Heiratsbeschränkungen gab es unter diesen Umständen kaum, vielmehr scheint das Heiratsalter im späten 17. und 18. Jahrhundert auf sehr niedrige Werte gesunken zu sein, was das damalige starke Bevölkerungswachstum in China erklären dürfte. Neue Nutzflächen waren jedoch nur in viel begrenzterem Umfang zu erschließen. Die Intensität der Landwirtschaft, das heißt vor allem die Produktion des Terrassen-Reisfeldbaus in Südchina, ließ sich mit den damaligen Mitteln nur noch in Maßen steigern. Mit anderen Worten: Die Masse der Bevölkerung verarmte langfristig gesehen. In Japan dagegen, wo seit 1615 ein nur durch zahlreiche lokale Bauernunruhen unterbrochener Friede herrschte, stieg die Bevölkerung bis 1700 auf ca. 30 Millionen an, stagnierte aber danach bis ca. 1850

Ausblick

infolge einer rigorosen Heirats- und Geburtenkontrolle, die bis hin zur Tötung von Neugeborenen reichte.

Die Westhälfte Europas hatte sich bis ca. 1730/1750 im Wesentlichen ebenfalls noch dem „japanischen" Modell verschrieben: Die traditionelle Bevölkerungsweise (das „Reproduktionsverhalten") war hier darauf angelegt, dass in vielen Gegenden nur ein Sohn, nämlich der künftige Stelleninhaber (Erbe eines Hofs oder Handwerksbetriebs), heiraten konnte, seine Brüder nur beziehungsweise erst dann, wenn sie eine eigene „Stelle" fanden. Das Heiratsalter war entsprechend hoch, die Zahl der Nichtverheirateten ebenfalls. Strenge Moralvorschriften, die vielfach verinnerlicht wurden, trugen dazu bei, dass die Unehelichenquote gering blieb. Kriege und Seuchen sorgten regelmäßig dafür, dass die Bevölkerung langfristig nur wenig wachsen konnte. Aber ein Bevölkerungsverlust wurde durch das Freiwerden von „Stellen" – und damit erhöhte Heiratsmöglichkeiten – auch immer wieder relativ schnell ausgeglichen. Im 18. Jahrhundert setzte jedoch in Westeuropa ein langfristiger, freilich diskontinuierlicher, letztlich aber auf den ganzen Kontinent ausstrahlender Prozess der Steigerung der agrarischen Produktion ein, ebenso wie ein Rückgang der Seuchen, jedenfalls jener mit verheerenden demographischen Folgen. So wuchs auch hier die Bevölkerung, wenngleich anscheinend langsamer als in China. Verbesserungen in der Agrartechnik (Mehrfelder- bzw. Fruchtwechselwirtschaft, verbesserte Pflüge), die Verbreitung neuer Nutzpflanzen (wie Mais und Kartoffeln), Expansion (Kolonialbildung) und Innovation (Demokratisierung, Industrialisierung) ermöglichten langfristig ein Ansteigen des Lebensstandards, obwohl auch hier Pauperisierungserscheinungen nicht ausblieben. Das bedingte Machtverschiebungen im globalen Rahmen. Wohl nicht zufällig zählten gerade jene beiden europäischen Staaten, die schon im 18. Jahrhundert in Asien von der kommerziellen Dominanz zur regelrechten Territorialherrschaft übergingen, nämlich die Niederlande (auf Java) und Großbritannien (in Indien), zu jenen, die im Prozess der Modernisierung eine führende Rolle spielten. Bis 1914 bauten noch weitere europäische Staaten Kolonialreiche auf, während andererseits freilich Großbritannien, Spanien und Portugal nunmehr die politische Kontrolle über den größten Teil des amerikanischen Kontinents verloren. Jedenfalls standen um 1900 die beiden bevölkerungsreichsten und noch um 1700 in vieler Hinsicht ökonomisch führenden Länder der Welt in Abhängigkeit von europäischen Mächten: Indien war britische Kolonie, China wurde immer mehr zum Spielball europäischer Imperialisten.

Machtverschiebungen im globalen Rahmen

Das 18. Jahrhundert leitete also den Übergang zur Moderne ein. Es war die sich beschleunigende Dynamik Europas, im kulturellen Bereich verkürzt bezeichnet als „Aufklärung", welche die „Globalisierung" (im weiteren Sinne) vorantrieb: Expeditionen erforschten Sibirien, den australisch-ozeanischen Raum, schließlich das Innere der Kontinente Afrika und Amerika, Kolonisten erschlossen dann einen Teil dieser Gebiete. Das führte zu zahlreichen neuen Entdeckungen in den Bereichen Geographie, Tier- und Pflanzenwelt, die nun, wissenschaftlich aufbereitet, zu einer „Wissensrevolution" beitrugen. Zu dieser zählten ferner die Fortschritte in verschiedenen neuen Fächern einer zunehmend ausdifferenzierten Wissenschaftslandschaft wie der Geologie, der quantifizierenden Chemie oder der Elektrizitätslehre. Medizinische Fortschritte und verbesserte Agrartechniken leiteten eine regelrechte Bevölkerungsexplosion ein, verbunden mit einer massiven Urbanisierung. Während Enzyklopädien das vorhandene Wissen sichteten und zusammenfassten, trugen praktische Umsetzungen der wissenschaftlichen Ergebnisse zusammen mit der praktischen Weiterentwicklung von Antriebs-, Arbeits- und Werkzeugmaschinen zum beispiellosen Wirtschaftsaufschwung der Industrialisierung bei. Rationalisierung und Säkularisierung prägten jedoch auch die Geisteswissenschaften und leiteten langfristig einen Mentalitätswandel ein, der etwa in die Forderung nach politisch-sozialer Partizipation in einem demokratischen Verfassungsstaat mündete. Umgekehrt mochten die Massenproduktion von Gütern und die Erhöhung staatlicher Effizienz auch zur Monopolisierung von wirtschaftlicher beziehungsweise politischer Macht in den Händen Einzelner führen. Ob autoritär oder demokratisch regiert, jedenfalls dehnten die europäischen Staaten ihre Macht nun immer weiter über die Welt aus. Aus globalhistorischer Perspektive ist die „Moderne" eine – inzwischen freilich anscheinend zu Ende gehende – Epoche der Europäisierung, besser der „Verwestlichung" der Erde, denn die genannten Prozesse spielten sich nicht zuletzt in einem „Ableger" Europas, in den USA, ab.

| Übergang zur Moderne/ „Verwestlichung"

Von daher dürfte es gerechtfertigt sein, im 18. Jahrhundert einen neuen weltgeschichtlichen Einschnitt zu erblicken. Stellt man nur schlagwortartig – und sicherlich extrem vereinfacht –, anknüpfend an Kapitelüberschriften des vorliegenden Bandes, die alten den neuen Tendenzen und Strukturen gegenüber, welche die Zeit von 1700/1800 bis 1880/1914 bestimmten (und in Band V behandelt werden), so treten die Unterschiede hervor: 1. kapitalistische Landwirtschaft statt bäuerlicher Landnutzung überwiegend zu Subsistenzzwecken; 2. statt langsamem technischem Wandel eine wissenschaftliche Revolution (u. a. mit nunmehr quantifizierenden Naturwissenschaften) mit entsprechend einschneidenden sozioökonomischen Folgen: industrielle Produktion in Fabriken statt (bzw. neben) Handwerk in Kleinbetrieben oder Manufakturen, Eisenbahn und Telegraph statt Postkutsche, Dampf- statt Segelschiff; 3. wissenschaftliche Expeditionen in alle Welt bei gleichzeitiger Durchsetzung des kapitalistischen Welthandelssystems; 4. statt weltpolitischer Dominanz asiatischer Großreiche sowie iberischer beziehungsweise niederländischer Kolonialimperien britisch-französische Herrschaft auf den Weltmeeren und bald auch als imperialistische Vormächte; 5. immer dominanter säkulare anstelle von religiösen Weltdeutungen, „Freiheit und Gleichheit" statt ständischer beziehungsweise korporativer Bindungen und Ungleichheiten, Verfassungen statt absolutistischer Strukturen; 6. Staatlichkeit und Nationsbildung, nicht mehr die Existenz ethnisch heterogener, von Dynastien und Reichseliten geführter Großreiche prägen zunehmend die innere und äußere Politik; 7. statt des Ideals einer Renaissance lineares Fortschrittsdenken; 8. statt konfessioneller Bindungen Säkularisierung, Glaubens- und Gewissensfreiheit, andererseits aber auch 9. eine Intensivierung der christlichen

| Vormoderne versus moderne Strukturen

Weltmission, nun jedoch stärker vorangetrieben von protestantischer Seite; 10. statt zahlenmäßig kleiner Gruppen von „Gelehrten" eine wachsende Zahl „Gebildeter" auf der Grundlage zunehmender Alphabetisierung, staatlich kontrollierter Bildungseinrichtungen sowie neuer Bildungsinhalte, nicht zuletzt naturwissenschaftlicher Art; 11. weitere Professionalisierungen unter neuen Vorzeichen – *Time is money*, sagte schon Benjamin Franklin – und modernisierte Gesellschaftsstrukturen: Industriearbeiter lösen Landwirte als größte Berufsgruppe ab, Ingenieure kreieren systematisch neues Wissen, moderne Presse und Öffentlichkeit treten an die Stelle von absolutistischer Arkanpolitik.

Man wird einwenden, die genannten Schlagworte seien zu undifferenziert – zum Beispiel nahmen „industrielle Revolution" und „wissenschaftliche Revolution" Jahrzehnte in Anspruch, auch Dampfschiffe fuhren noch eine gewisse Zeit mit Segeln. Außerdem bezögen sie sich, jedenfalls zunächst, fast ausschließlich auf Veränderungen in Europa. Aber aus der Distanz und unter didaktischen Gesichtspunkten scheinen diese Schlagworte doch gerechtfertigt, und Europa, vor allem dessen westliche Hälfte, übernahm tatsächlich für eine Reihe von Jahrzehnten die Führung in der globalen Entwicklung, die es vorher in umfassenderen Sinn nie gehabt hatte – und 1914/1945 auch schnell wieder an die USA und die UdSSR verlieren sollte. Amerika löste sich zwar weitgehend aus der politischen Abhängigkeit von Europa, doch sorgten Einwandererströme dafür, dass sich eigene, von Europa abgesetzte kulturelle Identitäten erst langsam ausprägen konnten. In Afrika setzte um 1800 zwar ebenfalls ein Prozess der politischen Verdichtung ein, der aber reichte nicht weit genug, um zu verhindern, dass praktisch der gesamte Kontinent seit den 1880er Jahren unter europäischen Kolonialmächten aufgeteilt wurde. Die nicht (ausreichend) „verwestlichten" eurasischen Großreiche – das Osmanische Reich, das Mogulreich, Persien, China – durchlebten Krisen, gerieten in ökonomische Abhängigkeit von den europäischen Mächten oder lösten sich sogar auf. Nur Russland und Japan, die sich die europäische Modernität in hohem Maße zum Vorbild genommen hatten, spielten nach 1914/1918 weltpolitisch eine Rolle. Auch gerieten die asiatischen und afrikanischen Kulturen gegenüber der europäischen ins Hintertreffen: Für Europäer erschienen sie kaum mehr als vorbildlich, während es in den nichteuropäischen Eliten viele gab, die von ihrer Bildung und ihrem Lebensstil her (im europäischen Sinne) modern sein wollten.

Europas Modernität und Dominanz

Literaturverzeichnis

Einige der ausgewählten Titel sind beitragsübergreifend, werden jedoch, um Doppelnennungen zu vermeiden, nur ein Mal aufgeführt.

Bevölkerung und Landnutzung

Austin Alchon, Suzanne: A Pest in the Land, Albuquerque 2002.
Biraben, Jean-Noël: Essai sur l'évolution du nombre des hommes, in: Population 34 (1979), S. 13–24.
Bray, Francesca: The Rice Economies. Technology and Development in Asian Societies, London 1994.
Chandler, Tertius: Four Thousand Years of Urban Growth. An Historical Census, New York 1987.
Crosby, Alfred W.: The Columbian Exchange. Biological and cultural consequences of 1492, Westport 1972.
Grigg, David: The Agricultural Systems of the World. An Evolutionary Approach, Cambridge 1974.
Klein, Herbert S.: The Atlantic Slave Trade, Cambridge 1999.
Lee, James: The Legacy of Immigration in Southwest China. 1250–1850, in: Annales de démographie historique (1982), S. 279–304.
Lee, James/R. Bin Wong: Population Movements in Qing China and Their Linguistic Legacy, in: Journal of Chinese Linguistic Monograph Series 3 (1991), S. 52–77.
Li, Bozhong: Agricultural Development in Jiangnan. 1620–1850, New York 1998.
Livi Bacci, Massimo: A Concise History of World Population, Cambridge/Oxford 1992.
Livi Bacci, Massimo: Europa und seine Menschen. Eine Bevölkerungsgeschichte, München 1999.
Maddison, Angus: Chinese Economic Performance in the Long Run, Second Edition, Revised and Updated, 960–2030 A.D., Paris 2007.
Mitterauer, Michael: Warum Europa? Mittelalterliche Grundlage eines Sonderwegs, München 2003.
Osamu Saito: The History of World Population in the Second Millennium. Conference report, Florence, Italy, 28.–30. June 2001. http://www.iussp.org/Activities/scp-his/his-rep01.php.
Richards, John F.: Only a World Perspective is Significant. Settlement Frontiers and Property Rights in Early Modern World History, in: Earth, Air, Fire, Water, hrsg. von Jill Ker Conway, Cambridge 1999, S. 102–118.
Richards, John F.: The Unending Frontier. An Environmental History of the Early Modern World, Berkeley 2003.
Wolf, Eric R.: Die Völker ohne Geschichte. Europa und die andere Welt seit 1400, Frankfurt 1986.
Wrigley, E. A.: The Transition to an Advanced Organic Economy: Half a Millennium of English Agriculture, in: Economic History Review LIX, 3 (2006), S. 435–480.
Xue, Yong: A „Fertilizer Revolution"? A Critical Response to Pommeranz's Theory of „Geographic Luck", in: Modern China 33 (2007), S. 195–229.

Yue, Youg: „Treasure Nightsoil as if it were Gold". Economic and Ecological Links between Urban and Rural Areas in Late Imperial Jiangnan, in: Late Imperial China 26/2 (2005), S. 41–71.

Technischer Wandel

Adas, Michael: Machines as the Measure of Men. Science, Technology, and Ideologies of Western Dominance, Ithaca/London 1989.
Allen, Robert C.: The British Industrial Revolution in Global Perspective, Cambridge 2009.
Chase, Kenneth: Firearms. A Global History to 1700, Cambridge 2003.
Enzyklopädie der Neuzeit, 16 Bände, Stuttgart 2005 ff.
Epstein, Stephan R./Prak, Maarten (Hrsg.): Guilds, Innovation, and the European Economy 1500–1800, Cambridge 2008.
Frank, Andre Gunder: ReOrient: Global Economy in the Asian Age, Berkeley/Los Angeles 1998.
Hill, Donald R.: Studies in Medieval Islamic Technology, Aldershot 1998.
Ihsanoglu, Ekmeleddin: Science, Technology and Learning in the Ottoman Empire, Aldershot 2004.
Jones, Eric: The European Miracle. Environments, Economies and Geopolitics in the History of Europe and Asia, Cambridge ³2003.
Liedl, Gottfried/Pittioni, Manfred/Kolnberger, Thomas: Im Zeichen der Kanone. Islamisch-christlicher Kulturtransfer am Beginn der Neuzeit, Wien 2002.
Lorge, Peter A.: The Asian Military Revolution. From Gunpowder to the Bomb, Cambridge 2008.
McClellan, James E./Dorn, Harold: Science and Technology in World History. An Introduction, Baltimore, ²2006.
Mokyr, Joel: The Enlightened Economy. An Economic History of Britain 1700–1850, New Haven/London 2009.
Needham, Joseph: Science and Civilization in China, Bände I-VII, Cambridge 1956 ff.
Pomeranz, Kenneth: The Great Divergence. China, Europe and the Making of the Modern World Economy, Oxford 2000.
Popplow, Marcus: Geschichte der Technik im Mittelalter, München 2010.
Rahman, Abdur: History of Indian Science, Technology and Culture AD 1000–1800, New Delhi/Oxford/New York 1998.
Schmidtchen, Volker/Ludwig, Karl-Heinz: Metalle und Macht 1000 bis 1600, Berlin 1991.
Selin, Helaine: Encyclopaedia of the History of Science, Technology, and Medicine in non-Western Cultures, 2 Bände, Berlin/Heidelberg/New York ²2008.
Sieferle, Rolf Peter: Der Europäische Sonderweg. Ursachen und Faktoren, Stuttgart, ²2003.
Troitzsch, Ulrich/Paulinyi, Akos: Mechanisierung und Maschinisierung 1600 bis 1840, Berlin 1991.

Fernhandel und Entdeckungen

Abu-Lughod, Janet L.: Before Eureopean Hegemony. The World System A.D. 1250–1350, New York/Oxford 1989.
Bitterli, Urs: Alte Welt – neue Welt. Formen des europäisch-überseeischen Kulturkontakts vom 15. bis zum 18. Jahrhundert, München 1986.
Bitterli, Urs: Die Entdeckung Amerikas. Von Kolumbus bis Alexander von Humboldt, München 1991.
Buisseret, David (Hrsg.): The Oxford Companion to World Exploration, 2 Bände, Oxford 2007.

Chaudhuri, Kirti Narayan: Asia before Europe. Economy and Civilization of the Indian Ocean from the Rise of Islam to 1750, Cambridge 1990.
Collet, Dominik: Die Welt in der Stube. Begegnungen mit Außereuropa in Kunstkammern der Frühen Neuzeit, Göttingen 2007.
Crosby, Alfred W.: The Columbian Exchange. Biological and Cultural Consequences of 1492, Westport 2003.
Demel, Walter: Als Fremde in China. Das Reich der Mitte im Spiegel frühneuzeitlicher europäischer Reiseberichte, München 1992.
Ertl, Thomas: Seide, Pfeffer und Kanonen. Globalisierung im Mittelalter, Darmstadt 2008.
Fernández-Armesto, Felipe: Before Columbus. Exploration and Colonisation from the Mediterranean to the Atlantic, 1229–1492, Basingstoke/London 1987.
Fernández-Armesto, Felipe: Columbus, Oxford/New York 1991.
Fernández-Armesto, Felipe (Hrsg.): The Times Atlas of World Exploration, London/New York 1991.
Fernández-Armesto, Felipe: Pathfinders. A Global History of Exploration, New York/London 2006.
Freedman, Paul: Out of the East. Spices and the Medieval Imagination, New Haven/London 2008.
Gaastra, Femme S.: The Dutch East India Company: Expansion and Decline, Zutphen 2003.
Gordon, Stewart: When Asia Was the World, Philadelphia 2008.
Harley, John B./Woodward, David (Hrsg.): The History of Cartography, Bd. 1 ff., Chicago 1987 ff.
Henze, Dietmar: Lexikon der Entdecker und Erforscher der Erde, 5 Bände, Graz 1978–2004.
Lach, Donald F.: Asia in the Making of Europe, 3 Bände (in 9 Büchern), Chicago 1965–1993.
Menninger, Annerose: Genuss im kulturellen Wandel. Tabak, Kaffee, Tee und Schokolade in Europa (16.–19. Jahrhundert), Stuttgart ²2008.
Nagel, Jürgen G.: Abenteuer Fernhandel. Die Ostindienkompanien, Darmstadt 2007.
Ptak, Roderich: Die maritime Seidenstraße. Küstenräume, Seefahrt und Handel in vorkolonialer Zeit, München 2007.
Reichert, Folker: Begegnungen mit China. Die Entdeckung Ostasiens im Mittelalter, Sigmaringen 1992.
Reichert, Folker: Erfahrung der Welt. Reisen und Kulturbegegnung im späten Mittelalter, Stuttgart 2001.
Reinhard, Wolfgang: Geschichte der europäischen Expansion, 4 Bände, Stuttgart 1983–1990.
Schmitt, Eberhard/Schleich, Thomas/Beck, Thomas (Hrsg.): Kaufleute als Kolonialherren: Die Handelswelt der Niederländer vom Kap der Guten Hoffnung bis Nagasaki 1600–1800, Bamberg 1988.
Schmitt, Eberhard (Hrsg.): Dokumente zur Geschichte der europäischen Expansion, 4 Bände, München 1984–1988; Bd. 5, Wiesbaden 2003.
Spence, Jonathan D.: Der kleine Herr Hu, München/Wien 1990.
Subrahmanyam, Sanjay: The Portuguese Empire in Asia, 1500–1700, New York 1993.
Toepel, Alexander (Hrsg.): Die Mönche des Kublai Khan. Die Reise der Pilger Mar Yahballaha und Rabban Sauma nach Europa, Darmstadt 2008.
Wendt, Reinhard: Vom Kolonialismus zur Globalisierung. Europa und die Welt seit 1500, Paderborn/München 2007.

„Weltpolitik"/Reichs- und Staatsbildungen

Bernecker, Walther L. u. a. (Hrsg.): Handbuch der Geschichte Lateinamerikas, Band 1: Mittel-, Südamerika und die Karibik bis 1760, hrsg. von Horst Pietschmann, Stuttgart 1994.

Literaturverzeichnis

Blickle, Peter (Hrsg.): Handbuch der Geschichte Europas, 10 Bände (erschienen 8 Bände) Stuttgart ab 2002.
Bollack, Jean (Wiss. Leitung): Fischer Weltgeschichte, 36 Bände, Frankfurt am Main/Hamburg 1965–1981, Bände 12, 14–22, 24, 25.
Brandes, Jörg-Dieter: Die Mameluken. Aufstieg und Fall einer Sklavendespotie, Wiesbaden 2007.
Chandler, David P.: A History of Cambodia, Chiang Mai ²1994.
Cipolla, Carlo M.: Segel und Kanonen. Die europäische Expansion zur See, Berlin 1999.
Conermann, Stephan: Das Mogulreich. Geschichte und Kultur des muslimischen Indien, München 2006.
Crummey, Robert: The Formation of Muscovy 1304–1613, London/New York 1987.
Dabringhaus, Sabine: Geschichte Chinas 1279–1949, München 2006.
Demel, Walter: Europäische Geschichte des 18. Jahrhunderts. Ständische Gesellschaft und europäisches Mächtesystem im beschleunigten Wandel (1689/1700–1789/1800), Stuttgart u. a. 2000.
Duchhardt, Heinz/Knipping, Franz (Hrsg.): Handbuch der Geschichte der Internationalen Beziehungen, 9 Bände (erschienen 5 Bände), Paderborn u. a. ab 1997, Bände 1, 2, 4.
Edelmayer, Friedrich/Hausberger, Bernd/Weinzierl, Michael (Hrsg.): Die beiden Amerikas. Die neue Welt unter kolonialer Herrschaft, Frankfurt am Main 1996.
Edelmayer, Friedrich/Grandner, Margarete/Hausberger, Bernd (Hrsg.): Die Neue Welt. Süd- und Nordamerika in ihrer kolonialen Epoche, Wien 2001.
Edelmayer, Friedrich/Landsteiner, Erich/Pieper, Renate (Hrsg.): Die Geschichte des europäischen Welthandels und der wirtschaftliche Globalisierungsprozess, Wien/München 2001.
Edelmayer, Friedrich/Feldbauer, Peter/Wakounig, Marija (Hrsg.): Globalgeschichte 1450–1620. Anfänge und Perspektiven, Wien 2002.
Edelmayer, Friedrich/Hausberger, Bernd/Potthast, Barbara (Hrsg.): Lateinamerika 1492–1850/70, Wien 2005.
Fage, John Donnelly/Oliver, Roland (Hrsg.): The Cambridge History of Africa, 8 Bände, Cambridge u. a. 1975/1986, Bände 3, 4.
Faroqhi, Suraiya: Geschichte des Osmanischen Reiches, München ³2004.
Fragner, Bert/Kappeler, Andreas (Hrsg.): Zentralasien. 13. bis 20. Jahrhundert. Geschichte und Gesellschaft, Wien 2006.
Grandner, Margarete/Komlosy, Andrea (Hrsg.): Vom Weltgeist beseelt. Globalgeschichte 1700–1815, Wien 2007.
Gronke, Monika: Geschichte Irans. Von der Islamisierung bis zur Gegenwart, München 2003.
Haarmann, Ulrich/Halm, Heinz (Hrsg.): Geschichte der arabischen Welt, München ⁴2001.
Hausberger, Bernd/Pfeisinger, Gerhard (Hrsg.): Die Karibik. Geschichte und Gesellschaft 1492–2000, Wien 2005.
Hösch, Edgar: Geschichte Rußlands. Vom Kiever Reich bis zum Zerfall des Sowjetimperiums, Stuttgart u. a. 1996.
Hösch, Edgar: Geschichte der Balkanländer. Von der Frühzeit bis zur Gegenwart, München ⁵2008.
Hosking, Geoffrey: Russia. People and Empire 1552–1917, Cambridge/Mass. 1997.
Iliffe, John: Africans. The History of a Continent, Cambridge u. a. 1995.
Imber, Colin: The Ottoman Empire 1300–1650. The Structure of Power, Houndsmille u. a. 2002.
Julien, Catherine: Die Inka. Geschichte, Kultur, Religion, München ³2003.
Kappeler, Andreas: Russische Geschichte, München ⁵2008.
Kepler, Jörn-Ronald: Die Welt der Mamluken. Ägypten im späten Mittelalter 1250–1517, Berlin 2004.
Kollmar-Paulenz, Karénina: Kleine Geschichte Tibets, München 2006.
Krämer, Gudrun: Geschichte des Islam, München 2005.
Kreiser, Klaus: Der Osmanische Staat 1300–1922, München ²2008.
Kulke, Hermann/Rothermund, Dietmar: Geschichte Indiens, Stuttgart u. a. 1982.

Kulke, Hermann: Indische Geschichte bis 1750, München 2005.
Linhart, Sepp/Weigelin-Schwiedrzik, Susanne (Hrsg.): Ostasien 1600–1900. Geschichte und Gesellschaft, Wien 2004.
Lovejoy, Paul E.: Transformation in Slavery. A History of Slavery in Africa, Cambridge u. a. ²2000.
Majoros, Ferenc/Rill, Bernd: Das Osmanische Reich 1300–1922. Die Geschichte einer Großmacht, Wiesbaden 2004.
Matuz, Josef: Das Osmanische Reich. Grundlinien seiner Geschichte, Darmstadt ²1990.
Nolte, Hans-Heinrich: Weltgeschichte. Imperien, Religionen und Systeme 15.–19. Jahrhundert, Wien u. a. 2005.
Oliver, Roland/Atmore, Anthony: The African Middle Ages 1400–1800, Cambridge u. a. 1981.
Pohl, Manfred: Geschichte Japans, München ³2005.
Preisedanz, Karin/Rothermund, Dietmar (Hrsg.): Südasien in der „Neuzeit". Geschichte und Gesellschaft. 1500–2000, Wien 2003.
Prem, Hanns J.: Die Azteken. Geschichte, Kultur, Religion, ⁴2006.
Richards, John F.: The New Cambridge History of India, Bd. I/5: The Mughal Empire, Cambridge u. a. 1993.
Roemer, Hans Robert: Persien auf dem Weg in die Neuzeit. Iranische Geschichte von 1350–1750, Beirut 2003.
Rothermund, Dietmar/Weigelin-Schwiedrzik, Susanne (Hrsg.): Der Indische Ozean. Das afroasiatische Mittelmeer als Kultur und Wirtschaftsraum, Wien 2004.
Schieder Theodor (Hrsg.): Handbuch der europäischen Geschichte, 7 Bände, Stuttgart 1968/1987.
Schimmel, Annemarie: Im Reich der Großmoguln. Geschichte, Kunst, Kultur, München 2000.
Schmidt-Glintzer, Helwig: Kleine Geschichte Chinas, München 2008.
Stein, Burton: A History of India, Oxford/Malden/Mass. 1998.
Unesco, Comité scientifique international pour la rédaction d'une histoire (Ki-Zerbo, Joseph u. a.) (Hrsg.): Histoire générale de l'Afrique, 8 Bände, Paris 1980/1999 (engl. Fassung: General History of Africa, London 1981/1993), Bände 4, 5.
Weiers, Michael: Geschichte der Mongolen, Stuttgart 2004.
Wyatt, David K.: Thailand. A Short History, Chiang Mai 1991.

Weltdeutung und politische Ideen

Baruzzi, Arno: Einführung in die politische Philosophie der Neuzeit, Darmstadt ³1993.
Bauer, Wolfgang: Geschichte der chinesischen Philosophie. Konfuzianismus, Daoismus, Buddhismus, München 2001.
Burke, Peter: Die Renaissance in Italien. Sozialgeschichte einer Kultur zwischen Tradition und Erfindung, Berlin 1992.
Burns, James Henderson (Hrsg.): The Cambridge History of Medieval Political Thought c. 350–c. 1450, Reprint Cambridge/New York/Melbourne 1997.
Dempf, Alois: Sacrum Imperium. Geschichts- und Staatsphilosophie des Mittelalters und der politischen Renaissance, Darmstadt ³1962.
Fetscher, Iring/Münkler, Herfried (Hrsg.): Pipers Handbuch der politischen Ideen, Band 2: Mittelalter: Von den Anfängen des Islams bis zur Reformation, Band 3: Neuzeit: Von den Konfessionskriegen bis zur Aufklärung, München/Zürich 1985.
Gumbrecht, Hans Ulrich: Modern, Modernität, Moderne, in: Geschichtliche Grundbegriffe. Historisches Lexikon zur politisch-sozialen Sprache in Deutschland, hrsg. von Otto Brunner/Werner Conze/Reinhart Koselleck, Band 4, unveränd. Nachdruck Stuttgart 1993, S. 93–131.
Kersting, Wolfgang: Die politische Philosophie des Gesellschaftsvertrags, Darmstadt 1994.

Miethke, Jürgen: Politische Theorien im Mittelalter, in: Politische Theorien von der Antike bis zur Gegenwart, hrsg. von Hans-Joachim Lieber, Bonn ²1993, S. 47-156.
Münkler, Herfried: Im Namen des Staates. Die Begründung der Staatsraison in der Frühen Neuzeit, Frankfurt am Main 1987.
Ottmann, Henning: Geschichte des politischen Denkens, 3 Bände, Stuttgart/Weimar 2004-2008.
Saage, Richard: Politische Utopien der Neuzeit, Darmstadt 1991.
Seibt, Ferdinand: Utopica. Modelle totaler Sozialplanung, Düsseldorf 1972.
Sivers, Peter von (Hrsg.): Respublica Christiana. Politisches Denken des orthodoxen Christentums im Mittelalter, München 1969.
Strategeme. Anleitung zum Überleben. Chinesische Weisheit aus drei Jahrtausenden. Gesammelt, übersetzt und gedeutet von Harro von Senger, München 1996.
Strauss, Leo: The Three Waves of Modernity, in: Political Philosophy. Six Essays by Leo Strauss, hrsg. von Hilail Gildin, Indianapolis/New York 1975, S. 81-98.
Strauss, Leo: Naturrecht und Geschichte, Frankfurt am Main 1977.
Tibi, Bassam: Der wahre Imam. Der Islam von Mohammed bis zur Gegenwart, München 1997.

Renaissancen und kulturelle Entwicklungen

Andersen, Lieselotte: Barock und Rokoko, München 1980.
Asher, Catherine B.: Architecture of Mughal India, Cambridge/New York/Melbourne ³2003.
Batkin, Leonid M.: Die historische Gesamtheit der italienischen Renaissance. Versuch einer Charakterisierung eines Kulturtyps, Berlin 1979.
Beach, Milo Cleveland: Mughal and Rajput Painting, Cambridge u. a. ³2002.
Belting, Hans: Florenz und Bagdad. Eine westöstliche Geschichte des Blicks, München 2008.
Braudel, Fernand: Modell Italien. 1450-1650, Stuttgart 1991.
Burckhardt, Jacob: Die Kultur der Renaissance in Italien. Ein Versuch, hrsg. von Konrad Hoffmann, Stuttgart ¹¹1988.
Burke, Peter: Die europäische Renaissance. Zentren und Peripherien, München 1998.
Canby, Sheila R.: Shah 'Abbas. The Remaking of Iran, London 2009.
Crane, Howard/Akin, Esta (Hrsg.): Sinan's Autobiographies. Five Sixteenth-Century Texts. Introductory Notes, Critical Editions, and Translations. Ed. with Preface by Gülru Necipoğlu, Leiden/Boston 2006.
Delumeau, Jean: La Civilisation de la Renaissance, Paris 1984.
Erben, Dietrich: Die Kunst des Barock, München 2008.
Diez, Ernst: Islamische Kunst, Frankfurt/Berlin 1964.
Grendler, Paul u. a. (Hrsg.): Encyclopedia of the Renaissance, 6 Bände, New York 1999.
Helmrath, Johannes/Muhlack, Ulrich/Walther, Gerrit (Hrsg.): Diffusion des Humanismus. Studien zur nationalen Geschichtsschreibung europäischer Humanisten, Göttingen 2002.
Jackson, Peter/Lockhart, Laurence (Hrsg.): The Timurid and Safavid Periods, Cambridge/New York/Melbourne ⁵2006.
Jardine, Lisa: Wordly Goods. A New History of the Renaissance, London 1996.
Kaufmann, Thomas DaCosta: Höfe, Klöster und Städte: Kunst und Kultur in Mitteleuropa 1450-1800, Köln 1998.
Ladstätter, Otto/Linhart, Sepp: China und Japan. Die Kulturen Ostasiens, Wien/Heidelberg 1983.
Lee, Soyoung (Hrsg.): Art of the Korean Renaissance, 1400-1600, New York/London 2009.
Meijer, Bert W. (Hrsg.): Firenze e gli antichi Paesi Bassi, 1430-1530. Dialoghi tra artisti: da Jan van Eyck a Ghirlandaio, da Memling a Raffaello, Livorno 2008.
Menzies, Gavin: 1421. Als China die Welt entdeckte, München 2004.

Nauert Jr., Charles G.: Humanism and the Culture of Renaissance Europe, Cambridge/New York/ Melbourne ³1998.
Panofsky, Erwin: Die Renaissancen der europäischen Kunst, übersetzt von Horst Günther, Frankfurt am Main ³2001.
Rüegg, Walter: Das antike Vorbild in Mittelalter und Renaissance, in: ders.: Anstöße, Aufsätze und Vorträge zur dialogischen Lebensform, Frankfurt am Main 1973, S. 91–111.
Speiser, Werner: Ostasiatische Kunst, Frankfurt/Berlin 1964.
Stange, Hans O. H.: Geschichte Chinas vom Urbeginn bis auf die Gegenwart, in: Ernst Waldschmidt u. a. (Hrsg.): Geschichte Asiens, München 1950, S. 361–542.
Stierlin, Henri: Schätze des Orients. Die prachtvolle Kunst des persischen Reiches von 900 n. Chr. bis heute, München 2002.
Twitchett, Denis/Mote, Frederick W. (Hrsg.): The Ming Dynasty, 1368–1644, 2 Bände, Cambridge/ New York/Melbourne 1998.
Yoshizawa, Chû u. a.: Japanische Kunst, übersetzt, bearbeitet und herausgegeben von Jürgen Berndt, 2 Bände, Leipzig 1975.

Reformation und Konfessionalisierung in Europa

Blickle, Peter: Die Reformation im Reich, Stuttgart 2000.
Brady, Thomas A. Jr./Oberman, Heiko A./Tracy, James D. (Hrsg.): Handbook of European History 1400–1600: Late Middle Ages, Renaissance and Reformation, 2 Bände, New York/Köln 1994/ 1995.
Burkhardt, Johannes: Das Reformationsjahrhundert. Deutsche Geschichte zwischen Medienrevolution und Institutionenbildung 1517–1617, Stuttgart 2002.
Ehrenpreis, Stefan/Lotz-Heumann, Ute: Reformation und konfessionelles Zeitalter, Darmstadt 2002.
Goertz, Hans-Jürgen, Religiöse Bewegungen in der Frühen Neuzeit, München 1993.
Goertz, Hans-Jürgen: Deutschland 1500–1648. Eine zertrennte Welt, Paderborn u. a. 2004.
Gotthard, Axel: Das Alte Reich 1495–1806, Darmstadt 2003.
Gotthard, Axel: Der Augsburger Religionsfrieden, Münster 2004.
Greengrass, Mark: The Longman Companion to the European Reformation, c. 1500–1618, London/ New York 1998.
Greyerz, Kaspar von: Religion und Kultur. Europa 1500–1800, Göttingen 2000.
Heckel, Martin: Deutschland im konfessionellen Zeitalter, Göttingen 1983.
Lutz, Heinrich: Das Ringen um deutsche Einheit und kirchliche Erneuerung. Von Maximilian I. bis zum Westfälischen Frieden 1490 bis 1648, Frankfurt am Main/Berlin 1987.
Lutz, Heinrich/Kohler, Alfred: Reformation und Gegenreformation, München/Wien 1997.
McGrath, Alister E.: Reformation Thought: An Introduction, Oxford/Cambridge/Mass. 1993.
Mörke, Olaf: Die Reformation. Voraussetzungen und Durchsetzung, München 2005.
Moraw, Peter: Von offener Verfassung zu gestalteter Verdichtung. Das Reich im späten Mittelalter 1250 bis 1490, Frankfurt am Main/Berlin 1989.
Rabe, Horst: Reich und Glaubensspaltung. Deutschland 1500–1600, München 1989.
Reinhard, Wolfgang (Hrsg.): Gebhardt. Handbuch der deutschen Geschichte, Bände 9, 10, Stuttgart 2001.
Rublack, Ulinka: Die Reformation in Europa, Frankfurt am Main 2003.
Schilling, Heinz: Aufbruch und Krise. Deutschland 1517–1648, Berlin 1988.
Schillling, Heinz: Die neue Zeit. Vom Christenheitseuropa zum Europa der Staaten, 1250 bis 1750, Berlin 1999.

Schmidt, Heinrich Richard: Konfessionalisierung im 16. Jahrhundert, München 1992.
Schorn-Schütte, Luise: Die Reformation. Vorgeschichte, Verlauf, Wirkung, München 1996.
Scribner, Bob/Porter, Roy/Teich, Mikuláš (Hrsg.): The Reformation in National Context, Cambridge 1994.
Venard, Marc (Hrsg.): Die Zeit der Konfessionen (1530–1620/1630), Freiburg/Basel/Wien 1992.
Venard, Marc (Hrsg.): Von der Reform zur Reformation (1450–1530), Freiburg/Basel/Wien 1995.

Religiöse Begegnungen und christliche Mission

Bachmann, Peter: Roberto de Nobili 1577–1656, Rom 1972.
Baur, John: Christus kommt nach Afrika. 2000 Jahre Christentum auf dem schwarzen Kontinent, Fribourg/Stuttgart 2006.
Beck, Hartmut: Brüder in vielen Völkern. 250 Jahre Mission der Brüdergemeine, Erlangen 1981.
Böll, Verena: Das jesuitische Intermezzo in Äthiopien: „… usque ad ultimum terrae". Die Jesuiten und die transkontinentale Ausbreitung des Christentums 1540–1773, hrsg. von Johannes Meier, Göttingen 2000, S. 137–151.
Camps, Arnulf u. a. (Hrsg.): Conquista und Evangelisation. Fünfhundert Jahre Orden in Lateinamerika, Mainz 1992.
Decot, Rolf (Hrsg.): Expansion und Gefährdung. Amerikanische Mission und Europäische Krise der Jesuiten im 18. Jahrhundert, Mainz 2004.
Delgado, Mariano: Gott in Lateinamerika. Texte aus fünf Jahrhunderten. Ein Lesebuch zur Geschichte, Düsseldorf 1991.
Delgado, Mariano: Bartolomé de Las Casas. Werkauswahl, 3 Bände, Paderborn 1994–1997.
Finger, Heinz: Geschichte der Kirche in Japan, Köln 2004.
Gensichen, Hans-Werner: Missionsgeschichte der neueren Zeit, Göttingen ³1976.
Glüsenkamp, Uwe: Das Schicksal der Jesuiten aus der Oberdeutschen und den beiden Rheinischen Ordensprovinzen nach ihrer Vertreibung aus den Missionsgebieten des portugiesischen und spanischen Patronats 1755–1809, Münster 2008.
Gründler, Johann Ernst/Ziegenbalg, Bartholomäus: Die Malabarische Korrespondenz. Tamilische Briefe an deutsche Missionare. Eine Auswahl, Sigmaringen 1998.
Hartmann, Peter Claus: Der Jesuitenstaat in Südamerika, Weißenhorn 1994.
Hock, Klaus: Das Christentum in Afrika und dem Nahen Osten, Leipzig 2005.
Höffner, Joseph: Kolonialismus und Evangelium. Spanische Kolonialethik im Goldenen Zeitalter, Trier ³1972.
Huber, Friedrich: Das Christentum in Ost-, Süd- und Südostasien sowie Australien, Leipzig 2005.
Krickeberg, Walter u. a.: Die Religionen des alten Amerika, Stuttgart 1961.
Li, Wenchao: Die christliche China-Mission im 17. Jahrhundert. Verständnis, Unverständnis, Mißverständnis. Eine geistesgeschichtliche Studie zum Christentum, Buddhismus und Konfuzianismus, Stuttgart 2000.
Liebau, Heike (Hrsg.): Geliebtes Europa//Ostindische Welt: 300 Jahre interkultureller Dialog im Spiegel der Dänisch-Halleschen Mission, Halle 2006.
Meier, Johannes: Die Anfänge der Kirche auf den Karibischen Inseln. Die Geschichte der Bistümer Santo Domingo, Concepción de la Vega, San Juan de Puerto Rico und Santiago de Cuba von ihrer Entstehung (1511/22) bis zur Mitte des 17. Jahrhunderts, Immensee 1991.
Meier, Johannes (Hrsg.): Sendung – Eroberung – Begegnung. Franz Xaver, die Gesellschaft Jesu und die katholische Weltkirche im Zeitalter des Barock, Wiesbaden 2005.
Metzler, Josef (Hrsg.): Sacrae Congregationis de propaganda fide memoria rerum. 350 Jahre im Dienste der Weltmission 1622–1972, Bände 1–3, Rom/Freiburg/Wien 1972–1976.

Prien, Hans-Jürgen: Das Christentum in Lateinamerika, Leipzig 2007.
Schurhammer, Georg: Franz Xaver. Sein Leben und seine Zeit. 2 Bände in 4 Teilbänden, Freiburg 1955–1973.
Sievernich, Michael: Franz Xaver. Briefe und Dokumente 1535–1552, Regensburg 2006.
Sievernich, Michael: Die christliche Mission. Geschichte und Gegenwart, Darmstadt 2009.
Väth, Alfons: Johann Adam Schall von Bell SJ. Missionar in China, kaiserlicher Astronom und Ratgeber am Hof von Peking 1592–1666, Nettetal 1991.
Weber, Eugen: Die portugiesische Reichsmission im Königreich Kongo von ihren Anfängen 1491 bis zum Eintritt der Jesuiten in die Kongomission 1548, Aachen 1924.
Wetzel, Klaus: Kirchengeschichte Asiens, Wuppertal 1995.

Erziehung, Bildung und Wissenschaft

Ariès, Philippe: Geschichte der Kindheit, München 1980.
Arnove, Robert/Graff, Harvey (Hrsg.): National Literacy Campaigns: Historical and Comparative Aspects, New York 1987.
Becchi, Egle/Julia, Dominique (Hrsg.): Histoire de l'enfance en Occident. Band 1: De l'antiquité au XVIIe siècle, Paris 1998.
Cipolla, Carlo: Literacy and Development in the West, Harmondsworth 1969.
Compère, Marie-Madeleine (Hrsg.): Historie du temps scolaire en Europe, Paris 1997.
Faroqhi, Suraiya: Kultur und Alltag im Osmanischen Reich, München 1995.
Gernet, Jacques: Die chinesische Welt. Die Geschichte Chinas von den Anfängen bis zur Jetztzeit, Frankfurt am Main 1997.
Goody, Jack (Hrsg.): Literacy in traditional societies, Cambridge 1968.
Haakonssen, Knud (Hrsg.): Cambridge History of Eighteenth Century Philosophy, Band 2, Cambridge 2006.
Hammerstein, Notker (Hrsg.): Handbuch der deutschen Bildungsgeschichte, Bd. II: 18. Jahrhundert, München 2005.
Houston, Robert A.: Literacy in Early Modern Europe, London 2002.
Kleinau, Elke/Opitz, Claudia (Hrsg.): Geschichte der Frauen- und Mädchenbildung, Band 1: Vom Mittelalter bis zur Aufklärung, Frankfurt am Main/New York 1996.
Levi, Giovanni/Schmitt, Jean-Claude (Hrsg.): Geschichte der Jugend, Band 1, Frankfurt am Main 1996.
Linck, Gundula/Jing Wang: Literatur für Kinder aus dem China des 16. Jahrhunderts. Diskurs und Situation, in: Saeculum. Jahrbuch für Universalgeschichte 55 (2004), S. 253–276.
Litt, Stefan: Geschichte der Juden Mitteleuropas 1500–1800, Darmstadt 2009.
Malherbe, Ernst G.: Education in South Africa (1652–1922), Johannesburg 1925.
Mialaret, Gaston/Vial, Jean (Hrsg.): Historie mondiale de l'Education, 3 Bände, Paris 1981.
New Cambridge History of India, Band 1,8: A Social History of the Deccan, 1300–1761, Cambridge 2005.
Rüegg, Walter (Hrsg): Geschichte der Universität, 3 Bände, München 1993–2004.
Schmale, Wolfgang/Dodde, Nan L. (Hrsg.): Revolution des Wissens? Europa und seine Schulen im Zeitalter der Aufklärung (1750–1825). Ein Handbuch zur europäischen Schulgeschichte, Bochum 1991.
Schnell, Rüdiger: Zivilisationsprozesse. Zu Erziehungsschriften in der Vormoderne, Köln/Wien 2004.
Strauss, Gerald: Luther's House of Learning. Indoctrination of the Young in the German Reformation, Baltimore 1978.

Professionalisierung und Sozialstruktur

Aris, Anthony/Van Alphen, Jan: Oriental Medicine. An Illustrated Guide to the Asian Arts of Healing, London 1995.
Bayly, Susan: Caste, Society and Politics in India from the Eighteenth Century to the Modern Age, Cambridge 2001.
Berghoff, Hartmut/Vogel, Jakob (Hrsg.): Wirtschaftsgeschichte als Kulturgeschichte. Dimensionen eines Perspektivwechsels, Frankfurt am Main 2004.
Brimnes, Niels: Constructing the Colonial Encounter. Right and Left Hand Castes in Early Colonial South India, Richmond 1999.
Datta, Rajat (Hrsg.): Rethinking a Millennium. Perspectives on Indian History from the Eighth to the Eighteenth Century. Essays for Harbans Mukhia, Delhi 2008.
Ersch, Johann Samuel/Gruber, Johann Gottfried (Hrsg.): Allgemeine Enzyklopädie der Wissenschaften und Künste, Band 5, Leipzig 1820.
Faroqhi, Suraiya/Deguilhem, Randi (Hrsg.): Crafts and Craftsmen of the Middle East: Fashioning the Individual in the Muslim Mediterranean, London/New York 2005.
Goffman, Daniel: The Ottoman Empire and Early Modern Europe, Cambridge 2006.
Haupt, Heinz-Gerhard (Hrsg.): Das Ende der Zünfte. Ein europäischer Vergleich, Göttingen 2002.
Huff, Toby E.: The Rise of Early Modern Science. Islam, China, and the West, Cambridge 2007.
Lapidus, Ira Marvin: A History of Islamic Societies, Cambridge 2002.
Liaou, Angeliki/Morrisson, Cécile: The Byzantine Economy, Cambridge 2007.
Lucassen, Jan/De Moor, Tine/van Zanden, Jan Liuten (Hrsg.): The Return of the Guilds: Towards a Global History of the Guilds in Pre-industrial Times, Cambridge u. a. 2008.
Marshall, Peter J.: The New Cambridge History of India, Bd. II,2: Bengal. The British Bridgehead. Eastern India 1740–1828, Cambridge 2000.
McNaughton, Patrick R.: The Mande Blacksmith. Knowledge, Power and Art in Westafrica, Bloomington 1988.
Michaels, Axel: Hinduism. Past and present, New Delhi 2005.
Osterhammel, Jürgen: China und die Weltgesellschaft, München 1989.
Quereshi, Ishitiag Husain (Hrsg.): The Administration of the Mughal Empire, Karachi 1966.
Ramanna, Mridula: Western Medicine and Public Health in Colonial Bombay. 1845–1895, Hyderabad 2002.
Reinhard, Wolfgang: Geschichte der Staatsgewalt. Eine vergleichende Verfassungsgeschichte Europas von den Anfängen bis zur Gegenwart, München 2002.
Ridder-Symoens, Hilde de: Training and Professionalization, in: Power Elites and State Building, hrsg. von Wolfgang Reinhard, Oxford 1996, S. 149–172.
Rowe, William T.: Modern Chinese Social History in Comparative Perspective, in: Heritage of China. Contemporary Perspectives on Chinese Civilization, hrsg. von Paul S. Ropp und Timothy Hugh Barrett, Berkeley 1990, S. 242–262.
Rudner, David West: Caste and Capitalism in Colonial India. The Nattukottai Chettiars, Berkeley 1994.
Schwinges, Rainer Christoph (Hrsg.): Europa im späten Mittelalter. Politik, Gesellschaft, Kultur, München 2006, S. 357–384.
Shaw, Ezel Kural/Shaw, Stanford J.: The History of the Ottoman Empire and Modern Turkey, Cambridge 1976.
Unschuld, Paul: Medical Ethics in Imperial China. A Study in Historical Anthropology, Berkeley 1979.
Weber, Max: Die protestantische Ethik, hrsg. von Johannes Winckelmann, 2 Bände, Gütersloh 1978.

Weber, Max: Die Wirtschaftsethik der Weltreligionen Konfuzianismus und Taoismus. Schriften 1915–1920, hrsg. von Helwig Schmidt-Glintzer in Zusammenarbeit mit Petra Kolonko, Tübingen 1989.
Weber, Max: Wirtschaft und Gesellschaft. Die Wirtschaft und die gesellschaftlichen Ordnungen und Mächte, Tübingen 1999.
Weckmann, Luis: The Medieval Heritage of Mexico, New York 1992.

Chronologie

Zeit-spanne	Afrika	Amerika	Ost-, Süd- und Südostasien/Pazifik
13. Jh.	1204: Maimonides stirbt in Kairo		1200: Tod des Neokonfuzianers Zhu Xi 1206: Gründung des Sultanats von Delhi 1206–1227: Dschingis Khan
	Ab 1235: Gründung des Königreichs Mali		1234: Herrschaftsübernahme der Mongolen in Nordchina
	Um 1270: Gründung der Salomoniden-Dynastie in Äthiopien		1279: Zerstörung des Südlichen Song-Reichs durch die Mongolen 1274 und 1281: Scheitern chinesisch-mongolischer Angriffe auf Japan Ende 13. Jh.: Zunehmende Verbreitung des Islam nach Südostasien
14. Jh.	Um 1317: Makuria wird von Muslimen besetzt	Um 1300: Einwanderung der Azteken ins Hochtal von Mexiko Ca. 1325: Gründung Tenochtitláns durch die Azteken	
	1347/1348: Der „Schwarze Tod" erreicht Nordafrika		Erste Hälfte 14. Jh.: Entdeckung und Besiedlung Neuseelands durch die Polynesier
	1377: Ibn Chaldun: »Muqaddima«		1368: Ming-Dynastie anstelle der Mongolen-Herrschaft in China Ende 14. Jh.: Die Vijayanagara-Könige beherrschen Südindien
15. Jh.	Um 1400: Blüte von Groß-Zimbabwe 1415: Eroberung Ceutas durch die Portugiesen Ab 1432: Erkundung der westafrikanischen Küsten durch die Portugiesen		1403–1408 Enzyklopädie des Ming-Kaisers Yongle 1405–1433: Chinesische Übersee-Expeditionen
	Mitte 15. Jh.: Aufstieg des Songhai-Reiches	1438: Beginn der Blütezeit des Inka-Reiches	Ab 1451: Herrschaft der Lodi-Dynastie in Nordindien
		1470: Eroberung des Chimú-Reichs durch die Inka 1492: Kolumbus entdeckt Amerika 1499: Vespucci erforscht die südamerikanische Nordostküste	1498: Vasco da Gama erreicht Indien auf dem Seeweg

Vorder- und Zentralasien	Europa (inkl. Russland)
	12./13. Jh.: Entstehung der Universitäten
1204: Eroberung Konstantinopels durch die Kreuzfahrer
1258: Zerstörung des Abbasidenkalifats durch die Mongolen
1260: Sieg der Mamluken über die Mongolen in der Schlacht von Ain Djalut	Um 1240: Einfall der Mongolen in Polen und Ungarn; Ende des Kiewer Reichs
1291: Eroberung Akkons durch die Mamluken
1295: Die mongolischen Ilkhane bekennen sich zum Islam
Um 1299: Gründung der Dynastie der Osmanen	1265/1266–1273: »Summa theologica« des Thomas von Aquin (unvollendet)
	1337: Beginn des Hundertjährigen Krieges zwischen England und Frankreich
1347/1348: Der „Schwarze Tod" erreicht Europa
Ab ca. 1370: Eroberungszüge des Timur (gest. 1405)	1374: Tod Petrarcas
1378: „Abendländisches Schisma" (bis 1415)
1386: Union Polen-Litauen
1397: Kalmarer Union Dänemark-Schweden-Norwegen bis 1523
1453: Ende des Byzantinischen Reiches nach der Eroberung Konstantinopels durch die Osmanen	
Mitte 15. Jh.: Entwicklung des Buchdrucks	
	Bis 1480: Verlust der Oberherrschaft der Mongolen über Osteuropa
1492: Ende der Reconquista mit dem Fall Granadas
1494: Vertrag von Tordesillas zwischen Spanien und Portugal

Chronologie

Zeit-spanne	Afrika	Amerika	Ost-, Süd- und Südostasien/Pazifik
16. Jh.	Um 1500: Mutapa-Reich löst Groß-Zimbabwe ab	1508: Beginn der spanischen Eroberungen in Karibik und Mittelamerika 1519–1521: Fall des Aztekenreichs 1531–1535: Eroberung des Inka-Reichs durch die Spanier	1511: Eroberung Malakkas durch die Portugiesen 1526: Gründung des Mogulreichs in Indien
		Seit 1545: Ausbeutung des Silberbergs von Potosí	1543: Entdeckung Japans durch Portugiesen Mitte 16. Jh.: Macao wird zur portugiesischen Handelsstation 1556–1605: Mogulkaiser Akbar I.
	1578: Sieg der Marokkaner über die Portugiesen in der Schlacht von Alcazarquivir 1591: Marokkanische Eroberung des Songhai-Reiches		1588–1629: Schah Abbas I.
17. Jh.		1607: Gründung der ersten engl. Dauerniederlassung in Nordamerika in Jamestown/Va. 1608: Gründung Québecs durch französische Kolonisten 1626: Gründung von Neuamsterdam (New York) durch niederländische Kolonisten	1600/1603: Beginn der Tokugawa-Zeit in Japan 1601/1610: Matteo Ricci in Peking Ab 1602: Kolonisierung Ostbengalens 1619: Batavia (Jakarta) wird Handelsstation der VOC 1631–1648: Bau des Taj Mahal
	1636: Gründung Gondars als Hauptstadt des äthiopischen Reiches 1652: Gründung Kapstadts durch niederländische Siedler	1644: Eroberung Neuamsterdams durch die Engländer	Ab 1636: Ausweitung des Machtbereichs der Moguln im Dekkan 1640: Abschließung Japans 1642: Erkundung Australiens und Neuseelands durch die VOC Um 1644: Ende der Ming-, Beginn der Qing-Dynastie 1661: Bombay wird zur Handelsstation der EIC 1661–1722: Qing-Kaiser Kangxi
	1698: Gründung des Sultanats Sansibar durch Oman	1699: Gründung Louisianas durch französische Kolonisten	
18. Jh.		Ab ca. 1700: Neuspanische Herrschaft über Texas und Kalifornien; Ausbeutung brasilianischer Gold- und Diamantenminen	1707: Tod des letzten großen Mogulkaisers Aurangzeb
	1748: Machthöhepunkt des Oyo-Reichs durch den Sieg über Dahomey	1759: Großbritannien erobert Québec von den Franzosen	1739: Eroberung Delhis durch den neuen Schah Nadir 1757: Sieg der Briten über den Nawab von Bengalen bei Plassey
	1798: Napoleon Bonaparte erobert Ägypten	1776: Unabhängigkeitserklärung der Vereinigten Staaten von Amerika 1791: Sklavenaufstand auf Haïti	1767: Eroberung Ayutthayas durch Burma 1768–1775: James Cook im Südpazifik

Chronologie

Vorder- und Zentralasien	Europa (inkl. Russland)
Um 1500: Gründung des Safawiden- und des Usbekenreichs 1520–1566: Süleyman II. (I.) (osmanischer Sultan)	1516/1519–1556: Karl I. (V.) 1517: Beginn der Reformation in Deutschland 1532: Publikation von Niccolò Machiavellis »Principe«
	1562: Beginn der Hugenottenkriege
1568–1574: Bau der Selim-Moschee in Edirne durch Sinan 1590: Friedensschluss zwischen Osmanen und Safawiden	1571: Sieg der christlichen Mittelmeermächte über die Osmanen bei Lepanto 1599: Studienordnung der Jesuiten
1622: Die portugiesische Handelsstation Hormus fällt in die Hände der Safawiden	1600: Gründung der EIC 1602: Gründung der VOC 1618–1648: Dreißigjähriger Krieg 1622: Gründung der Congregatio de Propaganda Fide
1639: Frieden und Grenzfestlegung zwischen Osmanen- und Safawidenreich	1637: Erreichen der sibirischen Pazifikküste durch die Russen 1640/1668: Portugal wird von Spanien unabhängig 1651: Thomas Hobbes: »Leviathan« 1664: Gründung der Französischen Ostindienkompanie 1643/1661–1715: Ludwig XIV.
1683: Nach Reformen im Osmanischen Reich gescheiterter Angriff auf Wien	1682/1689-1725: Zar Peter I. 1690: John Locke: »Two Treatises of Government«
1722/1736: Ende des Safawidenreiches	1701–1714: Spanischer Erbfolgekrieg
	1740–1748: Österreichischer Erbfolgekrieg, Aufstieg Preußens 1756: Beginn der Siebenjährigen Krieges 1762: Jean-Jacques Rousseau: »Contrat social«
1768–1774: Russisch-türkischer Krieg endet mit schwerer Niederlage der Osmanen 1796: Neugründung eines persischen Reiches unter den Kadscharen	1764: Erfindung der Spinning Jenny 1783: Annexion der Krim durch Russland 1789: Beginn der Französischen Revolution

Register

Die Schreibweise der Namen und Orte folgt grundsätzlich den Regeln des Duden; in Ausnahmefällen wurden allerdings davon abweichende Schreibweisen der einzelnen Fachdisziplinen berücksichtigt.

Personenregister

Abbas I. 151, 177, 182, 190, 205, 208, 279, 285, 289
Abdullah Khan Usbek II. 288
Abdulrauf 413
Abreu, António de 81
Abu 'l-Fazl 183, 287
Abu al-Hasan 288–289
Acosta, José de 341
Adalbero von Laon 432
Adam 136
Äneas 270
Afonso I. (Kongo) 328–329
Agum von Mataram 361
Ahmad Schah 151
Ahmad Sirhindī 360
Akbar I. 82, 150, 183, 186, 189, 193, 205, 279, 287, 359–360, 367, 413, 417, 450
al-Fārābī 251–252
al-Kamil Muhammad al-Malik 249
al-Malik al Kamil 325
al-Mawardi 253
Ala ud-Din 119
Alberti, Leon Battista 264, 269, 271–272, 279
Alberto de Sarteano 330
Albertoni, Ludovica 277
Albertus Magnus 251
Albrecht (Erzbischof) 305–306
Albuquerque, Afonso de 70, 81
Alexander der Große 79
Alexander VI. 332, 337
Alfons V. 68
Ali 182
Ali Schir, Mir 285

Alighieri, Dante 218
Almagro, Diego de 94
Altan Khan 153
Alvarado, Pedro de 94
Amda Seyon I. 128
Amundsen, Roald 92
an-Nasir Muhammad 193, 325
Anchieta, José de 348
Andersen, Liselotte 277
Andreae, Johann Valentin 228
Andronikos II. 97
Anna von Österreich 349
Arghun 97
Aristoteles 233, 243, 250–251
Astley, Thomas 104
Atahualpa 93, 135, 335
Aurangzeb 150–151, 183, 191, 206, 208, 290, 294, 360, 367
Averroës, s. Ibn Ruschd
Avicenna, s. Ibn Sina

Baartman, Sarah 100–101
Babur 150, 190, 359
Bacon, Francis 227–228, 233–234, 257
Baffin, William 92
Bar Sauma 97
Barbosa, Duarte 81
Barclay, William 218
Barents, Willem 88
Bāyezīd II. 284
Behaim, Martin 131
Behzād 285
Belalcázar, Sebastián de 94
Bellarmino, Roberto 358
Bellini, Gentile 279

Benavente, Toribio de 338
Benedikt XIV. 368, 375
Bering, Vitus 88
Bernhard von Chartres 231
Bernini, Gian Lorenzo 277–278
Bibi Khanum 284
Biondo, Flavio 273–274
Biraben, Jean-Noël 12–13
Bishan Das 288
Blaeu, Joan 105
Boccaccio, Giovanni 122
Bocskay, Stephan 320
Bodin, Jean 220, 244
Bonifatius VIII. 217
Borgia, Cesare 224
Botero, Giovanni 227
Böttger, Johann Friedrich 50
Botticelli, Sandro 261
Bracciolini, Poggio 269
Braudel, Fernand 276
Brouwer, Hendrik 80
Brunelleschi, Filippo 267, 269, 271, 273
Bruno, Leonardo 221
Buirette de Belloy, Pierre-Laurent 218
Burckhardt, Jacob 261, 272
Busbecq, Ogier Ghislain de 78

Caboto, Giovanni 92
Cabral, Pedro Álvares 80, 91
Caesar, Gaius Iulius 268
Calvin, Johannes 296, 303, 312, 315, 320, 432
Campanella, Tommaso 228, 230–231

Canonhiero, Pietro Andrea 227
Caravaggio 278
Cárdenas, García López de 93
Cartier, Jacques 92
Carvalho e Mello, Sebastião de, Marquês de Pombal 350, 381
Castiglione, Baldassare 227, 276
Cellini, Benvenuto 272
Chaldun, Ibn 121
Champlain, Samuel de 353
Christian II. 340
Christian III. 322
Churrem (Roxelane) 178
Cicero, Marcus Tullius 268–269, 276
Clausewitz, Carl von 444
Claver, Pedro 352
Clavius, Christophorus 373
Clemens VIII. 365
Clemens XI. 375
Cão, Diogo 69, 328
Coelho, Gonçalo 91–92
Colleoni, Bartolomeo 261
Comenius, Johann Amos 398
Commerçon, Philibert 99
Compagni, Dino 63
Conti, Niccolò de' 65, 80
Cook, James 96, 99
Coronado, Francisco Vásquez de 93–94
Corte-Real, Gaspar 92
Cortés, Hernán 93–94, 135, 334–335, 338, 451
Cosimo de'Medici 265
Covilhã, Pero de 90
Cromwell, Oliver 355

Dance, Nathaniel 99
Davis, John 92
Dayan Khan 117, 153, 175
Dei, Benedetto 89
Dernschwam, Hans 78
Descartes, René 233–234
Desideri, Ippolito 367
Dias, Bartolomeu 69
Díaz del Castillo, Bernal 334
Diez, Ernst 285
Drake, Francis 137
Dschalal ad-Din ar-Rumi 281
Dschingis Khan 64, 113, 116, 118, 154–155, 166, 175, 281

Dürer, Albrecht 103, 261, 271–272, 279, 293

Eanes, Gil 69
Eduard I. 97
Eduard VI. 321
Egmond, Lamoral Graf von 316
Elcanos, Juan Sebastián 131
Eleonore von Portugal 328
Eliot, John 355
Elisabeth I. 178, 297, 321–322
Epiktet 227
Erasmus von Rotterdam 261, 291, 302, 324, 391
Ersch, Johann Samuel 434
Esen (Tayishi) 117
Eugen IV. 330

Fan Shouyi, Luigi 99
Farnese, Alexander 318
Fei Xin 98
Fénelon, François 398
Ferdinand I. 308, 311, 319
Ferdinand II. (Kaiser) 319–320
Ferdinand II. von Aragón (König) 323, 331, 333
Fernberger von Egenberg, Georg Christoph 79
Ficino, Marsilio 220, 271
Figueira, Luís 349
Filarete, Antonio 271
Filmer, Robert 218–219
Fitch, Ralph 82
Foxe, Luke 92
Francisco de Xavier 86, 363–364, 368–370, 375
Francke, August Hermann 379, 399
Franklin, Benjamin 476
Franklin, John 92
Franz I. 136, 146, 164, 211, 275, 285, 291, 307
Franz II. 315
Franz von Assisi 325, 350
Franz Xaver, s. Francisco de Xavier
Fray Bernardino de Sahagún 339
Friedrich der Weise 306
Friedrich II. (Kaiser) 445, 463
Friedrich II. (König) 175

Friedrich III. 312
Friedrich IV. 379
Friedrich V. 313, 320
Frobisher, Martin 92

Galenos von Pergamon 270, 463
Galilei, Galileo 233
Gálvez, José de 383
Garve, Christian 433
Gaspard de Coligny 316
Georg III. 99
Ghiberti, Lorenzo 262
Giotto 270
Giovio, Paolo 272
Goethe, Johann Wolfgang von 398
Gómez, Esteban 92
Gong Zhen 98
Gracián, Baltasar 227, 257
Gregor XIII. 364, 370–371
Gregor XV. 366
Gregor XVI. 353
Gresham, Thomas 396
Grotius, Hugo 77, 246
Gruber, Johann Gottfried 434
Gu Yanwu 256
Guicciardini, Lodovico 397
Gustav I. Wasa 322
Gutenberg, Johannes 48

Hakluyt, Richard 104–105
Ham 89
Hamel, Hendrik 87
Hamzah Fansuri 412
Harff, Arnold von 89
Hegel, Georg Wilhelm Friedrich 239
Heinrich der Seefahrer 68, 164, 327
Heinrich II. 101
Heinrich III. 315–316
Heinrich IV. 313, 316
Heinrich VIII. 245, 321
Herodot von Halikarnassos 79
Heyn, Piet 137
Hideyoshi, Toyotomi 160, 191, 293, 370
Hildegard von Bingen 463
Hobbes, Thomas 220, 226, 233–246, 248

493

Register

Hodgson, Marshall 429
Hongwu 179, 201, 436
Hooker, Richard 236
Hu, Johannes 99–100
Huang, Arcadio 99
Huáscar 135
Hudson, Henry 92
Huitzilopochtli 334
Huizong (Hui-tsung) 290
Hülegü 325
Humayun 286
Hus, Jan 300–301

Ibn Abd al-Wahhab 254
Ibn al-Arabi 413
Ibn Battuta 1
Ibn Chaldun 121, 250–253, 255
Ibn Ruschd (Averroës) 249–252
Ibn Saud 254
Ibn Sina 251
Ibn Taimiya 251, 253–254
Ibrahim Adil Schah II. 287
Iemitsu, Tokugawa 371
Ieyasu, Tokugawa 160, 293, 371
Ignatius von Loyola 304, 363
Innozenz IV. 325
Isabella von Kastilien 323, 331–332
Ismail I. 163, 182, 190, 205, 285
Iwan III. 201, 275, 327
Iwan IV. 180, 189, 201, 327, 405

Jaballaha III., s. auch Markos 97
Jafet 89
Jahangir 178, 287–289, 360, 367
Jailak 325
Jakob der Däne 340
Jakob I. von England 321
Jiménez de Cisneros, Francisco 332, 352
Joachimsen, Paul 272
Johann (João) II. 68–69, 164, 328
Johann Friedrich von Sachsen 308
Johann III. 363
Johann IV. 349
Johann Moritz von Nassau 349
Johannes (Priesterkönig) 79, 83, 90, 109, 329

Johannes de Plano Carpini 87, 325
Johannes von Montecorvino 325, 329, 365
Jordanus Catalanus von Séverac 80
Joseph I. 350, 381
Julius II. 332

Kaempfer, Engelbert 78, 82, 87
Kangxi 155, 177, 291, 374–375
Kanō Eitoku 293
Kant, Immanuel 233–234, 242, 248
Kara Mustafa 204
Karl (Erzherzog) 319
Karl der Große 262
Karl III. 382
Karl IX. 315
Karl V. 135, 145–146, 164–165, 306–309, 316, 319, 323–324, 332, 336–338
Karl XII. 148
Kästner, Abraham Gotthelf 105
Katharina II. 407
Katharina von Aragón 321
Katharina von Medici 101, 178, 275, 315
Kino (Kühn), Eusebio Francisco 341
Knox, John 322
Kögler, Ignaz 374
Kolb, Peter 90
Kolumbus, Christoph 1, 3, 17, 42, 72–73, 91–92, 94, 101–102, 104, 121, 134–136, 165, 269, 331–332
Kolumbus, Diego 333
Konfuzius 256–257, 290, 292
Konstantin der Große 269, 326
Kopernikus, Nikolaus 269–270
Krishnadevaraya 127
Kublai Khan 64, 84, 113, 419, 439

La Salle, Robert Cavelier de 354
Lafiteau, Joseph François 354
Landa, Diego de 342
Las Casas, Bartolomé de 102, 333, 337, 352
Laval, François de 354

Lavalette, Antoine 381–382
Le Jeune, Paul 353
Leibniz, Gottfried Wilhelm 234, 374, 379
Leo Africanus 100
Leo X. 306, 328
Leopold I. (Kaiser) 147, 149
Leszczyński, Stanislaus 210
Li Lung-mien 290
Li Zhi 420
Linschoten, Jan Huyghen van 81
Lipsius, Justus 227
Liu Bingzhong 419
Livius, Titus 268, 274, 282
Llull, Ramon 325
Locke, John 219, 234–246, 248, 398
Loubère, Simon de la 82
Louis I. de Bourbon 316
Lourenço da Silva de Mendonça 352
Lü Kun 420
Ludwig II. 144
Ludwig IX. 325
Ludwig X. von Bayern 274
Ludwig XIII. 349
Ludwig XIV. 82, 158, 161, 211, 278, 316, 354
Ludwig XV. 210, 354
Luther, Martin 218–219, 253, 296, 301, 303–306, 308–309, 380, 391–392, 432

Ma Huan 98
Macaulay, Zachary 100
Machiavelli, Niccolò 221–227, 257, 264, 268
Magellan, Ferdinand 95, 131
Mahmud von Ghazni 358
Malfante, Antonio 89
Malocello, Lancelotto 68
Manetti, Giannozzo 221
Mansa Musa, Kankan 167
Manuel I. 68, 164, 328–330
Marco Polo 112, 134
Maria Theresia 178, 210
Maria von Medici 275
Marignolli, Giovanni de' 80
Markos, s. auch Jaballaha III. 97
Marquette, Jacques 354

Marsilius von Padua 219–220
Martini, Martino 374
Marx, Karl 239–240, 433, 459
Masaccio 270
274, 276, 282, 291
Matthias I. Corvinus 118, 274, 276, 282, 291
Maximilian II. 283
Mehmed II. 193, 203, 279, 282–283, 287, 294, 326, 410, 447
Mehmed III. 176, 465
Mei Yingzu 421
Melanchthon, Philipp 307, 391–392
Mendelssohn, Moses 402
Michael VIII. Palaiologos 456
Michelangelo 261, 267, 273, 277
Michelet, Jules 261
Minas 331
Moctezuma 334
Mogrovejo, Toribio de 341
Mohammed 78, 182, 250–251, 408, 413
Mohammed von Ghur (Muizz ad-Din Muhammad) 358
Mohyla, Petro 406
Montalboddo, Fracanzano da 104
Montesinos, Antonio 333
Moritz von Sachsen 308
Morus, Thomas 228–231, 245, 340
Muhammad bin Tughluq 119
Muhammad ibn Abd al-Wahhab 414
Mulai Ismail 140, 177–178, 211
Müntzer, Thomas 219, 309
Mustafa Sa'i Çelebi 284

Nadir Schah 151–152
Nanak 359
Napoleon Bonaparte 122
Narai 157, 210
Naresuan 157
Newcomen, Thomas 56
Nicolaus I. 381
Niebuhr, Carsten 79
Nietzsche, Friedrich 232–233
Nikolaus IV. 97
Nikolaus von Kues 219
Nizam al-Mulk 151

Noah 89
Nobili, Roberto de 366
Nobunaga, Ōda 160, 293, 370
Nordenskiöld, Adolf Erik 88
Núñez de Balboa, Vasco 95
Nur Jahan 178
Nurbanu 465
Nurhaci 154
Nzinga 328

Ockham, Wilhelm von 218
Odorico da Pordenone 82, 84, 326
Olearius, Adam 78
Omai 99–100
Ometecutli 335
Oñate, Juan de 93
Orellana, Francisco de 94
Orhan (Gazi) 326, 410
Orhan Gazi 410
Ortelius, Abraham 105
Osman 326

Paine, Thomas 246
Peter I. 148, 201, 210, 407–408
Peter von Gent 338
Petrarca, Francesco 101, 220, 268, 272, 280
Philipp der Kanzler 214
Philipp der Schöne 97
Philipp II. 98, 110, 140, 145, 157, 161, 318, 321, 332, 341, 370
Philipp III. 341
Philipp IV. 145
Philipp von Hessen 308
Pico della Mirandola, Giovanni 220–222, 229
Pires, Tomé 81, 84–85
Pius II. 95
Pizarro, Francisco 93–94, 135, 335
Pizarro, Gonzalo 94
Platon 213, 218, 221, 230, 250–252, 256–257, 271, 431
Plinius der Ältere 79, 270
Polo, Maffeo 65
Polo, Marco 1, 72, 80, 82–84, 86–87, 95–96, 102, 365
Polo, Niccolò 65
Polybios 224

Poma de Ayala, Felipe Guamán 341–342
Ponce de León, Juan 94
Porta, Giacomo della 267
Prévost, Antoine-François 104
Ptolemäus 80, 270
Pufendorf, Samuel 170
Purchas, Samuel 104

Qianlong 155–156, 177, 375
Quaque, Philip 380
Quintilian 269
Quiroga, Vasco de 340

Rabelais, François 261
Ramusio, Giovanni Battista 104
Ranke, Leopold von 300
Rauwolf, Leonhard 78, 102
Razyyat von Delhi 389
Regiomontanus, Johannes 269, 279
Rembrandt 278
Reynolds, Joshua 99
Rhodes, Alexandre de 158, 376–377
Ricci, Matteo 85, 372–373, 419
Richelieu, Armand-Jean I. du Plessis de 146, 198–199
Richthofen, Ferdinand von 63
Riza Abbasi 285
Rotteck, Karl von 245–246
Rousseau, Jean-Jacques 233–234, 239–245, 248
Rubens, Peter Paul 277–278
Rudolf II. (Kaiser) 319–320

Šāh Walīyuallāh ad-Dihlawī 360
Sa'di 289
Saavedra Cerón, Álvaro de 95
Sahagún, Bernadino de 339
Sallust 268
Salutati, Coluccio 221, 268
Sandoval, Alonso de 352
Savonarola, Girolamo 294
Schah Ruch 284
Schall von Bell, Johann Adam 85, 374
Schiller, Friedrich von 433
Schmitt, Carl 238, 244
Schmitt, Eberhard 96

Register

Schopenhauer, Arthur 227
Seih Hamdullah 284
Selim I. 176, 181, 190, 327
Selim II. 284
Selim III. 466
Sem 89
Seneca 227
Serefeddin Sabuncuoglu 465
Serrão, Francisco 81
Sesshū 293
Settala, Ludovico 227
Shaftesbury, Anthony Ashley-Cooper, Earl of 398
Shah Jahan 150, 206, 360
Shakespeare, William 261
Shamsuddin 413
Shen Fuzong, Michael 99
Sher Schah (Sur) 286, 417
Shivaji 151, 183
Siebold, Philipp Franz von 87
Sigismund II. August 320
Sigismund III. 320
Sinan 283–284
Sissinios (Susenyos) 331
Sixtus V. 371
Skanderbeg (Gjergj Kastrioti) 118
Smith, Adam 433
Solinus, Gaius Iulius 79
Sonni Ali 128
Spengler, Oswald 252
Spinoza, Baruch (de) 234, 246, 401
Suárez, Francisco 246
Süleyman II. (I.) 146, 176, 178, 188, 203, 211, 282–283, 327, 410
Sulignavongsa 158
Sundiata Keita 187
Sūnzǐ 257

Tacitus 227
Tahmasp 285–286
Tan Daoji 257
Thomas von Aquin 213–216, 236, 251
Thukydides 222
Thunberg, Carl Peter 87
Tiepolo, Giovanni Battista 278
Timur (Tamerlan) 3, 110, 117–119, 166, 176, 281, 284, 286, 326, 359, 365
Titus Livius 223, 225
Tlaloc 334
Tohtu (Toktaku) 325
Toscanelli, Paolo 269
Trubar, Primož 392

Ulugh Beg 284
Urdaneta, Andrés de 95

Valdivia, Pedro de 94, 336
Valeriano, Antonio 340
Valignano, Alessandro 369–370
Valla, Lorenzo 269
van der Putte, Samuel 82
van der Weyden, Rogier 267
van Eyck, Jan 267
Varthema, Ludovico de 79, 81
Vasari, Giorgio 262, 271
Vasco da Gama 3, 62, 69, 80, 104, 125, 134
Vattel, Emer de 248
Verbiest, Ferdinand 85, 374
Verraz(z)ano, Giovanni da 92
Verrocchio, Andrea del 261
Vesalius, Andreas 261, 270
Vespucci, Amerigo 91–92, 104
Vieira, António 349
Vinci, Leonardo da 54, 261, 271, 273, 285

Vitoria, Francisco de 246, 338
Vitruv 269, 271, 284

Wang Yangming 257, 290
Ward, Maria 388
Watt, James 57
Weber, Max 96, 167, 431, 433–437
Welcker, Carl 245–246
Wesley, John 380
Wilhelm III. 149
Wilhelm von Oranien 316
Wilhelm von Rubruk 87, 325
William Laud 322
Winthrop, John 355
Wyclif, John 301

Xiao Zixian 257
Xuande 290

Yan Yuan 420
Yongle 97–98, 116–117, 177, 201, 290–291
Yongzheng 155, 177, 421
Ysalguier, Anselme de 89

Zāhir ad-Dīn Muhammad Bābur 286–287
Zara Yaqob 128, 330
Zedler, Johann Heinrich 297
Zhang Xuecheng 422
Zheng He 41, 97–98, 100, 116
Zhu Xi 256
Zinzendorf, Nikolaus Ludwig Graf von 355, 358, 380
Zwingli, Ulrich 296, 303–304, 315

Ortsregister

Aachen 312
Aberdeen 445
Acapulco 134
Aceh 110, 159, 361, 413
Aden 69
Afghanistan 63, 82, 144, 281
Afrika, Horn von 97, 142, 362
Agra 287, 359, 367
Ägypten 37, 68, 78, 89–90, 112, 120, 122–125, 128, 138, 325, 327, 330, 410, 439, 456
Ahmadnagar 127, 150
Ahom 157
Aïr-Gebirge 128
Ajmer 119, 150, 287
Akkon 113
Aksum 329
Alaska 88, 91
Alcáçovas 68, 71
Alentejo 26
Alëuten 88
Alexandria 78, 122, 128, 331, 362
Algier 139
Alpen 25–26, 264, 274–275, 390
Altaigebirge 156
Altona 400
Alwa (Alodia) 128, 362
Amazonas 94, 349
Ambon 76, 81
Ambras 103
Amselfeld 326
Amsterdam 54, 75, 103, 105, 164, 200, 396–397
Anatolien 118–119, 152, 161, 187, 204, 409, 411
Andalusien 59, 120–121
Anden 32, 35, 59, 94, 165, 198
Angamale 365
Angkor 37–38, 82, 126, 183
Angola 137, 141, 328
Anhui 23
Anian, Straße von 91, 96
Antwerpen 105, 110, 263, 279, 317–318
Apennin 185
Appenzell 314
Äquator 80
Arabien 63, 65, 69, 79, 156

Arabisches Meer 41
Aragón 71, 120–121, 145, 162, 165, 331
Arakan 150, 157
Araukanien 184
Argentinien 18, 342, 347
Arkansas 354
Armenien 144
Aserbaidschan 118–119, 152
Asow 148
Assam 157
Assuan 362
Astrachan 118, 148
Äthiopien 90, 128, 142–143, 176, 183, 329–331, 425
Atlantik 40, 42, 68, 72, 121, 138–139
Augsburg 271, 274, 297, 307–315, 319
Ava 126, 157
Avadh (Oudh) 151, 206
Avignon 266, 276
Ayutthaya 82, 125–126, 157–158, 168, 192, 206, 208
Azincourt 188
Azoren 17, 72, 121, 331, 364

Baffin Bay 92
Bagan (Pagan) 126
Bagdad 32, 113, 326, 358, 408, 413, 465
Bagirmi 187
Bahamas 331
Balch 281
Bali 159, 361–362
Balkan 26, 118, 123, 145, 161, 181, 187, 204, 400
Baltikum 113, 143, 147–148, 154, 163, 406
Banat 26
Banda-Inseln 76, 78, 81
Bandar Abbas 152
Bangladesch 16, 20
Banten (Bantam) 159–160, 168, 412
Barcelona 138
Bardhaman 451
Basel 301, 314, 330
Batavia 75, 159, 404

Bayern 19, 393
Belém do Pará 349, 351
Belgien 26
Belize 137
Bengalen 20–21, 63, 76, 81, 119, 127, 150, 157, 183, 193, 208, 359–360, 450–451
Bengalen, Golf von 127
Benin 141, 168, 427
Berār 127, 150
Berlin 402
Bern 170, 314–315
Bhutan 154
Biafra 129
Bidar 127
Bihar 119, 150
Bijapur 127, 151, 183, 287
Böhmen 144–146, 162, 275, 300–301, 310, 316, 319–321, 398, 402
Bolivien 198, 342, 346–347
Bologna 103, 302, 307, 445
Bombay 77
Bordeaux 97, 396
Borneo 361–362
Bornu 128, 362
Bosnien 26
Boston 355
Brahmaputra 360
Brandenburg 16, 19, 298, 305–306, 311
Brasilien 18, 92, 94, 102, 104, 134–135, 137–138, 165, 199, 347–348, 350–352, 363, 381, 403, 427
Breslau 119
Bretagne 170
Britische Inseln 296
Brügge 263, 267
Brunei 361
Brüssel 267
Buchara 152–153, 284, 288, 408
Buda 282
Buganda 127
Bungo 369
Bunyoro 127
Burgos 333
Burgund 120, 263, 274–275

497

Register

Burma 27, 63, 82–83, 156–158, 417
Bursa 117, 410, 457–458
Byzantinisches Reich 6, 326, 404, 433–434, 447, 455–456, 463
Byzanz, s. auch Konstantinopel 279, 282, 326, 447, 456

Cabo do Não 69
Caffa 122
Cajamarca 335
Calicut 62, 69, 81, 125, 365
Callao 342
Cambay 69
Cambridge 395
Cankırı 409
Cannanore 365
Cartagena de Indias 342, 352
Catania 445
Cathay 63, 65, 83, 86, 88, 92
Cebú 95, 376
Celebes, s. Sulawesi
Ceuta 121, 164
Ceylon 37, 52, 70, 76, 80, 102, 151, 156, 364, 378–379
Chaco 346
Chambord 261, 308
Champa 113, 116, 126, 158, 183
Champasak 158
Chang'an 63
Charcas 342
Charenton 99
Chiang Mai 126, 157
Chiapas 337, 342
Chidambaram 415
Chile 94, 198, 346
Chiloé 347
China 2–5, 7–8, 12–16, 20, 23, 25, 27–28, 30–33, 35–42, 44–46, 48–49, 51–55, 57, 59–61, 63–65, 69–70, 72, 74, 76–77, 80, 82–87, 96, 98–100, 102, 104, 111–113, 116, 122–123, 134, 144, 153–155, 157, 161, 168, 171–172, 174–175, 177, 179, 185, 189, 192, 202–203, 207–210, 212, 256–257, 280, 290–293, 325–326, 354, 360, 364, 367, 372–377, 381, 386, 388–389, 398, 418, 425, 436–437, 439–440, 449–450, 460–461, 467–471, 473–474, 476
Chinesisches Meer 64, 76
Chioggia 65, 80
Chios 72
Chiquitanía 347, 382
Chiwa 152
Chōrāsan 118–119, 152, 205
Cibola 94
Cochin 70, 76, 363–365
Coimbra 26, 395
Colombo 70, 76, 199, 363
Colorado River 93
Concepción de La Vega 332
Córdoba (Argentinien) 336, 347
Cornwall 17
Coro 342
Costa Rica 93, 198, 358
Cranganore 365
Crépy 308
Cubagua 94
Cusco 130, 135, 335, 342

Dadu, s. auch Peking 63
Dahomey 139, 141
Dai Viêt 113, 116, 126, 158, 174
Damaskus 32, 413, 465
Dänemark 143, 147–148, 162, 170, 175, 322, 340, 378
Darfur 141, 187
Dejima (Deshima) 87, 160, 372, 425
Dekkan 81, 127, 150, 206, 287, 359–360, 416
Delft 50
Delhi 81, 113, 119, 127, 150–151, 286, 359–360, 367, 416, 439, 466
Demak 159–160, 361
Deutschland, s. auch Heiliges Römisches Reich 19, 104, 162, 296, 310, 323
Devon 17
Dhaka 21
Diu 191, 363
Diyarbakır 366
Djenné (Jenné) 167, 426
Dotawo 362
Dresden 103
Dschidda 97

Dublin 395
Dubrovnik 119
Durango 342

Ecuador 198, 346
Edinburgh 463
Edirne 284, 410
Edo 425
El Salvador 93
Elbe 16, 19
Elfenbeinküste 68
Elmina 72
Emden 396
Emilia-Romagna 17, 27
England 3, 7, 15–19, 22, 32, 41, 44, 52–54, 56, 61, 68, 77–78, 82, 88, 92, 96, 99–100, 102, 104, 120, 123, 136, 139, 145–146, 149–150, 162, 164–165, 169–171, 175, 184, 276, 278, 287, 297–298, 301, 313, 321–322, 352, 354, 368, 378, 380, 392, 395–400, 403, 438, 464
Erlangen 395
Essen 389

Fatehpur Sikri 82, 287
Feodossija 122
Ferghanatal 150, 152
Ferrara 323, 330, 395
Fès 121
Feuerland 92
Finnland 147, 162, 395
Flandern 17, 22, 32, 143, 263, 267
Florenz 12, 91, 123, 169, 225, 261–262, 264–268, 271, 279, 291, 323, 330
Flores 362, 375
Florida 94, 336, 342
Fontainebleau 316
Fort Nassau 352
Foxe Basin 92
Frankfurt an der Oder 19
Frankfurt am Main 400
Frankreich 19, 22, 40, 44, 53, 68, 76–77, 82, 96–97, 100–102, 104, 120, 136, 145–147, 149–150, 161–162, 165, 170, 172–173, 179, 184, 197–198, 210–211, 263, 275–276, 278, 285,

291, 296, 299–302, 308, 312–
  313, 315–316, 320, 324–325,
  349, 351–352, 354, 368, 377–
  378, 381–382, 388, 393, 396–
  398, 446, 450, 464
Fribourg 314
Friedberg 400
Frobisher Bay 92
Fujian 23, 27–28
Funay 364, 371
Funchal 328–329, 364
Fürth 400

Galizien 120
Ganges 81, 91, 119, 143, 151,
  183, 359–360
Gao 128, 140, 362
Gelber Fluss 24, 84
Gelbes Meer 41
Genf 296, 312, 315, 393, 396–
  397
Gent 267
Genua 65, 72, 97, 101, 118, 122,
  138, 323
Georgien 118, 406
Ghana 72, 141, 362, 427
Gibraltar 72, 149
Glarus 314
Glogau 400
Goa 70, 76, 82, 110, 134, 156,
  164, 199, 330–331, 359, 363–
  367, 369, 375, 379, 403
Godavari-Strom 127
Goldküste (Ghana) 352, 380
Golkonda 127, 151
Gonder 331
Gondwana (Gondama) 119
Gottorf 103
Gran Chaco 382
Granada 120–121
Grand Canyon 93
Graz 319
Grönland 90, 112
Groß-Nowgorod 120
Groß-Zimbabwe 128
Großbritannien 6, 31, 139, 149,
  197, 210, 450, 458, 474
Guadalquivir 26
Guatemala 93, 337, 342
Guayana 94
Guinea 139–140

Guineaküste 78, 164
Gujarat 70, 119, 150, 206, 359
Guyana 358

Haïti 332, 352
Halle (Saale) 103, 379–380, 395,
  399
Han-Fluss 28
Hangzhou 32, 122, 290, 326
Hannover 19
Hanoi 158
Hara 372
Harz 38
Hausastaaten 128, 141, 168, 426
Heidelberg 393
Heiliges Römisches Reich, s.
  auch Deutschland 162, 174,
  212, 263, 296, 307, 388, 394–
  398, 400
Henan 28
Herat 152, 284–285
Herrnhut 358, 380
Hessen-Kassel 101, 312
Himalaya 79
Hindukusch 358
Hinterindien 69
Hirado 371
Hispanoamerika 342, 352, 381
Hokkaidō (Yezo/Ezo) 87, 209
Holland 17, 44, 54, 58, 88, 102,
  378
Holstein 16, 162, 322
Honduras 91, 93, 358
Honshū 87
Hormus 69–70, 97, 151, 285
Huế 158–159
Hudson Bay 92, 353–354
Hyderabad 151, 206

Iberische Halbinsel 26, 74, 112,
  120–121, 146, 390, 397, 400
Ife 141
Île-de-France 172
Ili-Gebiet 117, 153
Indien 2–3, 13–16, 27, 32–33,
  37, 52, 56, 58, 62–63, 65, 68–
  73, 75–77, 79–81, 83, 89–91,
  94, 98, 102, 104, 110–111,
  116, 118–119, 121, 125, 127,
  134–136, 150, 152, 156, 161,
  186, 190–191, 193, 205, 286,

291, 293–294, 325, 330, 332,
  341–342, 352–353, 358–360,
  363–364, 368, 370, 380, 386,
  388, 403, 412, 414–415, 417,
  425, 435–436, 450–452, 458–
  460, 462, 466–470, 474
Indischer Ozean 41, 69–70, 76,
  80, 97–98, 191, 200, 412
Indischer Subkontinent 32, 37,
  208, 358–359, 414
Indonesien 81, 361, 364, 375,
  412
Indopazifik 125, 153, 156
Indus 119, 151, 183, 358, 360
Innsbruck 103
Irak 25, 54, 152
Iran 6, 25, 54, 119, 144, 410
Irland 26, 72, 145, 149, 298,
  322, 397
Isfahan 152, 284–285
Island 112, 397
Istanbul 147, 171, 181, 279, 282,
  326, 410–411, 447–448, 457
Istrien 392
Italien 17, 26–27, 32, 50, 85, 98,
  102, 120, 124, 145–146, 149,
  261, 263, 265, 267, 273–276,
  278, 286, 292–293, 296, 300,
  323, 326, 349, 366, 377, 390,
  395–398, 400, 432, 458, 463–
  464
Iznik 410

Jakarta, s. Batavia
Jalisco 340
Jamaika 73, 342, 352, 358
Jamestown (Virginia) 200
Jangtse 13, 20, 23–24, 27–28,
  65, 84, 122, 143, 418
Japan 1, 7, 13, 15, 34–35, 38–39,
  46, 48, 50, 60, 72, 76–77, 86–
  87, 98, 102, 104, 110, 125, 156,
  160, 163, 174, 191–192, 207,
  209, 281, 292–293, 363–364,
  368–372, 388, 418, 422–425,
  436–437, 439, 460, 473, 476
Jaunpur 119
Java 80,
  116, 125–126, 159–160, 291,
  361–362, 412, 474
Jemen 79, 144

Jerusalem 78, 97, 105, 325, 330
Jiangnan 24–25
Jiaxing 290
Jingdezhen 32, 51, 58
Johor 159
Jülich 302

Kaabu 139
Kabul 150, 359
Kahnawake 354
Kairo 32, 78, 83, 122, 125, 167, 181, 327, 330, 465, 473
Kalifornien 137, 336
Kalifornien, Golf von 93
Kalimantan 361
Kalkutta 77, 127, 467
Kambodscha 37, 82, 126, 157–159, 183, 412, 417
Kamtschatka 88
Kanada 135, 149, 199–200
Kanarische Inseln 17–18, 68, 71–73, 101, 121
Kandahar 150, 152, 359
Kandy 151, 379
Kanem 128, 362
Kanem-Bornu 141, 181, 187
Kano 140
Kanton (Guangzhou) 76–78, 84–86, 99, 364
Kap Bojador 69
Kap Delgado 157
Kap der Guten Hoffnung 69, 78, 80, 134, 364
Kap Deschnjow (Dežnev) 88
Kap Komorin 80, 363
Kap Verde 331
Karibik 7, 73, 91, 134, 137–138, 331, 333, 358
Karibische Inseln 12, 17, 90
Kasan (Khanat) 19, 117, 148
Kasan (Stadt) 189
Kasanje 142
Kaschan 284
Kaschmir 119, 150, 360
Kaspisches Meer 64, 152
Kassel 103
Kastilien 68, 71, 121, 162, 165, 263, 331
Kastilien-León 120
Katanga 142
Kathmandu 367

Kaukasus 63, 79, 165
Kaxgar 153
Kayseri 409
Kazembe 142
Kech 284
Kenia 69
Khanbaliq, s. auch Peking 63, 65, 83, 86, 325
Khandesh 119, 150
Kiew 180, 327, 405–406
Kilwa 69, 125, 156, 363
Kırşehir 409
Kleve 302
Koka 362
Kokand 152–153
Kola-Halbinsel 88
Köln 312
Kolumbien 130, 198, 346
Komoren 363
Kongo (Fluss) 69, 328–329
Kongo (Reich) 127, 142, 183, 328–329, 428
Konstantinopel 65, 97, 118, 122, 190, 326–327, 404, 412, 447, 455–456, 465
Konstanz 301
Konya 281, 409
Kopenhagen 103, 358
Korea 48, 64, 87, 116–117, 154, 156–157, 160, 168, 209, 436
Koromandelküste 80, 360, 363
Krakau 395, 400, 445
Kreta 145
Krim 187
Kroatien 26, 162, 392
Ktesiphon 284
Kuba 73, 93, 137, 333, 342, 352
Kurilen 88
Kütahya 409
Kyōto 369, 423, 425
Kyūshū 87, 160, 368–369, 371–372

La Paz 343
La Plata 342
Ladakh 154
Lahore 358–359, 367
Lan Chang (Lan Xang) 126, 158
Lan Na 116, 157–158, 208
Landshut 261, 274
Laos 158, 208

Lausitz 300
Leiden 103, 401
Lemberg 406
Lepanto 45, 145
Levante 39, 41, 65, 101, 113, 125
Leyte 376
Lhasa 154–155, 367
Lima 110, 130, 335, 340–343, 402, 451
Limpopo 142
Lissabon 69–70, 101, 110, 131, 138, 164, 199, 208, 348–349, 351, 363–364, 395
Litauen 117, 120, 123, 147–148, 162, 175
Livland 120, 147
Llano Estacado 93
Lombardei 17, 26–27
London 82, 99, 105, 123, 164, 200, 396–397
Lothringen 149, 210
Louisiana 200, 354
Luanda 110
Luang Prabang 126, 157–158
Luoyang 63
Luzern 314–315
Lyon 301

Macau 70, 76, 85, 110, 134, 154, 164, 189, 363–364, 371–372, 375
Macerata 85
Machu Picchu 38, 94
Madagaskar 80, 125, 156, 363
Madeira 17–18, 121, 138, 328, 364
Madras (Chennai) 77, 415
Madrid 98, 352, 382
Madurai 119, 127, 366–367
Maghreb 120, 138
Maharashtra 206
Mähren 300
Mailand 98, 110, 145, 264–265, 267–268, 285, 445
Mailapur 364
Main 44
Mainz 306, 350
Majapahit 126, 159
Makassar 70, 76, 159, 412
Malabarküste 62, 69, 76, 80–81, 208, 360, 364

Register

Malaiische Halbinsel 69, 81, 125, 159, 361–362
Malaiischer Archipel 388, 403, 412–414
Malakka 69–70, 76, 81, 98, 110, 125, 134, 154, 159, 199, 208, 361–364, 375, 412
Malakka, Straße von 159, 412
Malaysia 412
Mali 139, 167, 172, 187, 362, 426, 448, 460
Mallorca 325
Malta 327
Malwa 119, 150, 206
Mandschurei 20, 24
Manhattan 353
Manila 95, 110, 134, 192, 371, 376
Mantua 271, 274
Maracaibo 91
Maranhão 349
Marañón 94
Marburg 303
Mariana 351
Marmarameer 176
Marokko 121, 140, 177, 181, 211
Marseille 122–123
Martinique 381
Maschhad (Meschhed) 284
Massachusetts 403
Massachusetts Bay 355
Matamba 141
Mataram 160
Mauretanien 140
Mauritius 80
Mauritsstad 349
Mayapán 130
Mecklenburg 16, 170
Medina 181, 327, 408, 413
Mekka 79, 109, 167, 181, 183, 285, 327, 413
Mekong 37, 126, 158
Melinde (Malindi) 69, 97
Menam (Chao Phraya) 126
Menorca 149
Mesopotamien 32, 37–38, 78, 113, 118–120, 144, 190, 327, 365
Metz 400
Mexiko 3–4, 18, 32, 38, 59, 73, 93, 95–96, 104, 110, 130, 135–137, 199, 334–336, 338–340, 342–343, 346, 348, 387, 440, 451, 455
Mexiko, Golf von 137
Mexiko-Stadt 110, 135, 338, 343–344
Michoacán 340, 342
Middelburg 75
Minas 351
Mindanao 361, 375
Mississippi 129, 136, 354
Mittelmeer 33, 38, 40–42, 44, 65, 72, 89, 101, 122, 136, 138, 143–144, 187, 211, 264, 432–434, 455
Mogadischu 69, 363
Mohács 144
Moldau 181
Molukken 3, 70, 75–76, 81, 88, 136, 156, 159, 361–362, 364, 368, 375
Mombasa 156, 363
Mongolei 117, 176
Monomotapa 129, 183
Montpellier 463–464
Montreal 354
Morgarten 188
Mosambik 90, 142, 157
Moskau 3, 117, 120, 123, 147, 165–166, 171, 174–175, 180, 189, 200, 275, 327, 404–407
Moskitoküste (Miskitoküste) 358
Mosul 326, 365
Mühlberg 308
München 103
Münster 304
Murano 64
Mwerusee 142
Myanmar 126, 157
Mysore (Maisur) 206

Nagasaki 76, 87, 160, 209, 370–372, 425
Nagashino 191
Nalanda 466
Nanking 98, 116, 155, 290, 375–376, 449
Nantes 299–300, 316
Nara 460
Ndongo 141
Neapel 97, 110, 162, 165, 170, 198, 265, 279, 323, 382, 395, 445
Nepal 119, 156
Nertschinsk 209
Neu-Amsterdam, s. auch New York 78, 353
Neu-England 4, 168, 354–355, 403–404
Neu-Frankreich, s. auch Kanada 200
Neu-Granada 198, 342
Neu-Holland 96
Neu-Spanien 93, 339–340, 455
Neufundland 1, 90, 92, 112
Neuguinea 96, 159
Neuseeland 96
New York 78, 353
Nicaragua 93, 342, 358
Niederlande 3, 6, 17, 19, 22, 26, 32, 36, 38–40, 43–44, 59, 75–78, 82, 86–88, 92, 105, 120, 139, 141, 145, 149, 164–165, 169, 263, 267, 278, 293, 296, 298–299, 302, 313, 316–320, 391, 393–395, 397–398, 400, 474
Niederländisch-Indien 379
Niger 111, 128–129, 140, 167, 187, 362
Nigeria 129, 141, 426
Nil 89, 111–112, 124, 143, 362
Nordpol 42
Nordsee 41, 44
Norwegen 112, 162, 322
Nowaja Semlja 88
Nowgorod 327, 405
Nubien 128, 425
Nueva Cáceres 376
Nueva Segovia 376
Nürnberg 131, 274, 302, 393, 398

Oaxaca 342
Ochotskisches Meer 88
Oder 19
Ohio 136
Oldenburg 19
Olinda 351
Oman 363, 428

Register

Ontariosee 353
Orinoco 73, 91
Orissa 81, 119, 127, 183
Ōsaka 191
Osmanisches Reich 3–5, 32, 45, 78, 139, 168, 176, 180–181, 190, 193, 196, 203–204, 211–212, 279, 318, 320, 326–327, 378, 408–410, 412–414, 434–435, 447–448, 456–458, 460, 465–466, 469–471, 476
Österreich 22, 24, 145, 148–149, 162, 170, 175, 178, 210–211, 393, 402
Ostsee 41–42, 44, 143, 147–148, 161
Oxford 99, 103, 395
Oyo 141

Padua 98, 262, 395, 401
Pajajaran 159
Pakistan 284
Palästina 68, 325
Panama 91, 198, 342
Pandschab 183, 359–360
Paraguay 163, 184, 342, 346–347, 350, 381
Paraná 346
Paris 97, 99, 262, 354, 375–376, 445
Pasai 360
Passau 308
Patagonien 94
Patras, Golf von 145
Pazifik 86, 88, 93, 95–96, 112, 126, 135, 156, 161, 189
Pegu (Bago) 82, 126, 157, 192
Pegu (Fluss) 157
Peking (Beijing) 37, 63, 85–86, 97–99, 116–117, 155, 161, 171, 190, 207–209, 211, 290, 326, 367, 373–375, 419, 449
Pennsylvania 358
Perlfluss 84–85
Persien 4–5, 51, 64, 78, 119, 127, 144, 151–152, 161, 163, 186, 204–205, 284–285, 290–291, 325, 329, 359, 412, 465, 476
Persischer Golf 63, 69–70, 97
Peru 3–4, 73, 93, 104, 136–137, 165, 198, 335–336, 340–341, 343, 346, 348
Peschawar 119
Pfalz 26
Pfefferküste 68
Philippinen 7, 74, 95, 157, 159, 168, 192, 198, 371, 374–376, 382
Piemont 27
Pienza 271
Pisa 267, 395
Plassey 193
Pleskau (Pskow) 405
Plymouth 355
Po 38
Polen 120, 143, 147, 162, 170–171, 175, 211, 310, 320–321, 394–395, 445
Polen-Litauen 120, 147–148, 150, 168, 299, 320, 400, 406
Pommern 16
Pontianak 362
Popayán 342
Portugal 3, 17, 26, 44, 68–72, 74, 78, 81, 85, 88, 90, 92, 98, 120, 135–136, 145, 164–165, 199, 327–329, 348–352, 363–365, 367–368, 370, 375–376, 378–379, 381–382, 395, 474
Posen 400
Potosí 52, 74, 135, 343, 382
Prag 208, 301, 313, 319, 400
Preußen 16, 120, 149, 163, 170, 175, 197, 210, 320, 446, 464
Príncipe 138
Prinzeninseln 176
Puebla 342–343
Puerto Rico 73, 332, 342
Pyrenäen 26, 185

Qazvin 285–286
Quanzhou (Zaitun) 63, 65, 326
Québec 199, 353–354, 378
Quito 94, 342
Quivira 94

Rajasthan 119, 150
Rajmahal 21
Ramanadesa 126
Recife 349
Regensburg 308, 312
Rhein 44, 58
Rhodos 330
Rio de Janeiro 92, 351
Rio de la Plata 92, 198, 342, 381–382
Rio Grande do Sul 381
Río Negro 351
Río Paraná 382
Río São Francisco 351
Río Uruguay 381–382
Rocky Mountains 93
Rom 97–99, 104, 180, 208, 219–220, 223, 225, 243, 261, 266–267, 270, 277, 279, 282–283, 301, 306, 321, 326–327, 330–331, 352, 354, 363–366, 370, 374–378, 393, 404
Rotes Meer 97
Rotterdam 75
Ruanda 127
Rumelien 411
Run 78
Russland 4, 19, 22, 63, 82, 117, 123, 143, 147–148, 150, 152–153, 156, 161, 165, 168, 171, 175, 180, 200, 209–210, 212, 276, 404–408, 476
Ryūkyū 156, 160, 168, 209

Saale 16
Sabbioneta 271
Sachsen 38, 296, 308, 310
Sacramento 381
Sagres 68
Sahara 15, 112, 128, 138–140
Sahel 112
Saint-Malo 397
Salamanca 338
Salem 355
Salerno 463–464
Salvador da Bahia 110, 348, 351
Samar 376
Samarkand 150, 152, 281, 284, 408
Sambas 362
Sambesi 129, 142
Sambia 142
San Juan 332
Sankt Gallen 170
Sankt Petersburg 88, 103, 407

Sankt-Lorenz-Strom 92, 136, 199
Sannar, s. Sennar
Sansibar 363
Santa Cruz 402
Santa Fe de Bogotá 342
Santa Marta 342
Santiago de Cabo Verde 364
Santiago de Chile 336
Santiago del Estero 336
Santo Domingo 110, 332–333, 342–343, 451
São Luís 349
São Luís do Maranhão 349, 351
São Paulo 348, 351
São Salvador de Angra 364
São Tomé 329, 364
Saragossa 159
Savoyen 315
Schaffhausen 314
Schiras 152
Schlesien 16, 300
Schleswig 162, 322
Schönbrunn 171
Schottland 149, 162, 464
Schwarzes Meer 144
Schwarzwald 44, 58
Schweden 143, 146–148, 156, 162, 170, 322, 395, 397–398, 407
Schweiz 6, 145, 168, 170, 188, 296, 299, 310, 314–315, 324, 441
Schwyz 314–315
Senegal 128, 140, 167, 187
Senegambien 128, 139, 187
Sennar 143, 425
Seram (Ceram) 387
Serbien 26
Sevilla 91, 110, 134, 324, 332, 342, 396, 445
Shimabara 372
Siam 77, 82, 158, 168, 192, 376, 378
Sibirien 19, 64, 75, 87–89, 91, 129, 135, 148, 165, 189, 200, 325, 474
Sichuan 20, 24, 27–28
Siebenbürgen 144, 320, 392–393
Siena 267

Sinai 78
Sindh 150, 183
Sivas 409
Sizilien 97, 444–445, 463
Skandinavien 88, 392, 396–397, 399
Slowakei 162
Sofala 110, 156, 363
Solor 362, 375
Solothurn 314
Songhai 183, 191, 362, 448
Spanien 3–4, 17–18, 26–27, 44–45, 68, 71–72, 74, 77, 93, 95, 98, 105, 135–136, 144–146, 149, 159, 161, 172, 192, 197–198, 275, 278, 298, 300, 313, 318, 323–324, 331–332, 337, 342, 350, 352, 370, 377–378, 381–383, 391, 395, 402, 438, 455, 457, 474
Spanisch-Amerika 165, 199, 334, 343, 348, 352, 363, 382
Speyer 307–309
Spitzbergen 88
Sri Lanka, s. Ceylon
Sringeri 415
Srivijaya 125, 360
Stockholm 103
Sucre 342
Sudan 128, 138–139, 362, 425
Südsee 95–96, 99
Sukhothai 126, 168
Sulawesi 76, 159, 361, 412–413
Sulu-Archipel 361
Sumatra 80, 110, 125, 159, 291, 360–362, 412–413
Sunda-Inseln 76
Sundastraße 159
Surakarta 361
Surinam 358
Suzhou 32
Syrien 38, 68, 78, 118, 325, 327, 410

Täbris 119, 284–286
Tahiti 99
Taiwan 20, 76, 155
Tanegashima 191
Tansania 125
Tarimbecken 116
Tasmanien 96

Taungu 192
Taungu (Toungoo) 126, 192
Tekrur 167
Tenochtitlán 93, 130, 135, 334
Ternate 81, 159
Texas 136–137
Thailand, s. auch Siam 412
Thailand, Golf von 82
Thüringen 309
Tibet 63–64, 82, 116, 153, 155, 157, 326, 367
Tidore 159, 199
Tigris 326
Timbuktu 128, 140, 167, 187, 362, 408, 426, 448
Timor 362, 375
Tirol 340
Tlatelolco 339
Tōhoku 87
Toledo 112, 332, 463
Tomar 328
Tonkin 376
Tordesillas 74
Toskana 149, 210
Tours 463
Tranquebar (Tharangambadi) 379
Transoxanien 64, 116, 118–119, 152
Trient 296, 304, 312, 331, 341, 365, 374
Trinidad 94
Tripolitanien 121
Trujillo (Honduras) 342
Tschadsee 128, 362
Tübingen 393
Tunis 72, 121, 135, 139
Turkestan 284
Turku 395
Turpan (Turfan) 153
Twer 120

UdSSR 476
Ukraine 19, 120, 148, 406
Ungarn 118, 144–145, 147, 162, 171, 276, 284, 287, 291, 300, 320, 398, 438, 445
Unterwalden 314–315
Ural 19, 88, 165
Urbino 261, 264

Register

Urgentsch 152
Uri 170, 314–315
Uruguay 18, 346, 381
USA 18, 56, 59, 93, 130, 136, 184, 372, 404, 475–476
Usbekistan 176, 281
Utica 329
Utrecht 139, 318

Valencia 27
Valladolid 208, 324, 333
Venedig 65, 80, 91, 98, 101, 120, 125, 136, 145, 148, 168, 208, 211, 265–266, 323, 327
Venetien 17, 26–27
Venezuela 18, 91, 94, 198, 333, 336, 346, 352
Veracruz 134–135, 383
Verona 27, 262
Versailles 171, 278
Vieng Chang 126, 158
Vietnam 23, 375–376, 417

Vijayanagar 81, 127, 156, 166, 183, 186, 359, 415, 458–459
Virginia 403
Vogtland 26
Volta 128–129

Wadai 141, 187
Walachei 181
Walata 187
Wales 403
Warangal 127
Warschau 175, 320
Warthe 19
Washington D.C. 354
Weißrussland 120
Wetterau 312
Wien 96, 144, 147, 162, 204, 211, 282–283, 320, 327
Wilna (Vilnius) 406
Wisconsin 354
Wittenberg 296, 306, 318, 391
Wolfenbüttel 103

Wolga 19, 117, 153, 189
Worms 306–307, 400
Württemberg 393
Würzburg 278

Xinjiang 156

Yaka 142
Yamaguchi 369
Yamashiro 424
Yangzhou 326
Yangzi, s. Jangtse
Yogyakarta 361
Yucatán 93, 130, 342
Yunnan 20, 27–28, 122

Zagreb 393
Zeeland 17
Zhejiang 28, 290, 419
Zug 314–315
Zürich 170, 296, 304, 314–315
Zypern 145, 181